中华人民共和国最高人民法院公报

(2022年卷)

最高人民法院办公厅 编

人民法院出版社

图书在版编目（CIP）数据

中华人民共和国最高人民法院公报. 2022年卷 / 最高人民法院办公厅编. -- 北京 : 人民法院出版社, 2023.7
　ISBN 978-7-5109-3841-2

　Ⅰ. ①中… Ⅱ. ①最… Ⅲ. ①最高法院－文件－汇编－中国－2022 Ⅳ. ①D926.219

中国国家版本馆CIP数据核字(2023)第135118号

中华人民共和国最高人民法院公报（2022年卷）
最高人民法院办公厅　编

责任编辑	张　奎	
执行编辑	白　鸽	
出版发行	人民法院出版社	
地　　址	北京市东城区东交民巷27号（100745）	
电　　话	（010）67550662（责任编辑）　　67550558（发行部查询）	
	65223677（读者服务部）	
客　服QQ	2092078039	
网　　址	http://www.courtbook.com.cn	
E－mail	courtpress@sohu.com	
印　　刷	三河市国英印务有限公司	
经　　销	新华书店	
开　　本	787毫米×1092毫米　1/16	
字　　数	857千字	
印　　张	35.25	
版　　次	2023年7月第1版　2023年7月第1次印刷	
书　　号	ISBN 978-7-5109-3841-2	
定　　价	258.00元	

版权所有　　侵权必究

编 辑 说 明

《中华人民共和国最高人民法院公报》是最高人民法院重要官方文献,由最高人民法院办公厅主办,是最高人民法院公开发布重要文献、司法解释、司法文件、司法统计数据和裁判文书、指导性案例、典型案例等司法信息的权威载体。

《最高人民法院公报》的主要内容包括法律选登、文献、司法统计、司法解释、司法文件、任免事项、裁判文书和案例等。其中,文献选编了最高人民法院工作报告;司法解释是最高人民法院依照法定权限对各级人民法院在审判实践中如何具体适用有关法律规定所作的解释和说明,具有法律的效力,可以在裁判文书中直接援引,作为人民法院审理案件的依据,根据有关文件规定,《最高人民法院公报》刊登的司法解释文本为标准文本;司法文件包括最高人民法院制定并下发各级人民法院的有关审判工作、司法改革、队伍建设等工作的各类行政性公文;任免事项包括全国人民代表大会常务委员会关于最高人民法院审判人员的任免决定和最高人民法院大法官任命公告;裁判文书和案例是最高人民法院正式选编的各级人民法院适用法律和司法解释审理刑事、民商事、行政诉讼、国家赔偿等各类案件的裁判范例,对于指导各级人民法院审理相关案件具有重要参考和借鉴作用。作为公开向全社会介绍人民法院各类司法信息的文献资料,《最高人民法院公报》的权威性、专业性、指导性和实用性一直享有盛誉。

《最高人民法院公报》(年鉴版)是以《最高人民法院公报》(月刊)为基础编辑出版的系列司法文献性丛书。编辑和出版《最高人民法院公报》(年鉴版),为社会各界能够及时查阅最高人民法院的有关信息资料,全面了解人民法院的各项审判工作以及法官队伍建设、司法改革工作的状况,开辟了一个新的渠道。《最高人民法院公报》（年鉴版）按年度汇编，每年1卷，面向社会公开出版发行。

《最高人民法院公报》（2022年卷）基本保留了2022年《最高人民法院公报》（月刊）的内容，并以法律选登、文献、司法统计、司法解释、司法文件、任免事项、裁判文书和案例等各项资料的类别为栏目，将《最高人民法院公报》2022年全年公布的资料和文献内容重新进行了整理和归类，以便于读者能够按《最高人民法院公报》公布的年度、资料的文档类别和法律类别进行查阅。在重新整理文献和案例的过程中，对个别文字错误作了必要的补正。

编　者

二〇二三年五月

目 录

法 律 选 登

中华人民共和国噪声污染防治法
　　（2021 年 12 月 24 日） ………………………………………………………（ 1 ）
中华人民共和国反垄断法
　　（2022 年 6 月 24 日修正） ……………………………………………………（ 12 ）

司 法 解 释

综　合

人民法院在线诉讼规则
　　（2021 年 6 月 16 日） …………………………………………………………（ 21 ）
人民法院在线调解规则
　　（2021 年 12 月 30 日） …………………………………………………………（ 28 ）

刑　事

最高人民法院　最高人民检察院
　　关于办理窝藏、包庇刑事案件适用法律若干问题的解释
　　（2021 年 8 月 9 日） ……………………………………………………………（ 33 ）
最高人民法院　最高人民检察院
　　关于办理危害食品安全刑事案件适用法律若干问题的解释
　　（2021 年 12 月 30 日） …………………………………………………………（ 35 ）
最高人民法院
　　关于修改《最高人民法院关于审理非法集资刑事案件具体应用法律若干问题的
　　解释》的决定
　　（2022 年 2 月 23 日） …………………………………………………………（ 40 ）

最高人民法院　最高人民检察院
　关于办理危害药品安全刑事案件适用法律若干问题的解释
　　（2022年3月3日）………………………………………………………（ 46 ）
最高人民法院　最高人民检察院
　关于办理破坏野生动物资源刑事案件适用法律若干问题的解释
　　（2022年4月6日）………………………………………………………（ 51 ）

民　　事

最高人民法院
　关于审理使用人脸识别技术处理个人信息相关民事案件适用法律若干问题的规定
　　（2021年7月27日）………………………………………………………（ 56 ）
最高人民法院
　关于修改《最高人民法院关于审理食品药品纠纷案件适用法律若干问题的
　规定》的决定
　　（2021年11月18日）………………………………………………………（ 59 ）
最高人民法院
　关于人民法院司法拍卖房产竞买人资格若干问题的规定
　　（2021年12月17日）………………………………………………………（ 62 ）
最高人民法院
　关于修改《最高人民法院关于审理铁路运输人身损害赔偿纠纷案件适用法律若干
　问题的解释》的决定
　　（2021年12月8日）………………………………………………………（ 64 ）
最高人民法院
　关于修改《最高人民法院关于仲裁司法审查案件报核问题的有关规定》的决定
　　（2021年12月24日）………………………………………………………（ 68 ）
最高人民法院
　关于审理证券市场虚假陈述侵权民事赔偿案件的若干规定
　　（2022年1月21日）………………………………………………………（ 70 ）
最高人民法院
　关于适用《中华人民共和国民法典》总则编若干问题的解释
　　（2022年2月24日）………………………………………………………（ 77 ）
最高人民法院
　关于内地与澳门特别行政区就仲裁程序相互协助保全的安排
　　（2022年2月24日）………………………………………………………（ 83 ）
最高人民法院
　关于审理网络消费纠纷案件适用法律若干问题的规定（一）
　　（2022年3月1日）………………………………………………………（ 85 ）

最高人民法院
  关于修改《最高人民法院关于适用〈中华人民共和国民事诉讼法〉的解释》的
    决定
    （2022年4月1日） ·· （ 88 ）
最高人民法院
  关于修改《最高人民法院关于审理人身损害赔偿案件适用法律若干问题的
    解释》的决定
    （2022年4月24日） ·· （ 146 ）
最高人民法院
  关于办理人身安全保护令案件适用法律若干问题的规定
    （2022年7月14日） ·· （ 150 ）

知识产权与竞争

最高人民法院
  关于审理申请注册的药品相关的专利权纠纷民事案件适用法律若干问题的规定
    （2021年7月4日） ·· （ 152 ）
最高人民法院
  关于审理侵害植物新品种权纠纷案件具体应用法律问题的若干规定（二）
    （2021年7月5日） ·· （ 154 ）
最高人民法院
  关于适用《中华人民共和国反不正当竞争法》若干问题的解释
    （2022年3月16日） ·· （ 157 ）
最高人民法院
  关于第一审知识产权民事、行政案件管辖的若干规定
    （2022年4月20日） ·· （ 161 ）

环境资源

最高人民法院
  关于生态环境侵权案件适用禁止令保全措施的若干规定
    （2021年12月27日） ·· （ 162 ）
最高人民法院
  关于审理生态环境侵权纠纷案件适用惩罚性赔偿的解释
    （2022年1月12日） ·· （ 169 ）
最高人民法院　最高人民检察院
  关于办理海洋自然资源与生态环境公益诉讼案件若干问题的规定
    （2022年5月10日） ·· （ 171 ）

最高人民法院
　关于审理森林资源民事纠纷案件适用法律若干问题的解释
　　（2022年6月13日） ………………………………………………………… （173）

行政与国家赔偿

最高人民法院
　关于审理行政赔偿案件若干问题的规定
　　（2022年3月20日） ………………………………………………………… （176）

执　行

最高人民法院
　关于人民法院强制执行股权若干问题的规定
　　（2021年12月20日） ………………………………………………………… （181）
最高人民法院
　关于审理涉执行司法赔偿案件适用法律若干问题的解释
　　（2022年2月8日） …………………………………………………………… （185）
最高人民法院
　关于内地与香港特别行政区法院相互认可和执行婚姻家庭民事案件判决的安排
　　（2022年2月14日） …………………………………………………………… （189）

文　献

第十三届全国人民代表大会第五次会议
　关于最高人民法院工作报告的决议
　　（2022年3月11日） …………………………………………………………… （193）
最高人民法院工作报告
　——2022年3月8日在第十三届全国人民代表大会第五次会议上 …… 周　强（193）

任免事项

全国人民代表大会常务委员会
　最高人民法院审判人员任免名单
　　（2021年12月24日） ………………………………………………………… （206）
最高人民法院
　关于冯军、金银墙为中华人民共和国大法官的公告
　　（2022年1月30日） …………………………………………………………… （206）

全国人民代表大会常务委员会
　　最高人民法院审判人员任免名单
　　　　（2022年2月28日） ………………………………………………………………（207）
最高人民法院
　　关于李勇为中华人民共和国大法官的公告
　　　　（2022年2月28日） ………………………………………………………………（207）
全国人民代表大会常务委员会
　　最高人民法院审判人员任免名单
　　　　（2022年4月20日） ………………………………………………………………（208）
全国人民代表大会常务委员会
　　最高人民法院审判人员任免名单
　　　　（2022年6月24日） ………………………………………………………………（208）
全国人民代表大会常务委员会
　　最高人民法院审判人员任免名单
　　　　（2022年9月2日） …………………………………………………………………（209）
全国人民代表大会常务委员会
　　最高人民法院审判人员任免名单
　　　　（2022年10月30日） ………………………………………………………………（210）
最高人民法院
　　关于王淑梅为中华人民共和国大法官的公告
　　　　（2022年11月17日） ………………………………………………………………（210）

司 法 文 件

综　合

最高人民法院
　　印发《关于修改〈最高人民法院关于司法解释工作的规定〉的决定》的通知
　　　　（2021年6月9日） …………………………………………………………………（211）
最高人民法院
　　关于为全面推进乡村振兴加快农业农村现代化提供司法服务和保障的意见
　　　　（2021年7月14日） …………………………………………………………………（215）
最高人民法院
　　关于新时代加强和创新环境资源审判工作为建设人与自然和谐共生的现代化提供
　　　　司法服务和保障的意见
　　　　（2021年10月8日） …………………………………………………………………（220）

最高人民法院
　　关于印发《2022年人民法院工作要点》的通知
　　　（2022年1月20日） ………………………………………………………………（225）
最高人民法院
　　关于印发《人民法院在线运行规则》的通知
　　　（2022年1月26日） ………………………………………………………………（232）
最高人民法院　住房和城乡建设部　中国人民银行
　　关于规范人民法院保全执行措施 确保商品房预售资金用于项目建设的通知
　　　（2022年1月11日） ………………………………………………………………（238）
最高人民法院
　　印发《关于充分发挥司法职能作用 助力中小微企业发展的指导意见》的通知
　　　（2022年1月13日） ………………………………………………………………（240）
最高人民法院
　　关于支持和保障全面深化前海深港现代服务业合作区改革开放的意见
　　　（2022年1月17日） ………………………………………………………………（244）
最高人民法院
　　关于支持和保障横琴粤澳深度合作区建设的意见
　　　（2022年1月17日） ………………………………………………………………（247）
最高人民法院
　　关于为做好2022年全面推进乡村振兴重点工作提供司法服务和保障的意见
　　　（2022年3月1日） …………………………………………………………………（249）
最高人民法院
　　关于为实施积极应对人口老龄化国家战略提供司法服务和保障的意见
　　　（2022年3月29日） ………………………………………………………………（253）
最高人民法院
　　关于加强区块链司法应用的意见
　　　（2022年5月23日） ………………………………………………………………（256）

刑　事

最高人民法院　最高人民检察院　公安部
　　关于办理电信网络诈骗等刑事案件适用法律若干问题的意见（二）
　　　（2021年6月17日） ………………………………………………………………（260）
最高人民法院
　　印发《关于进一步加强涉种子刑事审判工作的指导意见》的通知
　　　（2022年3月2日） …………………………………………………………………（263）
最高人民法院　最高人民检察院　公安部　国家移民管理局
　　印发《关于依法惩治妨害国（边）境管理违法犯罪的意见》的通知
　　　（2022年6月29日） ………………………………………………………………（265）

最高人民法院
　　关于充分发挥环境资源审判职能作用依法惩处盗采矿产资源犯罪的意见
　　（2022年7月1日） …………………………………………………………（269）

民　　事

最高人民法院
　　关于开展认可和协助香港特别行政区破产程序试点工作的意见
　　（2021年5月11日） ………………………………………………………（272）
最高人民法院　中国证券监督管理委员会
　　关于适用《最高人民法院关于审理证券市场虚假陈述侵权民事赔偿案件的若干
　　规定》有关问题的通知
　　（2022年1月21日） ………………………………………………………（276）
最高人民法院
　　关于证券市场虚假陈述侵权民事赔偿案件诉讼时效衔接适用相关问题的通知
　　（2022年1月29日） ………………………………………………………（277）
最高人民法院　全国妇联　教育部　公安部　民政部　司法部　卫生健康委
　　关于加强人身安全保护令制度贯彻实施的意见
　　（2022年3月3日） …………………………………………………………（278）
最高人民法院
　　印发《关于为深化新三板改革、设立北京证券交易所提供司法保障的若干
　　意见》的通知
　　（2022年6月23日） ………………………………………………………（280）
最高人民法院
　　关于发布第32批指导性案例的通知
　　（2022年7月4日） …………………………………………………………（285）

行　　政

最高人民法院
　　关于推进行政诉讼程序繁简分流改革的意见
　　（2021年5月14日） ………………………………………………………（300）

司 法 统 计

2021年全国法院司法统计公报 ……………………………………………………（304）

裁判文书选登

民　　事

明发集团有限公司与宝龙集团发展有限公司等合同纠纷案
　　——最高人民法院民事裁定书
　　　（2021）最高法民终480号 ………………………………………（315）
饶国礼与江西省监狱管理局物资供应站等房屋租赁合同纠纷案
　　——最高人民法院民事判决书
　　　（2019）最高法民再97号 …………………………………………（318）
黄明与陈琪玲、陈泽峰、福建省丰泉环保集团有限公司民间借贷纠纷案
　　——最高人民法院民事判决书
　　　（2019）最高法民终218号 …………………………………………（331）
江西银行股份有限公司南昌洪城支行与上海神州数码有限公司等借款合同纠纷案
　　——最高人民法院民事判决书
　　　（2021）最高法民终479号 …………………………………………（338）
江苏南通二建集团有限公司与上海农村商业银行股份有限公司浦东分行等建设工程
　施工合同纠纷案
　　——最高人民法院民事裁定书
　　　（2021）最高法民申3629号 ………………………………………（345）

商　　事

招商银行股份有限公司济南分行与临清新银河实业有限公司、中冶纸业银河有限公司
　金融借款合同纠纷案
　　——最高人民法院民事裁定书
　　　（2021）最高法民申2707号 ………………………………………（349）
韦统兵与新疆宝塔房地产开发有限公司等请求变更公司登记纠纷案
　　——最高人民法院民事判决书
　　　（2022）最高法民再94号 …………………………………………（353）
沙启英与塔尼尔生物科技（商丘）有限公司等破产债权确认纠纷案
　　——最高人民法院民事裁定书
　　　（2022）最高法民再233号 …………………………………………（358）

知识产权

华为技术有限公司等与康文森无线许可有限公司确认不侵害专利权及标准必要专利
许可纠纷案
　　——最高人民法院民事裁定书
　　　　（2019）最高法知民终732、733、734号之一
　　——最高人民法院民事裁定书
　　　　（2019）最高法知民终732、733、734号之二 ………………………（361）
OPPO广东移动通信有限公司等与夏普株式会社等标准必要专利许可纠纷管辖权
异议纠纷案
　　——最高人民法院民事裁定书
　　　　（2020）最高法知民辖终517号 …………………………………（375）
慈溪市博生塑料制品有限公司与永康市联悦工贸有限公司等侵害实用新型
专利权纠纷案
　　——最高人民法院民事裁定书
　　　　（2020）最高法知民终993号 ……………………………………（383）
山东瀚霖生物技术有限公司与国家知识产权局等发明专利权无效行政纠纷案
　　——最高人民法院行政判决书
　　　　（2020）最高法知行终564号 ……………………………………（389）

行　　政

湛江喜强工业气体有限公司与遂溪县住房和城乡规划建设局等编制并批准土地利用
总体规划纠纷案
　　——最高人民法院行政裁定书
　　　　（2019）最高法行申10407号 ……………………………………（408）
濮阳市华龙区华隆天然气有限公司因濮阳华润燃气有限公司诉河南省濮阳市城市
管理局、河南省濮阳市人民政府确认行政协议无效再审案
　　——最高人民法院行政判决书
　　　　（2020）最高法行再509号 ………………………………………（412）

执　　行

武汉和平华裕物流有限公司与乐昌市粤汉钢铁贸易有限公司等案外人执行
异议之诉案
　　——最高人民法院民事判决书
　　　　（2019）最高法民终1790号 ………………………………………（421）

黔南州荔波县茂兰镇下甲介煤矿与张学新、贵州甲盛龙集团矿业投资有限公司
案外人执行异议之诉案
——最高人民法院民事判决书
（2021）最高法民再141号 ·· （431）

案　　例

刑　　事

库尔勒铁路运输检察院诉伊敏·萨衣木滥伐林木案 ······················· （444）
上海市闵行区人民检察院诉卞飞非法经营案 ······························· （445）

民　　事

王钦杰与上海力澄投资管理有限公司、郭睿星等民间借贷纠纷案 ··········· （449）
陈某某诉无锡市妇幼保健院医疗服务合同纠纷案 ··························· （455）
上海友民房地产开发有限公司诉宝山区杨行镇北宗村村民委员会借款
　合同纠纷案 ·· （459）
江苏省消费者权益保护委员会诉乐融致新电子科技（天津）有限公司消费民事
　公益诉讼案 ·· （463）
车函倩诉连云港亲亲袋鼠教育咨询有限公司、连云港苏宁置业有限公司苏宁广场
　购物分公司等侵权责任纠纷案 ··· （469）
姜某某、孟某某与乔某甲申请变更监护人案 ······························· （476）
江西省金溪县人民检察院诉徐华文、方雨平人文遗迹保护民事公益诉讼案 ··· （478）
江卫民诉南京宏阳房产经纪有限公司房屋租赁合同纠纷案 ··············· （483）

商　　事

郑诗琦诉三星财产保险（中国）有限公司财产保险合同纠纷案 ··········· （486）
昆明哦客商贸有限公司、熊志民与李长友等股东资格确认纠纷案 ········· （489）
世嘉有限公司诉中国大地财产保险股份有限公司等海上保险合同纠纷案 ····· （494）

知 识 产 权

江苏中讯数码电子有限公司与山东比特智能科技股份有限公司因恶意提起知识产权
　诉讼损害责任纠纷案 ·· （499）

行　　政

梁某某诉徐州市云龙区民政局离婚登记行政确认案 ························ （506）

余姚市甬兴气体分滤厂与余姚市住房和城乡建设局燃气经营许可纠纷案 …………（513）
王志国诉重庆市万州区人力资源和社会保障局工伤认定及重庆市人力资源和社会
　　保障局行政复议案 ………………………………………………………………（522）
上海笛爱建筑材料有限公司诉上海市浦东新区人民政府行政批复案 …………（528）
昆山城开锦亭置业有限公司诉昆山市国土资源局不动产行政登记及行政赔偿
　　纠纷案 ……………………………………………………………………………（532）
项红敏诉六盘水市人民政府改变原行政行为行政复议决定案 …………………（535）
上海欧帛服饰有限公司诉南京市江宁区人力资源和社会保障局工伤认定决定案 ……（539）

附：《中华人民共和国最高人民法院公报》2022年总目录 ……………………（543）

法 律 选 登

中华人民共和国噪声污染防治法

(2021年12月24日第十三届全国人民代表大会常务委员会第三十二次会议通过)

目 录

第一章 总 则
第二章 噪声污染防治标准和规划
第三章 噪声污染防治的监督管理
第四章 工业噪声污染防治
第五章 建筑施工噪声污染防治
第六章 交通运输噪声污染防治
第七章 社会生活噪声污染防治
第八章 法律责任
第九章 附 则

第一章 总 则

第一条 为了防治噪声污染，保障公众健康，保护和改善生活环境，维护社会和谐，推进生态文明建设，促进经济社会可持续发展，制定本法。

第二条 本法所称噪声，是指在工业生产、建筑施工、交通运输和社会生活中产生的干扰周围生活环境的声音。

本法所称噪声污染，是指超过噪声排放标准或者未依法采取防控措施产生噪声，并干扰他人正常生活、工作和学习的现象。

第三条 噪声污染的防治，适用本法。

因从事本职生产经营工作受到噪声危害的防治，适用劳动保护等其他有关法律的规定。

第四条 噪声污染防治应当坚持统筹规划、源头防控、分类管理、社会共治、损害担责的原则。

第五条 县级以上人民政府应当将噪声污染防治工作纳入国民经济和社会发展规划、生态环境保护规划，将噪声污染防治工作经费纳入本级政府预算。

生态环境保护规划应当明确噪声污染防治目标、任务、保障措施等内容。

第六条 地方各级人民政府对本行政区域声环境质量负责，采取有效措施，改善声环境质量。

国家实行噪声污染防治目标责任制和考核评价制度，将噪声污染防治目标完成情况纳入考核评价内容。

第七条 县级以上地方人民政府应当依照本法和国务院的规定，明确有关部门的噪声污染防治监督管理职责，根据需要建立噪声污染防治工作协调联动机制，加强部门协同配合、信息共享，推进本行政区域噪声污染防治工作。

第八条 国务院生态环境主管部门对全国噪声污染防治实施统一监督管理。

地方人民政府生态环境主管部门对本行政区域噪声污染防治实施统一监督管理。

各级住房和城乡建设、公安、交通运输、铁路监督管理、民用航空、海事等部门，在各自职责范围内，对建筑施工、交通运输和社会生活噪声污染防治实施监督管理。

基层群众性自治组织应当协助地方人民政府及其有关部门做好噪声污染防治工作。

第九条 任何单位和个人都有保护声环境的义务，同时依法享有获取声环境信息、参与和监督噪声污染防治的权利。

排放噪声的单位和个人应当采取有效措施，防止、减轻噪声污染。

第十条 各级人民政府及其有关部门应当加强噪声污染防治法律法规和知识的宣传教育普及工作，增强公众噪声污染防治意识，引导公众依法参与噪声污染防治工作。

新闻媒体应当开展噪声污染防治法律法规和知识的公益宣传，对违反噪声污染防治法律法规的行为进行舆论监督。

国家鼓励基层群众性自治组织、社会组织、公共场所管理者、业主委员会、物业服务人、志愿者等开展噪声污染防治法律法规和知识的宣传。

第十一条 国家鼓励、支持噪声污染防治科学技术研究开发、成果转化和推广应用，加强噪声污染防治专业技术人才培养，促进噪声污染防治科学技术进步和产业发展。

第十二条 对在噪声污染防治工作中做出显著成绩的单位和个人，按照国家规定给予表彰、奖励。

第二章 噪声污染防治标准和规划

第十三条 国家推进噪声污染防治标准体系建设。

国务院生态环境主管部门和国务院其他有关部门，在各自职责范围内，制定和完善噪声污染防治相关标准，加强标准之间的衔接协调。

第十四条 国务院生态环境主管部门制定国家声环境质量标准。

县级以上地方人民政府根据国家声环境质量标准和国土空间规划以及用地现状，划定本行政区域各类声环境质量标准的适用区域；将以用于居住、科学研究、医疗卫生、文化教育、机关团体办公、社会福利等的建筑物为主的区域，划定为噪声敏感建筑物集中区域，加强噪声污染防治。

声环境质量标准适用区域范围和噪声敏感建筑物集中区域范围应当向社会公布。

第十五条 国务院生态环境主管部门根据国家声环境质量标准和国家经济、技术条件，制定国家噪声排放标准以及相关的环境振动控制标准。

省、自治区、直辖市人民政府对尚未制定国家噪声排放标准的，可以制定地方噪声排放标准；对已经制定国家噪声排放标准的，可以制定严于国家噪声排放标准的地方噪声排放标准。地方噪声排放标准应当报国务院生态环境主管部门备案。

第十六条 国务院标准化主管部门会同国务院发展改革、生态环境、工业和信息化、住房和城乡建设、交通运输、铁路监督管理、民用航空、海事等部门，对可能产生噪声污染的工业设备、施工机械、机动车、铁路机车车辆、城市轨道交通车辆、民用航空器、机动船舶、电气电子产品、建筑附属设备等产品，根据声环境保护的要求和国家经济、技术条件，在其技术规范或者产品质量标准中规定噪声限值。

前款规定的产品使用时产生噪声的限值，应当在有关技术文件中注明。禁止生产、进口或者销售不符合噪声限值的产品。

县级以上人民政府市场监督管理等部门对生产、销售的有噪声限值的产品进行监督抽查，对电梯等特种设备使用时发出的噪声进行监督抽测，生态环境主管部门予以配合。

第十七条 声环境质量标准、噪声排放标准和其他噪声污染防治相关标准应当定期评估，并根据评估结果适时修订。

第十八条 各级人民政府及其有关部门制定、修改国土空间规划和相关规划，应当依法进行环境影响评价，充分考虑城乡区域开发、改造和建设项目产生的噪声对周围生活环境的影响，统筹规划，合理安排土地用途和建设布局，防止、减轻噪声污染。有关环境影响篇章、说明或者报告书中应当包括噪声污染防治内容。

第十九条 确定建设布局，应当根据国家声环境质量标准和民用建筑隔声设计相关标准，合理划定建筑物与交通干线等的防噪声距离，并提出相应的规划设计要求。

第二十条 未达到国家声环境质量标准的区域所在的设区的市、县级人民政府，应当及时编制声环境质量改善规划及其实施方案，采取有效措施，改善声环境质量。

声环境质量改善规划及其实施方案应当向社会公开。

第二十一条 编制声环境质量改善规划及其实施方案，制定、修订噪声污染防治相关标准，应当征求有关行业协会、企业事业单位、专家和公众等的意见。

第三章　噪声污染防治的监督管理

第二十二条 排放噪声、产生振动，应当符合噪声排放标准以及相关的环境振动控制标准和有关法律、法规、规章的要求。

排放噪声的单位和公共场所管理者，应当建立噪声污染防治责任制度，明确负责人和相关人员的责任。

第二十三条 国务院生态环境主管部门负责制定噪声监测和评价规范，会同国务院有关部门组织声环境质量监测网络，规划国家声环境质量监测站（点）的设置，组织开展全国声环境质量监测，推进监测自动化，统一发布全国声环境质量状况信息。

地方人民政府生态环境主管部门会同有关部门按照规定设置本行政区域声环境质量监测站（点），组织开展本行政区域声环境质量监测，定期向社会公布声环境质量状况信息。

地方人民政府生态环境等部门应当加强对噪声敏感建筑物周边等重点区域噪声排放情况的调查、监测。

第二十四条 新建、改建、扩建可能产生噪声污染的建设项目，应当依法进行环境影响评价。

第二十五条 建设项目的噪声污染防治设施应当与主体工程同时设计、同时施工、同时投产使用。

建设项目在投入生产或者使用之前，建设单位应当依照有关法律法规的规定，对配套建设的噪声污染防治设施进行验收，编制验收报告，并向社会公开。未经验收或者验收不合格的，该建设项目不得投入生产或者使用。

第二十六条 建设噪声敏感建筑物，应当符合民用建筑隔声设计相关标准要求，不符合标准要求的，不得通过验收、交付使用；在交通干线两侧、工业企业周边等地方建设噪声敏感建筑物，还应当按照规定间隔一定距离，并采取减少振动、降低噪声的措施。

第二十七条 国家鼓励、支持低噪声工艺和设备的研究开发和推广应用，实行噪声污染严重的落后工艺和设备淘汰制度。

国务院发展改革部门会同国务院有关部门确定噪声污染严重的工艺和设备淘汰期限，并纳入国家综合性产业政策目录。

生产者、进口者、销售者或者使用者应当在规定期限内停止生产、进口、销售或者使用列入前款规定目录的设备。工艺的采用者应当在规定期限内停止采用列入前款规定目录的工艺。

第二十八条 对未完成声环境质量改善规划设定目标的地区以及噪声污染问题突出、群众反映强烈的地区，省级以上人民政府生态环境主管部门会同其他负有噪声污染防治监督管理职责的部门约谈该地区人民政府及其有关部门的主要负责人，要求其采取有效措施及时整改。约谈和整改情况应当向社会公开。

第二十九条 生态环境主管部门和其他负有噪声污染防治监督管理职责的部门，有权对排放噪声的单位或者场所进行现场检查。被检查者应当如实反映情况，提供必要的资料，不得拒绝或者阻挠。实施检查的部门、人员对现场检查中知悉的商业秘密应当保密。

检查人员进行现场检查，不得少于两人，并应当主动出示执法证件。

第三十条 排放噪声造成严重污染，被责令改正拒不改正的，生态环境主管部门或者其他负有噪声污染防治监督管理职责的部门，可以查封、扣押排放噪声的场所、设施、设备、工具和物品。

第三十一条 任何单位和个人都有权向生态环境主管部门或者其他负有噪声污染防治监督管理职责的部门举报造成噪声污染的行为。

生态环境主管部门和其他负有噪声污染防治监督管理职责的部门应当公布举报电话、电子邮箱等，方便公众举报。

接到举报的部门应当及时处理并对举报人的相关信息保密。举报事项属于其他部门职责的，接到举报的部门应当及时移送相关部门并告知举报人。举报人要求答复并提供有效联系方式的，处理举报事项的部门应当反馈处理结果等情况。

第三十二条 国家鼓励开展宁静小区、静音车厢等宁静区域创建活动，共同维护生活环境和谐安宁。

第三十三条 在举行中等学校招生考试、高等学校招生统一考试等特殊活动期间，地方人民政府或者其指定的部门可以对可能产生噪声影响的活动，作出时间和区域的限制性规定，并提前向社会公告。

第四章 工业噪声污染防治

第三十四条 本法所称工业噪声，是指在工业生产活动中产生的干扰周围生活环境的声音。

第三十五条 工业企业选址应当符合国土空间规划以及相关规划要求，县级以上地方人民政府应当按照规划要求优化工业企业布局，防止工业噪声污染。

在噪声敏感建筑物集中区域，禁止新建排放噪声的工业企业，改建、扩建工业企业的，应当采取有效措施防止工业噪声污染。

第三十六条 排放工业噪声的企业事业单位和其他生产经营者，应当采取有效措施，减少振动、降低噪声，依法取得排污许可证或者填报排污登记表。

实行排污许可管理的单位，不得无排污许可证排放工业噪声，并应当按照排污许可证的要求进行噪声污染防治。

第三十七条 设区的市级以上地方人民政府生态环境主管部门应当按照国务院生态环境主管部门的规定，根据噪声排放、声环境质量改善要求等情况，制定本行政区域噪声重点排污单位名录，向社会公开并适时更新。

第三十八条 实行排污许可管理的单位应当按照规定，对工业噪声开展自行监测，保存原始监测记录，向社会公开监测结果，对监测数据的真实性和准确性负责。

噪声重点排污单位应当按照国家规定，安装、使用、维护噪声自动监测设备，与生态环境主管部门的监控设备联网。

第五章 建筑施工噪声污染防治

第三十九条 本法所称建筑施工噪声，是指在建筑施工过程中产生的干扰周围生活环境的声音。

第四十条 建设单位应当按照规定将噪声污染防治费用列入工程造价，在施工合同中明确施工单位的噪声污染防治责任。

施工单位应当按照规定制定噪声污染防治实施方案，采取有效措施，减少振动、降低噪声。建设单位应当监督施工单位落实噪声污染防治实施方案。

第四十一条 在噪声敏感建筑物集中区域施工作业，应当优先使用低噪声施工工艺和设备。

国务院工业和信息化主管部门会同国务院生态环境、住房和城乡建设、市场监督管理等部门，公布低噪声施工设备指导名录并适时更新。

第四十二条 在噪声敏感建筑物集中区域施工作业，建设单位应当按照国家规定，设置噪声自动监测系统，与监督管理部门联网，保存原始监测记录，对监测数据的真实性和准确性负责。

第四十三条 在噪声敏感建筑物集中区域，禁止夜间进行产生噪声的建筑施工作业，但抢修、抢险施工作业，因生产工艺要求或者其他特殊需要必须连续施工作业的除外。

因特殊需要必须连续施工作业的，应当取得地方人民政府住房和城乡建设、生态环境主管部门或者地方人民政府指定的部门的证明，并在施工现场显著位置公示或者以其他方式公告附近居民。

第六章 交通运输噪声污染防治

第四十四条 本法所称交通运输噪声，是指机动车、铁路机车车辆、城市轨道交通车辆、机动船舶、航空器等交通运输工具在运行时产生的干扰周围生活环境的声音。

第四十五条 各级人民政府及其有关部门制定、修改国土空间规划和交通运输等相关规划，应当综合考虑公路、城市道路、铁路、城市轨道交通线路、水路、港口和民用机场及其起降航线对周围声环境的影响。

新建公路、铁路线路选线设计，应当尽量避开噪声敏感建筑物集中区域。

新建民用机场选址与噪声敏感建筑物集中区域的距离应当符合标准要求。

第四十六条 制定交通基础设施工程技术规范，应当明确噪声污染防治要求。

新建、改建、扩建经过噪声敏感建筑物集中区域的高速公路、城市高架、铁路和城市轨道交通线路等的，建设单位应当在可能造成噪声污染的重点路段设置声屏障或者采取其他减少振动、降低噪声的措施，符合有关交通基础设施工程技术规范以及标准要求。

建设单位违反前款规定的，由县级以上人民政府指定的部门责令制定、实施治理方案。

第四十七条 机动车的消声器和喇叭应当符合国家规定。禁止驾驶拆除或者损坏消声器、加装排气管等擅自改装的机动车以轰鸣、疾驶等方式造成噪声污染。

使用机动车音响器材，应当控制音量，防止噪声污染。

机动车应当加强维修和保养，保持性能良好，防止噪声污染。

第四十八条 机动车、铁路机车车辆、城市轨道交通车辆、机动船舶等交通运输工具运行时，应当按照规定使用喇叭等声响装置。

警车、消防救援车、工程救险车、救护车等机动车安装、使用警报器，应当符合国务院公安等部门的规定；非执行紧急任务，不得使用警报器。

第四十九条 地方人民政府生态环境主管部门会同公安机关根据声环境保护的需要，可以划定禁止机动车行驶和使用喇叭等声响装置的路段和时间，向社会公告，并由公安机关交通管理部门依法设置相关标志、标线。

第五十条 在车站、铁路站场、港口等地指挥作业时使用广播喇叭的，应当控制音量，减轻噪声污染。

第五十一条 公路养护管理单位、城市道路养护维修单位应当加强对公路、城市道路的维护和保养，保持减少振动、降低噪声设施正常运行。

城市轨道交通运营单位、铁路运输企业应当加强对城市轨道交通线路和城市轨道交通车辆、铁路线路和铁路机车车辆的维护和保养，保持减少振动、降低噪声设施正常运行，并按照国家规定进行监测，保存原始监测记录，对监测数据的真实性和准确性负责。

第五十二条 民用机场所在地人民政府，应当根据环境影响评价以及监测结果确定的民用航空器噪声对机场周围生活环境产生影响的范围和程度，划定噪声敏感建筑物禁止建设区域和限制建设区域，并实施控制。

在禁止建设区域禁止新建与航空无关的噪声敏感建筑物。

在限制建设区域确需建设噪声敏感建筑物的，建设单位应当对噪声敏感建筑物进行建筑隔声设计，符合民用建筑隔声设计相关标准要求。

第五十三条　民用航空器应当符合国务院民用航空主管部门规定的适航标准中的有关噪声要求。

第五十四条　民用机场管理机构负责机场起降航空器噪声的管理，会同航空运输企业、通用航空企业、空中交通管理部门等单位，采取低噪声飞行程序、起降跑道优化、运行架次和时段控制、高噪声航空器运行限制或者周围噪声敏感建筑物隔声降噪等措施，防止、减轻民用航空器噪声污染。

民用机场管理机构应当按照国家规定，对机场周围民用航空器噪声进行监测，保存原始监测记录，对监测数据的真实性和准确性负责，监测结果定期向民用航空、生态环境主管部门报送。

第五十五条　因公路、城市道路和城市轨道交通运行排放噪声造成严重污染的，设区的市、县级人民政府应当组织有关部门和其他有关单位对噪声污染情况进行调查评估和责任认定，制定噪声污染综合治理方案。

噪声污染责任单位应当按照噪声污染综合治理方案的要求采取管理或者工程措施，减轻噪声污染。

第五十六条　因铁路运行排放噪声造成严重污染的，铁路运输企业和设区的市、县级人民政府应当对噪声污染情况进行调查，制定噪声污染综合治理方案。

铁路运输企业和设区的市、县级人民政府有关部门和其他有关单位应当按照噪声污染综合治理方案的要求采取有效措施，减轻噪声污染。

第五十七条　因民用航空器起降排放噪声造成严重污染的，民用机场所在地人民政府应当组织有关部门和其他有关单位对噪声污染情况进行调查，综合考虑经济、技术和管理措施，制定噪声污染综合治理方案。

民用机场管理机构、地方各级人民政府和其他有关单位应当按照噪声污染综合治理方案的要求采取有效措施，减轻噪声污染。

第五十八条　制定噪声污染综合治理方案，应当征求有关专家和公众等的意见。

第七章　社会生活噪声污染防治

第五十九条　本法所称社会生活噪声，是指人为活动产生的除工业噪声、建筑施工噪声和交通运输噪声之外的干扰周围生活环境的声音。

第六十条　全社会应当增强噪声污染防治意识，自觉减少社会生活噪声排放，积极开展噪声污染防治活动，形成人人有责、人人参与、人人受益的良好噪声污染防治氛围，共同维护生活环境和谐安宁。

第六十一条　文化娱乐、体育、餐饮等场所的经营管理者应当采取有效措施，防止、减轻噪声污染。

第六十二条 使用空调器、冷却塔、水泵、油烟净化器、风机、发电机、变压器、锅炉、装卸设备等可能产生社会生活噪声污染的设备、设施的企业事业单位和其他经营管理者等，应当采取优化布局、集中排放等措施，防止、减轻噪声污染。

第六十三条 禁止在商业经营活动中使用高音广播喇叭或者采用其他持续反复发出高噪声的方法进行广告宣传。

对商业经营活动中产生的其他噪声，经营者应当采取有效措施，防止噪声污染。

第六十四条 禁止在噪声敏感建筑物集中区域使用高音广播喇叭，但紧急情况以及地方人民政府规定的特殊情形除外。

在街道、广场、公园等公共场所组织或者开展娱乐、健身等活动，应当遵守公共场所管理者有关活动区域、时段、音量等规定，采取有效措施，防止噪声污染；不得违反规定使用音响器材产生过大音量。

公共场所管理者应当合理规定娱乐、健身等活动的区域、时段、音量，可以采取设置噪声自动监测和显示设施等措施加强管理。

第六十五条 家庭及其成员应当培养形成减少噪声产生的良好习惯，乘坐公共交通工具、饲养宠物和其他日常活动尽量避免产生噪声对周围人员造成干扰，互谅互让解决噪声纠纷，共同维护声环境质量。

使用家用电器、乐器或者进行其他家庭场所活动，应当控制音量或者采取其他有效措施，防止噪声污染。

第六十六条 对已竣工交付使用的住宅楼、商铺、办公楼等建筑物进行室内装修活动，应当按照规定限定作业时间，采取有效措施，防止、减轻噪声污染。

第六十七条 新建居民住房的房地产开发经营者应当在销售场所公示住房可能受到噪声影响的情况以及采取或者拟采取的防治措施，并纳入买卖合同。

新建居民住房的房地产开发经营者应当在买卖合同中明确住房的共用设施设备位置和建筑隔声情况。

第六十八条 居民住宅区安装电梯、水泵、变压器等共用设施设备的，建设单位应当合理设置，采取减少振动、降低噪声的措施，符合民用建筑隔声设计相关标准要求。

已建成使用的居民住宅区电梯、水泵、变压器等共用设施设备由专业运营单位负责维护管理，符合民用建筑隔声设计相关标准要求。

第六十九条 基层群众性自治组织指导业主委员会、物业服务人、业主通过制定管理规约或者其他形式，约定本物业管理区域噪声污染防治要求，由业主共同遵守。

第七十条 对噪声敏感建筑物集中区域的社会生活噪声扰民行为，基层群众性自治组织、业主委员会、物业服务人应当及时劝阻、调解；劝阻、调解无效的，可以向负有社会生活噪声污染防治监督管理职责的部门或者地方人民政府指定的部门报告或者投诉，接到报告或者投诉的部门应当依法处理。

第八章 法律责任

第七十一条 违反本法规定，拒绝、阻挠监督检查，或者在接受监督检查时弄虚作假的，由生态环境主管部门或者其他负有噪声污染防治监督管理职责的部门责令改正，处二万元以上二十万元以下的罚款。

第七十二条 违反本法规定，生产、进口、销售超过噪声限值的产品的，由县级以上人民政府市场监督管理部门、海关按照职责责令改正，没收违法所得，并处货值金额一倍以上三倍以下的罚款；情节严重的，报经有批准权的人民政府批准，责令停业、关闭。

违反本法规定，生产、进口、销售、使用淘汰的设备，或者采用淘汰的工艺的，由县级以上人民政府指定的部门责令改正，没收违法所得，并处货值金额一倍以上三倍以下的罚款；情节严重的，报经有批准权的人民政府批准，责令停业、关闭。

第七十三条 违反本法规定，建设单位建设噪声敏感建筑物不符合民用建筑隔声设计相关标准要求的，由县级以上地方人民政府住房和城乡建设主管部门责令改正，处建设工程合同价款百分之二以上百分之四以下的罚款。

违反本法规定，建设单位在噪声敏感建筑物禁止建设区域新建与航空无关的噪声敏感建筑物的，由地方人民政府指定的部门责令停止违法行为，处建设工程合同价款百分之二以上百分之十以下的罚款，并报经有批准权的人民政府批准，责令拆除。

第七十四条 违反本法规定，在噪声敏感建筑物集中区域新建排放噪声的工业企业的，由生态环境主管部门责令停止违法行为，处十万元以上五十万元以下的罚款，并报经有批准权的人民政府批准，责令关闭。

违反本法规定，在噪声敏感建筑物集中区域改建、扩建工业企业，未采取有效措施防止工业噪声污染的，由生态环境主管部门责令改正，处十万元以上五十万元以下的罚款；拒不改正的，报经有批准权的人民政府批准，责令关闭。

第七十五条 违反本法规定，无排污许可证或者超过噪声排放标准排放工业噪声的，由生态环境主管部门责令改正或者限制生产、停产整治，并处二万元以上二十万元以下的罚款；情节严重的，报经有批准权的人民政府批准，责令停业、关闭。

第七十六条 违反本法规定，有下列行为之一，由生态环境主管部门责令改正，处二万元以上二十万元以下的罚款；拒不改正的，责令限制生产、停产整治：

（一）实行排污许可管理的单位未按照规定对工业噪声开展自行监测，未保存原始监测记录，或者未向社会公开监测结果的；

（二）噪声重点排污单位未按照国家规定安装、使用、维护噪声自动监测设备，或者未与生态环境主管部门的监控设备联网的。

第七十七条 违反本法规定，建设单位、施工单位有下列行为之一，由工程所在地人民政府指定的部门责令改正，处一万元以上十万元以下的罚款；拒不改正的，可以责令暂停施工：

（一）超过噪声排放标准排放建筑施工噪声的；

（二）未按照规定取得证明，在噪声敏感建筑物集中区域夜间进行产生噪声的建筑施工作业的。

第七十八条 违反本法规定，有下列行为之一，由工程所在地人民政府指定的部门责令改正，处五千元以上五万元以下的罚款；拒不改正的，处五万元以上二十万元以下的罚款：

（一）建设单位未按照规定将噪声污染防治费用列入工程造价的；

（二）施工单位未按照规定制定噪声污染防治实施方案，或者未采取有效措施减少振动、降低噪声的；

（三）在噪声敏感建筑物集中区域施工作业的建设单位未按照国家规定设置噪声自动监测系统，未与监督管理部门联网，或者未保存原始监测记录的；

（四）因特殊需要必须连续施工作业，建设单位未按照规定公告附近居民的。

第七十九条 违反本法规定，驾驶拆除或者损坏消声器、加装排气管等擅自改装的机动车轰鸣、疾驶，机动车运行时未按照规定使用声响装置，或者违反禁止机动车行驶和使用声响装置的路段和时间规定的，由县级以上地方人民政府公安机关交通管理部门依照有关道路交通安全的法律法规处罚。

违反本法规定，铁路机车车辆、城市轨道交通车辆、机动船舶等交通运输工具运行时未按照规定使用声响装置的，由交通运输、铁路监督管理、海事等部门或者地方人民政府指定的城市轨道交通有关部门按照职责责令改正，处五千元以上一万元以下的罚款。

第八十条 违反本法规定，有下列行为之一，由交通运输、铁路监督管理、民用航空等部门或者地方人民政府指定的城市道路、城市轨道交通有关部门，按照职责责令改正，处五千元以上五万元以下的罚款；拒不改正的，处五万元以上二十万元以下的罚款：

（一）公路养护管理单位、城市道路养护维修单位、城市轨道交通运营单位、铁路运输企业未履行维护和保养义务，未保持减少振动、降低噪声设施正常运行的；

（二）城市轨道交通运营单位、铁路运输企业未按照国家规定进行监测，或者未保存原始监测记录的；

（三）民用机场管理机构、航空运输企业、通用航空企业未采取措施防止、减轻民用航空器噪声污染的；

（四）民用机场管理机构未按照国家规定对机场周围民用航空器噪声进行监测，未保存原始监测记录，或者监测结果未定期报送的。

第八十一条 违反本法规定，有下列行为之一，由地方人民政府指定的部门责令改正，处五千元以上五万元以下的罚款；拒不改正的，处五万元以上二十万元以下的罚款，并可以报经有批准权的人民政府批准，责令停业：

（一）超过噪声排放标准排放社会生活噪声的；

（二）在商业经营活动中使用高音广播喇叭或者采用其他持续反复发出高噪声的方法进行广告宣传的；

（三）未对商业经营活动中产生的其他噪声采取有效措施造成噪声污染的。

第八十二条 违反本法规定，有下列行为之一，由地方人民政府指定的部门说服教育，责令改正；拒不改正的，给予警告，对个人可以处二百元以上一千元以下的罚款，对单位可以处二千元以上二万元以下的罚款：

（一）在噪声敏感建筑物集中区域使用高音广播喇叭的；

（二）在公共场所组织或者开展娱乐、健身等活动，未遵守公共场所管理者有关活动区域、时段、音量等规定，未采取有效措施造成噪声污染，或者违反规定使用音响器材产生过大音量的；

（三）对已竣工交付使用的建筑物进行室内装修活动，未按照规定在限定的作业时间内进行，或者未采取有效措施造成噪声污染的；

（四）其他违反法律规定造成社会生活噪声污染的。

第八十三条 违反本法规定,有下列行为之一,由县级以上地方人民政府房产管理部门责令改正,处一万元以上五万元以下的罚款;拒不改正的,责令暂停销售:

(一)新建居民住房的房地产开发经营者未在销售场所公示住房可能受到噪声影响的情况以及采取或者拟采取的防治措施,或者未纳入买卖合同的;

(二)新建居民住房的房地产开发经营者未在买卖合同中明确住房的共用设施设备位置或者建筑隔声情况的。

第八十四条 违反本法规定,有下列行为之一,由地方人民政府指定的部门责令改正,处五千元以上五万元以下的罚款;拒不改正的,处五万元以上二十万元以下的罚款:

(一)居民住宅区安装共用设施设备,设置不合理或者未采取减少振动、降低噪声的措施,不符合民用建筑隔声设计相关标准要求的;

(二)对已建成使用的居民住宅区共用设施设备,专业运营单位未进行维护管理,不符合民用建筑隔声设计相关标准要求的。

第八十五条 噪声污染防治监督管理人员滥用职权、玩忽职守、徇私舞弊的,由监察机关或者任免机关、单位依法给予处分。

第八十六条 受到噪声侵害的单位和个人,有权要求侵权人依法承担民事责任。

对赔偿责任和赔偿金额纠纷,可以根据当事人的请求,由相应的负有噪声污染防治监督管理职责的部门、人民调解委员会调解处理。

国家鼓励排放噪声的单位、个人和公共场所管理者与受到噪声侵害的单位和个人友好协商,通过调整生产经营时间、施工作业时间,采取减少振动、降低噪声措施,支付补偿金、异地安置等方式,妥善解决噪声纠纷。

第八十七条 违反本法规定,产生社会生活噪声,经劝阻、调解和处理未能制止,持续干扰他人正常生活、工作和学习,或者有其他扰乱公共秩序、妨害社会管理等违反治安管理行为的,由公安机关依法给予治安管理处罚。

违反本法规定,构成犯罪的,依法追究刑事责任。

第九章 附 则

第八十八条 本法中下列用语的含义:

(一)噪声排放,是指噪声源向周围生活环境辐射噪声;

(二)夜间,是指晚上十点至次日早晨六点之间的期间,设区的市级以上人民政府可以另行规定本行政区域夜间的起止时间,夜间时段长度为八小时;

(三)噪声敏感建筑物,是指用于居住、科学研究、医疗卫生、文化教育、机关团体办公、社会福利等需要保持安静的建筑物;

(四)交通干线,是指铁路、高速公路、一级公路、二级公路、城市快速路、城市主干路、城市次干路、城市轨道交通线路、内河高等级航道。

第八十九条 省、自治区、直辖市或者设区的市、自治州根据实际情况,制定本地方噪声污染防治具体办法。

第九十条 本法自 2022 年 6 月 5 日起施行。《中华人民共和国环境噪声污染防治法》同时废止。

中华人民共和国反垄断法

(2007年8月30日第十届全国人民代表大会常务委员会第二十九次会议通过 根据2022年6月24日第十三届全国人民代表大会常务委员会第三十五次会议《关于修改〈中华人民共和国反垄断法〉的决定》修正)

目 录

第一章 总 则
第二章 垄断协议
第三章 滥用市场支配地位
第四章 经营者集中
第五章 滥用行政权力排除、限制竞争
第六章 对涉嫌垄断行为的调查
第七章 法律责任
第八章 附 则

第一章 总 则

第一条 为了预防和制止垄断行为,保护市场公平竞争,鼓励创新,提高经济运行效率,维护消费者利益和社会公共利益,促进社会主义市场经济健康发展,制定本法。

第二条 中华人民共和国境内经济活动中的垄断行为,适用本法;中华人民共和国境外的垄断行为,对境内市场竞争产生排除、限制影响的,适用本法。

第三条 本法规定的垄断行为包括:
(一)经营者达成垄断协议;
(二)经营者滥用市场支配地位;
(三)具有或者可能具有排除、限制竞争效果的经营者集中。

第四条 反垄断工作坚持中国共产党的领导。

国家坚持市场化、法治化原则,强化竞争政策基础地位,制定和实施与社会主义市场经济相适应的竞争规则,完善宏观调控,健全统一、开放、竞争、有序的市场体系。

第五条 国家建立健全公平竞争审查制度。

行政机关和法律、法规授权的具有管理公共事务职能的组织在制定涉及市场主体经济活动的规定时,应当进行公平竞争审查。

第六条 经营者可以通过公平竞争、自愿联合,依法实施集中,扩大经营规模,提高市场竞争能力。

第七条 具有市场支配地位的经营者,不得滥用市场支配地位,排除、限制竞争。

第八条 国有经济占控制地位的关系国民经济命脉和国家安全的行业以及依法实行专营专卖的行业,国家对其经营者的合法经营活动予以保护,并对经营者的经营行为及其商品和服务的价格依法实施监管和调控,维护消费者利益,促进技术进步。

前款规定行业的经营者应当依法经营,诚实守信,严格自律,接受社会公众的监督,不得利用其控制地位或者专营专卖地位损害消费者利益。

第九条 经营者不得利用数据和算法、技术、资本优势以及平台规则等从事本法禁止的垄断行为。

第十条 行政机关和法律、法规授权的具有管理公共事务职能的组织不得滥用行政权力,排除、限制竞争。

第十一条 国家健全完善反垄断规则制度,强化反垄断监管力量,提高监管能力和监管体系现代化水平,加强反垄断执法司法,依法公正高效审理垄断案件,健全行政执法和司法衔接机制,维护公平竞争秩序。

第十二条 国务院设立反垄断委员会,负责组织、协调、指导反垄断工作,履行下列职责:

(一)研究拟订有关竞争政策;
(二)组织调查、评估市场总体竞争状况,发布评估报告;
(三)制定、发布反垄断指南;
(四)协调反垄断行政执法工作;
(五)国务院规定的其他职责。

国务院反垄断委员会的组成和工作规则由国务院规定。

第十三条 国务院反垄断执法机构负责反垄断统一执法工作。

国务院反垄断执法机构根据工作需要,可以授权省、自治区、直辖市人民政府相应的机构,依照本法规定负责有关反垄断执法工作。

第十四条 行业协会应当加强行业自律,引导本行业的经营者依法竞争,合规经营,维护市场竞争秩序。

第十五条 本法所称经营者,是指从事商品生产、经营或者提供服务的自然人、法人和非法人组织。

本法所称相关市场,是指经营者在一定时期内就特定商品或者服务(以下统称商品)进行竞争的商品范围和地域范围。

第二章 垄断协议

第十六条 本法所称垄断协议,是指排除、限制竞争的协议、决定或者其他协同行为。

第十七条 禁止具有竞争关系的经营者达成下列垄断协议:

(一)固定或者变更商品价格;
(二)限制商品的生产数量或者销售数量;
(三)分割销售市场或者原材料采购市场;
(四)限制购买新技术、新设备或者限制开发新技术、新产品;
(五)联合抵制交易;

（六）国务院反垄断执法机构认定的其他垄断协议。

第十八条 禁止经营者与交易相对人达成下列垄断协议：

（一）固定向第三人转售商品的价格；

（二）限定向第三人转售商品的最低价格；

（三）国务院反垄断执法机构认定的其他垄断协议。

对前款第一项和第二项规定的协议，经营者能够证明其不具有排除、限制竞争效果的，不予禁止。

经营者能够证明其在相关市场的市场份额低于国务院反垄断执法机构规定的标准，并符合国务院反垄断执法机构规定的其他条件的，不予禁止。

第十九条 经营者不得组织其他经营者达成垄断协议或者为其他经营者达成垄断协议提供实质性帮助。

第二十条 经营者能够证明所达成的协议属于下列情形之一的，不适用本法第十七条、第十八条第一款、第十九条的规定：

（一）为改进技术、研究开发新产品的；

（二）为提高产品质量、降低成本、增进效率，统一产品规格、标准或者实行专业化分工的；

（三）为提高中小经营者经营效率，增强中小经营者竞争力的；

（四）为实现节约能源、保护环境、救灾救助等社会公共利益的；

（五）因经济不景气，为缓解销售量严重下降或者生产明显过剩的；

（六）为保障对外贸易和对外经济合作中的正当利益的；

（七）法律和国务院规定的其他情形。

属于前款第一项至第五项情形，不适用本法第十七条、第十八条第一款、第十九条规定的，经营者还应当证明所达成的协议不会严重限制相关市场的竞争，并且能够使消费者分享由此产生的利益。

第二十一条 行业协会不得组织本行业的经营者从事本章禁止的垄断行为。

第三章　滥用市场支配地位

第二十二条 禁止具有市场支配地位的经营者从事下列滥用市场支配地位的行为：

（一）以不公平的高价销售商品或者以不公平的低价购买商品；

（二）没有正当理由，以低于成本的价格销售商品；

（三）没有正当理由，拒绝与交易相对人进行交易；

（四）没有正当理由，限定交易相对人只能与其进行交易或者只能与其指定的经营者进行交易；

（五）没有正当理由搭售商品，或者在交易时附加其他不合理的交易条件；

（六）没有正当理由，对条件相同的交易相对人在交易价格等交易条件上实行差别待遇；

（七）国务院反垄断执法机构认定的其他滥用市场支配地位的行为。

具有市场支配地位的经营者不得利用数据和算法、技术以及平台规则等从事前款规定的滥用市场支配地位的行为。

本法所称市场支配地位，是指经营者在相关市场内具有能够控制商品价格、数量或者其他交易条件，或者能够阻碍、影响其他经营者进入相关市场能力的市场地位。

第二十三条 认定经营者具有市场支配地位，应当依据下列因素：

（一）该经营者在相关市场的市场份额，以及相关市场的竞争状况；

（二）该经营者控制销售市场或者原材料采购市场的能力；

（三）该经营者的财力和技术条件；

（四）其他经营者对该经营者在交易上的依赖程度；

（五）其他经营者进入相关市场的难易程度；

（六）与认定该经营者市场支配地位有关的其他因素。

第二十四条 有下列情形之一的，可以推定经营者具有市场支配地位：

（一）一个经营者在相关市场的市场份额达到二分之一的；

（二）两个经营者在相关市场的市场份额合计达到三分之二的；

（三）三个经营者在相关市场的市场份额合计达到四分之三的。

有前款第二项、第三项规定的情形，其中有的经营者市场份额不足十分之一的，不应当推定该经营者具有市场支配地位。

被推定具有市场支配地位的经营者，有证据证明不具有市场支配地位的，不应当认定其具有市场支配地位。

第四章 经营者集中

第二十五条 经营者集中是指下列情形：

（一）经营者合并；

（二）经营者通过取得股权或者资产的方式取得对其他经营者的控制权；

（三）经营者通过合同等方式取得对其他经营者的控制权或者能够对其他经营者施加决定性影响。

第二十六条 经营者集中达到国务院规定的申报标准的，经营者应当事先向国务院反垄断执法机构申报，未申报的不得实施集中。

经营者集中未达到国务院规定的申报标准，但有证据证明该经营者集中具有或者可能具有排除、限制竞争效果的，国务院反垄断执法机构可以要求经营者申报。

经营者未依照前两款规定进行申报的，国务院反垄断执法机构应当依法进行调查。

第二十七条 经营者集中有下列情形之一的，可以不向国务院反垄断执法机构申报：

（一）参与集中的一个经营者拥有其他每个经营者百分之五十以上有表决权的股份或者资产的；

（二）参与集中的每个经营者百分之五十以上有表决权的股份或者资产被同一个未参与集中的经营者拥有的。

第二十八条 经营者向国务院反垄断执法机构申报集中，应当提交下列文件、资料：

（一）申报书；

（二）集中对相关市场竞争状况影响的说明；

（三）集中协议；

（四）参与集中的经营者经会计师事务所审计的上一会计年度财务会计报告；

（五）国务院反垄断执法机构规定的其他文件、资料。

申报书应当载明参与集中的经营者的名称、住所、经营范围、预定实施集中的日期和国务院反垄断执法机构规定的其他事项。

第二十九条 经营者提交的文件、资料不完备的，应当在国务院反垄断执法机构规定的期限内补交文件、资料。经营者逾期未补交文件、资料的，视为未申报。

第三十条 国务院反垄断执法机构应当自收到经营者提交的符合本法第二十八条规定的文件、资料之日起三十日内，对申报的经营者集中进行初步审查，作出是否实施进一步审查的决定，并书面通知经营者。国务院反垄断执法机构作出决定前，经营者不得实施集中。

国务院反垄断执法机构作出不实施进一步审查的决定或者逾期未作出决定的，经营者可以实施集中。

第三十一条 国务院反垄断执法机构决定实施进一步审查的，应当自决定之日起九十日内审查完毕，作出是否禁止经营者集中的决定，并书面通知经营者。作出禁止经营者集中的决定，应当说明理由。审查期间，经营者不得实施集中。

有下列情形之一的，国务院反垄断执法机构经书面通知经营者，可以延长前款规定的审查期限，但最长不得超过六十日：

（一）经营者同意延长审查期限的；

（二）经营者提交的文件、资料不准确，需要进一步核实的；

（三）经营者申报后有关情况发生重大变化的。

国务院反垄断执法机构逾期未作出决定的，经营者可以实施集中。

第三十二条 有下列情形之一的，国务院反垄断执法机构可以决定中止计算经营者集中的审查期限，并书面通知经营者：

（一）经营者未按照规定提交文件、资料，导致审查工作无法进行；

（二）出现对经营者集中审查具有重大影响的新情况、新事实，不经核实将导致审查工作无法进行；

（三）需要对经营者集中附加的限制性条件进一步评估，且经营者提出中止请求。

自中止计算审查期限的情形消除之日起，审查期限继续计算，国务院反垄断执法机构应当书面通知经营者。

第三十三条 审查经营者集中，应当考虑下列因素：

（一）参与集中的经营者在相关市场的市场份额及其对市场的控制力；

（二）相关市场的市场集中度；

（三）经营者集中对市场进入、技术进步的影响；

（四）经营者集中对消费者和其他有关经营者的影响；

（五）经营者集中对国民经济发展的影响；

（六）国务院反垄断执法机构认为应当考虑的影响市场竞争的其他因素。

第三十四条 经营者集中具有或者可能具有排除、限制竞争效果的，国务院反垄断执法机构应当作出禁止经营者集中的决定。但是，经营者能够证明该集中对竞争产生的有利影响明显大于不利影响，或者符合社会公共利益的，国务院反垄断执法机构可以作出对经营者集中不予禁止的决定。

第三十五条 对不予禁止的经营者集中，国务院反垄断执法机构可以决定附加减少集中对竞争产生不利影响的限制性条件。

第三十六条 国务院反垄断执法机构应当将禁止经营者集中的决定或者对经营者集中附加限制性条件的决定，及时向社会公布。

第三十七条 国务院反垄断执法机构应当健全经营者集中分类分级审查制度，依法加强对涉及国计民生等重要领域的经营者集中的审查，提高审查质量和效率。

第三十八条 对外资并购境内企业或者以其他方式参与经营者集中，涉及国家安全的，除依照本法规定进行经营者集中审查外，还应当按照国家有关规定进行国家安全审查。

第五章 滥用行政权力排除、限制竞争

第三十九条 行政机关和法律、法规授权的具有管理公共事务职能的组织不得滥用行政权力，限定或者变相限定单位或者个人经营、购买、使用其指定的经营者提供的商品。

第四十条 行政机关和法律、法规授权的具有管理公共事务职能的组织不得滥用行政权力，通过与经营者签订合作协议、备忘录等方式，妨碍其他经营者进入相关市场或者对其他经营者实行不平等待遇，排除、限制竞争。

第四十一条 行政机关和法律、法规授权的具有管理公共事务职能的组织不得滥用行政权力，实施下列行为，妨碍商品在地区之间的自由流通：

（一）对外地商品设定歧视性收费项目、实行歧视性收费标准，或者规定歧视性价格；

（二）对外地商品规定与本地同类商品不同的技术要求、检验标准，或者对外地商品采取重复检验、重复认证等歧视性技术措施，限制外地商品进入本地市场；

（三）采取专门针对外地商品的行政许可，限制外地商品进入本地市场；

（四）设置关卡或者采取其他手段，阻碍外地商品进入或者本地商品运出；

（五）妨碍商品在地区之间自由流通的其他行为。

第四十二条 行政机关和法律、法规授权的具有管理公共事务职能的组织不得滥用行政权力，以设定歧视性资质要求、评审标准或者不依法发布信息等方式，排斥或者限制经营者参加招标投标以及其他经营活动。

第四十三条 行政机关和法律、法规授权的具有管理公共事务职能的组织不得滥用行政权力，采取与本地经营者不平等待遇等方式，排斥、限制、强制或者变相强制外地经营者在本地投资或者设立分支机构。

第四十四条 行政机关和法律、法规授权的具有管理公共事务职能的组织不得滥用行政权力，强制或者变相强制经营者从事本法规定的垄断行为。

第四十五条 行政机关和法律、法规授权的具有管理公共事务职能的组织不得滥用行政权力，制定含有排除、限制竞争内容的规定。

第六章 对涉嫌垄断行为的调查

第四十六条 反垄断执法机构依法对涉嫌垄断行为进行调查。

对涉嫌垄断行为，任何单位和个人有权向反垄断执法机构举报。反垄断执法机构应当为举报人保密。

举报采用书面形式并提供相关事实和证据的，反垄断执法机构应当进行必要的调查。

第四十七条 反垄断执法机构调查涉嫌垄断行为，可以采取下列措施：

（一）进入被调查的经营者的营业场所或者其他有关场所进行检查；

（二）询问被调查的经营者、利害关系人或者其他有关单位或者个人，要求其说明有关情况；

（三）查阅、复制被调查的经营者、利害关系人或者其他有关单位或者个人的有关单证、协议、会计账簿、业务函电、电子数据等文件、资料；

（四）查封、扣押相关证据；

（五）查询经营者的银行账户。

采取前款规定的措施，应当向反垄断执法机构主要负责人书面报告，并经批准。

第四十八条 反垄断执法机构调查涉嫌垄断行为，执法人员不得少于二人，并应当出示执法证件。

执法人员进行询问和调查，应当制作笔录，并由被询问人或者被调查人签字。

第四十九条 反垄断执法机构及其工作人员对执法过程中知悉的商业秘密、个人隐私和个人信息依法负有保密义务。

第五十条 被调查的经营者、利害关系人或者其他有关单位或者个人应当配合反垄断执法机构依法履行职责，不得拒绝、阻碍反垄断执法机构的调查。

第五十一条 被调查的经营者、利害关系人有权陈述意见。反垄断执法机构应当对被调查的经营者、利害关系人提出的事实、理由和证据进行核实。

第五十二条 反垄断执法机构对涉嫌垄断行为调查核实后，认为构成垄断行为的，应当依法作出处理决定，并可以向社会公布。

第五十三条 对反垄断执法机构调查的涉嫌垄断行为，被调查的经营者承诺在反垄断执法机构认可的期限内采取具体措施消除该行为后果的，反垄断执法机构可以决定中止调查。中止调查的决定应当载明被调查的经营者承诺的具体内容。

反垄断执法机构决定中止调查的，应当对经营者履行承诺的情况进行监督。经营者履行承诺的，反垄断执法机构可以决定终止调查。

有下列情形之一的，反垄断执法机构应当恢复调查：

（一）经营者未履行承诺的；

（二）作出中止调查决定所依据的事实发生重大变化的；

（三）中止调查的决定是基于经营者提供的不完整或者不真实的信息作出的。

第五十四条 反垄断执法机构依法对涉嫌滥用行政权力排除、限制竞争的行为进行调查，有关单位或者个人应当配合。

第五十五条 经营者、行政机关和法律、法规授权的具有管理公共事务职能的组织，涉嫌违反本法规定的，反垄断执法机构可以对其法定代表人或者负责人进行约谈，要求其提出改进措施。

第七章 法律责任

第五十六条 经营者违反本法规定，达成并实施垄断协议的，由反垄断执法机构责令停止违法行为，没收违法所得，并处上一年度销售额百分之一以上百分之十以下的罚款，上一年度没有销售额的，处五百万元以下的罚款；尚未实施所达成的垄断协议的，可以处三百万元以下的罚款。经营者的法定代表人、主要负责人和直接责任人员对达成垄断协议负有个人责任的，可以处一百万元以下的罚款。

经营者组织其他经营者达成垄断协议或者为其他经营者达成垄断协议提供实质性帮助的，适用前款规定。

经营者主动向反垄断执法机构报告达成垄断协议的有关情况并提供重要证据的，反垄断执法机构可以酌情减轻或者免除对该经营者的处罚。

行业协会违反本法规定，组织本行业的经营者达成垄断协议的，由反垄断执法机构责令改正，可以处三百万元以下的罚款；情节严重的，社会团体登记管理机关可以依法撤销登记。

第五十七条 经营者违反本法规定，滥用市场支配地位的，由反垄断执法机构责令停止违法行为，没收违法所得，并处上一年度销售额百分之一以上百分之十以下的罚款。

第五十八条 经营者违反本法规定实施集中，且具有或者可能具有排除、限制竞争效果的，由国务院反垄断执法机构责令停止实施集中、限期处分股份或者资产、限期转让营业以及采取其他必要措施恢复到集中前的状态，处上一年度销售额百分之十以下的罚款；不具有排除、限制竞争效果的，处五百万元以下的罚款。

第五十九条 对本法第五十六条、第五十七条、第五十八条规定的罚款，反垄断执法机构确定具体罚款数额时，应当考虑违法行为的性质、程度、持续时间和消除违法行为后果的情况等因素。

第六十条 经营者实施垄断行为，给他人造成损失的，依法承担民事责任。

经营者实施垄断行为，损害社会公共利益的，设区的市级以上人民检察院可以依法向人民法院提起民事公益诉讼。

第六十一条 行政机关和法律、法规授权的具有管理公共事务职能的组织滥用行政权力，实施排除、限制竞争行为的，由上级机关责令改正；对直接负责的主管人员和其他直接责任人员依法给予处分。反垄断执法机构可以向有关上级机关提出依法处理的建议。行政机关和法律、法规授权的具有管理公共事务职能的组织应当将有关改正情况书面报告上级机关和反垄断执法机构。

法律、行政法规对行政机关和法律、法规授权的具有管理公共事务职能的组织滥用行政权力实施排除、限制竞争行为的处理另有规定的，依照其规定。

第六十二条 对反垄断执法机构依法实施的审查和调查，拒绝提供有关材料、信息，或者提供虚假材料、信息，或者隐匿、销毁、转移证据，或者有其他拒绝、阻碍调查行为的，由反垄断执法机构责令改正，对单位处上一年度销售额百分之一以下的罚款，上一年度没有销售额或者销售额难以计算的，处五百万元以下的罚款；对个人处五十万元以下的罚款。

第六十三条 违反本法规定，情节特别严重、影响特别恶劣、造成特别严重后果的，国务院反垄断执法机构可以在本法第五十六条、第五十七条、第五十八条、第六十二条规定的罚款数额的二倍以上五倍以下确定具体罚款数额。

第六十四条 经营者因违反本法规定受到行政处罚的，按照国家有关规定记入信用记录，并向社会公示。

第六十五条 对反垄断执法机构依据本法第三十四条、第三十五条作出的决定不服的，可以先依法申请行政复议；对行政复议决定不服的，可以依法提起行政诉讼。

对反垄断执法机构作出的前款规定以外的决定不服的，可以依法申请行政复议或者提起行政诉讼。

第六十六条 反垄断执法机构工作人员滥用职权、玩忽职守、徇私舞弊或者泄露执法过程中知悉的商业秘密、个人隐私和个人信息的，依法给予处分。

第六十七条 违反本法规定，构成犯罪的，依法追究刑事责任。

第八章 附　则

第六十八条 经营者依照有关知识产权的法律、行政法规规定行使知识产权的行为，不适用本法；但是，经营者滥用知识产权，排除、限制竞争的行为，适用本法。

第六十九条 农业生产者及农村经济组织在农产品生产、加工、销售、运输、储存等经营活动中实施的联合或者协同行为，不适用本法。

第七十条 本法自 2008 年 8 月 1 日起施行。

司法解释

综合

中华人民共和国最高人民法院公告

《人民法院在线诉讼规则》已于2021年5月18日由最高人民法院审判委员会第1838次会议通过，现予公布，自2021年8月1日起施行。

2021年6月16日

人民法院在线诉讼规则

法释〔2021〕12号

为推进和规范在线诉讼活动，完善在线诉讼规则，依法保障当事人及其他诉讼参与人等诉讼主体的合法权利，确保公正高效审理案件，根据《中华人民共和国刑事诉讼法》《中华人民共和国民事诉讼法》《中华人民共和国行政诉讼法》等相关法律规定，结合人民法院工作实际，制定本规则。

第一条 人民法院、当事人及其他诉讼参与人等可以依托电子诉讼平台（以下简称"诉讼平台"），通过互联网或者专用网络在线完成立案、调解、证据交换、询问、庭审、送达等全部或者部分诉讼环节。

在线诉讼活动与线下诉讼活动具有同等法律效力。

第二条 人民法院开展在线诉讼应当遵循以下原则：

（一）公正高效原则。严格依法开展在线诉讼活动，完善审判流程，健全工作机制，加强技术保障，提高司法效率，保障司法公正。

（二）合法自愿原则。尊重和保障当事人及其他诉讼参与人对诉讼方式的选择权，未经当事人及其他诉讼参与人同意，人民法院不得强制或者变相强制适用在线诉讼。

（三）权利保障原则。充分保障当事人各项诉讼权利，强化提示、说明、告知义务，不得随意减少诉讼环节和减损当事人诉讼权益。

（四）便民利民原则。优化在线诉讼服务，完善诉讼平台功能，加强信息技术应用，降低当事人诉讼成本，提升纠纷解决效率。统筹兼顾不同群体司法需求，对未成年人、老年人、残障人士等特殊群体加强诉讼引导，提供相应司法便利。

（五）安全可靠原则。依法维护国家安全，保护国家秘密、商业秘密、个人隐私和个人信息，有效保障在线诉讼数据信息安全。规范技术应用，确保技术中立和平台中立。

第三条 人民法院综合考虑案件情况、当事人意愿和技术条件等因素，可以对以下案件适用在线诉讼：

（一）民事、行政诉讼案件；

（二）刑事速裁程序案件，减刑、假释案件，以及因其他特殊原因不宜线下审理的刑事案件；

（三）民事特别程序、督促程序、破产程序和非诉执行审查案件；

（四）民事、行政执行案件和刑事附带民事诉讼执行案件；

（五）其他适宜采取在线方式审理的案件。

第四条 人民法院开展在线诉讼，应当征得当事人同意，并告知适用在线诉讼的具体环节、主要形式、权利义务、法律后果和操作方法等。

人民法院应当根据当事人对在线诉讼的相应意思表示，作出以下处理：

（一）当事人主动选择适用在线诉讼的，人民法院可以不再另行征得其同意，相应诉讼环节可以直接在线进行；

（二）各方当事人均同意适用在线诉讼的，相应诉讼环节可以在线进行；

（三）部分当事人同意适用在线诉讼，部分当事人不同意的，相应诉讼环节可以采取同意方当事人线上、不同意方当事人线下的方式进行；

（四）当事人仅主动选择或者同意对部分诉讼环节适用在线诉讼的，人民法院不得推定其对其他诉讼环节均同意适用在线诉讼。

对人民检察院参与的案件适用在线诉讼的，应当征得人民检察院同意。

第五条 在诉讼过程中，如存在当事人欠缺在线诉讼能力、不具备在线诉讼条件或者相应诉讼环节不宜在线办理等情形之一的，人民法院应当将相应诉讼环节转为线下进行。

当事人已同意对相应诉讼环节适用在线诉讼，但诉讼过程中又反悔的，应当在开展相应诉讼活动前的合理期限内提出。经审查，人民法院认为不存在故意拖延诉讼等不当情形的，相应诉讼环节可以转为线下进行。

在调解、证据交换、询问、听证、庭审等诉讼环节中，一方当事人要求其他当事人及诉讼参与人在线下参与诉讼的，应当提出具体理由。经审查，人民法院认为案件存在案情疑难复杂、需证人现场作证、有必要线下举证质证、陈述辩论等情形之一的，相应诉讼环节可以转为线下进行。

第六条 当事人已同意适用在线诉讼，但无正当理由不参与在线诉讼活动或者不作出相应诉讼行为，也未在合理期限内申请提出转为线下进行的，应当依照法律和司法解释的相关规定承担相应法律后果。

第七条 参与在线诉讼的诉讼主体应当先行在诉讼平台完成实名注册。人民法院应当通过证件证照在线比对、身份认证平台认证等方式，核实诉讼主体的实名手机号码、居民身份证件号码、护照号码、统一社会信用代码等信息，确认诉讼主体身份真实性。诉讼主体在线完成身份认证后，取得登录诉讼平台的专用账号。

参与在线诉讼的诉讼主体应当妥善保管诉讼平台专用账号和密码。除有证据证明存在账号被盗用或者系统错误的情形外，使用专用账号登录诉讼平台所作出的行为，视为被认证人本人行为。

人民法院在线开展调解、证据交换、庭审等诉讼活动，应当再次验证诉讼主体的身份；确有必要的，应当在线下进一步核实身份。

第八条 人民法院、特邀调解组织、特邀调解员可以通过诉讼平台、人民法院调解平台等开展在线调解活动。在线调解应当按照法律和司法解释相关规定进行，依法保护国家秘密、商业秘密、个人隐私和其他不宜公开的信息。

第九条 当事人采取在线方式提交起诉材料的，人民法院应当在收到材料后的法定期限内，在线作出以下处理：

（一）符合起诉条件的，登记立案并送达案件受理通知书、交纳诉讼费用通知书、举证通知书等诉讼文书；

（二）提交材料不符合要求的，及时通知其补正，并一次性告知补正内容和期限，案件受理时间自收到补正材料后次日重新起算；

（三）不符合起诉条件或者起诉材料经补正仍不符合要求，原告坚持起诉的，依法裁定不予受理或者不予立案；

当事人已在线提交符合要求的起诉状等材料的，人民法院不得要求当事人再提供纸质件。

上诉、申请再审、特别程序、执行等案件的在线受理规则，参照本条第一款、第二款规定办理。

第十条 案件适用在线诉讼的，人民法院应当通知被告、被上诉人或者其他诉讼参与人，询问其是否同意以在线方式参与诉讼。被通知人同意采用在线方式的，应当在收到通知的三日内通过诉讼平台验证身份、关联案件，并在后续诉讼活动中通过诉讼平台了解案件信息、接收和提交诉讼材料，以及实施其他诉讼行为。

被通知人未明确表示同意采用在线方式，且未在人民法院指定期限内注册登录诉讼平台的，针对被通知人的相关诉讼活动在线下进行。

第十一条 当事人可以在诉讼平台直接填写录入起诉状、答辩状、反诉状、代理意见等诉讼文书材料。

当事人可以通过扫描、翻拍、转录等方式，将线下的诉讼文书材料或者证据材料作电子化处理后上传至诉讼平台。诉讼材料为电子数据，且诉讼平台与存储该电子数据的平台已实现对接的，当事人可以将电子数据直接提交至诉讼平台。

当事人提交电子化材料确有困难的，人民法院可以辅助当事人将线下材料作电子化处理后导入诉讼平台。

第十二条 当事人提交的电子化材料，经人民法院审核通过后，可以直接在诉讼中使用。诉讼中存在下列情形之一的，人民法院应当要求当事人提供原件、原物：

（一）对方当事人认为电子化材料与原件、原物不一致，并提出合理理由和依据的；

（二）电子化材料呈现不完整、内容不清晰、格式不规范的；

（三）人民法院卷宗、档案管理相关规定要求提供原件、原物的；

（四）人民法院认为有必要提交原件、原物的。

第十三条 当事人提交的电子化材料，符合下列情形之一的，人民法院可以认定符合原件、原物形式要求：

（一）对方当事人对电子化材料与原件、原物的一致性未提出异议的；

（二）电子化材料形成过程已经过公证机构公证的；

（三）电子化材料已在之前诉讼中提交并经人民法院确认的；

（四）电子化材料已通过在线或者线下方式与原件、原物比对一致的；

（五）有其他证据证明电子化材料与原件、原物一致的。

第十四条 人民法院根据当事人选择和案件情况，可以组织当事人开展在线证据交换，通过同步或者非同步方式在线举证、质证。

各方当事人选择同步在线交换证据的，应当在人民法院指定的时间登录诉讼平台，通过在线视频或者其他方式，对已经导入诉讼平台的证据材料或者线下送达的证据材料副本，集中发表质证意见。

各方当事人选择非同步在线交换证据的，应当在人民法院确定的合理期限内，分别登录诉讼平台，查看已经导入诉讼平台的证据材料，并发表质证意见。

各方当事人均同意在线证据交换，但对具体方式无法达成一致意见的，适用同步在线证据交换。

第十五条 当事人作为证据提交的电子化材料和电子数据，人民法院应当按照法律和司法解释的相关规定，经当事人举证质证后，依法认定其真实性、合法性和关联性。未经人民法院查证属实的证据，不得作为认定案件事实的根据。

第十六条 当事人作为证据提交的电子数据系通过区块链技术存储，并经技术核验一致的，人民法院可以认定该电子数据上链后未经篡改，但有相反证据足以推翻的除外。

第十七条 当事人对区块链技术存储的电子数据上链后的真实性提出异议，并有合理理由的，人民法院应当结合下列因素作出判断：

（一）存证平台是否符合国家有关部门关于提供区块链存证服务的相关规定；

（二）当事人与存证平台是否存在利害关系，并利用技术手段不当干预取证、存证过程；

（三）存证平台的信息系统是否符合清洁性、安全性、可靠性、可用性的国家标准或者行业标准；

（四）存证技术和过程是否符合相关国家标准或者行业标准中关于系统环境、技术安全、加密方式、数据传输、信息验证等方面的要求。

第十八条 当事人提出电子数据上链存储前已不具备真实性，并提供证据证明或者说明理由的，人民法院应当予以审查。

人民法院根据案件情况，可以要求提交区块链技术存储电子数据的一方当事人，提供证据证明上链存储前数据的真实性，并结合上链存储前数据的具体来源、生成机制、存储过程、公证机构公证、第三方见证、关联印证数据等情况作出综合判断。当事人不能提供证据证明或者作出合理说明，该电子数据也无法与其他证据相互印证的，人民法院不予确认其真实性。

第十九条 当事人可以申请具有专门知识的人就区块链技术存储电子数据相关技术问题提出意见。人民法院可以根据当事人申请或者依职权，委托鉴定区块链技术存储电子数据的真实性，或者调取其他相关证据进行核对。

第二十条 经各方当事人同意，人民法院可以指定当事人在一定期限内，分别登录诉讼平台，以非同步的方式开展调解、证据交换、调查询问、庭审等诉讼活动。

适用小额诉讼程序或者民事、行政简易程序审理的案件，同时符合下列情形的，人民法院和当事人可以在指定期限内，按照庭审程序环节分别录制参与庭审视频并上传至诉讼平台，非同步完成庭审活动：

（一）各方当事人同时在线参与庭审确有困难；

（二）一方当事人提出书面申请，各方当事人均表示同意；

（三）案件经过在线证据交换或者调查询问，各方当事人对案件主要事实和证据不存在争议。

第二十一条 人民法院开庭审理的案件，应当根据当事人意愿、案件情况、社会影响、技术条件等因素，决定是否采取视频方式在线庭审，但具有下列情形之一的，不得适用在线庭审：

（一）各方当事人均明确表示不同意，或者一方当事人表示不同意且有正当理由的；

（二）各方当事人均不具备参与在线庭审的技术条件和能力的；

（三）需要通过庭审现场查明身份、核对原件、查验实物的；

（四）案件疑难复杂、证据繁多，适用在线庭审不利于查明事实和适用法律的；

（五）案件涉及国家安全、国家秘密的；

（六）案件具有重大社会影响，受到广泛关注的；

（七）人民法院认为存在其他不宜适用在线庭审情形的。

采取在线庭审方式审理的案件，审理过程中发现存在上述情形之一的，人民法院应当及时转为线下庭审。已完成的在线庭审活动具有法律效力。

在线询问的适用范围和条件参照在线庭审的相关规则。

第二十二条 适用在线庭审的案件，应当按照法律和司法解释的相关规定开展庭前准备、法庭调查、法庭辩论等庭审活动，保障当事人申请回避、举证、质证、陈述、辩论等诉讼权利。

第二十三条 需要公告送达的案件，人民法院可以在公告中明确线上或者线下参与庭审的具体方式，告知当事人选择在线庭审的权利。被公告方当事人未在开庭前向人民法院表示同意在线庭审的，被公告方当事人适用线下庭审。其他同意适用在线庭审的当事人，可以在线参与庭审。

第二十四条　在线开展庭审活动，人民法院应当设置环境要素齐全的在线法庭。在线法庭应当保持国徽在显著位置，审判人员及席位名称等在视频画面合理区域。因存在特殊情形，确需在在线法庭之外的其他场所组织在线庭审的，应当报请本院院长同意。

出庭人员参加在线庭审，应当选择安静、无干扰、光线适宜、网络信号良好、相对封闭的场所，不得在可能影响庭审音频视频效果或者有损庭审严肃性的场所参加庭审。必要时，人民法院可以要求出庭人员到指定场所参加在线庭审。

第二十五条　出庭人员参加在线庭审应当尊重司法礼仪，遵守法庭纪律。人民法院根据在线庭审的特点，适用《中华人民共和国人民法院法庭规则》相关规定。

除确属网络故障、设备损坏、电力中断或者不可抗力等原因外，当事人无正当理由不参加在线庭审，视为"拒不到庭"；在庭审中擅自退出，经提示、警告后仍不改正的，视为"中途退庭"，分别按照相关法律和司法解释的规定处理。

第二十六条　证人通过在线方式出庭的，人民法院应当通过指定在线出庭场所、设置在线作证室等方式，保证其不旁听案件审理和不受他人干扰。当事人对证人在线出庭提出异议且有合理理由的，或者人民法院认为确有必要的，应当要求证人线下出庭作证。

鉴定人、勘验人、具有专门知识的人在线出庭的，参照前款规定执行。

第二十七条　适用在线庭审的案件，应当按照法律和司法解释的相关规定公开庭审活动。

对涉及国家安全、国家秘密、个人隐私的案件，庭审过程不得在互联网上公开。对涉及未成年人、商业秘密、离婚等民事案件，当事人申请不公开审理的，在线庭审过程可以不在互联网上公开。

未经人民法院同意，任何人不得违法违规录制、截取、传播涉及在线庭审过程的音频视频、图文资料。

第二十八条　在线诉讼参与人故意违反本规则第八条、第二十四条、第二十五条、第二十六条、第二十七条的规定，实施妨害在线诉讼秩序行为的，人民法院可以根据法律和司法解释关于妨害诉讼的相关规定作出处理。

第二十九条　经受送达人同意，人民法院可以通过送达平台，向受送达人的电子邮箱、即时通讯账号、诉讼平台专用账号等电子地址，按照法律和司法解释的相关规定送达诉讼文书和证据材料。

具备下列情形之一的，人民法院可以确定受送达人同意电子送达：

（一）受送达人明确表示同意的；

（二）受送达人在诉讼前对适用电子送达已作出约定或者承诺的；

（三）受送达人在提交的起诉状、上诉状、申请书、答辩状中主动提供用于接收送达的电子地址的；

（四）受送达人通过回复收悉、参加诉讼等方式接受已经完成的电子送达，并且未明确表示不同意电子送达的。

第三十条　人民法院可以通过电话确认、诉讼平台在线确认、线下发送电子送达确认书等方式，确认受送达人是否同意电子送达，以及受送达人接收电子送达的具体方式和地址，并告知电子送达的适用范围、效力、送达地址变更方式以及其他需告知的送达事项。

第三十一条 人民法院向受送达人主动提供或者确认的电子地址送达的，送达信息到达电子地址所在系统时，即为送达。

受送达人未提供或者未确认有效电子送达地址，人民法院向能够确认为受送达人本人的电子地址送达的，根据下列情形确定送达是否生效：

（一）受送达人回复已收悉，或者根据送达内容已作出相应诉讼行为的，即为完成有效送达；

（二）受送达人的电子地址所在系统反馈受送达人已阅知，或者有其他证据可以证明受送达人已经收悉的，推定完成有效送达，但受送达人能够证明存在系统错误、送达地址非本人使用或者非本人阅知等未收悉送达内容的情形除外。

人民法院开展电子送达，应当在系统中全程留痕，并制作电子送达凭证。电子送达凭证具有送达回证效力。

对同一内容的送达材料采取多种电子方式发送受送达人的，以最先完成的有效送达时间作为送达生效时间。

第三十二条 人民法院适用电子送达，可以同步通过短信、即时通讯工具、诉讼平台提示等方式，通知受送达人查阅、接收、下载相关送达材料。

第三十三条 适用在线诉讼的案件，各方诉讼主体可以通过在线确认、电子签章等方式，确认和签收调解协议、笔录、电子送达凭证及其他诉讼材料。

第三十四条 适用在线诉讼的案件，人民法院应当在调解、证据交换、庭审、合议等诉讼环节同步形成电子笔录。电子笔录以在线方式核对确认后，与书面笔录具有同等法律效力。

第三十五条 适用在线诉讼的案件，人民法院应当利用技术手段随案同步生成电子卷宗，形成电子档案。电子档案的立卷、归档、存储、利用等，按照档案管理相关法律法规的规定执行。

案件无纸质材料或者纸质材料已经全部转化为电子材料的，第一审人民法院可以采用电子卷宗代替纸质卷宗进行上诉移送。

适用在线诉讼的案件存在纸质卷宗材料的，应当按照档案管理相关法律法规立卷、归档和保存。

第三十六条 执行裁决案件的在线立案、电子材料提交、执行和解、询问当事人、电子送达等环节，适用本规则的相关规定办理。

人民法院可以通过财产查控系统、网络询价评估平台、网络拍卖平台、信用惩戒系统等，在线完成财产查明、查封、扣押、冻结、划扣、变价和惩戒等执行实施环节。

第三十七条 符合本规定第三条第二项规定的刑事案件，经公诉人、当事人、辩护人同意，可以根据案件情况，采取在线方式讯问被告人、开庭审理、宣判等。

案件采取在线方式审理的，按照以下情形分别处理：

（一）被告人、罪犯被羁押的，可以在看守所、监狱等羁押场所在线出庭；

（二）被告人、罪犯未被羁押的，因特殊原因确实无法到庭的，可以在人民法院指定的场所在线出庭；

（三）证人、鉴定人一般应当在线下出庭，但法律和司法解释另有规定的除外。

第三十八条 参与在线诉讼的相关主体应当遵守数据安全和个人信息保护的相关法律法规，履行数据安全和个人信息保护义务。除人民法院依法公开的以外，任何人不得违法违规披露、传播和使用在线诉讼数据信息。出现上述情形的，人民法院可以根据具体情况，依照法律和司法解释关于数据安全、个人信息保护以及妨害诉讼的规定追究相关单位和人员法律责任，构成犯罪的，依法追究刑事责任。

第三十九条 本规则自2021年8月1日起施行。最高人民法院之前发布的司法解释涉及在线诉讼的规定与本规则不一致的，以本规则为准。

中华人民共和国最高人民法院
公　　告

《人民法院在线调解规则》已于2021年12月27日由最高人民法院审判委员会第1859次会议通过，现予公布，自2022年1月1日起施行。

2021年12月30日

人民法院在线调解规则

法释〔2021〕23号

为方便当事人及时解决纠纷，规范依托人民法院调解平台开展的在线调解活动，提高多元化解纠纷效能，根据《中华人民共和国民事诉讼法》《中华人民共和国行政诉讼法》《中华人民共和国刑事诉讼法》等法律的规定，结合人民法院工作实际，制定本规则。

第一条 在立案前或者诉讼过程中依托人民法院调解平台开展在线调解的，适用本规则。

第二条 在线调解包括人民法院、当事人、调解组织或者调解员通过人民法院调解平台开展的在线申请、委派委托、音视频调解、制作调解协议、申请司法确认调解协议、制作调解书等全部或者部分调解活动。

第三条 民事、行政、执行、刑事自诉以及被告人、罪犯未被羁押的刑事附带民事诉讼等法律规定可以调解或者和解的纠纷，可以开展在线调解。

行政、刑事自诉和刑事附带民事诉讼案件的在线调解，法律和司法解释另有规定的，从其规定。

第四条 人民法院采用在线调解方式应当征得当事人同意，并综合考虑案件具体情况、技术条件等因素。

第五条 人民法院审判人员、专职或者兼职调解员、特邀调解组织和特邀调解员以及人民法院邀请的其他单位或者个人，可以开展在线调解。

在线调解组织和调解员的基本情况、纠纷受理范围、擅长领域、是否收费、作出邀请的人民法院等信息应当在人民法院调解平台进行公布，方便当事人选择。

第六条 人民法院可以邀请符合条件的外国人入驻人民法院调解平台，参与调解当事人一方或者双方为外国人、无国籍人、外国企业或者组织的民商事纠纷。

符合条件的港澳地区居民可以入驻人民法院调解平台，参与调解当事人一方或者双方为香港特别行政区、澳门特别行政区居民、法人或者非法人组织以及大陆港资澳资企业的民商事纠纷。

符合条件的台湾地区居民可以入驻人民法院调解平台，参与调解当事人一方或者双方为台湾地区居民、法人或者非法人组织以及大陆台资企业的民商事纠纷。

第七条 人民法院立案人员、审判人员在立案前或者诉讼过程中，认为纠纷适宜在线调解的，可以通过口头、书面、在线等方式充分释明在线调解的优势，告知在线调解的主要形式、权利义务、法律后果和操作方法等，引导当事人优先选择在线调解方式解决纠纷。

第八条 当事人同意在线调解的，应当在人民法院调解平台填写身份信息、纠纷简要情况、有效联系电话以及接收诉讼文书电子送达地址等，并上传电子化起诉申请材料。当事人在电子诉讼平台已经提交过电子化起诉申请材料的，不再重复提交。

当事人填写或者提交电子化起诉申请材料确有困难的，人民法院可以辅助当事人将纸质材料作电子化处理后导入人民法院调解平台。

第九条 当事人在立案前申请在线调解，属于下列情形之一的，人民法院退回申请并分别予以处理：

（一）当事人申请调解的纠纷不属于人民法院受案范围，告知可以采用的其他纠纷解决方式；

（二）与当事人选择的在线调解组织或者调解员建立邀请关系的人民法院对该纠纷不具有管辖权，告知选择对纠纷有管辖权的人民法院邀请的调解组织或者调解员进行调解；

（三）当事人申请调解的纠纷不适宜在线调解，告知到人民法院诉讼服务大厅现场办理调解或者立案手续。

第十条 当事人一方在立案前同意在线调解的，由人民法院征求其意见后指定调解组织或者调解员。

当事人双方同意在线调解的，可以在案件管辖法院确认的在线调解组织和调解员中共同选择调解组织或者调解员。当事人同意由人民法院指定调解组织或者调解员，或者无法在同意在线调解后两个工作日内共同选择调解组织或者调解员的，由人民法院指定调解组织或者调解员。

人民法院应当在收到当事人在线调解申请后三个工作日内指定调解组织或者调解员。

第十一条 在线调解一般由一名调解员进行，案件重大、疑难复杂或者具有较强专业性的，可以由两名以上调解员调解，并由当事人共同选定其中一人主持调解。无法共同选定的，由人民法院指定一名调解员主持。

第十二条　调解组织或者调解员应当在收到人民法院委派委托调解信息或者当事人在线调解申请后三个工作日内，确认接受人民法院委派委托或者当事人调解申请。纠纷不符合调解组织章程规定的调解范围或者行业领域，明显超出调解员擅长领域或者具有其他不适宜接受情形的，调解组织或者调解员可以写明理由后不予接受。

调解组织或者调解员不予接受或者超过规定期限未予确认的，人民法院、当事人可以重新指定或者选定。

第十三条　主持或者参与在线调解的人员有下列情形之一，应当在接受调解前或者调解过程中进行披露：

（一）是纠纷当事人或者当事人、诉讼代理人近亲属的；

（二）与纠纷有利害关系的；

（三）与当事人、诉讼代理人有其他可能影响公正调解关系的。

当事人在调解组织或者调解员披露上述情形后或者明知其具有上述情形，仍同意调解的，由该调解组织或者调解员继续调解。

第十四条　在线调解过程中，当事人可以申请更换调解组织或者调解员；更换后，当事人仍不同意且拒绝自行选择的，视为当事人拒绝调解。

第十五条　人民法院对当事人一方立案前申请在线调解的，应当征询对方当事人的调解意愿。调解员可以在接受人民法院委派调解之日起三个工作日内协助人民法院通知对方当事人，询问是否同意调解。

对方当事人拒绝调解或者无法联系对方当事人的，调解员应当写明原因，终结在线调解程序，即时将相关材料退回人民法院，并告知当事人。

第十六条　主持在线调解的人员应当在组织调解前确认当事人参与调解的方式，并按照下列情形作出处理：

（一）各方当事人均具备使用音视频技术条件的，指定在同一时间登录人民法院调解平台；无法在同一时间登录的，征得各方当事人同意后，分别指定时间开展音视频调解；

（二）部分当事人不具备使用音视频技术条件的，在人民法院诉讼服务中心、调解组织所在地或者其他便利地点，为其参与在线调解提供场所和音视频设备。

各方当事人均不具备使用音视频技术条件或者拒绝通过音视频方式调解的，确定现场调解的时间、地点。

在线调解过程中，部分当事人提出不宜通过音视频方式调解的，调解员在征得其他当事人同意后，可以组织现场调解。

第十七条　在线调解开始前，主持调解的人员应当通过证件证照在线比对等方式核实当事人和其他参与调解人员的身份，告知虚假调解法律后果。立案前调解的，调解员还应当指导当事人填写《送达地址确认书》等相关材料。

第十八条　在线调解过程中，当事人可以通过语音、文字、视频等形式自主表达意愿，提出纠纷解决方案。除共同确认的无争议事实外，当事人为达成调解协议作出妥协而认可的事实、证据等，不得在诉讼程序中作为对其不利的依据或者证据，但法律另有规定或者当事人均同意的除外。

第十九条　调解员组织当事人就所有或者部分调解请求达成一致意见的，应当在线制作或者上传调解协议，当事人和调解员应当在调解协议上进行电子签章；由调解组织主持达成调解协议的，还应当加盖调解组织电子印章，调解组织没有电子印章的，可以将加盖印章的调解协议上传至人民法院调解平台。

调解协议自各方当事人均完成电子签章之时起发生法律效力，并通过人民法院调解平台向当事人送达。调解协议有给付内容的，当事人应当按照调解协议约定内容主动履行。

第二十条　各方当事人在立案前达成调解协议的，调解员应当记入调解笔录并按诉讼外调解结案，引导当事人自动履行。依照法律和司法解释规定可以申请司法确认调解协议的，当事人可以在线提出申请，人民法院经审查符合法律规定的，裁定调解协议有效。

各方当事人在立案后达成调解协议的，可以请求人民法院制作调解书或者申请撤诉。人民法院经审查符合法律规定的，可以制作调解书或者裁定书结案。

第二十一条　经在线调解达不成调解协议，调解组织或者调解员应当记录调解基本情况、调解不成的原因、导致其他当事人诉讼成本增加的行为以及需要向人民法院提示的其他情况。人民法院按照下列情形作出处理：

（一）当事人在立案前申请在线调解的，调解组织或者调解员可以建议通过在线立案或者其他途径解决纠纷，当事人选择在线立案的，调解组织或者调解员应当将电子化调解材料在线推送给人民法院，由人民法院在法定期限内依法登记立案；

（二）立案前委派调解的，调解不成后，人民法院应当依法登记立案；

（三）立案后委托调解的，调解不成后，人民法院应当恢复审理。

审判人员在诉讼过程中组织在线调解的，调解不成后，应当及时审判。

第二十二条　调解员在线调解过程中，同步形成电子笔录，并确认无争议事实。经当事人双方明确表示同意的，可以以调解录音录像代替电子笔录，但无争议事实应当以书面形式确认。

电子笔录以在线方式核对确认后，与书面笔录具有同等法律效力。

第二十三条　人民法院在审查司法确认申请或者出具调解书过程中，发现当事人可能采取恶意串通、伪造证据、捏造事实、虚构法律关系等手段实施虚假调解行为，侵害他人合法权益的，可以要求当事人提供相关证据。当事人不提供相关证据的，人民法院不予确认调解协议效力或者出具调解书。

经审查认为构成虚假调解的，依照《中华人民共和国民事诉讼法》等相关法律规定处理。发现涉嫌刑事犯罪的，及时将线索和材料移送有管辖权的机关。

第二十四条　立案前在线调解期限为三十日。各方当事人同意延长的，不受此限。立案后在线调解，适用普通程序的调解期限为十五日，适用简易程序的调解期限为七日，各方当事人同意延长的，不受此限。立案后延长的调解期限不计入审理期限。

委派委托调解或者当事人申请调解的调解期限，自调解组织或者调解员在人民法院调解平台确认接受委派委托或者确认接受当事人申请之日起算。审判人员主持调解的，自各方当事人同意之日起算。

第二十五条　有下列情形之一的，在线调解程序终结：

（一）当事人达成调解协议；

（二）当事人自行和解，撤回调解申请；

（三）在调解期限内无法联系到当事人；
（四）当事人一方明确表示不愿意继续调解；
（五）当事人分歧较大且难以达成调解协议；
（六）调解期限届满，未达成调解协议，且各方当事人未达成延长调解期限的合意；
（七）当事人一方拒绝在调解协议上签章；
（八）其他导致调解无法进行的情形。

第二十六条 立案前调解需要鉴定评估的，人民法院工作人员、调解组织或者调解员可以告知当事人诉前委托鉴定程序，指导通过电子诉讼平台或者现场办理等方式提交诉前委托鉴定评估申请，鉴定评估期限不计入调解期限。

诉前委托鉴定评估经人民法院审查符合法律规定的，可以作为证据使用。

第二十七条 各级人民法院负责本级在线调解组织和调解员选任确认、业务培训、资质认证、指导入驻、权限设置、业绩评价等管理工作。上级人民法院选任的在线调解组织和调解员，下级人民法院在征得其同意后可以确认为本院在线调解组织和调解员。

第二十八条 人民法院可以建立婚姻家庭、劳动争议、道路交通、金融消费、证券期货、知识产权、海事海商、国际商事和涉港澳台侨纠纷等专业行业特邀调解名册，按照不同专业邀请具备相关专业能力的组织和人员加入。

最高人民法院建立全国性特邀调解名册，邀请全国人大代表、全国政协委员、知名专家学者、具有较高知名度的调解组织以及较强调解能力的人员加入，参与调解全国法院有重大影响、疑难复杂、适宜调解的案件。

高级人民法院、中级人民法院可以建立区域性特邀调解名册，参与本辖区法院案件的调解。

第二十九条 在线调解组织和调解员在调解过程中，存在下列行为之一的，当事人可以向作出邀请的人民法院投诉：

（一）强迫调解；
（二）无正当理由多次拒绝接受人民法院委派委托或者当事人调解申请；
（三）接受当事人请托或者收受财物；
（四）泄露调解过程、调解协议内容以及调解过程中获悉的国家秘密、商业秘密、个人隐私和其他不宜公开的信息，但法律和行政法规另有规定的除外；
（五）其他违反调解职业道德应当作出处理的行为。

人民法院经核查属实的，应当视情形作出解聘等相应处理，并告知有关主管部门。

第三十条 本规则自2022年1月1日起施行。最高人民法院以前发布的司法解释与本规则不一致的，以本规则为准。

刑 事

中华人民共和国最高人民法院
中华人民共和国最高人民检察院
公 告

《最高人民法院、最高人民检察院关于办理窝藏、包庇刑事案件适用法律若干问题的解释》已于2020年3月2日由最高人民法院审判委员会第1794次会议、2020年12月28日由最高人民检察院第十三届检察委员会第五十八次会议通过，现予公布，自2021年8月11日起施行。

2021年8月9日

最高人民法院 最高人民检察院
关于办理窝藏、包庇刑事案件适用法律
若干问题的解释

法释〔2021〕16号

为依法惩治窝藏、包庇犯罪，根据《中华人民共和国刑法》《中华人民共和国刑事诉讼法》的有关规定，结合司法工作实际，现就办理窝藏、包庇刑事案件适用法律的若干问题解释如下：

第一条 明知是犯罪的人，为帮助其逃匿，实施下列行为之一的，应当依照刑法第三百一十条第一款的规定，以窝藏罪定罪处罚：

（一）为犯罪的人提供房屋或者其他可以用于隐藏的处所的；

（二）为犯罪的人提供车辆、船只、航空器等交通工具，或者提供手机等通讯工具的；

（三）为犯罪的人提供金钱的；

（四）其他为犯罪的人提供隐藏处所、财物，帮助其逃匿的情形。

保证人在犯罪的人取保候审期间，协助其逃匿，或者明知犯罪的人的藏匿地点、联系方式，但拒绝向司法机关提供的，应当依照刑法第三百一十条第一款的规定，对保证人以窝藏

罪定罪处罚。

虽然为犯罪的人提供隐藏处所、财物，但不是出于帮助犯罪的人逃匿的目的，不以窝藏罪定罪处罚；对未履行法定报告义务的行为人，依法移送有关主管机关给予行政处罚。

第二条 明知是犯罪的人，为帮助其逃避刑事追究，或者帮助其获得从宽处罚，实施下列行为之一的，应当依照刑法第三百一十条第一款的规定，以包庇罪定罪处罚：

（一）故意顶替犯罪的人欺骗司法机关的；

（二）故意向司法机关作虚假陈述或者提供虚假证明，以证明犯罪的人没有实施犯罪行为，或者犯罪的人所实施行为不构成犯罪的；

（三）故意向司法机关提供虚假证明，以证明犯罪的人具有法定从轻、减轻、免除处罚情节的；

（四）其他作假证明包庇的行为。

第三条 明知他人有间谍犯罪或者恐怖主义、极端主义犯罪行为，在司法机关向其调查有关情况、收集有关证据时，拒绝提供，情节严重的，依照刑法第三百一十一条的规定，以拒绝提供间谍犯罪、恐怖主义犯罪、极端主义犯罪证据罪定罪处罚；作假证明包庇的，依照刑法第三百一十条的规定，以包庇罪从重处罚。

第四条 窝藏、包庇犯罪的人，具有下列情形之一的，应当认定为刑法第三百一十条第一款规定的"情节严重"：

（一）被窝藏、包庇的人可能被判处无期徒刑以上刑罚的；

（二）被窝藏、包庇的人犯危害国家安全犯罪、恐怖主义或者极端主义犯罪，或者系黑社会性质组织犯罪的组织者、领导者，且可能被判处十年有期徒刑以上刑罚的；

（三）被窝藏、包庇的人系犯罪集团的首要分子，且可能被判处十年有期徒刑以上刑罚的；

（四）被窝藏、包庇的人在被窝藏、包庇期间再次实施故意犯罪，且新罪可能被判处五年有期徒刑以上刑罚的；

（五）多次窝藏、包庇犯罪的人，或者窝藏、包庇多名犯罪的人的；

（六）其他情节严重的情形。

前款所称"可能被判处"刑罚，是指根据被窝藏、包庇的人所犯罪行，在不考虑自首、立功、认罪认罚等从宽处罚情节时应当依法判处的刑罚。

第五条 认定刑法第三百一十条第一款规定的"明知"，应当根据案件的客观事实，结合行为人的认知能力，接触被窝藏、包庇的犯罪人的情况，以及行为人和犯罪人的供述等主、客观因素进行认定。

行为人将犯罪的人所犯之罪误认为其他犯罪的，不影响刑法第三百一十条第一款规定的"明知"的认定。

行为人虽然实施了提供隐藏处所、财物等行为，但现有证据不能证明行为人知道犯罪的人实施了犯罪行为的，不能认定为刑法第三百一十条第一款规定的"明知"。

第六条 认定窝藏、包庇罪，以被窝藏、包庇的人的行为构成犯罪为前提。

被窝藏、包庇的人实施的犯罪事实清楚，证据确实、充分，但尚未到案、尚未依法裁判或者因不具有刑事责任能力依法未予追究刑事责任的，不影响窝藏、包庇罪的认定。但是，被窝藏、包庇的人归案后被宣告无罪的，应当依照法定程序宣告窝藏、包庇行为人无罪。

第七条 为帮助同一个犯罪的人逃避刑事处罚，实施窝藏、包庇行为，又实施洗钱行为，或者掩饰、隐瞒犯罪所得及其收益行为，或者帮助毁灭证据行为，或者伪证行为的，依照处罚较重的犯罪定罪，并从重处罚，不实行数罪并罚。

第八条 共同犯罪人之间互相实施的窝藏、包庇行为，不以窝藏、包庇罪定罪处罚，但对共同犯罪以外的犯罪人实施窝藏、包庇行为的，以所犯共同犯罪和窝藏、包庇罪并罚。

第九条 本解释自 2021 年 8 月 11 日起施行。

中华人民共和国最高人民法院
中华人民共和国最高人民检察院
公 告

《最高人民法院、最高人民检察院关于办理危害食品安全刑事案件适用法律若干问题的解释》已于 2021 年 12 月 13 日由最高人民法院审判委员会第 1856 次会议、2021 年 12 月 29 日由最高人民检察院第十三届检察委员会第八十四次会议通过，现予公布，自 2022 年 1 月 1 日起施行。

2021 年 12 月 30 日

最高人民法院 最高人民检察院
关于办理危害食品安全刑事案件适用法律
若干问题的解释

法释〔2021〕24 号

为依法惩治危害食品安全犯罪，保障人民群众身体健康、生命安全，根据《中华人民共和国刑法》《中华人民共和国刑事诉讼法》的有关规定，对办理此类刑事案件适用法律的若干问题解释如下：

第一条 生产、销售不符合食品安全标准的食品，具有下列情形之一的，应当认定为刑法第一百四十三条规定的"足以造成严重食物中毒事故或者其他严重食源性疾病"：

（一）含有严重超出标准限量的致病性微生物、农药残留、兽药残留、生物毒素、重金属等污染物质以及其他严重危害人体健康的物质的；

（二）属于病死、死因不明或者检验检疫不合格的畜、禽、兽、水产动物肉类及其制品的；

（三）属于国家为防控疾病等特殊需要明令禁止生产、销售的；

（四）特殊医学用途配方食品、专供婴幼儿的主辅食品营养成分严重不符合食品安全标准的；

（五）其他足以造成严重食物中毒事故或者严重食源性疾病的情形。

第二条 生产、销售不符合食品安全标准的食品，具有下列情形之一的，应当认定为刑法第一百四十三条规定的"对人体健康造成严重危害"：

（一）造成轻伤以上伤害的；

（二）造成轻度残疾或者中度残疾的；

（三）造成器官组织损伤导致一般功能障碍或者严重功能障碍的；

（四）造成十人以上严重食物中毒或者其他严重食源性疾病的；

（五）其他对人体健康造成严重危害的情形。

第三条 生产、销售不符合食品安全标准的食品，具有下列情形之一的，应当认定为刑法第一百四十三条规定的"其他严重情节"：

（一）生产、销售金额二十万元以上的；

（二）生产、销售金额十万元以上不满二十万元，不符合食品安全标准的食品数量较大或者生产、销售持续时间六个月以上的；

（三）生产、销售金额十万元以上不满二十万元，属于特殊医学用途配方食品、专供婴幼儿的主辅食品的；

（四）生产、销售金额十万元以上不满二十万元，且在中小学校园、托幼机构、养老机构及周边面向未成年人、老年人销售的；

（五）生产、销售金额十万元以上不满二十万元，曾因危害食品安全犯罪受过刑事处罚或者二年内因危害食品安全违法行为受过行政处罚的；

（六）其他情节严重的情形。

第四条 生产、销售不符合食品安全标准的食品，具有下列情形之一的，应当认定为刑法第一百四十三条规定的"后果特别严重"：

（一）致人死亡的；

（二）造成重度残疾以上的；

（三）造成三人以上重伤、中度残疾或者器官组织损伤导致严重功能障碍的；

（四）造成十人以上轻伤、五人以上轻度残疾或者器官组织损伤导致一般功能障碍的；

（五）造成三十人以上严重食物中毒或者其他严重食源性疾病的；

（六）其他特别严重的后果。

第五条 在食品生产、销售、运输、贮存等过程中，违反食品安全标准，超限量或者超范围滥用食品添加剂，足以造成严重食物中毒事故或者其他严重食源性疾病的，依照刑法第一百四十三条的规定以生产、销售不符合安全标准的食品罪定罪处罚。

在食用农产品种植、养殖、销售、运输、贮存等过程中，违反食品安全标准，超限量或者超范围滥用添加剂、农药、兽药等，足以造成严重食物中毒事故或者其他严重食源性疾病的,适用前款的规定定罪处罚。

第六条 生产、销售有毒、有害食品,具有本解释第二条规定情形之一的,应当认定为刑法第一百四十四条规定的"对人体健康造成严重危害"。

第七条 生产、销售有毒、有害食品,具有下列情形之一的,应当认定为刑法第一百四十四条规定的"其他严重情节":

(一)生产、销售金额二十万元以上不满五十万元的;

(二)生产、销售金额十万元以上不满二十万元,有毒、有害食品数量较大或者生产、销售持续时间六个月以上的;

(三)生产、销售金额十万元以上不满二十万元,属于特殊医学用途配方食品、专供婴幼儿的主辅食品的;

(四)生产、销售金额十万元以上不满二十万元,且在中小学校园、托幼机构、养老机构及周边面向未成年人、老年人销售的;

(五)生产、销售金额十万元以上不满二十万元,曾因危害食品安全犯罪受过刑事处罚或者二年内因危害食品安全违法行为受过行政处罚的;

(六)有毒、有害的非食品原料毒害性强或者含量高的;

(七)其他情节严重的情形。

第八条 生产、销售有毒、有害食品,生产、销售金额五十万元以上,或者具有本解释第四条第二项至第六项规定的情形之一的,应当认定为刑法第一百四十四条规定的"其他特别严重情节"。

第九条 下列物质应当认定为刑法第一百四十四条规定的"有毒、有害的非食品原料":

(一)因危害人体健康,被法律、法规禁止在食品生产经营活动中添加、使用的物质;

(二)因危害人体健康,被国务院有关部门列入《食品中可能违法添加的非食用物质名单》《保健食品中可能非法添加的物质名单》和国务院有关部门公告的禁用农药、《食品动物中禁止使用的药品及其他化合物清单》等名单上的物质;

(三)其他有毒、有害的物质。

第十条 刑法第一百四十四条规定的"明知",应当综合行为人的认知能力、食品质量、进货或者销售的渠道及价格等主、客观因素进行认定。

具有下列情形之一的,可以认定为刑法第一百四十四条规定的"明知",但存在相反证据并经查证属实的除外:

(一)长期从事相关食品、食用农产品生产、种植、养殖、销售、运输、贮存行业,不依法履行保障食品安全义务的;

(二)没有合法有效的购货凭证,且不能提供或者拒不提供销售的相关食品来源的;

(三)以明显低于市场价格进货或者销售且无合理原因的;

(四)在有关部门发出禁令或者食品安全预警的情况下继续销售的;

(五)因实施危害食品安全行为受过行政处罚或者刑事处罚,又实施同种行为的;

(六)其他足以认定行为人明知的情形。

第十一条 在食品生产、销售、运输、贮存等过程中,掺入有毒、有害的非食品原料,或者使用有毒、有害的非食品原料生产食品的，依照刑法第一百四十四条的规定以生产、销售有毒、有害食品罪定罪处罚。

在食用农产品种植、养殖、销售、运输、贮存等过程中，使用禁用农药、食品动物中禁止使用的药品及其他化合物等有毒、有害的非食品原料，适用前款的规定定罪处罚。

在保健食品或者其他食品中非法添加国家禁用药物等有毒、有害的非食品原料的，适用第一款的规定定罪处罚。

第十二条 在食品生产、销售、运输、贮存等过程中，使用不符合食品安全标准的食品包装材料、容器、洗涤剂、消毒剂，或者用于食品生产经营的工具、设备等，造成食品被污染，符合刑法第一百四十三条、第一百四十四条规定的，以生产、销售不符合安全标准的食品罪或者生产、销售有毒、有害食品罪定罪处罚。

第十三条 生产、销售不符合食品安全标准的食品，有毒、有害食品，符合刑法第一百四十三条、第一百四十四条规定的，以生产、销售不符合安全标准的食品罪或者生产、销售有毒、有害食品罪定罪处罚。同时构成其他犯罪的，依照处罚较重的规定定罪处罚。

生产、销售不符合食品安全标准的食品，无证据证明足以造成严重食物中毒事故或者其他严重食源性疾病，不构成生产、销售不符合安全标准的食品罪，但构成生产、销售伪劣产品罪，妨害动植物防疫、检疫罪等其他犯罪的，依照该其他犯罪定罪处罚。

第十四条 明知他人生产、销售不符合食品安全标准的食品，有毒、有害食品，具有下列情形之一的，以生产、销售不符合安全标准的食品罪或者生产、销售有毒、有害食品罪的共犯论处：

（一）提供资金、贷款、账号、发票、证明、许可证件的；

（二）提供生产、经营场所或者运输、贮存、保管、邮寄、销售渠道等便利条件的；

（三）提供生产技术或者食品原料、食品添加剂、食品相关产品或者有毒、有害的非食品原料的；

（四）提供广告宣传的；

（五）提供其他帮助行为的。

第十五条 生产、销售不符合食品安全标准的食品添加剂，用于食品的包装材料、容器、洗涤剂、消毒剂，或者用于食品生产经营的工具、设备等，符合刑法第一百四十条规定的，以生产、销售伪劣产品罪定罪处罚。

生产、销售用超过保质期的食品原料、超过保质期的食品、回收食品作为原料的食品，或者以更改生产日期、保质期、改换包装等方式销售超过保质期的食品、回收食品，适用前款的规定定罪处罚。

实施前两款行为，同时构成生产、销售不符合安全标准的食品罪，生产、销售不符合安全标准的产品罪等其他犯罪的，依照处罚较重的规定定罪处罚。

第十六条 以提供给他人生产、销售食品为目的，违反国家规定，生产、销售国家禁止用于食品生产、销售的非食品原料，情节严重的，依照刑法第二百二十五条的规定以非法经营罪定罪处罚。

以提供给他人生产、销售食用农产品为目的，违反国家规定，生产、销售国家禁用农药、食品动物中禁止使用的药品及其他化合物等有毒、有害的非食品原料，或者生产、销售添加上述有毒、有害的非食品原料的农药、兽药、饲料、饲料添加剂、饲料原料,情节严重的,依照前款的规定定罪处罚。

第十七条 违反国家规定,私设生猪屠宰厂(场),从事生猪屠宰、销售等经营活动,情节严重的,依照刑法第二百二十五条的规定以非法经营罪定罪处罚。

在畜禽屠宰相关环节,对畜禽使用食品动物中禁止使用的药品及其他化合物等有毒、有害的非食品原料,依照刑法第一百四十四条的规定以生产、销售有毒、有害食品罪定罪处罚,对畜禽注水或者注入其他物质,足以造成严重食物中毒事故或者其他严重食源性疾病的,依照刑法第一百四十三条的规定以生产、销售不符合安全标准的食品罪定罪处罚,虽不足以造成严重食物中毒事故或者其他严重食源性疾病,但符合刑法第一百四十条规定的,以生产、销售伪劣产品罪定罪处罚。

第十八条 实施本解释规定的非法经营行为,非法经营数额在十万元以上,或者违法所得数额在五万元以上的,应当认定为刑法第二百二十五条规定的"情节严重";非法经营数额在五十万元以上,或者违法所得数额在二十五万元以上的,应当认定为刑法第二百二十五条规定的"情节特别严重"。

实施本解释规定的非法经营行为,同时构成生产、销售伪劣产品罪,生产、销售不符合安全标准的食品罪,生产、销售有毒、有害食品罪,生产、销售伪劣农药、兽药罪等其他犯罪的,依照处罚较重的规定定罪处罚。

第十九条 违反国家规定,利用广告对保健食品或者其他食品作虚假宣传,符合刑法第二百二十二条规定的,以虚假广告罪定罪处罚;以非法占有为目的,利用销售保健食品或者其他食品诈骗财物,符合刑法第二百六十六条规定的,以诈骗罪定罪处罚。同时构成生产、销售伪劣产品罪等其他犯罪的,依照处罚较重的规定定罪处罚。

第二十条 负有食品安全监督管理职责的国家机关工作人员滥用职权或者玩忽职守,构成食品监管渎职罪,同时构成徇私舞弊不移交刑事案件罪、商检徇私舞弊罪、动植物检疫徇私舞弊罪、放纵制售伪劣商品犯罪行为罪等其他渎职犯罪的,依照处罚较重的规定定罪处罚。

负有食品安全监督管理职责的国家机关工作人员滥用职权或者玩忽职守,不构成食品监管渎职罪,但构成前款规定的其他渎职犯罪的,依照该其他犯罪定罪处罚。

负有食品安全监督管理职责的国家机关工作人员与他人共谋,利用其职务行为帮助他人实施危害食品安全犯罪行为,同时构成渎职犯罪和危害食品安全犯罪共犯的,依照处罚较重的规定定罪从重处罚。

第二十一条 犯生产、销售不符合安全标准的食品罪,生产、销售有毒、有害食品罪,一般应当依法判处生产、销售金额二倍以上的罚金。

共同犯罪的,对各共同犯罪人合计判处的罚金一般应当在生产、销售金额的二倍以上。

第二十二条 对实施本解释规定之犯罪的犯罪分子,应当依照刑法规定的条件,严格适用缓刑、免予刑事处罚。对于依法适用缓刑的,可以根据犯罪情况,同时宣告禁止令。

对于被不起诉或者免予刑事处罚的行为人,需要给予行政处罚、政务处分或者其他处分的,依法移送有关主管机关处理。

第二十三条 单位实施本解释规定的犯罪的,对单位判处罚金,并对直接负责的主管人员和其他直接责任人员,依照本解释规定的定罪量刑标准处罚。

第二十四条 "足以造成严重食物中毒事故或者其他严重食源性疾病""有毒、有害的非食品原料"等专门性问题难以确定的,司法机关可以依据鉴定意见、检验报告、地市级以上相关行政主管部门组织出具的书面意见,结合其他证据作出认定。必要时,专门性问题由省级以上相关行政主管部门组织出具书面意见。

第二十五条 本解释所称"二年内",以第一次违法行为受到行政处罚的生效之日与又实施相应行为之日的时间间隔计算确定。

第二十六条 本解释自2022年1月1日起施行。本解释公布实施后,《最高人民法院、最高人民检察院关于办理危害食品安全刑事案件适用法律若干问题的解释》(法释〔2013〕12号)同时废止;之前发布的司法解释与本解释不一致的,以本解释为准。

中华人民共和国最高人民法院
公 告

《最高人民法院关于修改〈最高人民法院关于审理非法集资刑事案件具体应用法律若干问题的解释〉的决定》已于2021年12月30日由最高人民法院审判委员会第1860次会议通过,现予公布,自2022年3月1日起施行。

2022年2月23日

最高人民法院
关于修改《最高人民法院关于审理非法集资刑事案件具体应用法律若干问题的解释》的决定

法释〔2022〕5号

根据刑法修改和司法实践,现决定对《最高人民法院关于审理非法集资刑事案件具体应用法律若干问题的解释》(法释〔2010〕18号,以下简称《解释》)作如下修改:

一、将第一条第一款第一项修改为:"未经有关部门依法许可或者借用合法经营的形式吸收资金",第二项修改为:"通过网络、媒体、推介会、传单、手机信息等途径向社会公开宣传"。

二、将第二条第八项修改为:"以网络借贷、投资入股、虚拟币交易等方式非法吸收资金的",第九项修改为:"以委托理财、融资租赁等方式非法吸收资金的",增加一项作为第十项:"以提供'养老服务'、投资'养老项目'、销售'老年产品'等方式非法吸收资金的",原第十项、第十一项改为第十一项、第十二项。

三、将第三条修改为:"非法吸收或者变相吸收公众存款,具有下列情形之一的,应当依法追究刑事责任:

"(一)非法吸收或者变相吸收公众存款数额在100万元以上的;

"(二)非法吸收或者变相吸收公众存款对象150人以上的;

"(三)非法吸收或者变相吸收公众存款,给存款人造成直接经济损失数额在50万元以上的。

"非法吸收或者变相吸收公众存款数额在50万元以上或者给存款人造成直接经济损失数额在25万元以上,同时具有下列情节之一的,应当依法追究刑事责任:

"(一)曾因非法集资受过刑事追究的;

"(二)二年内曾因非法集资受过行政处罚的;

"(三)造成恶劣社会影响或者其他严重后果的。"

四、增加一条,作为第四条:"非法吸收或者变相吸收公众存款,具有下列情形之一的,应当认定为刑法第一百七十六条规定的'数额巨大或者有其他严重情节':

"(一)非法吸收或者变相吸收公众存款数额在500万元以上的;

"(二)非法吸收或者变相吸收公众存款对象500人以上的;

"(三)非法吸收或者变相吸收公众存款,给存款人造成直接经济损失数额在250万元以上的。

"非法吸收或者变相吸收公众存款数额在250万元以上或者给存款人造成直接经济损失数额在150万元以上,同时具有本解释第三条第二款第三项情节的,应当认定为'其他严重情节'。"

五、增加一条,作为第五条:"非法吸收或者变相吸收公众存款,具有下列情形之一的,应当认定为刑法第一百七十六条规定的'数额特别巨大或者有其他特别严重情节':

"(一)非法吸收或者变相吸收公众存款数额在5000万元以上的;

"(二)非法吸收或者变相吸收公众存款对象5000人以上的;

"(三)非法吸收或者变相吸收公众存款,给存款人造成直接经济损失数额在2500万元以上的。

"非法吸收或者变相吸收公众存款数额在2500万元以上或者给存款人造成直接经济损失数额在1500万元以上,同时具有本解释第三条第二款第三项情节的,应当认定为'其他特别严重情节'。"

六、增加一条,作为第六条:"非法吸收或者变相吸收公众存款的数额,以行为人所吸收的资金全额计算。在提起公诉前积极退赃退赔,减少损害结果发生的,可以从轻或者减轻处罚;在提起公诉后退赃退赔的,可以作为量刑情节酌情考虑。

"非法吸收或者变相吸收公众存款,主要用于正常的生产经营活动,能够在提起公诉前清退所吸收资金,可以免予刑事处罚;情节显著轻微危害不大的,不作为犯罪处理。

"对依法不需要追究刑事责任或者免予刑事处罚的,应当依法将案件移送有关行政机关。"

七、将原第四条改为第七条。

八、将原第五条改为第八条，修改为："集资诈骗数额在10万元以上的，应当认定为'数额较大'；数额在100万元以上的，应当认定为'数额巨大'。

"集资诈骗数额在50万元以上，同时具有本解释第三条第二款第三项情节的，应当认定为刑法第一百九十二条规定的'其他严重情节'。

"集资诈骗的数额以行为人实际骗取的数额计算，在案发前已归还的数额应予扣除。行为人为实施集资诈骗活动而支付的广告费、中介费、手续费、回扣，或者用于行贿、赠与等费用，不予扣除。行为人为实施集资诈骗活动而支付的利息，除本金未归还可予折抵本金以外，应当计入诈骗数额。"

九、增加一条，作为第九条："犯非法吸收公众存款罪，判处三年以下有期徒刑或者拘役，并处或者单处罚金的，处五万元以上一百万元以下罚金；判处三年以上十年以下有期徒刑的，并处十万元以上五百万元以下罚金；判处十年以上有期徒刑的，并处五十万元以上罚金。

"犯集资诈骗罪，判处三年以上七年以下有期徒刑的，并处十万元以上五百万元以下罚金；判处七年以上有期徒刑或者无期徒刑的，并处五十万元以上罚金或者没收财产。"

十、将原第六条改为第十条。

十一、将原第七条改为第十一条。

十二、将原第八条改为第十二条，并将原第八条第二款修改为："明知他人从事欺诈发行证券，非法吸收公众存款，擅自发行股票、公司、企业债券，集资诈骗或者组织、领导传销活动等集资犯罪活动，为其提供广告等宣传的，以相关犯罪的共犯论处。"

十三、增加一条，作为第十三条："通过传销手段向社会公众非法吸收资金，构成非法吸收公众存款罪或者集资诈骗罪，同时又构成组织、领导传销活动罪的，依照处罚较重的规定定罪处罚。"

十四、增加一条，作为第十四条："单位实施非法吸收公众存款、集资诈骗犯罪的，依照本解释规定的相应自然人犯罪的定罪量刑标准，对单位判处罚金，并对其直接负责的主管人员和其他直接责任人员定罪处罚。"

十五、将原第九条改为第十五条。

本决定自2022年3月1日起施行。

根据本决定，对《解释》作相应修改并调整条文顺序后，重新公布。

最高人民法院关于审理非法集资刑事案件具体应用法律若干问题的解释

(2010年11月22日最高人民法院审判委员会第1502次会议通过，根据2021年12月30日最高人民法院审判委员会第1860次会议通过的《最高人民法院关于修改〈最高人民法院关于审理非法集资刑事案件具体应用法律若干问题的解释〉的决定》修正，该修正自2022年3月1日起施行)

为依法惩治非法吸收公众存款、集资诈骗等非法集资犯罪活动，根据《中华人民共和国刑法》的规定，现就审理此类刑事案件具体应用法律的若干问题解释如下：

第一条 违反国家金融管理法律规定，向社会公众（包括单位和个人）吸收资金的行为，同时具备下列四个条件的，除刑法另有规定的以外，应当认定为刑法第一百七十六条规定的"非法吸收公众存款或者变相吸收公众存款"：

（一）未经有关部门依法许可或者借用合法经营的形式吸收资金；

（二）通过网络、媒体、推介会、传单、手机信息等途径向社会公开宣传；

（三）承诺在一定期限内以货币、实物、股权等方式还本付息或者给付回报；

（四）向社会公众即社会不特定对象吸收资金。

未向社会公开宣传，在亲友或者单位内部针对特定对象吸收资金的，不属于非法吸收或者变相吸收公众存款。

第二条 实施下列行为之一，符合本解释第一条第一款规定的条件的，应当依照刑法第一百七十六条的规定，以非法吸收公众存款罪定罪处罚：

（一）不具有房产销售的真实内容或者不以房产销售为主要目的，以返本销售、售后包租、约定回购、销售房产份额等方式非法吸收资金的；

（二）以转让林权并代为管护等方式非法吸收资金的；

（三）以代种植（养殖）、租种植（养殖）、联合种植（养殖）等方式非法吸收资金的；

（四）不具有销售商品、提供服务的真实内容或者不以销售商品、提供服务为主要目的，以商品回购、寄存代售等方式非法吸收资金的；

（五）不具有发行股票、债券的真实内容，以虚假转让股权、发售虚构债券等方式非法吸收资金的；

（六）不具有募集基金的真实内容，以假借境外基金、发售虚构基金等方式非法吸收资金的；

（七）不具有销售保险的真实内容，以假冒保险公司、伪造保险单据等方式非法吸收资金的；

（八）以网络借贷、投资入股、虚拟币交易等方式非法吸收资金的；

（九）以委托理财、融资租赁等方式非法吸收资金的；

（十）以提供"养老服务"、投资"养老项目"、销售"老年产品"等方式非法吸收资金的；

（十一）利用民间"会""社"等组织非法吸收资金的；

（十二）其他非法吸收资金的行为。

第三条 非法吸收或者变相吸收公众存款，具有下列情形之一的，应当依法追究刑事责任：

（一）非法吸收或者变相吸收公众存款数额在100万元以上的；

（二）非法吸收或者变相吸收公众存款对象150人以上的；

（三）非法吸收或者变相吸收公众存款，给存款人造成直接经济损失数额在50万元以上的。

非法吸收或者变相吸收公众存款数额在50万元以上或者给存款人造成直接经济损失数额在25万元以上，同时具有下列情节之一的，应当依法追究刑事责任：

（一）曾因非法集资受过刑事追究的；

（二）二年内曾因非法集资受过行政处罚的；

（三）造成恶劣社会影响或者其他严重后果的。

第四条 非法吸收或者变相吸收公众存款，具有下列情形之一的，应当认定为刑法第一百七十六条规定的"数额巨大或者有其他严重情节"：

（一）非法吸收或者变相吸收公众存款数额在500万元以上的；

（二）非法吸收或者变相吸收公众存款对象500人以上的；

（三）非法吸收或者变相吸收公众存款，给存款人造成直接经济损失数额在250万元以上的。

非法吸收或者变相吸收公众存款数额在250万元以上或者给存款人造成直接经济损失数额在150万元以上，同时具有本解释第三条第二款第三项情节的，应当认定为"其他严重情节"。

第五条 非法吸收或者变相吸收公众存款，具有下列情形之一的，应当认定为刑法第一百七十六条规定的"数额特别巨大或者有其他特别严重情节"：

（一）非法吸收或者变相吸收公众存款数额在5000万元以上的；

（二）非法吸收或者变相吸收公众存款对象5000人以上的；

（三）非法吸收或者变相吸收公众存款，给存款人造成直接经济损失数额在2500万元以上的。

非法吸收或者变相吸收公众存款数额在2500万元以上或者给存款人造成直接经济损失数额在1500万元以上，同时具有本解释第三条第二款第三项情节的，应当认定为"其他特别严重情节"。

第六条 非法吸收或者变相吸收公众存款的数额，以行为人所吸收的资金全额计算。在提起公诉前积极退赃退赔，减少损害结果发生的，可以从轻或者减轻处罚；在提起公诉后退赃退赔的，可以作为量刑情节酌情考虑。

非法吸收或者变相吸收公众存款，主要用于正常的生产经营活动，能够在提起公诉前清退所吸收资金，可以免予刑事处罚；情节显著轻微危害不大的，不作为犯罪处理。

对依法不需要追究刑事责任或者免予刑事处罚的，应当依法将案件移送有关行政机关。

第七条 以非法占有为目的，使用诈骗方法实施本解释第二条规定所列行为的，应当依照刑法第一百九十二条的规定,以集资诈骗罪定罪处罚。

使用诈骗方法非法集资,具有下列情形之一的,可以认定为"以非法占有为目的":

(一)集资后不用于生产经营活动或者用于生产经营活动与筹集资金规模明显不成比例,致使集资款不能返还的;

(二)肆意挥霍集资款,致使集资款不能返还的;

(三)携带集资款逃匿的;

(四)将集资款用于违法犯罪活动的;

(五)抽逃、转移资金、隐匿财产,逃避返还资金的;

(六)隐匿、销毁账目,或者搞假破产、假倒闭,逃避返还资金的;

(七)拒不交代资金去向,逃避返还资金的;

(八)其他可以认定非法占有目的的情形。

集资诈骗罪中的非法占有目的,应当区分情形进行具体认定。行为人部分非法集资行为具有非法占有目的的,对该部分非法集资行为所涉集资款以集资诈骗罪定罪处罚;非法集资共同犯罪中部分行为人具有非法占有目的,其他行为人没有非法占有集资款的共同故意和行为的,对具有非法占有目的的行为人以集资诈骗罪定罪处罚。

第八条 集资诈骗数额在10万元以上的,应当认定为"数额较大";数额在100万元以上的,应当认定为"数额巨大"。

集资诈骗数额在50万元以上,同时具有本解释第三条第二款第三项情节的,应当认定为刑法第一百九十二条规定的"其他严重情节"。

集资诈骗的数额以行为人实际骗取的数额计算,在案发前已归还的数额应予扣除。行为人为实施集资诈骗活动而支付的广告费、中介费、手续费、回扣,或者用于行贿、赠与等费用,不予扣除。行为人为实施集资诈骗活动而支付的利息,除本金未归还可予折抵本金以外,应当计入诈骗数额。

第九条 犯非法吸收公众存款罪,判处三年以下有期徒刑或者拘役,并处或者单处罚金的,处五万元以上一百万元以下罚金;判处三年以上十年以下有期徒刑的,并处十万元以上五百万元以下罚金;判处十年以上有期徒刑的,并处五十万元以上罚金。

犯集资诈骗罪,判处三年以上七年以下有期徒刑的,并处十万元以上五百万元以下罚金;判处七年以上有期徒刑或者无期徒刑的,并处五十万元以上罚金或者没收财产。

第十条 未经国家有关主管部门批准,向社会不特定对象发行、以转让股权等方式变相发行股票或者公司、企业债券,或者向特定对象发行、变相发行股票或者公司、企业债券累计超过200人的,应当认定为刑法第一百七十九条规定的"擅自发行股票或者公司、企业债券"。构成犯罪的,以擅自发行股票、公司、企业债券罪定罪处罚。

第十一条 违反国家规定,未经依法核准擅自发行基金份额募集基金,情节严重的,依照刑法第二百二十五条的规定,以非法经营罪定罪处罚。

第十二条 广告经营者、广告发布者违反国家规定,利用广告为非法集资活动相关的商品或者服务作虚假宣传,具有下列情形之一的,依照刑法第二百二十二条的规定,以虚假广告罪定罪处罚:

(一)违法所得数额在10万元以上的;

（二）造成严重危害后果或者恶劣社会影响的；

（三）二年内利用广告作虚假宣传，受过行政处罚二次以上的；

（四）其他情节严重的情形。

明知他人从事欺诈发行证券，非法吸收公众存款，擅自发行股票、公司、企业债券，集资诈骗或者组织、领导传销活动等集资犯罪活动，为其提供广告等宣传的，以相关犯罪的共犯论处。

第十三条　通过传销手段向社会公众非法吸收资金，构成非法吸收公众存款罪或者集资诈骗罪，同时又构成组织、领导传销活动罪的，依照处罚较重的规定定罪处罚。

第十四条　单位实施非法吸收公众存款、集资诈骗犯罪的，依照本解释规定的相应自然人犯罪的定罪量刑标准，对单位判处罚金，并对其直接负责的主管人员和其他直接责任人员定罪处罚。

第十五条　此前发布的司法解释与本解释不一致的，以本解释为准。

中华人民共和国最高人民法院
中华人民共和国最高人民检察院
公　告

《最高人民法院、最高人民检察院关于办理危害药品安全刑事案件适用法律若干问题的解释》已于 2022 年 2 月 28 日由最高人民法院审判委员会第 1865 次会议、2022 年 2 月 25 日由最高人民检察院第十三届检察委员会第九十二次会议通过，现予公布，自 2022 年 3 月 6 日起施行。

2022 年 3 月 3 日

最高人民法院　最高人民检察院
关于办理危害药品安全刑事案件适用法律
若干问题的解释

高检发释字〔2022〕1 号

为依法惩治危害药品安全犯罪，保障人民群众生命健康，维护药品管理秩序，根据《中华人民共和国刑法》《中华人民共和国刑事诉讼法》及《中华人民共和国药品管理法》

等有关规定,现就办理此类刑事案件适用法律的若干问题解释如下:

第一条 生产、销售、提供假药,具有下列情形之一的,应当酌情从重处罚:

(一)涉案药品以孕产妇、儿童或者危重病人为主要使用对象的;

(二)涉案药品属于麻醉药品、精神药品、医疗用毒性药品、放射性药品、生物制品,或者以药品类易制毒化学品冒充其他药品的;

(三)涉案药品属于注射剂药品、急救药品的;

(四)涉案药品系用于应对自然灾害、事故灾难、公共卫生事件、社会安全事件等突发事件的;

(五)药品使用单位及其工作人员生产、销售假药的;

(六)其他应当酌情从重处罚的情形。

第二条 生产、销售、提供假药,具有下列情形之一的,应当认定为刑法第一百四十一条规定的"对人体健康造成严重危害":

(一)造成轻伤或者重伤的;

(二)造成轻度残疾或者中度残疾的;

(三)造成器官组织损伤导致一般功能障碍或者严重功能障碍的;

(四)其他对人体健康造成严重危害的情形。

第三条 生产、销售、提供假药,具有下列情形之一的,应当认定为刑法第一百四十一条规定的"其他严重情节":

(一)引发较大突发公共卫生事件的;

(二)生产、销售、提供假药的金额二十万元以上不满五十万元的;

(三)生产、销售、提供假药的金额十万元以上不满二十万元,并具有本解释第一条规定情形之一的;

(四)根据生产、销售、提供的时间、数量、假药种类、对人体健康危害程度等,应当认定为情节严重的。

第四条 生产、销售、提供假药,具有下列情形之一的,应当认定为刑法第一百四十一条规定的"其他特别严重情节":

(一)致人重度残疾以上的;

(二)造成三人以上重伤、中度残疾或者器官组织损伤导致严重功能障碍的;

(三)造成五人以上轻度残疾或者器官组织损伤导致一般功能障碍的;

(四)造成十人以上轻伤的;

(五)引发重大、特别重大突发公共卫生事件的;

(六)生产、销售、提供假药的金额五十万元以上的;

(七)生产、销售、提供假药的金额二十万元以上不满五十万元,并具有本解释第一条规定情形之一的;

(八)根据生产、销售、提供的时间、数量、假药种类、对人体健康危害程度等,应当认定为情节特别严重的。

第五条 生产、销售、提供劣药,具有本解释第一条规定情形之一的,应当酌情从重处罚。

生产、销售、提供劣药，具有本解释第二条规定情形之一的，应当认定为刑法第一百四十二条规定的"对人体健康造成严重危害"。

生产、销售、提供劣药，致人死亡，或者具有本解释第四条第一项至第五项规定情形之一的，应当认定为刑法第一百四十二条规定的"后果特别严重"。

第六条 以生产、销售、提供假药、劣药为目的，合成、精制、提取、储存、加工炮制药品原料，或者在将药品原料、辅料、包装材料制成成品过程中，进行配料、混合、制剂、储存、包装的，应当认定为刑法第一百四十一条、第一百四十二条规定的"生产"。

药品使用单位及其工作人员明知是假药、劣药而有偿提供给他人使用的，应当认定为刑法第一百四十一条、第一百四十二条规定的"销售"；无偿提供给他人使用的，应当认定为刑法第一百四十一条、第一百四十二条规定的"提供"。

第七条 实施妨害药品管理的行为，具有下列情形之一的，应当认定为刑法第一百四十二条之一规定的"足以严重危害人体健康"：

（一）生产、销售国务院药品监督管理部门禁止使用的药品，综合生产、销售的时间、数量、禁止使用原因等情节，认为具有严重危害人体健康的现实危险的；

（二）未取得药品相关批准证明文件生产药品或者明知是上述药品而销售，涉案药品属于本解释第一条第一项至第三项规定情形的；

（三）未取得药品相关批准证明文件生产药品或者明知是上述药品而销售，涉案药品的适应症、功能主治或者成分不明的；

（四）未取得药品相关批准证明文件生产药品或者明知是上述药品而销售，涉案药品没有国家药品标准，且无核准的药品质量标准，但检出化学药成分的；

（五）未取得药品相关批准证明文件进口药品或者明知是上述药品而销售，涉案药品在境外也未合法上市的；

（六）在药物非临床研究或者药物临床试验过程中故意使用虚假试验用药品，或者瞒报与药物临床试验用药品相关的严重不良事件的；

（七）故意损毁原始药物非临床研究数据或者药物临床试验数据，或者编造受试动物信息、受试者信息、主要试验过程记录、研究数据、检测数据等药物非临床研究数据或者药物临床试验数据，影响药品的安全性、有效性和质量可控性的；

（八）编造生产、检验记录，影响药品的安全性、有效性和质量可控性的；

（九）其他足以严重危害人体健康的情形。

对于涉案药品是否在境外合法上市，应当根据境外药品监督管理部门或者权利人的证明等证据，结合犯罪嫌疑人、被告人及其辩护人提供的证据材料综合审查，依法作出认定。

对于"足以严重危害人体健康"难以确定的，根据地市级以上药品监督管理部门出具的认定意见，结合其他证据作出认定。

第八条 实施妨害药品管理的行为，具有本解释第二条规定情形之一的，应当认定为刑法第一百四十二条之一规定的"对人体健康造成严重危害"。

实施妨害药品管理的行为，足以严重危害人体健康，并具有下列情形之一的，应当认定为刑法第一百四十二条之一规定的"有其他严重情节"：

（一）生产、销售国务院药品监督管理部门禁止使用的药品，生产、销售的金额五十万

元以上的;

(二)未取得药品相关批准证明文件生产、进口药品或者明知是上述药品而销售,生产、销售的金额五十万元以上的;

(三)药品申请注册中提供虚假的证明、数据、资料、样品或者采取其他欺骗手段,造成严重后果的;

(四)编造生产、检验记录,造成严重后果的;

(五)造成恶劣社会影响或者具有其他严重情节的情形。

实施刑法第一百四十二条之一规定的行为,同时又构成生产、销售、提供假药罪、生产、销售、提供劣药罪或者其他犯罪的,依照处罚较重的规定定罪处罚。

第九条 明知他人实施危害药品安全犯罪,而有下列情形之一的,以共同犯罪论处:

(一)提供资金、贷款、账号、发票、证明、许可证件的;

(二)提供生产、经营场所、设备或者运输、储存、保管、邮寄、销售渠道等便利条件的;

(三)提供生产技术或者原料、辅料、包装材料、标签、说明书的;

(四)提供虚假药物非临床研究报告、药物临床试验报告及相关材料的;

(五)提供广告宣传的;

(六)提供其他帮助的。

第十条 办理生产、销售、提供假药、生产、销售、提供劣药、妨害药品管理等刑事案件,应当结合行为人的从业经历、认知能力、药品质量、进货渠道和价格、销售渠道和价格以及生产、销售方式等事实综合判断认定行为人的主观故意。具有下列情形之一的,可以认定行为人有实施相关犯罪的主观故意,但有证据证明确实不具有故意的除外:

(一)药品价格明显异于市场价格的;

(二)向不具有资质的生产者、销售者购买药品,且不能提供合法有效的来历证明的;

(三)逃避、抗拒监督检查的;

(四)转移、隐匿、销毁涉案药品、进销货记录的;

(五)曾因实施危害药品安全违法犯罪行为受过处罚,又实施同类行为的;

(六)其他足以认定行为人主观故意的情形。

第十一条 以提供给他人生产、销售、提供药品为目的,违反国家规定,生产、销售不符合药用要求的原料、辅料,符合刑法第一百四十条规定的,以生产、销售伪劣产品罪从重处罚;同时构成其他犯罪的,依照处罚较重的规定定罪处罚。

第十二条 广告主、广告经营者、广告发布者违反国家规定,利用广告对药品作虚假宣传,情节严重的,依照刑法第二百二十二条的规定,以虚假广告罪定罪处罚。

第十三条 明知系利用医保骗保购买的药品而非法收购、销售,金额五万元以上的,应当依照刑法第三百一十二条的规定,以掩饰、隐瞒犯罪所得罪定罪处罚;指使、教唆、授意他人利用医保骗保购买药品,进而非法收购、销售,符合刑法第二百六十六条规定的,以诈骗罪定罪处罚。

对于利用医保骗保购买药品的行为人是否追究刑事责任,应当综合骗取医保基金的数额、手段、认罪悔罪态度等案件具体情节,依法妥当决定。利用医保骗保购买药品的行为人是否被追究刑事责任，不影响对非法收购、销售有关药品的行为人定罪处罚。

对于第一款规定的主观明知，应当根据药品标志、收购渠道、价格、规模及药品追溯信息等综合认定。

第十四条 负有药品安全监督管理职责的国家机关工作人员，滥用职权或者玩忽职守，构成药品监管渎职罪，同时构成商检徇私舞弊罪、商检失职罪等其他渎职犯罪的，依照处罚较重的规定定罪处罚。

负有药品安全监督管理职责的国家机关工作人员滥用职权或者玩忽职守，不构成药品监管渎职罪，但构成前款规定的其他渎职犯罪的，依照该其他犯罪定罪处罚。

负有药品安全监督管理职责的国家机关工作人员与他人共谋，利用其职务便利帮助他人实施危害药品安全犯罪行为，同时构成渎职犯罪和危害药品安全犯罪共犯的，依照处罚较重的规定定罪从重处罚。

第十五条 对于犯生产、销售、提供假药罪、生产、销售、提供劣药罪、妨害药品管理罪的，应当结合被告人的犯罪数额、违法所得，综合考虑被告人缴纳罚金的能力，依法判处罚金。罚金一般应当在生产、销售、提供的药品金额二倍以上；共同犯罪的，对各共同犯罪人合计判处的罚金一般应当在生产、销售、提供的药品金额二倍以上。

第十六条 对于犯生产、销售、提供假药罪、生产、销售、提供劣药罪、妨害药品管理罪的，应当依照刑法规定的条件，严格缓刑、免予刑事处罚的适用。对于被判处刑罚的，可以根据犯罪情况和预防再犯罪的需要，依法宣告职业禁止或者禁止令。《中华人民共和国药品管理法》等法律、行政法规另有规定的，从其规定。

对于被不起诉或者免予刑事处罚的行为人，需要给予行政处罚、政务处分或者其他处分的，依法移送有关主管机关处理。

第十七条 单位犯生产、销售、提供假药罪、生产、销售、提供劣药罪、妨害药品管理罪的，对单位判处罚金，并对直接负责的主管人员和其他直接责任人员，依照本解释规定的自然人犯罪的定罪量刑标准处罚。

单位犯罪的，对被告单位及其直接负责的主管人员、其他直接责任人员合计判处的罚金一般应当在生产、销售、提供的药品金额二倍以上。

第十八条 根据民间传统配方私自加工药品或者销售上述药品，数量不大，且未造成他人伤害后果或者延误诊治的，或者不以营利为目的实施带有自救、互助性质的生产、进口、销售药品的行为，不应当认定为犯罪。

对于是否属于民间传统配方难以确定的，根据地市级以上药品监督管理部门或者有关部门出具的认定意见，结合其他证据作出认定。

第十九条 刑法第一百四十一条、第一百四十二条规定的"假药""劣药"依照，《中华人民共和国药品管理法》的规定认定。

对于《中华人民共和国药品管理法》第九十八条第二款第二项、第四项及第三款第三项至第六项规定的假药、劣药，能够根据现场查获的原料、包装，结合犯罪嫌疑人、被告人供述等证据材料作出判断的，可以由地市级以上药品监督管理部门出具认定意见。对于依据《中华人民共和国药品管理法》第九十八条第二款、第三款的其他规定认定假药、劣药，或者是否属于第九十八条第二款第二项、第三款第六项规定的假药、劣药存在争议的，应当由省级以上药品监督管理部门设置或者确定的药品检验机构进行检验，出具质量检验结论。司法机关根据认定意见、检验结论，结合其他证据作出认定。

第二十条 对于生产、提供药品的金额，以药品的货值金额计算；销售药品的金额，以所得和可得的全部违法收入计算。

第二十一条 本解释自 2022 年 3 月 6 日起施行。本解释公布施行后，《最高人民法院、最高人民检察院关于办理危害药品安全刑事案件适用法律若干问题的解释》（法释〔2014〕14 号）、《最高人民法院、最高人民检察院关于办理药品、医疗器械注册申请材料造假刑事案件适用法律若干问题的解释》（法释〔2017〕15 号）同时废止。

中华人民共和国最高人民法院
中华人民共和国最高人民检察院
公 告

《最高人民法院、最高人民检察院关于办理破坏野生动物资源刑事案件适用法律若干问题的解释》已于 2021 年 12 月 13 日由最高人民法院审判委员会第 1856 次会议、2022 年 2 月 9 日由最高人民检察院第十三届检察委员会第八十九次会议通过，现予公布，自 2022 年 4 月 9 日起施行。

2022 年 4 月 6 日

最高人民法院　最高人民检察院
关于办理破坏野生动物资源刑事案件适用法律若干问题的解释

法释〔2022〕12 号

为依法惩治破坏野生动物资源犯罪，保护生态环境，维护生物多样性和生态平衡，根据《中华人民共和国刑法》《中华人民共和国刑事诉讼法》《中华人民共和国野生动物保护法》等法律的有关规定，现就办理此类刑事案件适用法律的若干问题解释如下：

第一条 具有下列情形之一的，应当认定为刑法第一百五十一条第二款规定的走私国家禁止进出口的珍贵动物及其制品：

（一）未经批准擅自进出口列入经国家濒危物种进出口管理机构公布的《濒危野生动植

物种国际贸易公约》附录一、附录二的野生动物及其制品;

（二）未经批准擅自出口列入《国家重点保护野生动物名录》的野生动物及其制品。

第二条 走私国家禁止进出口的珍贵动物及其制品，价值二十万元以上不满二百万元的，应当依照刑法第一百五十一条第二款的规定，以走私珍贵动物、珍贵动物制品罪处五年以上十年以下有期徒刑，并处罚金；价值二百万元以上的，应当认定为"情节特别严重"，处十年以上有期徒刑或者无期徒刑，并处没收财产；价值二万元以上不满二十万元的，应当认定为"情节较轻"，处五年以下有期徒刑，并处罚金。

实施前款规定的行为，具有下列情形之一的，从重处罚：

（一）属于犯罪集团的首要分子的；

（二）为逃避监管，使用特种交通工具实施的；

（三）二年内曾因破坏野生动物资源受过行政处罚的。

实施第一款规定的行为，不具有第二款规定的情形，且未造成动物死亡或者动物、动物制品无法追回，行为人全部退赃退赔，确有悔罪表现的，按照下列规定处理：

（一）珍贵动物及其制品价值二百万元以上的，可以处五年以上十年以下有期徒刑，并处罚金；

（二）珍贵动物及其制品价值二十万元以上不满二百万元的，可以认定为"情节较轻"，处五年以下有期徒刑，并处罚金；

（三）珍贵动物及其制品价值二万元以上不满二十万元的，可以认定为犯罪情节轻微，不起诉或者免予刑事处罚；情节显著轻微危害不大的，不作为犯罪处理。

第三条 在内陆水域，违反保护水产资源法规，在禁渔区、禁渔期或者使用禁用的工具、方法捕捞水产品，具有下列情形之一的，应当认定为刑法第三百四十条规定的"情节严重"，以非法捕捞水产品罪定罪处罚：

（一）非法捕捞水产品五百公斤以上或者价值一万元以上的；

（二）非法捕捞有重要经济价值的水生动物苗种、怀卵亲体或者在水产种质资源保护区内捕捞水产品五十公斤以上或者价值一千元以上的；

（三）在禁渔区使用电鱼、毒鱼、炸鱼等严重破坏渔业资源的禁用方法或者禁用工具捕捞的；

（四）在禁渔期使用电鱼、毒鱼、炸鱼等严重破坏渔业资源的禁用方法或者禁用工具捕捞的；

（五）其他情节严重的情形。

实施前款规定的行为，具有下列情形之一的，从重处罚：

（一）暴力抗拒、阻碍国家机关工作人员依法履行职务，尚未构成妨害公务罪、袭警罪的；

（二）二年内曾因破坏野生动物资源受过行政处罚的；

（三）对水生生物资源或者水域生态造成严重损害的；

（四）纠集多条船只非法捕捞的；

（五）以非法捕捞为业的。

实施第一款规定的行为，根据渔获物的数量、价值和捕捞方法、工具等，认为对水生生物资源危害明显较轻的，综合考虑行为人自愿接受行政处罚、积极修复生态环境等情节，可以认定为犯罪情节轻微，不起诉或者免予刑事处罚；情节显著轻微危害不大的，不作为犯罪处理。

第四条　刑法第三百四十一条第一款规定的"国家重点保护的珍贵、濒危野生动物"包括：

（一）列入《国家重点保护野生动物名录》的野生动物；

（二）经国务院野生动物保护主管部门核准按照国家重点保护的野生动物管理的野生动物。

第五条　刑法第三百四十一条第一款规定的"收购"包括以营利、自用等为目的的购买行为；"运输"包括采用携带、邮寄、利用他人、使用交通工具等方法进行运送的行为；"出售"包括出卖和以营利为目的的加工利用行为。

刑法第三百四十一条第三款规定的"收购""运输""出售"，是指以食用为目的，实施前款规定的相应行为。

第六条　非法猎捕、杀害国家重点保护的珍贵、濒危野生动物，或者非法收购、运输、出售国家重点保护的珍贵、濒危野生动物及其制品，价值二万元以上不满二十万元的，应当依照刑法第三百四十一条第一款的规定，以危害珍贵、濒危野生动物罪处五年以下有期徒刑或者拘役，并处罚金；价值二十万元以上不满二百万元的，应当认定为"情节严重"，处五年以上十年以下有期徒刑，并处罚金；价值二百万元以上的，应当认定为"情节特别严重"，处十年以上有期徒刑，并处罚金或者没收财产。

实施前款规定的行为，具有下列情形之一的，从重处罚：

（一）属于犯罪集团的首要分子的；

（二）为逃避监管，使用特种交通工具实施的；

（三）严重影响野生动物科研工作的；

（四）二年内曾因破坏野生动物资源受过行政处罚的。

实施第一款规定的行为，不具有第二款规定的情形，且未造成动物死亡或者动物、动物制品无法追回，行为人全部退赃退赔，确有悔罪表现的，按照下列规定处理：

（一）珍贵、濒危野生动物及其制品价值二百万元以上的，可以认定为"情节严重"，处五年以上十年以下有期徒刑，并处罚金；

（二）珍贵、濒危野生动物及其制品价值二十万元以上不满二百万元的，可以处五年以下有期徒刑或者拘役，并处罚金；

（三）珍贵、濒危野生动物及其制品价值二万元以上不满二十万元的，可以认定为犯罪情节轻微，不起诉或者免予刑事处罚；情节显著轻微危害不大的，不作为犯罪处理。

第七条　违反狩猎法规，在禁猎区、禁猎期或者使用禁用的工具、方法进行狩猎，破坏野生动物资源，具有下列情形之一的，应当认定为刑法第三百四十一条第二款规定的"情节严重"，以非法狩猎罪定罪处罚：

（一）非法猎捕野生动物价值一万元以上的；

（二）在禁猎区使用禁用的工具或者方法狩猎的；

（三）在禁猎期使用禁用的工具或者方法狩猎的；

（四）其他情节严重的情形。

实施前款规定的行为，具有下列情形之一的，从重处罚：

（一）暴力抗拒、阻碍国家机关工作人员依法履行职务，尚未构成妨害公务罪、袭警罪的；

（二）对野生动物资源或者栖息地生态造成严重损害的；

（三）二年内曾因破坏野生动物资源受过行政处罚的。

实施第一款规定的行为，根据猎获物的数量、价值和狩猎方法、工具等，认为对野生动物资源危害明显较轻的，综合考虑猎捕的动机、目的、行为人自愿接受行政处罚、积极修复生态环境等情节，可以认定为犯罪情节轻微，不起诉或者免予刑事处罚；情节显著轻微危害不大的，不作为犯罪处理。

第八条 违反野生动物保护管理法规，以食用为目的，非法猎捕、收购、运输、出售刑法第三百四十一条第一款规定以外的在野外环境自然生长繁殖的陆生野生动物，具有下列情形之一的，应当认定为刑法第三百四十一条第三款规定的"情节严重"，以非法猎捕、收购、运输、出售陆生野生动物罪定罪处罚：

（一）非法猎捕、收购、运输、出售有重要生态、科学、社会价值的陆生野生动物或者地方重点保护陆生野生动物价值一万元以上的；

（二）非法猎捕、收购、运输、出售第一项规定以外的其他陆生野生动物价值五万元以上的；

（三）其他情节严重的情形。

实施前款规定的行为，同时构成非法狩猎罪的，应当依照刑法第三百四十一条第三款的规定，以非法猎捕陆生野生动物罪定罪处罚。

第九条 明知是非法捕捞犯罪所得的水产品、非法狩猎犯罪所得的猎获物而收购、贩卖或者以其他方法掩饰、隐瞒，符合刑法第三百一十二条规定的，以掩饰、隐瞒犯罪所得罪定罪处罚。

第十条 负有野生动物保护和进出口监督管理职责的国家机关工作人员，滥用职权或者玩忽职守，致使公共财产、国家和人民利益遭受重大损失的，应当依照刑法第三百九十七条的规定，以滥用职权罪或者玩忽职守罪追究刑事责任。

负有查禁破坏野生动物资源犯罪活动职责的国家机关工作人员，向犯罪分子通风报信、提供便利，帮助犯罪分子逃避处罚的，应当依照刑法第四百一十七条的规定，以帮助犯罪分子逃避处罚罪追究刑事责任。

第十一条 对于"以食用为目的"，应当综合涉案动物及其制品的特征，被查获的地点，加工、包装情况，以及可以证明来源、用途的标识、证明等证据作出认定。

实施本解释规定的相关行为，具有下列情形之一的，可以认定为"以食用为目的"：

（一）将相关野生动物及其制品在餐饮单位、饮食摊点、超市等场所作为食品销售或者运往上述场所的；

（二）通过包装、说明书、广告等介绍相关野生动物及其制品的食用价值或者方法的；

（三）其他足以认定以食用为目的的情形。

第十二条 二次以上实施本解释规定的行为构成犯罪，依法应当追诉的，或者二年内实施本解释规定的行为未经处理的，数量、数额累计计算。

第十三条 实施本解释规定的相关行为，在认定是否构成犯罪以及裁量刑罚时，应当考虑涉案动物是否系人工繁育、物种的濒危程度、野外存活状况、人工繁育情况、是否列入人工繁育国家重点保护野生动物名录，行为手段、对野生动物资源的损害程度，以及对野生动物及其制品的认知程度等情节，综合评估社会危害性，准确认定是否构成犯罪，妥当裁量刑罚，确保罪责刑相适应；根据本解释的规定定罪量刑明显过重的，可以根据案件的事实、情节和社会危害程度，依法作出妥当处理。

涉案动物系人工繁育，具有下列情形之一的，对所涉案件一般不作为犯罪处理；需要追究刑事责任的，应当依法从宽处理：

（一）列入人工繁育国家重点保护野生动物名录的；

（二）人工繁育技术成熟、已成规模，作为宠物买卖、运输的。

第十四条 对于实施本解释规定的相关行为被不起诉或者免予刑事处罚的行为人，依法应当给予行政处罚、政务处分或者其他处分的，依法移送有关主管机关处理。

第十五条 对于涉案动物及其制品的价值，应当根据下列方法确定：

（一）对于国家禁止进出口的珍贵动物及其制品、国家重点保护的珍贵、濒危野生动物及其制品的价值，根据国务院野生动物保护主管部门制定的评估标准和方法核算；

（二）对于有重要生态、科学、社会价值的陆生野生动物、地方重点保护野生动物、其他野生动物及其制品的价值，根据销赃数额认定；无销赃数额、销赃数额难以查证或者根据销赃数额认定明显偏低的，根据市场价格核算，必要时，也可以参照相关评估标准和方法核算。

第十六条 根据本解释第十五条规定难以确定涉案动物及其制品价值的，依据司法鉴定机构出具的鉴定意见，或者下列机构出具的报告，结合其他证据作出认定：

（一）价格认证机构出具的报告；

（二）国务院野生动物保护主管部门、国家濒危物种进出口管理机构或者海关总署等指定的机构出具的报告；

（三）地、市级以上人民政府野生动物保护主管部门、国家濒危物种进出口管理机构的派出机构或者直属海关等出具的报告。

第十七条 对于涉案动物的种属类别、是否系人工繁育，非法捕捞、狩猎的工具、方法，以及对野生动物资源的损害程度等专门性问题，可以由野生动物保护主管部门、侦查机关依据现场勘验、检查笔录等出具认定意见；难以确定的，依据司法鉴定机构出具的鉴定意见、本解释第十六条所列机构出具的报告，被告人及其辩护人提供的证据材料，结合其他证据材料综合审查，依法作出认定。

第十八条 餐饮公司、渔业公司等单位实施破坏野生动物资源犯罪的，依照本解释规定的相应自然人犯罪的定罪量刑标准，对直接负责的主管人员和其他直接责任人员定罪处罚，并对单位判处罚金。

第十九条 在海洋水域，非法捕捞水产品，非法采捕珊瑚、砗磲或者其他珍贵、濒危水生野生动物，或者非法收购、运输、出售珊瑚、砗磲或者其他珍贵、濒危水生野生动物及其制品的，定罪量刑标准适用《最高人民法院关于审理发生在我国管辖海域相关案件若干问题的规定（二）》（法释〔2016〕17 号）的相关规定。

第二十条　本解释自 2022 年 4 月 9 日起施行。本解释公布施行后，《最高人民法院关于审理破坏野生动物资源刑事案件具体应用法律若干问题的解释》（法释〔2000〕37 号）同时废止；之前发布的司法解释与本解释不一致的，以本解释为准。

民　事

中华人民共和国最高人民法院
公　告

《最高人民法院关于审理使用人脸识别技术处理个人信息相关民事案件适用法律若干问题的规定》已于 2021 年 6 月 8 日由最高人民法院审判委员会第 1841 次会议通过，现予公布，自 2021 年 8 月 1 日起施行。

2021 年 7 月 27 日

最高人民法院
关于审理使用人脸识别技术处理个人信息
相关民事案件适用法律若干问题的规定

法释〔2021〕15 号

为正确审理使用人脸识别技术处理个人信息相关民事案件，保护当事人合法权益，促进数字经济健康发展，根据《中华人民共和国民法典》《中华人民共和国网络安全法》《中华人民共和国消费者权益保护法》《中华人民共和国电子商务法》《中华人民共和国民事诉讼法》等法律的规定，结合审判实践，制定本规定。

第一条　因信息处理者违反法律、行政法规的规定或者双方的约定使用人脸识别技术处理人脸信息、处理基于人脸识别技术生成的人脸信息所引起的民事案件，适用本规定。

人脸信息的处理包括人脸信息的收集、存储、使用、加工、传输、提供、公开等。

本规定所称人脸信息属于民法典第一千零三十四条规定的"生物识别信息"。

第二条　信息处理者处理人脸信息有下列情形之一的，人民法院应当认定属于侵害自然人人格权益的行为：

（一）在宾馆、商场、银行、车站、机场、体育场馆、娱乐场所等经营场所、公共场所违反法律、行政法规的规定使用人脸识别技术进行人脸验证、辨识或者分析；

（二）未公开处理人脸信息的规则或者未明示处理的目的、方式、范围；

（三）基于个人同意处理人脸信息的，未征得自然人或者其监护人的单独同意，或者未按照法律、行政法规的规定征得自然人或者其监护人的书面同意；

（四）违反信息处理者明示或者双方约定的处理人脸信息的目的、方式、范围等；

（五）未采取应有的技术措施或者其他必要措施确保其收集、存储的人脸信息安全，致使人脸信息泄露、篡改、丢失；

（六）违反法律、行政法规的规定或者双方的约定，向他人提供人脸信息；

（七）违背公序良俗处理人脸信息；

（八）违反合法、正当、必要原则处理人脸信息的其他情形。

第三条 人民法院认定信息处理者承担侵害自然人人格权益的民事责任，应当适用民法典第九百九十八条的规定，并结合案件具体情况综合考量受害人是否为未成年人、告知同意情况以及信息处理的必要程度等因素。

第四条 有下列情形之一，信息处理者以已征得自然人或者其监护人同意为由抗辩的，人民法院不予支持：

（一）信息处理者要求自然人同意处理其人脸信息才提供产品或者服务的，但是处理人脸信息属于提供产品或者服务所必需的除外；

（二）信息处理者以与其他授权捆绑等方式要求自然人同意处理其人脸信息的；

（三）强迫或者变相强迫自然人同意处理其人脸信息的其他情形。

第五条 有下列情形之一，信息处理者主张其不承担民事责任的，人民法院依法予以支持：

（一）为应对突发公共卫生事件，或者紧急情况下为保护自然人的生命健康和财产安全所必需而处理人脸信息的；

（二）为维护公共安全，依据国家有关规定在公共场所使用人脸识别技术的；

（三）为公共利益实施新闻报道、舆论监督等行为在合理的范围内处理人脸信息的；

（四）在自然人或者其监护人同意的范围内合理处理人脸信息的；

（五）符合法律、行政法规规定的其他情形。

第六条 当事人请求信息处理者承担民事责任的，人民法院应当依据民事诉讼法第六十四条及《最高人民法院关于适用〈中华人民共和国民事诉讼法〉的解释》第九十条、第九十一条，《最高人民法院关于民事诉讼证据的若干规定》的相关规定确定双方当事人的举证责任。

信息处理者主张其行为符合民法典第一千零三十五条第一款规定情形的，应当就此所依据的事实承担举证责任。

信息处理者主张其不承担民事责任的，应当就其行为符合本规定第五条规定的情形承担举证责任。

第七条 多个信息处理者处理人脸信息侵害自然人人格权益，该自然人主张多个信息处理者按照过错程度和造成损害结果的大小承担侵权责任的，人民法院依法予以支持；符合民法典第一千一百六十八条、第一千一百六十九条第一款、第一千一百七十条、第一千一百七十一条等规定的相应情形，该自然人主张多个信息处理者承担连带责任的，人民法院依法予以支持。

信息处理者利用网络服务处理人脸信息侵害自然人人格权益的，适用民法典第一千一百九十五条、第一千一百九十六条、第一千一百九十七条等规定。

第八条　信息处理者处理人脸信息侵害自然人人格权益造成财产损失，该自然人依据民法典第一千一百八十二条主张财产损害赔偿的，人民法院依法予以支持。

自然人为制止侵权行为所支付的合理开支，可以认定为民法典第一千一百八十二条规定的财产损失。合理开支包括该自然人或者委托代理人对侵权行为进行调查、取证的合理费用。人民法院根据当事人的请求和具体案情，可以将合理的律师费用计算在赔偿范围内。

第九条　自然人有证据证明信息处理者使用人脸识别技术正在实施或者即将实施侵害其隐私权或者其他人格权益的行为，不及时制止将使其合法权益受到难以弥补的损害，向人民法院申请采取责令信息处理者停止有关行为的措施的，人民法院可以根据案件具体情况依法作出人格权侵害禁令。

第十条　物业服务企业或者其他建筑物管理人以人脸识别作为业主或者物业使用人出入物业服务区域的唯一验证方式，不同意的业主或者物业使用人请求其提供其他合理验证方式的，人民法院依法予以支持。

物业服务企业或者其他建筑物管理人存在本规定第二条规定的情形，当事人请求物业服务企业或者其他建筑物管理人承担侵权责任的，人民法院依法予以支持。

第十一条　信息处理者采用格式条款与自然人订立合同，要求自然人授予其无期限限制、不可撤销、可任意转授权等处理人脸信息的权利，该自然人依据民法典第四百九十七条请求确认格式条款无效的，人民法院依法予以支持。

第十二条　信息处理者违反约定处理自然人的人脸信息，该自然人请求其承担违约责任的，人民法院依法予以支持。该自然人请求信息处理者承担违约责任时，请求删除人脸信息的，人民法院依法予以支持；信息处理者以双方未对人脸信息的删除作出约定为由抗辩的，人民法院不予支持。

第十三条　基于同一信息处理者处理人脸信息侵害自然人人格权益发生的纠纷，多个受害人分别向同一人民法院起诉的，经当事人同意，人民法院可以合并审理。

第十四条　信息处理者处理人脸信息的行为符合民事诉讼法第五十五条、消费者权益保护法第四十七条或者其他法律关于民事公益诉讼的相关规定，法律规定的机关和有关组织提起民事公益诉讼的，人民法院应予受理。

第十五条　自然人死亡后，信息处理者违反法律、行政法规的规定或者双方的约定处理人脸信息，死者的近亲属依据民法典第九百九十四条请求信息处理者承担民事责任的，适用本规定。

第十六条　本规定自 2021 年 8 月 1 日起施行。

信息处理者使用人脸识别技术处理人脸信息、处理基于人脸识别技术生成的人脸信息的行为发生在本规定施行前的，不适用本规定。

中华人民共和国最高人民法院
公 告

《最高人民法院关于修改〈最高人民法院关于审理食品药品纠纷案件适用法律若干问题的规定〉的决定》已于2021年11月15日由最高人民法院审判委员会第1850次会议通过，现予公布，自2021年12月1日起施行。

2021年11月18日

最高人民法院
关于修改《最高人民法院关于审理食品药品纠纷案件适用法律若干问题的规定》的决定

法释〔2021〕17号

根据《中华人民共和国药品管理法》，最高人民法院审判委员会第1850次会议决定对《最高人民法院关于审理食品药品纠纷案件适用法律若干问题的规定》作如下修改：

将第十二条修改为："食品检验机构故意出具虚假检验报告，造成消费者损害，消费者请求其承担连带责任的，人民法院应予支持。

食品检验机构因过失出具不实检验报告，造成消费者损害，消费者请求其承担相应责任的，人民法院应予支持。"

本决定自2021年12月1日起施行。

根据本决定，《最高人民法院关于审理食品药品纠纷案件适用法律若干问题的规定》作相应修改后，重新公布。

最高人民法院
关于审理食品药品纠纷案件适用法律若干问题的规定

(2013年12月9日最高人民法院审判委员会第1599次会议通过，根据2020年12月23日最高人民法院审判委员会第1823次会议通过的《最高人民法院关于修改〈最高人民法院关于在民事审判工作中适用《中华人民共和国工会法》若干问题的解释〉等二十七件民事类司法解释的决定》和2021年11月15日最高人民法院审判委员会第1850次会议通过的《最高人民法院关于修改〈最高人民法院关于审理食品药品纠纷案件适用法律若干问题的规定〉的决定》修正，该修正自2021年12月1日起施行)

为正确审理食品药品纠纷案件，根据《中华人民共和国民法典》《中华人民共和国消费者权益保护法》《中华人民共和国食品安全法》《中华人民共和国药品管理法》《中华人民共和国民事诉讼法》等法律的规定，结合审判实践，制定本规定。

第一条　消费者因食品、药品纠纷提起民事诉讼，符合民事诉讼法规定受理条件的，人民法院应予受理。

第二条　因食品、药品存在质量问题造成消费者损害，消费者可以分别起诉或者同时起诉销售者和生产者。

消费者仅起诉销售者或者生产者的，必要时人民法院可以追加相关当事人参加诉讼。

第三条　因食品、药品质量问题发生纠纷，购买者向生产者、销售者主张权利，生产者、销售者以购买者明知食品、药品存在质量问题而仍然购买为由进行抗辩的，人民法院不予支持。

第四条　食品、药品生产者、销售者提供给消费者的食品或者药品的赠品发生质量安全问题，造成消费者损害，消费者主张权利，生产者、销售者以消费者未对赠品支付对价为由进行免责抗辩的，人民法院不予支持。

第五条　消费者举证证明所购买食品、药品的事实以及所购食品、药品不符合合同的约定，主张食品、药品的生产者、销售者承担违约责任的，人民法院应予支持。

消费者举证证明因食用食品或者使用药品受到损害，初步证明损害与食用食品或者使用药品存在因果关系，并请求食品、药品的生产者、销售者承担侵权责任的，人民法院应予支持，但食品、药品的生产者、销售者能证明损害不是因产品不符合质量标准造成的除外。

第六条　食品的生产者与销售者应当对于食品符合质量标准承担举证责任。认定食品是否安全，应当以国家标准为依据；对地方特色食品，没有国家标准的，应当以地方标准为依据。没有前述标准的，应当以食品安全法的相关规定为依据。

第七条　食品、药品虽在销售前取得检验合格证明，且食用或者使用时尚在保质期内，但经检验确认产品不合格，生产者或者销售者以该食品、药品具有检验合格证明为由进行抗辩的，人民法院不予支持。

第八条 集中交易市场的开办者、柜台出租者、展销会举办者未履行食品安全法规定的审查、检查、报告等义务，使消费者的合法权益受到损害的，消费者请求集中交易市场的开办者、柜台出租者、展销会举办者承担连带责任的，人民法院应予支持。

第九条 消费者通过网络交易第三方平台购买食品、药品遭受损害，网络交易第三方平台提供者不能提供食品、药品的生产者或者销售者的真实名称、地址与有效联系方式，消费者请求网络交易第三方平台提供者承担责任的，人民法院应予支持。

网络交易第三方平台提供者承担赔偿责任后，向生产者或者销售者行使追偿权的，人民法院应予支持。

网络交易第三方平台提供者知道或者应当知道食品、药品的生产者、销售者利用其平台侵害消费者合法权益，未采取必要措施，给消费者造成损害，消费者要求其与生产者、销售者承担连带责任的，人民法院应予支持。

第十条 未取得食品生产资质与销售资质的民事主体，挂靠具有相应资质的生产者与销售者，生产、销售食品，造成消费者损害，消费者请求挂靠者与被挂靠者承担连带责任的，人民法院应予支持。

消费者仅起诉挂靠者或者被挂靠者的，必要时人民法院可以追加相关当事人参加诉讼。

第十一条 消费者因虚假广告推荐的食品、药品存在质量问题遭受损害，依据消费者权益保护法等法律相关规定请求广告经营者、广告发布者承担连带责任的，人民法院应予支持。

其他民事主体在虚假广告中向消费者推荐食品、药品，使消费者遭受损害，消费者依据消费者权益保护法等法律相关规定请求其与食品、药品的生产者、销售者承担连带责任的，人民法院应予支持。

第十二条 食品检验机构故意出具虚假检验报告，造成消费者损害，消费者请求其承担连带责任的，人民法院应予支持。

食品检验机构因过失出具不实检验报告，造成消费者损害，消费者请求其承担相应责任的，人民法院应予支持。

第十三条 食品认证机构故意出具虚假认证，造成消费者损害，消费者请求其承担连带责任的，人民法院应予支持。

食品认证机构因过失出具不实认证，造成消费者损害，消费者请求其承担相应责任的，人民法院应予支持。

第十四条 生产、销售的食品、药品存在质量问题，生产者与销售者需同时承担民事责任、行政责任和刑事责任，其财产不足以支付，当事人依照民法典等有关法律规定，请求食品、药品的生产者、销售者首先承担民事责任的，人民法院应予支持。

第十五条 生产不符合安全标准的食品或者销售明知是不符合安全标准的食品，消费者除要求赔偿损失外，依据食品安全法等法律规定向生产者、销售者主张赔偿金的，人民法院应予支持。

生产假药、劣药或者明知是假药、劣药仍然销售、使用的，受害人或者其近亲属除请求赔偿损失外，依据药品管理法等法律规定向生产者、销售者主张赔偿金的，人民法院应予支持。

第十六条 食品、药品的生产者与销售者以格式合同、通知、声明、告示等方式作出排除或者限制消费者权利、减轻或者免除经营者责任、加重消费者责任等对消费者不公平、不合理的规定，消费者依法请求认定该内容无效的，人民法院应予支持。

第十七条 消费者与化妆品、保健食品等产品的生产者、销售者、广告经营者、广告发布者、推荐者、检验机构等主体之间的纠纷，参照适用本规定。

法律规定的机关和有关组织依法提起公益诉讼的，参照适用本规定。

第十八条 本规定所称的"药品的生产者"包括药品上市许可持有人和药品生产企业，"药品的销售者"包括药品经营企业和医疗机构。

第十九条 本规定施行后人民法院正在审理的一审、二审案件适用本规定。

本规定施行前已经终审，本规定施行后当事人申请再审或者按照审判监督程序决定再审的案件，不适用本规定。

中华人民共和国最高人民法院
公 告

《最高人民法院关于人民法院司法拍卖房产竞买人资格若干问题的规定》已于2021年9月16日由最高人民法院审判委员会第1846次会议通过，现予公布，自2022年1月1日起施行。

2021年12月17日

最高人民法院
关于人民法院司法拍卖房产竞买人资格
若干问题的规定

法释〔2021〕18号

为了进一步规范人民法院司法拍卖房产行为，保护当事人合法权益，维护社会和经济秩序，依照《中华人民共和国民法典》《中华人民共和国民事诉讼法》等法律规定，结合司法实践，制定本规定。

第一条 人民法院组织的司法拍卖房产活动，受房产所在地限购政策约束的竞买人申请参与竞拍的，人民法院不予准许。

第二条 人民法院组织司法拍卖房产活动时，发布的拍卖公告载明竞买人必须具备购房资格及其相应法律后果等内容，竞买人申请参与竞拍的，应当承诺具备购房资格及自愿承担法律后果。

第三条 人民法院在司法拍卖房产成交后、向买受人出具成交裁定书前，应当审核买受人提交的自其申请参与竞拍到成交裁定书出具时具备购房资格的证明材料；经审核买受人不符合持续具备购房资格条件，买受人请求出具拍卖成交裁定书的，人民法院不予准许。

第四条 买受人虚构购房资格参与司法拍卖房产活动且拍卖成交，当事人、利害关系人以违背公序良俗为由主张该拍卖行为无效的，人民法院应予支持。

依据前款规定，买受人虚构购房资格导致拍卖行为无效的，应当依法承担赔偿责任。

第五条 司法拍卖房产出现流拍等无法正常处置情形，不具备购房资格的申请执行人等当事人请求以该房抵债的，人民法院不予支持。

第六条 人民法院组织的司法拍卖房产活动，竞买人虚构购房资格或者当事人之间恶意串通，侵害他人合法权益或者逃避履行法律文书确定的义务的，人民法院应当根据情节轻重予以罚款、拘留；构成犯罪的，依法追究刑事责任。

第七条 除前六条规定的情形外，人民法院组织司法拍卖房产活动的其他事宜，适用《最高人民法院关于人民法院网络司法拍卖若干问题的规定》《最高人民法院关于人民法院民事执行中拍卖、变卖财产的规定》以及《最高人民法院关于适用〈中华人民共和国民事诉讼法〉的解释》的有关规定。

第八条 人民法院组织司法变卖房产活动的，参照适用本规定。

第九条 本规定自2022年1月1日起施行。

施行前最高人民法院公布的司法解释与本规定不一致的，以本规定为准。

中华人民共和国最高人民法院
公 告

《最高人民法院关于修改〈最高人民法院关于审理铁路运输人身损害赔偿纠纷案件适用法律若干问题的解释〉的决定》已于 2021 年 11 月 24 日由最高人民法院审判委员会第 1853 次会议通过，现予公布，自 2022 年 1 月 1 日起施行。

2021 年 12 月 8 日

最高人民法院
关于修改《最高人民法院关于审理铁路运输人身损害赔偿纠纷案件适用法律若干问题的解释》的决定

法释〔2021〕19 号

最高人民法院审判委员会第 1853 次会议决定，对《最高人民法院关于审理铁路运输人身损害赔偿纠纷案件适用法律若干问题的解释》（以下简称《解释》）作如下修改：

一、第一条第二款开始部分增加规定："铁路运输企业在客运合同履行过程中造成旅客人身损害的赔偿纠纷案件，不适用本解释"。

二、删去第二条中的"依法由受害人承担扶养义务的被扶养人"。

三、删去第三条第一款中的"赔偿权利人依照民法典第三编要求承运人承担违约责任予以人身损害赔偿的，由运输始发地、目的地或者被告住所地铁路运输法院管辖"。同时增加一款作为第二款规定："前款规定的地区没有铁路运输法院的，由高级人民法院指定的其他人民法院管辖。"

四、第五条条首部分修改为："铁路行车事故及其他铁路运营事故造成人身损害，有下列情形之一的，铁路运输企业不承担赔偿责任"；并增加一项作为第三项规定："法律规定铁路运输企业不承担赔偿责任的其他情形造成的。"

五、将第六条和第七条合并修改为：

"因受害人的过错行为造成人身损害，依照法律规定应当由铁路运输企业承担赔偿责任的，根据受害人的过错程度可以适当减轻铁路运输企业的赔偿责任，并按照以下情形分别处理：

（一）铁路运输企业未充分履行安全防护、警示等义务，铁路运输企业承担事故主要责任的，应当在全部损害的百分之九十至百分之六十之间承担赔偿责任；铁路运输企业承担事故同等责任的，应当在全部损害的百分之六十至百分之五十之间承担赔偿责任；铁路运输企业承担事故次要责任的，应当在全部损害的百分之四十至百分之十之间承担赔偿责任；

（二）铁路运输企业已充分履行安全防护、警示等义务，受害人仍施以过错行为的，铁路运输企业应当在全部损害的百分之十以内承担赔偿责任。

铁路运输企业已充分履行安全防护、警示等义务，受害人不听从值守人员劝阻强行通过铁路平交道口、人行过道，或者明知危险后果仍然无视警示规定沿铁路线路纵向行走、坐卧故意造成人身损害的，铁路运输企业不承担赔偿责任，但是有证据证明并非受害人故意造成损害的除外。"

六、删去第八条第一款末尾的"但铁路运输企业承担的赔偿责任应当不低于全部损失的百分之五十"和第二款末尾的"但铁路运输企业承担的赔偿责任应当不低于全部损失的百分之四十"，并将第二款中的"及"修改为"或者"。

七、将第九条第一款中的"按照各自的过错分担责任；双方均无过错的，按照公平原则分担责任"，修改为"的责任份额根据各自责任大小确定；难以确定责任大小的，平均承担责任"。同时，将第二款中的"第七条"修改为"第六条"。

八、删去第十二条和第十三条。

九、删去第十六条第二款规定的"本解释施行前已经终审，本解释施行后当事人申请再审或者按照审判监督程序决定再审的案件，不适用本解释"。

十、将《解释》的条文顺序作相应调整："第八条"调整为"第七条"，"第九条"调整为"第八条"，"第十条"调整为"第九条"，"第十一条"调整为"第十条"，"第十四条"调整为"第十一条"，"第十五条"调整为"第十二条"，"第十六条"调整为"第十三条"。

本决定自 2022 年 1 月 1 日起施行。

《解释》根据本决定作相应修改，并调整条文顺序后重新公布。

最高人民法院
关于审理铁路运输人身损害赔偿纠纷案件适用法律若干问题的解释

(2010年1月4日最高人民法院审判委员会第1482次会议通过，根据2020年12月23日最高人民法院审判委员会第1823次会议通过的《最高人民法院关于修改〈最高人民法院关于在民事审判工作中适用《中华人民共和国工会法》若干问题的解释〉等二十七件民事类司法解释的决定》修正，根据2021年11月24日最高人民法院审判委员会第1853次会议通过的《最高人民法院关于修改〈最高人民法院关于审理铁路运输人身损害赔偿纠纷案件适用法律若干问题的解释〉的决定》修正，该修正自2022年1月1日起施行)

为正确审理铁路运输人身损害赔偿纠纷案件，依法维护各方当事人的合法权益，根据《中华人民共和国民法典》《中华人民共和国铁路法》《中华人民共和国民事诉讼法》等法律的规定，结合审判实践，就有关适用法律问题作如下解释：

第一条 人民法院审理铁路行车事故及其他铁路运营事故造成的铁路运输人身损害赔偿纠纷案件，适用本解释。

铁路运输企业在客运合同履行过程中造成旅客人身损害的赔偿纠纷案件，不适用本解释；与铁路运输企业建立劳动合同关系或者形成劳动关系的铁路职工在执行职务中发生的人身损害，依照有关调整劳动关系的法律规定及其他相关法律规定处理。

第二条 铁路运输人身损害的受害人以及死亡受害人的近亲属为赔偿权利人，有权请求赔偿。

第三条 赔偿权利人要求对方当事人承担侵权责任的，由事故发生地、列车最先到达地或者被告住所地铁路运输法院管辖。

前款规定的地区没有铁路运输法院的，由高级人民法院指定的其他人民法院管辖。

第四条 铁路运输造成人身损害的，铁路运输企业应当承担赔偿责任；法律另有规定的，依照其规定。

第五条 铁路行车事故及其他铁路运营事故造成人身损害，有下列情形之一的，铁路运输企业不承担赔偿责任：

（一）不可抗力造成的；

（二）受害人故意以卧轨、碰撞等方式造成的；

（三）法律规定铁路运输企业不承担赔偿责任的其他情形造成的。

第六条 因受害人的过错行为造成人身损害，依照法律规定应当由铁路运输企业承担赔偿责任的，根据受害人的过错程度可以适当减轻铁路运输企业的赔偿责任，并按照以下情形分别处理：

（一）铁路运输企业未充分履行安全防护、警示等义务，铁路运输企业承担事故主要责任的，应当在全部损害的百分之九十至百分之六十之间承担赔偿责任；铁路运输企业承担事故同等责任的，应当在全部损害的百分之六十至百分之五十之间承担赔偿责任；铁路运输企业承担事故次要责任的，应当在全部损害的百分之四十至百分之十之间承担赔偿责任；

（二）铁路运输企业已充分履行安全防护、警示等义务，受害人仍施以过错行为的，铁路运输企业应当在全部损害的百分之十以内承担赔偿责任。

铁路运输企业已充分履行安全防护、警示等义务，受害人不听从值守人员劝阻强行通过铁路平交道口、人行过道，或者明知危险后果仍然无视警示规定沿铁路线路纵向行走、坐卧故意造成人身损害的，铁路运输企业不承担赔偿责任，但是有证据证明并非受害人故意造成损害的除外。

第七条 铁路运输造成无民事行为能力人人身损害的，铁路运输企业应当承担赔偿责任；监护人有过错的，按照过错程度减轻铁路运输企业的赔偿责任。

铁路运输造成限制民事行为能力人人身损害的，铁路运输企业应当承担赔偿责任；监护人或者受害人自身有过错的，按照过错程度减轻铁路运输企业的赔偿责任。

第八条 铁路机车车辆与机动车发生碰撞造成机动车驾驶人员以外的人人身损害的，由铁路运输企业与机动车一方对受害人承担连带赔偿责任。铁路运输企业与机动车一方之间的责任份额根据各自责任大小确定；难以确定责任大小的，平均承担责任。对受害人实际承担赔偿责任超出应当承担份额的一方，有权向另一方追偿。

铁路机车车辆与机动车发生碰撞造成机动车驾驶人员人身损害的，按照本解释第四条至第六条的规定处理。

第九条 在非铁路运输企业实行监护的铁路无人看守道口发生事故造成人身损害的，由铁路运输企业按照本解释的有关规定承担赔偿责任。道口管理单位有过错的，铁路运输企业对赔偿权利人承担赔偿责任后，有权向道口管理单位追偿。

第十条 对于铁路桥梁、涵洞等设施负有管理、维护等职责的单位，因未尽职责使该铁路桥梁、涵洞等设施不能正常使用，导致行人、车辆穿越铁路线路造成人身损害的，铁路运输企业按照本解释有关规定承担赔偿责任后，有权向该单位追偿。

第十一条 有权作出事故认定的组织依照《铁路交通事故应急救援和调查处理条例》等有关规定制作的事故认定书，经庭审质证，对于事故认定书所认定的事实，当事人没有相反证据和理由足以推翻的，人民法院应当作为认定事实的根据。

第十二条 在专用铁路及铁路专用线上因运输造成人身损害，依法应当由肇事工具或者设备的所有人、使用人或者管理人承担赔偿责任的，适用本解释。

第十三条 本院以前发布的司法解释与本解释不一致的，以本解释为准。

中华人民共和国最高人民法院
公　告

《最高人民法院关于修改〈最高人民法院关于仲裁司法审查案件报核问题的有关规定〉的决定》已于 2021 年 11 月 15 日由最高人民法院审判委员会第 1850 次会议通过，现予公布，自 2022 年 1 月 1 日起施行。

2021 年 12 月 24 日

最高人民法院
关于修改《最高人民法院关于仲裁司法审查案件报核问题的有关规定》的决定

法释〔2021〕21 号

根据审判实践需要，经最高人民法院审判委员会第 1850 次会议决定，对《最高人民法院关于仲裁司法审查案件报核问题的有关规定》作如下修改：

一、将第三条修改为："本规定第二条第二款规定的非涉外涉港澳台仲裁司法审查案件，高级人民法院经审查，拟同意中级人民法院或者专门人民法院以违背社会公共利益为由不予执行或者撤销我国内地仲裁机构的仲裁裁决的，应当向最高人民法院报核，待最高人民法院审核后，方可依最高人民法院的审核意见作出裁定。"

二、增加一条作为第四条："依据本规定第二条第二款由高级人民法院审核的案件，高级人民法院应当在作出审核意见之日起十五日内向最高人民法院报备。"

三、原第四条作为第五条。

四、原第五条作为第六条。

五、原第六条作为第七条。

六、原第七条作为第八条。

七、原第八条作为第九条。

本决定自 2022 年 1 月 1 日起施行。

根据本决定，《最高人民法院关于仲裁司法审查案件报核问题的有关规定》作相应修改后，重新公布。

最高人民法院
关于仲裁司法审查案件报核问题的有关规定

(2017年11月20日最高人民法院审判委员会第1727次会议通过,根据2021年11月15日最高人民法院审判委员会第1850次会议通过的《最高人民法院关于修改〈最高人民法院关于仲裁司法审查案件报核问题的有关规定〉的决定》修正,该修正自2022年1月1日起施行)

为正确审理仲裁司法审查案件,统一裁判尺度,依法保护当事人合法权益,保障仲裁发展,根据《中华人民共和国民事诉讼法》《中华人民共和国仲裁法》等法律规定,结合审判实践,制定本规定。

第一条 本规定所称仲裁司法审查案件,包括下列案件:
(一)申请确认仲裁协议效力案件;
(二)申请撤销我国内地仲裁机构的仲裁裁决案件;
(三)申请执行我国内地仲裁机构的仲裁裁决案件;
(四)申请认可和执行香港特别行政区、澳门特别行政区、台湾地区仲裁裁决案件;
(五)申请承认和执行外国仲裁裁决案件;
(六)其他仲裁司法审查案件。

第二条 各中级人民法院或者专门人民法院办理涉外涉港澳台仲裁司法审查案件,经审查拟认定仲裁协议无效,不予执行或者撤销我国内地仲裁机构的仲裁裁决,不予认可和执行香港特别行政区、澳门特别行政区、台湾地区仲裁裁决,不予承认和执行外国仲裁裁决,应当向本辖区所属高级人民法院报核;高级人民法院经审查拟同意的,应当向最高人民法院报核。待最高人民法院审核后,方可依最高人民法院的审核意见作出裁定。

各中级人民法院或者专门人民法院办理非涉外涉港澳台仲裁司法审查案件,经审查拟认定仲裁协议无效,不予执行或者撤销我国内地仲裁机构的仲裁裁决,应当向本辖区所属高级人民法院报核;待高级人民法院审核后,方可依高级人民法院的审核意见作出裁定。

第三条 本规定第二条第二款规定的非涉外涉港澳台仲裁司法审查案件,高级人民法院经审查,拟同意中级人民法院或者专门人民法院以违背社会公共利益为由不予执行或者撤销我国内地仲裁机构的仲裁裁决的,应当向最高人民法院报核,待最高人民法院审核后,方可依最高人民法院的审核意见作出裁定。

第四条 依据本规定第二条第二款由高级人民法院审核的案件,高级人民法院应当在作出审核意见之日起十五日内向最高人民法院报备。

第五条 下级人民法院报请上级人民法院审核的案件,应当将书面报告和案件卷宗材料一并上报。书面报告应当写明审查意见及具体理由。

第六条 上级人民法院收到下级人民法院的报核申请后,认为案件相关事实不清的,可以询问当事人或者退回下级人民法院补充查明事实后再报。

第七条 上级人民法院应当以复函的形式将审核意见答复下级人民法院。

第八条 在民事诉讼案件中,对于人民法院因涉及仲裁协议效力而作出的不予受理、驳回起诉、管辖权异议的裁定,当事人不服提起上诉,第二审人民法院经审查拟认定仲裁协议不成立、无效、失效、内容不明确无法执行的,须按照本规定第二条的规定逐级报核,待上级人民法院审核后,方可依上级人民法院的审核意见作出裁定。

第九条 本规定自2018年1月1日起施行,本院以前发布的司法解释与本规定不一致的,以本规定为准。

中华人民共和国最高人民法院
公　告

《最高人民法院关于审理证券市场虚假陈述侵权民事赔偿案件的若干规定》已于2021年12月30日由最高人民法院审判委员会第1860次会议通过,现予公布,自2022年1月22日起施行。

2022年1月21日

最高人民法院
关于审理证券市场虚假陈述
侵权民事赔偿案件的若干规定

法释〔2022〕2号

为正确审理证券市场虚假陈述侵权民事赔偿案件,规范证券发行和交易行为,保护投资者合法权益,维护公开、公平、公正的证券市场秩序,根据《中华人民共和国民法典》《中华人民共和国证券法》《中华人民共和国公司法》《中华人民共和国民事诉讼法》等法律规定,结合审判实践,制定本规定。

一、一般规定

第一条 信息披露义务人在证券交易场所发行、交易证券过程中实施虚假陈述引发的侵权民事赔偿案件,适用本规定。

按照国务院规定设立的区域性股权市场中发生的虚假陈述侵权民事赔偿案件,可以参照适用本规定。

第二条 原告提起证券虚假陈述侵权民事赔偿诉讼，符合民事诉讼法第一百二十二条规定，并提交以下证据或者证明材料的，人民法院应当受理：

（一）证明原告身份的相关文件；

（二）信息披露义务人实施虚假陈述的相关证据；

（三）原告因虚假陈述进行交易的凭证及投资损失等相关证据。

人民法院不得仅以虚假陈述未经监管部门行政处罚或者人民法院生效刑事判决的认定为由裁定不予受理。

第三条 证券虚假陈述侵权民事赔偿案件，由发行人住所地的省、自治区、直辖市人民政府所在的市、计划单列市和经济特区中级人民法院或者专门人民法院管辖。《最高人民法院关于证券纠纷代表人诉讼若干问题的规定》等对管辖另有规定的，从其规定。

省、自治区、直辖市高级人民法院可以根据本辖区的实际情况，确定管辖第一审证券虚假陈述侵权民事赔偿案件的其他中级人民法院，报最高人民法院备案。

二、虚假陈述的认定

第四条 信息披露义务人违反法律、行政法规、监管部门制定的规章和规范性文件关于信息披露的规定，在披露的信息中存在虚假记载、误导性陈述或者重大遗漏的，人民法院应当认定为虚假陈述。

虚假记载，是指信息披露义务人披露的信息中对相关财务数据进行重大不实记载，或者对其他重要信息作出与真实情况不符的描述。

误导性陈述，是指信息披露义务人披露的信息隐瞒了与之相关的部分重要事实，或者未及时披露相关更正、确认信息，致使已经披露的信息因不完整、不准确而具有误导性。

重大遗漏，是指信息披露义务人违反关于信息披露的规定，对重大事件或者重要事项等应当披露的信息未予披露。

第五条 证券法第八十五条规定的"未按照规定披露信息"，是指信息披露义务人未按照规定的期限、方式等要求及时、公平披露信息。

信息披露义务人"未按照规定披露信息"构成虚假陈述的，依照本规定承担民事责任；构成内幕交易的，依照证券法第五十三条的规定承担民事责任；构成公司法第一百五十二条规定的损害股东利益行为的，依照该法承担民事责任。

第六条 原告以信息披露文件中的盈利预测、发展规划等预测性信息与实际经营情况存在重大差异为由主张发行人实施虚假陈述的，人民法院不予支持，但有下列情形之一的除外：

（一）信息披露文件未对影响该预测实现的重要因素进行充分风险提示的；

（二）预测性信息所依据的基本假设、选用的会计政策等编制基础明显不合理的；

（三）预测性信息所依据的前提发生重大变化时，未及时履行更正义务的。

前款所称的重大差异，可以参照监管部门和证券交易场所的有关规定认定。

第七条 虚假陈述实施日，是指信息披露义务人作出虚假陈述或者发生虚假陈述之日。信息披露义务人在证券交易场所的网站或者符合监管部门规定条件的媒体上公告发布具有虚假陈述内容的信息披露文件,以披露日为实施日;通过召开业绩说明会、接受新闻媒体采访等方式实施虚假陈述的,以该虚假陈述的内容在具有全国性影响的媒体上首次公布之日为实施日。信息披露文件或者相关报导内容在交易日收市后发布的,以其后的第一个交易日为实施日。

因未及时披露相关更正、确认信息构成误导性陈述,或者未及时披露重大事件或者重要事项等构成重大遗漏的,以应当披露相关信息期限届满后的第一个交易日为实施日。

第八条 虚假陈述揭露日,是指虚假陈述在具有全国性影响的报刊、电台、电视台或监管部门网站、交易场所网站、主要门户网站、行业知名的自媒体等媒体上,首次被公开揭露并为证券市场知悉之日。

人民法院应当根据公开交易市场对相关信息的反应等证据,判断投资者是否知悉了虚假陈述。

除当事人有相反证据足以反驳外,下列日期应当认定为揭露日:

(一)监管部门以涉嫌信息披露违法为由对信息披露义务人立案调查的信息公开之日;

(二)证券交易场所等自律管理组织因虚假陈述对信息披露义务人等责任主体采取自律管理措施的信息公布之日。

信息披露义务人实施的虚假陈述呈连续状态的,以首次被公开揭露并为证券市场知悉之日为揭露日。信息披露义务人实施多个相互独立的虚假陈述的,人民法院应当分别认定其揭露日。

第九条 虚假陈述更正日,是指信息披露义务人在证券交易场所网站或者符合监管部门规定条件的媒体上,自行更正虚假陈述之日。

三、重大性及交易因果关系

第十条 有下列情形之一的,人民法院应当认定虚假陈述的内容具有重大性:

(一)虚假陈述的内容属于证券法第八十条第二款、第八十一条第二款规定的重大事件;

(二)虚假陈述的内容属于监管部门制定的规章和规范性文件中要求披露的重大事件或者重要事项;

(三)虚假陈述的实施、揭露或者更正导致相关证券的交易价格或者交易量产生明显的变化。

前款第一项、第二项所列情形,被告提交证据足以证明虚假陈述并未导致相关证券交易价格或者交易量明显变化的,人民法院应当认定虚假陈述的内容不具有重大性。

被告能够证明虚假陈述不具有重大性,并以此抗辩不应当承担民事责任的,人民法院应当予以支持。

第十一条 原告能够证明下列情形的,人民法院应当认定原告的投资决定与虚假陈述之间的交易因果关系成立:

(一)信息披露义务人实施了虚假陈述;

(二)原告交易的是与虚假陈述直接关联的证券;

(三)原告在虚假陈述实施日之后、揭露日或更正日之前实施了相应的交易行为,即在诱多型虚假陈述中买入了相关证券，或者在诱空型虚假陈述中卖出了相关证券。

第十二条 被告能够证明下列情形之一的，人民法院应当认定交易因果关系不成立：

（一）原告的交易行为发生在虚假陈述实施前，或者是在揭露或更正之后；

（二）原告在交易时知道或者应当知道存在虚假陈述，或者虚假陈述已经被证券市场广泛知悉；

（三）原告的交易行为是受到虚假陈述实施后发生的上市公司的收购、重大资产重组等其他重大事件的影响；

（四）原告的交易行为构成内幕交易、操纵证券市场等证券违法行为的；

（五）原告的交易行为与虚假陈述不具有交易因果关系的其他情形。

四、过错认定

第十三条 证券法第八十五条、第一百六十三条所称的过错，包括以下两种情形：

（一）行为人故意制作、出具存在虚假陈述的信息披露文件，或者明知信息披露文件存在虚假陈述而不予指明、予以发布；

（二）行为人严重违反注意义务，对信息披露文件中虚假陈述的形成或者发布存在过失。

第十四条 发行人的董事、监事、高级管理人员和其他直接责任人员主张对虚假陈述没有过错的，人民法院应当根据其工作岗位和职责、在信息披露资料的形成和发布等活动中所起的作用、取得和了解相关信息的渠道、为核验相关信息所采取的措施等实际情况进行审查认定。

前款所列人员不能提供勤勉尽责的相应证据，仅以其不从事日常经营管理、无相关职业背景和专业知识、相信发行人或者管理层提供的资料、相信证券服务机构出具的专业意见等理由主张其没有过错的，人民法院不予支持。

第十五条 发行人的董事、监事、高级管理人员依照证券法第八十二条第四款的规定，以书面方式发表附具体理由的意见并依法披露的，人民法院可以认定其主观上没有过错，但在审议、审核信息披露文件时投赞成票的除外。

第十六条 独立董事能够证明下列情形之一的，人民法院应当认定其没有过错：

（一）在签署相关信息披露文件之前，对不属于自身专业领域的相关具体问题，借助会计、法律等专门职业的帮助仍然未能发现问题的；

（二）在揭露日或更正日之前，发现虚假陈述后及时向发行人提出异议并监督整改或者向证券交易场所、监管部门书面报告的；

（三）在独立意见中对虚假陈述事项发表保留意见、反对意见或者无法表示意见并说明具体理由的，但在审议、审核相关文件时投赞成票的除外；

（四）因发行人拒绝、阻碍其履行职责，导致无法对相关信息披露文件是否存在虚假陈述作出判断，并及时向证券交易场所、监管部门书面报告的；

（五）能够证明勤勉尽责的其他情形。

独立董事提交证据证明其在履职期间能够按照法律、监管部门制定的规章和规范性文件以及公司章程的要求履行职责的，或者在虚假陈述被揭露后及时督促发行人整改且效果较为明显的，人民法院可以结合案件事实综合判断其过错情况。

外部监事和职工监事，参照适用前两款规定。

第十七条 保荐机构、承销机构等机构及其直接责任人员提交的尽职调查工作底稿、尽职调查报告、内部审核意见等证据能够证明下列情形的，人民法院应当认定其没有过错：

（一）已经按照法律、行政法规、监管部门制定的规章和规范性文件、相关行业执业规范的要求，对信息披露文件中的相关内容进行了审慎尽职调查；

（二）对信息披露文件中没有证券服务机构专业意见支持的重要内容，经过审慎尽职调查和独立判断，有合理理由相信该部分内容与真实情况相符；

（三）对信息披露文件中证券服务机构出具专业意见的重要内容，经过审慎核查和必要的调查、复核，有合理理由排除了职业怀疑并形成合理信赖。

在全国中小企业股份转让系统从事挂牌和定向发行推荐业务的证券公司，适用前款规定。

第十八条 会计师事务所、律师事务所、资信评级机构、资产评估机构、财务顾问等证券服务机构制作、出具的文件存在虚假陈述的，人民法院应当按照法律、行政法规、监管部门制定的规章和规范性文件，参考行业执业规范规定的工作范围和程序要求等内容，结合其核查、验证工作底稿等相关证据，认定其是否存在过错。

证券服务机构的责任限于其工作范围和专业领域。证券服务机构依赖保荐机构或者其他证券服务机构的基础工作或者专业意见致使其出具的专业意见存在虚假陈述，能够证明其对所依赖的基础工作或者专业意见经过审慎核查和必要的调查、复核，排除了职业怀疑并形成合理信赖的，人民法院应当认定其没有过错。

第十九条 会计师事务所能够证明下列情形之一的，人民法院应当认定其没有过错：

（一）按照执业准则、规则确定的工作程序和核查手段并保持必要的职业谨慎，仍未发现被审计的会计资料存在错误的；

（二）审计业务必须依赖的金融机构、发行人的供应商、客户等相关单位提供不实证明文件，会计师事务所保持了必要的职业谨慎仍未发现的；

（三）已对发行人的舞弊迹象提出警告并在审计业务报告中发表了审慎审计意见的；

（四）能够证明没有过错的其他情形。

五、责任主体

第二十条 发行人的控股股东、实际控制人组织、指使发行人实施虚假陈述，致使原告在证券交易中遭受损失的，原告起诉请求直接判令该控股股东、实际控制人依照本规定赔偿损失的，人民法院应当予以支持。

控股股东、实际控制人组织、指使发行人实施虚假陈述，发行人在承担赔偿责任后要求该控股股东、实际控制人赔偿实际支付的赔偿款、合理的律师费、诉讼费用等损失的，人民法院应当予以支持。

第二十一条 公司重大资产重组的交易对方所提供的信息不符合真实、准确、完整的要求，导致公司披露的相关信息存在虚假陈述，原告起诉请求判令该交易对方与发行人等责任主体赔偿由此导致的损失的，人民法院应当予以支持。

第二十二条 有证据证明发行人的供应商、客户,以及为发行人提供服务的金融机构等明知发行人实施财务造假活动,仍然为其提供相关交易合同、发票、存款证明等予以配合,或者故意隐瞒重要事实致使发行人的信息披露文件存在虚假陈述,原告起诉请求判令其与发行人等责任主体赔偿由此导致的损失的,人民法院应当予以支持。

第二十三条 承担连带责任的当事人之间的责任分担与追偿,按照民法典第一百七十八条的规定处理,但本规定第二十条第二款规定的情形除外。

保荐机构、承销机构等责任主体以存在约定为由,请求发行人或者其控股股东、实际控制人补偿其因虚假陈述所承担的赔偿责任的,人民法院不予支持。

六、损失认定

第二十四条 发行人在证券发行市场虚假陈述,导致原告损失的,原告有权请求按照本规定第二十五条的规定赔偿损失。

第二十五条 信息披露义务人在证券交易市场承担民事赔偿责任的范围,以原告因虚假陈述而实际发生的损失为限。原告实际损失包括投资差额损失、投资差额损失部分的佣金和印花税。

第二十六条 投资差额损失计算的基准日,是指在虚假陈述揭露或更正后,为将原告应获赔偿限定在虚假陈述所造成的损失范围内,确定损失计算的合理期间而规定的截止日期。

在采用集中竞价的交易市场中,自揭露日或更正日起,被虚假陈述影响的证券集中交易累计成交量达到可流通部分100%之日为基准日。

自揭露日或更正日起,集中交易累计换手率在10个交易日内达到可流通部分100%的,以第10个交易日为基准日;在30个交易日内未达到可流通部分100%的,以第30个交易日为基准日。

虚假陈述揭露日或更正日起至基准日期间每个交易日收盘价的平均价格,为损失计算的基准价格。

无法依前款规定确定基准价格的,人民法院可以根据有专门知识的人的专业意见,参考对相关行业进行投资时的通常估值方法,确定基准价格。

第二十七条 在采用集中竞价的交易市场中,原告因虚假陈述买入相关股票所造成的投资差额损失,按照下列方法计算:

(一)原告在实施日之后、揭露日或更正日之前买入,在揭露日或更正日之后、基准日之前卖出的股票,按买入股票的平均价格与卖出股票的平均价格之间的差额,乘以已卖出的股票数量;

(二)原告在实施日之后、揭露日或更正日之前买入,基准日之前未卖出的股票,按买入股票的平均价格与基准价格之间的差额,乘以未卖出的股票数量。

第二十八条 在采用集中竞价的交易市场中,原告因虚假陈述卖出相关股票所造成的投资差额损失,按照下列方法计算:

(一)原告在实施日之后、揭露日或更正日之前卖出,在揭露日或更正日之后、基准日之前买回的股票,按买回股票的平均价格与卖出股票的平均价格之间的差额,乘以买回的股票数量;

(二) 原告在实施日之后、揭露日或更正日之前卖出,基准日之前未买回的股票,按基准价格与卖出股票的平均价格之间的差额,乘以未买回的股票数量。

第二十九条 计算投资差额损失时,已经除权的证券,证券价格和证券数量应当复权计算。

第三十条 证券公司、基金管理公司、保险公司、信托公司、商业银行等市场参与主体依法设立的证券投资产品,在确定因虚假陈述导致的损失时,每个产品应当单独计算。

投资者及依法设立的证券投资产品开立多个证券账户进行投资的,应当将各证券账户合并,所有交易按照成交时间排序,以确定其实际交易及损失情况。

第三十一条 人民法院应当查明虚假陈述与原告损失之间的因果关系,以及导致原告损失的其他原因等案件基本事实,确定赔偿责任范围。

被告能够举证证明原告的损失部分或者全部是由他人操纵市场、证券市场的风险、证券市场对特定事件的过度反应、上市公司内外部经营环境等其他因素所导致的,对其关于相应减轻或者免除责任的抗辩,人民法院应当予以支持。

七、诉讼时效

第三十二条 当事人主张以揭露日或更正日起算诉讼时效的,人民法院应当予以支持。揭露日与更正日不一致的,以在先的为准。

对于虚假陈述责任人中的一人发生诉讼时效中断效力的事由,应当认定对其他连带责任人也发生诉讼时效中断的效力。

第三十三条 在诉讼时效期间内,部分投资者向人民法院提起人数不确定的普通代表人诉讼的,人民法院应当认定该起诉行为对所有具有同类诉讼请求的权利人发生时效中断的效果。

在普通代表人诉讼中,未向人民法院登记权利的投资者,其诉讼时效自权利登记期间届满后重新开始计算。向人民法院登记权利后申请撤回权利登记的投资者,其诉讼时效自撤回权利登记之次日重新开始计算。

投资者保护机构依照证券法第九十五条第三款的规定作为代表人参加诉讼后,投资者声明退出诉讼的,其诉讼时效自声明退出之次日起重新开始计算。

八、附则

第三十四条 本规定所称证券交易场所,是指证券交易所、国务院批准的其他全国性证券交易场所。

本规定所称监管部门,是指国务院证券监督管理机构、国务院授权的部门及有关主管部门。

本规定所称发行人,包括证券的发行人、上市公司或者挂牌公司。

本规定所称实施日之后、揭露日或更正日之后、基准日之前,包括该日;所称揭露日或更正日之前,不包括该日。

第三十五条 本规定自 2022 年 1 月 22 日起施行。《最高人民法院关于受理证券市场因虚假陈述引发的民事侵权纠纷案件有关问题的通知》《最高人民法院关于审理证券市场因虚假陈述引发的民事赔偿案件的若干规定》同时废止。《最高人民法院关于审理涉及会计师事务所在审计业务活动中民事侵权赔偿案件的若干规定》与本规定不一致的,以本规定为准。

本规定施行后尚未终审的案件,适用本规定。本规定施行前已经终审,当事人申请再审或者按照审判监督程序决定再审的案件,不适用本规定。

中华人民共和国最高人民法院
公 告

《最高人民法院关于适用〈中华人民共和国民法典〉总则编若干问题的解释》已于2021年12月30日由最高人民法院审判委员会第1861次会议通过,现予公布,自2022年3月1日起施行。

2022年2月24日

最高人民法院
关于适用《中华人民共和国民法典》
总则编若干问题的解释

法释〔2022〕6号

为正确审理民事案件,依法保护民事主体的合法权益,维护社会和经济秩序,根据《中华人民共和国民法典》《中华人民共和国民事诉讼法》等相关法律规定,结合审判实践,制定本解释。

一、一般规定

第一条 民法典第二编至第七编对民事关系有规定的,人民法院直接适用该规定;民法典第二编至第七编没有规定的,适用民法典第一编的规定,但是根据其性质不能适用的除外。

就同一民事关系,其他民事法律的规定属于对民法典相应规定的细化的,应当适用该民事法律的规定。民法典规定适用其他法律的,适用该法律的规定。

民法典及其他法律对民事关系没有具体规定的,可以遵循民法典关于基本原则的规定。

第二条 在一定地域、行业范围内长期为一般人从事民事活动时普遍遵守的民间习俗、惯常做法等，可以认定为民法典第十条规定的习惯。

当事人主张适用习惯的，应当就习惯及其具体内容提供相应证据；必要时，人民法院可以依职权查明。

适用习惯，不得违背社会主义核心价值观，不得违背公序良俗。

第三条 对于民法典第一百三十二条所称的滥用民事权利，人民法院可以根据权利行使的对象、目的、时间、方式、造成当事人之间利益失衡的程度等因素作出认定。

行为人以损害国家利益、社会公共利益、他人合法权益为主要目的行使民事权利的，人民法院应当认定构成滥用民事权利。

构成滥用民事权利的，人民法院应当认定该滥用行为不发生相应的法律效力。滥用民事权利造成损害的，依照民法典第七编等有关规定处理。

二、民事权利能力和民事行为能力

第四条 涉及遗产继承、接受赠与等胎儿利益保护，父母在胎儿娩出前作为法定代理人主张相应权利的，人民法院依法予以支持。

第五条 限制民事行为能力人实施的民事法律行为是否与其年龄、智力、精神健康状况相适应，人民法院可以从行为与本人生活相关联的程度，本人的智力、精神健康状况能否理解其行为并预见相应的后果，以及标的、数量、价款或者报酬等方面认定。

三、监护

第六条 人民法院认定自然人的监护能力，应当根据其年龄、身心健康状况、经济条件等因素确定；认定有关组织的监护能力，应当根据其资质、信用、财产状况等因素确定。

第七条 担任监护人的被监护人父母通过遗嘱指定监护人，遗嘱生效时被指定的人不同意担任监护人的，人民法院应当适用民法典第二十七条、第二十八条的规定确定监护人。

未成年人由父母担任监护人，父母中的一方通过遗嘱指定监护人，另一方在遗嘱生效时有监护能力，有关当事人对监护人的确定有争议的，人民法院应当适用民法典第二十七条第一款的规定确定监护人。

第八条 未成年人的父母与其他依法具有监护资格的人订立协议，约定免除具有监护能力的父母的监护职责的，人民法院不予支持。协议约定在未成年人的父母丧失监护能力时由该具有监护资格的人担任监护人的，人民法院依法予以支持。

依法具有监护资格的人之间依据民法典第三十条的规定，约定由民法典第二十七条第二款、第二十八条规定的不同顺序的人共同担任监护人，或者由顺序在后的人担任监护人的，人民法院依法予以支持。

第九条 人民法院依据民法典第三十一条第二款、第三十六条第一款的规定指定监护人时，应当尊重被监护人的真实意愿，按照最有利于被监护人的原则指定，具体参考以下因素：

（一）与被监护人生活、情感联系的密切程度；

（二）依法具有监护资格的人的监护顺序；

（三）是否有不利于履行监护职责的违法犯罪等情形；

（四）依法具有监护资格的人的监护能力、意愿、品行等。

人民法院依法指定的监护人一般应当是一人，由数人共同担任监护人更有利于保护被监护人利益的，也可以是数人。

第十条 有关当事人不服居民委员会、村民委员会或者民政部门的指定，在接到指定通知之日起三十日内向人民法院申请指定监护人的，人民法院经审理认为指定并无不当，依法裁定驳回申请；认为指定不当，依法判决撤销指定并另行指定监护人。

有关当事人在接到指定通知之日起三十日后提出申请的，人民法院应当按照变更监护关系处理。

第十一条 具有完全民事行为能力的成年人与他人依据民法典第三十三条的规定订立书面协议事先确定自己的监护人后，协议的任何一方在该成年人丧失或者部分丧失民事行为能力前请求解除协议的，人民法院依法予以支持。该成年人丧失或者部分丧失民事行为能力后，协议确定的监护人无正当理由请求解除协议的，人民法院不予支持。

该成年人丧失或者部分丧失民事行为能力后，协议确定的监护人有民法典第三十六条第一款规定的情形之一，该条第二款规定的有关个人、组织申请撤销其监护人资格的，人民法院依法予以支持。

第十二条 监护人、其他依法具有监护资格的人之间就监护人是否有民法典第三十九条第一款第二项、第四项规定的应当终止监护关系的情形发生争议，申请变更监护人的，人民法院应当依法受理。经审理认为理由成立的，人民法院依法予以支持。

被依法指定的监护人与其他具有监护资格的人之间协议变更监护人的，人民法院应当尊重被监护人的真实意愿，按照最有利于被监护人的原则作出裁判。

第十三条 监护人因患病、外出务工等原因在一定期限内不能完全履行监护职责，将全部或者部分监护职责委托给他人，当事人主张受托人因此成为监护人的，人民法院不予支持。

四、宣告失踪和宣告死亡

第十四条 人民法院审理宣告失踪案件时，下列人员应当认定为民法典第四十条规定的利害关系人：

（一）被申请人的近亲属；

（二）依据民法典第一千一百二十八条、第一千一百二十九条规定对被申请人有继承权的亲属；

（三）债权人、债务人、合伙人等与被申请人有民事权利义务关系的民事主体，但是不申请宣告失踪不影响其权利行使、义务履行的除外。

第十五条 失踪人的财产代管人向失踪人的债务人请求偿还债务的，人民法院应当将财产代管人列为原告。

债权人提起诉讼，请求失踪人的财产代管人支付失踪人所欠的债务和其他费用的，人民法院应当将财产代管人列为被告。经审理认为债权人的诉讼请求成立的，人民法院应当判决财产代管人从失踪人的财产中支付失踪人所欠的债务和其他费用。

第十六条 人民法院审理宣告死亡案件时，被申请人的配偶、父母、子女，以及依据民法典第一千一百二十九条规定对被申请人有继承权的亲属应当认定为民法典第四十六条规定的利害关系人。

符合下列情形之一的，被申请人的其他近亲属，以及依据民法典第一千一百二十八条规定对被申请人有继承权的亲属应当认定为民法典第四十六条规定的利害关系人：

（一）被申请人的配偶、父母、子女均已死亡或者下落不明的；

（二）不申请宣告死亡不能保护其相应合法权益的。

被申请人的债权人、债务人、合伙人等民事主体不能认定为民法典第四十六条规定的利害关系人，但是不申请宣告死亡不能保护其相应合法权益的除外。

第十七条 自然人在战争期间下落不明的，利害关系人申请宣告死亡的期间适用民法典第四十六条第一款第一项的规定，自战争结束之日或者有关机关确定的下落不明之日起计算。

五、民事法律行为

第十八条 当事人未采用书面形式或者口头形式，但是实施的行为本身表明已经作出相应意思表示，并符合民事法律行为成立条件的，人民法院可以认定为民法典第一百三十五条规定的采用其他形式实施的民事法律行为。

第十九条 行为人对行为的性质、对方当事人或者标的物的品种、质量、规格、价格、数量等产生错误认识，按照通常理解如果不发生该错误认识行为人就不会作出相应意思表示的，人民法院可以认定为民法典第一百四十七条规定的重大误解。

行为人能够证明自己实施民事法律行为时存在重大误解，并请求撤销该民事法律行为的，人民法院依法予以支持；但是，根据交易习惯等认定行为人无权请求撤销的除外。

第二十条 行为人以其意思表示存在第三人转达错误为由请求撤销民事法律行为的，适用本解释第十九条的规定。

第二十一条 故意告知虚假情况，或者负有告知义务的人故意隐瞒真实情况，致使当事人基于错误认识作出意思表示的，人民法院可以认定为民法典第一百四十八条、第一百四十九条规定的欺诈。

第二十二条 以给自然人及其近亲属等的人身权利、财产权利以及其他合法权益造成损害或者以给法人、非法人组织的名誉、荣誉、财产权益等造成损害为要挟，迫使其基于恐惧心理作出意思表示的，人民法院可以认定为民法典第一百五十条规定的胁迫。

第二十三条 民事法律行为不成立，当事人请求返还财产、折价补偿或者赔偿损失的，参照适用民法典第一百五十七条的规定。

第二十四条 民事法律行为所附条件不可能发生，当事人约定为生效条件的，人民法院应当认定民事法律行为不发生效力；当事人约定为解除条件的，应当认定未附条件，民事法律行为是否失效，依照民法典和相关法律、行政法规的规定认定。

六、代理

第二十五条 数个委托代理人共同行使代理权，其中一人或者数人未与其他委托代理人协商，擅自行使代理权的，依据民法典第一百七十一条、第一百七十二条等规定处理。

第二十六条 由于急病、通讯联络中断、疫情防控等特殊原因，委托代理人自己不能办理代理事项，又不能与被代理人及时取得联系，如不及时转委托第三人代理，会给被代理人的利益造成损失或者扩大损失的，人民法院应当认定为民法典第一百六十九条规定的紧急情况。

第二十七条 无权代理行为未被追认，相对人请求行为人履行债务或者赔偿损失的，由行为人就相对人知道或者应当知道行为人无权代理承担举证责任。行为人不能证明的，人民法院依法支持相对人的相应诉讼请求；行为人能够证明的，人民法院应当按照各自的过错认定行为人与相对人的责任。

第二十八条 同时符合下列条件的，人民法院可以认定为民法典第一百七十二条规定的相对人有理由相信行为人有代理权：

（一）存在代理权的外观；

（二）相对人不知道行为人行为时没有代理权，且无过失。

因是否构成表见代理发生争议的，相对人应当就无权代理符合前款第一项规定的条件承担举证责任；被代理人应当就相对人不符合前款第二项规定的条件承担举证责任。

第二十九条 法定代理人、被代理人依据民法典第一百四十五条、第一百七十一条的规定向相对人作出追认的意思表示的，人民法院应当依据民法典第一百三十七条的规定确认其追认意思表示的生效时间。

七、民事责任

第三十条 为了使国家利益、社会公共利益、本人或者他人的人身权利、财产权利以及其他合法权益免受正在进行的不法侵害，而针对实施侵害行为的人采取的制止不法侵害的行为，应当认定为民法典第一百八十一条规定的正当防卫。

第三十一条 对于正当防卫是否超过必要的限度，人民法院应当综合不法侵害的性质、手段、强度、危害程度和防卫的时机、手段、强度、损害后果等因素判断。

经审理，正当防卫没有超过必要限度的，人民法院应当认定正当防卫人不承担责任。正当防卫超过必要限度的，人民法院应当认定正当防卫人在造成不应有的损害范围内承担部分责任；实施侵害行为的人请求正当防卫人承担全部责任的，人民法院不予支持。

实施侵害行为的人不能证明防卫行为造成不应有的损害，仅以正当防卫人采取的反击方式和强度与不法侵害不相当为由主张防卫过当的，人民法院不予支持。

第三十二条 为了使国家利益、社会公共利益、本人或者他人的人身权利、财产权利以及其他合法权益免受正在发生的急迫危险，不得已而采取紧急措施的，应当认定为民法典第一百八十二条规定的紧急避险。

第三十三条 对于紧急避险是否采取措施不当或者超过必要的限度，人民法院应当综合危险的性质、急迫程度、避险行为所保护的权益以及造成的损害后果等因素判断。

经审理，紧急避险采取措施并无不当且没有超过必要限度的，人民法院应当认定紧急避险人不承担责任。紧急避险采取措施不当或者超过必要限度的，人民法院应当根据紧急避险人的过错程度、避险措施造成不应有的损害的原因力大小、紧急避险人是否为受益人等因素认定紧急避险人在造成的不应有的损害范围内承担相应的责任。

第三十四条 因保护他人民事权益使自己受到损害，受害人依据民法典第一百八十三条的规定请求受益人适当补偿的，人民法院可以根据受害人所受损失和已获赔偿的情况、受益人受益的多少及其经济条件等因素确定受益人承担的补偿数额。

八、诉讼时效

第三十五条 民法典第一百八十八条第一款规定的三年诉讼时效期间，可以适用民法典有关诉讼时效中止、中断的规定，不适用延长的规定。该条第二款规定的二十年期间不适用中止、中断的规定。

第三十六条 无民事行为能力人或者限制民事行为能力人的权利受到损害的，诉讼时效期间自其法定代理人知道或者应当知道权利受到损害以及义务人之日起计算，但是法律另有规定的除外。

第三十七条 无民事行为能力人、限制民事行为能力人的权利受到原法定代理人损害，且在取得、恢复完全民事行为能力或者在原法定代理终止并确定新的法定代理人后，相应民事主体才知道或者应当知道权利受到损害的，有关请求权诉讼时效期间的计算适用民法典第一百八十八条第二款、本解释第三十六条的规定。

第三十八条 诉讼时效依据民法典第一百九十五条的规定中断后，在新的诉讼时效期间内，再次出现第一百九十五条规定的中断事由，可以认定为诉讼时效再次中断。

权利人向义务人的代理人、财产代管人或者遗产管理人等提出履行请求的，可以认定为民法典第一百九十五条规定的诉讼时效中断。

九、附则

第三十九条 本解释自 2022 年 3 月 1 日起施行。

民法典施行后的法律事实引起的民事案件，本解释施行后尚未终审的，适用本解释；本解释施行前已经终审，当事人申请再审或者按照审判监督程序决定再审的，不适用本解释。

中华人民共和国最高人民法院
公　　告

《最高人民法院关于内地与澳门特别行政区就仲裁程序相互协助保全的安排》已于 2022 年 2 月 15 日由最高人民法院审判委员会第 1864 次会议通过，现予公布，自 2022 年 3 月 25 日起施行。

2022 年 2 月 24 日

最高人民法院
关于内地与澳门特别行政区就仲裁程序
相互协助保全的安排

法释〔2022〕7 号

根据《中华人民共和国澳门特别行政区基本法》第九十三条的规定，经最高人民法院与澳门特别行政区协商，现就内地与澳门特别行政区关于仲裁程序相互协助保全作出如下安排。

第一条　本安排所称"保全"，在内地包括财产保全、证据保全、行为保全；在澳门特别行政区包括为确保受威胁的权利得以实现而采取的保存或者预行措施。

第二条　按照澳门特别行政区仲裁法规向澳门特别行政区仲裁机构提起民商事仲裁程序的当事人，在仲裁裁决作出前，可以参照《中华人民共和国民事诉讼法》《中华人民共和国仲裁法》以及相关司法解释的规定，向被申请人住所地、财产所在地或者证据所在地的内地中级人民法院申请保全。被申请人住所地、财产所在地或者证据所在地在不同人民法院辖区的，应当选择向其中一个人民法院提出申请，不得分别向两个或者两个以上人民法院提出申请。

在仲裁机构受理仲裁案件前申请保全，内地人民法院采取保全措施后三十日内未收到仲裁机构已受理仲裁案件的证明函件的，内地人民法院应当解除保全。

第三条　向内地人民法院申请保全的，应当提交下列材料：

（一）保全申请书；

（二）仲裁协议；

（三）身份证明材料：申请人为自然人的，应当提交身份证件复印件；申请人为法人或者非法人组织的，应当提交注册登记证书的复印件以及法定代表人或者负责人的身份证件复印件；

（四）在仲裁机构受理仲裁案件后申请保全的，应当提交包含主要仲裁请求和所根据的事实与理由的仲裁申请文件以及相关证据材料、仲裁机构出具的已受理有关仲裁案件的证明函件；

（五）内地人民法院要求的其他材料。

身份证明材料系在内地以外形成的，应当依据内地相关法律规定办理证明手续。

向内地人民法院提交的文件没有中文文本的，应当提交中文译本。

第四条 向内地人民法院提交的保全申请书应当载明下列事项：

（一）当事人的基本情况：当事人为自然人的，包括姓名、住所、身份证件信息、通讯方式等；当事人为法人或者非法人组织的，包括法人或者非法人组织的名称、住所以及法定代表人或者主要负责人的姓名、职务、住所、身份证件信息、通讯方式等；

（二）请求事项，包括申请保全财产的数额、申请行为保全的内容和期限等；

（三）请求所依据的事实、理由和相关证据，包括关于情况紧急，如不立即保全将会使申请人合法权益受到难以弥补的损害或者将使仲裁裁决难以执行的说明等；

（四）申请保全的财产、证据的明确信息或者具体线索；

（五）用于提供担保的内地财产信息或者资信证明；

（六）是否已提出其他保全申请以及保全情况；

（七）其他需要载明的事项。

第五条 依据《中华人民共和国仲裁法》向内地仲裁机构提起民商事仲裁程序的当事人，在仲裁裁决作出前，可以根据澳门特别行政区法律规定，向澳门特别行政区初级法院申请保全。

在仲裁机构受理仲裁案件前申请保全的，申请人应当在澳门特别行政区法律规定的期间内，采取开展仲裁程序的必要措施，否则该保全措施失效。申请人应当将已作出必要措施及作出日期的证明送交澳门特别行政区法院。

第六条 向澳门特别行政区法院申请保全的，须附同下列资料：

（一）仲裁协议；

（二）申请人或者被申请人为自然人的，应当载明其姓名以及住所；为法人或者非法人组织的，应当载明其名称、住所以及法定代表人或者主要负责人的姓名、职务和住所；

（三）请求的详细资料，尤其包括请求所依据的事实和法律理由、申请标的的情况、财产的详细资料、须保全的金额、申请行为保全的详细内容和期限以及附同相关证据，证明权利受威胁以及解释恐防受侵害的理由；

（四）在仲裁机构受理仲裁案件后申请保全的，应当提交该仲裁机构出具的已受理有关仲裁案件的证明；

（五）是否已提出其他保全申请以及保全情况；

（六）法院要求的其他资料。

如向法院提交的文件并非使用澳门特别行政区的其中一种正式语文，则申请人应当提交其中一种正式语文的译本。

第七条 被请求方法院应当尽快审查当事人的保全申请，可以按照被请求方法律规定要求申请人提供担保。

经审查，当事人的保全申请符合被请求方法律规定的，被请求方法院应当作出保全裁定。

第八条 当事人对被请求方法院的裁定不服的，按被请求方相关法律规定处理。

第九条 当事人申请保全的，应当根据被请求方法律的规定交纳费用。

第十条 本安排不减损内地和澳门特别行政区的仲裁机构、仲裁庭、仲裁员、当事人依据对方法律享有的权利。

第十一条 本安排在执行过程中遇有问题或者需要修改的，由最高人民法院和澳门特别行政区协商解决。

第十二条 本安排自 2022 年 3 月 25 日起施行。

中华人民共和国最高人民法院
公　告

《最高人民法院关于审理网络消费纠纷案件适用法律若干问题的规定（一）》已于 2022 年 2 月 15 日由最高人民法院审判委员会第 1864 次会议通过，现予公布，自 2022 年 3 月 15 日起施行。

2022 年 3 月 1 日

最高人民法院关于审理网络消费纠纷案件适用法律若干问题的规定（一）

法释〔2022〕8 号

为正确审理网络消费纠纷案件，依法保护消费者合法权益，促进网络经济健康持续发展，根据《中华人民共和国民法典》《中华人民共和国消费者权益保护法》《中华人民共和国电子商务法》《中华人民共和国民事诉讼法》等法律规定，结合审判实践，制定本规定。

第一条 电子商务经营者提供的格式条款有以下内容的，人民法院应当依法认定无效：

（一）收货人签收商品即视为认可商品质量符合约定；

（二）电子商务平台经营者依法应承担的责任一概由平台内经营者承担；

（三）电子商务经营者享有单方解释权或者最终解释权；

（四）排除或者限制消费者依法投诉、举报、请求调解、申请仲裁、提起诉讼的权利；

（五）其他排除或者限制消费者权利、减轻或者免除电子商务经营者责任、加重消费者责任等对消费者不公平、不合理的内容。

第二条　电子商务经营者就消费者权益保护法第二十五条第一款规定的四项除外商品做出七日内无理由退货承诺，消费者主张电子商务经营者应当遵守其承诺的，人民法院应予支持。

第三条　消费者因检查商品的必要对商品进行拆封查验且不影响商品完好，电子商务经营者以商品已拆封为由主张不适用消费者权益保护法第二十五条规定的无理由退货制度的，人民法院不予支持，但法律另有规定的除外。

第四条　电子商务平台经营者以标记自营业务方式或者虽未标记自营但实际开展自营业务所销售的商品或者提供的服务损害消费者合法权益，消费者主张电子商务平台经营者承担商品销售者或者服务提供者责任的，人民法院应予支持。

电子商务平台经营者虽非实际开展自营业务，但其所作标识等足以误导消费者使消费者相信系电子商务平台经营者自营，消费者主张电子商务平台经营者承担商品销售者或者服务提供者责任的，人民法院应予支持。

第五条　平台内经营者出售商品或者提供服务过程中，其工作人员引导消费者通过交易平台提供的支付方式以外的方式进行支付，消费者主张平台内经营者承担商品销售者或者服务提供者责任，平台内经营者以未经过交易平台支付为由抗辩的，人民法院不予支持。

第六条　注册网络经营账号开设网络店铺的平台内经营者，通过协议等方式将网络账号及店铺转让给其他经营者，但未依法进行相关经营主体信息变更公示，实际经营者的经营活动给消费者造成损害，消费者主张注册经营者、实际经营者承担赔偿责任的，人民法院应予支持。

第七条　消费者在二手商品网络交易平台购买商品受到损害，人民法院综合销售者出售商品的性质、来源、数量、价格、频率、是否有其他销售渠道、收入等情况，能够认定销售者系从事商业经营活动，消费者主张销售者依据消费者权益保护法承担经营者责任的，人民法院应予支持。

第八条　电子商务经营者在促销活动中提供的奖品、赠品或者消费者换购的商品给消费者造成损害，消费者主张电子商务经营者承担赔偿责任，电子商务经营者以奖品、赠品属于免费提供或者商品属于换购为由主张免责的，人民法院不予支持。

第九条　电子商务经营者与他人签订的以虚构交易、虚构点击量、编造用户评价等方式进行虚假宣传的合同，人民法院应当依法认定无效。

第十条　平台内经营者销售商品或者提供服务损害消费者合法权益，其向消费者承诺的赔偿标准高于相关法定赔偿标准，消费者主张平台内经营者按照承诺赔偿的，人民法院应依法予以支持。

第十一条　平台内经营者开设网络直播间销售商品，其工作人员在网络直播中因虚假宣传等给消费者造成损害，消费者主张平台内经营者承担赔偿责任的，人民法院应予支持。

第十二条　消费者因在网络直播间点击购买商品合法权益受到损害，直播间运营者不能证明已经以足以使消费者辨别的方式标明其并非销售者并标明实际销售者的，消费者主张直播间运营者承担商品销售者责任的，人民法院应予支持。

直播间运营者能够证明已经尽到前款所列标明义务的，人民法院应当综合交易外观、直播间运营者与经营者的约定、与经营者的合作模式、交易过程以及消费者认知等因素予以认定。

第十三条　网络直播营销平台经营者通过网络直播方式开展自营业务销售商品，消费者主张其承担商品销售者责任的，人民法院应予支持。

第十四条　网络直播间销售商品损害消费者合法权益，网络直播营销平台经营者不能提供直播间运营者的真实姓名、名称、地址和有效联系方式的，消费者依据消费者权益保护法第四十四条规定向网络直播营销平台经营者请求赔偿的，人民法院应予支持。网络直播营销平台经营者承担责任后，向直播间运营者追偿的，人民法院应予支持。

第十五条　网络直播营销平台经营者对依法需取得食品经营许可的网络直播间的食品经营资质未尽到法定审核义务，使消费者的合法权益受到损害，消费者依据食品安全法第一百三十一条等规定主张网络直播营销平台经营者与直播间运营者承担连带责任的，人民法院应予支持。

第十六条　网络直播营销平台经营者知道或者应当知道网络直播间销售的商品不符合保障人身、财产安全的要求，或者有其他侵害消费者合法权益行为，未采取必要措施，消费者依据电子商务法第三十八条等规定主张网络直播营销平台经营者与直播间运营者承担连带责任的，人民法院应予支持。

第十七条　直播间运营者知道或者应当知道经营者提供的商品不符合保障人身、财产安全的要求，或者有其他侵害消费者合法权益行为，仍为其推广，给消费者造成损害，消费者依据民法典第一千一百六十八条等规定主张直播间运营者与提供该商品的经营者承担连带责任的，人民法院应予支持。

第十八条　网络餐饮服务平台经营者违反食品安全法第六十二条和第一百三十一条规定，未对入网餐饮服务提供者进行实名登记、审查许可证，或者未履行报告、停止提供网络交易平台服务等义务，使消费者的合法权益受到损害，消费者主张网络餐饮服务平台经营者与入网餐饮服务提供者承担连带责任的，人民法院应予支持。

第十九条　入网餐饮服务提供者所经营食品损害消费者合法权益，消费者主张入网餐饮服务提供者承担经营者责任，入网餐饮服务提供者以订单系委托他人加工制作为由抗辩的，人民法院不予支持。

第二十条　本规定自 2022 年 3 月 15 日起施行。

中华人民共和国最高人民法院
公　告

《最高人民法院关于修改〈最高人民法院关于适用《中华人民共和国民事诉讼法》的解释〉的决定》已于 2022 年 3 月 22 日由最高人民法院审判委员会第 1866 次会议通过，现予公布，自 2022 年 4 月 10 日起施行。

2022 年 4 月 1 日

最高人民法院
关于修改《最高人民法院关于适用〈中华人民共和国民事诉讼法〉的解释》的决定

法释〔2022〕11 号

2021 年 12 月 24 日，第十三届全国人大常委会第三十二次会议审议通过了《全国人民代表大会常务委员会关于修改〈中华人民共和国民事诉讼法〉的决定》。根据修改后的民事诉讼法，结合人民法院民事审判和执行工作实际，最高人民法院审判委员会第 1866 次会议决定，对《最高人民法院关于适用〈中华人民共和国民事诉讼法〉的解释》作如下修改：

一、将第九条修改为："追索赡养费、扶养费、抚养费案件的几个被告住所地不在同一辖区的，可以由原告住所地人民法院管辖。"

二、将第四十五条修改为："在一个审判程序中参与过本案审判工作的审判人员，不得再参与该案其他程序的审判。

"发回重审的案件，在一审法院作出裁判后又进入第二审程序的，原第二审程序中审判人员不受前款规定的限制。"

三、将第四十八条修改为："民事诉讼法第四十七条所称的审判人员，包括参与本案审理的人民法院院长、副院长、审判委员会委员、庭长、副庭长、审判员和人民陪审员。"

四、将第六十一条修改为："当事人之间的纠纷经人民调解委员会或者其他依法设立的调解组织调解达成协议后，一方当事人不履行调解协议，另一方当事人向人民法院提起诉讼的，应以对方当事人为被告。"

五、将第二百一十八条修改为:"赡养费、扶养费、抚养费案件,裁判发生法律效力后,因新情况、新理由,一方当事人再行起诉要求增加或者减少费用的,人民法院应作为新案受理。"

六、将第二百五十八条修改为:"适用简易程序审理的案件,审理期限到期后,有特殊情况需要延长的,经本院院长批准,可以延长审理期限。延长后的审理期限累计不得超过四个月。

"人民法院发现案件不宜适用简易程序,需要转为普通程序审理的,应当在审理期限届满前作出裁定并将审判人员及相关事项书面通知双方当事人。

"案件转为普通程序审理的,审理期限自人民法院立案之日计算。"

七、将第二百六十一条修改为:"适用简易程序审理案件,人民法院可以依照民事诉讼法第九十条、第一百六十二条的规定采取捎口信、电话、短信、传真、电子邮件等简便方式传唤双方当事人、通知证人和送达诉讼文书。

"以简便方式送达的开庭通知,未经当事人确认或者没有其他证据证明当事人已经收到的,人民法院不得缺席判决。

"适用简易程序审理案件,由审判员独任审判,书记员担任记录。"

八、将第二百六十九条修改为:"当事人就案件适用简易程序提出异议,人民法院经审查,异议成立的,裁定转为普通程序;异议不成立的,裁定驳回。裁定以口头方式作出的,应当记入笔录。

"转为普通程序的,人民法院应当将审判人员及相关事项以书面形式通知双方当事人。

"转为普通程序前,双方当事人已确认的事实,可以不再进行举证、质证。"

九、将第二百七十三条修改为:"海事法院可以适用小额诉讼的程序审理海事、海商案件。案件标的额应当以实际受理案件的海事法院或者其派出法庭所在的省、自治区、直辖市上年度就业人员年平均工资为基数计算。"

十、删除第二百七十四条、第二百七十五条。

十一、将第二百八十一条改为第二百七十九条,修改为:"当事人对按照小额诉讼案件审理有异议的,应当在开庭前提出。人民法院经审查,异议成立的,适用简易程序的其他规定审理或者裁定转为普通程序;异议不成立的,裁定驳回。裁定以口头方式作出的,应当记入笔录。"

十二、将第三百四十九条改为第三百四十七条,修改为:"在诉讼中,当事人的利害关系人或者有关组织提出该当事人不能辨认或者不能完全辨认自己的行为,要求宣告该当事人无民事行为能力或者限制民事行为能力的,应由利害关系人或者有关组织向人民法院提出申请,由受诉人民法院按照特别程序立案审理,原诉讼中止。"

十三、将第三百五十三条改为第三百五十一条,修改为:"申请司法确认调解协议的,双方当事人应当本人或者由符合民事诉讼法第六十一条规定的代理人依照民事诉讼法第二百零一条的规定提出申请。"

十四、将第三百五十四条改为第三百五十二条,修改为:"调解组织自行开展的调解,有两个以上调解组织参与的,符合民事诉讼法第二百零一条规定的各调解组织所在地人民法院均有管辖权。

"双方当事人可以共同向符合民事诉讼法第二百零一条规定的其中一个有管辖权的人民法院提出申请;双方当事人共同向两个以上有管辖权的人民法院提出申请的,由最先立案的人民法院管辖。"

十五、条文中引用民事诉讼法相关条文序号根据修改后的民事诉讼法作相应调整。

十六、条文顺序作相应调整。

本决定自2022年4月10日起施行。

根据本决定,《最高人民法院关于适用〈中华人民共和国民事诉讼法〉的解释》作相应修改后重新公布。

最高人民法院
关于适用《中华人民共和国民事诉讼法》的解释

(2014年12月18日最高人民法院审判委员会第1636次会议通过;根据2020年12月23日最高人民法院审判委员会第1823次会议通过的《最高人民法院关于修改〈最高人民法院关于人民法院民事调解工作若干问题的规定〉等十九件民事诉讼类司法解释的决定》第一次修正;根据2022年3月22日最高人民法院审判委员会第1866次会议通过的《最高人民法院关于修改〈最高人民法院关于适用《中华人民共和国民事诉讼法》的解释〉的决定》第二次修正,该修正自2022年4月10日起施行)

目 录

一、管辖

二、回避

三、诉讼参加人

四、证据

五、期间和送达

六、调解

七、保全和先予执行

八、对妨害民事诉讼的强制措施

九、诉讼费用

十、第一审普通程序

十一、简易程序

十二、简易程序中的小额诉讼

十三、公益诉讼

十四、第三人撤销之诉

十五、执行异议之诉

十六、第二审程序

十七、特别程序

十八、审判监督程序

十九、督促程序

二十、公示催告程序

二十一、执行程序

二十二、涉外民事诉讼程序的特别规定

二十三、附则

2012年8月31日，第十一届全国人民代表大会常务委员会第二十八次会议审议通过了《关于修改〈中华人民共和国民事诉讼法〉的决定》。根据修改后的民事诉讼法，结合人民法院民事审判和执行工作实际，制定本解释。

一、管辖

第一条 民事诉讼法第十九条第一项规定的重大涉外案件，包括争议标的额大的案件、案情复杂的案件，或者一方当事人人数众多等具有重大影响的案件。

第二条 专利纠纷案件由知识产权法院、最高人民法院确定的中级人民法院和基层人民法院管辖。

海事、海商案件由海事法院管辖。

第三条 公民的住所地是指公民的户籍所在地，法人或者其他组织的住所地是指法人或者其他组织的主要办事机构所在地。

法人或者其他组织的主要办事机构所在地不能确定的，法人或者其他组织的注册地或者登记地为住所地。

第四条 公民的经常居住地是指公民离开住所地至起诉时已连续居住一年以上的地方，但公民住院就医的地方除外。

第五条 对没有办事机构的个人合伙、合伙型联营体提起的诉讼，由被告注册登记地人民法院管辖。没有注册登记，几个被告又不在同一辖区的，被告住所地的人民法院都有管辖权。

第六条 被告被注销户籍的，依照民事诉讼法第二十三条规定确定管辖；原告、被告均被注销户籍的，由被告居住地人民法院管辖。

第七条 当事人的户籍迁出后尚未落户，有经常居住地的，由该地人民法院管辖；没有经常居住地的，由其原户籍所在地人民法院管辖。

第八条 双方当事人都被监禁或者被采取强制性教育措施的，由被告原住所地人民法院管辖。被告被监禁或者被采取强制性教育措施一年以上的，由被告被监禁地或者被采取强制性教育措施地人民法院管辖。

第九条 追索赡养费、扶养费、抚养费案件的几个被告住所地不在同一辖区的，可以由原告住所地人民法院管辖。

第十条 不服指定监护或者变更监护关系的案件，可以由被监护人住所地人民法院管辖。

第十一条 双方当事人均为军人或者军队单位的民事案件由军事法院管辖。

第十二条 夫妻一方离开住所地超过一年，另一方起诉离婚的案件，可以由原告住所地人民法院管辖。

夫妻双方离开住所地超过一年，一方起诉离婚的案件，由被告经常居住地人民法院管辖；没有经常居住地的，由原告起诉时被告居住地人民法院管辖。

第十三条 在国内结婚并定居国外的华侨，如定居国法院以离婚诉讼须由婚姻缔结地法院管辖为由不予受理，当事人向人民法院提出离婚诉讼的，由婚姻缔结地或者一方在国内的最后居住地人民法院管辖。

第十四条 在国外结婚并定居国外的华侨，如定居国法院以离婚诉讼须由国籍所属国法院管辖为由不予受理，当事人向人民法院提出离婚诉讼的，由一方原住所地或者在国内的最后居住地人民法院管辖。

第十五条 中国公民一方居住在国外，一方居住在国内，不论哪一方向人民法院提起离婚诉讼，国内一方住所地人民法院都有权管辖。国外一方在居住国法院起诉，国内一方向人民法院起诉的，受诉人民法院有权管辖。

第十六条 中国公民双方在国外但未定居，一方向人民法院起诉离婚的，应由原告或者被告原住所地人民法院管辖。

第十七条 已经离婚的中国公民，双方均定居国外，仅就国内财产分割提起诉讼的，由主要财产所在地人民法院管辖。

第十八条 合同约定履行地点的，以约定的履行地点为合同履行地。

合同对履行地点没有约定或者约定不明确，争议标的为给付货币的，接收货币一方所在地为合同履行地；交付不动产的，不动产所在地为合同履行地；其他标的，履行义务一方所在地为合同履行地。即时结清的合同，交易行为地为合同履行地。

合同没有实际履行，当事人双方住所地都不在合同约定的履行地的，由被告住所地人民法院管辖。

第十九条 财产租赁合同、融资租赁合同以租赁物使用地为合同履行地。合同对履行地有约定的，从其约定。

第二十条 以信息网络方式订立的买卖合同，通过信息网络交付标的的，以买受人住所地为合同履行地；通过其他方式交付标的的，收货地为合同履行地。合同对履行地有约定的，从其约定。

第二十一条 因财产保险合同纠纷提起的诉讼，如果保险标的物是运输工具或者运输中的货物，可以由运输工具登记注册地、运输目的地、保险事故发生地人民法院管辖。

因人身保险合同纠纷提起的诉讼，可以由被保险人住所地人民法院管辖。

第二十二条 因股东名册记载、请求变更公司登记、股东知情权、公司决议、公司合并、公司分立、公司减资、公司增资等纠纷提起的诉讼，依照民事诉讼法第二十七条规定确定管辖。

第二十三条 债权人申请支付令，适用民事诉讼法第二十二条规定，由债务人住所地基层人民法院管辖。

第二十四条 民事诉讼法第二十九条规定的侵权行为地，包括侵权行为实施地、侵权结果发生地。

第二十五条 信息网络侵权行为实施地包括实施被诉侵权行为的计算机等信息设备所在地，侵权结果发生地包括被侵权人住所地。

第二十六条 因产品、服务质量不合格造成他人财产、人身损害提起的诉讼，产品制造地、产品销售地、服务提供地、侵权行为地和被告住所地人民法院都有管辖权。

第二十七条 当事人申请诉前保全后没有在法定期间起诉或者申请仲裁，给被申请人、利害关系人造成损失引起的诉讼，由采取保全措施的人民法院管辖。

当事人申请诉前保全后在法定期间内起诉或者申请仲裁，被申请人、利害关系人因保全受到损失提起的诉讼，由受理起诉的人民法院或者采取保全措施的人民法院管辖。

第二十八条 民事诉讼法第三十四条第一项规定的不动产纠纷是指因不动产的权利确认、分割、相邻关系等引起的物权纠纷。

农村土地承包经营合同纠纷、房屋租赁合同纠纷、建设工程施工合同纠纷、政策性房屋买卖合同纠纷，按照不动产纠纷确定管辖。

不动产已登记的，以不动产登记簿记载的所在地为不动产所在地；不动产未登记的，以不动产实际所在地为不动产所在地。

第二十九条 民事诉讼法第三十五条规定的书面协议，包括书面合同中的协议管辖条款或者诉讼前以书面形式达成的选择管辖的协议。

第三十条 根据管辖协议，起诉时能够确定管辖法院的，从其约定；不能确定的，依照民事诉讼法的相关规定确定管辖。

管辖协议约定两个以上与争议有实际联系的地点的人民法院管辖，原告可以向其中一个人民法院起诉。

第三十一条 经营者使用格式条款与消费者订立管辖协议，未采取合理方式提请消费者注意，消费者主张管辖协议无效的，人民法院应予支持。

第三十二条 管辖协议约定由一方当事人住所地人民法院管辖，协议签订后当事人住所地变更的，由签订管辖协议时的住所地人民法院管辖，但当事人另有约定的除外。

第三十三条 合同转让的，合同的管辖协议对合同受让人有效，但转让时受让人不知道有管辖协议，或者转让协议另有约定且原合同相对人同意的除外。

第三十四条 当事人因同居或者在解除婚姻、收养关系后发生财产争议，约定管辖的，可以适用民事诉讼法第三十五条规定确定管辖。

第三十五条 当事人在答辩期间届满后未应诉答辩，人民法院在一审开庭前，发现案件不属于本院管辖的，应当裁定移送有管辖权的人民法院。

第三十六条 两个以上人民法院都有管辖权的诉讼，先立案的人民法院不得将案件移送给另一个有管辖权的人民法院。人民法院在立案前发现其他有管辖权的人民法院已先立案的，不得重复立案；立案后发现其他有管辖权的人民法院已先立案的，裁定将案件移送给先立案的人民法院。

第三十七条 案件受理后，受诉人民法院的管辖权不受当事人住所地、经常居住地变更的影响。

第三十八条 有管辖权的人民法院受理案件后，不得以行政区域变更为由，将案件移送给变更后有管辖权的人民法院。判决后的上诉案件和依审判监督程序提审的案件，由原审人民法院的上级人民法院进行审判；上级人民法院指令再审、发回重审的案件，由原审人民法院再审或者重审。

第三十九条 人民法院对管辖异议审查后确定有管辖权的，不因当事人提起反诉、增加或者变更诉讼请求等改变管辖，但违反级别管辖、专属管辖规定的除外。

人民法院发回重审或者按第一审程序再审的案件，当事人提出管辖异议的，人民法院不予审查。

第四十条 依照民事诉讼法第三十八条第二款规定，发生管辖权争议的两个人民法院因协商不成报请它们的共同上级人民法院指定管辖时，双方为同属一个地、市辖区的基层人民法院的，由该地、市的中级人民法院及时指定管辖；同属一个省、自治区、直辖市的两个人民法院的，由该省、自治区、直辖市的高级人民法院及时指定管辖；双方为跨省、自治区、直辖市的人民法院，高级人民法院协商不成的，由最高人民法院及时指定管辖。

依照前款规定报请上级人民法院指定管辖时，应当逐级进行。

第四十一条 人民法院依照民事诉讼法第三十八条第二款规定指定管辖的，应当作出裁定。

对报请上级人民法院指定管辖的案件，下级人民法院应当中止审理。指定管辖裁定作出前，下级人民法院对案件作出判决、裁定的，上级人民法院应当在裁定指定管辖的同时，一并撤销下级人民法院的判决、裁定。

第四十二条 下列第一审民事案件，人民法院依照民事诉讼法第三十九条第一款规定，可以在开庭前交下级人民法院审理：

（一）破产程序中有关债务人的诉讼案件；

（二）当事人人数众多且不方便诉讼的案件；

（三）最高人民法院确定的其他类型案件。

人民法院交下级人民法院审理前，应当报请其上级人民法院批准。上级人民法院批准后，人民法院应当裁定将案件交下级人民法院审理。

二、回避

第四十三条 审判人员有下列情形之一的，应当自行回避，当事人有权申请其回避：

（一）是本案当事人或者当事人近亲属的；

（二）本人或者其近亲属与本案有利害关系的；

（三）担任过本案的证人、鉴定人、辩护人、诉讼代理人、翻译人员的；

（四）是本案诉讼代理人近亲属的；

（五）本人或者其近亲属持有本案非上市公司当事人的股份或者股权的；

（六）与本案当事人或者诉讼代理人有其他利害关系，可能影响公正审理的。

第四十四条 审判人员有下列情形之一的，当事人有权申请其回避：

（一）接受本案当事人及其受托人宴请，或者参加由其支付费用的活动的；

（二）索取、接受本案当事人及其受托人财物或者其他利益的；

（三）违反规定会见本案当事人、诉讼代理人的；
（四）为本案当事人推荐、介绍诉讼代理人，或者为律师、其他人员介绍代理本案的；
（五）向本案当事人及其受托人借用款物的；
（六）有其他不正当行为，可能影响公正审理的。

第四十五条 在一个审判程序中参与过本案审判工作的审判人员，不得再参与该案其他程序的审判。

发回重审的案件，在一审法院作出裁判后又进入第二审程序的，原第二审程序中审判人员不受前款规定的限制。

第四十六条 审判人员有应当回避的情形，没有自行回避，当事人也没有申请其回避的，由院长或者审判委员会决定其回避。

第四十七条 人民法院应当依法告知当事人对合议庭组成人员、独任审判员和书记员等人员有申请回避的权利。

第四十八条 民事诉讼法第四十七条所称的审判人员，包括参与本案审理的人民法院院长、副院长、审判委员会委员、庭长、副庭长、审判员和人民陪审员。

第四十九条 书记员和执行员适用审判人员回避的有关规定。

三、诉讼参加人

第五十条 法人的法定代表人以依法登记的为准，但法律另有规定的除外。依法不需要办理登记的法人，以其正职负责人为法定代表人；没有正职负责人的，以其主持工作的副职负责人为法定代表人。

法定代表人已经变更，但未完成登记，变更后的法定代表人要求代表法人参加诉讼的，人民法院可以准许。

其他组织，以其主要负责人为代表人。

第五十一条 在诉讼中，法人的法定代表人变更的，由新的法定代表人继续进行诉讼，并应向人民法院提交新的法定代表人身份证明书。原法定代表人进行的诉讼行为有效。

前款规定，适用于其他组织参加的诉讼。

第五十二条 民事诉讼法第五十一条规定的其他组织是指合法成立、有一定的组织机构和财产，但又不具备法人资格的组织，包括：
（一）依法登记领取营业执照的个人独资企业；
（二）依法登记领取营业执照的合伙企业；
（三）依法登记领取我国营业执照的中外合作经营企业、外资企业；
（四）依法成立的社会团体的分支机构、代表机构；
（五）依法设立并领取营业执照的法人的分支机构；
（六）依法设立并领取营业执照的商业银行、政策性银行和非银行金融机构的分支机构；
（七）经依法登记领取营业执照的乡镇企业、街道企业；
（八）其他符合本条规定条件的组织。

第五十三条 法人非依法设立的分支机构，或者虽依法设立，但没有领取营业执照的分支机构，以设立该分支机构的法人为当事人。

第五十四条 以挂靠形式从事民事活动，当事人请求由挂靠人和被挂靠人依法承担民事责任的，该挂靠人和被挂靠人为共同诉讼人。

第五十五条 在诉讼中，一方当事人死亡，需要等待继承人表明是否参加诉讼的，裁定中止诉讼。人民法院应当及时通知继承人作为当事人承担诉讼，被继承人已经进行的诉讼行为对承担诉讼的继承人有效。

第五十六条 法人或者其他组织的工作人员执行工作任务造成他人损害的，该法人或者其他组织为当事人。

第五十七条 提供劳务一方因劳务造成他人损害，受害人提起诉讼的，以接受劳务一方为被告。

第五十八条 在劳务派遣期间，被派遣的工作人员因执行工作任务造成他人损害的，以接受劳务派遣的用工单位为当事人。当事人主张劳务派遣单位承担责任的，该劳务派遣单位为共同被告。

第五十九条 在诉讼中，个体工商户以营业执照上登记的经营者为当事人。有字号的，以营业执照上登记的字号为当事人，但应同时注明该字号经营者的基本信息。

营业执照上登记的经营者与实际经营者不一致的，以登记的经营者和实际经营者为共同诉讼人。

第六十条 在诉讼中，未依法登记领取营业执照的个人合伙的全体合伙人为共同诉讼人。个人合伙有依法核准登记的字号的，应在法律文书中注明登记的字号。全体合伙人可以推选代表人；被推选的代表人，应由全体合伙人出具推选书。

第六十一条 当事人之间的纠纷经人民调解委员会或者其他依法设立的调解组织调解达成协议后，一方当事人不履行调解协议，另一方当事人向人民法院提起诉讼的，应以对方当事人为被告。

第六十二条 下列情形，以行为人为当事人：

（一）法人或者其他组织应登记而未登记，行为人即以该法人或者其他组织名义进行民事活动的；

（二）行为人没有代理权、超越代理权或者代理权终止后以被代理人名义进行民事活动的，但相对人有理由相信行为人有代理权的除外；

（三）法人或者其他组织依法终止后，行为人仍以其名义进行民事活动的。

第六十三条 企业法人合并的，因合并前的民事活动发生的纠纷，以合并后的企业为当事人；企业法人分立的，因分立前的民事活动发生的纠纷，以分立后的企业为共同诉讼人。

第六十四条 企业法人解散的，依法清算并注销前，以该企业法人为当事人；未依法清算即被注销的，以该企业法人的股东、发起人或者出资人为当事人。

第六十五条 借用业务介绍信、合同专用章、盖章的空白合同书或者银行账户的，出借单位和借用人为共同诉讼人。

第六十六条 因保证合同纠纷提起的诉讼，债权人向保证人和被保证人一并主张权利的，人民法院应当将保证人和被保证人列为共同被告。保证合同约定为一般保证，债权人仅起诉保证人的，人民法院应当通知被保证人作为共同被告参加诉讼；债权人仅起诉被保证人的，可以只列被保证人为被告。

第六十七条 无民事行为能力人、限制民事行为能力人造成他人损害的，无民事行为能力人、限制民事行为能力人和其监护人为共同被告。

第六十八条 居民委员会、村民委员会或者村民小组与他人发生民事纠纷的，居民委员会、村民委员会或者有独立财产的村民小组为当事人。

第六十九条 对侵害死者遗体、遗骨以及姓名、肖像、名誉、荣誉、隐私等行为提起诉讼的，死者的近亲属为当事人。

第七十条 在继承遗产的诉讼中，部分继承人起诉的，人民法院应通知其他继承人作为共同原告参加诉讼；被通知的继承人不愿意参加诉讼又未明确表示放弃实体权利的，人民法院仍应将其列为共同原告。

第七十一条 原告起诉被代理人和代理人，要求承担连带责任的，被代理人和代理人为共同被告。

原告起诉代理人和相对人，要求承担连带责任的，代理人和相对人为共同被告。

第七十二条 共有财产权受到他人侵害，部分共有权人起诉的，其他共有权人为共同诉讼人。

第七十三条 必须共同进行诉讼的当事人没有参加诉讼的，人民法院应当依照民事诉讼法第一百三十五条的规定，通知其参加；当事人也可以向人民法院申请追加。人民法院对当事人提出的申请，应当进行审查，申请理由不成立的，裁定驳回；申请理由成立的，书面通知被追加的当事人参加诉讼。

第七十四条 人民法院追加共同诉讼的当事人时，应当通知其他当事人。应当追加的原告，已明确表示放弃实体权利的，可不予追加；既不愿意参加诉讼，又不放弃实体权利的，仍应追加为共同原告，其不参加诉讼，不影响人民法院对案件的审理和依法作出判决。

第七十五条 民事诉讼法第五十六条、第五十七条和第二百零六条规定的人数众多，一般指十人以上。

第七十六条 依照民事诉讼法第五十六条规定，当事人一方人数众多在起诉时确定的，可以由全体当事人推选共同的代表人，也可以由部分当事人推选自己的代表人；推选不出代表人的当事人，在必要的共同诉讼中可以自己参加诉讼，在普通的共同诉讼中可以另行起诉。

第七十七条 根据民事诉讼法第五十七条规定，当事人一方人数众多在起诉时不确定的，由当事人推选代表人。当事人推选不出的，可以由人民法院提出人选与当事人协商；协商不成的，也可以由人民法院在起诉的当事人中指定代表人。

第七十八条 民事诉讼法第五十六条和第五十七条规定的代表人为二至五人，每位代表人可以委托一至二人作为诉讼代理人。

第七十九条 依照民事诉讼法第五十七条规定受理的案件，人民法院可以发出公告，通知权利人向人民法院登记。公告期间根据案件的具体情况确定，但不得少于三十日。

第八十条 根据民事诉讼法第五十七条规定向人民法院登记的权利人，应当证明其与对方当事人的法律关系和所受到的损害。证明不了的，不予登记，权利人可以另行起诉。人民法院的裁判在登记的范围内执行。未参加登记的权利人提起诉讼，人民法院认定其请求成立的，裁定适用人民法院已作出的判决、裁定。

第八十一条 根据民事诉讼法第五十九条的规定，有独立请求权的第三人有权向人民法院提出诉讼请求和事实、理由，成为当事人；无独立请求权的第三人，可以申请或者由人民法院通知参加诉讼。

第一审程序中未参加诉讼的第三人，申请参加第二审程序的，人民法院可以准许。

第八十二条 在一审诉讼中，无独立请求权的第三人无权提出管辖异议，无权放弃、变更诉讼请求或者申请撤诉，被判决承担民事责任的，有权提起上诉。

第八十三条 在诉讼中，无民事行为能力人、限制民事行为能力人的监护人是他的法定代理人。事先没有确定监护人的，可以由有监护资格的人协商确定；协商不成的，由人民法院在他们之中指定诉讼中的法定代理人。当事人没有民法典第二十七条、第二十八条规定的监护人的，可以指定民法典第三十二条规定的有关组织担任诉讼中的法定代理人。

第八十四条 无民事行为能力人、限制民事行为能力人以及其他依法不能作为诉讼代理人的，当事人不得委托其作为诉讼代理人。

第八十五条 根据民事诉讼法第六十一条第二款第二项规定，与当事人有夫妻、直系血亲、三代以内旁系血亲、近姻亲关系以及其他有抚养、赡养关系的亲属，可以当事人近亲属的名义作为诉讼代理人。

第八十六条 根据民事诉讼法第六十一条第二款第二项规定，与当事人有合法劳动人事关系的职工，可以当事人工作人员的名义作为诉讼代理人。

第八十七条 根据民事诉讼法第六十一条第二款第三项规定，有关社会团体推荐公民担任诉讼代理人的，应当符合下列条件：

（一）社会团体属于依法登记设立或者依法免予登记设立的非营利性法人组织；

（二）被代理人属于该社会团体的成员，或者当事人一方住所地位于该社会团体的活动地域；

（三）代理事务属于该社会团体章程载明的业务范围；

（四）被推荐的公民是该社会团体的负责人或者与该社会团体有合法劳动人事关系的工作人员。

专利代理人经中华全国专利代理人协会推荐，可以在专利纠纷案件中担任诉讼代理人。

第八十八条 诉讼代理人除根据民事诉讼法第六十二条规定提交授权委托书外，还应当按照下列规定向人民法院提交相关材料：

（一）律师应当提交律师执业证、律师事务所证明材料；

（二）基层法律服务工作者应当提交法律服务工作者执业证、基层法律服务所出具的介绍信以及当事人一方位于本辖区内的证明材料；

（三）当事人的近亲属应当提交身份证件和与委托人有近亲属关系的证明材料；

（四）当事人的工作人员应当提交身份证件和与当事人有合法劳动人事关系的证明材料；

（五）当事人所在社区、单位推荐的公民应当提交身份证件、推荐材料和当事人属于该社区、单位的证明材料；

（六）有关社会团体推荐的公民应当提交身份证件和符合本解释第八十七条规定条件的

证明材料。

第八十九条 当事人向人民法院提交的授权委托书，应当在开庭审理前送交人民法院。授权委托书仅写"全权代理"而无具体授权的，诉讼代理人无权代为承认、放弃、变更诉讼请求，进行和解，提出反诉或者提起上诉。

适用简易程序审理的案件，双方当事人同时到庭并径行开庭审理的，可以当场口头委托诉讼代理人，由人民法院记入笔录。

四、证据

第九十条 当事人对自己提出的诉讼请求所依据的事实或者反驳对方诉讼请求所依据的事实，应当提供证据加以证明，但法律另有规定的除外。

在作出判决前，当事人未能提供证据或者证据不足以证明其事实主张的，由负有举证证明责任的当事人承担不利的后果。

第九十一条 人民法院应当依照下列原则确定举证证明责任的承担，但法律另有规定的除外：

（一）主张法律关系存在的当事人，应当对产生该法律关系的基本事实承担举证证明责任；

（二）主张法律关系变更、消灭或者权利受到妨害的当事人，应当对该法律关系变更、消灭或者权利受到妨害的基本事实承担举证证明责任。

第九十二条 一方当事人在法庭审理中，或者在起诉状、答辩状、代理词等书面材料中，对于己不利的事实明确表示承认的，另一方当事人无需举证证明。

对于涉及身份关系、国家利益、社会公共利益等应当由人民法院依职权调查的事实，不适用前款自认的规定。

自认的事实与查明的事实不符的，人民法院不予确认。

第九十三条 下列事实，当事人无须举证证明：

（一）自然规律以及定理、定律；

（二）众所周知的事实；

（三）根据法律规定推定的事实；

（四）根据已知的事实和日常生活经验法则推定出的另一事实；

（五）已为人民法院发生法律效力的裁判所确认的事实；

（六）已为仲裁机构生效裁决所确认的事实；

（七）已为有效公证文书所证明的事实。

前款第二项至第四项规定的事实，当事人有相反证据足以反驳的除外；第五项至第七项规定的事实，当事人有相反证据足以推翻的除外。

第九十四条 民事诉讼法第六十七条第二款规定的当事人及其诉讼代理人因客观原因不能自行收集的证据包括：

（一）证据由国家有关部门保存，当事人及其诉讼代理人无权查阅调取的；

（二）涉及国家秘密、商业秘密或者个人隐私的；

（三）当事人及其诉讼代理人因客观原因不能自行收集的其他证据。

当事人及其诉讼代理人因客观原因不能自行收集的证据，可以在举证期限届满前书面申请人民法院调查收集。

第九十五条 当事人申请调查收集的证据，与待证事实无关联、对证明待证事实无意义或者其他无调查收集必要的，人民法院不予准许。

第九十六条 民事诉讼法第六十七条第二款规定的人民法院认为审理案件需要的证据包括：

（一）涉及可能损害国家利益、社会公共利益的；

（二）涉及身份关系的；

（三）涉及民事诉讼法第五十八条规定诉讼的；

（四）当事人有恶意串通损害他人合法权益可能的；

（五）涉及依职权追加当事人、中止诉讼、终结诉讼、回避等程序性事项的。

除前款规定外，人民法院调查收集证据，应当依照当事人的申请进行。

第九十七条 人民法院调查收集证据，应当由两人以上共同进行。调查材料要由调查人、被调查人、记录人签名、捺印或者盖章。

第九十八条 当事人根据民事诉讼法第八十四条第一款规定申请证据保全的，可以在举证期限届满前书面提出。

证据保全可能对他人造成损失的，人民法院应当责令申请人提供相应的担保。

第九十九条 人民法院应当在审理前的准备阶段确定当事人的举证期限。举证期限可以由当事人协商，并经人民法院准许。

人民法院确定举证期限，第一审普通程序案件不得少于十五日，当事人提供新的证据的第二审案件不得少于十日。

举证期限届满后，当事人对已经提供的证据，申请提供反驳证据或者对证据来源、形式等方面的瑕疵进行补正的，人民法院可以酌情再次确定举证期限，该期限不受前款规定的限制。

第一百条 当事人申请延长举证期限的，应当在举证期限届满前向人民法院提出书面申请。

申请理由成立的，人民法院应当准许，适当延长举证期限，并通知其他当事人。延长的举证期限适用于其他当事人。

申请理由不成立的，人民法院不予准许，并通知申请人。

第一百零一条 当事人逾期提供证据的，人民法院应当责令其说明理由，必要时可以要求其提供相应的证据。

当事人因客观原因逾期提供证据，或者对方当事人对逾期提供证据未提出异议的，视为未逾期。

第一百零二条 当事人因故意或者重大过失逾期提供的证据，人民法院不予采纳。但该证据与案件基本事实有关的，人民法院应当采纳，并依照民事诉讼法第六十八条、第一百一十八条第一款的规定予以训诫、罚款。

当事人非因故意或者重大过失逾期提供的证据，人民法院应当采纳，并对当事人予以训诫。

当事人一方要求另一方赔偿因逾期提供证据致使其增加的交通、住宿、就餐、误工、证人出庭作证等必要费用的，人民法院可予支持。

第一百零三条 证据应当在法庭上出示，由当事人互相质证。未经当事人质证的证据，不得作为认定案件事实的根据。

当事人在审理前的准备阶段认可的证据，经审判人员在庭审中说明后，视为质证过的证据。

涉及国家秘密、商业秘密、个人隐私或者法律规定应当保密的证据，不得公开质证。

第一百零四条 人民法院应当组织当事人围绕证据的真实性、合法性以及与待证事实的关联性进行质证，并针对证据有无证明力和证明力大小进行说明和辩论。

能够反映案件真实情况、与待证事实相关联、来源和形式符合法律规定的证据，应当作为认定案件事实的根据。

第一百零五条 人民法院应当按照法定程序，全面、客观地审核证据，依照法律规定，运用逻辑推理和日常生活经验法则，对证据有无证明力和证明力大小进行判断，并公开判断的理由和结果。

第一百零六条 对以严重侵害他人合法权益、违反法律禁止性规定或者严重违背公序良俗的方法形成或者获取的证据，不得作为认定案件事实的根据。

第一百零七条 在诉讼中，当事人为达成调解协议或者和解协议作出妥协而认可的事实，不得在后续的诉讼中作为对其不利的根据，但法律另有规定或者当事人均同意的除外。

第一百零八条 对负有举证证明责任的当事人提供的证据，人民法院经审查并结合相关事实，确信待证事实的存在具有高度可能性的，应当认定该事实存在。

对一方当事人为反驳负有举证证明责任的当事人所主张事实而提供的证据，人民法院经审查并结合相关事实，认为待证事实真伪不明的，应当认定该事实不存在。

法律对于待证事实所应达到的证明标准另有规定的，从其规定。

第一百零九条 当事人对欺诈、胁迫、恶意串通事实的证明，以及对口头遗嘱或者赠与事实的证明，人民法院确信该待证事实存在的可能性能够排除合理怀疑的，应当认定该事实存在。

第一百一十条 人民法院认为有必要的，可以要求当事人本人到庭，就案件有关事实接受询问。在询问当事人之前，可以要求其签署保证书。

保证书应当载明据实陈述、如有虚假陈述愿意接受处罚等内容。当事人应当在保证书上签名或者捺印。

负有举证证明责任的当事人拒绝到庭、拒绝接受询问或者拒绝签署保证书，待证事实又欠缺其他证据证明的，人民法院对其主张的事实不予认定。

第一百一十一条 民事诉讼法第七十三条规定的提交书证原件确有困难，包括下列情形：

（一）书证原件遗失、灭失或者毁损的；

（二）原件在对方当事人控制之下，经合法通知提交而拒不提交的；

（三）原件在他人控制之下，而其有权不提交的；

（四）原件因篇幅或者体积过大而不便提交的；

（五）承担举证证明责任的当事人通过申请人民法院调查收集或者其他方式无法获得书证原件的。

前款规定情形，人民法院应当结合其他证据和案件具体情况，审查判断书证复制品等能否作为认定案件事实的根据。

第一百一十二条 书证在对方当事人控制之下的，承担举证证明责任的当事人可以在举证期限届满前书面申请人民法院责令对方当事人提交。

申请理由成立的，人民法院应当责令对方当事人提交，因提交书证所产生的费用，由申请人负担。对方当事人无正当理由拒不提交的，人民法院可以认定申请人所主张的书证内容为真实。

第一百一十三条 持有书证的当事人以妨碍对方当事人使用为目的，毁灭有关书证或者实施其他致使书证不能使用行为的，人民法院可以依照民事诉讼法第一百一十四条规定，对其处以罚款、拘留。

第一百一十四条 国家机关或者其他依法具有社会管理职能的组织，在其职权范围内制作的文书所记载的事项推定为真实，但有相反证据足以推翻的除外。必要时，人民法院可以要求制作文书的机关或者组织对文书的真实性予以说明。

第一百一十五条 单位向人民法院提出的证明材料，应当由单位负责人及制作证明材料的人员签名或者盖章，并加盖单位印章。人民法院就单位出具的证明材料，可以向单位及制作证明材料的人员进行调查核实。必要时，可以要求制作证明材料的人员出庭作证。

单位及制作证明材料的人员拒绝人民法院调查核实，或者制作证明材料的人员无正当理由拒绝出庭作证的，该证明材料不得作为认定案件事实的根据。

第一百一十六条 视听资料包括录音资料和影像资料。

电子数据是指通过电子邮件、电子数据交换、网上聊天记录、博客、微博客、手机短信、电子签名、域名等形成或者存储在电子介质中的信息。

存储在电子介质中的录音资料和影像资料，适用电子数据的规定。

第一百一十七条 当事人申请证人出庭作证的，应当在举证期限届满前提出。

符合本解释第九十六条第一款规定情形的，人民法院可以依职权通知证人出庭作证。

未经人民法院通知，证人不得出庭作证，但双方当事人同意并经人民法院准许的除外。

第一百一十八条 民事诉讼法第七十七条规定的证人因履行出庭作证义务而支出的交通、住宿、就餐等必要费用，按照机关事业单位工作人员差旅费用和补贴标准计算；误工损失按照国家上年度职工日平均工资标准计算。

人民法院准许证人出庭作证申请的，应当通知申请人预缴证人出庭作证费用。

第一百一十九条 人民法院在证人出庭作证前应当告知其如实作证的义务以及作伪证的法律后果，并责令其签署保证书，但无民事行为能力人和限制民事行为能力人除外。

证人签署保证书适用本解释关于当事人签署保证书的规定。

第一百二十条 证人拒绝签署保证书的，不得作证，并自行承担相关费用。

第一百二十一条 当事人申请鉴定，可以在举证期限届满前提出。申请鉴定的事项与待证事实无关联，或者对证明待证事实无意义的，人民法院不予准许。

人民法院准许当事人鉴定申请的，应当组织双方当事人协商确定具备相应资格的鉴定人。当事人协商不成的，由人民法院指定。

符合依职权调查收集证据条件的，人民法院应当依职权委托鉴定，在询问当事人的意见后，指定具备相应资格的鉴定人。

第一百二十二条 当事人可以依照民事诉讼法第八十二条的规定，在举证期限届满前申请一至二名具有专门知识的人出庭，代表当事人对鉴定意见进行质证，或者对案件事实所涉及的专业问题提出意见。

具有专门知识的人在法庭上就专业问题提出的意见，视为当事人的陈述。

人民法院准许当事人申请的，相关费用由提出申请的当事人负担。

第一百二十三条 人民法院可以对出庭的具有专门知识的人进行询问。经法庭准许，当事人可以对出庭的具有专门知识的人进行询问，当事人各自申请的具有专门知识的人可以就案件中的有关问题进行对质。

具有专门知识的人不得参与专业问题之外的法庭审理活动。

第一百二十四条 人民法院认为有必要的，可以根据当事人的申请或者依职权对物证或者现场进行勘验。勘验时应当保护他人的隐私和尊严。

人民法院可以要求鉴定人参与勘验。必要时，可以要求鉴定人在勘验中进行鉴定。

五、期间和送达

第一百二十五条 依照民事诉讼法第八十五条第二款规定，民事诉讼中以时起算的期间从次时起算；以日、月、年计算的期间从次日起算。

第一百二十六条 民事诉讼法第一百二十六条规定的立案期限，因起诉状内容欠缺通知原告补正的，从补正后交人民法院的次日起算。由上级人民法院转交下级人民法院立案的案件，从受诉人民法院收到起诉状的次日起算。

第一百二十七条 民事诉讼法第五十九条第三款、第二百一十二条以及本解释第三百七十二条、第三百八十二条、第三百九十九条、第四百二十条、第四百二十一条规定的六个月，民事诉讼法第二百三十条规定的一年，为不变期间，不适用诉讼时效中止、中断、延长的规定。

第一百二十八条 再审案件按照第一审程序或者第二审程序审理的，适用民事诉讼法第一百五十二条、第一百八十三条规定的审限。审限自再审立案的次日起算。

第一百二十九条 对申请再审案件，人民法院应当自受理之日起三个月内审查完毕，但公告期间、当事人和解期间等不计入审查期限。有特殊情况需要延长的，由本院院长批准。

第一百三十条 向法人或者其他组织送达诉讼文书，应当由法人的法定代表人、该组织的主要负责人或者办公室、收发室、值班室等负责收件的人签收或者盖章，拒绝签收或者盖章的，适用留置送达。

民事诉讼法第八十九条规定的有关基层组织和所在单位的代表，可以是受送达人住所地的居民委员会、村民委员会的工作人员以及受送达人所在单位的工作人员。

第一百三十一条 人民法院直接送达诉讼文书的，可以通知当事人到人民法院领取。当事人到达人民法院，拒绝签署送达回证的，视为送达。审判人员、书记员应当在送达回证上注明送达情况并签名。

人民法院可以在当事人住所地以外向当事人直接送达诉讼文书。当事人拒绝签署送达回证的，采用拍照、录像等方式记录送达过程即视为送达。审判人员、书记员应当在送达回证上注明送达情况并签名。

第一百三十二条 受送达人有诉讼代理人的，人民法院既可以向受送达人送达，也可以向其诉讼代理人送达。受送达人指定诉讼代理人为代收人的，向诉讼代理人送达时，适用留置送达。

第一百三十三条 调解书应当直接送达当事人本人，不适用留置送达。当事人本人因故不能签收的，可由其指定的代收人签收。

第一百三十四条 依照民事诉讼法第九十一条规定，委托其他人民法院代为送达的，委托法院应当出具委托函，并附需要送达的诉讼文书和送达回证，以受送达人在送达回证上签收的日期为送达日期。

委托送达的，受委托人民法院应当自收到委托函及相关诉讼文书之日起十日内代为送达。

第一百三十五条 电子送达可以采用传真、电子邮件、移动通信等即时收悉的特定系统作为送达媒介。

民事诉讼法第九十条第二款规定的到达受送达人特定系统的日期，为人民法院对应系统显示发送成功的日期，但受送达人证明到达其特定系统的日期与人民法院对应系统显示发送成功的日期不一致的，以受送达人证明到达其特定系统的日期为准。

第一百三十六条 受送达人同意采用电子方式送达的，应当在送达地址确认书中予以确认。

第一百三十七条 当事人在提起上诉、申请再审、申请执行时未书面变更送达地址的，其在第一审程序中确认的送达地址可以作为第二审程序、审判监督程序、执行程序的送达地址。

第一百三十八条 公告送达可以在法院的公告栏和受送达人住所地张贴公告，也可以在报纸、信息网络等媒体上刊登公告，发出公告日期以最后张贴或者刊登的日期为准。对公告送达方式有特殊要求的，应当按要求的方式进行。公告期满，即视为送达。

人民法院在受送达人住所地张贴公告的，应当采取拍照、录像等方式记录张贴过程。

第一百三十九条 公告送达应当说明公告送达的原因；公告送达起诉状或者上诉状副本的，应当说明起诉或者上诉要点，受送达人答辩期限及逾期不答辩的法律后果；公告送达传票，应当说明出庭的时间和地点及逾期不出庭的法律后果；公告送达判决书、裁定书的，应当说明裁判主要内容，当事人有权上诉的，还应当说明上诉权利、上诉期限和上诉的人民法院。

第一百四十条 适用简易程序的案件，不适用公告送达。

第一百四十一条 人民法院在定期宣判时，当事人拒不签收判决书、裁定书的，应视为送达，并在宣判笔录中记明。

六、调解

第一百四十二条 人民法院受理案件后，经审查，认为法律关系明确、事实清楚，在征得当事人双方同意后，可以径行调解。

第一百四十三条 适用特别程序、督促程序、公示催告程序的案件，婚姻等身份关系确认案件以及其他根据案件性质不能进行调解的案件，不得调解。

第一百四十四条 人民法院审理民事案件，发现当事人之间恶意串通，企图通过和解、调解方式侵害他人合法权益的，应当依照民事诉讼法第一百一十五条的规定处理。

第一百四十五条 人民法院审理民事案件，应当根据自愿、合法的原则进行调解。当事人一方或者双方坚持不愿调解的，应当及时裁判。

人民法院审理离婚案件，应当进行调解，但不应久调不决。

第一百四十六条 人民法院审理民事案件，调解过程不公开，但当事人同意公开的除外。

调解协议内容不公开，但为保护国家利益、社会公共利益、他人合法权益，人民法院认为确有必要公开的除外。

主持调解以及参与调解的人员，对调解过程以及调解过程中获悉的国家秘密、商业秘密、个人隐私和其他不宜公开的信息，应当保守秘密，但为保护国家利益、社会公共利益、他人合法权益的除外。

第一百四十七条 人民法院调解案件时，当事人不能出庭的，经其特别授权，可由其委托代理人参加调解，达成的调解协议，可由委托代理人签名。

离婚案件当事人确因特殊情况无法出庭参加调解的，除本人不能表达意志的以外，应当出具书面意见。

第一百四十八条 当事人自行和解或者调解达成协议后，请求人民法院按照和解协议或者调解协议的内容制作判决书的，人民法院不予准许。

无民事行为能力人的离婚案件，由其法定代理人进行诉讼。法定代理人与对方达成协议要求发给判决书的，可根据协议内容制作判决书。

第一百四十九条 调解书需经当事人签收后才发生法律效力的，应当以最后收到调解书的当事人签收的日期为调解书生效日期。

第一百五十条 人民法院调解民事案件，需由无独立请求权的第三人承担责任的，应当经其同意。该第三人在调解书送达前反悔的，人民法院应当及时裁判。

第一百五十一条 根据民事诉讼法第一百零一条第一款第四项规定，当事人各方同意在调解协议上签名或者盖章后即发生法律效力的，经人民法院审查确认后，应当记入笔录或者将调解协议附卷，并由当事人、审判人员、书记员签名或者盖章后即具有法律效力。

前款规定情形，当事人请求制作调解书的，人民法院审查确认后可以制作调解书送交当事人。当事人拒收调解书的，不影响调解协议的效力。

七、保全和先予执行

第一百五十二条 人民法院依照民事诉讼法第一百零三条、第一百零四条规定，在采取诉前保全、诉讼保全措施时，责令利害关系人或者当事人提供担保的，应当书面通知。

利害关系人申请诉前保全的，应当提供担保。申请诉前财产保全的，应当提供相当于请求保全数额的担保；情况特殊的，人民法院可以酌情处理。申请诉前行为保全的，担保的数额由人民法院根据案件的具体情况决定。

在诉讼中，人民法院依申请或者依职权采取保全措施的，应当根据案件的具体情况，决定当事人是否应当提供担保以及担保的数额。

第一百五十三条 人民法院对季节性商品、鲜活、易腐烂变质以及其他不宜长期保存的物品采取保全措施时，可以责令当事人及时处理，由人民法院保存价款；必要时，人民法院可予以变卖，保存价款。

第一百五十四条 人民法院在财产保全中采取查封、扣押、冻结财产措施时，应当妥善保管被查封、扣押、冻结的财产。不宜由人民法院保管的，人民法院可以指定被保全人负责保管；不宜由被保全人保管的，可以委托他人或者申请保全人保管。

查封、扣押、冻结担保物权人占有的担保财产，一般由担保物权人保管；由人民法院保管的，质权、留置权不因采取保全措施而消灭。

第一百五十五条 由人民法院指定被保全人保管的财产，如果继续使用对该财产的价值无重大影响，可以允许被保全人继续使用；由人民法院保管或者委托他人、申请保全人保管的财产，人民法院和其他保管人不得使用。

第一百五十六条 人民法院采取财产保全的方法和措施，依照执行程序相关规定办理。

第一百五十七条 人民法院对抵押物、质押物、留置物可以采取财产保全措施，但不影响抵押权人、质权人、留置权人的优先受偿权。

第一百五十八条 人民法院对债务人到期应得的收益，可以采取财产保全措施，限制其支取，通知有关单位协助执行。

第一百五十九条 债务人的财产不能满足保全请求，但对他人有到期债权的，人民法院可以依债权人的申请裁定该他人不得对本案债务人清偿。该他人要求偿付的，由人民法院提存财物或者价款。

第一百六十条 当事人向采取诉前保全措施以外的其他有管辖权的人民法院起诉的，采取诉前保全措施的人民法院应当将保全手续移送受理案件的人民法院。诉前保全的裁定视为受移送人民法院作出的裁定。

第一百六十一条 对当事人不服一审判决提起上诉的案件，在第二审人民法院接到报送的案件之前，当事人有转移、隐匿、出卖或者毁损财产等行为，必须采取保全措施的，由第一审人民法院依当事人申请或者依职权采取。第一审人民法院的保全裁定，应当及时报送第二审人民法院。

第一百六十二条 第二审人民法院裁定对第一审人民法院采取的保全措施予以续保或者采取新的保全措施的，可以自行实施，也可以委托第一审人民法院实施。

再审人民法院裁定对原保全措施予以续保或者采取新的保全措施的，可以自行实施，也可以委托原审人民法院或者执行法院实施。

第一百六十三条 法律文书生效后，进入执行程序前，债权人因对方当事人转移财产等紧急情况，不申请保全将可能导致生效法律文书不能执行或者难以执行的，可以向执行法院申请采取保全措施。债权人在法律文书指定的履行期间届满后五日内不申请执行的，人民法院应当解除保全。

第一百六十四条 对申请保全人或者他人提供的担保财产，人民法院应当依法办理查封、扣押、冻结等手续。

第一百六十五条 人民法院裁定采取保全措施后，除作出保全裁定的人民法院自行解除或者其上级人民法院决定解除外，在保全期限内，任何单位不得解除保全措施。

第一百六十六条 裁定采取保全措施后，有下列情形之一的，人民法院应当作出解除保全裁定：

（一）保全错误的；

（二）申请人撤回保全申请的；

（三）申请人的起诉或者诉讼请求被生效裁判驳回的；

（四）人民法院认为应当解除保全的其他情形。

解除以登记方式实施的保全措施的，应当向登记机关发出协助执行通知书。

第一百六十七条 财产保全的被保全人提供其他等值担保财产且有利于执行的，人民法院可以裁定变更保全标的物为被保全人提供的担保财产。

第一百六十八条 保全裁定未经人民法院依法撤销或者解除，进入执行程序后，自动转为执行中的查封、扣押、冻结措施，期限连续计算，执行法院无需重新制作裁定书，但查封、扣押、冻结期限届满的除外。

第一百六十九条 民事诉讼法规定的先予执行，人民法院应当在受理案件后终审判决作出前采取。先予执行应当限于当事人诉讼请求的范围，并以当事人的生活、生产经营的急需为限。

第一百七十条 民事诉讼法第一百零九条第三项规定的情况紧急，包括：

（一）需要立即停止侵害、排除妨碍的；

（二）需要立即制止某项行为的；

（三）追索恢复生产、经营急需的保险理赔费的；

（四）需要立即返还社会保险金、社会救助资金的；

（五）不立即返还款项，将严重影响权利人生活和生产经营的。

第一百七十一条 当事人对保全或者先予执行裁定不服的，可以自收到裁定书之日起五日内向作出裁定的人民法院申请复议。人民法院应当在收到复议申请后十日内审查。裁定正确的，驳回当事人的申请；裁定不当的，变更或者撤销原裁定。

第一百七十二条 利害关系人对保全或者先予执行的裁定不服申请复议的，由作出裁定的人民法院依照民事诉讼法第一百一十一条规定处理。

第一百七十三条 人民法院先予执行后，根据发生法律效力的判决，申请人应当返还因先予执行所取得的利益的，适用民事诉讼法第二百四十条的规定。

八、对妨害民事诉讼的强制措施

第一百七十四条 民事诉讼法第一百一十二条规定的必须到庭的被告，是指负有赡养、抚育、扶养义务和不到庭就无法查清案情的被告。

人民法院对必须到庭才能查清案件基本事实的原告，经两次传票传唤，无正当理由拒不到庭的，可以拘传。

第一百七十五条 拘传必须用拘传票，并直接送达被拘传人；在拘传前，应当向被拘传人说明拒不到庭的后果，经批评教育仍拒不到庭的，可以拘传其到庭。

第一百七十六条 诉讼参与人或者其他人有下列行为之一的，人民法院可以适用民事诉讼法第一百一十三条规定处理：

（一）未经准许进行录音、录像、摄影的；

（二）未经准许以移动通信等方式现场传播审判活动的；

（三）其他扰乱法庭秩序，妨害审判活动进行的。

有前款规定情形的，人民法院可以暂扣诉讼参与人或者其他人进行录音、录像、摄影、传播审判活动的器材，并责令其删除有关内容；拒不删除的，人民法院可以采取必要手段强制删除。

第一百七十七条 训诫、责令退出法庭由合议庭或者独任审判员决定。训诫的内容、被责令退出法庭者的违法事实应当记入庭审笔录。

第一百七十八条 人民法院依照民事诉讼法第一百一十三条至第一百一十七条的规定采取拘留措施的，应经院长批准，作出拘留决定书，由司法警察将被拘留人送交当地公安机关看管。

第一百七十九条 被拘留人不在本辖区的，作出拘留决定的人民法院应当派员到被拘留人所在地的人民法院，请该院协助执行，受委托的人民法院应当及时派员协助执行。被拘留人申请复议或者在拘留期间承认并改正错误，需要提前解除拘留的，受委托人民法院应当向委托人民法院转达或者提出建议，由委托人民法院审查决定。

第一百八十条 人民法院对被拘留人采取拘留措施后，应当在二十四小时内通知其家属；确实无法按时通知或者通知不到的，应当记录在案。

第一百八十一条 因哄闹、冲击法庭，用暴力、威胁等方法抗拒执行公务等紧急情况，必须立即采取拘留措施的，可在拘留后，立即报告院长补办批准手续。院长认为拘留不当的，应当解除拘留。

第一百八十二条 被拘留人在拘留期间认错悔改的，可以责令其具结悔过，提前解除拘留。提前解除拘留，应报经院长批准，并作出提前解除拘留决定书，交负责看管的公安机关执行。

第一百八十三条 民事诉讼法第一百一十三条至第一百一十六条规定的罚款、拘留可以单独适用，也可以合并适用。

第一百八十四条 对同一妨害民事诉讼行为的罚款、拘留不得连续适用。发生新的妨害民事诉讼行为的，人民法院可以重新予以罚款、拘留。

第一百八十五条 被罚款、拘留的人不服罚款、拘留决定申请复议的，应当自收到决定书之日起三日内提出。上级人民法院应当在收到复议申请后五日内作出决定，并将复议结果通知下级人民法院和当事人。

第一百八十六条 上级人民法院复议时认为强制措施不当的，应当制作决定书，撤销或者变更下级人民法院作出的拘留、罚款决定。情况紧急的，可以在口头通知后三日内发出决定书。

第一百八十七条 民事诉讼法第一百一十四条第一款第五项规定的以暴力、威胁或者其他方法阻碍司法工作人员执行职务的行为，包括：

（一）在人民法院哄闹、滞留，不听从司法工作人员劝阻的；
（二）故意毁损、抢夺人民法院法律文书、查封标志的；
（三）哄闹、冲击执行公务现场，围困、扣押执行或者协助执行公务人员的；
（四）毁损、抢夺、扣留案件材料、执行公务车辆、其他执行公务器械、执行公务人员服装和执行公务证件的；
（五）以暴力、威胁或者其他方法阻碍司法工作人员查询、查封、扣押、冻结、划拨、拍卖、变卖财产的；
（六）以暴力、威胁或者其他方法阻碍司法工作人员执行职务的其他行为。

第一百八十八条 民事诉讼法第一百一十四条第一款第六项规定的拒不履行人民法院已经发生法律效力的判决、裁定的行为，包括：
（一）在法律文书发生法律效力后隐藏、转移、变卖、毁损财产或者无偿转让财产、以明显不合理的价格交易财产、放弃到期债权、无偿为他人提供担保等，致使人民法院无法执行的；
（二）隐藏、转移、毁损或者未经人民法院允许处分已向人民法院提供担保的财产的；
（三）违反人民法院限制高消费令进行消费的；
（四）有履行能力而拒不按照人民法院执行通知履行生效法律文书确定的义务的；
（五）有义务协助执行的个人接到人民法院协助执行通知书后，拒不协助执行的。

第一百八十九条 诉讼参与人或者其他人有下列行为之一的，人民法院可以适用民事诉讼法第一百一十四条的规定处理：
（一）冒充他人提起诉讼或者参加诉讼的；
（二）证人签署保证书后作虚假证言，妨碍人民法院审理案件的；
（三）伪造、隐藏、毁灭或者拒绝交出有关被执行人履行能力的重要证据，妨碍人民法院查明被执行人财产状况的；
（四）擅自解冻已被人民法院冻结的财产的；
（五）接到人民法院协助执行通知书后，给当事人通风报信，协助其转移、隐匿财产的。

第一百九十条 民事诉讼法第一百一十五条规定的他人合法权益，包括案外人的合法权益、国家利益、社会公共利益。
第三人根据民事诉讼法第五十九条第三款规定提起撤销之诉，经审查，原案当事人之间恶意串通进行虚假诉讼的，适用民事诉讼法第一百一十五条规定处理。

第一百九十一条 单位有民事诉讼法第一百一十五条或者第一百一十六条规定行为的，人民法院应当对该单位进行罚款，并可以对其主要负责人或者直接责任人员予以罚款、拘留；构成犯罪的，依法追究刑事责任。

第一百九十二条 有关单位接到人民法院协助执行通知书后，有下列行为之一的，人民法院可以适用民事诉讼法第一百一十七条规定处理：
（一）允许被执行人高消费的；
（二）允许被执行人出境的；
（三）拒不停止办理有关财产权证照转移手续、权属变更登记、规划审批等手续的；

（四）以需要内部请示、内部审批，有内部规定等为由拖延办理的。

第一百九十三条 人民法院对个人或者单位采取罚款措施时，应当根据其实施妨害民事诉讼行为的性质、情节、后果，当地的经济发展水平，以及诉讼标的额等因素，在民事诉讼法第一百一十八条第一款规定的限额内确定相应的罚款金额。

九、诉讼费用

第一百九十四条 依照民事诉讼法第五十七条审理的案件不预交案件受理费，结案后按照诉讼标的额由败诉方交纳。

第一百九十五条 支付令失效后转入诉讼程序的，债权人应当按照《诉讼费用交纳办法》补交案件受理费。

支付令被撤销后，债权人另行起诉的，按照《诉讼费用交纳办法》交纳诉讼费用。

第一百九十六条 人民法院改变原判决、裁定、调解结果的，应当在裁判文书中对原审诉讼费用的负担一并作出处理。

第一百九十七条 诉讼标的物是证券的，按照证券交易规则并根据当事人起诉之日前最后一个交易日的收盘价、当日的市场价或者其载明的金额计算诉讼标的金额。

第一百九十八条 诉讼标的物是房屋、土地、林木、车辆、船舶、文物等特定物或者知识产权，起诉时价值难以确定的，人民法院应当向原告释明主张过高或者过低的诉讼风险，以原告主张的价值确定诉讼标的金额。

第一百九十九条 适用简易程序审理的案件转为普通程序的，原告自接到人民法院交纳诉讼费用通知之日起七日内补交案件受理费。

原告无正当理由未按期足额补交的，按撤诉处理，已经收取的诉讼费用退还一半。

第二百条 破产程序中有关债务人的民事诉讼案件，按照财产案件标准交纳诉讼费，但劳动争议案件除外。

第二百零一条 既有财产性诉讼请求，又有非财产性诉讼请求的，按照财产性诉讼请求的标准交纳诉讼费。

有多个财产性诉讼请求的，合并计算交纳诉讼费；诉讼请求中有多个非财产性诉讼请求的，按一件交纳诉讼费。

第二百零二条 原告、被告、第三人分别上诉的，按照上诉请求分别预交二审案件受理费。

同一方多人共同上诉的，只预交一份二审案件受理费；分别上诉的，按照上诉请求分别预交二审案件受理费。

第二百零三条 承担连带责任的当事人败诉的，应当共同负担诉讼费用。

第二百零四条 实现担保物权案件，人民法院裁定拍卖、变卖担保财产的，申请费由债务人、担保人负担；人民法院裁定驳回申请的，申请费由申请人负担。

申请人另行起诉的，其已经交纳的申请费可以从案件受理费中扣除。

第二百零五条 拍卖、变卖担保财产的裁定作出后，人民法院强制执行的，按照执行金额收取执行申请费。

第二百零六条 人民法院决定减半收取案件受理费的，只能减半一次。

第二百零七条 判决生效后，胜诉方预交但不应负担的诉讼费用，人民法院应当退还，由败诉方向人民法院交纳，但胜诉方自愿承担或者同意败诉方直接向其支付的除外。

当事人拒不交纳诉讼费用的，人民法院可以强制执行。

十、第一审普通程序

第二百零八条 人民法院接到当事人提交的民事起诉状时，对符合民事诉讼法第一百二十二条的规定，且不属于第一百二十七条规定情形的，应当登记立案；对当场不能判定是否符合起诉条件的，应当接收起诉材料，并出具注明收到日期的书面凭证。

需要补充必要相关材料的，人民法院应当及时告知当事人。在补齐相关材料后，应当在七日内决定是否立案。

立案后发现不符合起诉条件或者属于民事诉讼法第一百二十七条规定情形的，裁定驳回起诉。

第二百零九条 原告提供被告的姓名或者名称、住所等信息具体明确，足以使被告与他人相区别的，可以认定为有明确的被告。

起诉状列写被告信息不足以认定明确的被告的，人民法院可以告知原告补正。原告补正后仍不能确定明确的被告的，人民法院裁定不予受理。

第二百一十条 原告在起诉状中有谩骂和人身攻击之辞的，人民法院应当告知其修改后提起诉讼。

第二百一十一条 对本院没有管辖权的案件，告知原告向有管辖权的人民法院起诉；原告坚持起诉的，裁定不予受理；立案后发现本院没有管辖权的，应当将案件移送有管辖权的人民法院。

第二百一十二条 裁定不予受理、驳回起诉的案件，原告再次起诉，符合起诉条件且不属于民事诉讼法第一百二十七条规定情形的，人民法院应予受理。

第二百一十三条 原告应当预交而未预交案件受理费，人民法院应当通知其预交，通知后仍不预交或者申请减、缓、免未获批准而仍不预交的，裁定按撤诉处理。

第二百一十四条 原告撤诉或者人民法院按撤诉处理后，原告以同一诉讼请求再次起诉的，人民法院应予受理。

原告撤诉或者按撤诉处理的离婚案件，没有新情况、新理由，六个月内又起诉的，比照民事诉讼法第一百二十七条第七项的规定不予受理。

第二百一十五条 依照民事诉讼法第一百二十七条第二项的规定，当事人在书面合同中订有仲裁条款，或者在发生纠纷后达成书面仲裁协议，一方向人民法院起诉的，人民法院应当告知原告向仲裁机构申请仲裁，其坚持起诉的，裁定不予受理，但仲裁条款或者仲裁协议不成立、无效、失效、内容不明确无法执行的除外。

第二百一十六条 在人民法院首次开庭前，被告以有书面仲裁协议为由对受理民事案件提出异议的，人民法院应当进行审查。

经审查符合下列情形之一的，人民法院应当裁定驳回起诉：

（一）仲裁机构或者人民法院已经确认仲裁协议有效的；

（二）当事人没有在仲裁庭首次开庭前对仲裁协议的效力提出异议的；

（三）仲裁协议符合仲裁法第十六条规定且不具有仲裁法第十七条规定情形的。

第二百一十七条 夫妻一方下落不明，另一方诉至人民法院，只要求离婚，不申请宣告下落不明人失踪或者死亡的案件，人民法院应当受理，对下落不明人公告送达诉讼文书。

第二百一十八条 赡养费、扶养费、抚养费案件，裁判发生法律效力后，因新情况、新理由，一方当事人再行起诉要求增加或者减少费用的，人民法院应作为新案受理。

第二百一十九条 当事人超过诉讼时效期间起诉的，人民法院应予受理。受理后对方当事人提出诉讼时效抗辩，人民法院经审理认为抗辩事由成立的，判决驳回原告的诉讼请求。

第二百二十条 民事诉讼法第七十一条、第一百三十七条、第一百五十九条规定的商业秘密，是指生产工艺、配方、贸易联系、购销渠道等当事人不愿公开的技术秘密、商业情报及信息。

第二百二十一条 基于同一事实发生的纠纷，当事人分别向同一人民法院起诉的，人民法院可以合并审理。

第二百二十二条 原告在起诉状中直接列写第三人的，视为其申请人民法院追加该第三人参加诉讼。是否通知第三人参加诉讼，由人民法院审查决定。

第二百二十三条 当事人在提交答辩状期间提出管辖异议，又针对起诉状的内容进行答辩的，人民法院应当依照民事诉讼法第一百三十条第一款的规定，对管辖异议进行审查。

当事人未提出管辖异议，就案件实体内容进行答辩、陈述或者反诉的，可以认定为民事诉讼法第一百三十条第二款规定的应诉答辩。

第二百二十四条 依照民事诉讼法第一百三十六条第四项规定，人民法院可以在答辩期届满后，通过组织证据交换、召集庭前会议等方式，作好审理前的准备。

第二百二十五条 根据案件具体情况，庭前会议可以包括下列内容：

（一）明确原告的诉讼请求和被告的答辩意见；

（二）审查处理当事人增加、变更诉讼请求的申请和提出的反诉，以及第三人提出的与本案有关的诉讼请求；

（三）根据当事人的申请决定调查收集证据，委托鉴定，要求当事人提供证据，进行勘验，进行证据保全；

（四）组织交换证据；

（五）归纳争议焦点；

（六）进行调解。

第二百二十六条 人民法院应当根据当事人的诉讼请求、答辩意见以及证据交换的情况，归纳争议焦点，并就归纳的争议焦点征求当事人的意见。

第二百二十七条 人民法院适用普通程序审理案件，应当在开庭三日前用传票传唤当事人。对诉讼代理人、证人、鉴定人、勘验人、翻译人员应当用通知书通知其到庭。当事人或者其他诉讼参与人在外地的，应当留有必要的在途时间。

第二百二十八条 法庭审理应当围绕当事人争议的事实、证据和法律适用等焦点问题进行。

第二百二十九条 当事人在庭审中对其在审理前的准备阶段认可的事实和证据提出不同意见的，人民法院应当责令其说明理由。必要时，可以责令其提供相应证据。人民法院应当结合当事人的诉讼能力、证据和案件的具体情况进行审查。理由成立的，可以列入争议焦点进行审理。

第二百三十条 人民法院根据案件具体情况并征得当事人同意，可以将法庭调查和法庭辩论合并进行。

第二百三十一条 当事人在法庭上提出新的证据的，人民法院应当依照民事诉讼法第六十八条第二款规定和本解释相关规定处理。

第二百三十二条 在案件受理后，法庭辩论结束前，原告增加诉讼请求，被告提出反诉，第三人提出与本案有关的诉讼请求，可以合并审理的，人民法院应当合并审理。

第二百三十三条 反诉的当事人应当限于本诉的当事人的范围。

反诉与本诉的诉讼请求基于相同法律关系、诉讼请求之间具有因果关系，或者反诉与本诉的诉讼请求基于相同事实的，人民法院应当合并审理。

反诉应由其他人民法院专属管辖，或者与本诉的诉讼标的及诉讼请求所依据的事实、理由无关联的，裁定不予受理，告知另行起诉。

第二百三十四条 无民事行为能力人的离婚诉讼，当事人的法定代理人应当到庭；法定代理人不能到庭的，人民法院应当在查清事实的基础上，依法作出判决。

第二百三十五条 无民事行为能力的当事人的法定代理人，经传票传唤无正当理由拒不到庭，属于原告方的，比照民事诉讼法第一百四十六条的规定，按撤诉处理；属于被告方的，比照民事诉讼法第一百四十七条的规定，缺席判决。必要时，人民法院可以拘传其到庭。

第二百三十六条 有独立请求权的第三人经人民法院传票传唤，无正当理由拒不到庭的，或者未经法庭许可中途退庭的，比照民事诉讼法第一百四十六条的规定，按撤诉处理。

第二百三十七条 有独立请求权的第三人参加诉讼后，原告申请撤诉，人民法院在准许原告撤诉后，有独立请求权的第三人作为另案原告，原案原告、被告作为另案被告，诉讼继续进行。

第二百三十八条 当事人申请撤诉或者依法可以按撤诉处理的案件，如果当事人有违反法律的行为需要依法处理的，人民法院可以不准许撤诉或者不按撤诉处理。

法庭辩论终结后原告申请撤诉，被告不同意的，人民法院可以不予准许。

第二百三十九条 人民法院准许本诉原告撤诉的，应当对反诉继续审理；被告申请撤回反诉的，人民法院应予准许。

第二百四十条 无独立请求权的第三人经人民法院传票传唤，无正当理由拒不到庭，或者未经法庭许可中途退庭的，不影响案件的审理。

第二百四十一条 被告经传票传唤无正当理由拒不到庭，或者未经法庭许可中途退庭的，人民法院应当按期开庭或者继续开庭审理，对到庭的当事人诉讼请求、双方的诉辩理由以及已经提交的证据及其他诉讼材料进行审理后，可以依法缺席判决。

第二百四十二条 一审宣判后，原审人民法院发现判决有错误，当事人在上诉期内提出上诉的，原审人民法院可以提出原判决有错误的意见，报送第二审人民法院，由第二审人民法院按照第二审程序进行审理；当事人不上诉的，按照审判监督程序处理。

第二百四十三条 民事诉讼法第一百五十二条规定的审限，是指从立案之日起至裁判宣告、调解书送达之日止的期间，但公告期间、鉴定期间、双方当事人和解期间、审理当事人提出的管辖异议以及处理人民法院之间的管辖争议期间不应计算在内。

第二百四十四条 可以上诉的判决书、裁定书不能同时送达双方当事人的，上诉期从各自收到判决书、裁定书之日计算。

第二百四十五条 民事诉讼法第一百五十七条第一款第七项规定的笔误是指法律文书误写、误算，诉讼费用漏写、误算和其他笔误。

第二百四十六条 裁定中止诉讼的原因消除，恢复诉讼程序时，不必撤销原裁定，从人民法院通知或者准许当事人双方继续进行诉讼时起，中止诉讼的裁定即失去效力。

第二百四十七条 当事人就已经提起诉讼的事项在诉讼过程中或者裁判生效后再次起诉，同时符合下列条件的，构成重复起诉：

（一）后诉与前诉的当事人相同；

（二）后诉与前诉的诉讼标的相同；

（三）后诉与前诉的诉讼请求相同，或者后诉的诉讼请求实质上否定前诉裁判结果。

当事人重复起诉的，裁定不予受理；已经受理的，裁定驳回起诉，但法律、司法解释另有规定的除外。

第二百四十八条 裁判发生法律效力后，发生新的事实，当事人再次提起诉讼的，人民法院应当依法受理。

第二百四十九条 在诉讼中，争议的民事权利义务转移的，不影响当事人的诉讼主体资格和诉讼地位。人民法院作出的发生法律效力的判决、裁定对受让人具有拘束力。

受让人申请以无独立请求权的第三人身份参加诉讼的，人民法院可予准许。受让人申请替代当事人承担诉讼的，人民法院可以根据案件的具体情况决定是否准许；不予准许的，可以追加其为无独立请求权的第三人。

第二百五十条 依照本解释第二百四十九条规定，人民法院准许受让人替代当事人承担诉讼的，裁定变更当事人。

变更当事人后，诉讼程序以受让人为当事人继续进行，原当事人应当退出诉讼。原当事人已经完成的诉讼行为对受让人具有拘束力。

第二百五十一条 二审裁定撤销一审判决发回重审的案件，当事人申请变更、增加诉讼请求或者提出反诉，第三人提出与本案有关的诉讼请求的，依照民事诉讼法第一百四十三条规定处理。

第二百五十二条 再审裁定撤销原判决、裁定发回重审的案件，当事人申请变更、增加诉讼请求或者提出反诉，符合下列情形之一的，人民法院应当准许：

（一）原审未合法传唤缺席判决，影响当事人行使诉讼权利的；

（二）追加新的诉讼当事人的；

（三）诉讼标的物灭失或者发生变化致使原诉讼请求无法实现的；

（四）当事人申请变更、增加的诉讼请求或者提出的反诉，无法通过另诉解决的。

第二百五十三条 当庭宣判的案件，除当事人当庭要求邮寄发送裁判文书的外，人民法院应当告知当事人或者诉讼代理人领取裁判文书的时间和地点以及逾期不领取的法律后果。上述情况，应当记入笔录。

第二百五十四条 公民、法人或者其他组织申请查阅发生法律效力的判决书、裁定书的，应当向作出该生效裁判的人民法院提出。申请应当以书面形式提出，并提供具体的案号或者当事人姓名、名称。

第二百五十五条 对于查阅判决书、裁定书的申请，人民法院根据下列情形分别处理：

（一）判决书、裁定书已经通过信息网络向社会公开的，应当引导申请人自行查阅；

（二）判决书、裁定书未通过信息网络向社会公开，且申请符合要求的，应当及时提供便捷的查阅服务；

（三）判决书、裁定书尚未发生法律效力，或者已失去法律效力的，不提供查阅并告知申请人；

（四）发生法律效力的判决书、裁定书不是本院作出的，应当告知申请人向作出生效裁判的人民法院申请查阅；

（五）申请查阅的内容涉及国家秘密、商业秘密、个人隐私的，不予准许并告知申请人。

十一、简易程序

第二百五十六条 民事诉讼法第一百六十条规定的简单民事案件中的事实清楚，是指当事人对争议的事实陈述基本一致，并能提供相应的证据，无须人民法院调查收集证据即可查明事实；权利义务关系明确是指能明确区分谁是责任的承担者，谁是权利的享有者；争议不大是指当事人对案件的是非、责任承担以及诉讼标的争执无原则分歧。

第二百五十七条 下列案件，不适用简易程序：

（一）起诉时被告下落不明的；

（二）发回重审的；

（三）当事人一方人数众多的；

（四）适用审判监督程序的；

（五）涉及国家利益、社会公共利益的；

（六）第三人起诉请求改变或者撤销生效判决、裁定、调解书的；

（七）其他不宜适用简易程序的案件。

第二百五十八条 适用简易程序审理的案件，审理期限到期后，有特殊情况需要延长的，经本院院长批准，可以延长审理期限。延长后的审理期限累计不得超过四个月。

人民法院发现案件不宜适用简易程序，需要转为普通程序审理的，应当在审理期限届满前作出裁定并将审判人员及相关事项书面通知双方当事人。

案件转为普通程序审理的，审理期限自人民法院立案之日计算。

第二百五十九条 当事人双方可就开庭方式向人民法院提出申请，由人民法院决定是否准许。经当事人双方同意，可以采用视听传输技术等方式开庭。

第二百六十条 已经按照普通程序审理的案件，在开庭后不得转为简易程序审理。

第二百六十一条 适用简易程序审理案件，人民法院可以依照民事诉讼法第九十条、第一百六十二条的规定采取捎口信、电话、短信、传真、电子邮件等简便方式传唤双方当事人、通知证人和送达诉讼文书。

以简便方式送达的开庭通知，未经当事人确认或者没有其他证据证明当事人已经收到的，人民法院不得缺席判决。

适用简易程序审理案件，由审判员独任审判，书记员担任记录。

第二百六十二条 人民法庭制作的判决书、裁定书、调解书，必须加盖基层人民法院印章，不得用人民法庭的印章代替基层人民法院的印章。

第二百六十三条 适用简易程序审理案件，卷宗中应当具备以下材料：

（一）起诉状或者口头起诉笔录；

（二）答辩状或者口头答辩笔录；

（三）当事人身份证明材料；

（四）委托他人代理诉讼的授权委托书或者口头委托笔录；

（五）证据；

（六）询问当事人笔录；

（七）审理（包括调解）笔录；

（八）判决书、裁定书、调解书或者调解协议；

（九）送达和宣判笔录；

（十）执行情况；

（十一）诉讼费收据；

（十二）适用民事诉讼法第一百六十五条规定审理的，有关程序适用的书面告知。

第二百六十四条 当事人双方根据民事诉讼法第一百六十条第二款规定约定适用简易程序的，应当在开庭前提出。口头提出的，记入笔录，由双方当事人签名或者捺印确认。

本解释第二百五十七条规定的案件，当事人约定适用简易程序的，人民法院不予准许。

第二百六十五条 原告口头起诉的，人民法院应当将当事人的姓名、性别、工作单位、住所、联系方式等基本信息，诉讼请求，事实及理由等准确记入笔录，由原告核对无误后签名或者捺印。对当事人提交的证据材料，应当出具收据。

第二百六十六条 适用简易程序案件的举证期限由人民法院确定，也可以由当事人协商一致并经人民法院准许，但不得超过十五日。被告要求书面答辩的，人民法院可在征得其同意的基础上，合理确定答辩期间。

人民法院应当将举证期限和开庭日期告知双方当事人，并向当事人说明逾期举证以及拒不到庭的法律后果，由双方当事人在笔录和开庭传票的送达回证上签名或者捺印。

当事人双方均表示不需要举证期限、答辩期间的，人民法院可以立即开庭审理或者确定开庭日期。

第二百六十七条 适用简易程序审理案件，可以简便方式进行审理前的准备。

第二百六十八条 对没有委托律师、基层法律服务工作者代理诉讼的当事人，人民法院在庭审过程中可以对回避、自认、举证证明责任等相关内容向其作必要的解释或者说明，并在庭审过程中适当提示当事人正确行使诉讼权利、履行诉讼义务。

第二百六十九条 当事人就案件适用简易程序提出异议，人民法院经审查，异议成立的，裁定转为普通程序；异议不成立的，裁定驳回。裁定以口头方式作出的，应当记入笔录。

转为普通程序的，人民法院应当将审判人员及相关事项以书面形式通知双方当事人。

转为普通程序前，双方当事人已确认的事实，可以不再进行举证、质证。

第二百七十条 适用简易程序审理的案件，有下列情形之一的，人民法院在制作判决书、裁定书、调解书时，对认定事实或者裁判理由部分可以适当简化：

（一）当事人达成调解协议并需要制作民事调解书的；

（二）一方当事人明确表示承认对方全部或者部分诉讼请求的；

（三）涉及商业秘密、个人隐私的案件，当事人一方要求简化裁判文书中的相关内容，人民法院认为理由正当的；

（四）当事人双方同意简化的。

十二、简易程序中的小额诉讼

第二百七十一条 人民法院审理小额诉讼案件，适用民事诉讼法第一百六十五条的规定，实行一审终审。

第二百七十二条 民事诉讼法第一百六十五条规定的各省、自治区、直辖市上年度就业人员年平均工资，是指已经公布的各省、自治区、直辖市上一年度就业人员年平均工资。在上一年度就业人员年平均工资公布前，以已经公布的最近年度就业人员年平均工资为准。

第二百七十三条 海事法院可以适用小额诉讼的程序审理海事、海商案件。案件标的额应当以实际受理案件的海事法院或者其派出法庭所在的省、自治区、直辖市上年度就业人员年平均工资为基数计算。

第二百七十四条 人民法院受理小额诉讼案件，应当向当事人告知该类案件的审判组织、一审终审、审理期限、诉讼费用交纳标准等相关事项。

第二百七十五条 小额诉讼案件的举证期限由人民法院确定，也可以由当事人协商一致并经人民法院准许，但一般不超过七日。

被告要求书面答辩的，人民法院可以在征得其同意的基础上合理确定答辩期间，但最长不得超过十五日。

当事人到庭后表示不需要举证期限和答辩期间的，人民法院可立即开庭审理。

第二百七十六条 当事人对小额诉讼案件提出管辖异议的，人民法院应当作出裁定。裁定一经作出即生效。

第二百七十七条 人民法院受理小额诉讼案件后，发现起诉不符合民事诉讼法第一百二十二条规定的起诉条件的，裁定驳回起诉。裁定一经作出即生效。

第二百七十八条 因当事人申请增加或者变更诉讼请求、提出反诉、追加当事人等，致使案件不符合小额诉讼案件条件的，应当适用简易程序的其他规定审理。

前款规定案件，应当适用普通程序审理的，裁定转为普通程序。

适用简易程序的其他规定或者普通程序审理前，双方当事人已确认的事实，可以不再进行举证、质证。

第二百七十九条 当事人对按照小额诉讼案件审理有异议的，应当在开庭前提出。人民法院经审查，异议成立的，适用简易程序的其他规定审理或者裁定转为普通程序；异议不成立的，裁定驳回。裁定以口头方式作出的，应当记入笔录。

第二百八十条　小额诉讼案件的裁判文书可以简化，主要记载当事人基本信息、诉讼请求、裁判主文等内容。

第二百八十一条　人民法院审理小额诉讼案件，本解释没有规定的，适用简易程序的其他规定。

十三、公益诉讼

第二百八十二条　环境保护法、消费者权益保护法等法律规定的机关和有关组织对污染环境、侵害众多消费者合法权益等损害社会公共利益的行为，根据民事诉讼法第五十八条规定提起公益诉讼，符合下列条件的，人民法院应当受理：

（一）有明确的被告；

（二）有具体的诉讼请求；

（三）有社会公共利益受到损害的初步证据；

（四）属于人民法院受理民事诉讼的范围和受诉人民法院管辖。

第二百八十三条　公益诉讼案件由侵权行为地或者被告住所地中级人民法院管辖，但法律、司法解释另有规定的除外。

因污染海洋环境提起的公益诉讼，由污染发生地、损害结果地或者采取预防污染措施地海事法院管辖。

对同一侵权行为分别向两个以上人民法院提起公益诉讼的，由最先立案的人民法院管辖，必要时由它们的共同上级人民法院指定管辖。

第二百八十四条　人民法院受理公益诉讼案件后，应当在十日内书面告知相关行政主管部门。

第二百八十五条　人民法院受理公益诉讼案件后，依法可以提起诉讼的其他机关和有关组织，可以在开庭前向人民法院申请参加诉讼。人民法院准许参加诉讼的，列为共同原告。

第二百八十六条　人民法院受理公益诉讼案件，不影响同一侵权行为的受害人根据民事诉讼法第一百二十二条规定提起诉讼。

第二百八十七条　对公益诉讼案件，当事人可以和解，人民法院可以调解。

当事人达成和解或者调解协议后，人民法院应当将和解或者调解协议进行公告。公告期间不得少于三十日。

公告期满后，人民法院经审查，和解或者调解协议不违反社会公共利益的，应当出具调解书；和解或者调解协议违反社会公共利益的，不予出具调解书，继续对案件进行审理并依法作出裁判。

第二百八十八条　公益诉讼案件的原告在法庭辩论终结后申请撤诉的，人民法院不予准许。

第二百八十九条　公益诉讼案件的裁判发生法律效力后，其他依法具有原告资格的机关和有关组织就同一侵权行为另行提起公益诉讼的，人民法院裁定不予受理，但法律、司法解释另有规定的除外。

十四、第三人撤销之诉

第二百九十条 第三人对已经发生法律效力的判决、裁定、调解书提起撤销之诉的，应当自知道或者应当知道其民事权益受到损害之日起六个月内，向作出生效判决、裁定、调解书的人民法院提出，并应当提供存在下列情形的证据材料：

（一）因不能归责于本人的事由未参加诉讼；

（二）发生法律效力的判决、裁定、调解书的全部或者部分内容错误；

（三）发生法律效力的判决、裁定、调解书内容错误损害其民事权益。

第二百九十一条 人民法院应当在收到起诉状和证据材料之日起五日内送交对方当事人，对方当事人可以自收到起诉状之日起十日内提出书面意见。

人民法院应当对第三人提交的起诉状、证据材料以及对方当事人的书面意见进行审查。必要时，可以询问双方当事人。

经审查，符合起诉条件的，人民法院应当在收到起诉状之日起三十日内立案。不符合起诉条件的，应当在收到起诉状之日起三十日内裁定不予受理。

第二百九十二条 人民法院对第三人撤销之诉案件，应当组成合议庭开庭审理。

第二百九十三条 民事诉讼法第五十九条第三款规定的因不能归责于本人的事由未参加诉讼，是指没有被列为生效判决、裁定、调解书当事人，且无过错或者无明显过错的情形。包括：

（一）不知道诉讼而未参加的；

（二）申请参加未获准许的；

（三）知道诉讼，但因客观原因无法参加的；

（四）因其他不能归责于本人的事由未参加诉讼的。

第二百九十四条 民事诉讼法第五十九条第三款规定的判决、裁定、调解书的部分或者全部内容，是指判决、裁定的主文，调解书中处理当事人民事权利义务的结果。

第二百九十五条 对下列情形提起第三人撤销之诉的，人民法院不予受理：

（一）适用特别程序、督促程序、公示催告程序、破产程序等非讼程序处理的案件；

（二）婚姻无效、撤销或者解除婚姻关系等判决、裁定、调解书中涉及身份关系的内容；

（三）民事诉讼法第五十七条规定的未参加登记的权利人对代表人诉讼案件的生效裁判；

（四）民事诉讼法第五十八条规定的损害社会公共利益行为的受害人对公益诉讼案件的生效裁判。

第二百九十六条 第三人提起撤销之诉，人民法院应当将该第三人列为原告，生效判决、裁定、调解书的当事人列为被告，但生效判决、裁定、调解书中没有承担责任的无独立请求权的第三人列为第三人。

第二百九十七条 受理第三人撤销之诉案件后，原告提供相应担保，请求中止执行的，人民法院可以准许。

第二百九十八条 对第三人撤销或者部分撤销发生法律效力的判决、裁定、调解书内容的请求，人民法院经审理，按下列情形分别处理：

（一）请求成立且确认其民事权利的主张全部或部分成立的，改变原判决、裁定、调解书内容的错误部分；

（二）请求成立，但确认其全部或部分民事权利的主张不成立，或者未提出确认其民事权利请求的，撤销原判决、裁定、调解书内容的错误部分；

（三）请求不成立的，驳回诉讼请求。

对前款规定裁判不服的，当事人可以上诉。

原判决、裁定、调解书的内容未改变或者未撤销的部分继续有效。

第二百九十九条 第三人撤销之诉案件审理期间，人民法院对生效判决、裁定、调解书裁定再审的，受理第三人撤销之诉的人民法院应当裁定将第三人的诉讼请求并入再审程序。但有证据证明原审当事人之间恶意串通损害第三人合法权益的，人民法院应当先行审理第三人撤销之诉案件，裁定中止再审诉讼。

第三百条 第三人诉讼请求并入再审程序审理的，按照下列情形分别处理：

（一）按照第一审程序审理的，人民法院应当对第三人的诉讼请求一并审理，所作的判决可以上诉；

（二）按照第二审程序审理的，人民法院可以调解，调解达不成协议的，应当裁定撤销原判决、裁定、调解书，发回一审法院重审，重审时应当列明第三人。

第三百零一条 第三人提起撤销之诉后，未中止生效判决、裁定、调解书执行的，执行法院对第三人依照民事诉讼法第二百三十四条规定提出的执行异议，应予审查。第三人不服驳回执行异议裁定，申请对原判决、裁定、调解书再审的，人民法院不予受理。

案外人对人民法院驳回其执行异议裁定不服，认为原判决、裁定、调解书内容错误损害其合法权益的，应当根据民事诉讼法第二百三十四条规定申请再审，提起第三人撤销之诉的，人民法院不予受理。

十五、执行异议之诉

第三百零二条 根据民事诉讼法第二百三十四条规定，案外人、当事人对执行异议裁定不服，自裁定送达之日起十五日内向人民法院提起执行异议之诉的，由执行法院管辖。

第三百零三条 案外人提起执行异议之诉，除符合民事诉讼法第一百二十二条规定外，还应当具备下列条件：

（一）案外人的执行异议申请已经被人民法院裁定驳回；

（二）有明确的排除对执行标的执行的诉讼请求，且诉讼请求与原判决、裁定无关；

（三）自执行异议裁定送达之日起十五日内提起。

人民法院应当在收到起诉状之日起十五日内决定是否立案。

第三百零四条 申请执行人提起执行异议之诉，除符合民事诉讼法第一百二十二条规定外，还应当具备下列条件：

（一）依案外人执行异议申请，人民法院裁定中止执行；

（二）有明确的对执行标的继续执行的诉讼请求，且诉讼请求与原判决、裁定无关；

（三）自执行异议裁定送达之日起十五日内提起。

人民法院应当在收到起诉状之日起十五日内决定是否立案。

第三百零五条 案外人提起执行异议之诉的，以申请执行人为被告。被执行人反对案外人异议的，被执行人为共同被告；被执行人不反对案外人异议的，可以列被执行人为第三人。

第三百零六条 申请执行人提起执行异议之诉的，以案外人为被告。被执行人反对申请执行人主张的，以案外人和被执行人为共同被告；被执行人不反对申请执行人主张的，可以列被执行人为第三人。

第三百零七条 申请执行人对中止执行裁定未提起执行异议之诉，被执行人提起执行异议之诉的，人民法院告知其另行起诉。

第三百零八条 人民法院审理执行异议之诉案件，适用普通程序。

第三百零九条 案外人或者申请执行人提起执行异议之诉的，案外人应当就其对执行标的享有足以排除强制执行的民事权益承担举证证明责任。

第三百一十条 对案外人提起的执行异议之诉，人民法院经审理，按照下列情形分别处理：

（一）案外人就执行标的享有足以排除强制执行的民事权益的，判决不得执行该执行标的；

（二）案外人就执行标的不享有足以排除强制执行的民事权益的，判决驳回诉讼请求。

案外人同时提出确认其权利的诉讼请求的，人民法院可以在判决中一并作出裁判。

第三百一十一条 对申请执行人提起的执行异议之诉，人民法院经审理，按照下列情形分别处理：

（一）案外人就执行标的不享有足以排除强制执行的民事权益的，判决准许执行该执行标的；

（二）案外人就执行标的享有足以排除强制执行的民事权益的，判决驳回诉讼请求。

第三百一十二条 对案外人执行异议之诉，人民法院判决不得对执行标的的执行的，执行异议裁定失效。

对申请执行人执行异议之诉，人民法院判决准许对该执行标的的执行的，执行异议裁定失效，执行法院可以根据申请执行人的申请或者依职权恢复执行。

第三百一十三条 案外人执行异议之诉审理期间，人民法院不得对执行标的进行处分。申请执行人请求人民法院继续执行并提供相应担保的，人民法院可以准许。

被执行人与案外人恶意串通，通过执行异议、执行异议之诉妨害执行的，人民法院应当依照民事诉讼法第一百一十六条规定处理。申请执行人因此受到损害的，可以提起诉讼要求被执行人、案外人赔偿。

第三百一十四条 人民法院对执行标的裁定中止执行后，申请执行人在法律规定的期间内未提起执行异议之诉的，人民法院应当自起诉期限届满之日起七日内解除对该执行标的采取的执行措施。

十六、第二审程序

第三百一十五条 双方当事人和第三人都提起上诉的，均列为上诉人。人民法院可以依职权确定第二审程序中当事人的诉讼地位。

第三百一十六条　民事诉讼法第一百七十三条、第一百七十四条规定的对方当事人包括被上诉人和原审其他当事人。

第三百一十七条　必要共同诉讼人的一人或者部分人提起上诉的，按下列情形分别处理：

（一）上诉仅对与对方当事人之间权利义务分担有意见，不涉及其他共同诉讼人利益的，对方当事人为被上诉人，未上诉的同一方当事人依原审诉讼地位列明；

（二）上诉仅对共同诉讼人之间权利义务分担有意见，不涉及对方当事人利益的，未上诉的同一方当事人为被上诉人，对方当事人依原审诉讼地位列明；

（三）上诉对双方当事人之间以及共同诉讼人之间权利义务承担有意见的，未提起上诉的其他当事人均为被上诉人。

第三百一十八条　一审宣判时或者判决书、裁定书送达时，当事人口头表示上诉的，人民法院应告知其必须在法定上诉期间内递交上诉状。未在法定上诉期间内递交上诉状的，视为未提起上诉。虽递交上诉状，但未在指定的期限内交纳上诉费的，按自动撤回上诉处理。

第三百一十九条　无民事行为能力人、限制民事行为能力人的法定代理人，可以代理当事人提起上诉。

第三百二十条　上诉案件的当事人死亡或者终止的，人民法院依法通知其权利义务承继者参加诉讼。

需要终结诉讼的，适用民事诉讼法第一百五十四条规定。

第三百二十一条　第二审人民法院应当围绕当事人的上诉请求进行审理。

当事人没有提出请求的，不予审理，但一审判决违反法律禁止性规定，或者损害国家利益、社会公共利益、他人合法权益的除外。

第三百二十二条　开庭审理的上诉案件，第二审人民法院可以依照民事诉讼法第一百三十六条第四项规定进行审理前的准备。

第三百二十三条　下列情形，可以认定为民事诉讼法第一百七十七条第一款第四项规定的严重违反法定程序：

（一）审判组织的组成不合法的；

（二）应当回避的审判人员未回避的；

（三）无诉讼行为能力人未经法定代理人代为诉讼的；

（四）违法剥夺当事人辩论权利的。

第三百二十四条　对当事人在第一审程序中已经提出的诉讼请求，原审人民法院未作审理、判决的，第二审人民法院可以根据当事人自愿的原则进行调解；调解不成的，发回重审。

第三百二十五条　必须参加诉讼的当事人或者有独立请求权的第三人，在第一审程序中未参加诉讼，第二审人民法院可以根据当事人自愿的原则予以调解；调解不成的，发回重审。

第三百二十六条　在第二审程序中，原审原告增加独立的诉讼请求或者原审被告提出反诉的，第二审人民法院可以根据当事人自愿的原则就新增加的诉讼请求或者反诉进行调解；

调解不成的，告知当事人另行起诉。

双方当事人同意由第二审人民法院一并审理的，第二审人民法院可以一并裁判。

第三百二十七条 一审判决不准离婚的案件，上诉后，第二审人民法院认为应当判决离婚的，可以根据当事人自愿的原则，与子女抚养、财产问题一并调解；调解不成的，发回重审。

双方当事人同意由第二审人民法院一并审理的，第二审人民法院可以一并裁判。

第三百二十八条 人民法院依照第二审程序审理案件，认为依法不应由人民法院受理的，可以由第二审人民法院直接裁定撤销原裁判，驳回起诉。

第三百二十九条 人民法院依照第二审程序审理案件，认为第一审人民法院受理案件违反专属管辖规定的，应当裁定撤销原裁判并移送有管辖权的人民法院。

第三百三十条 第二审人民法院查明第一审人民法院作出的不予受理裁定有错误的，应当在撤销原裁定的同时，指令第一审人民法院立案受理；查明第一审人民法院作出的驳回起诉裁定有错误的，应当在撤销原裁定的同时，指令第一审人民法院审理。

第三百三十一条 第二审人民法院对下列上诉案件，依照民事诉讼法第一百七十六条规定可以不开庭审理：

（一）不服不予受理、管辖权异议和驳回起诉裁定的；
（二）当事人提出的上诉请求明显不能成立的；
（三）原判决、裁定认定事实清楚，但适用法律错误的；
（四）原判决严重违反法定程序，需要发回重审的。

第三百三十二条 原判决、裁定认定事实或者适用法律虽有瑕疵，但裁判结果正确的，第二审人民法院可以在判决、裁定中纠正瑕疵后，依照民事诉讼法第一百七十七条第一款第一项规定予以维持。

第三百三十三条 民事诉讼法第一百七十七条第一款第三项规定的基本事实，是指用以确定当事人主体资格、案件性质、民事权利义务等对原判决、裁定的结果有实质性影响的事实。

第三百三十四条 在第二审程序中，作为当事人的法人或者其他组织分立的，人民法院可以直接将分立后的法人或者其他组织列为共同诉讼人；合并的，将合并后的法人或者其他组织列为当事人。

第三百三十五条 在第二审程序中，当事人申请撤回上诉，人民法院经审查认为一审判决确有错误，或者当事人之间恶意串通损害国家利益、社会公共利益、他人合法权益的，不应准许。

第三百三十六条 在第二审程序中，原审原告申请撤回起诉，经其他当事人同意，且不损害国家利益、社会公共利益、他人合法权益的，人民法院可以准许。准许撤诉的，应当一并裁定撤销一审裁判。

原审原告在第二审程序中撤回起诉后重复起诉的，人民法院不予受理。

第三百三十七条 当事人在第二审程序中达成和解协议的，人民法院可以根据当事人的请求，对双方达成的和解协议进行审查并制作调解书送达当事人；因和解而申请撤诉，经审查符合撤诉条件的，人民法院应予准许。

第三百三十八条 第二审人民法院宣告判决可以自行宣判,也可以委托原审人民法院或者当事人所在地人民法院代行宣判。

第三百三十九条 人民法院审理对裁定的上诉案件,应当在第二审立案之日起三十日内作出终审裁定。有特殊情况需要延长审限的,由本院院长批准。

第三百四十条 当事人在第一审程序中实施的诉讼行为,在第二审程序中对该当事人仍具有拘束力。

当事人推翻其在第一审程序中实施的诉讼行为时,人民法院应当责令其说明理由。理由不成立的,不予支持。

十七、特别程序

第三百四十一条 宣告失踪或者宣告死亡案件,人民法院可以根据申请人的请求,清理下落不明人的财产,并指定案件审理期间的财产管理人。公告期满后,人民法院判决宣告失踪的,应当同时依照民法典第四十二条的规定指定失踪人的财产代管人。

第三百四十二条 失踪人的财产代管人经人民法院指定后,代管人申请变更代管的,比照民事诉讼法特别程序的有关规定进行审理。申请理由成立的,裁定撤销申请人的代管人身份,同时另行指定财产代管人;申请理由不成立的,裁定驳回申请。

失踪人的其他利害关系人申请变更代管的,人民法院应当告知其以原指定的代管人为被告起诉,并按普通程序进行审理。

第三百四十三条 人民法院判决宣告公民失踪后,利害关系人向人民法院申请宣告失踪人死亡,自失踪之日起满四年的,人民法院应当受理,宣告失踪的判决即是该公民失踪的证明,审理中仍应依照民事诉讼法第一百九十二条规定进行公告。

第三百四十四条 符合法律规定的多个利害关系人提出宣告失踪、宣告死亡申请的,列为共同申请人。

第三百四十五条 寻找下落不明人的公告应当记载下列内容:

(一)被申请人应当在规定期间内向受理法院申报其具体地址及其联系方式。否则,被申请人将被宣告失踪、宣告死亡;

(二)凡知悉被申请人生存现状的人,应当在公告期间内将其所知道情况向受理法院报告。

第三百四十六条 人民法院受理宣告失踪、宣告死亡案件后,作出判决前,申请人撤回申请的,人民法院应当裁定终结案件,但其他符合法律规定的利害关系人加入程序要求继续审理的除外。

第三百四十七条 在诉讼中,当事人的利害关系人或者有关组织提出该当事人不能辨认或者不能完全辨认自己的行为,要求宣告该当事人无民事行为能力或者限制民事行为能力的,应由利害关系人或者有关组织向人民法院提出申请,由受诉人民法院按照特别程序立案审理,原诉讼中止。

第三百四十八条 认定财产无主案件,公告期间有人对财产提出请求的,人民法院应当裁定终结特别程序,告知申请人另行起诉,适用普通程序审理。

第三百四十九条 被指定的监护人不服居民委员会、村民委员会或者民政部门指定,应当自接到通知之日起三十日内向人民法院提出异议。经审理，认为指定并无不当的，裁定驳回异议；指定不当的，判决撤销指定，同时另行指定监护人。判决书应当送达异议人、原指定单位及判决指定的监护人。

有关当事人依照民法典第三十一条第一款规定直接向人民法院申请指定监护人的，适用特别程序审理，判决指定监护人。判决书应当送达申请人、判决指定的监护人。

第三百五十条　申请认定公民无民事行为能力或者限制民事行为能力的案件，被申请人没有近亲属的，人民法院可以指定经被申请人住所地的居民委员会、村民委员会或者民政部门同意，且愿意担任代理人的个人或者组织为代理人。

没有前款规定的代理人的，由被申请人住所地的居民委员会、村民委员会或者民政部门担任代理人。

代理人可以是一人，也可以是同一顺序中的两人。

第三百五十一条　申请司法确认调解协议的，双方当事人应当本人或者由符合民事诉讼法第六十一条规定的代理人依照民事诉讼法第二百零一条的规定提出申请。

第三百五十二条　调解组织自行开展的调解，有两个以上调解组织参与的，符合民事诉讼法第二百零一条规定的各调解组织所在地人民法院均有管辖权。

双方当事人可以共同向符合民事诉讼法第二百零一条规定的其中一个有管辖权的人民法院提出申请；双方当事人共同向两个以上有管辖权的人民法院提出申请的，由最先立案的人民法院管辖。

第三百五十三条　当事人申请司法确认调解协议，可以采用书面形式或者口头形式。当事人口头申请的，人民法院应当记入笔录，并由当事人签名、捺印或者盖章。

第三百五十四条　当事人申请司法确认调解协议，应当向人民法院提交调解协议、调解组织主持调解的证明，以及与调解协议相关的财产权利证明等材料，并提供双方当事人的身份、住所、联系方式等基本信息。

当事人未提交上述材料的，人民法院应当要求当事人限期补交。

第三百五十五条　当事人申请司法确认调解协议，有下列情形之一的，人民法院裁定不予受理：

（一）不属于人民法院受理范围的；
（二）不属于收到申请的人民法院管辖的；
（三）申请确认婚姻关系、亲子关系、收养关系等身份关系无效、有效或者解除的；
（四）涉及适用其他特别程序、公示催告程序、破产程序审理的；
（五）调解协议内容涉及物权、知识产权确权的。

人民法院受理申请后，发现有上述不予受理情形的，应当裁定驳回当事人的申请。

第三百五十六条　人民法院审查相关情况时，应当通知双方当事人共同到场对案件进行核实。

人民法院经审查，认为当事人的陈述或者提供的证明材料不充分、不完备或者有疑义的，可以要求当事人限期补充陈述或者补充证明材料。必要时，人民法院可以向调解组织核实有关情况。

第三百五十七条　确认调解协议的裁定作出前，当事人撤回申请的，人民法院可以裁定准许。

当事人无正当理由未在限期内补充陈述、补充证明材料或者拒不接受询问的，人民法院可以按撤回申请处理。

第三百五十八条 经审查，调解协议有下列情形之一的，人民法院应当裁定驳回申请：

（一）违反法律强制性规定的；

（二）损害国家利益、社会公共利益、他人合法权益的；

（三）违背公序良俗的；

（四）违反自愿原则的；

（五）内容不明确的；

（六）其他不能进行司法确认的情形。

第三百五十九条 民事诉讼法第二百零三条规定的担保物权人，包括抵押权人、质权人、留置权人；其他有权请求实现担保物权的人，包括抵押人、出质人、财产被留置的债务人或者所有权人等。

第三百六十条 实现票据、仓单、提单等有权利凭证的权利质权案件，可以由权利凭证持有人住所地人民法院管辖；无权利凭证的权利质权，由出质登记地人民法院管辖。

第三百六十一条 实现担保物权案件属于海事法院等专门人民法院管辖的，由专门人民法院管辖。

第三百六十二条 同一债权的担保物有多个且所在地不同，申请人分别向有管辖权的人民法院申请实现担保物权的，人民法院应当依法受理。

第三百六十三条 依照民法典第三百九十二条的规定，被担保的债权既有物的担保又有人的担保，当事人对实现担保物权的顺序有约定，实现担保物权的申请违反该约定的，人民法院裁定不予受理；没有约定或者约定不明的，人民法院应当受理。

第三百六十四条 同一财产上设立多个担保物权，登记在先的担保物权尚未实现的，不影响后顺位的担保物权人向人民法院申请实现担保物权。

第三百六十五条 申请实现担保物权，应当提交下列材料：

（一）申请书。申请书应当记明申请人、被申请人的姓名或者名称、联系方式等基本信息，具体的请求和事实、理由；

（二）证明担保物权存在的材料，包括主合同、担保合同、抵押登记证明或者他项权利证书，权利质权的权利凭证或者质权出质登记证明等；

（三）证明实现担保物权条件成就的材料；

（四）担保财产现状的说明；

（五）人民法院认为需要提交的其他材料。

第三百六十六条 人民法院受理申请后，应当在五日内向被申请人送达申请书副本、异议权利告知书等文书。

被申请人有异议的，应当在收到人民法院通知后的五日内向人民法院提出，同时说明理由并提供相应的证据材料。

第三百六十七条 实现担保物权案件可以由审判员一人独任审查。担保财产标的额超过基层人民法院管辖范围的，应当组成合议庭进行审查。

第三百六十八条 人民法院审查实现担保物权案件，可以询问申请人、被申请人、利害关系人，必要时可以依职权调查相关事实。

第三百六十九条 人民法院应当就主合同的效力、期限、履行情况，担保物权是否有效设立、担保财产的范围、被担保的债权范围、被担保的债权是否已届清偿期等担保物权实现的条件，以及是否损害他人合法权益等内容进行审查。

被申请人或者利害关系人提出异议的，人民法院应当一并审查。

第三百七十条 人民法院审查后，按下列情形分别处理：

（一）当事人对实现担保物权无实质性争议且实现担保物权条件成就的，裁定准许拍卖、变卖担保财产；

（二）当事人对实现担保物权有部分实质性争议的，可以就无争议部分裁定准许拍卖、变卖担保财产；

（三）当事人对实现担保物权有实质性争议的，裁定驳回申请，并告知申请人向人民法院提起诉讼。

第三百七十一条 人民法院受理申请后，申请人对担保财产提出保全申请的，可以按照民事诉讼法关于诉讼保全的规定办理。

第三百七十二条 适用特别程序作出的判决、裁定，当事人、利害关系人认为有错误的，可以向作出该判决、裁定的人民法院提出异议。人民法院经审查，异议成立或者部分成立的，作出新的判决、裁定撤销或者改变原判决、裁定；异议不成立的，裁定驳回。

对人民法院作出的确认调解协议、准许实现担保物权的裁定，当事人有异议的，应当自收到裁定之日起十五日内提出；利害关系人有异议的，自知道或者应当知道其民事权益受到侵害之日起六个月内提出。

十八、审判监督程序

第三百七十三条 当事人死亡或者终止的，其权利义务承继者可以根据民事诉讼法第二百零六条、第二百零八条的规定申请再审。

判决、调解书生效后，当事人将判决、调解书确认的债权转让，债权受让人对该判决、调解书不服申请再审的，人民法院不予受理。

第三百七十四条 民事诉讼法第二百零六条规定的人数众多的一方当事人，包括公民、法人和其他组织。

民事诉讼法第二百零六条规定的当事人双方为公民的案件，是指原告和被告均为公民的案件。

第三百七十五条 当事人申请再审，应当提交下列材料：

（一）再审申请书，并按照被申请人和原审其他当事人的人数提交副本；

（二）再审申请人是自然人的，应当提交身份证明；再审申请人是法人或者其他组织的，应当提交营业执照、组织机构代码证书、法定代表人或者主要负责人身份证明书。委托他人代为申请的，应当提交授权委托书和代理人身份证明；

（三）原审判决书、裁定书、调解书；

（四）反映案件基本事实的主要证据及其他材料。

前款第二项、第三项、第四项规定的材料可以是与原件核对无异的复印件。

第三百七十六条 再审申请书应当记明下列事项：

（一）再审申请人与被申请人及原审其他当事人的基本信息；

（二）原审人民法院的名称，原审裁判文书案号；

（三）具体的再审请求；

（四）申请再审的法定情形及具体事实、理由。

再审申请书应当明确申请再审的人民法院，并由再审申请人签名、捺印或者盖章。

第三百七十七条 当事人一方人数众多或者当事人双方为公民的案件，当事人分别向原审人民法院和上一级人民法院申请再审且不能协商一致的，由原审人民法院受理。

第三百七十八条 适用特别程序、督促程序、公示催告程序、破产程序等非讼程序审理的案件，当事人不得申请再审。

第三百七十九条 当事人认为发生法律效力的不予受理、驳回起诉的裁定错误的，可以申请再审。

第三百八十条 当事人就离婚案件中的财产分割问题申请再审，如涉及判决中已分割的财产，人民法院应当依照民事诉讼法第二百零七条的规定进行审查，符合再审条件的，应当裁定再审；如涉及判决中未作处理的夫妻共同财产，应当告知当事人另行起诉。

第三百八十一条 当事人申请再审，有下列情形之一的，人民法院不予受理：

（一）再审申请被驳回后再次提出申请的；

（二）对再审判决、裁定提出申请的；

（三）在人民检察院对当事人的申请作出不予提出再审检察建议或者抗诉决定后又提出申请的。

前款第一项、第二项规定情形，人民法院应当告知当事人可以向人民检察院申请再审检察建议或者抗诉，但因人民检察院提出再审检察建议或者抗诉而再审作出的判决、裁定除外。

第三百八十二条 当事人对已经发生法律效力的调解书申请再审，应当在调解书发生法律效力后六个月内提出。

第三百八十三条 人民法院应当自收到符合条件的再审申请书等材料之日起五日内向再审申请人发送受理通知书，并向被申请人及原审其他当事人发送应诉通知书、再审申请书副本等材料。

第三百八十四条 人民法院受理申请再审案件后，应当依照民事诉讼法第二百零七条、第二百零八条、第二百一十一条等规定，对当事人主张的再审事由进行审查。

第三百八十五条 再审申请人提供的新的证据，能够证明原判决、裁定认定基本事实或者裁判结果错误的，应当认定为民事诉讼法第二百零七条第一项规定的情形。

对于符合前款规定的证据，人民法院应当责令再审申请人说明其逾期提供该证据的理由；拒不说明理由或者理由不成立的，依照民事诉讼法第六十八条第二款和本解释第一百零二条的规定处理。

第三百八十六条 再审申请人证明其提交的新的证据符合下列情形之一的，可以认定逾期提供证据的理由成立：

（一）在原审庭审结束前已经存在，因客观原因于庭审结束后才发现的；

（二）在原审庭审结束前已经发现，但因客观原因无法取得或者在规定的期限内不能提供的；

（三）在原审庭审结束后形成，无法据此另行提起诉讼的。

再审申请人提交的证据在原审中已经提供，原审人民法院未组织质证且未作为裁判根据的，视为逾期提供证据的理由成立，但原审人民法院依照民事诉讼法第六十八条规定不予采纳的除外。

第三百八十七条 当事人对原判决、裁定认定事实的主要证据在原审中拒绝发表质证意见或者质证中未对证据发表质证意见的，不属于民事诉讼法第二百零七条第四项规定的未经质证的情形。

第三百八十八条 有下列情形之一，导致判决、裁定结果错误的，应当认定为民事诉讼法第二百零七条第六项规定的原判决、裁定适用法律确有错误：

（一）适用的法律与案件性质明显不符的；

（二）确定民事责任明显违背当事人约定或者法律规定的；

（三）适用已经失效或者尚未施行的法律的；

（四）违反法律溯及力规定的；

（五）违反法律适用规则的；

（六）明显违背立法原意的。

第三百八十九条 原审开庭过程中有下列情形之一的，应当认定为民事诉讼法第二百零七条第九项规定的剥夺当事人辩论权利：

（一）不允许当事人发表辩论意见的；

（二）应当开庭审理而未开庭审理的；

（三）违反法律规定送达起诉状副本或者上诉状副本，致使当事人无法行使辩论权利的；

（四）违法剥夺当事人辩论权利的其他情形。

第三百九十条 民事诉讼法第二百零七条第十一项规定的诉讼请求，包括一审诉讼请求、二审上诉请求，但当事人未对一审判决、裁定遗漏或者超出诉讼请求提起上诉的除外。

第三百九十一条 民事诉讼法第二百零七条第十二项规定的法律文书包括：

（一）发生法律效力的判决书、裁定书、调解书；

（二）发生法律效力的仲裁裁决书；

（三）具有强制执行效力的公证债权文书。

第三百九十二条 民事诉讼法第二百零七条第十三项规定的审判人员审理该案件时有贪污受贿、徇私舞弊、枉法裁判行为，是指已经由生效刑事法律文书或者纪律处分决定所确认的行为。

第三百九十三条 当事人主张的再审事由成立，且符合民事诉讼法和本解释规定的申请再审条件的，人民法院应当裁定再审。

当事人主张的再审事由不成立，或者当事人申请再审超过法定申请再审期限、超出法定再审事由范围等不符合民事诉讼法和本解释规定的申请再审条件的，人民法院应当裁定驳回再审申请。

第三百九十四条 人民法院对已经发生法律效力的判决、裁定、调解书依法决定再审，依照民事诉讼法第二百一十三条规定，需要中止执行的，应当在再审裁定中同时写明中止原判决、裁定、调解书的执行；情况紧急的，可以将中止执行裁定口头通知负责执行的人民法院，并在通知后十日内发出裁定书。

第三百九十五条 人民法院根据审查案件的需要决定是否询问当事人。新的证据可能推翻原判决、裁定的，人民法院应当询问当事人。

第三百九十六条 审查再审申请期间，被申请人及原审其他当事人依法提出再审申请的，人民法院应当将其列为再审申请人，对其再审事由一并审查，审查期限重新计算。经审查，其中一方再审申请人主张的再审事由成立的，应当裁定再审。各方再审申请人主张的再审事由均不成立的，一并裁定驳回再审申请。

第三百九十七条 审查再审申请期间，再审申请人申请人民法院委托鉴定、勘验的，人民法院不予准许。

第三百九十八条 审查再审申请期间，再审申请人撤回再审申请的，是否准许，由人民法院裁定。

再审申请人经传票传唤，无正当理由拒不接受询问的，可以按撤回再审申请处理。

第三百九十九条 人民法院准许撤回再审申请或者按撤回再审申请处理后，再审申请人再次申请再审的，不予受理，但有民事诉讼法第二百零七条第一项、第三项、第十二项、第十三项规定情形，自知道或者应当知道之日起六个月内提出的除外。

第四百条 再审申请审查期间，有下列情形之一的，裁定终结审查：

（一）再审申请人死亡或者终止，无权利义务承继者或者权利义务承继者声明放弃再审申请的；

（二）在给付之诉中，负有给付义务的被申请人死亡或者终止，无可供执行的财产，也没有应当承担义务的人的；

（三）当事人达成和解协议且已履行完毕的，但当事人在和解协议中声明不放弃申请再审权利的除外；

（四）他人未经授权以当事人名义申请再审的；

（五）原审或者上一级人民法院已经裁定再审的；

（六）有本解释第三百八十一条第一款规定情形的。

第四百零一条 人民法院审理再审案件应当组成合议庭开庭审理，但按照第二审程序审理，有特殊情况或者双方当事人已经通过其他方式充分表达意见，且书面同意不开庭审理的除外。

符合缺席判决条件的，可以缺席判决。

第四百零二条 人民法院开庭审理再审案件，应当按照下列情形分别进行：

（一）因当事人申请再审的，先由再审申请人陈述再审请求及理由，后由被申请人答辩、其他原审当事人发表意见；

（二）因抗诉再审的，先由抗诉机关宣读抗诉书，再由申请抗诉的当事人陈述，后由被申请人答辩、其他原审当事人发表意见；

（三）人民法院依职权再审，有申诉人的，先由申诉人陈述再审请求及理由，后由被申诉人答辩、其他原审当事人发表意见；

（四）人民法院依职权再审，没有申诉人的，先由原审原告或者原审上诉人陈述，后由原审其他当事人发表意见。

对前款第一项至第三项规定的情形，人民法院应当要求当事人明确其再审请求。

第四百零三条 人民法院审理再审案件应当围绕再审请求进行。当事人的再审请求超出原审诉讼请求的，不予审理；符合另案诉讼条件的，告知当事人可以另行起诉。

被申请人及原审其他当事人在庭审辩论结束前提出的再审请求，符合民事诉讼法第二百一十二条规定的，人民法院应当一并审理。

人民法院经再审，发现已经发生法律效力的判决、裁定损害国家利益、社会公共利益、他人合法权益的，应当一并审理。

第四百零四条 再审审理期间，有下列情形之一的，可以裁定终结再审程序：

（一）再审申请人在再审期间撤回再审请求，人民法院准许的；

（二）再审申请人经传票传唤，无正当理由拒不到庭的，或者未经法庭许可中途退庭，按撤回再审请求处理的；

（三）人民检察院撤回抗诉的；

（四）有本解释第四百条第一项至第四项规定情形的。

因人民检察院提出抗诉裁定再审的案件，申请抗诉的当事人有前款规定的情形，且不损害国家利益、社会公共利益或者他人合法权益的，人民法院应当裁定终结再审程序。

再审程序终结后，人民法院裁定中止执行的原生效判决自动恢复执行。

第四百零五条 人民法院经再审审理认为，原判决、裁定认定事实清楚、适用法律正确的，应予维持；原判决、裁定认定事实、适用法律虽有瑕疵，但裁判结果正确的，应当在再审判决、裁定中纠正瑕疵后予以维持。

原判决、裁定认定事实、适用法律错误，导致裁判结果错误的，应当依法改判、撤销或者变更。

第四百零六条 按照第二审程序再审的案件，人民法院经审理认为不符合民事诉讼法规定的起诉条件或者符合民事诉讼法第一百二十七条规定不予受理情形的，应当裁定撤销一、二审判决，驳回起诉。

第四百零七条 人民法院对调解书裁定再审后，按照下列情形分别处理：

（一）当事人提出的调解违反自愿原则的事由不成立，且调解书的内容不违反法律强制性规定的，裁定驳回再审申请；

（二）人民检察院抗诉或者再审检察建议所主张的损害国家利益、社会公共利益的理由不成立的，裁定终结再审程序。

前款规定情形，人民法院裁定中止执行的调解书需要继续执行的，自动恢复执行。

第四百零八条 一审原告在再审审理程序中申请撤回起诉，经其他当事人同意，且不损害国家利益、社会公共利益、他人合法权益的，人民法院可以准许。裁定准许撤诉的，应当一并撤销原判决。

一审原告在再审审理程序中撤回起诉后重复起诉的，人民法院不予受理。

第四百零九条 当事人提交新的证据致使再审改判,因再审申请人或者申请检察监督当事人的过错未能在原审程序中及时举证,被申请人等当事人请求补偿其增加的交通、住宿、就餐、误工等必要费用的,人民法院应予支持。

第四百一十条 部分当事人到庭并达成调解协议,其他当事人未作出书面表示的,人民法院应当在判决中对该事实作出表述;调解协议内容不违反法律规定,且不损害其他当事人合法权益的,可以在判决主文中予以确认。

第四百一十一条 人民检察院依法对损害国家利益、社会公共利益的发生法律效力的判决、裁定、调解书提出抗诉,或者经人民检察院检察委员会讨论决定提出再审检察建议的,人民法院应予受理。

第四百一十二条 人民检察院对已经发生法律效力的判决以及不予受理、驳回起诉的裁定依法提出抗诉的,人民法院应予受理,但适用特别程序、督促程序、公示催告程序、破产程序以及解除婚姻关系的判决、裁定等不适用审判监督程序的判决、裁定除外。

第四百一十三条 人民检察院依照民事诉讼法第二百一十六条第一款第三项规定对有明显错误的再审判决、裁定提出抗诉或者再审检察建议的,人民法院应予受理。

第四百一十四条 地方各级人民检察院依当事人的申请对生效判决、裁定向同级人民法院提出再审检察建议,符合下列条件的,应予受理:

(一)再审检察建议书和原审当事人申请书及相关证据材料已经提交;

(二)建议再审的对象为依照民事诉讼法和本解释规定可以进行再审的判决、裁定;

(三)再审检察建议书列明该判决、裁定有民事诉讼法第二百一十五条第二款规定情形;

(四)符合民事诉讼法第二百一十六条第一款第一项、第二项规定情形;

(五)再审检察建议经该人民检察院检察委员会讨论决定。

不符合前款规定的,人民法院可以建议人民检察院予以补正或者撤回;不予补正或者撤回的,应当函告人民检察院不予受理。

第四百一十五条 人民检察院依当事人的申请对生效判决、裁定提出抗诉,符合下列条件的,人民法院应当在三十日内裁定再审:

(一)抗诉书和原审当事人申请书及相关证据材料已经提交;

(二)抗诉对象为依照民事诉讼法和本解释规定可以进行再审的判决、裁定;

(三)抗诉书列明该判决、裁定有民事诉讼法第二百一十五条第一款规定情形;

(四)符合民事诉讼法第二百一十六条第一款第一项、第二项规定情形。

不符合前款规定的,人民法院可以建议人民检察院予以补正或者撤回;不予补正或者撤回的,人民法院可以裁定不予受理。

第四百一十六条 当事人的再审申请被上级人民法院裁定驳回后,人民检察院对原判决、裁定、调解书提出抗诉,抗诉事由符合民事诉讼法第二百零七条第一项至第五项规定情形之一的,受理抗诉的人民法院可以交由下一级人民法院再审。

第四百一十七条 人民法院收到再审检察建议后,应当组成合议庭,在三个月内进行审查,发现原判决、裁定、调解书确有错误,需要再审的,依照民事诉讼法第二百零五条规定裁定再审,并通知当事人;经审查,决定不予再审的,应当书面回复人民检察院。

第四百一十八条 人民法院审理因人民检察院抗诉或者检察建议裁定再审的案件,不受此前已经作出的驳回当事人再审申请裁定的影响。

第四百一十九条 人民法院开庭审理抗诉案件,应当在开庭三日前通知人民检察院、当事人和其他诉讼参与人。同级人民检察院或者提出抗诉的人民检察院应当派员出庭。

人民检察院因履行法律监督职责向当事人或者案外人调查核实的情况,应当向法庭提交并予以说明,由双方当事人进行质证。

第四百二十条 必须共同进行诉讼的当事人因不能归责于本人或者其诉讼代理人的事由未参加诉讼的,可以根据民事诉讼法第二百零七条第八项规定,自知道或者应当知道之日起六个月内申请再审,但符合本解释第四百二十一条规定情形的除外。

人民法院因前款规定的当事人申请而裁定再审,按照第一审程序再审的,应当追加其为当事人,作出新的判决、裁定;按照第二审程序再审,经调解不能达成协议的,应当撤销原判决、裁定,发回重审,重审时应追加其为当事人。

第四百二十一条 根据民事诉讼法第二百三十四条规定,案外人对驳回其执行异议的裁定不服,认为原判决、裁定、调解书内容错误损害其民事权益的,可以自执行异议裁定送达之日起六个月内,向作出原判决、裁定、调解书的人民法院申请再审。

第四百二十二条 根据民事诉讼法第二百三十四条规定,人民法院裁定再审后,案外人属于必要的共同诉讼当事人的,依照本解释第四百二十条第二款规定处理。

案外人不是必要的共同诉讼当事人的,人民法院仅审理原判决、裁定、调解书对其民事权益造成损害的内容。经审理,再审请求成立的,撤销或者改变原判决、裁定、调解书;再审请求不成立的,维持原判决、裁定、调解书。

第四百二十三条 本解释第三百三十八条规定适用于审判监督程序。

第四百二十四条 对小额诉讼案件的判决、裁定,当事人以民事诉讼法第二百零七条规定的事由向原审人民法院申请再审的,人民法院应当受理。申请再审事由成立的,应当裁定再审,组成合议庭进行审理。作出的再审判决、裁定,当事人不得上诉。

当事人以不应按小额诉讼案件审理为由向原审人民法院申请再审的,人民法院应当受理。理由成立的,应当裁定再审,组成合议庭审理。作出的再审判决、裁定,当事人可以上诉。

十九、督促程序

第四百二十五条 两个以上人民法院都有管辖权的,债权人可以向其中一个基层人民法院申请支付令。

债权人向两个以上有管辖权的基层人民法院申请支付令的,由最先立案的人民法院管辖。

第四百二十六条 人民法院收到债权人的支付令申请书后,认为申请书不符合要求的,可以通知债权人限期补正。人民法院应当自收到补正材料之日起五日内通知债权人是否受理。

第四百二十七条 债权人申请支付令,符合下列条件的,基层人民法院应当受理,并在收到支付令申请书后五日内通知债权人:

（一）请求给付金钱或者汇票、本票、支票、股票、债券、国库券、可转让的存款单等有价证券；

（二）请求给付的金钱或者有价证券已到期且数额确定，并写明了请求所根据的事实、证据；

（三）债权人没有对待给付义务；

（四）债务人在我国境内且未下落不明；

（五）支付令能够送达债务人；

（六）收到申请书的人民法院有管辖权；

（七）债权人未向人民法院申请诉前保全。

不符合前款规定的，人民法院应当在收到支付令申请书后五日内通知债权人不予受理。

基层人民法院受理申请支付令案件，不受债权金额的限制。

第四百二十八条 人民法院受理申请后，由审判员一人进行审查。经审查，有下列情形之一的，裁定驳回申请：

（一）申请人不具备当事人资格的；

（二）给付金钱或者有价证券的证明文件没有约定逾期给付利息或者违约金、赔偿金，债权人坚持要求给付利息或者违约金、赔偿金的；

（三）要求给付的金钱或者有价证券属于违法所得的；

（四）要求给付的金钱或者有价证券尚未到期或者数额不确定的。

人民法院受理支付令申请后，发现不符合本解释规定的受理条件的，应当在受理之日起十五日内裁定驳回申请。

第四百二十九条 向债务人本人送达支付令，债务人拒绝接收的，人民法院可以留置送达。

第四百三十条 有下列情形之一的，人民法院应当裁定终结督促程序，已发出支付令的，支付令自行失效：

（一）人民法院受理支付令申请后，债权人就同一债权债务关系又提起诉讼的；

（二）人民法院发出支付令之日起三十日内无法送达债务人的；

（三）债务人收到支付令前，债权人撤回申请的。

第四百三十一条 债务人在收到支付令后，未在法定期间提出书面异议，而向其他人民法院起诉的，不影响支付令的效力。

债务人超过法定期间提出异议的，视为未提出异议。

第四百三十二条 债权人基于同一债权债务关系，在同一支付令申请中向债务人提出多项支付请求，债务人仅就其中一项或者几项请求提出异议的，不影响其他各项请求的效力。

第四百三十三条 债权人基于同一债权债务关系，就可分之债向多个债务人提出支付请求，多个债务人中的一人或者几人提出异议的，不影响其他请求的效力。

第四百三十四条 对设有担保的债务的主债务人发出的支付令，对担保人没有拘束力。

债权人就担保关系单独提起诉讼的，支付令自人民法院受理案件之日起失效。

第四百三十五条 经形式审查，债务人提出的书面异议有下列情形之一的，应当认定异议成立，裁定终结督促程序，支付令自行失效：

（一）本解释规定的不予受理申请情形的；
（二）本解释规定的裁定驳回申请情形的；
（三）本解释规定的应当裁定终结督促程序情形的；
（四）人民法院对是否符合发出支付令条件产生合理怀疑的。

第四百三十六条 债务人对债务本身没有异议，只是提出缺乏清偿能力、延缓债务清偿期限、变更债务清偿方式等异议的，不影响支付令的效力。

人民法院经审查认为异议不成立的，裁定驳回。

债务人的口头异议无效。

第四百三十七条 人民法院作出终结督促程序或者驳回异议裁定前，债务人请求撤回异议的，应当裁定准许。

债务人对撤回异议反悔的，人民法院不予支持。

第四百三十八条 支付令失效后，申请支付令的一方当事人不同意提起诉讼的，应当自收到终结督促程序裁定之日起七日内向受理申请的人民法院提出。

申请支付令的一方当事人不同意提起诉讼的，不影响其向其他有管辖权的人民法院提起诉讼。

第四百三十九条 支付令失效后，申请支付令的一方当事人自收到终结督促程序裁定之日起七日内未向受理申请的人民法院表明不同意提起诉讼的，视为向受理申请的人民法院起诉。

债权人提出支付令申请的时间，即为向人民法院起诉的时间。

第四百四十条 债权人向人民法院申请执行支付令的期间，适用民事诉讼法第二百四十六条的规定。

第四百四十一条 人民法院院长发现本院已经发生法律效力的支付令确有错误，认为需要撤销的，应当提交本院审判委员会讨论决定后，裁定撤销支付令，驳回债权人的申请。

二十、公示催告程序

第四百四十二条 民事诉讼法第二百二十五条规定的票据持有人，是指票据被盗、遗失或者灭失前的最后持有人。

第四百四十三条 人民法院收到公示催告的申请后，应当立即审查，并决定是否受理。经审查认为符合受理条件的，通知予以受理，并同时通知支付人停止支付；认为不符合受理条件的，七日内裁定驳回申请。

第四百四十四条 因票据丧失，申请公示催告的，人民法院应结合票据存根、丧失票据的复印件、出票人关于签发票据的证明、申请人合法取得票据的证明、银行挂失止付通知书、报案证明等证据，决定是否受理。

第四百四十五条 人民法院依照民事诉讼法第二百二十六条规定发出的受理申请的公告，应当写明下列内容：

（一）公示催告申请人的姓名或者名称；

（二）票据的种类、号码、票面金额、出票人、背书人、持票人、付款期限等事项以及其他可以申请公示催告的权利凭证的种类、号码、权利范围、权利人、义务人、行权日期等事项；

（三）申报权利的期间；

（四）在公示催告期间转让票据等权利凭证，利害关系人不申报的法律后果。

第四百四十六条 公告应当在有关报纸或者其他媒体上刊登，并于同日公布于人民法院公告栏内。人民法院所在地有证券交易所的，还应当同日在该交易所公布。

第四百四十七条 公告期间不得少于六十日，且公示催告期间届满日不得早于票据付款日后十五日。

第四百四十八条 在申报期届满后、判决作出之前，利害关系人申报权利的，应当适用民事诉讼法第二百二十八条第二款、第三款规定处理。

第四百四十九条 利害关系人申报权利，人民法院应当通知其向法院出示票据，并通知公示催告申请人在指定的期间查看该票据。公示催告申请人申请公示催告的票据与利害关系人出示的票据不一致的，应当裁定驳回利害关系人的申报。

第四百五十条 在申报权利的期间无人申报权利，或者申报被驳回的，申请人应当自公示催告期间届满之日起一个月内申请作出判决。逾期不申请判决的，终结公示催告程序。

裁定终结公示催告程序的，应当通知申请人和支付人。

第四百五十一条 判决公告之日起，公示催告申请人有权依据判决向付款人请求付款。

付款人拒绝付款，申请人向人民法院起诉，符合民事诉讼法第一百二十二条规定的起诉条件的，人民法院应予受理。

第四百五十二条 适用公示催告程序审理案件，可由审判员一人独任审理；判决宣告票据无效的，应当组成合议庭审理。

第四百五十三条 公示催告申请人撤回申请，应在公示催告前提出；公示催告期间申请撤回的，人民法院可以径行裁定终结公示催告程序。

第四百五十四条 人民法院依照民事诉讼法第二百二十七条规定通知支付人停止支付，应当符合有关财产保全的规定。支付人收到停止支付通知后拒不止付的，除可依照民事诉讼法第一百一十四条、第一百一十七条规定采取强制措施外，在判决后，支付人仍应承担付款义务。

第四百五十五条 人民法院依照民事诉讼法第二百二十八条规定终结公示催告程序后，公示催告申请人或者申报人向人民法院提起诉讼，因票据权利纠纷提起的，由票据支付地或者被告住所地人民法院管辖；因非票据权利纠纷提起的，由被告住所地人民法院管辖。

第四百五十六条 依照民事诉讼法第二百二十八条规定制作的终结公示催告程序的裁定书，由审判员、书记员署名，加盖人民法院印章。

第四百五十七条 依照民事诉讼法第二百三十条的规定，利害关系人向人民法院起诉的，人民法院可按票据纠纷适用普通程序审理。

第四百五十八条 民事诉讼法第二百三十条规定的正当理由，包括：

（一）因发生意外事件或者不可抗力致使利害关系人无法知道公告事实的；

（二）利害关系人因被限制人身自由而无法知道公告事实，或者虽然知道公告事实，但无法自己或者委托他人代为申报权利的；

（三）不属于法定申请公示催告情形的；

（四）未予公告或者未按法定方式公告的；

（五）其他导致利害关系人在判决作出前未能向人民法院申报权利的客观事由。

第四百五十九条 根据民事诉讼法第二百三十条的规定，利害关系人请求人民法院撤销除权判决的，应当将申请人列为被告。

利害关系人仅诉请确认其为合法持票人的，人民法院应当在裁判文书中写明，确认利害关系人为票据权利人的判决作出后，除权判决即被撤销。

二十一、执行程序

第四百六十条 发生法律效力的实现担保物权裁定、确认调解协议裁定、支付令，由作出裁定、支付令的人民法院或者与其同级的被执行财产所在地的人民法院执行。

认定财产无主的判决，由作出判决的人民法院将无主财产收归国家或者集体所有。

第四百六十一条 当事人申请人民法院执行的生效法律文书应当具备下列条件：

（一）权利义务主体明确；

（二）给付内容明确。

法律文书确定继续履行合同的，应当明确继续履行的具体内容。

第四百六十二条 根据民事诉讼法第二百三十四条规定，案外人对执行标的提出异议的，应当在该执行标的执行程序终结前提出。

第四百六十三条 案外人对执行标的提出的异议，经审查，按照下列情形分别处理：

（一）案外人对执行标的不享有足以排除强制执行的权益的，裁定驳回其异议；

（二）案外人对执行标的享有足以排除强制执行的权益的，裁定中止执行。

驳回案外人执行异议裁定送达案外人之日起十五日内，人民法院不得对执行标的进行处分。

第四百六十四条 申请执行人与被执行人达成和解协议后请求中止执行或者撤回执行申请的，人民法院可以裁定中止执行或者终结执行。

第四百六十五条 一方当事人不履行或者不完全履行在执行中双方自愿达成的和解协议，对方当事人申请执行原生效法律文书的，人民法院应当恢复执行，但和解协议已履行的部分应当扣除。和解协议已经履行完毕的，人民法院不予恢复执行。

第四百六十六条 申请恢复执行原生效法律文书，适用民事诉讼法第二百四十六条申请执行期间的规定。申请执行期间因达成执行中的和解协议而中断，其期间自和解协议约定履行期限的最后一日起重新计算。

第四百六十七条 人民法院依照民事诉讼法第二百三十八条规定决定暂缓执行的，如果担保是有期限的，暂缓执行的期限应当与担保期限一致，但最长不得超过一年。被执行人或者担保人对担保的财产在暂缓执行期间有转移、隐藏、变卖、毁损等行为的，人民法院可以恢复强制执行。

第四百六十八条 根据民事诉讼法第二百三十八条规定向人民法院提供执行担保的，可以由被执行人或者他人提供财产担保，也可以由他人提供保证。担保人应当具有代为履行或者代为承担赔偿责任的能力。

他人提供执行保证的，应当向执行法院出具保证书，并将保证书副本送交申请执行人。

被执行人或者他人提供财产担保的,应当参照民法典的有关规定办理相应手续。

第四百六十九条 被执行人在人民法院决定暂缓执行的期限届满后仍不履行义务的,人民法院可以直接执行担保财产,或者裁定执行担保人的财产,但执行担保人的财产以担保人应当履行义务部分的财产为限。

第四百七十条 依照民事诉讼法第二百三十九条规定,执行中作为被执行人的法人或者其他组织分立、合并的,人民法院可以裁定变更后的法人或者其他组织为被执行人;被注销的,如果依照有关实体法的规定有权利义务承受人的,可以裁定该权利义务承受人为被执行人。

第四百七十一条 其他组织在执行中不能履行法律文书确定的义务的,人民法院可以裁定执行对该其他组织依法承担义务的法人或者公民个人的财产。

第四百七十二条 在执行中,作为被执行人的法人或者其他组织名称变更的,人民法院可以裁定变更后的法人或者其他组织为被执行人。

第四百七十三条 作为被执行人的公民死亡,其遗产继承人没有放弃继承的,人民法院可以裁定变更被执行人,由该继承人在遗产的范围内偿还债务。继承人放弃继承的,人民法院可以直接执行被执行人的遗产。

第四百七十四条 法律规定由人民法院执行的其他法律文书执行完毕后,该法律文书被有关机关或者组织依法撤销的,经当事人申请,适用民事诉讼法第二百四十条规定。

第四百七十五条 仲裁机构裁决的事项,部分有民事诉讼法第二百四十四条第二款、第三款规定情形的,人民法院应当裁定对该部分不予执行。

应当不予执行部分与其他部分不可分的,人民法院应当裁定不予执行仲裁裁决。

第四百七十六条 依照民事诉讼法第二百四十四条第二款、第三款规定,人民法院裁定不予执行仲裁裁决后,当事人对该裁定提出执行异议或者复议的,人民法院不予受理。当事人可以就该民事纠纷重新达成书面仲裁协议申请仲裁,也可以向人民法院起诉。

第四百七十七条 在执行中,被执行人通过仲裁程序将人民法院查封、扣押、冻结的财产确权或者分割给案外人的,不影响人民法院执行程序的进行。

案外人不服的,可以根据民事诉讼法第二百三十四条规定提出异议。

第四百七十八条 有下列情形之一的,可以认定为民事诉讼法第二百四十五条第二款规定的公证债权文书确有错误:

(一)公证债权文书属于不得赋予强制执行效力的债权文书的;

(二)被执行人一方未亲自或者未委托代理人到场公证等严重违反法律规定的公证程序的;

(三)公证债权文书的内容与事实不符或者违反法律强制性规定的;

(四)公证债权文书未载明被执行人不履行义务或者不完全履行义务时同意接受强制执行的。

人民法院认定执行该公证债权文书违背社会公共利益的,裁定不予执行。

公证债权文书被裁定不予执行后,当事人、公证事项的利害关系人可以就债权争议提起诉讼。

第四百七十九条 当事人请求不予执行仲裁裁决或者公证债权文书的,应当在执行终结前向执行法院提出。

第四百八十条 人民法院应当在收到申请执行书或者移交执行书后十日内发出执行通知。

执行通知中除应责令被执行人履行法律文书确定的义务外，还应通知其承担民事诉讼法第二百六十条规定的迟延履行利息或者迟延履行金。

第四百八十一条 申请执行人超过申请执行时效期间向人民法院申请强制执行的，人民法院应予受理。被执行人对申请执行时效期间提出异议，人民法院经审查异议成立的，裁定不予执行。

被执行人履行全部或者部分义务后，又以不知道申请执行时效期间届满为由请求执行回转的，人民法院不予支持。

第四百八十二条 对必须接受调查询问的被执行人、被执行人的法定代表人、负责人或者实际控制人，经依法传唤无正当理由拒不到场的，人民法院可以拘传其到场。

人民法院应当及时对被拘传人进行调查询问，调查询问的时间不得超过八小时；情况复杂，依法可能采取拘留措施的，调查询问的时间不得超过二十四小时。

人民法院在本辖区以外采取拘传措施时，可以将被拘传人拘传到当地人民法院，当地人民法院应予协助。

第四百八十三条 人民法院有权查询被执行人的身份信息与财产信息，掌握相关信息的单位和个人必须按照协助执行通知书办理。

第四百八十四条 对被执行的财产，人民法院非经查封、扣押、冻结不得处分。对银行存款等各类可以直接扣划的财产，人民法院的扣划裁定同时具有冻结的法律效力。

第四百八十五条 人民法院冻结被执行人的银行存款的期限不得超过一年，查封、扣押动产的期限不得超过两年，查封不动产、冻结其他财产权的期限不得超过三年。

申请执行人申请延长期限的，人民法院应当在查封、扣押、冻结期限届满前办理续行查封、扣押、冻结手续，续行期限不得超过前款规定的期限。

人民法院也可以依职权办理续行查封、扣押、冻结手续。

第四百八十六条 依照民事诉讼法第二百五十四条规定，人民法院在执行中需要拍卖被执行人财产的，可以由人民法院自行组织拍卖，也可以交由具备相应资质的拍卖机构拍卖。

交拍卖机构拍卖的，人民法院应当对拍卖活动进行监督。

第四百八十七条 拍卖评估需要对现场进行检查、勘验的，人民法院应当责令被执行人、协助义务人予以配合。被执行人、协助义务人不予配合的，人民法院可以强制进行。

第四百八十八条 人民法院在执行中需要变卖被执行人财产的，可以交有关单位变卖，也可以由人民法院直接变卖。

对变卖的财产，人民法院或者其工作人员不得买受。

第四百八十九条 经申请执行人和被执行人同意，且不损害其他债权人合法权益和社会公共利益的，人民法院可以不经拍卖、变卖，直接将被执行人的财产作价交申请执行人抵偿债务。对剩余债务，被执行人应当继续清偿。

第四百九十条 被执行人的财产无法拍卖或者变卖的，经申请执行人同意，且不损害其他债权人合法权益和社会公共利益的，人民法院可以将该项财产作价后交付申请执行人抵偿债务，或者交付申请执行人管理；申请执行人拒绝接收或者管理的，退回被执行人。

第四百九十一条 拍卖成交或者依法定程序裁定以物抵债的，标的物所有权自拍卖成交裁定或者抵债裁定送达买受人或者接受抵债物的债权人时转移。

第四百九十二条 执行标的物为特定物的，应当执行原物。原物确已毁损或者灭失的，经双方当事人同意，可以折价赔偿。

双方当事人对折价赔偿不能协商一致的，人民法院应当终结执行程序。申请执行人可以另行起诉。

第四百九十三条 他人持有法律文书指定交付的财物或者票证，人民法院依照民事诉讼法第二百五十六条第二款、第三款规定发出协助执行通知后，拒不转交的，可以强制执行，并可依照民事诉讼法第一百一十七条、第一百一十八条规定处理。

他人持有期间财物或者票证毁损、灭失的，参照本解释第四百九十二条规定处理。

他人主张合法持有财物或者票证的，可以根据民事诉讼法第二百三十四条规定提出执行异议。

第四百九十四条 在执行中，被执行人隐匿财产、会计账簿等资料的，人民法院除可依照民事诉讼法第一百一十四条第一款第六项规定对其处理外，还应责令被执行人交出隐匿的财产、会计账簿等资料。被执行人拒不交出的，人民法院可以采取搜查措施。

第四百九十五条 搜查人员应当按规定着装并出示搜查令和工作证件。

第四百九十六条 人民法院搜查时禁止无关人员进入搜查现场；搜查对象是公民的，应当通知被执行人或者他的成年家属以及基层组织派员到场；搜查对象是法人或者其他组织的，应当通知法定代表人或者主要负责人到场。拒不到场的，不影响搜查。

搜查妇女身体，应当由女执行人员进行。

第四百九十七条 搜查中发现应当依法采取查封、扣押措施的财产，依照民事诉讼法第二百五十二条第二款和第二百五十四条规定办理。

第四百九十八条 搜查应当制作搜查笔录，由搜查人员、被搜查人及其他在场人签名、捺印或者盖章。拒绝签名、捺印或者盖章的，应当记入搜查笔录。

第四百九十九条 人民法院执行被执行人对他人的到期债权，可以作出冻结债权的裁定，并通知该他人向申请执行人履行。

该他人对到期债权有异议，申请执行人请求对异议部分强制执行的，人民法院不予支持。利害关系人对到期债权有异议的，人民法院应当按照民事诉讼法第二百三十四条规定处理。

对生效法律文书确定的到期债权，该他人予以否认的，人民法院不予支持。

第五百条 人民法院在执行中需要办理房产证、土地证、林权证、专利证书、商标证书、车船执照等有关财产权证照转移手续的，可以依照民事诉讼法第二百五十八条规定办理。

第五百零一条 被执行人不履行生效法律文书确定的行为义务，该义务可由他人完成的，人民法院可以选定代履行人；法律、行政法规对履行该行为义务有资格限制的，应当从有资格的人中选定。必要时，可以通过招标的方式确定代履行人。

申请执行人可以在符合条件的人中推荐代履行人，也可以申请自己代为履行，是否准许，由人民法院决定。

第五百零二条 代履行费用的数额由人民法院根据案件具体情况确定，并由被执行人在指定期限内预先支付。被执行人未预付的，人民法院可以对该费用强制执行。

代履行结束后，被执行人可以查阅、复制费用清单以及主要凭证。

第五百零三条 被执行人不履行法律文书指定的行为，且该项行为只能由被执行人完成的，人民法院可以依照民事诉讼法第一百一十四条第一款第六项规定处理。

被执行人在人民法院确定的履行期间内仍不履行的，人民法院可以依照民事诉讼法第一百一十四条第一款第六项规定再次处理。

第五百零四条 被执行人迟延履行的，迟延履行期间的利息或者迟延履行金自判决、裁定和其他法律文书指定的履行期间届满之日起计算。

第五百零五条 被执行人未按判决、裁定和其他法律文书指定的期间履行非金钱给付义务的，无论是否已给申请执行人造成损失，都应当支付迟延履行金。已经造成损失的，双倍补偿申请执行人已经受到的损失；没有造成损失的，迟延履行金可以由人民法院根据具体案件情况决定。

第五百零六条 被执行人为公民或者其他组织，在执行程序开始后，被执行人的其他已经取得执行依据的债权人发现被执行人的财产不能清偿所有债权的，可以向人民法院申请参与分配。

对人民法院查封、扣押、冻结的财产有优先权、担保物权的债权人，可以直接申请参与分配，主张优先受偿权。

第五百零七条 申请参与分配，申请人应当提交申请书。申请书应当写明参与分配和被执行人不能清偿所有债权的事实、理由，并附有执行依据。

参与分配申请应当在执行程序开始后，被执行人的财产执行终结前提出。

第五百零八条 参与分配执行中，执行所得价款扣除执行费用，并清偿应当优先受偿的债权后，对于普通债权，原则上按照其占全部申请参与分配债权数额的比例受偿。清偿后的剩余债务，被执行人应当继续清偿。债权人发现被执行人有其他财产的，可以随时请求人民法院执行。

第五百零九条 多个债权人对执行财产申请参与分配的，执行法院应当制作财产分配方案，并送达各债权人和被执行人。债权人或者被执行人对分配方案有异议的，应当自收到分配方案之日起十五日内向执行法院提出书面异议。

第五百一十条 债权人或者被执行人对分配方案提出书面异议的，执行法院应当通知未提出异议的债权人、被执行人。

未提出异议的债权人、被执行人自收到通知之日起十五日内未提出反对意见的，执行法院依异议人的意见对分配方案审查修正后进行分配；提出反对意见的，应当通知异议人。异议人可以自收到通知之日起十五日内，以提出反对意见的债权人、被执行人为被告，向执行法院提起诉讼；异议人逾期未提起诉讼的，执行法院按照原分配方案进行分配。

诉讼期间进行分配的，执行法院应当提存与争议债权数额相应的款项。

第五百一十一条 在执行中，作为被执行人的企业法人符合企业破产法第二条第一款规定情形的，执行法院经申请执行人之一或者被执行人同意，应当裁定中止对该被执行人的执行，将执行案件相关材料移送被执行人住所地人民法院。

第五百一十二条 被执行人住所地人民法院应当自收到执行案件相关材料之日起三十日内，将是否受理破产案件的裁定告知执行法院。不予受理的，应当将相关案件材料退回执行法院。

第五百一十三条 被执行人住所地人民法院裁定受理破产案件的，执行法院应当解除对被执行人财产的保全措施。被执行人住所地人民法院裁定宣告被执行人破产的，执行法院应当裁定终结对该被执行人的执行。

被执行人住所地人民法院不受理破产案件的，执行法院应当恢复执行。

第五百一十四条 当事人不同意移送破产或者被执行人住所地人民法院不受理破产案件的，执行法院就执行变价所得财产，在扣除执行费用及清偿优先受偿的债权后，对于普通债权，按照财产保全和执行中查封、扣押、冻结财产的先后顺序清偿。

第五百一十五条 债权人根据民事诉讼法第二百六十一条规定请求人民法院继续执行的，不受民事诉讼法第二百四十六条规定申请执行时效期间的限制。

第五百一十六条 被执行人不履行法律文书确定的义务的，人民法院除对被执行人予以处罚外，还可以根据情节将其纳入失信被执行人名单，将被执行人不履行或者不完全履行义务的信息向其所在单位、征信机构以及其他相关机构通报。

第五百一十七条 经过财产调查未发现可供执行的财产，在申请执行人签字确认或者执行法院组成合议庭审查核实并经院长批准后，可以裁定终结本次执行程序。

依照前款规定终结执行后，申请执行人发现被执行人有可供执行财产的，可以再次申请执行。再次申请不受申请执行时效期间的限制。

第五百一十八条 因撤销申请而终结执行后，当事人在民事诉讼法第二百四十六条规定的申请执行时效期间内再次申请执行的，人民法院应当受理。

第五百一十九条 在执行终结六个月内，被执行人或者其他人对已执行的标的有妨害行为的，人民法院可以依申请排除妨害，并可以依照民事诉讼法第一百一十四条规定进行处罚。因妨害行为给执行债权人或者其他人造成损失的，受害人可以另行起诉。

二十二、涉外民事诉讼程序的特别规定

第五百二十条 有下列情形之一，人民法院可以认定为涉外民事案件：

（一）当事人一方或者双方是外国人、无国籍人、外国企业或者组织的；

（二）当事人一方或者双方的经常居所地在中华人民共和国领域外的；

（三）标的物在中华人民共和国领域外的；

（四）产生、变更或者消灭民事关系的法律事实发生在中华人民共和国领域外的；

（五）可以认定为涉外民事案件的其他情形。

第五百二十一条 外国人参加诉讼，应当向人民法院提交护照等用以证明自己身份的证件。

外国企业或者组织参加诉讼，向人民法院提交的身份证明文件，应当经所在国公证机关公证，并经中华人民共和国驻该国使领馆认证，或者履行中华人民共和国与该所在国订立的有关条约中规定的证明手续。

代表外国企业或者组织参加诉讼的人，应当向人民法院提交其有权作为代表人参加诉讼的证明，该证明应当经所在国公证机关公证，并经中华人民共和国驻该国使领馆认证，或者履行中华人民共和国与该所在国订立的有关条约中规定的证明手续。

本条所称的"所在国"，是指外国企业或者组织的设立登记地国，也可以是办理了营业登记手续的第三国。

第五百二十二条 依照民事诉讼法第二百七十一条以及本解释第五百二十一条规定，需要办理公证、认证手续，而外国当事人所在国与中华人民共和国没有建立外交关系的，可以经该国公证机关公证，经与中华人民共和国有外交关系的第三国驻该国使领馆认证，再转由中华人民共和国驻该第三国使领馆认证。

第五百二十三条 外国人、外国企业或者组织的代表人在人民法院法官的见证下签署授权委托书，委托代理人进行民事诉讼的，人民法院应予认可。

第五百二十四条 外国人、外国企业或者组织的代表人在中华人民共和国境内签署授权委托书，委托代理人进行民事诉讼，经中华人民共和国公证机构公证的，人民法院应予认可。

第五百二十五条 当事人向人民法院提交的书面材料是外文的，应当同时向人民法院提交中文翻译件。

当事人对中文翻译件有异议的，应当共同委托翻译机构提供翻译文本；当事人对翻译机构的选择不能达成一致的，由人民法院确定。

第五百二十六条 涉外民事诉讼中的外籍当事人，可以委托本国人为诉讼代理人，也可以委托本国律师以非律师身份担任诉讼代理人；外国驻华使领馆官员，受本国公民的委托，可以以个人名义担任诉讼代理人，但在诉讼中不享有外交或者领事特权和豁免。

第五百二十七条 涉外民事诉讼中，外国驻华使领馆授权其本馆官员，在作为当事人的本国国民不在中华人民共和国领域内的情况下，可以以外交代表身份为其本国国民在中华人民共和国聘请中华人民共和国律师或者中华人民共和国公民代理民事诉讼。

第五百二十八条 涉外民事诉讼中，经调解双方达成协议，应当制发调解书。当事人要求发给判决书的，可以依协议的内容制作判决书送达当事人。

第五百二十九条 涉外合同或者其他财产权益纠纷的当事人，可以书面协议选择被告住所地、合同履行地、合同签订地、原告住所地、标的物所在地、侵权行为地等与争议有实际联系地点的外国法院管辖。

根据民事诉讼法第三十四条和第二百七十三条规定，属于中华人民共和国法院专属管辖的案件，当事人不得协议选择外国法院管辖，但协议选择仲裁的除外。

第五百三十条 涉外民事案件同时符合下列情形的，人民法院可以裁定驳回原告的起诉，告知其向更方便的外国法院提起诉讼：

（一）被告提出案件应由更方便外国法院管辖的请求，或者提出管辖异议；
（二）当事人之间不存在选择中华人民共和国法院管辖的协议；
（三）案件不属于中华人民共和国法院专属管辖；
（四）案件不涉及中华人民共和国国家、公民、法人或者其他组织的利益；
（五）案件争议的主要事实不是发生在中华人民共和国境内，且案件不适用中华人民共和国法律，人民法院审理案件在认定事实和适用法律方面存在重大困难；

（六）外国法院对案件享有管辖权，且审理该案件更加方便。

第五百三十一条　中华人民共和国法院和外国法院都有管辖权的案件，一方当事人向外国法院起诉，而另一方当事人向中华人民共和国法院起诉的，人民法院可予受理。判决后，外国法院申请或者当事人请求人民法院承认和执行外国法院对本案作出的判决、裁定的，不予准许；但双方共同缔结或者参加的国际条约另有规定的除外。

外国法院判决、裁定已经被人民法院承认，当事人就同一争议向人民法院起诉的，人民法院不予受理。

第五百三十二条　对在中华人民共和国领域内没有住所的当事人，经用公告方式送达诉讼文书，公告期满不应诉，人民法院缺席判决后，仍应当将裁判文书依照民事诉讼法第二百七十四条第八项规定公告送达。自公告送达裁判文书满三个月之日起，经过三十日的上诉期当事人没有上诉的，一审判决即发生法律效力。

第五百三十三条　外国人或者外国企业、组织的代表人、主要负责人在中华人民共和国领域内的，人民法院可以向该自然人或者外国企业、组织的代表人、主要负责人送达。

外国企业、组织的主要负责人包括该企业、组织的董事、监事、高级管理人员等。

第五百三十四条　受送达人所在国允许邮寄送达的，人民法院可以邮寄送达。

邮寄送达时应当附有送达回证。受送达人未在送达回证上签收但在邮件回执上签收的，视为送达，签收日期为送达日期。

自邮寄之日起满三个月，如果未收到送达的证明文件，且根据各种情况不足以认定已经送达的，视为不能用邮寄方式送达。

第五百三十五条　人民法院一审时采取公告方式向当事人送达诉讼文书的，二审时可径行采取公告方式向其送达诉讼文书，但人民法院能够采取公告方式之外的其他方式送达的除外。

第五百三十六条　不服第一审人民法院判决、裁定的上诉期，对在中华人民共和国领域内有住所的当事人，适用民事诉讼法第一百七十一条规定的期限；对在中华人民共和国领域内没有住所的当事人，适用民事诉讼法第二百七十六条规定的期限。当事人的上诉期均已届满没有上诉的，第一审人民法院的判决、裁定即发生法律效力。

第五百三十七条　人民法院对涉外民事案件的当事人申请再审进行审查的期间，不受民事诉讼法第二百一十一条规定的限制。

第五百三十八条　申请人向人民法院申请执行中华人民共和国涉外仲裁机构的裁决，应当提出书面申请，并附裁决书正本。如申请人为外国当事人，其申请书应当用中文文本提出。

第五百三十九条　人民法院强制执行涉外仲裁机构的仲裁裁决时，被执行人以有民事诉讼法第二百八十一条第一款规定的情形为由提出抗辩的，人民法院应当对被执行人的抗辩进行审查，并根据审查结果裁定执行或者不予执行。

第五百四十条　依照民事诉讼法第二百七十九条规定，中华人民共和国涉外仲裁机构将当事人的保全申请提交人民法院裁定的，人民法院可以进行审查，裁定是否进行保全。裁定保全的，应当责令申请人提供担保，申请人不提供担保的，裁定驳回申请。

当事人申请证据保全，人民法院经审查认为无需提供担保的，申请人可以不提供担保。

第五百四十一条 申请人向人民法院申请承认和执行外国法院作出的发生法律效力的判决、裁定，应当提交申请书，并附外国法院作出的发生法律效力的判决、裁定正本或者经证明无误的副本以及中文译本。外国法院判决、裁定为缺席判决、裁定的，申请人应当同时提交该外国法院已经合法传唤的证明文件，但判决、裁定已经对此予以明确说明的除外。

中华人民共和国缔结或者参加的国际条约对提交文件有规定的，按照规定办理。

第五百四十二条 当事人向中华人民共和国有管辖权的中级人民法院申请承认和执行外国法院作出的发生法律效力的判决、裁定的，如果该法院所在国与中华人民共和国没有缔结或者共同参加国际条约，也没有互惠关系的，裁定驳回申请，但当事人向人民法院申请承认外国法院作出的发生法律效力的离婚判决的除外。

承认和执行申请被裁定驳回的，当事人可以向人民法院起诉。

第五百四十三条 对临时仲裁庭在中华人民共和国领域外作出的仲裁裁决，一方当事人向人民法院申请承认和执行的，人民法院应当依照民事诉讼法第二百九十条规定处理。

第五百四十四条 对外国法院作出的发生法律效力的判决、裁定或者外国仲裁裁决，需要中华人民共和国法院执行的，当事人应当先向人民法院申请承认。人民法院经审查，裁定承认后，再根据民事诉讼法第三编的规定予以执行。

当事人仅申请承认而未同时申请执行的，人民法院仅对应否承认进行审查并作出裁定。

第五百四十五条 当事人申请承认和执行外国法院作出的发生法律效力的判决、裁定或者外国仲裁裁决的期间，适用民事诉讼法第二百四十六条的规定。

当事人仅申请承认而未同时申请执行的，申请执行的期间自人民法院对承认申请作出的裁定生效之日起重新计算。

第五百四十六条 承认和执行外国法院作出的发生法律效力的判决、裁定或者外国仲裁裁决的案件，人民法院应当组成合议庭进行审查。

人民法院应当将申请书送达被申请人。被申请人可以陈述意见。

人民法院经审查作出的裁定，一经送达即发生法律效力。

第五百四十七条 与中华人民共和国没有司法协助条约又无互惠关系的国家的法院，未通过外交途径，直接请求人民法院提供司法协助的，人民法院应予退回，并说明理由。

第五百四十八条 当事人在中华人民共和国领域外使用中华人民共和国法院的判决书、裁定书，要求中华人民共和国法院证明其法律效力的，或者外国法院要求中华人民共和国法院证明判决书、裁定书的法律效力的，作出判决、裁定的中华人民共和国法院，可以本法院的名义出具证明。

第五百四十九条 人民法院审理涉及香港、澳门特别行政区和台湾地区的民事诉讼案件，可以参照适用涉外民事诉讼程序的特别规定。

二十三、附则

第五百五十条 本解释公布施行后，最高人民法院于1992年7月14日发布的《关于适用〈中华人民共和国民事诉讼法〉若干问题的意见》同时废止；最高人民法院以前发布的司法解释与本解释不一致的，不再适用。

中华人民共和国最高人民法院
公　告

《最高人民法院关于修改〈最高人民法院关于审理人身损害赔偿案件适用法律若干问题的解释〉的决定》已于2022年2月15日由最高人民法院审判委员会第1864次会议通过，现予公布，自2022年5月1日起施行。

2022年4月24日

最高人民法院
关于修改《最高人民法院关于审理人身损害赔偿案件适用法律若干问题的解释》的决定

法释〔2022〕14号

最高人民法院审判委员会第1864次会议决定，对《最高人民法院关于审理人身损害赔偿案件适用法律若干问题的解释》作如下修改：

一、第十二条修改为："残疾赔偿金根据受害人丧失劳动能力程度或者伤残等级，按照受诉法院所在地上一年度城镇居民人均可支配收入标准，自定残之日起按二十年计算。但六十周岁以上的，年龄每增加一岁减少一年；七十五周岁以上的，按五年计算。

"受害人因伤致残但实际收入没有减少，或者伤残等级较轻但造成职业妨害严重影响其劳动就业的，可以对残疾赔偿金作相应调整。"

二、第十五条修改为："死亡赔偿金按照受诉法院所在地上一年度城镇居民人均可支配收入标准，按二十年计算。但六十周岁以上的，年龄每增加一岁减少一年；七十五周岁以上的，按五年计算。"

三、第十七条修改为："被扶养人生活费根据扶养人丧失劳动能力程度，按照受诉法院所在地上一年度城镇居民人均消费支出标准计算。被扶养人为未成年人的，计算至十八周岁；被扶养人无劳动能力又无其他生活来源的，计算二十年。但六十周岁以上的，年龄每增加一岁减少一年；七十五周岁以上的，按五年计算。

"被扶养人是指受害人依法应当承担扶养义务的未成年人或者丧失劳动能力又无其他生活来源的成年近亲属。被扶养人还有其他扶养人的，赔偿义务人只赔偿受害人依法应当负担的部分。被扶养人有数人的，年赔偿总额累计不超过上一年度城镇居民人均消费支出额。"

四、第十八条修改为："赔偿权利人举证证明其住所地或者经常居住地城镇居民人均可支配收入高于受诉法院所在地标准的，残疾赔偿金或者死亡赔偿金可以按照其住所地或者经常居住地的相关标准计算。

"被扶养人生活费的相关计算标准，依照前款原则确定。"

五、第二十二条修改为："本解释所称'城镇居民人均可支配收入''城镇居民人均消费支出''职工平均工资'，按照政府统计部门公布的各省、自治区、直辖市以及经济特区和计划单列市上一年度相关统计数据确定。

"'上一年度'，是指一审法庭辩论终结时的上一统计年度。"

六、第二十四条修改为："本解释自2022年5月1日起施行。施行后发生的侵权行为引起的人身损害赔偿案件适用本解释。

"本院以前发布的司法解释与本解释不一致的，以本解释为准。"

本决定自2022年5月1日起施行。

根据本决定，《最高人民法院关于审理人身损害赔偿案件适用法律若干问题的解释》作相应修改后，重新公布。

最高人民法院
关于审理人身损害赔偿案件适用法律
若干问题的解释

(2003年12月4日最高人民法院审判委员会第1299次会议通过；根据2020年12月23日最高人民法院审判委员会第1823次会议通过的《最高人民法院关于修改〈最高人民法院关于在民事审判工作中适用《中华人民共和国工会法》若干问题的解释〉等二十七件民事类司法解释的决定》修正；根据2022年2月15日最高人民法院审判委员会第1864次会议通过的《最高人民法院关于修改〈最高人民法院关于审理人身损害赔偿案件适用法律若干问题的解释〉的决定》修正，该修正自2022年5月1日起施行)

为正确审理人身损害赔偿案件，依法保护当事人的合法权益，根据《中华人民共和国民法典》《中华人民共和国民事诉讼法》等有关法律规定，结合审判实践，制定本解释。

第一条 因生命、身体、健康遭受侵害，赔偿权利人起诉请求赔偿义务人赔偿物质损害和精神损害的，人民法院应予受理。

本条所称"赔偿权利人"，是指因侵权行为或者其他致害原因直接遭受人身损害的受害人以及死亡受害人的近亲属。

本条所称"赔偿义务人"，是指因自己或者他人的侵权行为以及其他致害原因依法应当承担民事责任的自然人、法人或者非法人组织。

第二条 赔偿权利人起诉部分共同侵权人的，人民法院应当追加其他共同侵权人作为共同被告。赔偿权利人在诉讼中放弃对部分共同侵权人的诉讼请求的，其他共同侵权人对被放弃诉讼请求的被告应当承担的赔偿份额不承担连带责任。责任范围难以确定的，推定各共同侵权人承担同等责任。

人民法院应当将放弃诉讼请求的法律后果告知赔偿权利人，并将放弃诉讼请求的情况在法律文书中叙明。

第三条 依法应当参加工伤保险统筹的用人单位的劳动者，因工伤事故遭受人身损害，劳动者或者其近亲属向人民法院起诉请求用人单位承担民事赔偿责任的，告知其按《工伤保险条例》的规定处理。

因用人单位以外的第三人侵权造成劳动者人身损害，赔偿权利人请求第三人承担民事赔偿责任的，人民法院应予支持。

第四条 无偿提供劳务的帮工人，在从事帮工活动中致人损害的，被帮工人应当承担赔偿责任。被帮工人承担赔偿责任后向有故意或者重大过失的帮工人追偿的，人民法院应予支持。被帮工人明确拒绝帮工的，不承担赔偿责任。

第五条 无偿提供劳务的帮工人因帮工活动遭受人身损害的，根据帮工人和被帮工人各自的过错承担相应的责任；被帮工人明确拒绝帮工的，被帮工人不承担赔偿责任，但可以在受益范围内予以适当补偿。

帮工人在帮工活动中因第三人的行为遭受人身损害的，有权请求第三人承担赔偿责任，也有权请求被帮工人予以适当补偿。被帮工人补偿后，可以向第三人追偿。

第六条 医疗费根据医疗机构出具的医药费、住院费等收款凭证，结合病历和诊断证明等相关证据确定。赔偿义务人对治疗的必要性和合理性有异议的，应当承担相应的举证责任。

医疗费的赔偿数额，按照一审法庭辩论终结前实际发生的数额确定。器官功能恢复训练所必要的康复费、适当的整容费以及其他后续治疗费，赔偿权利人可以待实际发生后另行起诉。但根据医疗证明或者鉴定结论确定必然发生的费用，可以与已经发生的医疗费一并予以赔偿。

第七条 误工费根据受害人的误工时间和收入状况确定。

误工时间根据受害人接受治疗的医疗机构出具的证明确定。受害人因伤致残持续误工的，误工时间可以计算至定残日前一天。

受害人有固定收入的，误工费按照实际减少的收入计算。受害人无固定收入的，按照其最近三年的平均收入计算；受害人不能举证证明其最近三年的平均收入状况的，可以参照受诉法院所在地相同或者相近行业上一年度职工的平均工资计算。

第八条 护理费根据护理人员的收入状况和护理人数、护理期限确定。

护理人员有收入的，参照误工费的规定计算；护理人员没有收入或者雇佣护工的，参照当地护工从事同等级别护理的劳务报酬标准计算。护理人员原则上为一人，但医疗机构或者鉴定机构有明确意见的，可以参照确定护理人员人数。

护理期限应计算至受害人恢复生活自理能力时止。受害人因残疾不能恢复生活自理能力的，可以根据其年龄、健康状况等因素确定合理的护理期限，但最长不超过二十年。

受害人定残后的护理，应当根据其护理依赖程度并结合配制残疾辅助器具的情况确定护理级别。

第九条 交通费根据受害人及其必要的陪护人员因就医或者转院治疗实际发生的费用计算。交通费应当以正式票据为凭；有关凭据应当与就医地点、时间、人数、次数相符合。

第十条 住院伙食补助费可以参照当地国家机关一般工作人员的出差伙食补助标准予以确定。

受害人确有必要到外地治疗，因客观原因不能住院，受害人本人及其陪护人员实际发生的住宿费和伙食费，其合理部分应予赔偿。

第十一条 营养费根据受害人伤残情况参照医疗机构的意见确定。

第十二条 残疾赔偿金根据受害人丧失劳动能力程度或者伤残等级，按照受诉法院所在地上一年度城镇居民人均可支配收入标准，自定残之日起按二十年计算。但六十周岁以上的，年龄每增加一岁减少一年；七十五周岁以上的，按五年计算。

受害人因伤致残但实际收入没有减少，或者伤残等级较轻但造成职业妨害严重影响其劳动就业的，可以对残疾赔偿金作相应调整。

第十三条 残疾辅助器具费按照普通适用器具的合理费用标准计算。伤情有特殊需要的，可以参照辅助器具配制机构的意见确定相应的合理费用标准。

辅助器具的更换周期和赔偿期限参照配制机构的意见确定。

第十四条 丧葬费按照受诉法院所在地上一年度职工月平均工资标准，以六个月总额计算。

第十五条 死亡赔偿金按照受诉法院所在地上一年度城镇居民人均可支配收入标准，按二十年计算。但六十周岁以上的，年龄每增加一岁减少一年；七十五周岁以上的，按五年计算。

第十六条 被扶养人生活费计入残疾赔偿金或者死亡赔偿金。

第十七条 被扶养人生活费根据扶养人丧失劳动能力程度，按照受诉法院所在地上一年度城镇居民人均消费支出标准计算。被扶养人为未成年人的，计算至十八周岁；被扶养人无劳动能力又无其他生活来源的，计算二十年。但六十周岁以上的，年龄每增加一岁减少一年；七十五周岁以上的，按五年计算。

被扶养人是指受害人依法应当承担扶养义务的未成年人或者丧失劳动能力又无其他生活来源的成年近亲属。被扶养人还有其他扶养人的，赔偿义务人只赔偿受害人依法应当负担的部分。被扶养人有数人的，年赔偿总额累计不超过上一年度城镇居民人均消费支出额。

第十八条 赔偿权利人举证证明其住所地或者经常居住地城镇居民人均可支配收入高于受诉法院所在地标准的，残疾赔偿金或者死亡赔偿金可以按照其住所地或者经常居住地的相关标准计算。

被扶养人生活费的相关计算标准，依照前款原则确定。

第十九条 超过确定的护理期限、辅助器具费给付年限或者残疾赔偿金给付年限，赔偿权利人向人民法院起诉请求继续给付护理费、辅助器具费或者残疾赔偿金的，人民法院应予受理。赔偿权利人确需继续护理、配制辅助器具，或者没有劳动能力和生活来源的，人民法院应当判令赔偿义务人继续给付相关费用五至十年。

第二十条 赔偿义务人请求以定期金方式给付残疾赔偿金、辅助器具费的，应当提供相应的担保。人民法院可以根据赔偿义务人的给付能力和提供担保的情况，确定以定期金方式给付相关费用。但是，一审法庭辩论终结前已经发生的费用、死亡赔偿金以及精神损害抚慰金，应当一次性给付。

第二十一条　人民法院应当在法律文书中明确定期金的给付时间、方式以及每期给付标准。执行期间有关统计数据发生变化的，给付金额应当适时进行相应调整。

定期金按照赔偿权利人的实际生存年限给付，不受本解释有关赔偿期限的限制。

第二十二条　本解释所称"城镇居民人均可支配收入""城镇居民人均消费支出""职工平均工资"，按照政府统计部门公布的各省、自治区、直辖市以及经济特区和计划单列市上一年度相关统计数据确定。

"上一年度"，是指一审法庭辩论终结时的上一统计年度。

第二十三条　精神损害抚慰金适用《最高人民法院关于确定民事侵权精神损害赔偿责任若干问题的解释》予以确定。

第二十四条　本解释自2022年5月1日起施行。施行后发生的侵权行为引起的人身损害赔偿案件适用本解释。

本院以前发布的司法解释与本解释不一致的，以本解释为准。

中华人民共和国最高人民法院
公　告

《最高人民法院关于办理人身安全保护令案件适用法律若干问题的规定》已于2022年6月7日由最高人民法院审判委员会第1870次会议通过，现予公布，自2022年8月1日起施行。

2022年7月14日

最高人民法院
关于办理人身安全保护令案件适用法律
若干问题的规定

法释〔2022〕17号

为正确办理人身安全保护令案件，及时保护家庭暴力受害人的合法权益，根据《中华人民共和国民法典》《中华人民共和国反家庭暴力法》《中华人民共和国民事诉讼法》等相关法律规定，结合审判实践，制定本规定。

第一条　当事人因遭受家庭暴力或者面临家庭暴力的现实危险，依照反家庭暴力法向人民法院申请人身安全保护令的，人民法院应当受理。

向人民法院申请人身安全保护令，不以提起离婚等民事诉讼为条件。

第二条 当事人因年老、残疾、重病等原因无法申请人身安全保护令，其近亲属、公安机关、民政部门、妇女联合会、居民委员会、村民委员会、残疾人联合会、依法设立的老年人组织、救助管理机构等，根据当事人意愿，依照反家庭暴力法第二十三条规定代为申请的，人民法院应当依法受理。

第三条 家庭成员之间以冻饿或者经常性侮辱、诽谤、威胁、跟踪、骚扰等方式实施的身体或者精神侵害行为，应当认定为反家庭暴力法第二条规定的"家庭暴力"。

第四条 反家庭暴力法第三十七条规定的"家庭成员以外共同生活的人"一般包括共同生活的儿媳、女婿、公婆、岳父母以及其他有监护、扶养、寄养等关系的人。

第五条 当事人及其代理人对因客观原因不能自行收集的证据，申请人民法院调查收集，符合《最高人民法院关于适用〈中华人民共和国民事诉讼法〉的解释》第九十四条第一款规定情形的，人民法院应当调查收集。

人民法院经审查，认为办理案件需要的证据符合《最高人民法院关于适用〈中华人民共和国民事诉讼法〉的解释》第九十六条规定的，应当调查收集。

第六条 人身安全保护令案件中，人民法院根据相关证据，认为申请人遭受家庭暴力或者面临家庭暴力现实危险的事实存在较大可能性的，可以依法作出人身安全保护令。

前款所称"相关证据"包括：

（一）当事人的陈述；

（二）公安机关出具的家庭暴力告诫书、行政处罚决定书；

（三）公安机关的出警记录、讯问笔录、询问笔录、接警记录、报警回执等；

（四）被申请人曾出具的悔过书或者保证书等；

（五）记录家庭暴力发生或者解决过程等的视听资料；

（六）被申请人与申请人或者其近亲属之间的电话录音、短信、即时通讯信息、电子邮件等；

（七）医疗机构的诊疗记录；

（八）申请人或者被申请人所在单位、民政部门、居民委员会、村民委员会、妇女联合会、残疾人联合会、未成年人保护组织、依法设立的老年人组织、救助管理机构、反家暴社会公益机构等单位收到投诉、反映或者求助的记录；

（九）未成年子女提供的与其年龄、智力相适应的证言或者亲友、邻居等其他证人证言；

（十）伤情鉴定意见；

（十一）其他能够证明申请人遭受家庭暴力或者面临家庭暴力现实危险的证据。

第七条 人民法院可以通过在线诉讼平台、电话、短信、即时通讯工具、电子邮件等简便方式询问被申请人。被申请人未发表意见的，不影响人民法院依法作出人身安全保护令。

第八条 被申请人认可存在家庭暴力行为，但辩称申请人有过错的，不影响人民法院依法作出人身安全保护令。

第九条 离婚等案件中，当事人仅以人民法院曾作出人身安全保护令为由，主张存在家庭暴力事实的，人民法院应当根据《最高人民法院关于适用〈中华人民共和国民事诉讼法〉

的解释》第一百零八条的规定，综合认定是否存在该事实。

第十条 反家庭暴力法第二十九条第四项规定的"保护申请人人身安全的其他措施"可以包括下列措施：

（一）禁止被申请人以电话、短信、即时通讯工具、电子邮件等方式侮辱、诽谤、威胁申请人及其相关近亲属；

（二）禁止被申请人在申请人及其相关近亲属的住所、学校、工作单位等经常出入场所的一定范围内从事可能影响申请人及其相关近亲属正常生活、学习、工作的活动。

第十一条 离婚案件中，判决不准离婚或者调解和好后，被申请人违反人身安全保护令实施家庭暴力的，可以认定为民事诉讼法第一百二十七条第七项规定的"新情况、新理由"。

第十二条 被申请人违反人身安全保护令，符合《中华人民共和国刑法》第三百一十三条规定的，以拒不执行判决、裁定罪定罪处罚；同时构成其他犯罪的，依照刑法有关规定处理。

第十三条 本规定自2022年8月1日起施行。

知识产权与竞争

中华人民共和国最高人民法院
公　告

《最高人民法院关于审理申请注册的药品相关的专利权纠纷民事案件适用法律若干问题的规定》已于2021年5月24日由最高人民法院审判委员会第1839次会议通过，现予公布，自2021年7月5日起施行。

2021年7月4日

最高人民法院
关于审理申请注册的药品相关的专利权纠纷民事案件适用法律若干问题的规定

法释〔2021〕13号

为正确审理申请注册的药品相关的专利权纠纷民事案件，根据《中华人民共和国专利法》《中华人民共和国民事诉讼法》等有关法律规定，结合知识产权审判实际，制定本规定。

第一条 当事人依据专利法第七十六条规定提起的确认是否落入专利权保护范围纠纷的第一审案件，由北京知识产权法院管辖。

第二条 专利法第七十六条所称相关的专利，是指适用国务院有关行政部门关于药品上市许可审批与药品上市许可申请阶段专利权纠纷解决的具体衔接办法（以下简称衔接办法）的专利。

专利法第七十六条所称利害关系人，是指前款所称专利的被许可人、相关药品上市许可持有人。

第三条 专利权人或者利害关系人依据专利法第七十六条起诉的，应当按照民事诉讼法第一百一十九条第三项的规定提交下列材料：

（一）国务院有关行政部门依据衔接办法所设平台中登记的相关专利信息，包括专利名称、专利号、相关的权利要求等；

（二）国务院有关行政部门依据衔接办法所设平台中公示的申请注册药品的相关信息，包括药品名称、药品类型、注册类别以及申请注册药品与所涉及的上市药品之间的对应关系等；

（三）药品上市许可申请人依据衔接办法作出的四类声明及声明依据。

药品上市许可申请人应当在一审答辩期内，向人民法院提交其向国家药品审评机构申报的、与认定是否落入相关专利权保护范围对应的必要技术资料副本。

第四条 专利权人或者利害关系人在衔接办法规定的期限内未向人民法院提起诉讼的，药品上市许可申请人可以向人民法院起诉，请求确认申请注册药品未落入相关专利权保护范围。

第五条 当事人以国务院专利行政部门已经受理专利法第七十六条所称行政裁决请求为由，主张不应当受理专利法第七十六条所称诉讼或者申请中止诉讼的，人民法院不予支持。

第六条 当事人依据专利法第七十六条起诉后，以国务院专利行政部门已经受理宣告相关专利权无效的请求为由，申请中止诉讼的，人民法院一般不予支持。

第七条 药品上市许可申请人主张具有专利法第六十七条、第七十五条第二项等规定情形的，人民法院经审查属实，可以判决确认申请注册的药品相关技术方案未落入相关专利权保护范围。

第八条 当事人对其在诉讼中获取的商业秘密或者其他需要保密的商业信息负有保密义务，擅自披露或者在该诉讼活动之外使用、允许他人使用的，应当依法承担民事责任。构成民事诉讼法第一百一十一条规定情形的，人民法院应当依法处理。

第九条 药品上市许可申请人向人民法院提交的申请注册的药品相关技术方案，与其向国家药品审评机构申报的技术资料明显不符，妨碍人民法院审理案件的，人民法院依照民事诉讼法第一百一十一条的规定处理。

第十条 专利权人或者利害关系人在专利法第七十六条所称诉讼中申请行为保全，请求禁止药品上市许可申请人在相关专利权有效期内实施专利法第十一条规定的行为的，人民法院依照专利法、民事诉讼法有关规定处理；请求禁止药品上市申请行为或者审评审批行为的，人民法院不予支持。

第十一条　在针对同一专利权和申请注册药品的侵害专利权或者确认不侵害专利权诉讼中，当事人主张依据专利法第七十六条所称诉讼的生效判决认定涉案药品技术方案是否落入相关专利权保护范围的，人民法院一般予以支持。但是，有证据证明被诉侵权药品技术方案与申请注册的药品相关技术方案不一致或者新主张的事由成立的除外。

第十二条　专利权人或者利害关系人知道或者应当知道其主张的专利权应当被宣告无效或者申请注册药品的相关技术方案未落入专利权保护范围，仍提起专利法第七十六条所称诉讼或者请求行政裁决的，药品上市许可申请人可以向北京知识产权法院提起损害赔偿之诉。

第十三条　人民法院依法向当事人在国务院有关行政部门依据衔接办法所设平台登载的联系人、通讯地址、电子邮件等进行的送达，视为有效送达。当事人向人民法院提交送达地址确认书后，人民法院也可以向该确认书载明的送达地址送达。

第十四条　本规定自2021年7月5日起施行。本院以前发布的相关司法解释与本规定不一致的，以本规定为准。

中华人民共和国最高人民法院
公　告

《最高人民法院关于审理侵害植物新品种权纠纷案件具体应用法律问题的若干规定（二）》已于2021年6月29日由最高人民法院审判委员会第1843次会议通过，现予公布，自2021年7月7日起施行。

2021年7月5日

最高人民法院
关于审理侵害植物新品种权纠纷案件
具体应用法律问题的若干规定（二）

法释〔2021〕14号

为正确审理侵害植物新品种权纠纷案件，根据《中华人民共和国民法典》《中华人民共和国种子法》《中华人民共和国民事诉讼法》等法律规定，结合审判实践，制定本规定。

第一条　植物新品种权（以下简称品种权）或者植物新品种申请权的共有人对权利行使有约定的，人民法院按照其约定处理。没有约定或者约定不明的，共有人主张其可以单独实施或者以普通许可方式许可他人实施的，人民法院应予支持。

共有人单独实施该品种权，其他共有人主张该实施收益在共有人之间分配的，人民法院不予支持，但是其他共有人有证据证明其不具备实施能力或者实施条件的除外。

共有人之一许可他人实施该品种权，其他共有人主张收取的许可费在共有人之间分配的，人民法院应予支持。

第二条 品种权转让未经国务院农业、林业主管部门登记、公告，受让人以品种权人名义提起侵害品种权诉讼的，人民法院不予受理。

第三条 受品种权保护的繁殖材料应当具有繁殖能力，且繁殖出的新个体与该授权品种的特征、特性相同。

前款所称的繁殖材料不限于以品种权申请文件所描述的繁殖方式获得的繁殖材料。

第四条 以广告、展陈等方式作出销售授权品种的繁殖材料的意思表示的，人民法院可以以销售行为认定处理。

第五条 种植授权品种的繁殖材料的，人民法院可以根据案件具体情况，以生产、繁殖行为认定处理。

第六条 品种权人或者利害关系人（以下合称权利人）举证证明被诉侵权品种繁殖材料使用的名称与授权品种相同的，人民法院可以推定该被诉侵权品种繁殖材料属于授权品种的繁殖材料；有证据证明不属于该授权品种的繁殖材料的，人民法院可以认定被诉侵权人构成假冒品种行为，并参照假冒注册商标行为的有关规定确定民事责任。

第七条 受托人、被许可人超出与品种权人约定的规模或者区域生产、繁殖授权品种的繁殖材料，或者超出与品种权人约定的规模销售授权品种的繁殖材料，品种权人请求判令受托人、被许可人承担侵权责任的，人民法院依法予以支持。

第八条 被诉侵权人知道或者应当知道他人实施侵害品种权的行为，仍然提供收购、存储、运输、以繁殖为目的的加工处理等服务或者提供相关证明材料等条件的，人民法院可以依据民法典第一千一百六十九条的规定认定为帮助他人实施侵权行为。

第九条 被诉侵权物既可以作为繁殖材料又可以作为收获材料，被诉侵权人主张被诉侵权物系作为收获材料用于消费而非用于生产、繁殖的，应当承担相应的举证责任。

第十条 授权品种的繁殖材料经品种权人或者经其许可的单位、个人售出后，权利人主张他人生产、繁殖、销售该繁殖材料构成侵权的，人民法院一般不予支持，但是下列情形除外：

（一）对该繁殖材料生产、繁殖后获得的繁殖材料进行生产、繁殖、销售；

（二）为生产、繁殖目的将该繁殖材料出口到不保护该品种所属植物属或者种的国家或者地区。

第十一条 被诉侵权人主张对授权品种进行的下列生产、繁殖行为属于科研活动的，人民法院应予支持：

（一）利用授权品种培育新品种；

（二）利用授权品种培育形成新品种后，为品种权申请、品种审定、品种登记需要而重复利用授权品种的繁殖材料。

第十二条 农民在其家庭农村土地承包经营合同约定的土地范围内自繁自用授权品种的繁殖材料，权利人对此主张构成侵权的，人民法院不予支持。

对前款规定以外的行为，被诉侵权人主张其行为属于种子法规定的农民自繁自用授权品种的繁殖材料的，人民法院应当综合考虑被诉侵权行为的目的、规模、是否营利等因素予以认定。

第十三条 销售不知道也不应当知道是未经品种权人许可而售出的被诉侵权品种繁殖材料，且举证证明具有合法来源的，人民法院可以不判令销售者承担赔偿责任，但应当判令其停止销售并承担权利人为制止侵权行为所支付的合理开支。

对于前款所称合法来源，销售者一般应当举证证明购货渠道合法、价格合理、存在实际的具体供货方、销售行为符合相关生产经营许可制度等。

第十四条 人民法院根据已经查明侵害品种权的事实，认定侵权行为成立的，可以先行判决停止侵害，并可以依据当事人的请求和具体案情，责令采取消灭活性等阻止被诉侵权物扩散、繁殖的措施。

第十五条 人民法院为确定赔偿数额，在权利人已经尽力举证，而与侵权行为相关的账簿、资料主要由被诉侵权人掌握的情况下，可以责令被诉侵权人提供与侵权行为相关的账簿、资料；被诉侵权人不提供或者提供虚假账簿、资料的，人民法院可以参考权利人的主张和提供的证据判定赔偿数额。

第十六条 被诉侵权人有抗拒保全或者擅自拆封、转移、毁损被保全物等举证妨碍行为，致使案件相关事实无法查明的，人民法院可以推定权利人就该证据所涉证明事项的主张成立。构成民事诉讼法第一百一十一条规定情形的，依法追究法律责任。

第十七条 除有关法律和司法解释规定的情形以外，以下情形也可以认定为侵权行为情节严重：

（一）因侵权被行政处罚或者法院裁判承担责任后，再次实施相同或者类似侵权行为；
（二）以侵害品种权为业；
（三）伪造品种权证书；
（四）以无标识、标签的包装销售授权品种；
（五）违反种子法第七十七条第一款第一项、第二项、第四项的规定；
（六）拒不提供被诉侵权物的生产、繁殖、销售和储存地点。

存在前款第一项至第五项情形的，在依法适用惩罚性赔偿时可以按照计算基数的二倍以上确定惩罚性赔偿数额。

第十八条 品种权终止后依法恢复权利，权利人要求实施品种权的单位或者个人支付终止期间实施品种权的费用的，人民法院可以参照有关品种权实施许可费，结合品种类型、种植时间、经营规模、当时的市场价值等因素合理确定。

第十九条 他人未经许可，自品种权初步审查合格公告之日起至被授予品种权之日止，生产、繁殖或者销售该授权品种的繁殖材料，或者为商业目的将该授权品种的繁殖材料重复使用于生产另一品种的繁殖材料，权利人对此主张追偿利益损失的，人民法院可以按照临时保护期使用费纠纷处理，并参照有关品种权实施许可费，结合品种类型、种植时间、经营规模、当时的市场价值等因素合理确定该使用费数额。

前款规定的被诉行为延续到品种授权之后，权利人对品种权临时保护期使用费和侵权损害赔偿均主张权利的，人民法院可以合并审理，但应当分别计算处理。

第二十条 侵害品种权纠纷案件涉及的专门性问题需要鉴定的，由当事人在相关领域鉴定人名录或者国务院农业、林业主管部门向人民法院推荐的鉴定人中协商确定；协商不成的，由人民法院从中指定。

第二十一条 对于没有基因指纹图谱等分子标记检测方法进行鉴定的品种，可以采用行业通用方法对授权品种与被诉侵权物的特征、特性进行同一性判断。

第二十二条 对鉴定意见有异议的一方当事人向人民法院申请复检、补充鉴定或者重新鉴定，但未提出合理理由和证据的，人民法院不予准许。

第二十三条 通过基因指纹图谱等分子标记检测方法进行鉴定，待测样品与对照样品的差异位点小于但接近临界值，被诉侵权人主张二者特征、特性不同的，应当承担举证责任；人民法院也可以根据当事人的申请，采取扩大检测位点进行加测或者提取授权品种标准样品进行测定等方法，并结合其他相关因素作出认定。

第二十四条 田间观察检测与基因指纹图谱等分子标记检测的结论不同的，人民法院应当以田间观察检测结论为准。

第二十五条 本规定自2021年7月7日起施行。本院以前发布的相关司法解释与本规定不一致的，按照本规定执行。

中华人民共和国最高人民法院
公　　告

《最高人民法院关于适用〈中华人民共和国反不正当竞争法〉若干问题的解释》已于2022年1月29日由最高人民法院审判委员会第1862次会议通过，现予公布，自2022年3月20日起施行。

2022年3月16日

最高人民法院
关于适用《中华人民共和国反不正当竞争法》若干问题的解释

法释〔2022〕9号

为正确审理因不正当竞争行为引发的民事案件，根据《中华人民共和国民法典》《中华人民共和国反不正当竞争法》《中华人民共和国民事诉讼法》等有关法律规定，结合审判实践，制定本解释。

第一条 经营者扰乱市场竞争秩序，损害其他经营者或者消费者合法权益，且属于违反反不正当竞争法第二章及专利法、商标法、著作权法等规定之外情形的，人民法院可以适用反不正当竞争法第二条予以认定。

第二条 与经营者在生产经营活动中存在可能的争夺交易机会、损害竞争优势等关系的市场主体，人民法院可以认定为反不正当竞争法第二条规定的"其他经营者"。

第三条 特定商业领域普遍遵循和认可的行为规范，人民法院可以认定为反不正当竞争法第二条规定的"商业道德"。

人民法院应当结合案件具体情况，综合考虑行业规则或者商业惯例、经营者的主观状态、交易相对人的选择意愿、对消费者权益、市场竞争秩序、社会公共利益的影响等因素，依法判断经营者是否违反商业道德。

人民法院认定经营者是否违反商业道德时，可以参考行业主管部门、行业协会或者自律组织制定的从业规范、技术规范、自律公约等。

第四条 具有一定的市场知名度并具有区别商品来源的显著特征的标识，人民法院可以认定为反不正当竞争法第六条规定的"有一定影响的"标识。

人民法院认定反不正当竞争法第六条规定的标识是否具有一定的市场知名度，应当综合考虑中国境内相关公众的知悉程度，商品销售的时间、区域、数额和对象，宣传的持续时间、程度和地域范围，标识受保护的情况等因素。

第五条 反不正当竞争法第六条规定的标识有下列情形之一的，人民法院应当认定其不具有区别商品来源的显著特征：

（一）商品的通用名称、图形、型号；

（二）仅直接表示商品的质量、主要原料、功能、用途、重量、数量及其他特点的标识；

（三）仅由商品自身的性质产生的形状，为获得技术效果而需有的商品形状以及使商品具有实质性价值的形状；

（四）其他缺乏显著特征的标识。

前款第一项、第二项、第四项规定的标识经过使用取得显著特征，并具有一定的市场知名度，当事人请求依据反不正当竞争法第六条规定予以保护的，人民法院应予支持。

第六条 因客观描述、说明商品而正当使用下列标识，当事人主张属于反不正当竞争法第六条规定的情形的，人民法院不予支持：

（一）含有本商品的通用名称、图形、型号；

（二）直接表示商品的质量、主要原料、功能、用途、重量、数量以及其他特点；

（三）含有地名。

第七条 反不正当竞争法第六条规定的标识或者其显著识别部分属于商标法第十条第一款规定的不得作为商标使用的标志，当事人请求依据反不正当竞争法第六条规定予以保护的，人民法院不予支持。

第八条 由经营者营业场所的装饰、营业用具的式样、营业人员的服饰等构成的具有独特风格的整体营业形象，人民法院可以认定为反不正当竞争法第六条第一项规定的"装潢"。

第九条 市场主体登记管理部门依法登记的企业名称,以及在中国境内进行商业使用的境外企业名称,人民法院可以认定为反不正当竞争法第六条第二项规定的"企业名称"。

有一定影响的个体工商户、农民专业合作社(联合社)以及法律、行政法规规定的其他市场主体的名称(包括简称、字号等),人民法院可以依照反不正当竞争法第六条第二项予以认定。

第十条 在中国境内将有一定影响的标识用于商品、商品包装或者容器以及商品交易文书上,或者广告宣传、展览以及其他商业活动中,用于识别商品来源的行为,人民法院可以认定为反不正当竞争法第六条规定的"使用"。

第十一条 经营者擅自使用与他人有一定影响的企业名称(包括简称、字号等)、社会组织名称(包括简称等)、姓名(包括笔名、艺名、译名等)、域名主体部分、网站名称、网页等近似的标识,引人误认为是他人商品或者与他人存在特定联系,当事人主张属于反不正当竞争法第六条第二项、第三项规定的情形的,人民法院应予支持。

第十二条 人民法院认定与反不正当竞争法第六条规定的"有一定影响的"标识相同或者近似,可以参照商标相同或者近似的判断原则和方法。

反不正当竞争法第六条规定的"引人误认为是他人商品或者与他人存在特定联系",包括误认为与他人具有商业联合、许可使用、商业冠名、广告代言等特定联系。

在相同商品上使用相同或者视觉上基本无差别的商品名称、包装、装潢等标识,应当视为足以造成与他人有一定影响的标识相混淆。

第十三条 经营者实施下列混淆行为之一,足以引人误认为是他人商品或者与他人存在特定联系的,人民法院可以依照反不正当竞争法第六条第四项予以认定:

(一)擅自使用反不正当竞争法第六条第一项、第二项、第三项规定以外"有一定影响的"标识;

(二)将他人注册商标、未注册的驰名商标作为企业名称中的字号使用,误导公众。

第十四条 经营者销售带有违反反不正当竞争法第六条规定的标识的商品,引人误认为是他人商品或者与他人存在特定联系,当事人主张构成反不正当竞争法第六条规定的情形的,人民法院应予支持。

销售不知道是前款规定的侵权商品,能证明该商品是自己合法取得并说明提供者,经营者主张不承担赔偿责任的,人民法院应予支持。

第十五条 故意为他人实施混淆行为提供仓储、运输、邮寄、印制、隐匿、经营场所等便利条件,当事人请求依据民法典第一千一百六十九条第一款予以认定的,人民法院应予支持。

第十六条 经营者在商业宣传过程中,提供不真实的商品相关信息,欺骗、误导相关公众的,人民法院应当认定为反不正当竞争法第八条第一款规定的虚假的商业宣传。

第十七条 经营者具有下列行为之一,欺骗、误导相关公众的,人民法院可以认定为反不正当竞争法第八条第一款规定的"引人误解的商业宣传":

(一)对商品作片面的宣传或者对比;

(二)将科学上未定论的观点、现象等当作定论的事实用于商品宣传;

(三)使用歧义性语言进行商业宣传;

（四）其他足以引人误解的商业宣传行为。

人民法院应当根据日常生活经验、相关公众一般注意力、发生误解的事实和被宣传对象的实际情况等因素，对引人误解的商业宣传行为进行认定。

第十八条　当事人主张经营者违反反不正当竞争法第八条第一款的规定并请求赔偿损失的，应当举证证明其因虚假或者引人误解的商业宣传行为受到损失。

第十九条　当事人主张经营者实施了反不正当竞争法第十一条规定的商业诋毁行为的，应当举证证明其为该商业诋毁行为的特定损害对象。

第二十条　经营者传播他人编造的虚假信息或者误导性信息，损害竞争对手的商业信誉、商品声誉的，人民法院应当依照反不正当竞争法第十一条予以认定。

第二十一条　未经其他经营者和用户同意而直接发生的目标跳转，人民法院应当认定为反不正当竞争法第十二条第二款第一项规定的"强制进行目标跳转"。

仅插入链接，目标跳转由用户触发的，人民法院应当综合考虑插入链接的具体方式、是否具有合理理由以及对用户利益和其他经营者利益的影响等因素，认定该行为是否违反反不正当竞争法第十二条第二款第一项的规定。

第二十二条　经营者事前未明确提示并经用户同意，以误导、欺骗、强迫用户修改、关闭、卸载等方式，恶意干扰或者破坏其他经营者合法提供的网络产品或者服务，人民法院应当依照反不正当竞争法第十二条第二款第二项予以认定。

第二十三条　对于反不正当竞争法第二条、第八条、第十一条、第十二条规定的不正当竞争行为，权利人因被侵权所受到的实际损失、侵权人因侵权所获得的利益难以确定，当事人主张依据反不正当竞争法第十七条第四款确定赔偿数额的，人民法院应予支持。

第二十四条　对于同一侵权人针对同一主体在同一时间和地域范围实施的侵权行为，人民法院已经认定侵害著作权、专利权或者注册商标专用权等并判令承担民事责任，当事人又以该行为构成不正当竞争为由请求同一侵权人承担民事责任的，人民法院不予支持。

第二十五条　依据反不正当竞争法第六条的规定，当事人主张判令被告停止使用或者变更其企业名称的诉讼请求依法应予支持的，人民法院应当判令停止使用该企业名称。

第二十六条　因不正当竞争行为提起的民事诉讼，由侵权行为地或者被告住所地人民法院管辖。

当事人主张仅以网络购买者可以任意选择的收货地作为侵权行为地的，人民法院不予支持。

第二十七条　被诉不正当竞争行为发生在中华人民共和国领域外，但侵权结果发生在中华人民共和国领域内，当事人主张由该侵权结果发生地人民法院管辖的，人民法院应予支持。

第二十八条　反不正当竞争法修改决定施行以后人民法院受理的不正当竞争民事案件，涉及该决定施行前发生的行为的，适用修改前的反不正当竞争法；涉及该决定施行前发生、持续到该决定施行以后的行为的，适用修改后的反不正当竞争法。

第二十九条　本解释自2022年3月20日起施行。《最高人民法院关于审理不正当竞争民事案件应用法律若干问题的解释》（法释〔2007〕2号）同时废止。

本解释施行以后尚未终审的案件，适用本解释；施行以前已经终审的案件，不适用本解释再审。

中华人民共和国最高人民法院
公　告

《最高人民法院关于第一审知识产权民事、行政案件管辖的若干规定》已于2021年12月27日由最高人民法院审判委员会第1858次会议通过，现予公布，自2022年5月1日起施行。

2022年4月20日

最高人民法院
关于第一审知识产权民事、行政案件
管辖的若干规定

法释〔2022〕13号

为进一步完善知识产权案件管辖制度，合理定位四级法院审判职能，根据《中华人民共和国民事诉讼法》《中华人民共和国行政诉讼法》等法律规定，结合知识产权审判实践，制定本规定。

第一条　发明专利、实用新型专利、植物新品种、集成电路布图设计、技术秘密、计算机软件的权属、侵权纠纷以及垄断纠纷第一审民事、行政案件由知识产权法院，省、自治区、直辖市人民政府所在地的中级人民法院和最高人民法院确定的中级人民法院管辖。

法律对知识产权法院的管辖有规定的，依照其规定。

第二条　外观设计专利的权属、侵权纠纷以及涉驰名商标认定第一审民事、行政案件由知识产权法院和中级人民法院管辖；经最高人民法院批准，也可以由基层人民法院管辖，但外观设计专利行政案件除外。

本规定第一条及本条第一款规定之外的第一审知识产权案件诉讼标的额在最高人民法院确定的数额以上的，以及涉及国务院部门、县级以上地方人民政府或者海关行政行为的，由中级人民法院管辖。

法律对知识产权法院的管辖有规定的，依照其规定。

第三条　本规定第一条、第二条规定之外的第一审知识产权民事、行政案件，由最高人民法院确定的基层人民法院管辖。

第四条　对新类型、疑难复杂或者具有法律适用指导意义等知识产权民事、行政案件，上级人民法院可以依照诉讼法有关规定，根据下级人民法院报请或者自行决定提级审理。

确有必要将本院管辖的第一审知识产权民事案件交下级人民法院审理的，应当依照民事诉讼法第三十九条第一款的规定，逐案报请其上级人民法院批准。

第五条 依照本规定需要最高人民法院确定管辖或者调整管辖的诉讼标的额标准、区域范围的，应当层报最高人民法院批准。

第六条 本规定自 2022 年 5 月 1 日起施行。

最高人民法院此前发布的司法解释与本规定不一致的，以本规定为准。

环境资源

中华人民共和国最高人民法院
公　　告

《最高人民法院关于生态环境侵权案件适用禁止令保全措施的若干规定》已于 2021 年 11 月 29 日由最高人民法院审判委员会第 1854 次会议通过，现予公布，自 2022 年 1 月 1 日起施行。

2021 年 12 月 27 日

最高人民法院关于生态环境侵权案件适用禁止令保全措施的若干规定

法释〔2021〕22 号

为妥善审理生态环境侵权案件，及时有效保护生态环境，维护民事主体合法权益，落实保护优先、预防为主原则，根据《中华人民共和国民法典》《中华人民共和国环境保护法》《中华人民共和国民事诉讼法》等有关法律规定，结合审判实践，制定本规定。

第一条 申请人以被申请人正在实施或者即将实施污染环境、破坏生态行为，不及时制止将使申请人合法权益或者生态环境受到难以弥补的损害为由，依照民事诉讼法第一百条、第一百零一条规定，向人民法院申请采取禁止令保全措施，责令被申请人立即停止一定行为的，人民法院应予受理。

第二条 因污染环境、破坏生态行为受到损害的自然人、法人或者非法人组织，以及民法典第一千二百三十四条、第一千二百三十五条规定的"国家规定的机关或者法律规定的组织",可以向人民法院申请作出禁止令。

第三条 申请人提起生态环境侵权诉讼时或者诉讼过程中,向人民法院申请作出禁止令的,人民法院应当在接受申请后五日内裁定是否准予。情况紧急的,人民法院应当在接受申请后四十八小时内作出。

因情况紧急,申请人可在提起诉讼前向污染环境、破坏生态行为实施地、损害结果发生地或者被申请人住所地等对案件有管辖权的人民法院申请作出禁止令,人民法院应当在接受申请后四十八小时内裁定是否准予。

第四条 申请人向人民法院申请作出禁止令的,应当提交申请书和相应的证明材料。

申请书应当载明下列事项:

(一)申请人与被申请人的身份、送达地址、联系方式等基本情况;

(二)申请禁止的内容、范围;

(三)被申请人正在实施或者即将实施污染环境、破坏生态行为,以及如不及时制止将使申请人合法权益或者生态环境受到难以弥补损害的情形;

(四)提供担保的财产信息,或者不需要提供担保的理由。

第五条 被申请人污染环境、破坏生态行为具有现实而紧迫的重大风险,如不及时制止将对申请人合法权益或者生态环境造成难以弥补损害的,人民法院应当综合考量以下因素决定是否作出禁止令:

(一)被申请人污染环境、破坏生态行为被行政主管机关依法处理后仍继续实施;

(二)被申请人污染环境、破坏生态行为对申请人合法权益或者生态环境造成的损害超过禁止被申请人一定行为对其合法权益造成的损害;

(三)禁止被申请人一定行为对国家利益、社会公共利益或者他人合法权益产生的不利影响;

(四)其他应当考量的因素。

第六条 人民法院审查申请人禁止令申请,应当听取被申请人的意见。必要时,可进行现场勘查。

情况紧急无法询问或者现场勘查的,人民法院应当在裁定准予申请人禁止令申请后四十八小时内听取被申请人的意见。被申请人意见成立的,人民法院应当裁定解除禁止令。

第七条 申请人在提起诉讼时或者诉讼过程中申请禁止令的,人民法院可以责令申请人提供担保,不提供担保的,裁定驳回申请。

申请人提起诉讼前申请禁止令的,人民法院应当责令申请人提供担保,不提供担保的,裁定驳回申请。

第八条 人民法院裁定准予申请人禁止令申请的,应当根据申请人的请求和案件具体情况确定禁止令的效力期间。

第九条 人民法院准予或者不准予申请人禁止令申请的,应当制作民事裁定书,并送达当事人,裁定书自送达之日起生效。

人民法院裁定准予申请人禁止令申请的,可以根据裁定内容制作禁止令张贴在被申请人住所地、污染环境、破坏生态行为实施地、损害结果发生地等相关场所,并可通过新闻媒体等方式向社会公开。

第十条 当事人、利害关系人对人民法院裁定准予或者不准予申请人禁止令申请不服的，可在收到裁定书之日起五日内向作出裁定的人民法院申请复议一次。人民法院应当在收到复议申请后十日内审查并作出裁定。复议期间不停止裁定的执行。

第十一条 申请人在人民法院作出诉前禁止令后三十日内不依法提起诉讼的，人民法院应当在三十日届满后五日内裁定解除禁止令。

禁止令效力期间内，申请人、被申请人或者利害关系人以据以作出裁定的事由发生变化为由，申请解除禁止令的，人民法院应当在收到申请后五日内裁定是否解除。

第十二条 被申请人不履行禁止令的，人民法院可依照民事诉讼法第一百一十一条的规定追究其相应法律责任。

第十三条 侵权行为实施地、损害结果发生地在中华人民共和国管辖海域内的海洋生态环境侵权案件中，申请人向人民法院申请责令被申请人立即停止一定行为的，适用海洋环境保护法、海事诉讼特别程序法等法律和司法解释的相关规定。

第十四条 本规定自2022年1月1日起施行。

附件：1. 民事裁定书（诉中禁止令用）样式
　　　2. 民事裁定书（诉前禁止令用）样式
　　　3. 民事裁定书（解除禁止令用）样式
　　　4. 禁止令（张贴公示用）样式

附件1：民事裁定书（诉中禁止令用）样式

××××人民法院
民事裁定书

（××××）……民初……号

申请人：×××，……（写明姓名或名称、住所地等基本情况）。
……

被申请人：×××，……（写明姓名或名称、住所地等基本情况）。

申请人×××因与被申请人×××…（写明案由）纠纷一案，向本院申请作出禁止令，责令被申请人×××……（写明申请作出禁止令的具体请求事项）。

本院认为：……（写明是否符合作出禁止令的条件，以及相应的事实理由）。依照《中华人民共和国民事诉讼法》第一百条，《最高人民法院关于生态环境侵权案件适用禁止令保全措施的若干规定》第三条第一款、第八条、第九条第一款的规定，裁定如下：

一、……被申请人×××自本裁定生效之日……（写明效力期间及要求被申请人立即停止实施的具体行为的内容)。

二、……(若禁止实施的具体行为不止一项,依次写明)。

(不准予申请人禁止令申请的,写明"驳回申请人×××的禁止令申请。")

如不服本裁定,可在裁定书送达之日起五日内,向本院申请复议一次。复议期间,不停止裁定的执行。

本裁定送达后即发生法律效力。

审　判　长　×××
审　判　员　×××
审　判　员　×××

××××年××月××日
(院印)

法 官 助 理　×××
书　记　员　×××

【说明】

1. 本样式根据《中华人民共和国民事诉讼法》第一百条、《最高人民法院关于生态环境侵权案件适用禁止令保全措施的若干规定》第三条第一款、第八条、第九条第一款制定,供人民法院在受理、审理案件过程中,依当事人申请作出禁止令时用。

2. 当事人申请诉中禁止令的,案号与正在进行的民事诉讼案号相同,为(××××)……民初……号;若特殊情况下当事人在二审中申请诉中禁止令的,案号则为二审案号。

3. 禁止令的效力期间原则上自裁定生效之日起至案件终审裁判文书生效或者人民法院裁定解除之日止;人民法院若根据个案实际情况确定了具体的效力期间,亦应在裁定书中予以明确。期间届满,禁止令自动终止。

附件2:民事裁定书(诉前禁止令用)样式

××××人民法院
民事裁定书

(××××)……行保……号

申请人:×××,……(写明姓名或名称、住所地等基本情况)。

被申请人：×××，……（写明姓名或名称、住所地等基本情况）。

因被申请人×××…（写明具体的生态环境侵权行为）申请人×××向本院申请禁止令，责令被申请人×××……（写明申请作出禁止令的具体请，求事项）。

本院认为：……（写明是否符合作出禁止令的条件，以及相应的事实理由）。依照《中华人民共和国民事诉讼法》第一百零一条，《最高人民法院关于生态环境侵权案件适用禁止令保全措施的若干规定》第三条第二款、第八条、第九条第一款的规定，裁定如下：

一、……被申请人×××自本裁定生效之日……（写明效力期间及要求被申请人立即停止实施的具体行为的内容）。

二、……（若禁止实施的具体行为不止一项，依次写明）。

（不准予申请人禁止令申请的，写明"驳回申请人×××的禁止令申请。"）

如不服本裁定，可在裁定书送达之日起五日内，向本院申请复议一次。复议期间，不停止裁定的执行。

本裁定送达后即发生法律效力。

审　判　长　×××
审　判　员　×××
审　判　员　×××

××××年××月××日
（院印）

法官助理　×××
书　记　员　×××

【说明】

1. 本样式根据《中华人民共和国民事诉讼法》第一百零一条、《最高人民法院关于生态环境侵权案件适用禁止令保全措施的若干规定》第三条第二款、第八条、第九条第一款制定，供人民法院在受理案件前，依当事人申请作出禁止令时用。

2. 当事人申请诉前禁止令时，尚未进入诉讼程序，故编立案号（××××）……行保……号。

3. 禁止令的效力期间原则上自裁定生效之日起至案件终审裁判文书生效或者人民法院裁定解除之日止；人民法院若根据个案实际情况确定了具体的效力期间，亦应在裁定书中予以明确。期间届满，禁止令自动终止。

附件3：民事裁定书（解除禁止令用）样式

××××人民法院
民事裁定书

（××××）……民初……号

申请人：×××，……（写明姓名或名称、住所地等基本情况）。

被申请人：×××，……（写明姓名或名称、住所地等基本情况）。

本院于××××年××月××日作出××（写明案号）民事裁定，准予×××的禁止令申请。××××年××月××日，申请人/被申请人/利害关系人×××基于据以作出禁止令的事由发生变化为由，请求解除禁止令。

本院经审查认为，……（写明是否符合解除禁止令的条件，以及相应的事实理由）。依照《最高人民法院关于生态环境侵权案件适用禁止令保全措施的若干规定》第十一条第二款的规定，裁定如下：

一、解除××××（被申请人的姓名或者名称）……（写明需要解除的禁止实施的具体行为）。

二、……（若需解除的禁止实施的具体行为不止一项，依次写明）。

（如不符合解除禁止令条件的，写明："驳回申请人/被申请人/利害关系人×××的解除禁止令申请。"）

如不服本裁定，可在裁定书送达之日起五日内，向本院申请复议一次。复议期间，不停止裁定的执行。

本裁定送达后即发生法律效力。

审　判　长　×××
审　判　员　×××
审　判　员　×××

××××年××月××日
（院印）

法官助理　×××
书　记　员　×××

【说明】

1. 本样式根据《最高人民法院关于生态环境侵权案件适用禁止令保全措施的若干规定》第十一条第二款制定,供人民法院在禁止令效力期间内,因据以作出禁止令的事由发生变化,依申请人、被申请人或者利害关系人申请提前解除禁止令用。

2. 根据《最高人民法院关于生态环境侵权案件适用禁止令保全措施的若干规定》第六条第二款因被申请人抗辩理由成立而解除已作出的禁止令、第十一条第一款因申请人未在法定三十日内提起诉讼而解除禁止令的,可参照本样式调整相应表述后使用。

3. 若一审中裁定解除禁止令的,则采用一审案号(或之……);若二审中裁定解除禁止令的,则采用二审案号;若系针对申请人在诉前禁止令作出后三十日内未起诉而解除或者提前解除的,则采用原禁止令案号之一。

4. 解除裁定生效后,依据原裁定制作的禁止令自动终止。

附件4:禁止令(张贴公示用)样式

××××人民法院
禁止令

(××××)…民初…号/(××××)…行保…号

×××(写明被申请人姓名或名称):

申请人×××以你(你单位)……(申请理由)为由,于××××年××月××日向本院申请作出禁止令。本院经审查,于××××年××月××日作出××号民事裁定,准予申请人×××的禁止令申请。现责令:

……(裁定书主文内容)。

此令。

×××人民法院
××××年××月××日
(院印)

【说明】

1. 本样式根据《最高人民法院关于生态环境侵权案件适用禁止令保全措施的若干规定》第九条第二款制定,供人民法院在被申请人住所地,污染环境、破坏生态行为实施地、损害结果发生地等相关场所张贴以及通过新闻媒体等方式向社会公开时用。

2. 如系诉中禁止令,案号与正在审理案件案号相同,如系诉前禁止令则案号为(××××)……行保……号。

中华人民共和国最高人民法院
公 告

《最高人民法院关于审理生态环境侵权纠纷案件适用惩罚性赔偿的解释》已于 2021 年 12 月 27 日由最高人民法院审判委员会第 1858 次会议通过，现予公布，自 2022 年 1 月 20 日起施行。

2022 年 1 月 12 日

最高人民法院
关于审理生态环境侵权纠纷案件
适用惩罚性赔偿的解释

法释〔2022〕1 号

为妥善审理生态环境侵权纠纷案件，全面加强生态环境保护，正确适用惩罚性赔偿，根据《中华人民共和国民法典》《中华人民共和国环境保护法》《中华人民共和国民事诉讼法》等相关法律规定，结合审判实践，制定本解释。

第一条 人民法院审理生态环境侵权纠纷案件适用惩罚性赔偿，应当严格审慎，注重公平公正，依法保护民事主体合法权益，统筹生态环境保护和经济社会发展。

第二条 因环境污染、生态破坏受到损害的自然人、法人或者非法人组织，依据民法典第一千二百三十二条的规定，请求判令侵权人承担惩罚性赔偿责任的，适用本解释。

第三条 被侵权人在生态环境侵权纠纷案件中请求惩罚性赔偿的，应当在起诉时明确赔偿数额以及所依据的事实和理由。

被侵权人在生态环境侵权纠纷案件中没有提出惩罚性赔偿的诉讼请求，诉讼终结后又基于同一污染环境、破坏生态事实另行起诉请求惩罚性赔偿的，人民法院不予受理。

第四条 被侵权人主张侵权人承担惩罚性赔偿责任的，应当提供证据证明以下事实：

（一）侵权人污染环境、破坏生态的行为违反法律规定；

（二）侵权人具有污染环境、破坏生态的故意；

（三）侵权人污染环境、破坏生态的行为造成严重后果。

第五条 人民法院认定侵权人污染环境、破坏生态的行为是否违反法律规定，应当以法律、法规为依据，可以参照规章的规定。

第六条 人民法院认定侵权人是否具有污染环境、破坏生态的故意，应当根据侵权人的职业经历、专业背景或者经营范围，因同一或者同类行为受到行政处罚或者刑事追究的情况，以及污染物的种类，污染环境、破坏生态行为的方式等因素综合判断。

第七条 具有下列情形之一的，人民法院应当认定侵权人具有污染环境、破坏生态的故意：

（一）因同一污染环境、破坏生态行为，已被人民法院认定构成破坏环境资源保护犯罪的；

（二）建设项目未依法进行环境影响评价，或者提供虚假材料导致环境影响评价文件严重失实，被行政主管部门责令停止建设后拒不执行的；

（三）未取得排污许可证排放污染物，被行政主管部门责令停止排污后拒不执行，或者超过污染物排放标准或者重点污染物排放总量控制指标排放污染物，经行政主管机关责令限制生产、停产整治或者给予其他行政处罚后仍不改正的；

（四）生产、使用国家明令禁止生产、使用的农药，被行政主管部门责令改正后拒不改正的；

（五）无危险废物经营许可证而从事收集、贮存、利用、处置危险废物经营活动，或者知道或者应当知道他人无许可证而将危险废物提供或者委托给其从事收集、贮存、利用、处置等活动的；

（六）将未经处理的废水、废气、废渣直接排放或者倾倒的；

（七）通过暗管、渗井、渗坑、灌注、篡改、伪造监测数据，或者以不正常运行防治污染设施等逃避监管的方式，违法排放污染物的；

（八）在相关自然保护区域、禁猎（渔）区、禁猎（渔）期使用禁止使用的猎捕工具、方法猎捕、杀害国家重点保护野生动物、破坏野生动物栖息地的；

（九）未取得勘查许可证、采矿许可证，或者采取破坏性方法勘查开采矿产资源的；

（十）其他故意情形。

第八条 人民法院认定侵权人污染环境、破坏生态行为是否造成严重后果，应当根据污染环境、破坏生态行为的持续时间、地域范围，造成环境污染、生态破坏的范围和程度，以及造成的社会影响等因素综合判断。

侵权人污染环境、破坏生态行为造成他人死亡、健康严重损害，重大财产损失，生态环境严重损害或者重大不良社会影响的，人民法院应当认定为造成严重后果。

第九条 人民法院确定惩罚性赔偿金数额，应当以环境污染、生态破坏造成的人身损害赔偿金、财产损失数额作为计算基数。

前款所称人身损害赔偿金、财产损失数额，依照民法典第一千一百七十九条、第一千一百八十四条规定予以确定。法律另有规定的，依照其规定。

第十条 人民法院确定惩罚性赔偿金数额，应当综合考虑侵权人的恶意程度、侵权后果的严重程度、侵权人因污染环境、破坏生态行为所获得的利益或者侵权人所采取的修复措施及其效果等因素，但一般不超过人身损害赔偿金、财产损失数额的二倍。

因同一污染环境、破坏生态行为已经被行政机关给予罚款或者被人民法院判处罚金，侵权人主张免除惩罚性赔偿责任的，人民法院不予支持，但在确定惩罚性赔偿金数额时可以综合考虑。

第十一条 侵权人因同一污染环境、破坏生态行为，应当承担包括惩罚性赔偿在内的民事责任、行政责任和刑事责任，其财产不足以支付的，应当优先用于承担民事责任。

侵权人因同一污染环境、破坏生态行为，应当承担包括惩罚性赔偿在内的民事责任，其财产不足以支付的，应当优先用于承担惩罚性赔偿以外的其他责任。

第十二条 国家规定的机关或者法律规定的组织作为被侵权人代表，请求判令侵权人承担惩罚性赔偿责任的，人民法院可以参照前述规定予以处理。但惩罚性赔偿金数额的确定，应当以生态环境受到损害至修复完成期间服务功能丧失导致的损失、生态环境功能永久性损害造成的损失数额作为计算基数。

第十三条 侵权行为实施地、损害结果发生地在中华人民共和国管辖海域内的海洋生态环境侵权纠纷案件惩罚性赔偿问题，另行规定。

第十四条 本规定自 2022 年 1 月 20 日起施行。

中华人民共和国最高人民法院
中华人民共和国最高人民检察院
公　　告

《最高人民法院、最高人民检察院关于办理海洋自然资源与生态环境公益诉讼案件若干问题的规定》已于 2021 年 12 月 27 日由最高人民法院审判委员会第 1858 次会议、2022 年 3 月 16 日由最高人民检察院第十三届检察委员会第九十三次会议通过，现予公布，自 2022 年 5 月 15 日起施行。

2022 年 5 月 10 日

最高人民法院　最高人民检察院
关于办理海洋自然资源与生态环境公益诉讼案件
若干问题的规定

法释〔2022〕15 号

为依法办理海洋自然资源与生态环境公益诉讼案件，根据《中华人民共和国海洋环境保护法》《中华人民共和国民事诉讼法》《中华人民共和国刑事诉讼法》《中华人民共和国行政诉讼法》《中华人民共和国海事诉讼特别程序法》等法律规定，结合审判、检察工作实际，制定本规定。

第一条 本规定适用于损害行为发生地、损害结果地或者采取预防措施地在海洋环境保护法第二条第一款规定的海域内，因破坏海洋生态、海洋水产资源、海洋保护区而提起的民事公益诉讼、刑事附带民事公益诉讼和行政公益诉讼。

第二条 依据海洋环境保护法第八十九条第二款规定，对破坏海洋生态、海洋水产资源、海洋保护区，给国家造成重大损失的，应当由依照海洋环境保护法规定行使海洋环境监督管理权的部门，在有管辖权的海事法院对侵权人提起海洋自然资源与生态环境损害赔偿诉讼。

有关部门根据职能分工提起海洋自然资源与生态环境损害赔偿诉讼的，人民检察院可以支持起诉。

第三条 人民检察院在履行职责中发现破坏海洋生态、海洋水产资源、海洋保护区的行为，可以告知行使海洋环境监督管理权的部门依据本规定第二条提起诉讼。在有关部门仍不提起诉讼的情况下，人民检察院就海洋自然资源与生态环境损害，向有管辖权的海事法院提起民事公益诉讼的，海事法院应予受理。

第四条 破坏海洋生态、海洋水产资源、海洋保护区，涉嫌犯罪的，在行使海洋环境监督管理权的部门没有另行提起海洋自然资源与生态环境损害赔偿诉讼的情况下，人民检察院可以在提起刑事公诉时一并提起附带民事公益诉讼，也可以单独提起民事公益诉讼。

第五条 人民检察院在履行职责中发现对破坏海洋生态、海洋水产资源、海洋保护区的行为负有监督管理职责的部门违法行使职权或者不作为，致使国家利益或者社会公共利益受到侵害的，应当向有关部门提出检察建议，督促其依法履行职责。

有关部门不依法履行职责的，人民检察院依法向被诉行政机关所在地的海事法院提起行政公益诉讼。

第六条 本规定自 2022 年 5 月 15 日起施行。

中华人民共和国最高人民法院
公　告

《最高人民法院关于审理森林资源民事纠纷案件适用法律若干问题的解释》已于2022年4月25日由最高人民法院审判委员会第1869次会议通过，现予公布，自2022年6月15日起施行。

2022年6月13日

最高人民法院关于审理森林资源民事纠纷案件适用法律若干问题的解释

法释〔2022〕16号

为妥善审理森林资源民事纠纷案件，依法保护生态环境和当事人合法权益，根据《中华人民共和国民法典》《中华人民共和国环境保护法》《中华人民共和国森林法》《中华人民共和国农村土地承包法》《中华人民共和国民事诉讼法》等法律规定，结合审判实践，制定本解释。

第一条　人民法院审理涉及森林、林木、林地等森林资源的民事纠纷案件，应当贯彻民法典绿色原则，尊重自然、尊重历史、尊重习惯，依法推动森林资源保护和利用的生态效益、经济效益、社会效益相统一，促进人与自然和谐共生。

第二条　当事人因下列行为，对林地、林木的物权归属、内容产生争议，依据民法典第二百三十四条的规定提起民事诉讼，请求确认权利的，人民法院应当依法受理：

（一）林地承包；

（二）林地承包经营权互换、转让；

（三）林地经营权流转；

（四）林木流转；

（五）林地、林木担保；

（六）林地、林木继承；

（七）其他引起林地、林木物权变动的行为。

当事人因对行政机关作出的林地、林木确权、登记行为产生争议，提起民事诉讼的，人民法院告知其依法通过行政复议、行政诉讼程序解决。

第三条 当事人以未办理批准、登记、备案、审查、审核等手续为由，主张林地承包、林地承包经营权互换或者转让、林地经营权流转、林木流转、森林资源担保等合同无效的，人民法院不予支持。

因前款原因，不能取得相关权利的当事人请求解除合同、由违约方承担违约责任的，人民法院依法予以支持。

第四条 当事人一方未依法经林权证等权利证书载明的共有人同意，擅自处分林地、林木，另一方主张取得相关权利的，人民法院不予支持。但符合民法典第三百一十一条关于善意取得规定的除外。

第五条 当事人以违反法律规定的民主议定程序为由，主张集体林地承包合同无效的，人民法院应予支持。但下列情形除外：

（一）合同订立时，法律、行政法规没有关于民主议定程序的强制性规定的；

（二）合同订立未经民主议定程序讨论决定，或者民主议定程序存在瑕疵，一审法庭辩论终结前已经依法补正的；

（三）承包方对村民会议或者村民代表会议决议进行了合理审查，不知道且不应当知道决议系伪造、变造，并已经对林地大量投入的。

第六条 家庭承包林地的承包方转让林地承包经营权未经发包方同意，或者受让方不是本集体经济组织成员，受让方主张取得林地承包经营权的，人民法院不予支持。但发包方无法定理由不同意或者拖延表态的除外。

第七条 当事人就同一集体林地订立多个经营权流转合同，在合同有效的情况下，受让方均主张取得林地经营权的，由具有下列情形的受让方取得：

（一）林地经营权已经依法登记的；

（二）林地经营权均未依法登记，争议发生前已经合法占有使用林地并大量投入的；

（三）无前两项规定情形，合同生效在先的。

未取得林地经营权的一方请求解除合同、由违约方承担违约责任的，人民法院依法予以支持。

第八条 家庭承包林地的承包方以林地经营权人擅自再流转林地经营权为由，请求解除林地经营权流转合同、收回林地的，人民法院应予支持。但林地经营权人能够证明林地经营权再流转已经承包方书面同意的除外。

第九条 本集体经济组织成员以其在同等条件下享有的优先权受到侵害为由，主张家庭承包林地经营权流转合同无效的，人民法院不予支持；其请求赔偿损失的，依法予以支持。

第十条 林地承包期内，因林地承包经营权互换、转让、继承等原因，承包方发生变动，林地经营权人请求新的承包方继续履行原林地经营权流转合同的，人民法院应予支持。但当事人另有约定的除外。

第十一条 林地经营权流转合同约定的流转期限超过承包期的剩余期限，或者林地经营权再流转合同约定的流转期限超过原林地经营权流转合同的剩余期限，林地经营权流转、再流转合同当事人主张超过部分无效的，人民法院不予支持。

第十二条 林地经营权流转合同约定的流转期限超过承包期的剩余期限,发包方主张超过部分的约定对其不具有法律约束力的,人民法院应予支持。但发包方对此知道或者应当知道的除外。

林地经营权再流转合同约定的流转期限超过原林地经营权流转合同的剩余期限,承包方主张超过部分的约定对其不具有法律约束力的,人民法院应予支持。但承包方对此知道或者应当知道的除外。

因前两款原因,致使林地经营权流转合同、再流转合同不能履行,当事人请求解除合同、由违约方承担违约责任的,人民法院依法予以支持。

第十三条 林地经营权流转合同终止时,对于林地经营权人种植的地上林木,按照下列情形处理:

(一)合同有约定的,按照约定处理,但该约定依据民法典第一百五十三条的规定应当认定无效的除外;

(二)合同没有约定或者约定不明,当事人协商一致延长合同期限至轮伐期或者其他合理期限届满,承包方请求由林地经营权人承担林地使用费的,对其合理部分予以支持;

(三)合同没有约定或者约定不明,当事人未能就延长合同期限协商一致,林地经营权人请求对林木价值进行补偿的,对其合理部分予以支持。

林地承包合同终止时,承包方种植的地上林木的处理,参照适用前款规定。

第十四条 人民法院对于当事人为利用公益林林地资源和森林景观资源开展林下经济、森林旅游、森林康养等经营活动订立的合同,应当综合考虑公益林生态区位保护要求、公益林生态功能及是否经科学论证的合理利用等因素,依法认定合同效力。

当事人仅以涉公益林为由主张经营合同无效的,人民法院不予支持。

第十五条 以林地经营权、林木所有权等法律、行政法规未禁止抵押的森林资源资产设定抵押,债务人不履行到期债务或者发生当事人约定的实现抵押权的情形,抵押权人与抵押人协议以抵押的森林资源资产折价,并据此请求接管经营抵押财产的,人民法院依法予以支持。

抵押权人与抵押人未就森林资源资产抵押权的实现方式达成协议,抵押权人依据民事诉讼法第二百零三条、第二百零四条的规定申请实现抵押权的,人民法院依法裁定拍卖、变卖抵押财产。

第十六条 以森林生态效益补偿收益、林业碳汇等提供担保,债务人不履行到期债务或者发生当事人约定的实现担保物权的情形,担保物权人请求就担保财产优先受偿的,人民法院依法予以支持。

第十七条 违反国家规定造成森林生态环境损害,生态环境能够修复的,国家规定的机关或者法律规定的组织依据民法典第一千二百三十四条的规定,请求侵权人在合理期限内以补种树木、恢复植被、恢复林地土壤性状、投放相应生物种群等方式承担修复责任的,人民法院依法予以支持。

人民法院判决侵权人承担修复责任的,可以同时确定其在期限内不履行修复义务时应承担的森林生态环境修复费用。

第十八条 人民法院判决侵权人承担森林生态环境修复责任的,可以根据鉴定意见,或者参考林业主管部门、林业调查规划设计单位、相关科研机构和人员出具的专业意见,合理确定森林生态环境修复方案,明确侵权人履行修复义务的具体要求。

第十九条 人民法院依据民法典第一千二百三十五条的规定确定侵权人承担的森林生态环境损害赔偿金额,应当综合考虑受损森林资源在调节气候、固碳增汇、保护生物多样性、涵养水源、保持水土、防风固沙等方面的生态环境服务功能,予以合理认定。

第二十条 当事人请求以认购经核证的林业碳汇方式替代履行森林生态环境损害赔偿责任的,人民法院可以综合考虑各方当事人意见、不同责任方式的合理性等因素,依法予以准许。

第二十一条 当事人请求以森林管护、野生动植物保护、社区服务等劳务方式替代履行森林生态环境损害赔偿责任的,人民法院可以综合考虑侵权人的代偿意愿、经济能力、劳动能力、赔偿金额、当地相应工资标准等因素,决定是否予以准许,并合理确定劳务代偿方案。

第二十二条 侵权人自愿交纳保证金作为履行森林生态环境修复义务担保的,在其不履行修复义务时,人民法院可以将保证金用于支付森林生态环境修复费用。

第二十三条 本解释自 2022 年 6 月 15 日起施行。施行前本院公布的司法解释与本解释不一致的,以本解释为准。

行政与国家赔偿

中华人民共和国最高人民法院
公　　告

《最高人民法院关于审理行政赔偿案件若干问题的规定》已于 2021 年 12 月 6 日由最高人民法院审判委员会第 1855 次会议通过,现予公布,自 2022 年 5 月 1 日起施行。

2022 年 3 月 20 日

最高人民法院
关于审理行政赔偿案件若干问题的规定

法释〔2022〕10 号

为保护公民、法人和其他组织的合法权益,监督行政机关依法履行行政赔偿义务,确保人民法院公正、及时审理行政赔偿案件,实质化解行政赔偿争议,根据《中华人民共和国行政诉讼法》（以下简称行政诉讼法）《中华人民共和国国家赔偿法》（以下简称国家赔偿法）等法律规定，结合行政审判工作实际，制定本规定。

一、受案范围

第一条 国家赔偿法第三条、第四条规定的"其他违法行为"包括以下情形：

（一）不履行法定职责行为；

（二）行政机关及其工作人员在履行行政职责过程中作出的不产生法律效果，但事实上损害公民、法人或者其他组织人身权、财产权等合法权益的行为。

第二条 依据行政诉讼法第一条、第十二条第一款第十二项和国家赔偿法第二条规定，公民、法人或者其他组织认为行政机关及其工作人员违法行使行政职权对其劳动权、相邻权等合法权益造成人身、财产损害的，可以依法提起行政赔偿诉讼。

第三条 赔偿请求人不服赔偿义务机关下列行为的，可以依法提起行政赔偿诉讼：

（一）确定赔偿方式、项目、数额的行政赔偿决定；

（二）不予赔偿决定；

（三）逾期不作出赔偿决定；

（四）其他有关行政赔偿的行为。

第四条 法律规定由行政机关最终裁决的行政行为被确认违法后，赔偿请求人可以单独提起行政赔偿诉讼。

第五条 公民、法人或者其他组织认为国防、外交等国家行为或者行政机关制定发布行政法规、规章或者具有普遍约束力的决定、命令侵犯其合法权益造成损害，向人民法院提起行政赔偿诉讼的，不属于人民法院行政赔偿诉讼的受案范围。

二、诉讼当事人

第六条 公民、法人或者其他组织一并提起行政赔偿诉讼中的当事人地位，按照其在行政诉讼中的地位确定，行政诉讼与行政赔偿诉讼当事人不一致的除外。

第七条 受害的公民死亡，其继承人和其他有扶养关系的人可以提起行政赔偿诉讼，并提供该公民死亡证明、赔偿请求人与死亡公民之间的关系证明。

受害的公民死亡，支付受害公民医疗费、丧葬费等合理费用的人可以依法提起行政赔偿诉讼。

有权提起行政赔偿诉讼的法人或者其他组织分立、合并、终止，承受其权利的法人或者其他组织可以依法提起行政赔偿诉讼。

第八条 两个以上行政机关共同实施侵权行政行为造成损害的，共同侵权行政机关为共同被告。赔偿请求人坚持对其中一个或者几个侵权机关提起行政赔偿诉讼，以被起诉的机关为被告，未被起诉的机关追加为第三人。

第九条 原行政行为造成赔偿请求人损害，复议决定加重损害的，复议机关与原行政行为机关为共同被告。赔偿请求人坚持对作出原行政行为机关或者复议机关提起行政赔偿诉讼，以被起诉的机关为被告，未被起诉的机关追加为第三人。

第十条 行政机关依据行政诉讼法第九十七条的规定申请人民法院强制执行其行政行

为，因据以强制执行的行政行为违法而发生行政赔偿诉讼的，申请强制执行的行政机关为被告。

三、证据

第十一条 行政赔偿诉讼中，原告应当对行政行为造成的损害提供证据；因被告的原因导致原告无法举证的，由被告承担举证责任。

人民法院对于原告主张的生产和生活所必需物品的合理损失，应当予以支持；对于原告提出的超出生产和生活所必需的其他贵重物品、现金损失，可以结合案件相关证据予以认定。

第十二条 原告主张其被限制人身自由期间受到身体伤害，被告否认相关损害事实或者损害与违法行政行为存在因果关系的，被告应当提供相应的证据证明。

四、起诉与受理

第十三条 行政行为未被确认为违法，公民、法人或者其他组织提起行政赔偿诉讼的，人民法院应当视为提起行政诉讼时一并提起行政赔偿诉讼。

行政行为已被确认为违法，并符合下列条件的，公民、法人或者其他组织可以单独提起行政赔偿诉讼：

（一）原告具有行政赔偿请求资格；
（二）有明确的被告；
（三）有具体的赔偿请求和受损害的事实根据；
（四）赔偿义务机关已先行处理或者超过法定期限不予处理；
（五）属于人民法院行政赔偿诉讼的受案范围和受诉人民法院管辖；
（六）在法律规定的起诉期限内提起诉讼。

第十四条 原告提起行政诉讼时未一并提起行政赔偿诉讼，人民法院审查认为可能存在行政赔偿的，应当告知原告可以一并提起行政赔偿诉讼。

原告在第一审庭审终结前提起行政赔偿诉讼，符合起诉条件的，人民法院应当依法受理；原告在第一审庭审终结后、宣判前提起行政赔偿诉讼的，是否准许由人民法院决定。

原告在第二审程序或者再审程序中提出行政赔偿请求的，人民法院可以组织各方调解；调解不成的，告知其另行起诉。

第十五条 公民、法人或者其他组织应当自知道或者应当知道行政行为侵犯其合法权益之日起两年内，向赔偿义务机关申请行政赔偿。赔偿义务机关在收到赔偿申请之日起两个月内未作出赔偿决定的，公民、法人或者其他组织可以依照行政诉讼法有关规定提起行政赔偿诉讼。

第十六条 公民、法人或者其他组织提起行政诉讼时一并请求行政赔偿的，适用行政诉讼法有关起诉期限的规定。

第十七条 公民、法人或者其他组织仅对行政复议决定中的行政赔偿部分有异议，自复议决定书送达之日起十五日内提起行政赔偿诉讼的，人民法院应当依法受理。

行政机关作出有赔偿内容的行政复议决定时，未告知公民、法人或者其他组织起诉期限的，起诉期限从公民、法人或者其他组织知道或者应当知道起诉期限之日起计算，但从知道或者应当知道行政复议决定内容之日起最长不得超过一年。

第十八条 行政行为被有权机关依照法定程序撤销、变更、确认违法或无效，或者实施行政行为的行政机关工作人员因该行为被生效法律文书或监察机关政务处分确认为渎职、滥用职权的，属于本规定所称的行政行为被确认为违法的情形。

第十九条 公民、法人或者其他组织一并提起行政赔偿诉讼，人民法院经审查认为行政诉讼不符合起诉条件的，对一并提起的行政赔偿诉讼，裁定不予立案；已经立案的，裁定驳回起诉。

第二十条 在涉及行政许可、登记、征收、征用和行政机关对民事争议所作的裁决的行政案件中，原告提起行政赔偿诉讼的同时，有关当事人申请一并解决相关民事争议的，人民法院可以一并审理。

五、审理和判决

第二十一条 两个以上行政机关共同实施违法行政行为，或者行政机关及其工作人员与第三人恶意串通作出的违法行政行为，造成公民、法人或者其他组织人身权、财产权等合法权益实际损害的，应当承担连带赔偿责任。

一方承担连带赔偿责任后，对于超出其应当承担部分，可以向其他连带责任人追偿。

第二十二条 两个以上行政机关分别实施违法行政行为造成同一损害，每个行政机关的违法行为都足以造成全部损害的，各个行政机关承担连带赔偿责任。

两个以上行政机关分别实施违法行政行为造成同一损害，人民法院应当根据其违法行政行为在损害发生和结果中的作用大小，确定各自承担相应的行政赔偿责任；难以确定责任大小的，平均承担责任。

第二十三条 由于第三人提供虚假材料，导致行政机关作出的行政行为违法，造成公民、法人或者其他组织损害的，人民法院应当根据违法行政行为在损害发生和结果中的作用大小，确定行政机关承担相应的行政赔偿责任；行政机关已经尽到审慎审查义务的，不承担行政赔偿责任。

第二十四条 由于第三人行为造成公民、法人或者其他组织损害的，应当由第三人依法承担侵权赔偿责任；第三人赔偿不足、无力承担赔偿责任或者下落不明，行政机关又未尽保护、监管、救助等法定义务的，人民法院应当根据行政机关未尽法定义务在损害发生和结果中的作用大小，确定其承担相应的行政赔偿责任。

第二十五条 由于不可抗力等客观原因造成公民、法人或者其他组织损害，行政机关不依法履行、拖延履行法定义务导致未能及时止损或者损害扩大的，人民法院应当根据行政机关不依法履行、拖延履行法定义务行为在损害发生和结果中的作用大小，确定其承担相应的行政赔偿责任。

第二十六条 有下列情形之一的，属于国家赔偿法第三十五条规定的"造成严重后果"：

（一）受害人被非法限制人身自由超过六个月；

（二）受害人经鉴定为轻伤以上或者残疾；

（三）受害人经诊断、鉴定为精神障碍或者精神残疾，且与违法行政行为存在关联；

（四）受害人名誉、荣誉、家庭、职业、教育等方面遭受严重损害，且与违法行政行为存在关联。

有下列情形之一的，可以认定为后果特别严重：

（一）受害人被限制人身自由十年以上；

（二）受害人死亡；

（三）受害人经鉴定为重伤或者残疾一至四级，且生活不能自理；

（四）受害人经诊断、鉴定为严重精神障碍或者精神残疾一至二级，生活不能自理，且与违法行政行为存在关联。

第二十七条 违法行政行为造成公民、法人或者其他组织财产损害，不能返还财产或者恢复原状的，按照损害发生时该财产的市场价格计算损失。市场价格无法确定，或者该价格不足以弥补公民、法人或者其他组织损失的，可以采用其他合理方式计算。

违法征收征用土地、房屋，人民法院判决给予被征收人的行政赔偿，不得少于被征收人依法应当获得的安置补偿权益。

第二十八条 下列损失属于国家赔偿法第三十六条第六项规定的"停产停业期间必要的经常性费用开支"：

（一）必要留守职工的工资；

（二）必须缴纳的税款、社会保险费；

（三）应当缴纳的水电费、保管费、仓储费、承包费；

（四）合理的房屋场地租金、设备租金、设备折旧费；

（五）维系停产停业期间运营所需的其他基本开支。

第二十九条 下列损失属于国家赔偿法第三十六条第八项规定的"直接损失"：

（一）存款利息、贷款利息、现金利息；

（二）机动车停运期间的营运损失；

（三）通过行政补偿程序依法应当获得的奖励、补贴等；

（四）对财产造成的其他实际损失。

第三十条 被告有国家赔偿法第三条规定情形之一，致人精神损害的，人民法院应当判决其在违法行政行为影响的范围内，为受害人消除影响、恢复名誉、赔礼道歉；消除影响、恢复名誉和赔礼道歉的履行方式，可以双方协商，协商不成的，人民法院应当责令被告以适当的方式履行。造成严重后果的，应当判决支付相应的精神损害抚慰金。

第三十一条 人民法院经过审理认为被告对公民、法人或者其他组织造成财产损害的，判决被告限期返还财产、恢复原状；无法返还财产、恢复原状的，判决被告限期支付赔偿金和相应的利息损失。

人民法院审理行政赔偿案件，可以对行政机关赔偿的方式、项目、标准等予以明确，赔偿内容确定的，应当作出具有赔偿金额等给付内容的判决；行政赔偿决定对赔偿数额的确定确有错误的，人民法院判决予以变更。

第三十二条 有下列情形之一的，人民法院判决驳回原告的行政赔偿请求：

（一）原告主张的损害没有事实根据的；

（二）原告主张的损害与违法行政行为没有因果关系的；

（三）原告的损失已经通过行政补偿等其他途径获得充分救济的；

（四）原告请求行政赔偿的理由不能成立的其他情形。

六、其他

第三十三条 本规定自 2022 年 5 月 1 日起施行。《最高人民法院关于审理行政赔偿案件若干问题的规定》（法发〔1997〕10 号）同时废止。

本规定实施前本院发布的司法解释与本规定不一致的，以本规定为准。

执　行

中华人民共和国最高人民法院
公　告

《最高人民法院关于人民法院强制执行股权若干问题的规定》已于 2021 年 11 月 15 日由最高人民法院审判委员会第 1850 次会议通过，现予公布，自 2022 年 1 月 1 日起施行。

2021 年 12 月 20 日

最高人民法院
关于人民法院强制执行股权若干问题的规定

法释〔2021〕20 号

为了正确处理人民法院强制执行股权中的有关问题，维护当事人、利害关系人的合法权益，根据《中华人民共和国民事诉讼法》《中华人民共和国公司法》等法律规定，结合执行工作实际，制定本规定。

第一条 本规定所称股权，包括有限责任公司股权、股份有限公司股份，但是在依法设立的证券交易所上市交易以及在国务院批准的其他全国性证券交易场所交易的股份有限公司股份除外。

第二条 被执行人是公司股东的，人民法院可以强制执行其在公司持有的股权，不得直接执行公司的财产。

第三条 依照民事诉讼法第二百二十四条的规定以被执行股权所在地确定管辖法院的，股权所在地是指股权所在公司的住所地。

第四条 人民法院可以冻结下列资料或者信息之一载明的属于被执行人的股权：
（一）股权所在公司的章程、股东名册等资料；
（二）公司登记机关的登记、备案信息；
（三）国家企业信用信息公示系统的公示信息。

案外人基于实体权利对被冻结股权提出排除执行异议的，人民法院应当依照民事诉讼法第二百二十七条的规定进行审查。

第五条 人民法院冻结被执行人的股权，以其价额足以清偿生效法律文书确定的债权额及执行费用为限，不得明显超标的额冻结。股权价额无法确定的，可以根据申请执行人申请冻结的比例或者数量进行冻结。

被执行人认为冻结明显超标的额的，可以依照民事诉讼法第二百二十五条的规定提出书面异议，并附证明股权等查封、扣押、冻结财产价额的证据材料。人民法院审查后裁定异议成立的，应当自裁定生效之日起七日内解除对明显超标的额部分的冻结。

第六条 人民法院冻结被执行人的股权，应当向公司登记机关送达裁定书和协助执行通知书，要求其在国家企业信用信息公示系统进行公示。股权冻结自在公示系统公示时发生法律效力。多个人民法院冻结同一股权的，以在公示系统先办理公示的为在先冻结。

依照前款规定冻结被执行人股权的，应当及时向被执行人、申请执行人送达裁定书，并将股权冻结情况书面通知股权所在公司。

第七条 被执行人就被冻结股权所作的转让、出质或者其他有碍执行的行为，不得对抗申请执行人。

第八条 人民法院冻结被执行人股权的，可以向股权所在公司送达协助执行通知书，要求其在实施增资、减资、合并、分立等对被冻结股权所占比例、股权价值产生重大影响的行为前向人民法院书面报告有关情况。人民法院收到报告后，应当及时通知申请执行人，但是涉及国家秘密、商业秘密的除外。

股权所在公司未向人民法院报告即实施前款规定行为的，依照民事诉讼法第一百一十四条的规定处理。

股权所在公司或者公司董事、高级管理人员故意通过增资、减资、合并、分立、转让重大资产、对外提供担保等行为导致被冻结股权价值严重贬损，影响申请执行人债权实现的，申请执行人可以依法提起诉讼。

第九条 人民法院冻结被执行人基于股权享有的股息、红利等收益，应当向股权所在公司送达裁定书，并要求其在该收益到期时通知人民法院。人民法院对到期的股息、红利等收益，可以书面通知股权所在公司向申请执行人或者人民法院履行。

股息、红利等收益被冻结后，股权所在公司擅自向被执行人支付或者变相支付的，不影响人民法院要求股权所在公司支付该收益。

第十条 被执行人申请自行变价被冻结股权，经申请执行人及其他已知执行债权人同意或者变价款足以清偿执行债务的，人民法院可以准许，但是应当在能够控制变价款的情况下监督其在指定期限内完成，最长不超过三个月。

第十一条 拍卖被执行人的股权，人民法院应当依照《最高人民法院关于人民法院确定财产处置参考价若干问题的规定》规定的程序确定股权处置参考价，并参照参考价确定起拍价。

确定参考价需要相关材料的，人民法院可以向公司登记机关、税务机关等部门调取，也可以责令被执行人、股权所在公司以及控制相关材料的其他主体提供；拒不提供的，可以强制提取，并可以依照民事诉讼法第一百一十一条、第一百一十四条的规定处理。

为确定股权处置参考价，经当事人书面申请，人民法院可以委托审计机构对股权所在公司进行审计。

第十二条 委托评估被执行人的股权，评估机构因缺少评估所需完整材料无法进行评估或者认为影响评估结果，被执行人未能提供且人民法院无法调取补充材料的，人民法院应当通知评估机构根据现有材料进行评估，并告知当事人因缺乏材料可能产生的不利后果。

评估机构根据现有材料无法出具评估报告的，经申请执行人书面申请，人民法院可以根据具体情况以适当高于执行费用的金额确定起拍价，但是股权所在公司经营严重异常、股权明显没有价值的除外。

依照前款规定确定的起拍价拍卖的，竞买人应当预交的保证金数额由人民法院根据实际情况酌定。

第十三条 人民法院拍卖被执行人的股权，应当采取网络司法拍卖方式。

依据处置参考价并结合具体情况计算，拍卖被冻结股权所得价款可能明显高于债权额及执行费用的，人民法院应当对相应部分的股权进行拍卖。对相应部分的股权拍卖严重减损被冻结股权价值的，经被执行人书面申请，也可以对超出部分的被冻结股权一并拍卖。

第十四条 被执行人、利害关系人以具有下列情形之一为由请求不得强制拍卖股权的，人民法院不予支持：

（一）被执行人未依法履行或者未依法全面履行出资义务；
（二）被执行人认缴的出资未届履行期限；
（三）法律、行政法规、部门规章等对该股权自行转让有限制；
（四）公司章程、股东协议等对该股权自行转让有限制。

人民法院对具有前款第一、二项情形的股权进行拍卖时，应当在拍卖公告中载明被执行人认缴出资额、实缴出资额、出资期限等信息。股权处置后，相关主体依照有关规定履行出资义务。

第十五条 股权变更应当由相关部门批准的，人民法院应当在拍卖公告中载明法律、行政法规或者国务院决定规定的竞买人应当具备的资格或者条件。必要时，人民法院可以就竞买资格或者条件征询相关部门意见。

拍卖成交后，人民法院应当通知买受人持成交确认书向相关部门申请办理股权变更批准手续。买受人取得批准手续的，人民法院作出拍卖成交裁定书；买受人未在合理期限内取得批准手续的，应当重新对股权进行拍卖。重新拍卖的，原买受人不得参加竞买。

买受人明知不符合竞买资格或者条件依然参加竞买，且在成交后未能在合理期限内取得相关部门股权变更批准手续的，交纳的保证金不予退还。保证金不足以支付拍卖产生的费用损失、弥补重新拍卖价款低于原拍卖价款差价的，人民法院可以裁定原买受人补交；拒不补交的，强制执行。

第十六条 生效法律文书确定被执行人交付股权，因股权所在公司在生效法律文书作出后增资或者减资导致被执行人实际持股比例降低或者升高的，人民法院应当按照下列情形分别处理：

（一）生效法律文书已经明确交付股权的出资额的，按照该出资额交付股权；

（二）生效法律文书仅明确交付一定比例的股权的，按照生效法律文书作出时该比例所对应出资额占当前公司注册资本总额的比例交付股权。

第十七条　在审理股东资格确认纠纷案件中，当事人提出要求公司签发出资证明书、记载于股东名册并办理公司登记机关登记的诉讼请求且其主张成立的，人民法院应当予以支持；当事人未提出前述诉讼请求的，可以根据案件具体情况向其释明。

生效法律文书仅确认股权属于当事人所有，当事人可以持该生效法律文书自行向股权所在公司、公司登记机关申请办理股权变更手续；向人民法院申请强制执行的，不予受理。

第十八条　人民法院对被执行人在其他营利法人享有的投资权益强制执行的，参照适用本规定。

第十九条　本规定自2022年1月1日起施行。

施行前本院公布的司法解释与本规定不一致的，以本规定为准。

附件：主要文书参考样式

×××人民法院
协助执行通知书

（××××）……执……号

×××市场监督管理局：

根据本院（××××）……执……号执行裁定，依照《中华人民共和国民事诉讼法》第二百四十二条、《最高人民法院关于人民法院强制执行股权若干问题的规定》第六条的规定，请协助执行下列事项：

一、对下列情况进行公示：冻结被执行人×××（证件种类、号码：……）持有×××……（股权的数额），冻结期限自××××年××月××日起至××××年××月××日止；

二、冻结期间，未经本院许可，在你局职权范围内，不得为被冻结股权办理_____等有碍执行的事项（根据不同的公司类型、冻结需求，载明具体的协助执行事项）。

××××年××月××日
（院印）

经办人员：×××

联系电话：……

×××人民法院
协助执行通知书
（回执）

×××人民法院：

你院（××××）……执……号执行裁定书、（××××）……执……号协助执行通知书收悉，我局处理结果如下：

已于××××年××月××日在国家企业信用信息公示系统将你院冻结股权的情况进行公示，并将在我局职权范围内按照你院要求履行相关协助执行义务。

××××年××月××日
（公章）

经办人员：×××

联系电话：……

中华人民共和国最高人民法院
公　　告

《最高人民法院关于审理涉执行司法赔偿案件适用法律若干问题的解释》已于2021年12月20日由最高人民法院审判委员会第1857次会议通过，现予公布，自2022年3月1日起施行。

2022年2月8日

最高人民法院
关于审理涉执行司法赔偿案件
适用法律若干问题的解释

法释〔2022〕3号

为正确审理涉执行司法赔偿案件，保障公民、法人和其他组织的合法权益，根据《中华人民共和国国家赔偿法》等法律规定，结合人民法院国家赔偿审判和执行工作实际，制定本解释。

第一条 人民法院在执行判决、裁定及其他生效法律文书过程中，错误采取财产调查、控制、处置、交付、分配等执行措施或者罚款、拘留等强制措施，侵犯公民、法人和其他组织合法权益并造成损害，受害人依照国家赔偿法第三十八条规定申请赔偿的，适用本解释。

第二条 公民、法人和其他组织认为有下列错误执行行为造成损害申请赔偿的，人民法院应当依法受理：

（一）执行未生效法律文书，或者明显超出生效法律文书确定的数额和范围执行的；

（二）发现被执行人有可供执行的财产，但故意拖延执行、不执行，或者应当依法恢复执行而不恢复的；

（三）违法执行案外人财产，或者违法将案件执行款物交付给其他当事人、案外人的；

（四）对抵押、质押、留置、保留所有权等财产采取执行措施，未依法保护上述权利人优先受偿权等合法权益的；

（五）对其他人民法院已经依法采取保全或者执行措施的财产违法执行的；

（六）对执行中查封、扣押、冻结的财产故意不履行或者怠于履行监管职责的；

（七）对不宜长期保存或者易贬值的财产采取执行措施，未及时处理或者违法处理的；

（八）违法拍卖、变卖、以物抵债，或者依法应当评估而未评估，依法应当拍卖而未拍卖的；

（九）违法撤销拍卖、变卖或者以物抵债的；

（十）违法采取纳入失信被执行人名单、限制消费、限制出境等措施的；

（十一）因违法或者过错采取执行措施或者强制措施的其他行为。

第三条 原债权人转让债权的，其基于债权申请国家赔偿的权利随之转移，但根据债权性质、当事人约定或者法律规定不得转让的除外。

第四条 人民法院将查封、扣押、冻结等事项委托其他人民法院执行的，公民、法人和其他组织认为错误执行行为造成损害申请赔偿的，委托法院为赔偿义务机关。

第五条 公民、法人和其他组织申请错误执行赔偿，应当在执行程序终结后提出，终结前提出的不予受理。但有下列情形之一，且无法在相关诉讼或者执行程序中予以补救的除外：

（一）罚款、拘留等强制措施已被依法撤销，或者实施过程中造成人身损害的；

（二）被执行的财产经诉讼程序依法确认不属于被执行人，或者人民法院生效法律文书已确认执行行为违法的；

（三）自立案执行之日起超过五年，且已裁定终结本次执行程序，被执行人已无可供执行财产的；

（四）在执行程序终结前可以申请赔偿的其他情形。

赔偿请求人依据前款规定，在执行程序终结后申请赔偿的，该执行程序期间不计入赔偿请求时效。

第六条 公民、法人和其他组织在执行异议、复议或者执行监督程序审查期间，就相关执行措施或者强制措施申请赔偿的，人民法院不予受理，已经受理的予以驳回，并告知其在上述程序终结后可以依照本解释第五条的规定依法提出赔偿申请。

公民、法人和其他组织在执行程序中未就相关执行措施、强制措施提出异议、申请复议或者申请执行监督，不影响其依法申请赔偿的权利。

第七条 经执行异议、复议或者执行监督程序作出的生效法律文书，对执行行为是否合法已有认定的，该生效法律文书可以作为人民法院赔偿委员会认定执行行为合法性的根据。

赔偿请求人对执行行为的合法性提出相反主张，且提供相应证据予以证明的，人民法院赔偿委员会应当对执行行为进行合法性审查并作出认定。

第八条 根据当时有效的执行依据或者依法认定的基本事实作出的执行行为，不因下列情形而认定为错误执行：

（一）采取执行措施或者强制措施后，据以执行的判决、裁定及其他生效法律文书被撤销或者变更的；

（二）被执行人足以对抗执行的实体事由，系在执行措施完成后发生或者被依法确认的；

（三）案外人对执行标的享有足以排除执行的实体权利，系在执行措施完成后经法定程序确认的；

（四）人民法院作出准予执行行政行为的裁定并实施后，该行政行为被依法变更、撤销、确认违法或者确认无效的；

（五）根据财产登记采取执行措施后，该登记被依法确认错误的；

（六）执行依据或者基本事实嗣后改变的其他情形。

第九条 赔偿请求人应当对其主张的损害负举证责任。但因人民法院未列清单、列举不详等过错致使赔偿请求人无法就损害举证的，应当由人民法院对上述事实承担举证责任。

双方主张损害的价值无法认定的，应当由负有举证责任的一方申请鉴定。负有举证责任的一方拒绝申请鉴定的，由其承担不利的法律后果；无法鉴定的，人民法院赔偿委员会应当结合双方的主张和在案证据，运用逻辑推理、日常生活经验等进行判断。

第十条 被执行人因财产权被侵犯依照本解释第五条第一款规定申请赔偿，其债务尚未清偿的，获得的赔偿金应当首先用于清偿其债务。

第十一条 因错误执行取得不当利益且无法返还的，人民法院承担赔偿责任后，可以依据赔偿决定向取得不当利益的人追偿。

因错误执行致使生效法律文书无法执行，申请执行人获得国家赔偿后申请继续执行的，不予支持。人民法院承担赔偿责任后，可以依据赔偿决定向被执行人追偿。

第十二条 在执行过程中，因保管人或者第三人的行为侵犯公民、法人和其他组织合法权益并造成损害的，应当由保管人或者第三人承担责任。但人民法院未尽监管职责的，应当在其能够防止或者制止损害发生、扩大的范围内承担相应的赔偿责任，并可以依据赔偿决定向保管人或者第三人追偿。

第十三条 属于下列情形之一的，人民法院不承担赔偿责任：

（一）申请执行人提供财产线索错误的；

（二）执行措施系根据依法提供的担保而采取或者解除的；

（三）人民法院工作人员实施与行使职权无关的个人行为的；

（四）评估或者拍卖机构实施违法行为造成损害的；

（五）因不可抗力、正当防卫或者紧急避险造成损害的；

（六）依法不应由人民法院承担赔偿责任的其他情形。

前款情形中，人民法院有错误执行行为的，应当根据其在损害发生过程和结果中所起的作用承担相应的赔偿责任。

第十四条 错误执行造成公民、法人和其他组织利息、租金等实际损失的，适用国家赔偿法第三十六条第八项的规定予以赔偿。

第十五条 侵犯公民、法人和其他组织的财产权，按照错误执行行为发生时的市场价格不足以弥补受害人损失或者该价格无法确定的，可以采用下列方式计算损失：

（一）按照错误执行行为发生时的市场价格计算财产损失并支付利息，利息计算期间从错误执行行为实施之日起至赔偿决定作出之日止；

（二）错误执行行为发生时的市场价格无法确定，或者因时间跨度长、市场价格波动大等因素按照错误执行行为发生时的市场价格计算显失公平的，可以参照赔偿决定作出时同类财产市场价格计算；

（三）其他合理方式。

第十六条 错误执行造成受害人停产停业的，下列损失属于停产停业期间必要的经常性费用开支：

（一）必要留守职工工资；

（二）必须缴纳的税款、社会保险费；

（三）应当缴纳的水电费、保管费、仓储费、承包费；

（四）合理的房屋场地租金、设备租金、设备折旧费；

（五）维系停产停业期间运营所需的其他基本开支。

错误执行生产设备、用于营运的运输工具，致使受害人丧失唯一生活来源的，按照其实际损失予以赔偿。

第十七条 错误执行侵犯债权的，赔偿范围一般应当以债权标的额为限。债权受让人申请赔偿的，赔偿范围以其受让债权时支付的对价为限。

第十八条 违法采取保全措施的案件进入执行程序后，公民、法人和其他组织申请赔偿的，应当作为错误执行案件予以立案审查。

第十九条 审理违法采取妨害诉讼的强制措施、保全、先予执行赔偿案件，可以参照适用本解释。

第二十条 本解释自2022年3月1日起施行。施行前本院公布的司法解释与本解释不一致的，以本解释为准。

中华人民共和国最高人民法院
公 告

《最高人民法院关于内地与香港特别行政区法院相互认可和执行婚姻家庭民事案件判决的安排》已于 2017 年 5 月 22 日由最高人民法院审判委员会第 1718 次会议通过，现予公布，自 2022 年 2 月 15 日起施行。

2022 年 2 月 14 日

最高人民法院
关于内地与香港特别行政区法院
相互认可和执行婚姻家庭民事案件判决的安排

法释〔2022〕4 号

根据《中华人民共和国香港特别行政区基本法》第九十五条的规定，最高人民法院与香港特别行政区政府经协商，现就婚姻家庭民事案件判决的认可和执行问题作出如下安排。

第一条 当事人向香港特别行政区法院申请认可和执行内地人民法院就婚姻家庭民事案件作出的生效判决，或者向内地人民法院申请认可和执行香港特别行政区法院就婚姻家庭民事案件作出的生效判决的，适用本安排。

当事人向香港特别行政区法院申请认可内地民政部门所发的离婚证，或者向内地人民法院申请认可依据《婚姻制度改革条例》（香港法例第 178 章）第 V 部、第 VA 部规定解除婚姻的协议书、备忘录的，参照适用本安排。

第二条 本安排所称生效判决：

（一）在内地，是指第二审判决，依法不准上诉或者超过法定期限没有上诉的第一审判决，以及依照审判监督程序作出的上述判决；

（二）在香港特别行政区，是指终审法院、高等法院上诉法庭及原讼法庭和区域法院作出的已经发生法律效力的判决，包括依据香港法律可以在生效后作出更改的命令。

前款所称判决，在内地包括判决、裁定、调解书，在香港特别行政区包括判决、命令、判令、讼费评定证明书、定额讼费证明书，但不包括双方依据其法律承认的其他国家和地区法院作出的判决。

第三条 本安排所称婚姻家庭民事案件：

（一）在内地是指：

1. 婚内夫妻财产分割纠纷案件；
2. 离婚纠纷案件；
3. 离婚后财产纠纷案件；
4. 婚姻无效纠纷案件；
5. 撤销婚姻纠纷案件；
6. 夫妻财产约定纠纷案件；
7. 同居关系子女抚养纠纷案件；
8. 亲子关系确认纠纷案件；
9. 抚养纠纷案件；
10. 扶养纠纷案件（限于夫妻之间扶养纠纷）；
11. 确认收养关系纠纷案件；
12. 监护权纠纷案件（限于未成年子女监护权纠纷）；
13. 探望权纠纷案件；
14. 申请人身安全保护令案件。

（二）在香港特别行政区是指：

1. 依据香港法例第 179 章《婚姻诉讼条例》第 III 部作出的离婚绝对判令；
2. 依据香港法例第 179 章《婚姻诉讼条例》第 IV 部作出的婚姻无效绝对判令；
3. 依据香港法例第 192 章《婚姻法律程序与财产条例》作出的在讼案待决期间提供赡养费令；
4. 依据香港法例第 13 章《未成年人监护条例》、第 16 章《分居令及赡养令条例》、第 192 章《婚姻法律程序与财产条例》第 II 部、第 IIA 部作出的赡养令；
5. 依据香港法例第 13 章《未成年人监护条例》、第 192 章《婚姻法律程序与财产条例》第 II 部、第 IIA 部作出的财产转让及出售财产令；
6. 依据香港法例第 182 章《已婚者地位条例》作出的有关财产的命令；
7. 依据香港法例第 192 章《婚姻法律程序与财产条例》在双方在生时作出的修改赡养协议的命令；
8. 依据香港法例第 290 章《领养条例》作出的领养令；
9. 依据香港法例第 179 章《婚姻诉讼条例》、第 429 章《父母与子女条例》作出的父母身份、婚生地位或者确立婚生地位的宣告；
10. 依据香港法例第 13 章《未成年人监护条例》、第 16 章《分居令及赡养令条例》、第 192 章《婚姻法律程序与财产条例》作出的管养令；
11. 就受香港法院监护的未成年子女作出的管养令；
12. 依据香港法例第 189 章《家庭及同居关系暴力条例》作出的禁制骚扰令、驱逐令、重返令或者更改、暂停执行就未成年子女的管养令、探视令。

第四条 申请认可和执行本安排规定的判决：

（一）在内地向申请人住所地、经常居住地或者被申请人住所地、经常居住地、财产所在地的中级人民法院提出；

（二）在香港特别行政区向区域法院提出。

申请人应当向符合前款第一项规定的其中一个人民法院提出申请。向两个以上有管辖权的人民法院提出申请的，由最先立案的人民法院管辖。

第五条 申请认可和执行本安排第一条第一款规定的判决的，应当提交下列材料：

（一）申请书；

（二）经作出生效判决的法院盖章的判决副本；

（三）作出生效判决的法院出具的证明书，证明该判决属于本安排规定的婚姻家庭民事案件生效判决；

（四）判决为缺席判决的，应当提交法院已经合法传唤当事人的证明文件，但判决已经对此予以明确说明或者缺席方提出申请的除外；

（五）经公证的身份证件复印件。

申请认可本安排第一条第二款规定的离婚证或者协议书、备忘录的，应当提交下列材料：

（一）申请书；

（二）经公证的离婚证复印件，或者经公证的协议书、备忘录复印件；

（三）经公证的身份证件复印件。

向内地人民法院提交的文件没有中文文本的，应当提交准确的中文译本。

第六条 申请书应当载明下列事项：

（一）当事人的基本情况，包括姓名、住所、身份证件信息、通讯方式等；

（二）请求事项和理由，申请执行的，还需提供被申请人的财产状况和财产所在地；

（三）判决是否已在其他法院申请执行和执行情况。

第七条 申请认可和执行判决的期间、程序和方式，应当依据被请求方法律的规定。

第八条 法院应当尽快审查认可和执行的请求，并作出裁定或者命令。

第九条 申请认可和执行的判决，被申请人提供证据证明有下列情形之一的，法院审查核实后，不予认可和执行：

（一）根据原审法院地法律，被申请人未经合法传唤，或者虽经合法传唤但未获得合理的陈述、辩论机会的；

（二）判决是以欺诈方法取得的；

（三）被请求方法院受理相关诉讼后，请求方法院又受理就同一争议提起的诉讼并作出判决的；

（四）被请求方法院已经就同一争议作出判决，或者已经认可和执行其他国家和地区法院就同一争议所作出的判决的。

内地人民法院认为认可和执行香港特别行政区法院判决明显违反内地法律的基本原则或者社会公共利益，香港特别行政区法院认为认可和执行内地人民法院判决明显违反香港特别行政区法律的基本原则或者公共政策的，不予认可和执行。

申请认可和执行的判决涉及未成年子女的，在根据前款规定审查决定是否认可和执行时，应当充分考虑未成年子女的最佳利益。

第十条　被请求方法院不能对判决的全部判项予以认可和执行时,可以认可和执行其中的部分判项。

第十一条　对于香港特别行政区法院作出的判决,一方当事人已经提出上诉,内地人民法院审查核实后,可以中止认可和执行程序。经上诉,维持全部或者部分原判决的,恢复认可和执行程序;完全改变原判决的,终止认可和执行程序。

内地人民法院就已经作出的判决裁定再审的,香港特别行政区法院审查核实后,可以中止认可和执行程序。经再审,维持全部或者部分原判决的,恢复认可和执行程序;完全改变原判决的,终止认可和执行程序。

第十二条　在本安排下,内地人民法院作出的有关财产归一方所有的判项,在香港特别行政区将被视为命令一方向另一方转让该财产。

第十三条　被申请人在内地和香港特别行政区均有可供执行财产的,申请人可以分别向两地法院申请执行。

两地法院执行财产的总额不得超过判决确定的数额。应对方法院要求,两地法院应当相互提供本院执行判决的情况。

第十四条　内地与香港特别行政区法院相互认可和执行的财产给付范围,包括判决确定的给付财产和相应的利息、迟延履行金、诉讼费,不包括税收、罚款。

前款所称诉讼费,在香港特别行政区是指讼费评定证明书、定额讼费证明书核定或者命令支付的费用。

第十五条　被请求方法院就认可和执行的申请作出裁定或者命令后,当事人不服的,在内地可以于裁定送达之日起十日内向上一级人民法院申请复议,在香港特别行政区可以依据其法律规定提出上诉。

第十六条　在审理婚姻家庭民事案件期间,当事人申请认可和执行另一地法院就同一争议作出的判决的,应当受理。受理后,有关诉讼应当中止,待就认可和执行的申请作出裁定或者命令后,再视情终止或者恢复诉讼。

第十七条　审查认可和执行判决申请期间,当事人就同一争议提起诉讼的,不予受理;已经受理的,驳回起诉。

判决获得认可和执行后,当事人又就同一争议提起诉讼的,不予受理。

判决未获认可和执行的,申请人不得再次申请认可和执行,但可以就同一争议向被请求方法院提起诉讼。

第十八条　被请求方法院在受理认可和执行判决的申请之前或者之后,可以依据其法律规定采取保全或者强制措施。

第十九条　申请认可和执行判决的,应当依据被请求方有关诉讼收费的法律和规定交纳费用。

第二十条　内地与香港特别行政区法院自本安排生效之日起作出的判决,适用本安排。

第二十一条　本安排在执行过程中遇有问题或者需要修改的,由最高人民法院和香港特别行政区政府协商解决。

第二十二条　本安排自2022年2月15日起施行。

文　献

第十三届全国人民代表大会第五次会议
关于最高人民法院工作报告的决议

（2022 年 3 月 11 日第十三届全国人民代表大会第五次会议通过）

第十三届全国人民代表大会第五次会议听取和审议了最高人民法院院长周强所作的工作报告。会议充分肯定最高人民法院过去一年的工作，同意报告提出的 2022 年工作安排，决定批准这个报告。

会议要求，最高人民法院要以习近平新时代中国特色社会主义思想为指导，深入贯彻习近平法治思想，全面贯彻落实党的十九大和十九届历次全会精神，深刻认识"两个确立"的决定性意义，增强"四个意识"、坚定"四个自信"、做到"两个维护"，坚持党的绝对领导，坚持统筹发展和安全，自觉践行全过程人民民主，忠实履行宪法法律赋予的职责，充分发挥审判机关职能作用，深化司法体制改革，推进智慧法院建设，健全中国特色一站式多元纠纷解决和诉讼服务体系，巩固提升审判执行质效，巩固政法队伍教育整顿成果，扎实推动新时代人民法院工作高质量发展，切实履行好维护国家安全、社会安定、人民安宁的重大责任，推动建设更高水平的平安中国、法治中国，以实际行动迎接党的二十大胜利召开！

最高人民法院工作报告

——2022 年 3 月 8 日在第十三届全国人民代表大会第五次会议上

最高人民法院院长　周　强

各位代表：

现在，我代表最高人民法院，向大会报告工作，请予审议，并请全国政协各位委员提出意见。

2021 年主要工作

2021 年，在以习近平同志为核心的党中央坚强领导下，在全国人大及其常委会有力监督下，最高人民法院坚持以习近平新时代中国特色社会主义思想为指导，深入贯彻习近平法治思想，全面贯彻党的十九大和十九届历次全会精神，认真落实十三届全国人大四次会议决议，深入领会"两个确立"的决定性意义，增强"四个意识"、坚定"四个自信"、做到"两个维护"，坚定不移走中国特色社会主义法治道路，紧紧围绕"努力让人民群众在每一个司法案件中感受到公平正义"目标，坚持服务大局、司法为民、公正司法，忠实履行宪法法律赋予的职责，各项工作取得新进展。最高人民法院受理案件 33602 件，审结 28720 件，制定司法解释 24 件，发布指导性案例 31 个，加强对全国法院审判工作的监督指导；地方各级人民法院和专门人民法院受理案件 3351.6 万件，审结、执结 3010.4 万件，结案标的额 8.3 万亿元。通过发挥审判职能作用，推动建设更高水平的平安中国、法治中国，为实现"十四五"良好开局提供有力司法服务和保障。

一、坚决维护国家安全和社会稳定

认真贯彻总体国家安全观，依法惩治各类犯罪。各级法院审结一审刑事案件 125.6 万件，判处罪犯 171.5 万人。八类主要刑事犯罪案件持续处于低位，占全部刑事案件比重稳步下降，我国是世界上最安全的国家之一。

严惩危害国家安全和社会治安犯罪。严惩煽动颠覆国家政权、间谍窃密、邪教等犯罪，坚决维护国家政权安全、制度安全。对资助危害国家安全活动的李亨利依法定罪判刑。审结网络传销、网络赌博、非法利用信息网络等犯罪案件 9.2 万件，维护互联网安全。严惩危害生物安全犯罪，维护国家生物安全，保障人民生命安全和身体健康。审结杀人、放火、抢劫等严重暴力犯罪案件 4.9 万件。会同公安部等出台惩治涉枪涉爆犯罪意见，审结相关案件 9984 件。审结毒品犯罪案件 5.6 万件，严厉打击走私、制造毒品等源头性犯罪。审结拐卖妇女儿童犯罪案件 541 件。审结袭警犯罪案件 4586 件。严惩暴力伤医犯罪，保障医务人员安全和正常医疗秩序，为医务人员和广大患者创造良好诊疗环境。人民法院准确贯彻死刑政策，对严重危害公共安全、严重影响群众安全感的犯罪，对残害妇女儿童、老年人等挑战法律和伦理底线的犯罪，论罪当判死刑的，依法判处并核准死刑，坚决维护法治权威，坚决捍卫公平正义。

依法维护疫情防控秩序。审结涉疫犯罪案件 9653 件。对故意隐瞒中高风险地区行程、违规接诊发热患者、伪造售卖核酸检测报告、"涉疫偷渡"等犯罪严惩不贷。会同海关总署等发布打击海上跨境走私犯罪意见，严惩走私冻品犯罪，防范疫情传播风险。

常态化开展扫黑除恶斗争。健全常态化扫黑除恶机制，防止黑恶势力"死灰复燃"。加快案件清结，审结涉黑涉恶犯罪案件 3409 件 18360 人。推进黑财清底，执行到位财产刑及追缴、没收违法所得 405.7 亿元，坚决摧毁黑恶势力经济基础。推进专项整治，发出相关司法建议 3816 份。巩固整治"村霸"、"沙霸"、"菜霸"、"路霸"等成果，促进基层社会治理。

依法惩治腐败犯罪。审结贪污贿赂、渎职等案件2.3万件2.7万人,秦光荣、王富玉等14名原中管干部受到审判,彰显党中央正风肃纪、反腐惩恶的坚定决心。落实受贿行贿一起查,依法追缴行贿非法获利,斩断"围猎"腐蚀、权钱交易的利益链条。加大职务犯罪赃款赃物追缴力度,实际追缴到位596.6亿元。境外不是法外,首次适用刑事缺席审判程序审理程三昌案,裁定没收外逃人员徐进、张正欣境内外巨额违法所得,对外逃腐败犯罪分子虽远必惩,让其人财两空。

依法维护国家粮食安全。出台服务全面推进乡村振兴意见。会同农业农村部等加强种业知识产权保护,严厉打击制售伪劣种子、破坏种质资源等危害种业安全违法犯罪。审结乱占耕地案件7251件,涉及耕地312万亩,依法惩治农村侵占耕地犯罪,保护耕地红线。辽宁、吉林、黑龙江法院严惩污染、盗采黑土犯罪。

守好民生安全底线。审结重大责任事故等犯罪案件2031件,维护群众生产安全。审结危害食品药品安全犯罪案件6002件,依法严惩制售"病猪肉"、"毒草莓""毒面膜"等犯罪行为,守护百姓餐桌安全、用药安全。严惩医保骗保犯罪,依法对幕后组织者和职业骗保人加重惩罚,守好百姓"看病钱"、"救命钱"。审结高空抛物、偷盗窨井盖等犯罪案件296件,高空抛物致人伤亡犯罪案件大幅度减少,群众头顶上、脚底下安全更有保障。审结危险驾驶犯罪案件34.8万件,维护群众出行安全。严惩电信网络诈骗犯罪,审结相关案件7.9万件14.9万人,对"5·09"特大跨境电信网络诈骗案590名被告人判处刑罚。严惩"以房养老"、"投资养老"、保健品坑老、兼职刷单、套路贷、校园贷、美容贷等花样翻新的诈骗犯罪,助力打好反诈人民战争,维护群众财产安全。

维护公民个人信息安全。信息时代,个人信息安全保护变得突出和紧迫。认真贯彻个人信息保护法,严惩窃取倒卖身份证、通讯录、快递单、微信账号、患者信息等各类侵犯公民个人信息犯罪,审结相关案件4098件,同比上升60.2%。依法从严惩治行业"内鬼"泄露个人信息。严惩利用恶意程序、"钓鱼"欺诈等形式非法获取个人信息,审理"颜值检测"软件窃取个人信息案,惩治网络黑灰产业链犯罪。严惩通过非法侵入监控系统贩卖幼儿园、养老院实时监控数据的犯罪分子。对侵犯个人信息、煽动网络暴力侮辱诽谤的,依法追究刑事责任。出台人脸识别司法解释,制止滥用人脸识别技术行为,让公众不再为自己的"脸面"担忧。审理人脸识别第一案,明确人脸识别技术应用范围,守护公众重要生物识别信息安全。

强化人权司法保障。坚持罪刑法定、疑罪从无、证据裁判,依法宣告511名公诉案件被告人和383名自诉案件被告人无罪,确保无罪的人不受刑事追究,还无罪的人清白。会同司法部完善死刑复核案件法律援助制度,依法保障死刑案件被告人获得辩护的权利。推动实现刑事案件律师辩护全覆盖。与全国律协召开座谈会,健全工作机制,切实保障律师执业权利,充分发挥律师促进公正司法和人权保障的重要作用。律师服务平台为33万名律师提供在线立案服务244万件、案件排期避让提醒40万次。坚持实事求是、有错必纠,按照审判监督程序再审改判刑事案件2215件。出台国家赔偿案件精神损害赔偿司法解释。司法救助4万人,发放救助金9.2亿元。准确贯彻宽严相济刑事政策,该宽则宽,当严则严,对挑战法律权威、挑衅公共秩序、侵犯人民利益的,依法严惩不贷。

二、积极服务经济社会高质量发展

完整、准确、全面贯彻新发展理念，服务构建新发展格局，党中央决策部署到哪里，司法服务就跟进到哪里。各级法院审结一审民商事案件1574.6万件、行政案件29.8万件，同比分别上升18.3%和12%。

持续服务"六稳"、"六保"。妥善处理因疫情引发的劳资用工、购销合同、商铺租赁等纠纷，审结涉疫民商事案件14.2万件。出台助力中小微企业发展20条实招硬招，着力解决挤压生存发展空间、拖欠账款、超标的查封乱查封等侵害中小微企业权益问题。天津、江苏、河南、重庆等法院运用"滚动解封"等方式，防止大额资金冻结对中小微企业资金链的冲击。辽宁法院以海事强制令帮助数百家进口冷链企业解决清关难题，降低疫情对进出口贸易的影响。

助推法治化营商环境建设。坚持"两个毫不动摇"，落实服务新时代加快完善社会主义市场经济体制意见，对国企民企、内资外资、大中小微企业等各类市场主体依法平等保护。依法审理涉国资国企案件，助推国有经济布局优化和结构调整，服务国企改革三年行动。加强产权司法保护，再审纠正涉企刑事冤错案件30件39人，坚决防止把民事责任变为刑事责任，发布17件产权保护典型案例，弘扬契约精神和企业家精神。依法破除对民营企业在投资、市场准入等领域设置的门槛，清理涉民营企业积案。辽宁、吉林、黑龙江、湖北、湖南等法院建立涉企案件生产经营影响评估机制。审结行政许可、行政协议案件2.1万件，服务深化"放管服"改革。山西、内蒙古、安徽、河南、海南、贵州等法院着力推进行政机关负责人出庭应诉，河北、江西、山东、陕西、甘肃等法院加强行政争议实质性化解，服务法治政府建设。

促进创新驱动发展。审结一审知识产权案件54.1万件，同比增长16.1%，保护创新、激励创造。审理涉5G通信、生物医药、高端制造等高新技术案件，加强关键核心技术和原始创新成果保护。明确职务发明权属争议的判断标准，激励科研人员创新创造。对科研人员已尽勤勉义务但因技术路线选择失误的，合理界定法律责任，营造鼓励创新、宽容失败的良好环境。着力破解知识产权维权"举证难、周期长、赔偿低、成本高"等难题。出台知识产权惩罚性赔偿司法解释，在895件案件中对侵权人判处惩罚性赔偿。依法适用行为保全制度，以先行判决和临时禁令相结合的方式防止损害扩大，不让权利人赢了官司输了市场。支持向滥诉者索赔合理开支，对恶意诉讼阻碍创新行为说"不"。我国已经成为审理知识产权案件尤其是专利案件最多的国家，也是审理周期最短的国家之一。知识产权审判在服务创新发展中作用愈来愈显现。

维护市场公平竞争。加强反垄断和反不正当竞争司法，审结垄断案件49件、不正当竞争案件7478件。探索数据权利保护规则，服务数字经济，促进电子商务发展。审理平台"二选一"、刷单炒信等垄断和不正当竞争案件，严惩妨碍公平竞争、损害群众利益行为。审理"茶颜悦色"奶茶诉"茶颜观色"不正当竞争案，对傍名牌等不正当竞争行为予以制裁。明确"青花椒"等"碰瓷式维权"不受保护，对相关诉讼请求予以驳回。

推动市场主体有序退出和有效救治。审结破产案件1.3万件，涉及债权2.3万亿元，促进企业优胜劣汰和要素资源高效配置。充分发挥破产审判"积极拯救"和"及时出清"功能，同时坚决防止借破产之名逃废债。配合全国人大常委会开展企业破产法执法检查，促进完善破产法律制度。深圳个人破产条例首案裁定生效，让依法经营、诚实守信的债务人可以从头再来，个人破产制度实践迈出重要一步。审结破产重整案件732件，盘活资产1.5万亿元，让745家困境企业再获新生，35万余名员工稳住就业。

促进金融市场健康发展。依法严惩金融证券犯罪，审结操纵市场、内幕交易、非法集资、洗钱等犯罪案件1.3万件。审结金融纠纷案件155.3万件，依法处理涉供应链金融、不良资产处置、私募投资基金等纠纷，有力推动防范化解金融风险。依法妥善审理康美药业案，严惩证券违法犯罪，支持陷入债务危机企业重整再生。依法否定职业放贷、高利转贷、变相高息等行为效力，引导民间融资服务实体经济。北京金融法院建设金融司法大数据研究中心，提出保障"北交所"25条举措，服务国家金融管理中心建设。上海金融法院深入推进金融审判专业化，建立金融纠纷法律风险防范报告年度发布机制，服务上海国际金融中心建设。

服务社会主义文化强国建设。旗帜鲜明保护革命文物和红色遗存。河北法院审理长城保护公益诉讼案，一体化保护长城遗迹和历史、环境风貌。江苏法院完善大运河司法保护机制，促进河道治理和文化遗产保护。福建法院在世界遗产地、历史文化街区等设立巡回法庭，保护文化根脉传承。贵州法院发出传统村落司法保护令，守护乡愁记忆。

促进人与自然和谐共生。审结一审环境资源案件26.5万件。制定生态环境侵权禁止令、惩罚性赔偿等司法解释。审理绿孔雀预防性保护公益诉讼案，贯彻"保护优先、预防为主"原则。浙江安吉法院"森林法官"守护森林竹海，践行"两山"理念。青海三江源、祁连山、青海湖生态法庭联动，共同守护"中华水塔"。落实谁污染谁治理、谁破坏谁赔偿，探索公益诉讼损害赔偿专项基金制度，江苏、江西等法院委托第三方监管，保障生态修复资金专款专用。出台贯彻长江保护法实施意见，守护一江清水、两岸青山。山东法院与执法机关协同治理油泥砂和落地原油污染，保护黄河三角洲。湖北法院依法保障全国碳排放权注册登记结算机构建设，广东法院审理碳排放权交易结算案，福建法院推行"碳汇"认购等替代性修复方式，依法助力碳达峰碳中和。与联合国环境规划署共同举办世界环境司法大会，通过《昆明宣言》，促进凝聚共建地球生命共同体的国际共识。

服务区域协调发展战略实施。出台服务北京"两区"建设意见，北京、天津、河北法院聚焦雄安新区建设、北京非首都功能疏解、天津滨海新区高质量发展精准发力，助推京津冀协同发展。完善涉冬奥纠纷多元化解机制，及时化解涉京张高铁项目等纠纷，助力办好简约、安全、精彩的北京冬奥会冬残奥会。上海、江苏、浙江、安徽法院推进执行跨区联动、信息全域共享、服务标准协同，服务长三角一体化发展。支持浦东打造社会主义现代化建设引领区，提出建设金融审判创新试验区等21条举措。完善落实对黄河流域生态保护和高质量发展的司法服务措施。完善支持横琴、前海两个合作区建设司法政策，服务粤港澳大湾区建设。出台服务成渝地区双城经济圈建设意见，重庆、四川法院围绕知识产权、环境资源、跨域诉讼服务唱好司法协作"双城记"。山西、江西、河南、湖北、湖南等法院精准服务先进制造业、现代农业发展，助推中部地区加快崛起。

服务高水平对外开放。审结一审涉外民商事案件2.1万件、海事案件1.4万件。贯彻对外开放基本国策，依法平等保护中外当事人合法权益。海南法院审理外籍渔民在我国南海海域非法捕捞水产品案,依法判处有期徒刑并判令承担生态修复费用,对我国管辖海域实施有效司法管控。广西法院高效处理"艾丽肯"号外籍货船诉前保全案,外方当事人主动将约定的外国仲裁变更为我国法院管辖。随着我国司法国际公信力日益提升,外国当事人主动选择中国司法管辖日益增多。联合国贸法会法规判例库收录涉疫情涉外商事海事案件指导意见,收录我国司法案例已达36件。举办海上丝绸之路(泉州)司法合作国际论坛,在山东青岛举办上合组织国家地方法院大法官论坛,加强最高人民法院国际商事法庭建设,服务共建"一带一路"高质量发展,推动构建人类命运共同体。

维护国防利益和军人军属合法权益。审结破坏军事设施、泄露军事秘密、破坏军婚等涉军犯罪案件466件,服务国防和军队现代化。会同退役军人事务部推进设立"老兵调解室",积极开辟退役军人诉讼绿色通道。推广河南法院涉军维权"信阳模式"。军事法院发挥涉军维权服务平台作用,维护官兵权益。推进军事行政审判试点,促进军政军民团结。审理侵害英烈名誉荣誉、亵渎英雄墓碑等案件,让侮辱烈士的人受到制裁,让戍边英雄的丰碑永远高高耸立。

三、始终坚持以人民为中心

牢记人民至上,始终把人民群众呼声作为第一信号,及时高效便捷化解矛盾纠纷,依法保障人民群众合法权益,让人民群众切实感受到公平正义就在身边。

切实实施民法典。民法典颁布实施,让民事权利保护进入法典时代。适用民法典审理一系列与百姓生活息息相关的"第一案"。审理老旧小区加装电梯案,保障民生工程顺利进行,促进邻里团结和睦。审理好意同乘减轻责任案,鼓励互帮互助,增进社会互信。审理多起居住权案,保障困难群众生活居住需要,驳回"强行啃老"等无理居住权请求。及时签发人格权侵害禁令,为保护生命健康、名誉荣誉、个人隐私等提供预防和救济。民法典实施一年多来,走进千家万户,进入百姓心田,一个个司法案例让民法典条文变得更加鲜活起来,让群众切实感受到民法典就是人民权利的保障书,就是日常生活的法律百科全书。

大力弘扬社会主义核心价值观。通过司法断案弘扬真善美、鞭笞假恶丑。审理侵害袁隆平院士名誉荣誉案,坚决维护共和国功勋的尊严。审理女童热心助人致伤案,判决善意助人不担责。审理小区保安送老人就医被索赔案,驳回无理赔偿请求。审理医院号贩子逃跑摔伤索赔案,判决追赶者无责。审理高铁霸铺案,判决对公共场所不文明行为曝光无需担责。对长期霸占已售房屋、要横抗拒执行的当事人采取强制搬迁措施,决不让"赖而不决"有机可乘。通过一系列司法判决,鼓励崇尚英模、邻里相助、见义勇为、助人为乐、志愿服务、舆论监督,决不向要横霸道者让步,决不迁就纵容恶习陋俗,让广大群众知道法治社会提倡什么、反对什么、禁止什么。

扎牢民生司法保障网。审结涉及教育、就业、医疗、养老、消费、社会保障等案件154万件,促进保障和改善民生。完善新就业形态纠纷司法政策,依法治理欠薪问题,加强劳动权益保障。会同中国残联发布保护残疾人典型案例,切实保障残疾人合法权益。出台网络消费司法解释,对直播带货、外卖餐饮作出规范,依法保护网络消费者合法权益。依法遏制利用"法拍房"、"借名买房"规避限购,绝不允许通过不当手段影响楼市调控、损害百姓居住权益。

促进家庭文明建设。加强家事审判工作,守护家庭幸福的港湾。审结婚姻家庭案件183.1万件。坚决反对家庭暴力,依法严惩施暴者,会同全国妇联推动人身安全保护令落地见效,发出保护令3356份,全面加强妇女儿童权益保护。加强对老年人的司法保护,对不赡养九旬母亲的4个儿子依法判令承担赡养责任并予以训诫,加大惩处力度。通过家事审判,维护和弘扬中华民族重视家庭、尊老爱幼的传统美德。

守护未成年人健康成长。完善中国特色少年司法制度,最高人民法院设立少年法庭工作办公室和6个巡回审判点,全国法院设立2181个少年法庭。深入贯彻未成年人"两法",坚持最有利于未成年人原则,确保未成年人依法得到特殊、优先保护。严惩侵害未成年人犯罪。坚持教育感化挽救方针,对未成年人犯罪采用圆桌审判,封存犯罪记录,预防和减少重新犯罪。落实家庭教育促进法,对一些父母不正确实施家庭教育、怠于履行抚养监护义务、为孩子订"娃娃亲"等行为进行训诫,发出家庭教育令,对虐待儿童的剥夺监护权。四川法院设立涉诉未成年人家庭教育指导工作站,安徽法院会同妇联等部门落实留守儿童委托照护责任,增强留守儿童自我保护及家庭保护意识。审理短视频侵犯儿童个人信息等案件,制止侵害未成年人合法权益行为。各地法院常态化开展"法治进校园"活动,积极创建法治副校长品牌,开发适合青少年的法治教育课程,防治和惩处校园欺凌行为,陕西法院联合推出全媒体模拟法庭栏目"红领巾法学院",共同营造保护关爱未成年人的良好环境。

维护港澳台同胞、海外侨胞和归侨侨眷合法权益。审结涉港澳台案件2.8万件,办理涉港澳台司法协助互助案件8933件,审结涉侨案件4220件。加强与港澳规则衔接、机制对接,为港澳同胞在内地就业、创业、生活提供保障。与香港相互认可和执行婚姻家事判决、试点相互认可和协助破产程序。与澳门签署仲裁程序相互协助保全安排。会同中央台办建立在线诉调对接,84名台胞担任调解员,发布维护台胞权益典型案例。举办海峡两岸暨香港澳门司法论坛,在甘肃敦煌举办中华司法研究论坛,深化中华司法文化研究。

巩固基本解决执行难成果。围绕中央全面依法治国委2019年1号文件贯彻落实情况开展督察,深化执行难综合治理、源头治理。坚持高效公正规范文明执行,全国法院受理执行案件949.3万件,执结864.2万件,执行到位金额1.94万亿元。打通查人找物、财产变现、协同联动、精准惩戒、打击拒执等方面堵点,使守信者受益、失信者受限。会同自然资源部提升土地查封处置效率。会同民航局治理限高人员通过"黄牛"违规购票规避执行。会同证监会规范上市公司质押股票冻结。网络查控案件1971万件,网络拍卖成交4323亿元,同比分别增长34.6%和7.4%。开展执行款物集中清理、高效为民执行、涉民营企业积案攻坚等专项行动。执行到位涉民生、涉小微企业、涉10万元以下小标的案件案款898.4亿元。内蒙古、广西、西藏、青海、宁夏、新疆等法院健全执行联动机制。我国民事执行制度优越性不断显现,手段更加有力,执行工作机制和模式更加健全。

用心化解涉诉信访。坚持把涉诉信访工作作为倾听群众心声、解决群众诉求、了解社情民意的重要窗口。建立覆盖四级法院的网上申诉信访平台,畅通群众诉求表达"直通车",有访必录、有信必录。集中治理重复信访,通过领导干部接访、律师代理申诉、公开听证等方式,化解信访积案3739件,帮助群众解开"法结"、"心结"。安徽法院351名领导干部带头接访、包案化解。全国法院涉诉信访、涉诉进京访较2019年分别下降2.3%和61.6%。2015年以来涉诉信访、涉诉进京访年均下降5.5%和35%。

为人民群众提供一站式多元解纷服务。进入新时代，我国社会主要矛盾发生变化。人民法院受理的案件是矛盾纠纷的具体表现。化解这些矛盾，既是满足人民群众对美好生活和公平正义向往的需要，也是促进社会发展的需要。旧的矛盾解决了，新的矛盾又会显现出来。有矛盾就有冲突，甚至是激烈的冲突，不能回避，不能推诿，要不怕难，要耐得烦，要敢于担当。人民法院化解以案件形式呈现的矛盾，就是通过司法践行以人民为中心的重要方式。人民法院不仅要定分止争，还要为群众化解纠纷提供多种解决方案，把非诉讼纠纷解决机制挺在前面，提供菜单式、集约式、一站式服务，包括调解、仲裁、审判。群众需要什么方式就努力提供什么方式，真正做到方便快捷、诉非对接、线上线下联动。经过三年多不懈努力，集约集成、在线融合、普惠均等的中国特色一站式多元纠纷解决和诉讼服务体系全面建成。**"菜单式"服务提供多样化选择，让群众解纷变得及时便捷**。与全国总工会、中国侨联、全国工商联、银保监会、中小企业协会等11家单位建立"总对总"在线调解机制，6.3万个调解组织和26万名调解员进驻调解平台，丰富了群众选择适合渠道解决纠纷的"菜单库"。覆盖城乡的跨域立案网点超过1.3万个，累计提供跨域立案服务14万件，90%的申请在30分钟内响应，把司法服务送到群众家门口。**线上线下融合服务让"正义提速"，显著降低群众、企业和国家财政解纷成本**。以人民法院在线服务平台为总入口，集成在线调解、电子送达、委托鉴定等10个平台，实现在线服务四级法院全覆盖，群众打官司从原来的耗时费力变为全流程"掌上办理"。全国法院2021年在线调解纠纷突破1000万件，平均每分钟51件成功化解在诉前，诉前调解案件平均办理时长17天，比诉讼时间少39天。完善分调裁审机制，全国法院诉讼服务中心全部设立速裁工作室，速裁快审案件871.5万件，平均审理周期32天，较一审民商事案件缩短43%。设立330个邮政集约送达服务中心，在主要城市基本实现法律文书"次日达"。**24小时服务，让群众办理诉讼事务"零时差"**。739个法院推出24小时诉讼服务。12368热线发挥诉讼"总客服"作用，"一号通办"实质性办理诉讼事务，日均接听群众来电2.1万件次，帮助解决诉求765.1万件，群众满意度达96%。北京、天津、上海、重庆等法院"夜间法庭"解决超大城市上班族诉讼不便问题，让诉讼服务"不打烊"。**送法下乡"零距离"，打通服务群众"最后一公里"**。坚持和发展新时代"枫桥经验"，推动人民法院调解平台进乡村、进社区、进网格，8429个人民法庭入驻，43033个基层治理单位对接。宁夏闽宁法庭主动服务东西部扶贫协作，长年扎根移民安置区，与走出大山的群众共谱"山海情"。四川"石榴籽"调解室、云南"金花"调解室、西藏"送法进边境村居"、新疆"冬不拉"调解室、兵团"农牧团场法官工作室"等受到各族群众欢迎。加强巡回审判，马背法庭、车载法庭深入田间地头、厂矿林区，就地立案、就地调解、就地审判、督促就地履行，"马锡五审判方式"在新时代焕发新的生机活力。目前，我国已建成世界上联动资源最多、在线调解最全、服务对象最广的一站式多元纠纷解决和诉讼服务体系，走出了一条中国特色司法为民之路。

四、深入推进司法体制改革和智慧法院建设

认真贯彻党中央司法改革部署，坚持体制改革和科技创新双轮驱动，一仗接着一仗打，一个难题接着一个难题攻克，让公平正义成为新时代人民司法的鲜亮底色。2021年，全国法官人均办案238件，一审服判息诉率88.7%，二审后达到98%，长期未结诉讼案件同比

减少16.3%，在案件压力增大情况下，审判质效指标持续稳中向好，人民群众对司法公正的获得感不断增强。

深化司法体制综合配套改革。加强司法责任体系建设，推动健全制约有效、监督到位、权责统一的新型审判权力运行机制。细化"四类案件"监督管理，确保院庭长监督不缺位、不越位、可追溯。出台法官惩戒工作程序规定，扎紧违法审判责任追究的制度闭环。推进四级法院审级职能定位改革试点。成立最高人民法院统一法律适用工作领导小组，发挥审判委员会、专业法官会议、司法解释、案例指导统一裁判尺度作用，推行类案检索、量刑规范化，运用司法大数据辅助办案，加强对各高级法院审判业务文件审查，规范法官裁量权。完善统一法律适用机制，补齐短板，努力解决裁判尺度不统一问题，坚持不懈防止公平正义因地区、城乡、行业和身份不同而出现差异、打折扣。

提高审判质效和司法公信力。完成民事诉讼程序繁简分流改革试点，推进案件繁简分流、轻重分离、快慢分道。深化以审判为中心的诉讼制度改革，落实证人、鉴定人、侦查人员出庭作证，以庭审程序公正保障裁判实体公正。依法准确适用认罪认罚从宽制度。深化最高人民法院巡回法庭改革和建设，更好实现就地解决纠纷、方便群众诉讼、维护司法公正。

加强智慧法院建设。面对疫情，智慧法院大显身手，全国法院在线立案1143.9万件，在线开庭127.5万场。司法区块链上链存证17.1亿条，电子证据、电子送达存验证防篡改效果明显。形成经济社会运行大数据报告220份，"数助决策"服务社会治理。知识服务平台涵盖类案推送、信用评价、庭审巡查等业务场景，为全国法院提供智能服务1.4亿次。智慧法院创新成果在国家"十三五"科技创新成就展全方位展示，加强智慧法院建设进入国家"十四五"规划纲要，科技赋能司法展现广阔前景。

完善互联网司法模式。北京、杭州、广州互联网法院运用先发优势，推动技术创新、规则确立、网络治理向前迈进。浙江法院推进"全域数字法院"，福建法院融入"数字福建"，重庆法院探索"全渝数智法院"，司法紧跟数字时代步伐。为老年人、残疾人等积极提供辅助引导或线下服务，帮助跨越"数字鸿沟"。在全球率先出台法院在线诉讼、在线调解、在线运行三大规则，以人民为中心的互联网司法规则体系逐步建立。我国互联网司法从技术领先迈向规则引领，为经济社会数字化转型提供司法保障，为世界互联网法治发展贡献中国智慧中国方案。

五、自觉践行全过程人民民主

自觉把全过程人民民主要求贯彻到法院工作各领域各环节，坚持人民司法为人民，倾听人民心声，接受人民监督，依靠人民推进公正司法，通过公正司法维护人民权益。

自觉接受人民监督。人民代表大会制度是我国根本政治制度，是实现我国全过程人民民主的重要制度载体，接受人大监督，就是接受人民监督。自觉接受全国人大及其常委会监督，严格执行全国人大及其常委会制定的法律和作出的决议决定，依法报告工作。向全国人大常委会专题报告知识产权审判工作，落实审议意见和全国人大监察司法委专题调研报告意见，提升知识产权司法保护水平。向全国人大常委会专题汇报繁简分流改革试点情况，全国人大常委会作出修改民事诉讼法的决定，为保护当事人诉讼权利、公正高效审理民事案件提供法律保障。社会主义协商民主是我国人民民主的重要形式。自觉进行民主协商，接受民主监督，参加全国政协双周协商座谈会，共商提高涉外执法司法质效和保护未成年人权益。通过召开座谈会、联合开展重点课题调研、共同举办民营经济法治建设峰会等形式，就司法政策进行民主协商，真心诚意听取各民主党派中央、全国工商联和无党派人士意见建议，努力改进工作。办好代表建议、政协提案是接受监督的重要方式，把456件代表建议、399件日常建议和153件政协提案饱含的民声民意，积极转化为公正司法的具体措施。比如，就加强黄河流域生态保护的建议，发布司法政策和典型案例，与推动黄河流域生态保护和高质量发展领导小组办公室共建行政司法协同机制。就加强食品安全司法保护的建议，完善惩治危害食品安全犯罪刑事政策，探索建立食品安全公益诉讼惩罚性赔偿制度。邀请代表委员旁听庭审、见证执行、视察法院，让司法活动始终置于人民监督之下。6960名各级代表委员、特约监督员、律师在执行案款集中发放日受邀见证。公开是最好的监督，裁判文书网累计公开文书1.3亿份，网上观看庭审直播累计超过456亿人次。广泛接受社会监督，认真听取特约监督员、特邀咨询员和专家学者意见建议，善于从意见建议中准确把握人民群众新要求新期待。自觉接受舆论监督，回应社会关切热点，会同中央广播电视总台联合发布"新时代推动法治进程十大案件"，与舆论形成良性互动，共同维护社会公平正义。

保障人民参与司法。畅通人民参与司法决策的渠道，努力让司法解释、司法政策都充分体现民意。通过组织座谈、走访调研等形式，听取代表委员特别是企业界代表委员、特约监督员意见，了解疫情下"企业想要什么"、"司法能做什么"，有针对性地出台司法助力中小微企业发展20条。邀请代表列席审委会发表意见，共同研究铁路运输人身损害赔偿司法解释。就"同命同价"、网络消费、在线诉讼等关系群众切身利益的5件司法解释，向社会公开征求意见，收到4138条意见建议。人民陪审员制度是人民参与司法的最直接形式。贯彻实施人民陪审员法，扩大参审范围，落实随机抽取。全国共有33.2万名人民陪审员，参审案件237.3万件，其中参与组成七人合议庭审结群众广泛关注、社会影响重大的案件6670件，充分发挥人民参与司法的重要作用。

依靠人民推进公正司法。紧紧依靠人民支持推进司法改革、破解工作难题。全国人大常委会修改完善刑事和民事诉讼制度，修订人民法院组织法、法官法，就四级法院审级职能定位等重大改革及设立专门法院作出决定，有力支持司法体制改革。31个省级人大及其常委会作出决议或出台文件，支持法院推进解决执行难。湖北省人大常委会通过决定，支持人民法庭促进基层社会治理。代表委员寓支持于监督之中，积极帮助解决困难和问题，有的直接参与法院化解矛盾纠纷。在扫黑除恶、攻坚执行难、一站式建设等一场场硬仗中，代表委员大力支持，人民群众广泛参与，推动我国社会主义司法制度展现蓬勃生机。

贯彻监察法和监察法实施条例，支持配合监察机关依法履行监督、调查、处置职责，自觉接受监察机关对法院工作人员监督。落实党中央关于加强新时代检察机关法律监督工作的意见，依法接受检察机关诉讼监督，认真审理抗诉案件，健全检察长列席审委会制度，共同维护司法公正。

六、着力建设忠诚干净担当的法院铁军

深入开展党史学习教育和法院队伍教育整顿，法院队伍得到前所未有的淬炼，思想作风发生深刻变化，精神面貌焕然一新。

扎实开展党史学习教育。坚持以习近平新时代中国特色社会主义思想武装头脑、指导实践、推动工作。推进习近平法治思想进教材进课堂进头脑，轮训干警80万人次，把学习习近平法治思想作为新进机关青年干部"第一课"。深入学习贯彻习近平总书记"七一"重要讲话精神，推进党史学习培训全员覆盖，引导干警筑牢政治忠诚，从党的百年奋斗史中汲取智慧和力量，真正做到明理、增信、崇德、力行。举办庆祝中国共产党成立100周年人民审判成就展，推出《红色法庭百年志》纪录片，赓续人民司法红色血脉。推出15项司法为民实事清单，组织200余项办实事活动，用为民办实事的实际成效庆祝党的百年华诞。

着力提升司法能力。完善法官入额、遴选、考核、退额等制度，择优选能。开展全国基层法官大轮训。加强知识产权、涉外等专业化审判人才建设。完善法官法新旧衔接政策，支持西部和边疆民族地区法院队伍建设。培养双语法官2373人。设立最高人民法院青年法官（雄安新区）实践基地，加强援藏援疆援青干部选派，让青年干警经风雨、见世面、壮筋骨、长才干。引导广大干警改进司法作风，说老实话、办老实事、做老实人。落实"三严三实"要求，全国四级法院院长、班子成员分别到6028个乡镇人民法庭驻庭调研，扑下身子，沉下心来，与法庭干警同吃同住同工作，拜群众为师，面对面听民声，心贴心解民忧。

深入开展法院队伍教育整顿。坚持刀刃向内，清除沉疴积弊，全国法院59万名干警接受革命性锻造，实现刮骨疗毒、激浊扬清、铸魂扬威。坚持问题导向，不护短、不遮丑、不讳疾忌医，一体推进顽疾整治和建章立制。坚决整治年底不立案，严禁拖延立案、限制立案、以调代立、增设门槛，全国法院去年12月收案同比增长104.2%，群众反映长期存在的年底不立案得到有效整治。全面排查1990年以来"减假暂"案件1334.5万件，对有问题或瑕疵的5.9万件督促逐一整改，会同最高人民检察院等出台减刑假释案件实质化审理意见，决不允许"纸面服刑"、"提钱出狱"破坏公平正义。狠抓"三个规定"落实，各级法院全部突破"零报告"，11.2万人次记录报告信息12.8万条，有干预就报告、有过问就上报形成习惯。出台近亲属禁业清单、规范离任人员从业等规定，坚决斩断利益输送链条。以零容忍态度清除害群之马，最高人民法院查处本院违纪违法干警21人，各级法院查处利用审判执行权违纪违法干警3066人，其中追究刑事责任509人。坚持全面从严治党、从严治院，认真落实党风廉政建设主体责任，深刻汲取孟祥等反面典型教训，开展警示教育，一体推进不敢腐、不能腐、不想腐。学习英模、弘扬正气，全国法院涌现出一大批新时代好法官好干部，694个集体、596名个人受到中央有关部门表彰。滕启刚等24名法官牺牲在工作岗位上，他们用生命诠释了对党和人民的无限忠诚、对法治事业的无限热爱。广大干警深入学习周春梅法官用生命捍卫司法公正的崇高精神，努力践行"一心为民、知恩报党""做人，清清白白，裁判坦坦荡荡"，"说实话、办实事、脊梁不弯、正义不低头"。

各位代表，新时代人民法院工作发展进步，最根本在于习近平总书记作为党中央的核心、全党的核心掌舵领航，在于习近平新时代中国特色社会主义思想科学指引。人民法院工作取得的成绩，是习近平法治思想在司法领域的生动实践，是全国人大及其常委会有力监督，国务院大力支持，全国政协民主监督，国家监察委员会监督，最高人民检察院监督制约，各民主党派、工商联、人民团体、无党派人士民主监督支持，地方各级党政机关、全国人大代表、全国政协委员、社会各界和广大人民群众关心支持帮助的结果。在此，我代表最高人民法院表示衷心的感谢！

我们清醒看到，人民法院工作还存在不少问题和困难：**一是**精准服务经济社会高质量发展和人民群众高品质生活的司法能力不足，对司法实践新情况新问题研究不够，有的案件审判质量效率不高、效果不佳，基层司法能力仍需加快提升。**二是**司法改革还存在不到位问题，系统集成不够，司法管理存在短板，综合配套举措落实存在差距。**三是**司法不公、司法腐败问题时有发生，既有存量、还有增量，党风廉政建设和反腐败斗争任重道远。**四是**专业化人才尤其是涉外法治人才短缺问题比较突出，一些法院案多人少、招人难、留人难等问题尚未得到有效解决。对这些问题和困难，我们将在党的领导下，采取切实有效措施，努力加以解决。

2022 年工作安排

2022 年，人民法院要坚持以习近平新时代中国特色社会主义思想为指导，深入贯彻习近平法治思想，全面贯彻党的十九大和十九届历次全会精神，认真贯彻中央政法工作会议精神，认真落实本次大会决议，增强"四个意识"、坚定"四个自信"、做到"两个维护"，坚持党对司法工作的绝对领导，坚持以人民为中心，坚持统筹发展和安全，坚持稳中求进工作总基调，围绕迎接党的二十大、学习宣传贯彻党的二十大精神主线，奋力推进新时代人民法院工作高质量发展。

一是筑牢政治忠诚。深刻领悟"两个确立"的决定性意义，不断提高政治判断力、政治领悟力、政治执行力，坚决做到维护核心、绝对忠诚、听党指挥、勇于担当。建立党史学习教育常态化长效化制度机制，推进"两个维护"教育常态化。真学真信笃行习近平法治思想，始终将"努力让人民群众在每一个司法案件中感受到公平正义"记在心中、扛在肩上、落实到法院一切工作中。

二是维护安全稳定。严惩危害国家安全犯罪，坚决维护国家政治安全。贯彻反有组织犯罪法，坚持常态化扫黑除恶。严惩涉枪涉爆、黄赌毒、盗抢骗、食药环等犯罪，对电信网络诈骗犯罪保持高压态势。依法打击金融证券、逃税等犯罪，维护社会主义市场经济秩序，保障经济安全。保持惩治贪污受贿犯罪高压态势，加大对行贿惩治力度。严惩网络犯罪和跨国跨境犯罪。加强律师执业保障。推动平安医院建设。弘扬新时代"枫桥经验"，健全中国特色一站式多元纠纷解决和诉讼服务体系，服务建设更高水平的平安中国、法治中国。

三是服务发展大局。精准服务"六稳"、"六保"，服务和保障常态化疫情防控，紧盯助力中小微企业发展 20 条司法措施落实落地，切实为企业纾困解难。着力营造市场化法治化国际化营商环境。加大产权和知识产权司法保护力度。完善反垄断和反不正当竞争裁判规则。依法规范数字经济发展，保护平台从业人员劳动权益和消费者合法权益。创建"枫桥式人民法庭"，服务乡村全面振兴。强化涉军维权工作。深入践行"两山"理念，精准服务绿色、低碳发展。完善区域发展战略、自贸试验区、海南自贸港、共建"一带一路"司法服务政策。落实区域全面经济伙伴关系协定（RCEP）义务。全面提升涉外司法质效，深化国际司法合作，加强涉外法治人才培养，服务扩大高水平对外开放。坚决依法反制外国对我国企业和公民实施的"长臂管辖"。中国法院维护以国际法为基础的国际秩序坚定不移，捍卫国家主权和司法管辖权寸步不让。

四是保障民生权益。妥善审理教育、就业、养老、医疗、婚姻家庭等涉民生案件。加强妇女、儿童、老年人、残疾人权益保护。严惩性侵、拐卖妇女儿童和收买被拐卖妇女儿童等犯罪,及时发布典型案例,强化对被拐卖妇女儿童的司法保障。深入开展法治进校园活动。支持监督行政机关依法行政,强化行政争议实质性化解。加大执行工作力度,配合推进强制执行法立法。加大对革命老区、民族地区、边疆地区、脱贫地区法院建设支持力度。弘扬社会主义核心价值观。认真落实"八五"普法规划。加强涉诉信访工作。依法服务在高质量发展中促进共同富裕,不断满足人民群众对公平正义的更高需求。

五是巩固改革成果。总结司法体制改革经验,推动改革更加系统集成、协同高效。深化司法责任制改革,加快构建系统完备、规范高效的司法制约监督体系。扎实推进四级法院审级职能定位改革。深入推进统一法律适用工作。加强司法解释工作和司法政策研究应用。深化巡回法庭制度改革。加强专业化审判体系建设。认真实施新修改的民事诉讼法。深化以审判为中心的诉讼制度改革。落实认罪认罚从宽制度。深化智慧法院建设。改革无止境。坚持改革不停步,不走回头路,敢于打破利益的藩篱,依靠改革解决体制机制深层次问题和新出现的问题,推动完善中国特色社会主义司法制度。

六是锻造法院铁军。始终把党的政治建设摆在首位,坚持全面从严管党治警。深化司法人员分类管理改革,健全法官培养和遴选机制,加强员额法官履职培训。加强高素质专业化人才培养,强化基层法院队伍建设。巩固深化队伍教育整顿成果,决不让已经整治的顽瘴痼疾反弹回潮。教育整顿有期限,队伍建设无穷期。一刻不放松推进党风廉政建设和反腐败斗争,勇于自我革命,坚持抓常抓长、抓早抓小,对司法不公、司法腐败露头就打。深入推进法院队伍革命化、正规化、专业化、职业化,建设一支永远忠于党、忠于国家、忠于人民、忠于法律的法院铁军。

各位代表,我们要更加紧密地团结在以习近平同志为核心的党中央周围,坚持以习近平新时代中国特色社会主义思想为指导,弘扬伟大建党精神,不忘初心、牢记使命,埋头苦干、勇毅前行,更好发挥审判职能作用,以实际行动迎接党的二十大胜利召开,为实现第二个百年奋斗目标、实现中华民族伟大复兴的中国梦不懈奋斗!

任免事项

全国人民代表大会常务委员会
最高人民法院审判人员任免名单

(2021年12月24日第十三届全国人民代表大会常务委员会第三十二次会议通过)

一、免去杨立初的最高人民法院立案庭副庭长职务。
二、免去王新的最高人民法院刑事审判第三庭副庭长职务。
三、免去王伟的最高人民法院民事审判第一庭副庭长职务。
四、免去章志远的最高人民法院行政审判庭副庭长职务。
五、任命方玲（女）、柯胥宁、万琦为最高人民法院审判员。
六、免去刘雅玲（女）、陈纪忠、汤锷、岳利浩、张晓阳、杨国香（女）、武建华、王云飞、张炎的最高人民法院审判员职务。

最高人民法院
关于冯军、金银墙为中华人民共和国大法官的公告

法〔2022〕41号

根据《中华人民共和国法官法》等有关规定，冯军、金银墙为中华人民共和国二级大法官。

中华人民共和国最高人民法院院长
中华人民共和国首席大法官　　周　强

2022年1月30日

全国人民代表大会常务委员会
最高人民法院审判人员任免名单

(2022年2月28日第十三届全国人民代表大会常务委员会第三十三次会议通过)

一、任命吴景丽（女）为最高人民法院民事审判第一庭副庭长。
二、任命张卫兵为最高人民法院第二巡回法庭副庭长。
三、免去牛克乾的最高人民法院刑事审判第二庭副庭长、审判员职务。
四、免去姜永义的最高人民法院刑事审判第三庭副庭长职务。
五、免去方文军的最高人民法院第五巡回法庭副庭长职务。
六、免去田宏杰（女）的最高人民法院刑事审判第四庭副庭长、审判员职务。
七、任命陈健、郭鑫（女）为最高人民法院审判员。
八、免去董文濮、刘京香（女）、牛建华、夏君丽（女）、孟凡平、卢路生、张颖新（女）、王涛、肖峰、司伟、寇秉辉、季伟明的最高人民法院审判员职务。

最高人民法院
关于李勇为中华人民共和国大法官的公告

法〔2022〕68号

根据《中华人民共和国法官法》等有关规定，李勇为中华人民共和国二级大法官。

中华人民共和国最高人民法院院长
中华人民共和国首席大法官　　周　强

2022年2月28日

全国人民代表大会常务委员会
最高人民法院审判人员任免名单

(2022 年 4 月 20 日第十三届全国人民代表大会常务委员会第三十四次会议通过)

一、免去姜伟的最高人民法院副院长职务。

二、免去李勇的最高人民法院刑事审判第三庭庭长职务。

三、任命何莉(女)、滕伟(女)为最高人民法院审判委员会委员。

四、任命马岩为最高人民法院刑事审判第三庭庭长,免去其最高人民法院刑事审判第五庭副庭长职务。

五、任命周伦军为最高人民法院民事审判第二庭副庭长。

六、任命陈文全为最高人民法院审判员。

七、免去董蓓(女)、敖卫春、刘艾涛、周波、关晓海、潘才敏、张纯(女)、张能宝的最高人民法院审判员职务。

全国人民代表大会常务委员会
最高人民法院审判人员任免名单

(2022 年 6 月 24 日第十三届全国人民代表大会常务委员会第三十五次会议通过)

一、任命李勇为最高人民法院副院长。

二、免去姜伟的最高人民法院审判委员会委员、第四巡回法庭庭长、审判员职务。

三、免去韩维中的最高人民法院审判监督庭庭长、审判员职务。

四、任命胡仕浩为最高人民法院审判监督庭庭长,免去其最高人民法院第一巡回法庭副庭长职务。

五、任命赵晋山为最高人民法院第一巡回法庭副庭长。

六、任命安翱为最高人民法院第二巡回法庭副庭长,免去其最高人民法院刑事审判第一庭副庭长职务。

七、任命付向波为最高人民法院第五巡回法庭副庭长、审判员。

八、任命蔡金芳(女)为最高人民法院刑事审判第一庭副庭长。

九、任命祝二军为最高人民法院刑事审判第三庭副庭长,免去其最高人民法院第二巡回法庭副庭长职务。

十、任命郝银钟为最高人民法院刑事审判第四庭副庭长,免去其最高人民法院第五巡回法庭副庭长职务。

十一、任命董朝阳（女）为最高人民法院审判监督庭副庭长。

十二、任命齐素（女）为最高人民法院第三巡回法庭副庭长，免去其最高人民法院第六巡回法庭副庭长职务。

十三、免去马岩的最高人民法院第三巡回法庭副庭长职务。

十四、任命王灯、卢正新、刘清启、刘鹏、吴红权为最高人民法院审判员。

十五、免去郭锋、贺禔（女）、王艳彬（女）、王蔚东、钱建国、李锋、薛淼、詹靖康、董胜的最高人民法院审判员职务。

全国人民代表大会常务委员会
最高人民法院审判人员任免名单

(2022年9月2日第十三届全国人民代表大会常务委员会第三十六次会议通过)

一、任命贺小荣为最高人民法院第四巡回法庭庭长，免去其最高人民法院第二巡回法庭庭长职务。

二、任命李勇为最高人民法院第二巡回法庭庭长。

三、免去郑学林的最高人民法院民事审判第一庭庭长职务。

四、任命陈宜芳（女）为最高人民法院民事审判第一庭庭长。

五、免去张明的最高人民法院刑事审判第五庭庭长、审判员职务。

六、任命李睿懿为最高人民法院刑事审判第五庭庭长，免去其最高人民法院刑事审判第三庭副庭长职务。

七、免去王锦亚的最高人民法院立案庭副庭长职务。

八、免去包剑平（女）的最高人民法院立案庭副庭长、审判员职务。

九、任命李伟（女）为最高人民法院审判员。

十、免去闫燕（女）、贾劲松、郭凌川、秦冬红（女）、赵敏（女）、董俊武的最高人民法院审判员职务。

全国人民代表大会常务委员会
最高人民法院审判人员任免名单

(2022 年 10 月 30 日第十三届全国人民代表大会常务委员会第三十七次会议通过)

一、免去郑学林的最高人民法院审判委员会委员、审判员职务。

二、任命孟伟为最高人民法院刑事审判第一庭副庭长。

三、任命翟超为最高人民法院刑事审判第三庭副庭长，免去其最高人民法院刑事审判第一庭副庭长职务。

四、任命陈学勇为最高人民法院刑事审判第三庭副庭长。

五、任命刘小飞（女）为最高人民法院环境资源审判庭副庭长。

六、免去朱和庆的最高人民法院刑事审判第三庭副庭长、审判员职务。

七、免去叶邵生的最高人民法院刑事审判第四庭副庭长、审判员职务。

八、免去虞政平的最高人民法院审判监督庭副庭长、审判员职务。

九、任命刘颖（女）、杨凌萍（女）、焦新慧（女）、胡晓晖、邢会丽（女）、何正玲（女）、刘雪峰、兰丹丹（女）、黄睿（女）为最高人民法院审判员。

十、免去王锦亚、姚爱华（女）、朱伟德、常朝晖、李德申、曾宏伟的最高人民法院审判员职务。

最高人民法院
关于王淑梅为中华人民共和国大法官的公告

法〔2022〕239 号

根据《中华人民共和国法官法》等有关规定，王淑梅（女）为中华人民共和国二级大法官。

中华人民共和国最高人民法院院长
中华人民共和国首席大法官　　周　强

2022 年 11 月 17 日

司法文件

综 合

最高人民法院
印发《关于修改〈最高人民法院关于
司法解释工作的规定〉的决定》的通知

法发〔2021〕20号

各省、自治区、直辖市高级人民法院,解放军军事法院,新疆维吾尔自治区高级人民法院生产建设兵团分院;本院各单位:

《最高人民法院关于修改〈最高人民法院关于司法解释工作的规定〉的决定》已于2021年6月8日经最高人民法院审判委员会第1841次会议通过,现印发给你们,请遵照执行。

2021年6月9日

关于修改《最高人民法院关于司法解释工作的规定》的决定

(2021年6月8日最高人民法院审判委员会第1841次会议通过,
自2021年6月16日起施行)

根据审判执行工作的需要,经最高人民法院审判委员会第1841次会议决定,对《最高人民法院关于司法解释工作的规定》作如下修改:

将第六条第一款修改为:"司法解释的形式分为'解释'、'规定'、'规则'、'批复'和'决定'五种。"

在第六条第三款之后增加一款作为第四款:"对规范人民法院审判执行活动等方面的司法解释,可以采用'规则'的形式。"

原第六条第四款、第五款作为第六条第五款、第六款。

本决定自2021年6月16日起施行。

根据本决定,《最高人民法院关于司法解释工作的规定》作相应修改后重新公布。

最高人民法院关于司法解释工作的规定

(2006年12月11日最高人民法院审判委员会第1408次会议通过 自2007年4月1日起施行 根据2021年6月8日最高人民法院审判委员会第1841次会议通过的《最高人民法院关于修改〈最高人民法院关于司法解释工作的规定〉的决定》修正 该决定自2021年6月16日起施行)

一、一般规定

第一条 为进一步规范和完善司法解释工作,根据《中华人民共和国人民法院组织法》、《中华人民共和国各级人民代表大会常务委员会监督法》和《全国人民代表大会常务委员会关于加强法律解释工作的决议》等有关规定,制定本规定。

第二条 人民法院在审判工作中具体应用法律的问题,由最高人民法院作出司法解释。

第三条 司法解释应当根据法律和有关立法精神,结合审判工作实际需要制定。

第四条 最高人民法院发布的司法解释,应当经审判委员会讨论通过。

第五条 最高人民法院发布的司法解释,具有法律效力。

第六条 司法解释的形式分为"解释"、"规定"、"规则"、"批复"和"决定"五种。

对在审判工作中如何具体应用某一法律或者对某一类案件、某一类问题如何应用法律制定的司法解释,采用"解释"的形式。

根据立法精神对审判工作中需要制定的规范、意见等司法解释,采用"规定"的形式。

对规范人民法院审判执行活动等方面的司法解释,可以采用"规则"的形式。

对高级人民法院、解放军军事法院就审判工作中具体应用法律问题的请示制定的司法解释,采用"批复"的形式。

修改或者废止司法解释,采用"决定"的形式。

第七条 最高人民法院与最高人民检察院共同制定司法解释的工作,应当按照法律规定和双方协商一致的意见办理。

第八条 司法解释立项、审核、协调等工作由最高人民法院研究室统一负责。

二、立项

第九条 制定司法解释，应当立项。

第十条 最高人民法院制定司法解释的立项来源：

（一）最高人民法院审判委员会提出制定司法解释的要求；

（二）最高人民法院各审判业务部门提出制定司法解释的建议；

（三）各高级人民法院、解放军军事法院提出制定司法解释的建议或者对法律应用问题的请示；

（四）全国人大代表、全国政协委员提出制定司法解释的议案、提案；

（五）有关国家机关、社会团体或者其他组织以及公民提出制定司法解释的建议；

（六）最高人民法院认为需要制定司法解释的其他情形。

基层人民法院和中级人民法院认为需要制定司法解释的，应当层报高级人民法院，由高级人民法院审查决定是否向最高人民法院提出制定司法解释的建议或者对法律应用问题进行请示。

第十一条 最高人民法院审判委员会要求制定司法解释的，由研究室直接立项。

对其他制定司法解释的立项来源，由研究室审查是否立项。

第十二条 最高人民法院各审判业务部门拟制定"解释"、"规定"类司法解释的，应当于每年年底前提出下一年度的立项建议送研究室。

研究室汇总立项建议，草拟司法解释年度立项计划，经分管院领导审批后提交审判委员会讨论决定。

因特殊情况，需要增加或者调整司法解释立项的，有关部门提出建议，由研究室报分管院领导审批后报常务副院长或者院长决定。

第十三条 最高人民法院各审判业务部门拟对高级人民法院、解放军军事法院的请示制定批复的，应当及时提出立项建议，送研究室审查立项。

第十四条 司法解释立项计划应当包括以下内容：立项来源，立项的必要性，需要解释的主要事项，司法解释起草计划，承办部门以及其他必要事项。

第十五条 司法解释应当按照审判委员会讨论通过的立项计划完成。未能按照立项计划完成的，起草部门应当及时写出书面说明，由研究室报分管院领导审批后提交审判委员会决定是否继续立项。

三、起草与报送

第十六条 司法解释起草工作由最高人民法院各审判业务部门负责。

涉及不同审判业务部门职能范围的综合性司法解释，由最高人民法院研究室负责起草或者组织、协调相关部门起草。

第十七条 起草司法解释，应当深入调查研究，认真总结审判实践经验，广泛征求意见。

涉及人民群众切身利益或者重大疑难问题的司法解释，经分管院领导审批后报常务副院长或者院长决定，可以向社会公开征求意见。

第十八条　司法解释送审稿应当送全国人民代表大会相关专门委员会或者全国人民代表大会常务委员会相关工作部门征求意见。

第十九条　司法解释送审稿在提交审判委员会讨论前，起草部门应当将送审稿及其说明送研究室审核。

司法解释送审稿及其说明包括：立项计划、调研情况报告、征求意见情况、分管副院长对是否送审的审查意见、主要争议问题和相关法律、法规、司法解释以及其他相关材料。

第二十条　研究室主要审核以下内容：

（一）是否符合宪法、法律规定；

（二）是否超出司法解释权限；

（三）是否与相关司法解释重复、冲突；

（四）是否按照规定程序进行；

（五）提交的材料是否符合要求；

（六）是否充分、客观反映有关方面的主要意见；

（七）主要争议问题与解决方案是否明确；

（八）其他应当审核的内容。

研究室应当在一个月内提出审核意见。

第二十一条　研究室认为司法解释送审稿需要进一步修改、论证或者协调的，应当会同起草部门进行修改、论证或者协调。

第二十二条　研究室对司法解释送审稿审核形成草案后，由起草部门报分管院领导和常务副院长审批后提交审判委员会讨论。

四、讨论

第二十三条　最高人民法院审判委员会应当在司法解释草案报送之次日起三个月内进行讨论。逾期未讨论的，审判委员会办公室可以报常务副院长批准延长。

第二十四条　司法解释草案经审判委员会讨论通过的，由院长或者常务副院长签发。

司法解释草案经审判委员会讨论原则通过的，由起草部门会同研究室根据审判委员会讨论决定进行修改，报分管副院长审核后，由院长或者常务副院长签发。

审判委员会讨论认为制定司法解释的条件尚不成熟的，可以决定进一步论证、暂缓讨论或撤销立项。

五、发布、施行与备案

第二十五条　司法解释以最高人民法院公告形式发布。

司法解释应当在《最高人民法院公报》和《人民法院报》刊登。

司法解释自公告发布之日起施行，但司法解释另有规定的除外。

第二十六条　司法解释应当自发布之日起三十日内报全国人民代表大会常务委员会备案。

备案报送工作由办公厅负责，其他相关工作由研究室负责。

第二十七条　司法解释施行后，人民法院作为裁判依据的，应当在司法文书中援引。

人民法院同时引用法律和司法解释作为裁判依据的，应当先援引法律，后援引司法解释。

第二十八条 最高人民法院对地方各级人民法院和专门人民法院在审判工作中适用司法解释的情况进行监督。上级人民法院对下级人民法院在审判工作中适用司法解释的情况进行监督。

六、编纂、修改、废止

第二十九条 司法解释的编纂由审判委员会决定，具体工作由研究室负责，各审判业务部门参加。

第三十条 司法解释需要修改、废止的，参照司法解释制定程序的相关规定办理，由审判委员会讨论决定。

第三十一条 本规定自2007年4月1日起施行。1997年7月1日发布的《最高人民法院关于司法解释工作的若干规定》同时废止。

最高人民法院
关于为全面推进乡村振兴加快农业农村现代化提供司法服务和保障的意见

法发〔2021〕23号

为深入贯彻习近平总书记在中央农村工作会议以及在庆祝中国共产党成立100周年大会上的重要讲话精神，全面贯彻党的十九大和十九届二中、三中、四中、五中全会精神，全面贯彻落实《中共中央国务院关于全面推进乡村振兴加快农业农村现代化的意见》《中共中央国务院关于实现巩固拓展脱贫攻坚成果同乡村振兴有效衔接的意见》，充分发挥人民法院审判职能作用，为全面推进乡村振兴、加快农业农村现代化提供有力司法服务和保障，提出如下意见。

一、统一思想认识，准确把握为全面推进乡村振兴、加快农业农村现代化提供司法服务的总体要求

1. 正确把握为全面推进乡村振兴、加快农业农村现代化提供司法服务的指导思想。全面推进乡村振兴、加快农业农村现代化是以习近平同志为核心的党中央作出的重大战略部署。各级人民法院要坚持以习近平新时代中国特色社会主义思想为指导，深入贯彻习近平总书记在中央农村工作会议上重要讲话精神，全面贯彻党的十九大和十九届二中、三中、四中、五中全会精神，贯彻落实中央农村工作会议精神，增强"四个意识"、坚定"四个自信"、做到"两个维护"，立足新发展阶段，完整、准确、全面贯彻新发展理念，构建新发展格局，推动高质量发展，坚持稳中求进工作总基调，坚持加强党对"三农"工作的全面

领导，坚持农业农村优先发展，为全面建设社会主义现代化国家开好局、起好步提供有力司法服务和保障。

2. 深刻认识为全面推进乡村振兴、加快农业农村现代化提供司法服务的重大意义。党的十八大以来，以习近平同志为核心的党中央坚持把解决好"三农"问题作为全党工作的重中之重。在向全面建成社会主义现代化强国的第二个百年奋斗目标迈进的历史关口，巩固和拓展脱贫攻坚成果，全面推进乡村振兴，加快农业农村现代化，是关系大局的重大问题。各级人民法院要充分认识新发展阶段做好"三农"工作的重要性和紧迫性，坚持把司法服务和保障"三农"问题作为工作重中之重，采取切实有力措施推动乡村振兴，促进农业高质高效、乡村宜居宜业、农民富裕富足。

3. 精准对接为全面推进乡村振兴、加快农业农村现代化提供司法服务的目标任务。"十四五"时期，我国将进入新发展阶段。各级人民法院要建立健全上下贯通、一抓到底的工作体系，围绕目标任务，压实责任，督促检查，将服务巩固拓展脱贫攻坚成果纳入审判执行的总体工作之中，推动人民法院服务和保障全面推进乡村振兴、加快农业农村现代化各项政策举措落实落地。

二、稳固农业发展基础，促进农业高质高效

4. 依法惩处涉重要农产品违法犯罪行为，推进实施重要农产品保障战略。坚持依法严惩方针，从严从快惩处走私大米、玉米、食糖等农产品犯罪行为，保持打击重要农产品走私犯罪活动高压态势，保障人民群众食品卫生安全和农产品质量安全。严厉打击超剂量超范围用药、违规使用原料药、不执行间隔期休药期等违法行为，加强行政执法和刑事司法的有效衔接，推动农药兽药残留治理工作，保障人民群众"舌尖上的安全"。持续推进惩治制售假种子、假化肥、假农药等伪劣农资犯罪行为，保障粮食和重要农产品供应安全，保护农业生产经营秩序，助推质量兴农。

5. 落实最严格的耕地保护制度，确保国家粮食安全。严厉打击破坏土地资源犯罪行为，依法认定违法占用耕地建房等合同无效，支持行政机关依法开展土地行政执法工作。积极配合有关部门推进农村乱占耕地建房专项整治行动，加大对涉及乱占耕地建房违法行为的生效裁判和行政处罚决定中金钱给付义务的强制执行力度，坚决遏制耕地"非农化"，防止"非粮化"。综合发挥刑事、民事、行政等审判职能作用，推进耕地污染管控，坚守18亿亩耕地红线。

6. 依法审理农村土地承包经营案件，推进现代农业发展。按照"落实集体所有权、稳定农户承包权、放活土地经营权"要求，依法审理农村土地"三权分置"纠纷案件，推进完善以家庭承包经营为基础、统分结合的双层经营体制，确保农村土地承包关系稳定并长久不变，维护农民集体、承包农户、经营主体的合法权益。依法审理涉土地经营权抵押权以及土地经营权流转合同等纠纷案件，保障农村土地经营权有序流转，推动家庭农场培育和农民合作社质量提升，助力现代农业经营体系建设。

7. 加大涉农知识产权司法保护力度，推动农业科技进步和创新。加强涉农知识产权案件审判工作，加大对种源"卡脖子"农业关键核心技术等知识产权司法保护力度，激发创新活力，推动农业科技自立自强。依法审理侵害植物新品种权纠纷案件，秉持有利于权利保

护的司法理念，扩大育种创新成果法律保护范围，通过司法手段推动育种创新。加强种业知识产权保护，强化与相关部门的沟通协作，推动司法保护和行政保护有效衔接，推进高质效合作。加大对"南繁硅谷"种业知识产权司法保护力度，推动制种基地和良种繁育体系建设，助推品种培优、品质提升、品牌打造和标准化生产，增强种业自主创新的内在动力。

8. 加强农业生态环境司法保护，推进农业绿色发展。坚持生态优先、绿色发展理念，充分发挥生态环境保护的引领和倒逼作用，推进荒漠化、石漠化、坡耕地水土流失综合治理、农业面源污染治理、重点区域地下水保护与超采治理，加大黑土地司法保护力度，以持续改善环境质量促进农村经济社会发展全面绿色转型。加大对涉农环境污染、生态破坏违法犯罪行为的惩处力度，确保保护生态环境"最严密的法治"有效实施，维护农业生态安全。依法审理涉农村地区环境污染、生态破坏责任纠纷以及民事、行政公益诉讼案件，坚守"绿水青山就是金山银山"理念，强化环境治理与生态修复工作，探索多样化责任承担方式。依法审理长江、黄河等重点水域禁捕案件，充分发挥流域司法协作效能，持续推进大江、大河生态环境整体保护和系统治理。

三、助力乡村建设行动，打造宜居宜业美丽乡村

9. 贯彻落实总体国家安全观，促进乡村和谐稳定。持续推进农村地区扫黑除恶斗争常态化，依法严惩宗族恶势力和"村霸""市霸""行霸""路霸"等农村黑恶势力，不断增强人民群众安全感。依法惩处侵害农村留守儿童、妇女和老年人以及残疾人、困境儿童合法权益犯罪行为，加大对农村留守儿童、妇女和老年人以及残疾人、困境儿童等特殊弱势群体的司法保护力度，加强对农村留守儿童、妇女和老年人以及残疾人、困境儿童的关爱服务。加大对农村非法宗教活动和境外渗透活动的惩处力度，严厉打击组织和利用邪教组织犯罪，防止邪教向农村渗透。协同有关部门建立健全农村应急管理工作机制，依法制止利用宗教、邪教干预农村公共事务，促进稳固农村基层政权。

10. 服务打好污染防治攻坚战，推进农村人居环境整治提升。围绕打好污染防治攻坚战总体目标，依法履职尽责，支持农村地区推进生活垃圾治理专项行动，推进农村人居环境整治。针对农村地区污水、黑臭水体、垃圾污染等群众反映强烈的突出问题，依法公正高效审理相关案件，运用司法手段推动改善生态环境质量，助力推进村庄清洁和绿化行动。

11. 妥善审理涉农村地区基础设施建设纠纷案件，助推补齐农村发展短板弱项。依法审理涉农村地区高速公路、客货共线铁路、水利、电力、机场、通讯网络等重大基础设施建设工程纠纷案件，持续推进改善农村地区基础设施条件。依法审理涉农村资源路、产业路、旅游路等建设纠纷案件，持续推进"四好农村路"建设。依法审理农村地区农产品和食品仓储保鲜、冷链物流设施建设纠纷案件，支持乡村特色产业发展壮大。

12. 加大对农村地区历史文化遗产的司法保护力度，推进优秀历史文化传承。依法审理破坏历史文化名镇名村、文物、历史建筑以及传统村落、传统民居等农村物质文化遗产案件，加大对农村物质文化遗产的司法保护力度。综合运用多种手段，助推农村非物质文化遗产的传承和开发利用。

13. 助推农村要素市场化配置改革，激发乡村发展内生动力。审慎审理集体经营性建设用地纠纷案件，推动探索实施农村集体经营性建设用地入市制度，助推土地要素市场化配

置，推进农村土地制度改革。按照国家政策及相关指导意见，区分国家确定的宅基地制度改革试点地区与非试点地区，依法妥善处理宅基地使用权因抵押担保、转让产生的纠纷，依法保护当事人权益，助推农村宅基地制度改革。进一步推进劳动人事争议调解仲裁与诉讼衔接，妥善审理涉农民工劳动争议案件，支持劳动力等要素市场化配置，引导劳动力要素合理畅通有序流动，推动完善要素交易规则。

14. 发挥司法裁判规则引领和价值导向作用，促进乡风文明。以贯彻民法典为契机，加强裁判文书说理，深入推进社会主义核心价值观融入裁判文书释法说理，推动社会主义核心价值观转化为人民群众的情感认同和行为习惯。贯彻《新时代公民道德建设实施纲要》，坚持把社会主义核心价值观融入司法工作，用群众喜闻乐见的方式，加强以案释法和法治宣传，以法治大力弘扬真善美、打击假恶丑，实现法安天下、德润民心。

四、落实惠农富农政策，保障农民富裕富足

15. 依法惩处涉农业投资和农业补贴犯罪行为，确保惠农富农政策落地见效。严厉打击侵占、挪用、贪污农业投资资金犯罪行为，促进涉农资金的管理和规范使用，确保农业投资有效利用。依法惩处截留、挤占农业补贴犯罪行为，确保农业支持政策落到实处，切实保障农业补贴真正惠及农民。依法惩处集体资产管理、土地征收等领域违法犯罪行为，推动开展农村基层微腐败整治，不断提升农民群众幸福感。

16. 积极开展根治欠薪专项行动，依法保护农民工合法权益。加大脱贫地区公共基础建设欠薪案件的审执力度，特别是脱贫地区以工代赈基础设施建设领域欠薪案件的审执力度，切实提高根治拖欠农民工工资工作质效。加大对劳动密集型加工制造等行业农民工权益保护力度，保持治理欠薪高压态势，进一步加强劳动保障监察执法与刑事司法衔接配合工作，依法公正审理拒不支付劳动报酬刑事犯罪案件，切实保障农民工合法权益。

17. 依法保障进城落户农民合法权益，不断提升农民群体获得感、幸福感。依法保护进城农户的土地承包经营权、宅基地使用权、集体收益分配权。对于承包农户进城落户的，人民法院可通过司法手段支持保护其按自愿有偿原则依法在本集体经济组织内转让土地承包经营权，或者将承包地退还给集体经济组织。

18. 加大民生案件审执力度，切实保障农民基本生活。加大对追索劳动报酬、赡养费、扶养费、抚育费、抚恤金、医疗费用、交通事故人身损害赔偿、工伤保险待遇等案件审执力度，切实维护农民生存生活基本权益。对于被执行人确无履行能力、申请执行人面临生存生活困难的执行案件，充分利用司法救助资金，及时对符合救助条件的申请执行人进行司法救助。

五、坚持强基导向，积极服务全面推进乡村振兴和基层治理

19. 增加乡村地区司法资源供给，不断强化人民法庭建设。认真贯彻第四次全国人民法庭工作会议精神，把强化人民法庭建设、服务全面推进乡村振兴和基层治理作为一项长期工作抓紧抓实，推动人民法庭工作实现新发展，促进构建基层治理新格局。坚持强基导向，改革和优化人民法庭布局，围绕矛盾纠纷特点因地制宜设立特色巡回法庭，为解决"三农"纠纷提供更加精准化、精细化的司法服务。完善人民法庭巡回审理制度，合理设置巡回办案

点和诉讼服务点，做好巡回审判工作，最大限度减少群众诉累。充分发挥人民法庭职能作用，紧扣市域、县域治理需求，积极参与基层治理，实现人民安居乐业、社会安定有序、国家长治久安。

20. 加强对各类调解组织的指导，有效提升基层治理水平。不断加强与公安、司法、劳动人事争议调解仲裁、农村土地承包仲裁、人民调解委员会等其他基层国家机关、基层群众自治组织、行业调解组织等的协同配合，按照"不缺位、不越位、不错位"的原则，切实履行指导人民调解工作的法定职责，积极做好司法确认等诉讼与非诉讼矛盾纠纷解决机制的衔接工作。加强对各类调解组织的指导，进一步推进制度化、规范化建设，不断提升调解的工作质效，积极提升基层治理法治化水平。

21. 注重矛盾纠纷多元化解，切实把矛盾解决在萌芽状态。坚持把非诉讼纠纷解决机制挺在前面，积极推动矛盾纠纷源头预防化解。坚持和发展新时代"枫桥经验"，加强与基层党组织、政法单位、基层群众自治组织的对接，推动形成工作合力，最大限度将矛盾化解在基层。积极发挥一站式诉讼服务中心解纷功能，推动家事纠纷、相邻关系、交通事故、医疗纠纷、消费者权益保护等纠纷案件通过调解、仲裁等方式一站式化解。推进人民法庭进乡村、进社区、进网格工作，依托人民法院调解平台，通过"引进来""走出去"，构建分层递进源头预防化解矛盾纠纷路径，推动矛盾纠纷就地发现、就地调处、就地化解。探索建立以人民法庭为支点，精准对接村委会等乡村社会基层治理力量的矛盾纠纷基层预防治理机制，进一步优化人民法院信息化平台各项功能，建立乡村基层矛盾纠纷采集、处理、反馈全程网上流转机制，提升信息化平台解纷实效。

22. 加强农村法治宣传教育，营造良好乡村建设法治环境。加大以案普法、以案释法力度，深入宣传与农民群众密切相关的法律法规，推动形成"办事依法、遇事找法"的行为自觉。充分利用"12·4"国家宪法日、宪法宣传周等时间节点和农贸会、庙会等，组织开展法治宣传教育活动，促进农民群众"学法、信法、用法"。推动法治文化与民俗文化、乡土文化的有机融合，创作具有乡土文化特色、群众喜闻乐见的法治文化作品，助力开展群众性法治文化活动，积极推进法治乡村建设。

六、深化改革创新，持续完善服务"三农"工作机制

23. 坚持有序调整、平稳过渡原则，推动服务巩固拓展脱贫攻坚成果同乡村振兴政策的有效衔接。围绕接续推进脱贫地区发展和乡村全面振兴，扎实推进服务政策衔接，确保工作不留空档，增强服务保障政策稳定性。根据形势任务变化，合理把握节奏、力度，出台、优化服务保障举措，确保政策不留空白。精准对接脱贫地区人民群众司法需求，逐步实现从"两不愁三保障"转向乡村产业兴旺、生态宜居、乡风文明、治理有效、生活富裕服务举措的转变。

24. 更加注重系统观念，不断提升服务工作质效。把系统观念贯彻服务全面推进乡村振兴、加快农业农村现代化全过程，聚焦目标任务，加强前瞻性思考、全局性谋划、整体性推进，着力补短板、强弱项，不断推动人民法院服务保障工作质效。聚焦服务脱贫地区巩固拓展脱贫攻坚成果和乡村振兴目标任务，紧盯解决突出矛盾和问题，加强服务举措创新充分联动和衔接配套，切实提升服务综合效能。

25. 坚持问题导向，积极完善便民惠民司法举措。按照《全国人民代表大会常务委员会关于授权最高人民法院在部分地区开展民事诉讼程序繁简分流改革试点工作的决定》和《最高人民法院关于印发〈民事诉讼程序繁简分流改革试点实施办法〉的通知》要求，试点地区人民法院就涉农纠纷要积极优化司法确认程序、小额诉讼程序和简易程序，健全审判组织模式，探索推行电子诉讼在线审理机制，有效降低当事人诉讼成本，促进司法效率提升。坚持群众需求导向，不断升级一站式诉讼服务中心，使诉讼服务向农村延伸、向网上延伸，为当事人提供"一站通办、一网通办、一号通办、一次通办"便捷高效、智能精准的诉讼服务。加大一站式诉讼服务中心建设，让当事人到一个场所、一个平台就能一站式办理全部诉讼事项。

26. 全面深化智慧法院建设，以科技赋能人民法院服务"三农"工作。充分利用"十四五"时期网络强国、数字中国建设重大机遇，积极探索运用大数据、区块链等技术为司法工作提供强大技术支撑，加强服务乡村公共服务、基层治理等举措的数字化、智能化建设，提升司法工作的信息化、智能化水平。构建系统完备的在线诉讼规则体系，推动办案全流程在线支持、全过程智能辅助、全方位信息公开，提高司法解决涉农纠纷的便捷性、高效性、透明度。加快推进审判体系和审判能力现代化，不断提升人民法院服务全面推进乡村振兴、加快农业农村现代化的能力水平。

2021 年 7 月 14 日

最高人民法院
关于新时代加强和创新环境资源审判工作
为建设人与自然和谐共生的现代化提供
司法服务和保障的意见

法发〔2021〕28 号

为深入贯彻落实习近平生态文明思想和习近平法治思想，学习贯彻习近平总书记在庆祝中国共产党成立 100 周年大会上的重要讲话精神，党的十九大和十九届二中、三中、四中、五中全会精神，促进"十四五"规划纲要的全面实施，充分发挥人民法院审判职能作用，为构建新时代生态文明制度体系、建设人与自然和谐共生的现代化提供公正、高效的司法服务和保障，制定如下意见。

一、强化政治引领，把握新时代环境资源审判工作的前进方向

1. 坚持以习近平生态文明思想和习近平法治思想为指引。习近平生态文明思想和习近平法治思想是推进国家环境治理体系和治理能力现代化的根本遵循和科学指南。各级人

民法院要始终坚持党对环境资源审判工作的绝对领导，增强"四个意识"，坚定"四个自信"，做到"两个维护"，胸怀"国之大者"。要牢固树立以人民为中心的发展思想，努力满足人民群众日益增长的优美生态环境需要。要大力弘扬牢记使命、艰苦创业、绿色发展的塞罕坝精神，深入践行绿水青山就是金山银山的理念，严守尊重自然、顺应自然、保护自然的价值准则，遵循山水林田湖草沙冰一体保护的系统观念，用最严格制度最严密法治保护生态环境。要以共谋全球生态环境治理的国际视野，统筹国内法治与涉外法治，推动构建人类命运共同体和清洁美丽的世界。

2. 把握新时代环境资源审判工作的发展目标。各级人民法院要准确把握新发展阶段、深入贯彻新发展理念、加快构建新发展格局，推动环境资源审判工作在新时代谋新篇、开新局。要围绕建设有中国特色和国际影响力的生态环境司法保护体系的总目标，以更大的决心、更明确的思路、更精准的举措全面加强和创新环境资源审判各项工作，努力推动新时代环境司法理念得到新开拓，审判质效获得新提升，改革创新迈开新步伐，专门化建设取得新成效，服务保障能力实现新进步，国际影响力达到新高度。

3. 找准新时代加强和创新环境资源审判工作的切入点和着力点。各级人民法院要以加强环境司法能力建设为中心，完善案件审判规则，提升审判质效。要以体制机制建设为重点，构建环境资源案件刑事、民事、行政以及立案、执行协同审判大格局，完善预防性、恢复性司法措施，健全公益诉讼制度，丰富多元化纠纷解决方式。要全面落实民法典绿色原则和绿色条款，推动在具体案件审判中的规则转化。要以培育和推广精品案例为抓手，充分发挥案例的规则引领与价值导向功能。要以人工智能、大数据、区块链等信息技术为依托，促进信息技术与环境司法深度融合。要不断深化国际环境司法交流，努力提升环境司法国际话语权和规则引领权。

二、坚持以人民为中心，切实解决人民群众身边突出生态环境问题

4. 助力深入打好污染防治攻坚战。加大对环境污染违法犯罪的惩治力度，严厉打击暗管偷排、跨域倾倒、走私废物以及排污监测数据造假、环境监管失职渎职等突出违法犯罪活动。依法审理涉大气、水、土壤、固体废物以及涉新污染物环境污染民事案件，切实维护人民群众的人身财产权益和环境权益。依法审理涉危险废物、医疗废物处置案件，着力化解涉重点地区危险化学品生产企业"关停转"引发的矛盾纠纷。依法审理涉环境影响评价相关案件，促进环评在防范环境风险中的功能和作用得到有效发挥。

5. 推动城市人居环境持续改善。依法审理涉城市黑臭水体整治案件，严惩向城市河道、湖泊、海湾排污等违法犯罪活动。依法审理涉建设用地土壤污染案件，推动建设用地污染风险管控、污染场地修复，强化责任追究。依法妥善处理污水及垃圾处理场站等设施选址、建设引发的纠纷，防范环保设施二次污染，实现污染物处理客观需要和周边居民对生活环境高品质要求的有机平衡。依法审理涉城中村、棚户区、老旧小区改造，城市垃圾分类，生态景观建设相关案件，推动绿色城市、森林城市、"无废城市"建设。

6. 服务建设生态宜居的美丽乡村。依法惩治非法占用、污染耕地和渔业水域的违法犯罪行为，保障粮食和重要农产品供给安全。依法审理涉农业面源污染防治案件，提升畜禽粪污、农作物秸秆、农膜、水产附产物等农业废弃物无害化处置和资源化利用水平，助力开展

村庄清洁和绿化行动。依法审理涉传统民居、古村落、古建筑保护案件，提升乡村自然景观、人文景观的司法保护水平，助力建设"望得见山、看得见水、记得住乡愁"的美丽乡村。

三、贯彻系统观念，推动构建人与自然生命共同体

7. 强化生态系统综合保护。依法惩治非法采矿采砂、非法侵占河湖、乱砍滥伐、毁林挖草、非法开垦等破坏生态的违法犯罪活动。依法审理涉耕地休耕轮作、封育保护、生态移民、舍饲圈养等生态保护措施相关案件，推动草原森林休养生息。加大山脉、湖泊、湿地保护力度，依法审理涉退耕还林还湿、湿地保护修复工程建设、湿地用途管控相关案件，促进湿地保护水源、调蓄洪水、控制污染、调节气候等功能有效发挥。依法审理涉海岸、海洋工程建设项目以及海岛资源开发利用、海水养殖、围海造田等相关案件，推动建立陆海统筹的海洋生态环境保护修复制度，维护海洋自然再生产能力。

8. 切实维护生物多样性。严厉打击各类破坏野生动植物资源犯罪活动。依法惩治利用网络或以其他方式实施野生动植物及制品非法贸易，非法引进、释放或丢弃外来物种等违法犯罪行为。依法审理涉遗传多样性、物种多样性和生态系统多样性司法保护案件，坚持保护和可持续利用原则，遏制生物多样性丧失和生态系统退化。依法保护珍贵濒危野生动植物栖息地生态环境，护航候鸟安全迁徙。依法审理涉野生动物肇事责任保险案件，保障生物多样性重大工程有序实施。统筹疫情防控与生物多样性司法保护，助推国家生物安全治理能力水平不断提升。

9. 助力打赢长江十年禁渔持久战。严格落实《中华人民共和国长江保护法》，严厉打击"电毒炸""绝户网"等各类涉渔违法犯罪活动，依法惩治扎巢采卵、挖沙采石，切实保护长江珍贵濒危野生动物。加大对收购、加工、销售、利用非法渔获物的惩治力度，从源头和终端斩断非法捕捞地下产业链。支持和监督行政机关依法开展"清船""清网"行政执法活动，妥善处理因收缴、处置"三无"船舶和非法捕捞工具以及涉水产品市场、涉渔餐馆、渔获物市场整治引发的纠纷。依法审理涉渔民转移安置、转产转业相关案件，推动禁渔长效机制不断完善健全，保障长江流域重点水域十年禁渔落到实处。

10. 推动黄河流域生态环境不断改善。坚持共同抓好大保护、协同推进大治理原则，切实保护黄河流域生态环境。依法审理涉黄河源头冰川、高原冻土、高寒草甸、草原、河湖等重要生态系统保护案件，提升黄河上游水源涵养能力。依法审理涉黄河干流和重要支流环境污染案件，支持和监督行政机关依法开展黄土高原退耕还林还草工程建设，助力黄河污染治理和水土保持水平同步提升。依法审理涉黄河中下游三角洲湿地保护、涉水沙关系协调等案件，维护河道管理秩序，促进生态环境持续改善。

11. 保障自然保护地体系建设。加大对国家公园、自然保护区以及地质公园、森林公园、海洋公园、湿地公园等各类自然公园的司法保护力度，依法惩治在自然保护地违法开垦、开发或修筑建筑物以及排污倾废等违法犯罪活动。严格区分核心保护区、一般控制区以及其他区域的功能定位，妥善处理与区域定位不符的开发利用、退出、转型引发的矛盾纠纷，切实维护自然保护地原住民及相关权利人合法权益。依法保障长城、大运河、长征、黄河国家文化公园建设，统筹自然遗迹与人文遗迹、民俗文化一体化保护。

12. 筑牢生态安全司法屏障。依法惩治偷采盗挖泥炭黑土等违法犯罪活动，服务构建黑土地保护系统工程。保障三北防护林等防护林体系建设和国家储备林建设，助推大规模国土绿化行动顺利开展。深入贯彻冰天雪地也是金山银山的理念，依法审理涉青藏高原生态环境保护案件，切实保护好地球第三极生态。依法审理涉京津风沙源治理、三江源生态保护和建设、祁连山生态保护与综合治理、岩溶地区石漠化综合治理等国家重点生态功能区修复保护相关案件，加大对水土流失、土地沙化、石漠化、海岸侵蚀及沙源流失等生态极度脆弱区生态环境的司法保护力度，维护国家生态安全格局。

四、助推能源革命，促进经济社会绿色低碳转型

13. 提高自然资源产权司法保护水平。依法审理涉土地、草原、矿藏、森林、海域等自然资源权属案件，科学划定自然资源所有权、使用权行使边界，维护全民所有自然资源资产所有者权益。完善自然资源权属争议行政调处与司法审判的衔接，服务构建市场化、多元化的生态保护补偿机制。依法监督自然保护地内自然资源特许经营权审批，统筹协调生态环境保护与资源集约节约开发利用。关注自然资源交易平台化、金融化、信息化趋势，依法审理相关案件，服务构建统一自然资源交易市场。

14. 加大对水资源的司法保护力度。依法审理江河流域水资源保护案件，严惩破坏水环境、水生态，擅自取水、超量取水、破坏性取水等违法犯罪行为。强化对水权确权、取水许可审批、取水计量监管等行政行为的司法监督，依法审理涉水权交易相关案件。妥善处理南水北调工程建设、征地移民引发的矛盾纠纷，确保南水北调工程安全、供水安全、水质安全。将水资源司法保护主动融入长江经济带发展、粤港澳大湾区建设、长三角一体化发展、黄河流域生态保护和高质量发展等区域重大战略，为形成全国统一大市场和畅通的国内大循环提供有力的水资源支撑。

15. 助力实现碳达峰、碳中和目标。准确把握碳排放权、碳汇、碳衍生品等涉碳权利的经济属性、公共属性和生态属性，依法妥当处理涉及确权、交易、担保以及执行的相关民事纠纷。支持和监督行政机关依法查处碳排放单位虚报、瞒报温室气体排放报告、拒绝履行温室气体排放报告义务等违法行为。依法审理国家规定的机关或者法律规定的组织提起的涉碳公益诉讼和生态环境损害赔偿案件，助力形成以风能、太阳能、水能、核能、气能、生物质能等可再生能源为主体的清洁低碳安全高效能源系统。加大对京津冀及周边地区、汾渭平原、长三角地区等重点区域涉能源结构调整案件的审理力度，严格落实减污降碳协同治理。依法审理各类涉受控消耗臭氧层物质违法生产、使用和环境污染案件，助力减少非二氧化碳温室气体排放，有效应对全球气候变化危机。

16. 服务产业结构绿色优化升级。依法妥当处理涉高耗能、高排放企业规划、建设、生产引发的行政纠纷，支持和监督行政机关依法查处未批先建、批建不符等违法行为。加大对高耗能、高排放企业改制、破产和重整案件审判力度，完善市场退出机制。支持和监督行政机关依法履行排污许可监管职责，推动企业按证排污。加大绿色创新知识产权司法保护力度，鼓励清洁生产，推动重点行业和重要领域绿色化改造。支持运用金融工具助力绿色发展，服务构建绿色信贷政策法律体系，推动完善绿色债券发行制度规则，支持保险机构创新绿色保险产品和服务，促进绿色金融市场健康发展。

五、持续深化改革创新，健全环境资源审判制度体系

17. 统一环境资源审判法律适用。坚持最严格制度最严密法治，遵循罪刑法定和罪责刑相适应原则，准确把握各类环境资源刑事犯罪构成要件，正确认定单位犯罪，审慎适用从轻、减轻处罚。贯彻宽严相济的刑事政策，妥当处理发展与保护的关系，努力实现政治效果、法律效果、社会效果、生态效果的有机统一。加强自然资源使用权体系化研究，完善统一涉自然资源相关案件审判的法律适用。准确把握生态环境侵权民事诉讼、公益诉讼、生态环境损害赔偿诉讼属性和功能，构建类型化的生态环境损害责任构成要件体系，完善不同诉讼程序和责任方式的衔接机制。明确惩罚性赔偿制度适用范围，丰富生态环境修复责任方式，规范禁止令适用程序和条件，探索建立环境资源案件专门证据制度，不断健全审判程序和实体规则。

18. 加强专门化制度建设。坚持以前瞻性、全局性、战略性、整体性思维系统推进环境资源审判专门化改革。切实聚焦主责主业，加强环境资源法庭建设，充分发挥机构在专门化制度建设中的基础性作用。完善环境资源刑事、民事、行政案件"三合一"审判模式，确保环境司法理念在不同类型环境资源案件中得到统一贯彻落实。加强与公安机关、检察机关以及环境资源行政主管部门的工作协调，完善异地执行委托衔接、生态环境修复效果评估、环境修复资金管理制度等配套措施，建立全国环境资源审判信息平台。构建具有专门知识的人民陪审员参加环境资源案件审理制度，充分保障人民群众知情权、参与权和监督权。

19. 锻造素质过硬审判队伍。始终把党的政治建设摆在首位，着力提升队伍的政治判断力、政治领悟力、政治执行力，强化纪律作风建设，坚守清正廉洁底线，用真抓实干担当责任、诠释忠诚。全面加强队伍专业能力建设，加大培训力度，培养既精通环境法又熟悉相关经济、社会以及环境科学知识的专家型法官，努力建设一支党和人民信得过、靠得住、能放心的专业化环境资源审判队伍。

20. 深化国际环境司法交流。秉持公平、共同但有区别的责任原则及各自能力原则，公平公正惠益分享原则，损害担责原则，保护和可持续利用自然资源原则，携手各国加强气候变化及其影响、保护生物多样性、防治环境污染等全球环境危机的司法应对。协力构建环境司法案例、司法经验的多元化共享平台，建立常态化国际环境司法交流互访机制，促进相互借鉴和共享。加大与世界各国、国际组织的合作力度，传播中国环境司法声音，讲好中国环境司法故事，为全球环境司法事业提供中国方案。

2021 年 10 月 8 日

最高人民法院
关于印发《2022年人民法院工作要点》的通知

法发〔2022〕6号

各省、自治区、直辖市高级人民法院，解放军军事法院，新疆维吾尔自治区高级人民法院生产建设兵团分院：

现将《2022年人民法院工作要点》予以印发，请认真贯彻执行。

2022年1月20日

2022年人民法院工作要点

2022年是进入全面建设社会主义现代化国家、向第二个百年奋斗目标进军新征程的重要一年，我们党将召开二十大。各级人民法院要以习近平新时代中国特色社会主义思想为指导，深入贯彻习近平法治思想，全面贯彻党的十九大和十九届历次全会精神，认真贯彻中央经济工作会议、中央政法工作会议精神，增强"四个意识"、坚定"四个自信"、做到"两个维护"，弘扬伟大建党精神，不断提高政治判断力、政治领悟力、政治执行力，深入学习领悟"两个确立"的决定性意义，不忘初心、牢记使命，牢牢坚持党对司法工作的绝对领导，紧紧围绕"努力让人民群众在每一个司法案件中感受到公平正义"目标，坚持稳中求进工作总基调，紧紧围绕迎接二十大、学习宣传贯彻二十大主线，坚持服务大局、司法为民、公正司法，深化司法体制改革和智慧法院建设，奋力推进新时代人民法院工作高质量发展，努力建设更高水平的平安中国、法治中国，以实际行动迎接党的二十大胜利召开。

一、深入学习贯彻党的十九届六中全会精神，不断从党的百年奋斗重大成就和历史经验中汲取智慧和力量

1. 深入学习领悟"两个确立"的决定性意义。始终把坚决做到"两个维护"作为首要任务，加强忠诚教育，严明政治纪律，始终在思想上政治上行动上同以习近平同志为核心的党中央保持高度一致。坚持不懈用习近平新时代中国特色社会主义思想武装头脑、指导实践、推动工作，深刻领会"十个明确"的战略思想和创新理念，切实把党的创新理论转化为应对风险挑战、推动人民司法发展的能力。牢记党的领导是中国特色社会主义法治之魂，牢牢坚持党对司法工作的绝对领导，旗帜鲜明讲政治，善于从政治上观察和处理问题、谋划和推动司法工作，切实把讲政治和讲法律统一起来，确保党的领导贯彻到人民法院工作全过程各方面。严格执行《中国共产党政法工作条例》，认真落实重大事项请示报告制度，确保党中央决策部署在人民法院不折不扣落实到位。

2. 真学真信笃行习近平法治思想。在真学真信笃行习近平法治思想上持续用力，做到学思悟贯通、知信行统一，努力创造更高水平的社会主义司法文明，更好推进中国特色社会主义法治体系建设。持续推进习近平法治思想进教材、进课堂、进头脑，加强研究阐释，抓好全员培训，讲好生动实践，让广大干警深刻感悟思想伟力、增强道路自信。深入实施青年理论学习提升工程，巩固拓展青年理论学习小组建设成果，加强对新入法院人员的教育培训，引导年轻干部扣好投身人民司法事业的"第一粒扣子"，培养一批又一批习近平法治思想的坚定信仰者和忠实实践者。

3. 深入践行以人民为中心的发展思想。坚持人民至上，悟透"我是谁、为了谁、依靠谁"等基本问题，始终把实现好、维护好、发展好最广大人民根本利益作为出发点和落脚点。传承红色基因，发扬人民司法优良传统，完善司法为民措施，方便群众公正、高效、实质性化解矛盾，深入开展"为群众办实事示范法院"创建活动，努力解决群众打官司中的急难愁盼问题。践行全过程人民民主，维护人民合法权益，加强人权司法保障，促进社会公平正义，依法充分保障人民参与、监督司法活动的权利。增强群众感情，不断提高处理新形势下人民内部矛盾的本领，真正把群众观点、群众路线深深植根于思想中、落实到行动上。

二、充分发挥司法职能作用，更好服务党和国家工作大局

4. 坚决维护国家安全和社会稳定。依法严惩渗透颠覆破坏等犯罪，依法惩治各类刑事犯罪，坚决捍卫国家政治安全和社会大局稳定。常态化开展扫黑除恶斗争，健全长效机制，防止黑恶势力"死灰复燃"。保持严惩腐败犯罪高压态势，完善监察与刑事司法衔接机制，落实受贿行贿一起查的意见，加大对行贿犯罪惩治力度，积极配合反腐败国际追逃追赃工作。严厉打击杀人、抢劫、涉枪涉爆等严重暴力犯罪，严惩涉疫犯罪、重大责任事故犯罪、重大经济犯罪、跨境犯罪、网络犯罪等关系群众切身利益的犯罪，推动毒品综合治理。严惩涉税违法犯罪，完善司法政策，加强执法司法衔接配合，树立依法纳税正确导向。妥善办理涉众型经济犯罪，坚持依法审判、追赃挽损、维护稳定并重。坚持惩罚犯罪与保障人权相统一，落实罪刑法定、疑罪从无、证据裁判等原则。健全冤错案件防范和常态化纠错机制，原判错误侵犯人身权和财产权，符合国家赔偿条件的，要依法及时赔偿。

5. 营造市场化法治化国际化营商环境。持续抓好服务新时代加快完善社会主义市场经济体制意见落地落实。坚持"两个毫不动摇"，不断健全产权司法保护制度，保障各类市场主体依法平等使用生产要素、公开公平公正参与市场竞争、同等受到法律保护。强化市场主体法治意识和契约精神，依法惩治恶意拖欠账款和逃废债行为。加强反垄断和反不正当竞争司法，明确不正当竞争行为判断标准，服务建设高效规范、公平竞争、充分开放的全国统一大市场。加强行政审判工作，健全多元化解机制，促进行政争议实质性化解和源头治理，服务法治政府建设。

6. 服务加快构建新发展格局。立足统筹疫情防控和经济社会发展，认真落实《最高人民法院关于充分发挥司法职能作用助力中小微企业发展的指导意见》，真正帮助中小微企业减负纾困、恢复发展，继续服务做好"六稳""六保"工作。服务深化供给侧结构性改革，健全市场主体救治和退出机制，加大破产重整案件审理力度。依法审理生产、分配、流通、

消费领域纠纷，促进消费持续恢复和扩大有效投资，服务畅通国内大循环。严惩金融领域犯罪，加强北京、上海金融法院建设，依法平等保护金融消费者、投资者及金融机构合法权益，助力防范化解金融风险。健全支持横琴粤澳深度合作区和前海深港现代服务业合作区建设司法举措，推进合作区与港澳司法规则衔接、机制对接。因地制宜服务京津冀协同发展、长江经济带发展、黄河流域生态保护和高质量发展等区域重大战略实施，更好服务东中西和东北地区协调发展。依法及时高效化解涉冬奥会纠纷，服务办好简约、安全、精彩的冬奥会和冬残奥会。

7. 服务创新驱动发展。加大"卡脖子"关键核心技术司法保护力度，服务创新型国家和世界科技强国建设。抓好植物新品种权司法解释实施，加强种源安全司法保护。深化国家层面知识产权案件上诉审理机制改革，加强知识产权法院、知识产权法庭建设，完善审理专门化、管辖集中化、程序集约化的审判体系。深化知识产权案件审判"三合一"改革，健全技术事实查明机制，推动完善符合知识产权案件审判规律的诉讼制度。健全新领域新业态知识产权司法保护规则，惩处"专利陷阱""专利海盗"等阻碍创新的不法行为。持续推进解决知识产权维权"举证难、周期长、赔偿低、成本高"等问题，落实惩罚性赔偿制度。

8. 服务数字经济健康发展。依法审理涉新型基础设施建设纠纷案件，服务"十四五"时期经济社会各领域数字化转型。更好统筹数据开发利用、隐私保护和公共安全，完善数据产权、数据隐私等司法保护机制，推动营造开放、健康、安全的数字生态。坚持在发展中规范、在规范中发展，妥善审理涉数据交易、数据市场不正当竞争等案件，坚决纠正损害群众利益、妨碍公平竞争行为。通过公正裁判明确平台企业主体责任和义务，依法保护平台从业人员和消费者权益，推动平台经济规范健康发展。

9. 促进人与自然和谐共生。深入践行绿水青山就是金山银山的理念，坚持用最严格制度最严密法治保护生态环境，综合运用环境保护禁令、惩罚性赔偿等制度，服务经济社会发展全面绿色转型。正确认识和把握碳达峰碳中和目标，依法妥善审理涉碳权益案件和重点区域涉能源结构调整相关案件。坚持山水林田湖草沙冰一体化保护和系统治理，加强生物多样性司法保护，推动长江、黄河等大江大河生态保护和系统治理。构建环境司法专门化体系，完善环境公益诉讼、生态环境损害赔偿诉讼等裁判规则，提升环境资源审判专业化能力。深化流域区域司法协作和生态环境协同治理，构建多元共治的环境治理体系。

10. 保障人民群众合法权益。正确认识和把握实现共同富裕的战略目标和实践途径，立足司法职能服务在高质量发展中促进共同富裕。依法审理教育、医疗、养老、育幼、社会保障等民生领域案件，加大对高校毕业生、农民工、灵活就业人员等权益保护力度，维护劳动者公平就业权利。加强住房消费者合法权益保护，促进房地产业良性循环和健康发展。加强老年人权益司法保障，探索建立涉老矛盾纠纷的预警、排查、调解机制，服务新时代老龄工作。加强未成年人司法保护，正确贯彻家庭教育促进法，用好家庭教育指导令。完善司法救助机制，强化与社会救助协同联动，推动完善更加公平的社会救助体系。加大涉法涉诉信访化解力度，及时就地解决信访群众合法合理诉求，努力把矛盾纠纷化解在基层和萌芽状态。践行和弘扬社会主义核心价值观，深度融入裁判文书释法说理，引导全社会增强法治意识、公共意识、规则意识。

11. 服务扩大高水平对外开放。坚持统筹推进国内法治和涉外法治，加快提升涉外司法质效，依法平等保护中外当事人合法权益，促进贸易和投资自由化便利化。健全一站式国际商事纠纷多元化解决机制，努力建设国际商事争端解决新高地。加强海事审判体系建设。加快涉外法治人才培养储备。深化国际司法交流合作，服务推动构建人类命运共同体。

三、巩固提升审判执行质效和司法公信力，不断增强人民群众对司法公正的获得感

12. 树牢新时代正确司法理念。巩固端正司法理念成果，在实践中完善正确理念，用正确理念指导司法实践。刑事审判要准确把握宽严相济刑事政策，准确适用刑事附带民事调解制度，兼顾国法天理人情。正确适用认罪认罚从宽制度，做到依法定罪量刑，保障当事人诉讼权利，充分尊重量刑建议，对有违罪责刑相适应的坚决依法纠正，确保公正裁判。民事审判要明辨是非、惩恶扬善、平衡利益、定分止争，坚决同"和稀泥"做法说不，立"明规则"、破"潜规则"。行政审判要增强大局意识，支持监督行政机关依法行政，强化合法性审查，同时坚决防止司法代替行政，到位不越位。把打击犯罪同保障人权、追求效率同实现公正、执法目的同执法形式、实体公正同程序公正统一起来，努力实现最佳法律效果、政治效果、社会效果。

13. 着力破解影响司法公正的深层次问题。巩固整治年底不立案成果，不断优化立案诉讼服务。巩固整治裁量权行使不规范、违法"超审限"成果。巩固整治违规违法办理"减假暂"案件成果，落实减刑假释案件实质化审理意见。

14. 提升裁判文书质量。严把裁判文书制作关，把好事实认定、法律适用、文书说理、文字校核等各环节，体现正确价值导向。严把裁判文书上网关，坚持以公开促公正树公信，严格落实制度要求和技术规范，确保文书上网规范、安全、高效。坚定信仰信念，厚植为民情怀，夯实法律功底，增长社会阅历，积淀文化底蕴，发挥司法智慧，努力创造符合时代精神、满足人民企盼、引领规则导向的伟大判决。

15. 强化司法制约监督。深化司法责任制综合配套改革，健全完善权责清晰、权责统一、监督有效、保障有力的司法责任体系。加强审判监督管理，压实院庭长职责，落细"四类案件"监督管理机制，落实组织化行权、全程留痕等原则。加快构建系统完备、规范高效的司法制约监督体系，把党内监督、人大监督、民主监督、检察监督、社会监督、舆论监督和内部监督有机衔接起来，增强监督合力和实效。通过完善的监督管理机制、有效的权力制衡机制、严肃的责任追究机制，确保司法公正廉洁高效权威。

16. 巩固拓展解决执行难成果。加快推进执行难综合治理源头治理，深入贯彻中央全面依法治国委员会2019年1号文件要求，不断完善网络执行查控、失信联合惩戒等联动机制。深化"一案双查"，常态化开展执行领域突出问题集中整治，紧盯案件违规终本、案款超期发还等问题，开展终本案件自查与互评，健全落实"一案一账号"等工作机制。加强执行权制约监督，落实落细加强执行监督的意见，深化执行裁决权与实施权分离，强化中级人民法院监管职责，推动"三统一"管理机制向纵深发展。进一步加强执行信息化建设，拓展升级系统功能，强化执行节点管理，提升执行流程监管自动化、智能化水平。进一步加强执行规范化建设，配合做好强制执行法立法工作，加快起草修订债权执行、失信被执行人名单等司法解释，完善执行法律法规体系。坚持依法善意文明执行，平衡保护各方合法权益。

四、巩固提升人民法庭建设成果，不断夯实基层基础

17. 着力推动人民法庭建设新提升。切实作为"一把手"工程，健全经常性开展调查研究、建立联系点等机制，深化对基层司法规律的认识，更好贯彻"三个便于""三个服务"原则，完善新时代人民法庭制度。认真梳理人民法庭改革和建设情况，切实解决一些地方存在的发展不平衡、功能定位不清晰、管理保障不到位等问题。加强新时代人民法庭建设案例选编工作，挖掘和推广人民法庭建设成功经验，破除一些地方法院的"等靠要"思想。加快推进人民法庭一站式建设，健全直接立案或派驻立案机制，推进跨域立案服务，探索直接执行机制，综合破解送达难问题，为城乡基层群众提供均等普惠的诉讼服务。健全人员管理机制，推动编制、员额配置向基层和办案一线倾斜，建立常态化轮岗机制，充实审判辅助力量，鼓励规范有序购买社会化服务。强化人民法庭工作平台、信息平台"两个平台"建设应用，完善基础设施、业务装备、信息化建设、经费等方面保障，加强人民法庭安保工作。

18. 着力实现服务"三农"工作新成效。服务巩固拓展脱贫攻坚成果同乡村振兴有效衔接，依法妥善处理涉及农村土地制度改革、农业农村发展要素保障、城乡经济循环、拆迁征地等案件，保障农业农村改革，促进农业产业发展。切实维护农民合法权益，依法审理涉农村土地"三权分置"纠纷等案件，保障农民集体和个人增值收益、股权收益、资产收益。推动落实城乡劳动者平等就业、同工同酬，依法保障农民工工资支付和其他劳动权益。聚焦农村人居环境整治提升，立足司法职能推动解决农村环境问题。

19. 着力拓展服务基层社会治理新途径。坚持和发展新时代"枫桥经验"，创建一批"枫桥式人民法庭"，积极融入党委领导的基层治理体系，结合强化人民法庭建设推进人民法院调解平台进乡村、进社区、进网格，推动矛盾纠纷就地发现、就地调处、就地化解。加强辖区多发常见类型化纠纷的源头治理，强化与乡镇街道、综治中心的衔接协同，及时掌握和研判矛盾纠纷态势，更好服务党委政府科学决策，促进基层纠纷源头化解。继承发展"马锡五审判方式"，坚持线上线下相结合，通过车载法庭、背包法庭等形式，深入乡村、社区、企业及交通不便地区，为基层群众提供优质司法服务。

五、巩固提升司法改革成果，更好实现系统集成协同高效

20. 坚持司法改革正确方向。坚持加强顶层设计和"摸着石头过河"相结合，充分发挥试点探索、示范、突破、带动作用，及时将行之有效的改革举措上升为制度。坚持系统观念，统筹抓好司法责任制改革、以审判为中心的诉讼制度改革、落实三项规程、巡回法庭改革、四级法院审级职能定位改革试点等重点改革和关键环节，切实将制度设计转化为提升审判执行质效的动力。认真总结改革成果经验，坚持以改革的思维和方式破难题、解新题、补短板、强弱项，推动改革取得更多实实在在的成效，不断增强人民群众获得感。

21. 切实巩固一站式建设成果。发挥一站式建设的集成作用，推进立案登记制、诉讼制度改革、完善四级法院审级职能定位改革等各项改革在一站式建设中衔接配套、系统集成、协同高效，不断提升纠纷化解效能和诉讼服务品质。紧扣一站、集约、集成、在线、融合，加快推动一站式建设向基层、向社会、向网上、向重点行业领域延伸。坚持开放融合的价值

取向，打通妨碍共建共治共享的堵点，健全矛盾纠纷源头预防化解工作格局。

22. 正确贯彻实施修改后的民事诉讼法。加快推进配套司法解释修改工作，指导各级人民法院准确把握修法精神，严格落实新的规则要求。围绕案件繁简识别、程序分流适用、资源统筹调配、矛盾多元化解、案件质量监管等重点问题，完善配套机制举措，推动健全立体化、多层次、精细化的民事诉讼程序体系。协同推进制度进步、程序保障、效能提升，更加注重案件质量和权利保障。

六、巩固提升智慧法院建设成果，创造更高水平的数字正义

23. 深化在线诉讼模式和规则创新。严格落实在线诉讼规则、在线调解规则和人民法院在线运行规则要求，综合当事人意愿、案件性质特点、信息技术条件等因素，合理准确适用在线审理机制，保障当事人知情权和选择权，更好释放"数字红利"。不得因审理方式和环境的改变违反正当程序原则，确保在线诉讼"降成本不降质量、提效率不减权利"。深化互联网法院建设，推动完善互联网法院设置模式和案件管辖范围，充分发挥互联网法院在确立规则、完善制度、网络治理等方面示范引领作用。

24. 拓展信息技术在司法领域的应用场景。坚持科技驱动，推进5G、区块链、人工智能等新兴技术应用，完善各类平台系统，有效解决平台分散、数据壁垒、操作不便、信息安全等问题。坚持系统观念，加强顶层设计和技术攻关，抓好试点示范和创新协同，促进信息技术与审判执行业务相互牵引、迭代发展。

25. 积极参与推动数字治理。大力推进人民法院科技创新工作，充分利用智慧法院实验室加强关键核心技术攻关。充分发掘海量司法大数据的优势，加强相关领域重点案件深度研判，为经济社会发展趋势分析、加强矛盾纠纷化解、经济风险前瞻预警等提供决策参考。加强与有关部门和科研机构的交流合作，强化信息共享和业务协同，完善治理规则、行为规范、权利边界和责任体系，促进提升数字经济治理体系和治理能力现代化水平。

七、巩固提升党史学习教育和队伍教育整顿成果，锻造忠诚干净担当的法院铁军

26. 不断筑牢政治忠诚。始终把党的政治建设摆在首位，推进"两个坚持"专题教育常态化，组织开展"深刻领悟'两个确立'决定性意义、坚决做到'两个维护'"主题教育。健全政治轮训制度，把习近平法治思想作为教育培训的核心课程、必训内容，讲好习近平法治思想的生动实践故事，引导广大干警坚定不移走中国特色社会主义法治道路。弘扬伟大建党精神，建立党史学习教育常态化、长效化制度机制，深化政治教育、警示教育、英模教育，教育引导干警永葆对党忠诚的政治本色。全面彻底肃清周永康、孙力军等流毒影响，深刻汲取奚晓明、张坚、张家慧、孟祥、王林清等反面典型教训，着力净化政治生态。

27. 提升队伍素质能力。抓好人民法院领导班子建设，发挥"关键少数"作用，带头勇挑重担、带头敢于斗争、带头严格自律。加强对新任职法院院长和领导班子成员的培训，提升推动新时代人民法院工作高质量发展的能力水平。坚持实战实用实效导向，健全高素质专业化人才培养机制，加强重要岗位、关键领域人才建设，深入推进审判业务专家梯次培养。完善青年人才选育管用全链条机制，让青年干警在重大斗争一线经风雨、见世面、壮筋骨、

长才干。统筹政治能力、职业道德、专业技能、综合素质培训，加大对西部和民族地区司法能力建设支持力度，全面提升新时代干警履职能力。加强人民法院文化建设，推出更多法院文化优秀作品，推动人民法院文博事业发展，用优秀文化育德育人，更好弘扬社会主义法治精神。提升安保工作能力，落实安全责任制度，强化"人防、物防、技防"措施，确保审判安全、执行安全、干警人身安全、法院机关安全、人民群众安全、当事人安全。加强新闻宣传工作，提高法院新闻舆论工作能力和水平，把握好工作时度效，为依法办案营造良好舆论氛围。

28. 深化党风廉政建设。压实全面从严治党主体责任，用好队伍教育整顿成果，完善教育管理、预警预防、监督惩处、体制约束等制度机制，一体推进不敢腐、不能腐、不想腐。认真贯彻中央八项规定及其实施细则精神，坚持"三严三实"，深入开展调查研究，说老实话、办老实事、做老实人，坚决反对"四风"特别是形式主义、官僚主义，落实为基层减负各项规定。结合贯彻监察法实施条例深入开展廉政教育，开展廉政文化教育，让干警知敬畏、存戒惧、守底线。坚持刀刃向内、刮骨疗毒，严格执行防止干预司法"三个规定"、新时代政法干警"十个严禁"等铁规禁令，以零容忍态度严惩司法腐败，坚决清除害群之马。坚持严管厚爱结合，健全依法履职保障机制，出台更多政策举措给予特殊关爱，为法官严格公正司法撑腰打气，千方百计解决实际困难，真正让干警安身、安心、安业。

八、自觉接受监督，不断改进人民法院工作

29. 创新形式主动接受监督。增强自觉接受监督意识，健全代表、委员沟通联络工作机制，创新联络沟通方式方法，高效便捷开展沟通联络工作，畅通民意沟通渠道。积极邀请人大代表视察法院工作、参加会议、旁听庭审，认真倾听代表对法院工作的意见建议。积极走访接待政协委员，加强与民主党派、工商联和无党派人士沟通，广泛采纳各方面意见。认真办理代表建议、政协提案，加强督查督办，及时向代表、委员反馈办理进展和成效，积极争取代表、委员的理解和支持。认真做好向全国人大常委会专项报告涉外审判工作情况准备工作，深入开展调查研究，全面听取意见建议，推动提升涉外司法能力和水平。

各级人民法院要根据本要点，结合工作实际，做好任务分解，狠抓工作落实，切实履行维护国家政治安全、确保社会大局稳定、促进社会公平正义、保障人民安居乐业的职责任务，奋力推进新时代人民法院工作高质量发展，为实现第二个百年奋斗目标提供有力司法服务，以实际行动迎接党的二十大胜利召开！

最高人民法院
关于印发《人民法院在线运行规则》的通知

法发〔2022〕8号

各省、自治区、直辖市高级人民法院，解放军军事法院，新疆维吾尔自治区高级人民法院生产建设兵团分院：

《人民法院在线运行规则》已于2021年12月30日经最高人民法院审判委员会第1861次会议通过，现予以印发，自2022年3月1日起施行。

2022年1月26日

人民法院在线运行规则

为支持和推进在线诉讼、在线调解等司法活动，完善人民法院在线运行机制，方便当事人及其他参与人在线参与诉讼、调解等活动，提升审判执行工作质效，根据相关法律规定，结合智慧法院建设实际，制定本规则。

一、总则

第一条 人民法院运用互联网、大数据、云计算、移动互联、人工智能和区块链等信息技术，完善智慧法院信息系统，规范应用方式，强化运行管理，以在线方式满足人民群众多元化司法需求，高效支持审判执行活动。

第二条 人民法院在线运行遵循以下原则：

（一）高效便民。坚持以人民为中心，提供一网通办、一站通办、一号通办等多元解纷和诉讼服务，减轻当事人诉累。

（二）注重实效。坚持司法规律、体制改革与技术变革相融合，完善信息系统，规范应用方式，强化运行管理，全方位支持人民法院开展在线审判执行活动，保障司法工作，提高司法效率。

（三）统筹共享。加强顶层统筹规划，优先建设和使用全国法院统一信息系统，持续推进信息基础设施、应用系统和数据资源兼容共享。

（四）创新驱动。贯彻实施网络强国战略，加大先进技术研究应用力度，推动业务流程、诉讼规则、审判模式与时俱进。

（五）安全可靠。依法采集、存储、处理和使用数据，保护国家秘密、商业秘密、个人隐私和个人信息，保障人民法院在线运行信息安全。

第三条 各级人民法院用以支持在线司法活动的信息系统建设、应用、运行和管理，适用本规则。

二、系统建设

第四条 人民法院应当建设智慧服务、智慧审判、智慧执行、智慧管理、司法公开、司法数据中台和智慧法院大脑、信息基础设施、安全保障、运维保障等智慧法院信息系统，保障人民法院在线运行。

智慧法院信息系统以司法数据中台和智慧法院大脑为核心，实现数据互联互通，支持业务协同办理。

第五条 智慧服务系统在互联网运行，与法院专网安全联通，为人民群众提供诉讼、调解、咨询和普法等在线服务，支撑构建一站式多元解纷和诉讼服务体系。

智慧服务系统包括人民法院在线服务、电子诉讼平台、人民法院调解平台、诉讼服务网、12368诉讼服务热线、电子送达平台、在线保全系统、在线鉴定系统等。

智慧服务系统应当具备诉讼指引、在线调解及名册管理、在线立案、在线交费、在线证据交换、在线委托鉴定、在线保全、在线庭审、在线执行、在线阅卷、在线查档、在线送达、在线公告、跨域诉讼服务等功能。

人民法院在线服务与智慧服务系统其他平台对接，作为人民法院通过互联网向人民群众提供在线服务的统一入口。

第六条 智慧审判系统在法院专网或电子政务网运行，为审判人员提供阅卷、查档、听证、庭审、合议、裁判辅助等在线服务，支撑构建现代化审判体系。

智慧审判系统包括审判流程管理系统、电子卷宗流转应用系统、智能裁判辅助系统、量刑规范化系统、庭审语音识别系统等。

智慧审判系统应当具备案件信息管理、审限管理、电子卷宗随案同步生成和深度应用、类案智推、文书辅助生成、量刑辅助等功能。

第七条 智慧执行系统在法院专网或电子政务网运行，为执行人员提供执行协同、执行信息管理、查人找物、财产处置、失信惩戒等在线服务，支撑构建现代化执行工作体系。

智慧执行系统包括执行指挥平台、执行案件流程信息管理系统、执行查控系统、失信惩戒系统、司法拍卖系统、一案一账户案款管理系统、移动执行系统等。

智慧执行系统应当具备执行案件全流程网上办理、执行线索分析、执行财产网络查控、司法拍卖信息发布、网络询价、失信被执行人管理等功能。

第八条 智慧管理系统在法院专网或电子政务网运行，为法院干警提供行政办公、人事管理、审务督察和档案管理等在线服务，支撑构建现代化司法管理体系。

智慧管理系统主要包括办公平台、人事管理系统、审务督察系统、电子档案系统等。

智慧管理系统应当具备公文在线办理、人事信息管理、审务督察、电子档案管理等功能。

第九条 司法公开平台在互联网运行，为当事人及其他诉讼参与人、社会公众提供依法公开的审判流程信息、庭审活动信息、裁判文书信息、执行工作信息等在线公开服务，支撑构建开放、动态、透明、便民的阳光司法机制。

司法公开平台主要包括中国审判流程信息公开网、中国庭审公开网、中国裁判文书网、中国执行信息公开网、全国企业破产重整案件信息网、全国法院减刑、假释、暂予监外执行信息网等。

司法公开平台应当具备信息公开、信息检索、可视化展现等功能。

第十条 司法数据中台和智慧法院大脑运行在法院专网或电子政务网，为智慧服务、智慧审判、智慧执行、智慧管理和司法公开等智慧法院信息系统提供数据和智能服务。

司法数据中台和智慧法院大脑包括司法数据库、数据管理平台、数据交换平台、数据服务平台、人工智能引擎、司法知识库、知识服务平台和司法区块链平台等。

司法数据中台和智慧法院大脑应当具备数据汇聚治理、共享交换、关联融合、可视化展现、知识生成、智能计算、辅助决策、证据核验、可信操作、智能合约等功能。

第十一条 各级人民法院应当建设信息基础设施，为人民法院在线运行提供必要的基础条件支撑。

信息基础设施包括通信网络、计算存储、通用终端设备以及信息管理中心、执行指挥中心、诉讼服务大厅、科技法庭等重要场所专用设施。

信息基础设施应当为各类应用系统、数据资源和运维保障提供计算运行、数据存储、通信传输、显示控制等服务。

第十二条 各级人民法院应当建设安全保障系统，为人民法院在线运行提供网络和信息安全保障。

安全保障系统包括身份认证平台、边界防护系统、安全隔离交换系统、权限管理系统、安全管控系统和安全运维系统等。

安全保障系统应当为各类信息基础设施、应用系统和数据资源提供主机安全、身份认证、访问控制、分类分级、密码加密、防火墙、安全审计和安全管理等安全服务。

第十三条 各级人民法院应当建设运维保障系统，为人民法院在线运行提供运行维护保障。

运维保障系统包括质效型运维服务、可视化管理平台、运行质效报告和应急管理平台等。

运维保障系统应当为信息基础设施、应用系统、数据资源和安全保障系统提供运行、维护和运行质效分析等运维保障服务。

三、应用方式

第十四条 当事人及其他参与人应用智慧服务系统进行在线调解、在线诉讼，应当先行注册并完成身份认证，取得登录智慧服务系统的专用账号。

同一用户注册智慧服务系统应当以个人身份认证和实名注册为主，尽量使用相同的注册和身份认证信息。

智慧服务系统应当对接公安机关户籍管理系统支持核对用户身份认证信息，并支持用户信息的统一管理和共享应用。

第十五条 当事人及其他参与人在智慧服务系统相应平台完成注册后，可以在线登录并通过身份认证，关联相关案件参与在线调解、在线诉讼。

第十六条　当事人及其他参与人可以应用人民法院调解平台等开展在线调解，进行在线申请、接受、拒绝或者终止调解，获得在线调解引导等服务。

人民法院通过人民法院调解平台等，支持人民法院、当事人、在线调解组织和调解员通过电脑和移动终端设备进行在线调解，支持在线开展调解前协商和解、调解组织和调解员选定、音视频调解、制作调解协议、申请司法确认或者出具调解书等，支持在线诉非对接、诉调对接程序，保存调解过程中的所有音视频和文字材料。

人民法院、调解组织和调解员可以通过人民法院调解平台等在线管理相关组织和人员信息。

第十七条　当事人及其代理人可以通过人民法院在线服务、电子诉讼、诉讼服务网等平台在线提交立案申请。

人民法院通过智慧审判系统对接智慧服务系统在线处理立案申请，反馈立案结果。

第十八条　当事人及其代理人可以通过人民法院在线服务、电子诉讼平台、人民法院调解平台、诉讼服务网等平台在线查看案件相关诉讼费用信息并通过网上支付通道在线交费。

人民法院通过智慧审判、智慧执行系统对接智慧服务系统在线发起交费通知、查看交费状态。

第十九条　当事人及其代理人通过人民法院在线服务、电子诉讼、人民法院调解平台、诉讼服务网等平台在线填写或提交各类案件相关电子材料，应符合平台告知的相应文件的格式、体例、规范性和清晰度等要求。

第二十条　智慧服务系统中在线提交、符合要求的电子文件自动纳入案件电子卷宗，并传送智慧审判系统、智慧执行系统、智慧管理系统流转应用。

对于线下提交的案件材料，人民法院应当及时通过扫描、翻拍、转录等方式随案同步生成符合要求的电子文件，形成案件电子卷宗。

人民法院通过智慧审判、智慧执行系统支持电子卷宗随案流转应用，包括阅卷、合议、庭审、审委会讨论、跨院调卷等。

人民法院利用电子卷宗实现文件数据化、回填案件信息、文书辅助生成、卷宗自动归档等智能化应用。

第二十一条　人民法院通过智慧服务系统相应平台和司法区块链核验当事人通过区块链平台提交的相关电子文件和数据等证据材料。

第二十二条　当事人及其代理人可以通过人民法院在线服务、电子诉讼平台、诉讼服务网等平台获知相应的平台门户、通信带宽和显示分辨率等技术条件要求，开展在线证据交换、在线举证质证。

第二十三条　人民法院通过智慧服务、智慧审判、智慧执行、司法区块链等平台，支持对经当事人及其代理人在线举证质证后的证据材料的真实性、合法性和关联性的认定和重现。

第二十四条　当事人及其代理人可以通过智慧服务系统提交在线阅卷、在线查档申请。

人民法院按照相关规定从智慧审判、智慧执行和智慧管理系统中调取相应卷宗或档案流转至智慧服务系统，支持当事人及其代理人在线阅卷、在线查档。

第二十五条　人民法院、当事人及其代理人、证人、鉴定人等可以通过人民法院在线服务、电子诉讼平台、诉讼服务网等平台，按照相关技术条件要求，通过科技法庭、电脑和移动终端设备开展在线视频庭审，开展在线庭前准备、法庭调查、法庭辩论、语音转写、笔录签名等庭审活动，人民法院应当按照相关规定保存庭审过程中的音视频和文字材料。

第二十六条 受送达人可以通过人民法院在线服务、人民法院送达平台、诉讼服务网和中国审判流程信息公开网等平台在线查阅、接收、下载和签收相关送达材料。

人民法院通过智慧审判、智慧执行系统，对接人民法院送达平台，记录各方参与主体的电子邮箱、即时通讯账号、诉讼平台专用账号等电子地址，按照有关规定进行在线送达、接受送达回执，实现在线送达所有环节信息全程留痕，记录并保存送达凭证。

第二十七条 当事人及其代理人可以通过人民法院在线服务、在线保全等平台向有管辖权的法院申请保全、提交或补充申请信息和材料，交纳保全费，也可以在线提起解除保全、续行保全、保全复议等。

当事人及其代理人可以通过人民法院在线服务、在线保全等平台在线向第三方担保机构申请担保，申请通过后在线交纳担保费，也可以在线取消、变更担保等。

第三方担保机构在当事人交纳担保费用后，可以在线出具电子担保书，支持当事人及其代理人在线查看、下载电子担保书。

人民法院通过智慧审判和智慧执行系统对接智慧服务系统在线进行保全审核和后续业务办理。

第二十八条 人民法院通过智慧审判系统、智慧执行系统对接智慧服务系统，依职权或当事人申请，在线发起委托鉴定、选择鉴定机构、移送鉴定材料。

鉴定机构可以通过人民法院在线服务、在线鉴定等平台在线受理委托任务、审阅鉴定相关检材、出具鉴定意见书或报告书；鉴定申请人可以在线查阅鉴定意见书或报告书，在线提出异议或者申请出庭；人民法院可以在线对异议或出庭申请进行审核及答复。

第二十九条 当事人及其代理人可通过人民法院在线服务、12368诉讼服务热线、诉讼服务网、人民法院调解平台等平台联系人民法院，进行案件调解、审判、执行、阅卷、查档、信访、送达以及预约事项办理信息的在线咨询查询。

第三十条 人民法院通过智慧审判系统实现案件电子卷宗的随案同步生成和深度应用，支持电子卷宗智能编目、信息自动回填、在线阅批、一键归档、上诉审移送与查阅，支持案件收案、分案、庭审、合议、裁判、结案、归档全流程网上办理；对接司法数据中台和智慧法院大脑，提供案件数据服务、案情智能分析、类案精准推送、文书辅助生成等智能辅助应用；依法按需实现法院内部、不同法院之间、法院与协同部门之间的卷宗信息共享和业务协同。

第三十一条 人民法院通过智慧执行系统实现执行案件全程在线办理、执行活动全程留痕、全方位多层次监控，支持在线采取财产查控、询价评估、拍卖变卖、案款发放、信用惩戒等执行措施。

第三十二条 人民法院通过电子档案管理信息系统，按照档案相关法律法规，在线完成电子档案的收集、保存和提供利用。

第三十三条 当事人及其代理人按照依法、自愿、合理的原则，可将诉讼、调解等环节由线上转为线下，或由线下转为线上进行；人民法院在线运行方式支持部分参与者采用线上、其他参与者采用线下的方式参与诉讼、调解等活动。

诉讼、调解活动采用线下办理的，人民法院应当及时将相关案件材料制作形成电子卷宗，并上传至智慧法院相关信息系统纳入管理。

四、运行管理

第三十四条 各级人民法院应当按照信息安全等级保护要求，确定智慧法院信息系统的安全保护等级，制定安全管理制度和操作规程，确定网络安全责任人，落实网络安全保护责任。

各级人民法院应当通过安全保障系统防范计算机病毒和网络攻击、网络侵入等危害网络安全的行为，通过安全隔离交换平台支持跨网系信息互通的同时防范网间恶意入侵、非法登录和数据窃取等行为，监测、记录并留存相关信息系统运行状态和网络安全事件，强化关键信息基础设施运行安全，建立健全用户信息保护机制，加强网络安全监测预警与应急处置能力。

各级人民法院应当开展与等级保护标准相符合的信息系统安全保障建设和测评以及密码应用安全评估。

第三十五条 各级人民法院应当确保智慧法院信息系统相关数据全生命周期安全，制定数据分类分级保护、数据安全应急处理和数据安全审查等制度。

各级人民法院应当通过安全保障系统建立相关信息系统数据权限管理和数据安全风险信息获取、分析、研判和预警机制，遵循"安全、必要、最小范围"原则实现数据共享和安全管控，保证在线诉讼、在线调解等司法活动中的个人隐私、个人信息、商业秘密、保密商务信息、审判执行工作秘密等数据依法予以保密，不被随意泄露或非法向他人提供。

第三十六条 各级人民法院应当指导、监督智慧法院信息系统建设、运行和管理中的个人信息保护工作，接受、处理在线诉讼、在线调解活动中个人信息保护有关的投诉和举报，定期组织对各类信息系统个人信息保护情况进行测评并公布结果，调查、处理在线诉讼、调解等司法活动中的违法处理个人信息行为。

各级人民法院应当加强司法公开工作中的个人信息保护，严格执行法律规定的公开范围，依法公开相关信息，运用信息化手段支持个人敏感信息屏蔽、司法公开质量管控。

第三十七条 各级人民法院应当通过运维保障系统，按照一线运维、二线运维和运行质效分析等方式支持智慧法院信息系统的运行维护保障，一线运维主要负责用户管理、权限分配、系统故障修复和应急响应处理等，二线运维主要负责信息系统运行状态和质效的监控分析，最高人民法院及各高级人民法院应当定期组织进行智慧法院信息系统的运行质效分析，提出改进建议。

第三十八条 各级人民法院应当建立健全信息系统规划、立项、采购、建设、测试、验收、应用和评价等全生命周期管理体系，实现对智慧法院信息系统主机、软件、存储资源、通信网络、机房和专用设施场所等系统和设施的全面管理，支撑人民法院在线稳定运行。

第三十九条 各级人民法院应当建立健全人民法院在线运行相关数据生产、汇聚、存储、治理、加工、传输、使用、提供、公开等过程管理机制，明确数据管理责任，全面提升数据质量，提高数据应用能力。

第四十条 各级人民法院应当制定应急计划，及时有效处理人民法院在线运行过程中出现的停电、断线、技术故障、遭受网络攻击、数据安全漏洞等突发事件。无法立即修复故障时，各级人民法院应当根据故障性质暂停提供相关服务，及时向用户告知故障信息，直至系统恢复正常，并记录保存故障信息。

第四十一条 各级人民法院应当依据相关法律规定，与企业院校开展合作，推进智慧法院信息系统建设、运行、维护，支持、组织、监督合作单位依照法律规定和合同约定履行义务，严格实施合作单位人员的出入、驻场、工作、培训、安全、保密、廉政和离职管理，确保合作单位不得利用工作便利擅自更改、留存、使用、泄露或者向他人提供相关工作信息。

第四十二条 各级人民法院应当优先推广应用全国法院统建信息系统，推进各地法院自研系统接入相应全国统建系统。

第四十三条 人民法院应当在符合安全要求的前提下加强与外部相关信息系统的按需对接和在线业务协同。

第四十四条 各级人民法院应当积极通过各种渠道向社会公众宣传智慧法院建设的重大意义，推广普及智慧法院相关信息系统应用，针对各类用户做好培训、咨询以及必要的应用演练，建立用户满意度评价、跟踪、反馈、改进机制，不断提升人民法院在线运行效能。

五、附则

第四十五条 本规则自2022年3月1日起施行。

最高人民法院　住房和城乡建设部　中国人民银行 关于规范人民法院保全执行措施 确保商品房预售资金用于项目建设的通知

法〔2022〕12号

各省、自治区、直辖市高级人民法院，解放军军事法院，新疆维吾尔自治区高级人民法院生产建设兵团分院；各省、自治区、直辖市住房和城乡建设厅（委、管委），新疆生产建设兵团住房和城乡建设局；中国人民银行上海总部、各分行、营业管理部、各省会（首府）城市中心支行、副省级城市中心支行，各国有商业银行，中国邮政储蓄银行，各股份制商业银行：

为了确保商品房预售资金用于有关项目建设，切实保护购房人与债权人合法权益，进一步明确住房和城乡建设部门、相关商业银行职责，规范人民法院的保全、执行行为，根据《中华人民共和国城市房地产管理法》《中华人民共和国民事诉讼法》等法律规定，通知如下：

一、商品房预售资金监管是商品房预售制度的重要内容，是保障房地产项目建设、维护购房者权益的重要举措。人民法院冻结预售资金监管账户的，应当及时通知当地住房和城乡建设主管部门。

人民法院对预售资金监管账户采取保全、执行措施时要强化善意文明执行理念，坚持比例原则，切实避免因人民法院保全、执行预售资金监管账户内的款项导致施工单位工程进度款无法拨付到位，商品房项目建设停止，影响项目竣工交付，损害广大购房人合法权益。

除当事人申请执行因建设该商品房项目而产生的工程建设进度款、材料款、设备款等债权案件之外，在商品房项目完成房屋所有权首次登记前，对于预售资金监管账户中监管额度内的款项，人民法院不得采取扣划措施。

二、商品房预售资金监管账户被人民法院冻结后，房地产开发企业、商品房建设工程款债权人、材料款债权人、租赁设备款债权人等请求以预售资金监管账户资金支付工程建设进度款、材料款、设备款等项目建设所需资金，或者购房人因购房合同解除申请退还购房款，经项目所在地住房和城乡建设主管部门审核同意的，商业银行应当及时支付，并将付款情况及时向人民法院报告。

住房和城乡建设主管部门应当依法妥善处理房地产开发企业等主体的资金使用申请，未尽监督审查义务违规批准用款申请，导致资金挪作他用，损害保全申请人或者执行申请人权利的，依法承担相应责任。

三、开设监管账户的商业银行接到人民法院冻结预售资金监管账户指令时，应当立即办理冻结手续。

商业银行对于不符合资金使用要求和审批手续的资金使用申请，不予办理支付、转账手续。商业银行违反法律规定或合同约定支付、转账的，依法承担相应责任。

四、房地产开发企业提供商业银行等金融机构出具的保函，请求释放预售资金监管账户相应额度资金的，住房和城乡建设主管部门可以予以准许。

预售资金监管账户被人民法院冻结，房地产开发企业直接向人民法院申请解除冻结并提供担保的，人民法院应当根据《中华人民共和国民事诉讼法》第一百零七条、《最高人民法院关于适用〈中华人民共和国民事诉讼法〉的解释》第一百六十七条的规定审查处理。

五、人民法院工作人员在预售资金监管账户的保全、执行过程中，存在枉法裁判执行、违法查封随意解封、利用刑事手段插手民事经济纠纷等违法违纪问题的，要严肃予以查处。

住房和城乡建设主管部门、商业银行等相关单位工作人员在预售资金监管账户款项监管、划拨过程中，滥用职权、玩忽职守、徇私舞弊的，依法追究法律责任。

2022年1月11日

最高人民法院
印发《关于充分发挥司法职能作用助力中小微企业发展的指导意见》的通知

法发〔2022〕2号

各省、自治区、直辖市高级人民法院,解放军军事法院,新疆维吾尔自治区高级人民法院生产建设兵团分院:

现将《最高人民法院关于充分发挥司法职能作用 助力中小微企业发展的指导意见》印发给你们,请认真贯彻执行。

2022年1月13日

最高人民法院关于充分发挥司法职能作用助力中小微企业发展的指导意见

中小微企业是国民经济和社会发展的生力军,是扩大就业、改善民生、促进创业创新的重要力量。进一步加大对中小微企业支持力度,激发企业活力和发展动力,对于继续做好"六稳""六保"工作,稳定宏观经济大盘,加快构建新发展格局、推动高质量发展具有重要意义。为完整、准确、全面贯彻新发展理念,进一步发挥人民法院司法职能作用,助力中小微企业发展,提出如下意见。

一、积极营造公平竞争、诚信经营的市场环境

1. 依法保护中小微企业生存发展空间。依法公正高效审理反垄断、反不正当竞争案件,严惩强制"二选一"、低价倾销、强制搭售、屏蔽封锁、刷单炒信等违法行为。依法认定经营者滥用数据、算法、技术、资本优势以及平台规则等排除、限制竞争行为,防止资本无序扩张,保护中小微企业生存发展空间。健全司法与执法衔接机制,支持反垄断行政执法机关依法履职,加强沟通协作,推动形成工作合力。

2. 服务深化"放管服"改革。加强行政审判,支持行政机关整顿违法经营,规范市场秩序。依法监督、促进行政机关严格依照法定权限和程序进行监管,保护中小微企业经营自主权。推动破除区域分割和地方保护,促进落实全国统一的市场准入负面清单制度。加强市场主体涉诉信息与相关部门信息共享整合,为构建以信用为基础的新型监管机制提供有力司法支持。

3. 支持保护市场主体自主交易。在审理合同纠纷案件中，坚持自愿原则和鼓励交易原则，准确把握认定合同无效的法定事由，合理判断各类交易模式和交易结构创新的合同效力，充分发挥中小微企业的能动性，促进提升市场经济活力。弘扬契约精神，具有优势地位的市场主体利用中小微企业处于危困状态或者对内容复杂的合同缺乏判断能力，致使合同成立时显失公平，中小微企业请求撤销该合同的，应予支持；具有优势地位的市场主体采用格式条款与中小微企业订立合同，未按照民法典第四百九十六条第二款的规定就与中小微企业有重大利害关系的条款履行提示或者说明义务，致使中小微企业没有注意或者理解该条款，中小微企业主张该条款不成为合同内容的，应予支持；对于受疫情等因素影响直接导致中小微企业合同履行不能或者继续履行合同对其明显不公的，依照民法典第五百九十条或者第五百三十三条的规定适用不可抗力或者情势变更规则妥善处理。

4. 支持引导市场主体依法诚信经营。在审理合同纠纷案件中，对当事人违反预约合同约定的义务，或者假借订立合同恶意进行磋商等违背诚信原则的行为，强化预约合同违约责任、缔约过失责任等制度运用，提升市场主体的诚信意识、规则意识和责任意识。在依法认定合同不成立、无效或者予以撤销后，应当根据具体情况合理确定双方当事人的法律责任，防止不诚信当事人因合同不成立、无效或者被撤销而获益。推动诉讼诚信建设，严厉惩处通过虚假诉讼、恶意诉讼阻碍中小微企业正常经营发展的违法行为。加大执行力度，严厉打击失信企业通过多头开户、关联交易、变更法定代表人等方式规避执行的逃废债行为。

二、切实加强中小微企业产权司法保护

5. 公平公正保护中小微企业合法权益。坚持各类市场主体权利平等、机会平等、规则平等，在诉讼过程中，对大型企业和中小微企业一视同仁。充分考虑中小微企业的实际情况，依法对其进行诉讼引导和释明，加大依职权调取证据的力度，切实查清案件事实，防止一些中小微企业在市场交易中的弱势地位转化为诉讼中的不利地位，努力实现程序公正与实体公正相统一。继续完善一站式多元解纷机制，推进在线诉讼模式，强化简易、小额诉讼程序适用，提升诉讼便捷性，切实降低中小微企业诉讼成本。通过合理确定保全担保数额、引入保全责任险担保等方式，降低中小微企业保全成本，保障实现胜诉债权。对生产经营存在严重困难的中小微企业，依法提供减交、缓交诉讼费等司法救助。

6. 加大中小微企业知识产权保护力度。落实知识产权侵权惩罚性赔偿制度，加大对"专精特新"中小微企业关键核心技术和原始创新成果的保护力度，支持引导企业通过技术进步和科技创新提升核心竞争力。中小微企业在订立技术转让合同、技术许可合同获取特定技术过程中，合同相对方利用优势地位附加不合理限制技术竞争和技术改进的条件，或者不合理要求无偿、低价回购中小微企业所开发的新技术、新产品，经审查认为违反反垄断法等法律强制性规定的，原则上应当认定相关条款或者合同无效。妥善处理保护商业秘密与人才合理流动的关系，在维护劳动者正当就业创业合法权益的同时，依法保护中小微企业商业秘密。依法制裁不诚信诉讼和恶意诉讼行为，规制滥用知识产权阻碍中小微企业创新的不法行为。

7. 坚决防止利用刑事手段干预中小微企业经济纠纷。严格落实罪刑法定、疑罪从无等法律原则，严格区分中小微企业正当融资与非法集资、合同纠纷与合同诈骗、参与兼并重组

与恶意侵占国有资产等的界限，坚决防止把经济纠纷认定为刑事犯罪、把民事责任认定为刑事责任。落实刑法及有关司法解释的规定，对于中小微企业非法吸收或者变相吸收公众存款，主要用于正常的生产经营活动，能够及时清退所吸收资金的，可以免予刑事处罚；情节显著轻微、危害不大的，不作为犯罪处理。

8. 依法保护中小微企业等市场主体在民事、行政、刑事交叉案件中的合法权益。切实贯彻民法典第一百八十七条的规定，债务人因同一行为应当承担民事责任、行政责任和刑事责任，其财产不足以支付的，依法保障中小微企业等市场主体的民事债权优先于罚款、罚金、没收财产等行政、刑事处罚受偿。在刑事裁判涉财产部分执行过程中，中小微企业等市场主体作为案外人对执行标的提出异议的，严格依照相关规定妥善处理，依法保护其合法财产权益。除法律、司法解释另有规定外，对中小微企业等市场主体与刑事案件犯罪嫌疑人或者被告人产生的民事纠纷，如果民事案件不是必须以刑事案件的审理结果为依据，则不得以刑事案件正在侦查或者尚未审结为由对民事案件不予受理或者中止审理，切实避免因刑事案件影响中小微企业等市场主体通过民事诉讼及时维护其合法权益。在中小微企业等市场主体为被告人的刑事案件审理过程中，应当严格区分违法所得和合法财产、企业法人财产和个人财产，对确实与案件无关的财物，应当及时解除查封、扣押、冻结措施。

三、助力缓解中小微企业融资难融资贵问题

9. 依法妥善审理金融借款纠纷案件。对金融机构违反普惠小微贷款支持工具政策提出的借款提前到期、单方解除合同等诉讼主张，不予支持；对金融机构收取的利息以及以咨询费、担保费等其他费用为名收取的变相利息，严格依照支农支小再贷款信贷优惠利率政策的规定，对超出部分不予支持。

10. 助力拓宽中小微企业融资渠道。严格依照民法典及有关司法解释的规定，依法认定生产设备等动产担保，以及所有权保留、融资租赁、保理等非典型担保债权优先受偿效力，支持中小微企业根据自身实际情况拓宽融资渠道。对符合法律规定的仓单、提单、汇票、应收账款、知识产权等权利质押以及保兑仓交易，依法认定其有效，支持金融机构创新服务中小微企业信贷产品。依法推动供应链金融更好服务实体经济发展，针对供应链金融交易中产生的费用，根据费用类型探索形成必要性和适当性原则，合理限制交易费用，切实降低中小微企业融资成本。积极与全国中小企业融资综合信用服务平台共享企业涉诉信息，推动实现对中小微企业信用评价的精准"画像"，提高企业贷款可得性。

11. 依法规制民间借贷市场秩序。对"高利转贷""职业放贷"等违法借贷行为，依法认定其无效。推动各地人民法院根据本地区实际情况建立"职业放贷人"名录制度。依法否定规避利率司法保护上限合同条款，对变相高息等超出法律、司法解释规定的利息部分不予支持。在审判执行过程中发现有非法集资、"套路贷"、催收非法债务等犯罪嫌疑的，应当及时将有关材料移送相关部门。

四、依法高效办理拖欠中小微企业账款案件

12. 建立健全办理拖欠中小微企业账款案件长效机制。将拖欠中小微企业账款案件纳入办理拖欠农民工工资案件的快立快审快执"绿色通道"，确保农民工就业比较集中的中小微

企业及时回笼账款，及时发放农民工工资。与拖欠中小微企业账款监管部门密切协作，推进协同治理。加大平安建设考评（执行难综合治理及源头治理部分）在机关、事业单位拖欠中小微企业账款案件中的适用力度。推动将清理拖欠中小微企业账款工作情况纳入营商环境指标体系。开展拖欠中小微企业账款案件专项执行行动，依法加大失信惩戒、限制消费等措施的适用力度，及时兑现中小微企业胜诉权益。

13. 切实防止有关市场主体损害中小微企业合法权益。机关、事业单位和大型企业以法定代表人或者主要负责人变更、履行内部付款流程，或者在合同未作约定的情况下以等待竣工验收批复、决算审计等明显不合理的理由拒绝或者延迟向中小微企业支付账款，中小微企业提起诉讼要求支付的，人民法院应予支持。机关、事业单位和大型企业就拖欠账款问题迫使中小微企业接受不平等条件，达成与市场价格明显背离的以物抵债协议或者约定明显不合理的支付期限、条件，中小微企业以显失公平为由请求撤销该协议或者约定的，人民法院应予支持。

14. 依法保障建设工程领域中小微企业和农民工合法权益。对商品房预售资金监管账户、农民工工资专用账户和工资保证金账户内资金依法审慎采取保全、执行措施，支持保障相关部门防范应对房地产项目逾期交付风险，维护购房者合法权益，确保农民工工资支付到位。冻结商品房预售资金监管账户的，应当及时通知当地住房和城乡建设主管部门；除当事人申请执行因建设该商品房项目而产生的工程建设进度款、材料款、设备款等债权案件外，在商品房项目完成房屋所有权首次登记前，对于监管账户中监管额度内的款项，不得采取扣划措施，不得影响账户内资金依法依规使用。除法律另有专门规定外，不得以支付为本项目提供劳动的农民工工资之外的原因冻结或者划拨农民工工资专用账户和工资保证金账户资金；为办理案件需要，人民法院可以对前述两类账户采取预冻结措施。

五、有效发挥司法对中小微企业的挽救功能

15. 积极促成当事人达成执行和解。在执行过程中，中小微企业因资金流动性困难不能清偿执行债务的，积极引导当事人达成减免债务、延期支付的执行和解协议；多个案件由不同人民法院管辖的，可以通过提级执行、指定执行等方式集中办理，积极促成当事人达成履行债务的"一揽子"协议，依法为企业缓解债务压力、恢复生产经营创造条件。

16. 科学甄别、依法保护有挽救价值的中小微企业。对受疫情等因素影响无法清偿所有债务但具有挽救价值的中小微企业，债权人提出破产申请的，积极引导当事人通过债务重组、资产重构等方式进行庭外和解，帮助企业渡过难关。对于已经进入破产程序但具有挽救价值的中小微企业，积极引导企业通过破产重整、和解等程序，全面解决企业债务危机，公平有序清偿相应债权，使企业获得再生。

六、最大限度降低保全、执行措施对中小微企业等市场主体的不利影响

17. 全面清查超标的查封、乱查封问题。开展专项清查行动，依法及时纠正超标的查封、乱查封问题。各级人民法院应当依托12368司法服务热线、执行信访等问题反映渠道，建立解决超标的查封、乱查封问题快速反应机制，对当事人反映的问题及时受理，快速处理；执行人员对超标的查封、乱查封问题存在过错的，依法严肃追责。

18. 依法审慎采取财产保全措施。对中小微企业等市场主体采取保全措施时，人民法院应当依照法律规定的标准和程序严格审查。经初步审查认为当事人的诉讼请求明显不能成立的，对其提出的保全申请，依法予以驳回。当事人明显超出诉讼请求范围申请保全的，对其超出部分的申请，不予支持。在金钱债权案件中，被采取保全措施的中小微企业等市场主体提供担保请求解除保全措施，经审查认为担保充分有效的，应当裁定准许，不得以申请保全人同意为必要条件。加大对错误保全损害赔偿案件的审查力度，严厉惩处恶意申请保全妨碍中小微企业等市场主体正常经营发展的违法行为。

19. 依法灵活采取查封、变价措施。查封中小微企业等市场主体的厂房、机器设备等生产性资料的，优先采取"活封"措施，在能够保障债权人利益的情况下，应当允许其继续使用或者利用该财产进行融资。需要查封的不动产整体价值明显超出债权额的，应当对该不动产相应价值部分采取查封措施；因不动产未办理分割登记而对其进行整体查封后，应当及时协调相关部门办理分割登记并解除对超标的部分的查封。积极引导当事人通过议价、询价等方式确定财产处置参考价，切实为被执行中小微企业等市场主体节省评估费用。发挥网络司法拍卖溢价率高、成本低的优势，优先适用网络司法拍卖方式处置财产。对不动产等标的额较大或者情况复杂的财产，被执行中小微企业等市场主体认为委托评估确定的参考价过低，申请在一定期限内自行处置的，在能够保障债权人利益的情况下，人民法院可以准许。

20. 依法精准适用失信惩戒和限制消费措施。严格区分失信惩戒与限制消费措施的适用条件，被执行中小微企业等市场主体仅符合限制消费情形但不符合失信情形的，不得将其纳入失信名单。严格区分失信与丧失履行能力，中小微企业等市场主体因经营失利丧失履行能力且不具有法律、司法解释规定的规避、抗拒执行等违法情形的，不得以有履行能力拒不履行义务为由将其纳入失信名单。健全信用修复机制，中小微企业等市场主体的失信信息符合法定屏蔽条件的，应当及时采取屏蔽措施；失信信息被屏蔽后，其因融资、招投标等需要请求提供信用修复证明的，人民法院可以出具相关证明材料。

最高人民法院
关于支持和保障全面深化前海深港现代服务业合作区改革开放的意见

法发〔2022〕3号

为深入学习贯彻习近平新时代中国特色社会主义思想，全面贯彻落实习近平总书记在深圳经济特区建立40周年庆祝大会上的重要讲话精神，认真贯彻落实中共中央、国务院印发的《全面深化前海深港现代服务业合作区改革开放方案》，充分发挥司法服务保障职能，进一步推动前海深港现代服务业合作区（以下简称前海合作区）全面深化改革开放，建设中国特色社会主义法治示范区，结合人民法院工作实际，制定如下意见。

一、总体要求

1. 指导思想。以习近平新时代中国特色社会主义思想为指导，全面贯彻党的十九大和十九届历次全会精神，深入贯彻落实习近平法治思想，坚持依托香港、服务内地、面向世界，按照党中央、国务院决策部署，围绕前海合作区战略定位，推动改革与法治双轮驱动，服务深化深港更紧密合作。抓住粤港澳大湾区建设重要机遇，支持前海合作区在打造中国特色社会主义法治建设示范区方面先行先试、积极探索。支持港澳融入国家发展大局，与前海合作区携手共建国际一流湾区和世界级城市群，努力打造粤港澳大湾区全面深化改革创新试验平台和高水平对外开放门户枢纽。

2. 主要目标。推进与港澳法律规则衔接、机制对接，充分利用港澳在法治建设方面的成功经验和资源，提升深港法治交流合作水平。支持在前海合作区高标准建设深港国际法务区，率先开展试点、打造创新样本，助推其成为具有高度法治化营商环境的试点和示范，提升其在"双区"建设中的枢纽地位。扎实推进制度改革创新，推动现代服务业创新发展，提升法律事务对外开放水平，增强审判工作在粤港澳大湾区建设中的法治示范功能。为前海合作区2025年初步形成具有全球竞争力的营商环境，2035年达到世界一流营商环境打下坚实的法治基础。

二、提升法律事务对外开放水平

3. 完善前海合作区国际商事审判组织体系。支持在前海合作区进一步健全完善国际商事审判组织体系，构建公正、高效、便捷、低成本处理国际商事纠纷体制机制，打造粤港澳商事审判优选地。

4. 依法扩大涉外民商事案件受案范围。结合前海合作区发展空间扩展情况，科学调整相关人民法院涉外民商事纠纷管辖规则，支持前海合作区人民法院（以下简称前海法院）依法有序扩大涉外民商事案件管辖范围，支持依法试点受理没有连接点但当事人约定管辖的涉外民商事案件。

5. 简化涉港澳案件诉讼程序。按照相互尊重、求同存异、便利合法原则，支持前海法院简化港澳诉讼主体资格司法确认、授权委托见证、送达程序及诉讼证据审查认定。依法适用简易程序和独任制审理，提高涉港澳民商事纠纷诉讼效率。加强中国特色区际司法协助体系建设，探索建设粤港澳大湾区民商事司法协助电子平台，在涉港澳民商事案件中探索在当事人认可的前提下，由当事人、律师、公证机构等协助转送文书，提高送达效率。

6. 推进粤港澳司法研究平台建设。发展中国特色司法研究新型智库，支持设立粤港澳大湾区司法研究平台，以人员交流、问题研究、研讨培训为抓手，推进"一国两制三法域"框架下内地与港澳法律制度衔接、工作机制对接、国际商事规则比较等法律问题研究。

三、推动规则衔接和机制对接

7. 完善域外法查明和适用机制。建立完善人民法院审理案件中域外法查明与适用机制，探索建设统一的域外法查明平台，支持港澳法律专家在前海法院出庭提供法律查明协助，拓展域外法的查明渠道与方式。支持前海法院申请授权试点探索域外法适用机制，在不违反我国法律基本原则或者不损害国家主权、安全和社会公共利益的前提下，允许在前海合作区注册的港资、澳资、台资及外商投资企业协议选择域外法解决合同纠纷，或者适用国际条约、国际惯例和国际商事规则化解纠纷。

8. 建设国际商事争议解决中心。支持前海合作区率先建立诉讼、调解、仲裁既相互独立又衔接配合的国际商事争议解决中心。推动前海法院与知名国际商事仲裁机构、国际商事调解组织进行工作对接，健全"一站式"国际商事纠纷多元解决机制。进一步完善前海法院与港澳调解机构诉调对接机制，吸纳符合条件的港澳调解机构参与国际商事、知识产权等领域纠纷调解，支持港澳调解员及律师参与调解，探索由前海法院试点受理该类型调解协议的司法确认案件。探索建立港澳调解员在粤港澳大湾区执业统一资格认定制度，构建调解职业水准评价体系。

9. 构建港澳法律服务参与诉讼机制。推进落实符合条件的港澳律师在前海法院代理涉港澳民商事案件许可机制，逐步为符合条件的港澳律师在深圳其他地区担任诉讼代理人提供便利条件。

四、促进粤港澳司法交流与协助

10. 加大与港澳地区司法交流力度。推动简化跨境司法交流合作审批程序，支持前海合作区与港澳开展法律研讨、司法论坛、模拟法庭等交流活动，推动司法专业交流常态化、机制化。

11. 拓展深港澳司法人才交流渠道。坚持"高精尖"导向，加强高层次法治人才培养储备，细化法律研修学者、法律实习生制度，加大法治人才联合培养力度，形成具有国际视野、通晓国际法律规则、熟悉域外法律的涉外法律专业人才梯队。

五、全面深化改革创新

12. 支持打造国际一流营商环境。健全前海合作区外资、民营企业等投资者权益的司法保护机制，坚持各类市场主体诉讼地位平等、法律适用平等、法律责任平等，依法保护进行跨境商业投资的企业与个人的合法权益，以一流的市场化法治化国际化营商环境支持和引导现代服务业发展。

13. 支持海洋中心城市建设。服务保障国家海洋战略实施，支持广州海事法院深圳法庭建设，妥善审理海事案件，提升海事审判工作国际影响力。加强与前海合作区海事法律咨询、海事仲裁等法律服务机构的工作衔接，支持深圳国际仲裁院海事仲裁中心建设，打造多元化国际海事法律服务中心。

14. 加大知识产权司法保护力度。支持深圳知识产权法庭建设和知识产权审判改革创新，探索人工智能、互联网信息、生命信息等新类型数字化知识产权财产权益法律保护新模式。完善重点领域核心技术知识产权保护规则。完善司法裁判规则，加大针对网络环境下垄断和不正当竞争行为的制裁力度。持续实施最严格的知识产权保护制度，严格落实知识产权侵权惩罚性赔偿制度。联合中国（深圳）知识产权保护中心、国家版权创新发展基地、国家海外知识产权纠纷应对指导中心深圳分中心等机构，加强知识产权"一站式"协同保护平台建设，推动健全知识产权多元化纠纷解决机制和快速维权机制，完善知识产权案件跨境协作机制。

15. 提升智慧法院诉讼服务水平。支持前海法院加强智慧法院建设，以"一网通办""一次办好"为目标，完善国际化、标准化、智能化诉讼服务平台建设，着力构建全流程在线诉讼新机制和诉讼服务新模式，加强与港澳诉讼服务对接，为境内外当事人提供便捷、高效、低成本的纠纷解决服务。

六、加强组织保障

16. 加强组织领导。要深入贯彻新时代党的建设总要求，深入贯彻党的十九大和十九届历次全会精神，认真贯彻落实习近平总书记在庆祝中国共产党成立100周年大会上重要讲话精神。要以支持保障全面深化前海合作区改革开放为契机，进一步深化人民法院司法体制综合配套改革，坚持系统观念，强化统筹协调，确保各项改革于法有据、协调推进，确保各项举措务实管用、科学有效。

17. 完善工作机制。最高人民法院各有关单位要加强条线指导，第一巡回法庭和第一国际商事法庭要增强做好服务党中央重大决策部署的主动性、前瞻性，充分利用派驻深圳的便利条件，立足司法职能，主动服务前海合作区全面深化改革重大战略，持续推进改革进程。广东省高级人民法院和深圳市中级人民法院要压实主体责任，强化督促落实，积极争取有关部门支持，凝聚服务保障合力，加快推动各项建设和改革任务落地见效。

2022 年 1 月 17 日

最高人民法院
关于支持和保障横琴粤澳深度合作区建设的意见

法发〔2022〕4 号

为深入学习贯彻习近平新时代中国特色社会主义思想，全面贯彻落实习近平总书记关于粤澳合作开发横琴的重要指示精神，认真贯彻落实中共中央、国务院印发的《横琴粤澳深度合作区建设总体方案》，充分发挥司法服务保障职能作用，为横琴粤澳深度合作区（以下简称横琴合作区）建设提供优质的司法服务和更加有力的司法保障，结合人民法院工作实际，制定如下意见。

一、总体要求

1. 指导思想

以习近平新时代中国特色社会主义思想为指导，全面贯彻党的十九大和十九届历次全会精神，深入贯彻落实习近平法治思想，按照党中央、国务院决策部署，创新完善司法政策，统筹推进粤澳法治深度合作，全面推进法治建设，促进澳门经济适度多元发展，支持澳门长期繁荣稳定和进一步融入国家发展大局。

2. 主要目标

进一步解放思想，坚持改革创新，在"一国两制"制度下推进与澳门法律规则衔接、机制对接，积极参与横琴合作区条例制定，提升内地与澳门司法交流合作水平。努力营造横琴合作区安全稳定、透明有序、互利共赢的法治环境，全力推进新时代珠海经济特区"二次创业"，为助力粤港澳大湾区建设作出积极贡献。

二、推动规则衔接和机制对接

3. 完善域外法查明和适用机制。支持在横琴粤澳深度合作区人民法院（以下简称横琴法院）设立域外法查明机构，重点加强包括葡语系国家（地区）、澳门在内的域外法查明服务，支持境内外法律专家在横琴法院出庭提供法律查明协助。支持横琴法院申请授权试点探索域外法适用机制，在不违反我国法律基本原则或者不损害国家主权、安全和社会公共利益的前提下，允许在横琴合作区注册的港资、澳资、台资及外商投资企业协议选择域外法解决合同纠纷，或者适用国际条约、国际惯例和国际商事规则化解纠纷。

4. 构建多元化商事纠纷解决机制。支持横琴法院深化"一站式"多元解纷机制建设，鼓励其与国内外商事仲裁机构、调解组织及其他法律服务机构进行工作对接，推动社会解纷资源的合理配置和高效利用。支持横琴法院与葡语系国家（地区）相关机构开展合作，吸纳符合条件的外国及港澳地区调解组织、调解员参与国际商事、知识产权等领域纠纷调解，探索由横琴法院试点受理该类型调解协议的司法确认案件。

三、强化横琴法院职能作用

5. 深化体制机制改革。支持横琴法院根据其自身职能定位和横琴合作区发展需要，依法申请授权在组织体系、机构设置、功能定位等方面深化改革创新，努力打造彰显"一国两制"优势的新型示范法院。

6. 推动优化法治营商环境。妥善审理公司、金融、知识产权及消费者权益保护等类型案件，平等保护横琴合作区各类市场主体合法权益，维护市场主体的投资信心，构建以保护产权、维护契约、公平竞争、有效监管、统一市场为基本导向的市场化法治化国际化营商环境。

7. 提升智慧法院诉讼服务水平。支持横琴法院加强智慧法院建设，以"一网通办""一次办好"为目标，完善国际化、标准化、智能化诉讼服务平台建设，着力构建全流程在线诉讼新机制和诉讼服务新模式，加强与港澳诉讼服务对接，为境内外当事人提供便捷、高效、低成本的纠纷解决服务。

8. 积极延伸司法职能。与横琴合作区职能部门建立会商研究、风险预警机制，加强对于涉港澳企业案件的梳理分析，定期通报典型案例或相关情况，为企业防范法律风险提供参考，发挥司法引导功能。

四、深化粤港澳司法协作交流

9. 简化涉港澳案件诉讼程序。支持横琴法院简化港澳诉讼主体资格司法确认、授权委托见证、送达程序及诉讼证据审查认定。支持横琴法院与澳门特别行政区法院建立直接委托送达和调取证据机制，提高涉港澳民商事纠纷诉讼效率。

10. 加强与港澳地区司法交流力度。落实珠澳法院互访和日常交流机制，推动简化跨境司法交流合作审批程序，加强粤港澳三地司法部门的交流合作，就粤港澳司法资源共享、业务培训与课题研究等方面加强交流学习，培养具有国际化视野、专业化能力的人才队伍。

五、加强组织保障

11. 加强组织领导。要深入贯彻新时代党的建设总要求，深入贯彻党的十九大和十九届历次全会精神，认真贯彻落实习近平总书记在庆祝中国共产党成立100周年大会上重要讲话精神。要以粤港澳大湾区发展和横琴合作区建设为契机，进一步深化人民法院司法体制综合配套改革，坚持系统观念，强化统筹协调，确保各项改革于法有据、协调推进，确保各项举措务实管用、科学有效。

12. 完善工作机制。最高人民法院各有关单位要加强条线指导，第一巡回法庭和第一国际商事法庭要增强做好服务党中央重大决策部署的主动性、前瞻性，充分利用派驻广东的便利条件，立足司法职能，主动服务横琴合作区建设重大战略，持续推进改革进程。广东省高级人民法院要压实主体责任，强化督促落实，积极争取有关部门支持，凝聚服务保障合力，加快推动各项建设和改革任务落地见效。

2022年1月17日

最高人民法院
关于为做好2022年全面推进乡村振兴重点工作提供司法服务和保障的意见

法〔2022〕74号

为深入贯彻习近平总书记在主持召开中央政治局常委会会议专题研究"三农"工作会议上重要讲话精神以及对政法工作作出的重要指示，全面贯彻党的十九大和十九届历次全会精神，全面贯彻落实《中共中央、国务院关于做好2022年全面推进乡村振兴重点工作的意见》，充分发挥人民法院审判职能作用，为推动乡村振兴取得新进展、农业农村现代化迈出新步伐提供有力司法服务和保障，提出如下意见。

一、统一思想，深刻认识为做好2022年全面推进乡村振兴重点工作提供司法服务和保障的重要意义

1. 切实增强服务做好2022年全面推进乡村振兴重点工作的使命担当。做好2022年全面推进乡村振兴重点工作，接续全面推进乡村振兴，确保农业稳产增产、农民稳步增收、农

村稳定安宁是以习近平同志为核心的党中央作出的重大决策部署。各级人民法院要坚持以习近平新时代中国特色社会主义思想为指导，全面贯彻党的十九大和十九届历次全会精神，深入贯彻中央经济工作会议精神，切实把思想和行动统一到党中央决策部署上来，增强"四个意识"、坚定"四个自信"、做到"两个维护"，深入学习领会"两个确立"的决定性意义，坚持稳中求进工作总基调，立足新发展阶段、贯彻新发展理念、构建新发展格局、推动高质量发展，促进共同富裕，对标对表党中央决策部署和工作要求，切实增强做好司法服务"三农"工作的责任感、使命感，紧密结合人民法院工作实际，突出年度性任务、针对性举措、时效性导向，创造性开展工作，采取切实有力举措服务做好乡村发展、乡村建设、乡村治理重点工作，为推动乡村振兴取得新进展、农业农村现代化迈出新步伐提供有力司法服务和保障。

二、聚焦农业农村发展要素保障，积极服务乡村发展

2. *妥善审理"三农"领域新业态纠纷案件，持续推进农村产业融合发展*。依法审理乡村休闲旅游、乡村民宿、休闲农业等新业态纠纷案件，推动乡村休闲旅游提升计划实施，支持乡村民宿、农家乐特色村（点）发展，推动建立现代化农业产业体系、生产体系、经营体系，积极服务乡村产业振兴。依法审理涉农产品加工、农村电商等纠纷案件，支持农业大县农产品加工业快速发展，促进农副产品生产、加工、流通等领域规范健康发展，助推农村一二三产业融合发展。

3. *推进土地要素市场化配置，保障农村土地制度改革顺利实施*。审慎审理农村集体经营性建设用地入市、宅基地使用权抵押等纠纷案件，按照国家有关政策和意见，稳妥推进农村集体经营性建设用地入市、集体经营性建设用地使用权抵押融资、农村宅基地制度改革，推动做好农村改革重点任务的落实。

4. *支持劳动力要素市场化配置，引导劳动力和乡村振兴人才有序流动*。依法审理新就业形态劳动争议案件，妥善认定新就业形态劳动者与平台企业、用工合作企业之间的劳动关系，合理确定企业与劳动者的权利义务，加强新就业形态劳动者权益保障。依法审理涉乡村振兴人才劳动、人事争议纠纷案件，积极推动劳动争议仲裁与诉讼程序衔接，推动完善要素交易规则，支持乡村振兴人才队伍建设。

5. *加强乡村生态环境司法保护，推进农业农村绿色发展*。践行绿水青山就是金山银山理念，充分发挥环境资源审判职能作用，加强农村生态环境保护等重点领域的民事审判工作和监督指导工作，及时回应社会关切。综合运用环境保护禁令、惩罚性赔偿等制度，加强农业面源污染综合治理和大江大河生态系统治理，筑牢乡村生态安全司法屏障。

6. *加强种源安全司法保护，助力打好种业翻身仗*。贯彻落实种子法，依法严格保护国家种质资源，严厉打击制售假冒伪劣品种、种子套牌等行为，提升种业知识产权司法保护水平，有效保障国家种业和粮食安全。加强优质农产品地理标志保护，保障区域特色经济发展。完善保护种业知识产权合作机制，形成保护合力。

7. *统一人身损害赔偿标准，推动城乡融合发展*。按照《最高人民法院关于进一步推进人身损害赔偿标准城乡统一试点工作的通知》要求，依法审理各类型人身损害赔偿纠纷案件，将赔偿标准统一到城镇居民标准上来，推动人身损害赔偿纠纷案件统一城乡居民赔偿标

准试点工作开展。

三、充分发挥司法引领作用，稳妥推进乡村建设

8. 依法审理重点领域农村基础设施建设纠纷案件，推进补短板促发展项目实施。加大对乡村振兴重点帮扶县和易地搬迁集中安置区基础设施和公共服务设施建设纠纷案件审判力度，做好服务巩固拓展脱贫攻坚成果同乡村振兴司法服务举措的有效衔接，推进补齐乡村建设短板弱项。加大农村基础设施建设欠薪案件执行力度，特别是扶贫工程建设项目拖欠工程款、拖欠农民工工资的执行力度，巩固拓展根治欠薪工作成效，确保守住不发生规模性返贫底线。

9. 持续推进农村人居环境整治提升，有效改善农村地区生态环境质量。围绕打好污染防治攻坚战总体目标，支持农村地区推进生活垃圾、生活污水、黑臭水体等治理，推进实施村庄清洁行动和绿化美化行动，持续推进农村人居环境整治提升。依法妥善处理农村改厕引发的纠纷案件，按照有利生产、方便生活、团结互助、公平合理的原则，依据法律、法规、当地习惯正确处理相邻关系。深化乡村地区司法协作和生态环境协同治理，持续完善协同联动机制，积极构建多元共治的乡村环境治理体系。

10. 推进农村乱占耕地建房、"大棚房"等整治行动，严守18亿亩耕地红线。加大违法占用耕地案件审判执行工作力度，全面贯彻粮食安全战略，加强耕地用途保护，依法促进耕地"非农化""非粮化"治理。综合发挥刑事、民事、行政等审判职能作用，推进农村乱占耕地建房、"大棚房"专项清理整治，切实落实"长牙齿"的耕地保护硬措施。

11. 加大涉民生案件审判执行工作力度，持续推进巩固拓展脱贫攻坚成果。依法审理农村地区养老、育幼等民生领域案件，加大对农民工、灵活就业人员等权益保护力度。加快推进民生领域案件执行难综合治理、源头治理，坚持优先立案、优先执行、优先发放执行款，充分运用线上线下财产调查措施查找被执行人财产，用好用足各类强制措施，依法打击涉民生领域拒不执行判决、裁定违法犯罪行为，确保涉民生案件债权人胜诉权益得到及时兑现。加大司法救助力度，切实防止因案致贫返贫等现象发生。

四、夯实乡村振兴基层基础，大力提升乡村治理质效

12. 持续推进农村地区扫黑除恶斗争常态化，确保农村稳定安宁。切实贯彻总体国家安全观，常态化开展扫黑除恶斗争，聚焦"案件清结""黑财清底""打伞破网""综合治理"，健全长效机制。严厉打击利用宗族、家族势力等干扰、操纵、破坏选举违法犯罪行为，积极防范家族宗族势力、黑恶势力对农村基层政权的侵蚀。

13. 严厉打击农村黄赌毒和侵害农村妇女、儿童等群体合法权益违法犯罪行为，切实维护农村社会和谐稳定。依法惩治农村地区黄赌毒违法犯罪行为，铲除农村地区黄赌毒违法犯罪的滋生土壤，促进农村精神文明建设。严厉打击侵害农村妇女、儿童人身权利等违法犯罪行为，依法保护农村妇女、儿童等群体人身权利。加强未成年人司法保护，贯彻落实家庭教育促进法，加强对未成年人合法权益的保护。在审理涉及农村妇女、儿童等集体经济组织成员资格纠纷案件时，注重依法保护农村妇女、儿童等群体合法权益。对侵害农村妇女、儿童等群体合法权益行为的，加大依职权调查取证力度，及时作出人身安全保护令，依法保护农

村妇女、儿童等群体合法权益。

14. 依法保护农业农村历史文化遗产，推动乡村文化振兴。依法审理涉农业农村历史文化遗产案件，推进实施农耕文化保护工程，通过司法手段提升遗产地、传统村落居民保护传承意识，促进中华优秀文化传承发展。依法审理农业文化旅游新业态案件，推动农耕体验、科普教育等农业文化旅游新业态发展，促进文化传承和就业增收，不断增强农民群众在农耕文化保护传承利用中的获得感、幸福感。

15. 依法规制农村地区高价彩礼，推进农村地区移风易俗重点领域突出问题整治。依法审理农村地区高价彩礼纠纷案件，结合习俗、彩礼金额、给付目的、给付时间等因素区分彩礼与一般赠与，综合考虑给付方的经济来源、收入高低、当地经济收入、风俗习惯等依法审理涉彩礼纠纷案件，引导广大农民群众树立正确的婚姻观念，摒弃彩礼攀比之风，让婚俗回归本心、让婚姻回归本质。

16. 充分发挥一站式建设成果，不断提升纠纷化解效能。注重发挥一站式建设的集成作用，紧扣一站、集约、集成、在线、融合，加快推动一站式建设向"三农"重点行业领域延伸，打通妨碍共建共治共享的堵点，健全矛盾纠纷源头预防化解工作格局，高效便捷多元化解"三农"纠纷，增强农民群众获得感。

17. 打造"枫桥式人民法庭"，推进更高水平的平安法治乡村建设。坚持强基导向，认真贯彻"三个服务""三个便于"原则，完善新时代人民法庭建设，推动人民法庭建设新提升。坚持和发展新时代"枫桥经验"，创建一批"枫桥式人民法庭"，着力拓展人民法庭服务基层治理新途径，更好服务乡村治理。强化人民法庭工作平台、信息平台"两个平台"建设应用，完善基础设施、业务装备、经费等方面保障，推进基层治理体系和治理能力现代化。

五、创新工作机制，全面提升服务"三农"工作综合效能

18. 健全协同联动机制，形成推进乡村振兴整体合力。积极融入党委领导的基层治理体系，加强与乡镇街道、综治中心的衔接协同，及时掌握分析研判矛盾纠纷态势，为党委政府科学决策提供参考。强化与政府有关部门的联系，及时通报"三农"领域中的矛盾和问题，充分调动各部门的积极性，形成全面推进乡村振兴的整体合力。

19. 深化诉讼制度改革，推进"三农"纠纷便捷高效化解。认真贯彻全国人民代表大会常务委员会关于修改《中华人民共和国民事诉讼法》的决定，围绕案件繁简识别、程序分流适用、资源统筹调配、矛盾多元化解等，完善配套机制举措，有效提升"三农"领域纠纷案件审判效率和案件质量，提升农民群众司法获得感。

20. 强化智慧法院建设，创造更高水平的数字正义。坚持科技驱动，推进5G、区块链、人工智能等新兴技术司法运用，完善各类平台系统，有效解决平台分散、数据壁垒等问题，为农民群众诉讼提供智能化、一体化、协同化的智慧服务。深化在线诉讼模式和规则创新，根据"三农"纠纷案件性质特点等因素，合理准确使用在线审理机制，确保在线诉讼"降成本不降质量、提效率不减权利"。充分利用司法大数据优势，加强相关领域重点案件研判和矛盾纠纷化解，完善治理规则，促进提升数字经济治理体系和治理能力现代化。

2022 年 3 月 1 日

最高人民法院
关于为实施积极应对人口老龄化国家战略提供司法服务和保障的意见

法发〔2022〕15号

为全面贯彻落实《中共中央、国务院关于加强新时代老龄工作的意见》，深入贯彻积极应对人口老龄化国家战略，充分发挥审判职能作用，切实提升广大老年人的获得感、幸福感、安全感，现结合工作实际，就人民法院服务和保障实施积极应对人口老龄化国家战略提出如下意见。

一、统一思想认识，准确把握为实施积极应对人口老龄化国家战略提供司法服务和保障的总体要求

1. 指导思想。各级人民法院要切实提高政治站位，坚持以习近平新时代中国特色社会主义思想为指导，深入贯彻习近平法治思想，深入学习领会"两个确立"的决定性意义，增强"四个意识"、坚定"四个自信"、做到"两个维护"。坚持以人民为中心，把积极老龄观、健康老龄化理念融入审判执行工作全过程，大力弘扬中华民族孝亲敬老传统美德，为推动构建老年友好型社会、加强老年人权益保障提供有力司法服务和保障。

2. 重大意义。人口老龄化是我国未来相当长一个时期的基本国情。随着老龄化程度加深、劳动力供给数量减少，家庭养老负担和基本公共服务供给压力将进一步增加。有效应对我国人口老龄化，事关国家发展全局，事关亿万百姓福祉，事关社会和谐稳定，对于全面建设社会主义现代化国家具有重要意义。各级人民法院要充分认识实施积极应对人口老龄化国家战略的重要性和紧迫性，采取有力措施切实保障老年人合法权益，让老年人共享改革发展成果、安享幸福晚年。

3. 目标任务。新发展阶段，各级人民法院要建立健全上下贯通、一抓到底的工作体系，将服务和保障实施积极应对人口老龄化国家战略纳入审判执行的总体工作之中。推动完善老年人优待政策、法规体系，涉及老年人利益司法政策的制定和执行过程要充分征求老年人意见，推动人民法院服务和保障实施积极应对人口老龄化国家战略的各项政策举措落地、落实、落细。

二、充分发挥审判职能作用，加强老年人权益保障

4. 依法妥善审理涉老年人婚姻家庭纠纷案件。依法审理赡养纠纷案件，保障老年人基本生活需要。加强老年人精神赡养类案件调解力度，增进对老年人的精神关爱。注重法院的职权调查，强化依法裁量，依法保护老年人的婚姻自由。对于老年人同居析产纠纷，要综合考量共同生活时间、各自付出等因素，兼顾双方利益，实现公平公正。

5. 依法妥善审理涉老年人继承纠纷案件。落实民法典遗产管理人制度，依法确定遗产管理人，保障遗产妥善管理、顺利分割。要依法保护各类遗嘱形式，切实尊重老年人立遗嘱时的真实意愿，保障老年人遗产处分权。依法认定各类遗赠扶养协议效力，满足养老形式多样化需求。

6. 贯彻实施反家庭暴力法，保护老年家庭成员人身、财产安全。推动完善各部门共同参与的反家暴宏观体系。加强对家庭暴力受害老年人举证的指导，加大心理疏导和帮扶力度。建立人身安全保护令案件受理"绿色通道"，加大依职权调取证据力度，依法及时作出、送达人身安全保护令。加强与公安机关、居民委员会、村民委员会等部门协作配合，充分利用协助执行制度，保障人身安全保护令切实发挥作用。建立定期回访、跟踪机制，拓展反家暴延伸服务范围。

7. 完善老年人监护制度。妥善审理监护权纠纷案件，最大程度尊重老年当事人的真实意愿。依法认定老年人通过意定监护协议确定的监护人，督促其依法履行监护责任。对于侵犯无民事行为能力、限制民事行为能力老年人合法权益的监护人，依法撤销其监护人资格，为老年人安排必要的临时监护措施，按照最有利于被监护人的原则依法指定监护人，保护老年人人身权利、财产权利及其他合法权益。

8. 依法妥善审理涉养老纠纷案件，促进老有所养。贯彻落实民法典关于居住权的规定，依法审理涉老年人居住权益保护案件，满足老年人稳定的生活居住需要，为"以房养老"模式提供坚实的法律保障。依法妥善审理养老服务合同纠纷案件，确保养老机构提供符合质量和安全标准的养老服务，推动机构养老规范化发展。

9. 推动农村养老保障服务发展。依法审理涉及农村土地承包经营权、侵害集体经济组织成员权益等纠纷案件，保障老年人依法享有本集体经济组织成员权益，增加农村老年人收入。发挥审判职能作用，保障无劳动能力、无生活来源又无人赡养、扶养的老年村民享受农村五保供养待遇。

10. 依法妥善审理涉老年人医疗服务合同纠纷案件，促进老有所医。依法认定家庭病床、巡诊等居家医疗服务合同中各方当事人的权利义务关系，保障老年人合法权益。妥善审理老年人医疗、失能老年人长期照护等服务合同纠纷案件，发挥审判职能，保障医养结合政策的贯彻实施，为老年人健康生活保驾护航。

11. 加强老年人劳动权益保护，促进老有所为。依法审理涉老年人劳动争议案件，助力老年人就业、维护老年人再就业权益。助推"银龄行动"，引导具有一定经验和专业技术的老年人以志愿服务形式积极参与民事调解等活动。各地人民法院可以根据实际探索建立退休法官专家库，鼓励有意愿的退休法官积极参与诉前调解、调查研究等。

12. 依法妥善审理老年人参与社会文化生活相关案件，促进老有所学、老有所乐。妥善审理涉老年人旅游合同纠纷等案件，督促、引导服务机构充分、合理履行提示说明义务和安全保障义务，不断提升老年人生活质量，满足老年人日益增长的美好生活需要。

13. 依法加大对侵害老年人人身和财产权益违法犯罪行为的打击力度。依法严惩虐待、遗弃、伤害老年人等违法犯罪行为。严厉打击针对老年人的电信网络诈骗、借用"以房养老"之名实施的"套路贷"，依法惩处家庭成员盗窃、诈骗、抢夺、侵占、勒索、故意损毁老年人财物等违法犯罪行为。依法严惩消费领域违法犯罪行为，维护老年人消费权益，为老年人营造安全、便利、诚信的消费环境。

14. 加大涉老年人权益案件执行力度。各地人民法院要加大涉老年人居住权案件执行力度，依法及时维护老年人居住权益，保障老年人住有所居。加大对老年人追索赡养费、扶养费案件的先予执行力度。创新涉老年人精神赡养纠纷案件执行方式，督促、引导赡养人积极主动履行赡养义务。

三、持续深化改革创新，建立健全便老惠老司法服务机制

15. 深化一站式多元解纷机制建设，推动涉老年人矛盾纠纷源头化解。坚持和发展新时代"枫桥经验"，坚持把非诉讼纠纷解决机制挺在前面。建立完善涉老年人婚姻家庭、侵权等矛盾纠纷的预警、排查、调解机制。构建多元解纷和诉讼服务体系，促进涉老年人矛盾纠纷一站式多元化解。推动人民法院一站式多元解纷向基层延伸，推进人民法庭进乡村、进社区、进网格，加强巡回审判，及时就地化解矛盾纠纷。坚持服务老年人需求导向，建设一站式诉讼服务中心，提供"一站通办、一网通办、一号通办、一次通办"的诉讼服务。

16. 深入推进社会主义核心价值观融入裁判文书释法说理。在涉老年人等弱势群体保护、诉讼各方存在较大争议且可能引发社会广泛关注的案件中，要强化运用社会主义核心价值观释法说理。加强社会主义核心价值观在涉老年人权益案件中的导向作用，切实发挥司法裁判规范、评价、教育、引领等功能，实现政治效果、法律效果和社会效果的有机统一。

17. 进一步深化家事审判方式和工作机制改革。树立人性化审判理念，注重将对老年当事人的保护从身份利益、财产利益全面延伸到人格利益、安全利益和情感利益。充分发挥家事审判对婚姻家庭关系的诊断、修复和治疗作用，为老年人安享幸福晚年提供和睦稳定的家庭环境。

18. 加强法律宣传。各级人民法院要通过法律进社区、巡回审判、推广学习典型案例等多种方式，加强老年人权益保障普法宣传。提高老年人运用法律手段保护自身权益的意识，提升老年人识骗防骗能力。推动在全社会树立保障老年人合法权益的法律意识，形成关心关爱老年人的良好氛围。

19. 加大法律援助协作和司法救助力度。加强与法律援助机构的协调配合，依法及时转交老年当事人的法律援助申请。对于符合司法救助条件的老年当事人，人民法院应当依法予以救助。会同相关部门加大对受害老年人临时庇护、法律援助的帮扶力度，加大司法救助力度，推动建立多层次救助体系。

20. 建立适老型诉讼服务机制，为便利老年人参与诉讼活动提供保障。聚焦涉老年人案件类型和特点，探索建立涉老年人民事案件专业化审判机制。依法准许书写起诉状确有困难的老年人口头起诉，有效给予老年人诉讼服务指导和帮助。为行动不便的老年人开通上门立案、电话立案等绿色通道，实现快速、便捷立案。开展网上立案、电子诉讼的同时，保留老年人易于接受的传统司法服务方式。完善无障碍诉讼设施及服务，方便老年人参加诉讼。根据案件情况，允许相关辅助、陪护人员陪同老年当事人出庭。依法妥善处理老年人涉诉信访案件，对于老年当事人应当予以特别关照。

2022 年 3 月 29 日

最高人民法院
关于加强区块链司法应用的意见

法发〔2022〕16号

为深入贯彻落实习近平法治思想和习近平总书记关于积极推动区块链技术为人民群众提供更加智能、更加便捷、更加优质公共服务的重要指示精神，贯彻落实《中华人民共和国国民经济和社会发展第十四个五年规划和2035年远景目标纲要》和《"十四五"国家信息化规划》，充分发挥区块链在促进司法公信、服务社会治理、防范化解风险、推动高质量发展等方面的作用，全面深化智慧法院建设，推进审判体系和审判能力现代化，结合人民法院工作实际，制定本意见。

一、总体要求

（一）指导思想。以习近平新时代中国特色社会主义思想为指导，深入贯彻习近平法治思想和习近平总书记关于网络强国的重要思想，紧紧围绕"努力让人民群众在每一个司法案件中感受到公平正义"的目标，坚持服务大局、司法为民、公正司法，大力推动区块链技术与多元解纷、诉讼服务、审判执行和司法管理工作深度融合，积极应用区块链平台服务社会治理、优化营商环境、加强诚信体系建设、防范化解重大风险、支持构建新发展格局，努力创造更高水平的数字正义。

（二）总体目标。到2025年，建成人民法院与社会各行各业互通共享的区块链联盟，形成较为完备的区块链司法领域应用标准体系，数据核验、可信操作、智能合约、跨链协同等基础支撑能力大幅提升；区块链在多元解纷、诉讼服务、审判执行和司法管理工作中得到全面应用，有效促进司法公信，提升司法效率，强化廉洁司法；司法区块链跨链联盟融入经济社会运行体系，实现与政法、工商、金融、环保、征信等多个领域跨链信息共享和协同，主动服务营商环境优化、经济社会治理、风险防范化解和产业创新发展，助力平安中国、法治中国、数字中国和诚信中国建设，形成中国特色、世界领先的区块链司法领域应用模式，为新时代我国经济社会数字化转型和高质量发展提供坚强有力的司法服务和保障。

（三）基本原则

坚持依法统筹、注重协同联动。依法依规加强区块链基础设施统筹规划，面向经济社会发展和审判执行工作需要，开展区块链司法领域应用顶层设计，加强与各行各业跨链协同应用模式研究，促进多方数据共享和协同应用。

坚持开放共享、注重标准先行。建设与社会各行各业互通共享的区块链联盟，形成共性基础技术支撑能力，建立统一、开放的区块链司法领域应用技术标准体系，为跨部门节点接入、跨行业数据共同维护和利用提供规范化服务。

坚持应用牵引、注重创新发展。以司法为民、公正司法和服务社会治理为牵引，充分发挥区块链在优化业务流程、提升协同效率、建设可信体系等方面的作用,持续推进区块链在司法领域深度应用,不断提高跨领域自动执行能力。

坚持安全可靠、注重有序推进。以安全可信为前提,着力提升上链数据和智能合约的准确可控水平,确保数据安全,保护个人信息,推动形成区块链在司法领域稳中求进、有序发展、安全可靠的应用生态。

二、人民法院区块链平台建设要求

(四)加强区块链应用顶层设计。遵照法律规范要求,按照内外部高效协同的总体思想,针对法院业务应用和服务社会治理协同应用需求,系统开展区块链在司法领域应用的场景设计。针对内、外网协同应用需求,形成全国统一、支持跨网系、跨链协同司法应用的区块链总体建设方案。

(五)持续推进跨链协同应用能力建设。针对主动服务经济社会治理和司法业务应用场景,构建基于分布式标识、互联互通、跨链互信的区块链联盟基础设施,有效整合执行区块链已有建设成果,充分发挥联盟链技术特点,加强司法区块链平台与各行业区块链平台跨链联盟建设,持续提升协同能力。

(六)提升司法区块链技术能力。联合优势力量,开展关键技术攻关,打造开放共享的全国法院司法区块链平台,提高数据核验、可信操作、智能合约、跨链协同等基础技术能力,支持各级人民法院基于司法链平台开展业务创新应用。

(七)建设互联网司法区块链验证平台。基于全国司法区块链平台数据,在互联网端建设司法区块链验证平台,支持当事人等相关主体对调解数据、电子证据、诉讼文书等司法数据进行真伪核验。

(八)建立健全标准规范体系。建立健全区块链在司法领域应用的技术标准和管理规范,为与相关领域区块链平台和节点接入互通、共享协同提供技术指引和标准接口支持。

三、充分运用区块链数据防篡改技术,进一步提升司法公信力

(九)保障司法数据安全。推进人民法院电子卷宗、电子档案、司法统计报表、案件结案状态等司法数据上链存储,确保司法数据防篡改,提升数据安全水平。

(十)保障电子证据可信。健全完善区块链平台证据核验功能,支持当事人和法官在线核验通过区块链存储的电子证据,推动完善区块链存证的标准和规则,提升电子证据认定的效率和质量。

(十一)保障执行操作合规。推动执行案件信息、当事人信息、组织机构信息、执行通知、财产查控、财产处置、案款收发、信用惩戒、执法取证、执行互动、案件报结、卷宗归档等数据和操作上链存证,常态化开展执行全业务流程操作安全审计,进一步规范执行操作行为,探索开展执行查控等敏感操作在线闭环验证,确保可靠无误。

(十二)保障司法文书权威。推动人民法院送达的诉讼文书和送达回执在司法区块链平台统一存储,支持在互联网端查验送达文书,保证送达全流程安全可靠,维护司法权威。

四、充分发挥区块链优化业务流程的重要作用，不断提高司法效率

（十三）支持立案信息流转应用。建立立案登记材料分级分类自动流转业务规则，支持在材料提交限定期满后案件实现分级分类自动立案，巩固立案登记制改革成果，提高立案效率。

（十四）支持调解与审判流程衔接应用。建立调解协议不履行自动触发审判立案、执行立案等业务规则和智能合约程序，增强调解程序司法权威，支持多元纠纷化解。

（十五）支持审判与执行流程衔接联动。全面推进审判与执行办案系统信息互通和数据共享，探索建立裁判文书不履行自动触发执行立案等业务规则和联动机制，优化审执衔接，畅通信息流转，减少重复工作，支持切实破解执行难。

（十六）支持提升执行效率。探索建立符合条件的执行案件自动发起查询、冻结、扣划以及执行案款自动发放智能合约机制，在确保程序合规的前提下简化审批环节；建立对统查财产线索足额终本案件、对不履行义务的执行和解案件，无需单独提起立案流程即可自动立案恢复执行的智能合约机制。

（十七）支持执行干警便捷办案。运用区块链技术推动网络查控、评估拍卖、案款收发、失信限消、事项委托、电子卷宗随案生成等向移动端延伸，形成去中心化、去网系化、去系统化的数据串联，方便执行干警随时随地办理执行事务。

五、充分挖掘区块链互通联动的巨大潜力，增强司法协同能力

（十八）提高律师资质验证协同能力。针对律师资质验证需求，构建人民法院与司法行政部门跨链协同应用，支持实现参与诉讼活动的律师资质、信用报告在线查询及核验，提高核验实时性。

（十九）提高政法部门案件协同办理能力。针对减刑假释、刑事、民商事等案件跨部门协同办理和公民身份认证等需求，构建人民法院与检察、公安、司法行政等部门的跨链协同应用，提高案件在线流转效率和数据互信水平。

（二十）提高跨部门协同执行能力。针对被执行人财产查控、失信被执行人联合惩戒等需求，构建人民法院与行政执法、不动产登记、金融证券保险机构、联合信用惩戒等单位的跨链协同应用，建立自动化执行查控和信用惩戒模式，提高协同执行工作效率。

六、充分利用区块链联盟互认可信的价值属性，服务经济社会治理

（二十一）保护知识产权。构建与版权、商标、专利等知识产权区块链平台的跨链协同机制，支持对知识产权的权属、登记、转让等信息的查询核验，为知识产权案件的证据认定等提供便利，更好地服务国家创新驱动战略实施。

（二十二）支持营商环境优化。构建与市场监管、产权登记和交易平台等区块链平台的跨链协同应用机制，支持对企业基本信息、企业股权变动、企业间关联关系、不动产和动产权属状况、融资租赁、贵金属交易等权属登记和交易状况信息的查询核验，为权属认定和产权交易提供便利，促进基于数据与信用的分级分类监管体系建设，更好地服务国家营商环境建设。

（二十三）支持数据开发利用。构建与数据权属、数据交易等区块链平台的跨链协同应用机制，支持对数据确权、数据交易等过程信息的查询核验和智能合约处置，助力数据要素市场构建和数据价值释放，更好地服务国家大数据战略实施。

（二十四）支持金融信息流转应用。构建与金融机构区块链平台的跨链协同应用机制，支持对金融贷款合同、信用卡等审批、履行、违约过程信息的查询核验和智能合约处置，更好地服务金融风险防范化解。

（二十五）支持企业破产重组。构建与相关政府部门区块链平台的跨链协同应用机制，支持对债务人企业的经营信息和涉诉涉执行信息互通共享，支持债权申报信息在线验证质证，在保障全体债权人知情权和查阅权的同时，强化债权审核公开透明，并进一步确保网络债权人会议的表决效力，更好地服务市场主体救治和退出。

（二十六）支持征信体系建设。构建与全国信用信息共享平台、国家企业信用信息公示系统和失信惩戒部门的跨链协同应用机制，支持对失信被执行人、限制高消费信息的查询核验和智能合约处置，确保失信信息可信产生、安全传播和合规使用，更好地发挥联合失信惩戒作用，助力健全以信用为基础的新型监管机制，服务社会信用体系建设。

七、保障措施

（二十七）加强组织领导。各级人民法院要高度重视区块链在司法领域的建设和应用，加强统筹协调，明确任务牵头部门负责区块链应用整体推进和管理。

（二十八）建立协同机制。各级人民法院要统筹辖区区块链应用重点，联合其他政法单位、社会机构等力量强化协同工作机制，共同推进区块链在司法领域的应用。

（二十九）加大支持力度。各级人民法院要将区块链应用工作纳入智慧法院建设规划统筹组织实施，并与地方政府社会治理创新相结合，争取经费支持，加大推进力度。

（三十）注重应用示范。各级人民法院要面向服务经济社会发展和人民法院业务需求，选择较为成熟的应用场景开展典型应用示范，形成可复制、可推广的创新模式。

（三十一）确保安全可靠。各级人民法院要健全事前审核和测试评估机制，确保上链数据真实性、准确性、合规性以及链上链下数据一致性，确保智能合约的合法性、有效性、安全性和可靠性。

（三十二）积极宣传引导。各级人民法院要加强成功案例宣传推介，面向法院干警开展区块链技术应用培训，全面提升区块链在司法领域的应用成效。

2022 年 5 月 23 日

刑 事

最高人民法院 最高人民检察院 公安部
关于办理电信网络诈骗等刑事案件适用法律若干问题的意见（二）

法发〔2021〕22号

为进一步依法严厉惩治电信网络诈骗犯罪，对其上下游关联犯罪实行全链条、全方位打击，根据《中华人民共和国刑法》《中华人民共和国刑事诉讼法》等法律和有关司法解释的规定，针对司法实践中出现的新的突出问题，结合工作实际，制定本意见。

一、电信网络诈骗犯罪地，除《最高人民法院、最高人民检察院、公安部关于办理电信网络诈骗等刑事案件适用法律若干问题的意见》规定的犯罪行为发生地和结果发生地外，还包括：

（一）用于犯罪活动的手机卡、流量卡、物联网卡的开立地、销售地、转移地、藏匿地；

（二）用于犯罪活动的信用卡的开立地、销售地、转移地、藏匿地、使用地以及资金交易对手资金交付和汇出地；

（三）用于犯罪活动的银行账户、非银行支付账户的开立地、销售地、使用地以及资金交易对手资金交付和汇出地；

（四）用于犯罪活动的即时通讯信息、广告推广信息的发送地、接受地、到达地；

（五）用于犯罪活动的"猫池"（Modem Pool）、GOIP设备、多卡宝等硬件设备的销售地、入网地、藏匿地；

（六）用于犯罪活动的互联网账号的销售地、登录地。

二、为电信网络诈骗犯罪提供作案工具、技术支持等帮助以及掩饰、隐瞒犯罪所得及其产生的收益，由此形成多层级犯罪链条的，或者利用同一网站、通讯群组、资金账户、作案窝点实施电信网络诈骗犯罪的，应当认定为多个犯罪嫌疑人、被告人实施的犯罪存在关联，人民法院、人民检察院、公安机关可以在其职责范围内并案处理。

三、有证据证实行为人参加境外诈骗犯罪集团或犯罪团伙，在境外针对境内居民实施电信网络诈骗犯罪行为，诈骗数额难以查证，但一年内出境赴境外诈骗犯罪窝点累计时间30日以上或多次出境赴境外诈骗犯罪窝点的，应当认定为刑法第二百六十六条规定的"其他严重情节"，以诈骗罪依法追究刑事责任。有证据证明其出境从事正当活动的除外。

四、无正当理由持有他人的单位结算卡的,属于刑法第一百七十七条之一第一款第(二)项规定的"非法持有他人信用卡"。

五、非法获取、出售、提供具有信息发布、即时通讯、支付结算等功能的互联网账号密码、个人生物识别信息,符合刑法第二百五十三条之一规定的,以侵犯公民个人信息罪追究刑事责任。

对批量前述互联网账号密码、个人生物识别信息的条数,根据查获的数量直接认定,但有证据证明信息不真实或者重复的除外。

六、在网上注册办理手机卡、信用卡、银行账户、非银行支付账户时,为通过网上认证,使用他人身份证件信息并替换他人身份证件相片,属于伪造身份证件行为,符合刑法第二百八十条第三款规定的,以伪造身份证件罪追究刑事责任。

使用伪造、变造的身份证件或者盗用他人身份证件办理手机卡、信用卡、银行账户、非银行支付账户,符合刑法第二百八十条之一第一款规定的,以使用虚假身份证件、盗用身份证件罪追究刑事责任。

实施上述两款行为,同时构成其他犯罪的,依照处罚较重的规定定罪处罚。法律和司法解释另有规定的除外。

七、为他人利用信息网络实施犯罪而实施下列行为,可以认定为刑法第二百八十七条之二规定的"帮助"行为:

(一)收购、出售、出租信用卡、银行账户、非银行支付账户、具有支付结算功能的互联网账号密码、网络支付接口、网上银行数字证书的;

(二)收购、出售、出租他人手机卡、流量卡、物联网卡的。

八、认定刑法第二百八十七条之二规定的行为人明知他人利用信息网络实施犯罪,应当根据行为人收购、出售、出租前述第七条规定的信用卡、银行账户、非银行支付账户、具有支付结算功能的互联网账号密码、网络支付接口、网上银行数字证书,或者他人手机卡、流量卡、物联网卡等的次数、张数、个数,并结合行为人的认知能力、既往经历、交易对象、与实施信息网络犯罪的行为人的关系、提供技术支持或者帮助的时间和方式、获利情况以及行为人的供述等主客观因素,予以综合认定。

收购、出售、出租单位银行结算账户、非银行支付机构单位支付账户,或者电信、银行、网络支付等行业从业人员利用履行职责或提供服务便利,非法开办并出售、出租他人手机卡、信用卡、银行账户、非银行支付账户等的,可以认定为《最高人民法院、最高人民检察院关于办理非法利用信息网络、帮助信息网络犯罪活动等刑事案件适用法律若干问题的解释》第十一条第(七)项规定的"其他足以认定行为人明知的情形"。但有相反证据的除外。

九、明知他人利用信息网络实施犯罪,为其犯罪提供下列帮助之一的,可以认定为《最高人民法院、最高人民检察院关于办理非法利用信息网络、帮助信息网络犯罪活动等刑事案件适用法律若干问题的解释》第十二条第一款第(七)项规定的"其他情节严重的情形":

(一)收购、出售、出租信用卡、银行账户、非银行支付账户、具有支付结算功能的互联网账号密码、网络支付接口、网上银行数字证书5张(个)以上的;

（二）收购、出售、出租他人手机卡、流量卡、物联网卡20张以上的。

十、电商平台预付卡、虚拟货币、手机充值卡、游戏点卡、游戏装备等经销商，在公安机关调查案件过程中，被明确告知其交易对象涉嫌电信网络诈骗犯罪，仍与其继续交易，符合刑法第二百八十七条之二规定的，以帮助信息网络犯罪活动罪追究刑事责任。同时构成其他犯罪的，依照处罚较重的规定定罪处罚。

十一、明知是电信网络诈骗犯罪所得及其产生的收益，以下列方式之一予以转账、套现、取现，符合刑法第三百一十二条第一款规定的，以掩饰、隐瞒犯罪所得、犯罪所得收益罪追究刑事责任。但有证据证明确实不知道的除外。

（一）多次使用或者使用多个非本人身份证明开设的收款码、网络支付接口等，帮助他人转账、套现、取现的；

（二）以明显异于市场的价格，通过电商平台预付卡、虚拟货币、手机充值卡、游戏点卡、游戏装备等转换财物、套现的；

（三）协助转换或者转移财物，收取明显高于市场的"手续费"的。

实施上述行为，事前通谋的，以共同犯罪论处；同时构成其他犯罪的，依照处罚较重的规定定罪处罚。法律和司法解释另有规定的除外。

十二、为他人实施电信网络诈骗犯罪提供技术支持、广告推广、支付结算等帮助，或者窝藏、转移、收购、代为销售及以其他方法掩饰、隐瞒电信网络诈骗犯罪所得及其产生的收益，诈骗犯罪行为可以确认，但实施诈骗的行为人尚未到案，可以依法先行追究已到案的上述犯罪嫌疑人、被告人的刑事责任。

十三、办案地公安机关可以通过公安机关信息化系统调取异地公安机关依法制作、收集的刑事案件受案登记表、立案决定书、被害人陈述等证据材料。调取时不得少于两名侦查人员，并应记载调取的时间、使用的信息化系统名称等相关信息，调取人签名并加盖办案地公安机关印章。经审核证明真实的，可以作为证据使用。

十四、通过国（区）际警务合作收集或者境外警方移交的境外证据材料，确因客观条件限制，境外警方未提供相关证据的发现、收集、保管、移交情况等材料的，公安机关应当对上述证据材料的来源、移交过程以及种类、数量、特征等作出书面说明，由两名以上侦查人员签名并加盖公安机关印章。经审核能够证明案件事实的，可以作为证据使用。

十五、对境外司法机关抓获并羁押的电信网络诈骗犯罪嫌疑人，在境内接受审判的，境外的羁押期限可以折抵刑期。

十六、办理电信网络诈骗犯罪案件，应当充分贯彻宽严相济刑事政策。在侦查、审查起诉、审判过程中，应当全面收集证据、准确甄别犯罪嫌疑人、被告人在共同犯罪中的层级地位及作用大小，结合其认罪态度和悔罪表现，区别对待，宽严并用，科学量刑，确保罚当其罪。

对于电信网络诈骗犯罪集团、犯罪团伙的组织者、策划者、指挥者和骨干分子，以及利用未成年人、在校学生、老年人、残疾人实施电信网络诈骗的，依法从严惩处。

对于电信网络诈骗犯罪集团、犯罪团伙中的从犯，特别是其中参与时间相对较短、诈骗数额相对较低或者从事辅助性工作并领取少量报酬，以及初犯、偶犯、未成年人、在校学生等，应当综合考虑其在共同犯罪中的地位作用、社会危害程度、主观恶性、人身危险性、认罪悔罪表现等情节，可以依法从轻、减轻处罚。犯罪情节轻微的，可以依法不起诉或者免予刑事处罚；情节显著轻微危害不大的，不以犯罪论处。

十七、查扣的涉案账户内资金，应当优先返还被害人，如不足以全额返还的，应当按照比例返还。

2021年6月17日

最高人民法院印发《关于进一步加强涉种子刑事审判工作的指导意见》的通知

法〔2022〕66号

各省、自治区、直辖市高级人民法院，解放军军事法院，新疆维吾尔自治区高级人民法院生产建设兵团分院：

现将《最高人民法院关于进一步加强涉种子刑事审判工作的指导意见》印发给你们，请认真贯彻执行。

2022年3月2日

关于进一步加强涉种子刑事审判工作的指导意见

为深入贯彻落实中央关于种业振兴决策部署，依法惩治涉种子犯罪，全面净化种业市场，维护国家种源安全，加快种业振兴，根据有关法律规定，制定本意见。

一、切实提高政治站位，深刻认识进一步加强涉种子刑事审判工作的重要意义。农业现代化，种子是基础。党中央高度重视种业发展，把种源安全提升到关系国家安全的战略高度。种子制假售假和套牌侵权等违法犯罪，严重扰乱种业市场秩序，妨害种业健康发展，危害国家种源安全。各级人民法院要提高思想认识，不断增强工作责任感，提高涉种子刑事审判能力水平，提升案件审判质效。

二、充分发挥刑事审判职能作用，坚持依法从严惩处的基本要求。要依法加大对制假售假、套牌侵权和破坏种质资源等涉种子犯罪的惩处力度，重拳出击，形成震慑，有效维护种子生产经营者、使用者的合法权益，净化种业市场，维护国家种源安全，为种业健康发展提供有力刑事司法保障。

三、准确适用法律，依法严惩种子制假售假犯罪。对销售明知是假的或者失去使用效能的种子,或者生产者、销售者以不合格的种子冒充合格的种子,使生产遭受较大损失的,依照刑法第一百四十七条的规定以生产、销售伪劣种子罪定罪处罚。

对实施生产、销售伪劣种子行为,因无法认定使生产遭受较大损失等原因,不构成生产、销售伪劣种子罪,但是销售金额在五万元以上的,依照刑法第一百四十条的规定以生产、销售伪劣产品罪定罪处罚。同时构成假冒注册商标罪等其他犯罪的,依照处罚较重的规定定罪处罚。

四、立足现有罪名,依法严惩种子套牌侵权相关犯罪。假冒品种权以及未经许可或者超出委托规模生产、繁殖授权品种种子对外销售等种子套牌侵权行为,经常伴随假冒注册商标、侵犯商业秘密等其他犯罪行为。审理此类案件时要把握这一特点,立足刑法现有规定,通过依法适用与种子套牌侵权密切相关的假冒注册商标罪,销售假冒注册商标的商品罪,非法制造、销售非法制造的注册商标标识罪,侵犯商业秘密罪,为境外窃取、刺探、收买、非法提供商业秘密罪等罪名,实现对种子套牌侵权行为的依法惩处。同时,应当将种子套牌侵权行为作为从重处罚情节,加大对此类犯罪的惩处力度。

五、保护种质资源,依法严惩破坏种质资源犯罪。非法采集或者采伐天然种质资源,符合刑法第三百四十四条规定的,以危害国家重点保护植物罪定罪处罚。

在种质资源库、种质资源保护区或者种质资源保护地实施上述行为的,应当酌情从重处罚。

六、贯彻落实宽严相济的刑事政策,确保裁判效果。实施涉种子犯罪,具有下列情形之一的,应当酌情从重处罚:针对稻、小麦、玉米、棉花、大豆等主要农作物种子实施的,曾因涉种子犯罪受过刑事处罚的,二年内曾因涉种子违法行为受过行政处罚的,其他应当酌情从重处罚的情形。

对受雇佣或者受委托参与种子生产、繁殖的,要综合考虑社会危害程度、在共同犯罪中的地位作用、认罪悔罪表现等情节,准确适用刑罚。犯罪情节轻微的,可以依法免予刑事处罚;情节显著轻微危害不大的,不以犯罪论处。

七、依法解决鉴定难问题,准确认定伪劣种子。对是否属于假的、失去使用效能的或者不合格的种子,或者使生产遭受的损失难以确定的,可以依据具有法定资质的种子质量检验机构出具的鉴定意见、检验报告,农业农村、林业和草原主管部门出具的书面意见,农业农村主管部门所属的种子管理机构组织出具的田间现场鉴定书等,结合其他证据作出认定。

八、坚持多措并举,健全完善工作机制。各级人民法院要加强与农业农村主管部门、林业和草原主管部门、公安机关、检察机关等部门的协作配合,推动构建专业咨询和信息互通渠道,建立健全涉种子行政执法与刑事司法衔接长效工作机制,有效解决伪劣种子的认定,涉案物品的保管、移送和处理,案件信息共享等问题。

各级人民法院要延伸审判职能,参与综合治理。对涉种子刑事审判中发现的监管问题、违法犯罪线索,应当及时向有关单位进行通报,必要时应当发送司法建议,形成有效合力,实现源头治理,全面净化种业市场,积极推动种业健康发展。

最高人民法院　最高人民检察院
公安部　国家移民管理局
印发《关于依法惩治妨害国（边）境管理违法犯罪的意见》的通知

法发〔2022〕18 号

各省、自治区、直辖市高级人民法院、人民检察院、公安厅（局），解放军军事法院、军事检察院，新疆维吾尔自治区高级人民法院生产建设兵团分院、新疆生产建设兵团人民检察院、公安局，各出入境边防检查总站：

为依法惩治妨害国（边）境管理违法犯罪活动，切实维护国（边）境管理秩序和人民群众人身财产安全，根据《中华人民共和国刑法》以及有关法律、司法解释的规定，结合执法、司法实践，最高人民法院、最高人民检察院、公安部、国家移民管理局联合制定了《关于依法惩治妨害国（边）境管理违法犯罪的意见》。现予以印发，请结合实际认真贯彻执行。在执行中遇到的新情况、新问题，请及时分别报告最高人民法院、最高人民检察院、公安部、国家移民管理局。

2022 年 6 月 29 日

关于依法惩治妨害国（边）境管理违法犯罪的意见

为依法惩治妨害国（边）境管理违法犯罪活动，切实维护国（边）境管理秩序，根据《中华人民共和国刑法》《中华人民共和国刑事诉讼法》《中华人民共和国出境入境管理法》《最高人民法院、最高人民检察院关于办理妨害国（边）境管理刑事案件应用法律若干问题的解释》（法释〔2012〕17 号，以下简称《解释》）等有关规定，结合执法、司法实践，制定本意见。

一、总体要求

1. 近年来，妨害国（边）境管理违法犯罪活动呈多发高发态势，与跨境赌博、电信网络诈骗以及边境地区毒品、走私、暴恐等违法犯罪活动交织滋长，严重扰乱国（边）境管理秩序，威胁公共安全和人民群众人身财产安全。人民法院、人民检察院、公安机关和移民管理机构要进一步提高政治站位，深刻认识妨害国（边）境管理违法犯罪的严重社会危害，充分发挥各自职能作用,依法准确认定妨害国(边)境管理犯罪行为,完善执法、侦查、起诉、审判的程序衔接,加大对组织者、运送者、犯罪集团骨干成员以及屡罚屡犯者的惩治力度,最大限度削弱犯罪分子再犯能力,切实维护国(边)境管理秩序,确保社会安全稳定,保障人民群众切身利益,努力实现案件办理法律效果与社会效果的有机统一。

二、关于妨害国(边)境管理犯罪的认定

2. 具有下列情形之一的,应当认定为刑法第三百一十八条规定的"组织他人偷越国(边)境"行为:

(1)组织他人通过虚构事实、隐瞒真相等方式掩盖非法出入境目的,骗取出入境边防检查机关核准出入境的;

(2)组织依法限定在我国边境地区停留、活动的人员,违反国(边)境管理法规,非法进入我国非边境地区的。

对于前述行为,在决定是否追究刑事责任以及如何裁量刑罚时,应当综合考虑组织者前科情况、行为手段、组织人数和次数、违法所得数额及被组织人员偷越国(边)境的目的等情节,依法妥当处理。

3. 事前与组织、运送他人偷越国(边)境的犯罪分子通谋,在偷越国(边)境人员出境前或者入境后,提供接驳、容留、藏匿等帮助的,以组织他人偷越国(边)境罪或者运送他人偷越国(边)境罪的共同犯罪论处。

4. 明知是偷越国(边)境人员,分段运送其前往国(边)境的,应当认定为刑法第三百二十一条规定的"运送他人偷越国(边)境",以运送他人偷越国(边)境罪定罪处罚。但是,在决定是否追究刑事责任以及如何裁量刑罚时,应当充分考虑行为人在运送他人偷越国(边)境过程中所起作用等情节,依法妥当处理。

5. 《解释》第一条第二款、第四条规定的"人数",以实际组织、运送的人数计算;未到案人员经查证属实的,应当计算在内。

6. 明知他人实施骗取出境证件犯罪,提供虚假证明、邀请函件以及面签培训等帮助的,以骗取出境证件罪的共同犯罪论处;符合刑法第三百一十八条规定的,以组织他人偷越国(边)境罪定罪处罚。

7. 事前与组织他人偷越国(边)境的犯罪分子通谋,为其提供虚假证明、邀请函件以及面签培训等帮助,骗取入境签证等入境证件,为组织他人偷越国(边)境使用的,以组织他人偷越国(边)境罪的共同犯罪论处。

8. 对于偷越国(边)境的次数,按照非法出境、入境的次数分别计算。但是,对于非法越境后及时返回,或者非法出境后又入境投案自首的,一般应当计算为一次。

9. 偷越国(边)境人员相互配合,共同偷越国(边)境的,属于《解释》第五条第二项规定的"结伙"。偷越国(边)境人员在组织者、运送者安排下偶然同行的,不属于"结伙"。

在认定偷越国(边)境"结伙"的人数时,不满十六周岁的人不计算在内。

10. 偷越国(边)境,具有下列情形之一的,属于《解释》第五条第六项规定的"其他情节严重的情形":

(1) 犯罪后为逃避刑事追究偷越国（边）境的；
(2) 破坏边境物理隔离设施后，偷越国（边）境的；
(3) 以实施电信网络诈骗、开设赌场等犯罪为目的，偷越国（边）境的；
(4) 曾因妨害国（边）境管理犯罪被判处刑罚，刑罚执行完毕后二年内又偷越国（边）境的。

实施偷越国（边）境犯罪，又实施妨害公务、袭警、妨害传染病防治等行为，并符合有关犯罪构成的，应当数罪并罚。

11. 徒步带领他人通过隐蔽路线逃避边防检查偷越国（边）境的，属于运送他人偷越国（边）境。领导、策划、指挥他人偷越国（边）境，并实施徒步带领行为的，以组织他人偷越国（边）境罪论处。

徒步带领偷越国（边）境的人数较少，行为人系初犯，确有悔罪表现，综合考虑行为动机、一贯表现、违法所得、实际作用等情节，认为对国（边）境管理秩序妨害程度明显较轻的，可以认定为犯罪情节轻微，依法不起诉或者免予刑事处罚；情节显著轻微危害不大的，不作为犯罪处理。

12. 对于刑法第三百二十一条第一款规定的"多次实施运送行为"，累计运送人数一般应当接近十人。

三、关于妨害国（边）境管理刑事案件的管辖

13. 妨害国（边）境管理刑事案件由犯罪地的公安机关立案侦查。如果由犯罪嫌疑人居住地的公安机关立案侦查更为适宜的，可以由犯罪嫌疑人居住地的公安机关立案侦查。

妨害国（边）境管理犯罪的犯罪地包括妨害国（边）境管理犯罪行为的预备地、过境地、查获地等与犯罪活动有关的地点。

14. 对于有多个犯罪地的妨害国（边）境管理刑事案件，由最初受理的公安机关或者主要犯罪地的公安机关立案侦查。有争议的，按照有利于查清犯罪事实、有利于诉讼的原则，由共同上级公安机关指定有关公安机关立案侦查。

15. 具有下列情形之一的，有关公安机关可以在其职责范围内并案侦查：
(1) 一人犯数罪的；
(2) 共同犯罪的；
(3) 共同犯罪的犯罪嫌疑人、被告人还实施其他犯罪的；
(4) 多个犯罪嫌疑人、被告人实施的犯罪存在关联，并案处理有利于查明案件事实的。

四、关于证据的收集与审查

16. 对于妨害国（边）境管理案件所涉主观明知的认定，应当结合行为实施的过程、方式、被查获时的情形和环境，行为人的认知能力、既往经历、与同案人的关系、非法获利等，审查相关辩解是否明显违背常理，综合分析判断。

在组织他人偷越国（边）境、运送他人偷越国（边）境等案件中，具有下列情形之一的，可以认定行为人主观明知，但行为人作出合理解释或者有相反证据证明的除外：
(1) 使用遮蔽、伪装、改装等隐蔽方式接送、容留偷越国（边）境人员的；

（2）与其他妨害国（边）境管理行为人使用同一通讯群组、暗语等进行联络的；

（3）采取绕关避卡等方式躲避边境检查，或者出境前、入境后途经边境地区的时间、路线等明显违反常理的；

（4）接受执法检查时故意提供虚假的身份、事由、地点、联系方式等信息的；

（5）支付、收取或者约定的报酬明显不合理的；

（6）遇到执法检查时企图逃跑，阻碍、抗拒执法检查，或者毁灭证据的；

（7）其他足以认定行为人明知的情形。

17. 对于不通晓我国通用语言文字的嫌疑人、被告人、证人及其他相关人员，人民法院、人民检察院、公安机关、移民管理机构应当依法为其提供翻译。

翻译人员在案件办理规定时限内无法到场的，办案机关可以通过视频连线方式进行翻译，并对翻译过程进行全程不间断录音录像，不得选择性录制，不得剪接、删改。

翻译人员应当在翻译文件上签名。

18. 根据国际条约规定或者通过刑事司法协助和警务合作等渠道收集的境外证据材料，能够证明案件事实且符合刑事诉讼法规定的，可以作为证据使用，但提供人或者我国与有关国家签订的双边条约对材料的使用范围有明确限制的除外。

办案机关应当移送境外执法机构对所收集证据的来源、提取人、提取时间或者提供人、提供时间以及保管移交的过程等相关说明材料；确因客观条件限制，境外执法机构未提供相关说明材料的，办案机关应当说明原因，并对所收集证据的有关事项作出书面说明。

19. 采取技术侦查措施收集的材料，作为证据使用的，应当随案移送，并附采取技术侦查措施的法律文书、证据清单和有关情况说明。

20. 办理案件中发现的可用以证明犯罪嫌疑人、被告人有罪或者无罪的各种财物，应当严格依照法定条件和程序进行查封、扣押、冻结。不得查封、扣押、冻结与案件无关的财物。凡查封、扣押、冻结的财物，都要及时进行审查。经查明确实与案件无关的，应当在三日以内予以解除、退还，并通知有关当事人。

查封、扣押、冻结涉案财物及其孳息，应当制作清单，妥善保管，随案移送。待人民法院作出生效判决后，依法作出处理。

公安机关、人民检察院应当对涉案财物审查甄别。在移送审查起诉、提起公诉时，应当对涉案财物提出处理意见。人民法院对随案移送的涉案财物，应当依法作出判决。

五、关于宽严相济刑事政策的把握

21. 办理妨害国（边）境管理刑事案件，应当综合考虑行为人的犯罪动机、行为方式、目的以及造成的危害后果等因素，全面把握犯罪事实和量刑情节，依法惩治。做好行政执法与刑事司法的衔接，对涉嫌妨害国（边）境管理犯罪的案件，要及时移送立案侦查，不得以行政处罚代替刑事追究。

对于实施相关行为被不起诉或者免予刑事处罚的行为人，依法应当给予行政处罚、政务处分或者其他处分的，依法移送有关主管机关处理。

22. 突出妨害国（边）境管理刑事案件的打击重点，从严惩处组织他人偷越国（边）境犯罪，坚持全链条、全环节、全流程对妨害国（边）境管理的产业链进行刑事惩治。对于为组织他人偷越国（边）境实施骗取出入境证件，提供伪造、变造的出入境证件，出售出入境证件，或者运送偷越国（边）境等行为，形成利益链条的，要坚决依法惩治，深挖犯罪源头，斩断利益链条，不断挤压此类犯罪滋生蔓延空间。

对于运送他人偷越国（边）境犯罪，要综合考虑运送人数、违法所得、前科情况等依法定罪处罚，重点惩治以此为业、屡罚屡犯、获利巨大和其他具有重大社会危害的情形。

对于偷越国（边）境犯罪，要综合考虑偷越动机、行为手段、前科情况等依法定罪处罚，重点惩治越境实施犯罪、屡罚屡犯和其他具有重大社会危害的情形。

23. 对于妨害国（边）境管理犯罪团伙、犯罪集团，应当重点惩治首要分子、主犯和积极参加者。对受雇佣或者被利用从事信息登记、材料递交等辅助性工作人员，未直接实施妨害国（边）境管理行为的，一般不追究刑事责任，可以由公安机关、移民管理机构依法作出行政处罚或者其他处理。

24. 对于妨害国（边）境管理犯罪所涉及的在偷越国（边）境之后的相关行为，要区分情况作出处理。对于组织、运送他人偷越国（边）境，进而在他人偷越国（边）境之后组织实施犯罪的，要作为惩治重点，符合数罪并罚规定的，应当数罪并罚。

对于为非法用工而组织、运送他人偷越国（边）境，或者明知是偷越国（边）境的犯罪分子而招募用工的，在决定是否追究刑事责任以及如何裁量刑罚时，应当综合考虑越境人数、违法所得、前科情况、造成影响或者后果等情节，恰当评估社会危害性，依法妥当处理。其中，单位实施上述行为，对组织者、策划者、实施者依法追究刑事责任的，定罪量刑应作综合考量，适当体现区别，确保罪责刑相适应。

25. 对以牟利为目的实施妨害国（边）境管理犯罪，要注重适用财产刑和追缴犯罪所得、没收作案工具等处置手段，加大财产刑的执行力度，最大限度剥夺其重新犯罪的能力和条件。

26. 犯罪嫌疑人、被告人提供重要证据或者重大线索，对侦破、查明重大妨害国（边）境管理刑事案件起关键作用，经查证属实的，可以依法从宽处理。

最高人民法院
关于充分发挥环境资源审判职能作用依法惩处盗采矿产资源犯罪的意见

法发〔2022〕19号

党的十八大以来，以习近平同志为核心的党中央把生态文明建设作为关系中华民族永续发展的根本大计，高度重视和持续推进环境资源保护工作。矿产资源是国家的宝贵财富，是人民群众生产、生活的物质基础，是山水林田湖草沙生命共同体的重要组成部分。盗采矿产资源犯罪不仅破坏国家矿产资源及其管理秩序，妨害矿业健康发展，也极易造成生态环境损害，引发安全事故。为充分发挥人民法院环境资源审判职能作用，依法惩处盗采矿产资源犯罪，切实维护矿产资源和生态环境安全，根据有关法律规定，制定本意见。

一、提高政治站位，准确把握依法惩处盗采矿产资源犯罪的根本要求

1. 坚持以习近平新时代中国特色社会主义思想为指导，深入贯彻习近平生态文明思想和习近平法治思想，紧紧围绕党和国家工作大局，用最严格制度、最严密法治筑牢维护矿产资源和生态环境安全的司法屏障。坚持以人民为中心，完整、准确、全面贯彻新发展理念，正确认识和把握惩罚犯罪、保护生态与发展经济、保障民生之间的辩证关系，充分发挥司法的规则引领与价值导向功能，服务经济社会高质量发展。

2. 深刻认识盗采矿产资源犯罪的严重社会危害性，准确把握依法打击盗采矿产资源犯罪的形势任务，增强工作责任感和使命感。严格依法审理各类盗采矿产资源案件，紧盯盗采、运输、销赃等各环节，坚持"全要素、全环节、全链条"标准，确保裁判政治效果、法律效果、社会效果、生态效果相统一。

3. 坚持刑法和刑事诉讼法的基本原则，落实宽严相济刑事政策，依法追究盗采行为人的刑事责任。落实民法典绿色原则及损害担责、全面赔偿原则，注重探索、运用预防性恢复性司法规则，依法认定盗采行为人的民事责任。支持和保障行政主管机关依法行政、严格执法，切实追究盗采行为人的行政责任。贯彻落实全面追责原则，依法妥善协调盗采行为人的刑事、民事、行政责任。

4. 突出打击重点，保持依法严惩态势。落实常态化开展扫黑除恶斗争部署要求，持续依法严惩"沙霸""矿霸"及其"保护伞"，彻底斩断其利益链条、铲除其滋生土壤。结合环境保护法、长江保护法、黑土地保护法等法律实施，依法严惩在划定生态保护红线区域、大江大河流域、黑土地保护区域以及在禁采区、禁采期实施的盗采矿产资源犯罪。立足维护矿产资源安全与科学开发利用，依法严惩针对战略性稀缺性矿产资源实施的盗采犯罪。

二、正确适用法律，充分发挥依法惩处盗采矿产资源犯罪的职能作用

5. 严格依照刑法第三百四十三条及《最高人民法院、最高人民检察院关于办理非法采矿、破坏性采矿刑事案件适用法律若干问题的解释》（以下简称《解释》）的规定，对盗采矿产资源行为定罪量刑。对犯罪分子主观恶性深、人身危险性大，犯罪情节恶劣、后果严重的，坚决依法从严惩处。

6. 正确理解和适用《解释》第二条、第四条第一款、第五条第一款规定，准确把握盗采矿产资源行为入罪的前提条件。对是否构成"未取得采矿许可证"情形，要在综合考量案件具体事实、情节的基础上依法认定。

7. 正确理解和适用《解释》第三条、第四条第二款、第五条第二款规定，对实施盗采矿产资源行为同时构成两种以上"情节严重"或者"情节特别严重"情形的，要综合考虑各情节，精准量刑。对在河道管理范围、海域实施盗采砂石行为的，要充分关注和考虑其危害堤防安全、航道畅通、通航安全或者造成岸线破坏等因素。

8. 充分关注和考虑实施盗采矿产资源行为对生态环境的影响，加强生态环境保护力度。对具有破坏生态环境情节但非依据生态环境损害严重程度确定法定刑幅度的，要酌情从重处罚。盗采行为人积极修复生态环境、赔偿损失的，可以依法从轻或者减轻处罚；符合《解

释》第十条规定的,可以免予刑事处罚。

9. 正确理解和适用《解释》第十三条规定,准确把握矿产品价值认定规则。为获取非法利益而对矿产品进行加工、保管、运输的,其成本支出一般不从销赃数额中扣除。销赃数额与评估、鉴定的矿产品价值不一致的,要结合案件的具体事实、情节作出合理认定。

10. 依法用足用好罚金刑,提高盗采矿产资源犯罪成本,要综合考虑矿产品价值或者造成矿产资源破坏的价值、生态环境损害程度、社会影响等情节决定罚金数额。法律、行政法规对同类盗采矿产资源行为行政罚款标准有规定的,决定罚金数额时可以参照行政罚款标准。盗采行为人就同一事实已经支付了生态环境损害赔偿金、修复费用的,决定罚金数额时可予酌情考虑,但不能直接抵扣。

11. 准确理解和把握刑法第七十二条规定,依法正确适用缓刑。对盗采矿产资源犯罪分子具有"涉黑""涉恶"或者属于"沙霸""矿霸",曾因非法采矿或者破坏性采矿受过刑事处罚,与国家工作人员相互勾结实施犯罪或者以行贿等非法手段逃避监管,毁灭、伪造、隐藏证据或者转移财产逃避责任,或者数罪并罚等情形的,要从严把握缓刑适用。依法宣告缓刑的,可以根据犯罪情况,同时禁止犯罪分子在缓刑考验期限内从事与开采矿产资源有关的特定活动。

12. 准确理解和把握法律关于共同犯罪的规定,对明知他人盗采矿产资源,而为其提供重要资金、工具、技术、单据、证明、手续等便利条件或者居间联络,结合全案证据可以认定为形成通谋的,以共同犯罪论处。

13. 正确理解和适用《解释》第十二条规定,加强涉案财物处置力度。对盗采矿产资源犯罪的违法所得及其收益,用于盗采矿产资源犯罪的专门工具和供犯罪所用的本人财物,坚决依法追缴、责令退赔或者没收。对在盗采、运输、销赃等环节使用的机械设备、车辆、船舶等大型工具,要综合考虑案件的具体事实、情节及工具的属性、权属等因素,依法妥善认定是否用于盗采矿产资源犯罪的专门工具。

14. 依法妥善审理国家规定的机关或者法律规定的组织提起的生态环境保护附带民事公益诉讼,综合考虑盗采行为人的刑事责任与民事责任。既要依法全面追责,又要关注盗采行为人的担责能力,保证裁判的有效执行。鼓励根据不同环境要素的修复需求,依法适用劳务代偿、补种复绿、替代修复等多种修复责任承担方式,以及代履行、公益信托等执行方式。支持各方依法达成调解协议,鼓励盗采行为人主动、及时承担民事责任。

三、坚持多措并举,健全完善有效惩治盗采矿产资源犯罪的制度机制

15. 完善环境资源审判刑事、民事、行政审判职能"三合一"体制,综合运用刑事、民事、行政法律手段惩治盗采矿产资源犯罪,形成组合拳。推进以湿地、森林、海洋等生态系统,或者以国家公园、自然保护区等生态功能区为单位的环境资源案件跨行政区划集中管辖,推广人民法院之间协商联动合作模式,努力实现一体化司法保护和法律统一适用。全面加强队伍专业能力建设,努力培养既精通法律法规又熟悉相关领域知识的专家型法官,不断提升环境资源审判能力水平。

16. 加强与纪检监察机关、检察机关、公安机关、行政主管机关的协作配合,推动构建专业咨询和信息互通渠道,建立健全打击盗采矿产资源行政执法与刑事司法衔接长效工作机

制,有效解决专业性问题评估、鉴定,涉案物品保管、移送和处理,案件信息共享等问题。依法延伸审判职能,积极参与综合治理工作,对审判中发现的违法犯罪线索、监管疏漏等问题,及时向有关单位移送、通报,必要时发送司法建议,形成有效惩治合力。

17. 因应信息化发展趋势,以人工智能、大数据、区块链为依托,促进信息技术与执法办案、调查研究深度融合,提升环境资源审判的便捷性、高效性和透明度。加速建设全国环境资源审判信息平台,构建上下贯通、横向联通的全国环境资源审判"一张网",为实现及时、精准惩处和预防盗采矿产资源犯罪提供科技支持。

18. 落实人民陪审员参加盗采矿产资源社会影响重大的案件和公益诉讼案件审理的制度要求,积极发挥专业人员在专业事实查明中的作用,充分保障人民群众知情权、参与权和监督权。着力提升巡回审判、典型案例发布等制度机制的普法功能,深入开展法治宣传和以案释法工作,积极营造依法严惩盗采矿产资源犯罪的社会氛围,引导人民群众增强环境资源保护法治意识,共建天蓝、地绿、水清的美丽家园。

2022 年 7 月 1 日

民　　事

最高人民法院关于开展认可和协助香港特别行政区破产程序试点工作的意见

法发〔2021〕15 号

为贯彻落实《中华人民共和国香港特别行政区基本法》第九十五条的规定,进一步完善内地与香港特别行政区司法协助制度体系,促进经济融合发展,优化法治化营商环境,最高人民法院与香港特别行政区政府结合司法实践,就内地与香港特别行政区法院相互认可和协助破产程序工作进行会谈协商,签署《最高人民法院与香港特别行政区政府关于内地与香港特别行政区法院相互认可和协助破产程序的会谈纪要》。按照纪要精神,最高人民法院依据《中华人民共和国民事诉讼法》《中华人民共和国企业破产法》等相关法律,制定本意见。

一、最高人民法院指定上海市、福建省厦门市、广东省深圳市人民法院开展认可和协助香港破产程序的试点工作。

二、本意见所称"香港破产程序",是指依据香港特别行政区《公司(清盘及杂项条文)条例》《公司条例》进行的集体清偿程序,包括公司强制清盘、公司债权人自动清盘以及由清盘人或者临时清盘人提出并经香港特别行政区高等法院依据香港特别行政区《公司条例》第673条批准的公司债务重组程序。

三、本意见所称"香港管理人",包括香港破产程序中的清盘人和临时清盘人。

四、本意见适用于香港特别行政区系债务人主要利益中心所在地的香港破产程序。

本意见所称"主要利益中心",一般是指债务人的注册地。同时,人民法院应当综合考虑债务人主要办事机构所在地、主要营业地、主要财产所在地等因素认定。

在香港管理人申请认可和协助时,债务人主要利益中心应当已经在香港特别行政区连续存在六个月以上。

五、债务人在内地的主要财产位于试点地区、在试点地区存在营业地或者在试点地区设有代表机构的,香港管理人可以依据本意见申请认可和协助香港破产程序。

依据本意见审理的跨境破产协助案件,由试点地区的中级人民法院管辖。

向两个以上有管辖权的人民法院提出申请的,由最先立案的人民法院管辖。

六、申请认可和协助香港破产程序的,香港管理人应当提交下列材料:

(一)申请书;

(二)香港特别行政区高等法院请求认可和协助的函;

(三)启动香港破产程序以及委任香港管理人的有关文件;

(四)债务人主要利益中心位于香港特别行政区的证明材料,证明材料在内地以外形成的,还应当依据内地法律规定办理证明手续;

(五)申请予以认可和协助的裁判文书副本;

(六)香港管理人身份证件的复印件,身份证件在内地以外形成的,还应当依据内地法律规定办理证明手续;

(七)债务人在内地的主要财产位于试点地区、在试点地区存在营业地或者在试点地区设有代表机构的相关证据。

向人民法院提交的文件没有中文文本的,应当提交中文译本。

七、申请书应当载明下列事项:

(一)债务人的名称、注册地以及香港管理人所知悉的债务人主要负责人的姓名、职务、住所、身份证件信息、通讯方式等;

(二)香港管理人的姓名、住所、身份证件信息、通讯方式等;

(三)香港破产程序的进展情况和计划;

(四)申请认可和协助的事项和理由;

(五)债务人在内地的已知财产、营业地、代表机构和债权人情况;

(六)债务人在内地涉及的诉讼、仲裁以及有关债务人财产的保全措施、执行程序等情况;

(七)其他国家或者地区针对债务人进行破产程序的相关情况;

(八)其他应当载明的事项。

八、人民法院应当自收到认可和协助申请之日起五日内通知已知债权人等利害关系人,并予以公告。利害关系人有异议的,应当自收到通知或者发布公告之日起七日内向人民法院书面提出。

人民法院认为有必要的，可以进行听证。

九、在人民法院收到认可和协助申请之后、作出裁定之前，香港管理人申请保全的，人民法院依据内地相关法律规定处理。

十、人民法院裁定认可香港破产程序的，应当依申请同时裁定认可香港管理人身份，并于五日内公告。

十一、人民法院认可香港破产程序后，债务人对个别债权人的清偿无效。

十二、人民法院认可香港破产程序后，已经开始而尚未终结的有关债务人的民事诉讼或者仲裁应当中止；在香港管理人接管债务人的财产后，该诉讼或者仲裁继续进行。

十三、人民法院认可香港破产程序后，有关债务人财产的保全措施应当解除，执行程序应当中止。

十四、人民法院认可香港破产程序后，可以依申请裁定允许香港管理人在内地履行下列职责：

（一）接管债务人的财产、印章和账簿、文书等资料；

（二）调查债务人财产状况，制作财产状况报告；

（三）决定债务人的内部管理事务；

（四）决定债务人的日常开支和其他必要开支；

（五）在第一次债权人会议召开之前，决定继续或者停止债务人的营业；

（六）管理和处分债务人的财产；

（七）代表债务人参加诉讼、仲裁或者其他法律程序；

（八）接受内地债权人的债权申报并进行审核；

（九）人民法院认为可以允许香港管理人履行的其他职责。

香港管理人履行前款规定的职责时，如涉及放弃财产权益、设定财产担保、借款、将财产转移出内地以及实施其他对债权人利益有重大影响的财产处分行为，需经人民法院另行批准。

香港管理人履行职责，不得超出《中华人民共和国企业破产法》规定的范围，也不得超出香港特别行政区法律规定的范围。

十五、人民法院认可香港破产程序后，可以依香港管理人或者债权人的申请指定内地管理人。

指定内地管理人后，本意见第十四条规定的职责由内地管理人行使，债务人在内地的事务和财产适用《中华人民共和国企业破产法》处理。

两地管理人应当加强沟通与合作。

十六、人民法院认可香港破产程序后，可以依申请裁定对破产财产变价、破产财产分配、债务重组安排、终止破产程序等事项提供协助。

人民法院应当自收到上述申请之日起五日内予以公告。利害关系人有异议的，应当自发布公告之日起七日内向人民法院书面提出。

人民法院认为有必要的，可以进行听证。

十七、发现影响认可和协助香港破产程序情形的，人民法院可以变更、终止认可和协助。

发生前款情形的,管理人应当及时报告人民法院并提交相关材料。

十八、利害关系人提供证据证明有下列情形之一的,人民法院审查核实后,应当裁定不予认可或者协助香港破产程序:

(一)债务人主要利益中心不在香港特别行政区或者在香港特别行政区连续存在未满六个月的;

(二)不符合《中华人民共和国企业破产法》第二条规定的;

(三)对内地债权人不公平对待的;

(四)存在欺诈的;

(五)人民法院认为应当不予认可或者协助的其他情形。

人民法院认为认可或者协助香港破产程序违反内地法律的基本原则或者违背公序良俗的,应当不予认可或者协助。

十九、香港特别行政区和内地就同一债务人或者具有关联关系的债务人分别进行破产程序的,两地管理人应当加强沟通与合作。

二十、人民法院认可和协助香港破产程序的,债务人在内地的破产财产清偿其在内地依据内地法律规定应当优先清偿的债务后,剩余财产在相同类别债权人受到平等对待的前提下,按照香港破产程序分配和清偿。

二十一、人民法院作出裁定后,管理人或者利害关系人可以自裁定送达之日起十日内向上一级人民法院申请复议。复议期间不停止执行。

二十二、申请认可和协助香港破产程序的,应当依据内地有关诉讼收费的法律和规定交纳费用。

二十三、试点法院在审理跨境破产协助案件过程中,应当及时向最高人民法院报告、请示重大事项。

二十四、试点法院应当与香港特别行政区法院积极沟通和开展合作。

2021 年 5 月 11 日

最高人民法院　中国证券监督管理委员会关于适用《最高人民法院关于审理证券市场虚假陈述侵权民事赔偿案件的若干规定》有关问题的通知

法〔2022〕23号

各省、自治区、直辖市高级人民法院，新疆维吾尔自治区高级人民法院生产建设兵团分院；中国证券监督管理委员会各派出机构、各交易所、各下属单位、各协会：

《最高人民法院关于审理证券市场虚假陈述侵权民事赔偿案件的若干规定》（以下简称《若干规定》）已于2021年12月30日由最高人民法院审判委员会第1860次会议通过。为更好地发挥人民法院和监管部门的协同作用，依法保护投资者合法权益，维护公开、公平、公正的资本市场秩序，促进资本市场健康发展，现就《若干规定》实施中的有关问题通知如下：

一、人民法院受理证券市场虚假陈述侵权民事赔偿案件后，应当在十个工作日内将案件基本情况向发行人、上市或者挂牌公司所在辖区的中国证券监督管理委员会（以下简称中国证监会）派出机构通报，相关派出机构接到通报后应当及时向中国证监会报告。

二、当事人对自己的主张，应当提供证据加以证明。为了查明事实，人民法院可以依法向中国证监会有关部门或者派出机构调查收集有关证据。

人民法院和中国证监会有关部门或者派出机构在调查收集证据时要加强协调配合，以有利于监管部门履行监管职责与人民法院查明民事案件事实为原则。在充分沟通的基础上，人民法院依照《中华人民共和国民事诉讼法》及相关司法解释等规定调查收集证据，中国证监会有关部门或者派出机构依法依规予以协助配合。

人民法院调查收集的证据，应当按照法定程序当庭出示并由各方当事人质证。但是涉及国家秘密、工作秘密、商业秘密和个人隐私或者法律规定其他应当保密的证据，不得公开质证。

三、人民法院经审查，认为中国证监会有关部门或者派出机构对涉诉虚假陈述的立案调查不影响民事案件审理的，应当继续审理。

四、案件审理过程中，人民法院可以就诉争虚假陈述行为违反信息披露义务规定情况、对证券交易价格的影响、损失计算等专业问题征求中国证监会或者相关派出机构、证券交易场所、证券业自律管理组织、投资者保护机构等单位的意见。征求意见的时间，不计入案件审理期限。

五、取消前置程序后，人民法院要根据辖区内的实际情况，在法律规定的范围内积极开展专家咨询和专业人士担任人民陪审员的探索，中国证监会派出机构和有关部门要做好相关专家、专业人士担任人民陪审员的推荐等配合工作，完善证券案件审理体制机制，不断提升案件审理的专业化水平。

六、在协调沟通过程中，相关人员要严格遵守保密纪律和工作纪律，不得泄露国家秘密、工作秘密、商业秘密和个人隐私，不得对民事诉讼案件的审理和行政案件的调查施加不正当影响。

七、地方各级人民法院、中国证监会各派出机构和相关单位要积极组织学习培训，拓宽培训形式，尽快准确掌握《若干规定》的内容与精神，切实提高案件审理和监管执法水平。对于适用中存在的问题，请按隶属关系及时层报最高人民法院和中国证监会。

2022年1月21日

最高人民法院
关于证券市场虚假陈述侵权民事赔偿案件诉讼时效衔接适用相关问题的通知

法〔2022〕36号

各省、自治区、直辖市高级人民法院，解放军军事法院，新疆维吾尔自治区高级人民法院生产建设兵团分院：

《最高人民法院关于审理证券市场因虚假陈述引发的民事赔偿案件的若干规定》（法释〔2003〕2号，以下简称原司法解释）在规定前置程序的同时，将行政处罚决定或生效刑事判决作出之日作为诉讼时效的起算点。但是，根据《中华人民共和国民法典》第一百八十八条规定，诉讼时效期间自权利人知道或者应当知道权利受到损害以及义务人之日起计算。具体到证券市场上，投资者知道或者应当知道虚假陈述之日，是其知道或者应当知道权利受到损害以及义务人之日。在废除前置程序的情况下，以行政处罚决定或生效刑事判决作出之日起算诉讼时效不符合民法典等法律的规定。据此，《最高人民法院关于审理证券市场虚假陈述侵权民事赔偿案件的若干规定》（法释〔2022〕2号，以下简称《规定》）第三十二条规定，当事人主张以揭露日或更正日起算诉讼时效的，人民法院应予以支持。由于新旧司法解释在诉讼时效方面的规定发生了明显变化，为避免出现投资者因未及时主张权利而无法得到救济的情况发生，充分保护投资者的诉讼权利和合法民事权利，现就《规定》施行后诉讼时效的衔接适用问题，通知如下：

一、在《规定》施行前国务院证券监督管理机构、国务院授权的部门及有关主管部门已经做出行政处罚决定的证券市场虚假陈述侵权民事赔偿案件，诉讼时效仍按照原司法解释第五条的规定计算。

二、在《规定》施行前国务院证券监督管理机构、国务院授权的部门及有关主管部门已经对虚假陈述进行立案调查，但尚未作出处罚决定的证券市场虚假陈述侵权民事赔偿案件,自立案调查日至《规定》施行之日已经超过三年,或者按照揭露日或更正日起算至《规定》施行之日诉讼时效期间已经届满或不足六个月的,从《规定》施行之日起诉讼时效继续计算六个月。

特此通知。

2022年1月29日

最高人民法院　全国妇联　教育部
公安部　民政部　司法部　卫生健康委
关于加强人身安全保护令制度贯彻实施的意见

法发〔2022〕10号

为进一步做好预防和制止家庭暴力工作,依法保护家庭成员特别是妇女、未成年人、老年人、残疾人的合法权益,维护平等、和睦、文明的家庭关系,促进家庭和谐、社会稳定,现就加强人身安全保护令制度贯彻实施提出如下意见:

一、坚持以习近平新时代中国特色社会主义思想为指导。深入贯彻习近平法治思想和习近平总书记关于注重家庭家教家风的重要论述精神,在家庭中积极培育和践行社会主义核心价值观,涵养优良家风,弘扬家庭美德,最大限度预防和制止家庭暴力。

二、坚持依法、及时、有效保护受害人原则。各部门在临时庇护、法律援助、司法救助等方面要持续加大对家庭暴力受害人的帮扶力度,建立多层次、多样化、立体式的救助体系。要深刻认识家庭暴力的私密性、突发性特点,提高家庭暴力受害人证据意识,指导其依法及时保存、提交证据。

三、坚持尊重受害人真实意愿原则。各部门在接受涉家庭暴力投诉、反映、求助以及受理案件、转介处置等工作中,应当就采取何种安全保护措施、是否申请人身安全保护令、对加害人的处理方式等方面听取受害人意见,加大对受害人的心理疏导。

四、坚持保护当事人隐私原则。各部门在受理案件、协助执行、履行强制报告义务等工作中应当注重保护当事人尤其是未成年人的隐私。受害人已搬离与加害人共同住所的,不得将受害人的行踪或者联系方式告知加害人,不得在相关文书、回执中列明受害人的现住所。人身安全保护令原则上不得公开。

五、推动建立各部门协同的反家暴工作机制。积极推动将家庭暴力防控纳入社会治安综合治理体系,发挥平安建设考评机制作用。完善人民法院、公安机关、民政部门、司法行政部门、教育部门、卫生部门和妇女联合会等单位共同参与的反家暴工作体系。充分利用信息化建设成果,加强各部门间数据的协同共享。探索通过专案专档、分级预警等方式精准跟踪、实时监督。

六、公安机关应当强化依法干预家庭暴力的观念和意识,加大家庭暴力警情处置力度,强化对加害人的告诫，依法依规出具家庭暴力告诫书。注重搜集、固定证据，积极配合人民法院依职权调取证据，提供出警记录、告诫书、询（讯）问笔录等。有条件的地方可以与人民法院、民政部门、妇女联合会等建立家暴警情联动机制和告诫通报机制。

七、民政部门应当加强对居民委员会、村民委员会、社会工作服务机构、救助管理机构、福利机构等的培训和指导。居民委员会、村民委员会、社会工作服务机构、救助管理机构、福利机构及其工作人员在工作中发现无民事行为能力人、限制民事行为能力人遭受或者疑似遭受家庭暴力的，应当及时向公安机关报案。贯彻落实《关于做好家庭暴力受害人庇护救助工作的指导意见》，加强临时庇护场所建设和人员、资金配备，为家庭暴力受害人及时提供转介安置、法律援助、婚姻家庭纠纷调解等救助服务。

八、司法行政部门应当加大对家庭暴力受害人的法律援助力度，畅通法律援助申请渠道，健全服务网络。各地可以根据实际情况依托当地妇女联合会等建立法律援助工作站或者联络点，方便家庭暴力受害人就近寻求法律援助。加强对反家庭暴力法、未成年人保护法、妇女权益保障法、老年人权益保障法等法律法规的宣传。充分发挥人民调解优势作用，扎实做好婚姻家庭纠纷排查化解工作，预防家庭暴力发生。

九、医疗机构在诊疗过程中，发现可能遭受家庭暴力的伤者，要详细做好伤者的信息登记和诊疗记录，将伤者的主诉、伤情和治疗过程，准确、客观、全面地记录于病历资料。建立医警联动机制，在诊疗过程中发现无民事行为能力人或者限制民事行为能力人遭受或者疑似遭受家庭暴力的，应当及时向公安机关报案，并积极配合公安机关做好医疗诊治资料收集工作。

十、学校、幼儿园应当加强对未成年人保护法、预防未成年人犯罪法、反家庭暴力法等法律法规的宣传教育。注重家校、家园协同。在发现未成年人遭受或者疑似遭受家庭暴力的，应当根据《未成年人学校保护规定》，及时向公安、民政、教育等有关部门报告。注重保护未成年人隐私，加强心理疏导、干预力度。

十一、人民法院应当建立人身安全保护令案件受理"绿色通道"，加大依职权调取证据力度，依法及时作出人身安全保护令。各基层人民法院及其派出人民法庭应当在立案大厅或者诉讼服务中心为当事人申请人身安全保护令提供导诉服务。

十二、坚持最有利于未成年人原则。各部门就家庭暴力事实听取未成年人意见或制作询问笔录时，应当充分考虑未成年人身心特点，提供适宜的场所环境，采取未成年人能够理解的问询方式，保护其隐私和安全。必要时，可安排心理咨询师或社会工作者协助开展工作。未成年人作为受害人的人身安全保护令案件中，人民法院可以通知法律援助机构为其提供法律援助。未成年子女作为证人提供证言的，可不出庭作证。

十三、各部门在接受涉家庭暴力投诉、反映、求助或者处理婚姻家庭纠纷过程中，发现当事人遭受家庭暴力或者面临家庭暴力现实危险的，应当主动告知其可以向人民法院申请人身安全保护令。

十四、人民法院在作出人身安全保护令后，应当在24小时内向当事人送达，同时送达当地公安派出所、居民委员会、村民委员会，也可以视情况送达当地妇女联合会、学校、未成年人保护组织、残疾人联合会、依法设立的老年人组织等。

十五、人民法院在送达人身安全保护令时，应当注重释明和说服教育，督促被申请人遵守人身安全保护令,告知其违反人身安全保护令的法律后果。被申请人不履行或者违反人身安全保护令的,申请人可以向人民法院申请强制执行。被申请人违反人身安全保护令,尚不构成犯罪的,人民法院应当给予训诫,可以根据情节轻重处以一千元以下罚款、十五日以下拘留。

十六、人民法院在送达人身安全保护令时,可以向当地公安派出所、居民委员会、村民委员会、妇女联合会、学校等一并送达协助执行通知书,协助执行通知书中应当明确载明协助事项。相关单位应当按照协助执行通知书的内容予以协助。

十七、人身安全保护令有效期内,公安机关协助执行的内容可以包括:协助督促被申请人遵守人身安全保护令;在人身安全保护令有效期内,被申请人违反人身安全保护令的,公安机关接警后应当及时出警,制止违法行为;接到报警后救助、保护受害人,并搜集、固定证据;发现被申请人违反人身安全保护令的,将情况通报人民法院等。

十八、人身安全保护令有效期内,居民委员会、村民委员会、妇女联合会、学校等协助执行的内容可以包括:在人身安全保护令有效期内进行定期回访、跟踪记录等,填写回访单或记录单,期满由当事人签字后向人民法院反馈;发现被申请人违反人身安全保护令的,应当对其进行批评教育、填写情况反馈表,帮助受害人及时与人民法院、公安机关联系;对加害人进行法治教育,必要时对加害人、受害人进行心理辅导等。

十九、各部门在接受涉家庭暴力投诉、反映、求助或者处理婚姻家庭纠纷过程中,可以探索引入社会工作和心理疏导机制,缓解受害人以及未成年子女的心理创伤,矫治施暴者认识行为偏差,避免暴力升级,从根本上减少恶性事件发生。

二十、各部门应当充分认识人身安全保护令制度的重要意义,加大学习培训力度,熟悉人身安全保护令申请主体、作出程序以及协助执行的具体内容等,加强人身安全保护令制度普法宣传。

2022 年 3 月 3 日

最高人民法院
印发《关于为深化新三板改革、设立北京证券交易所提供司法保障的若干意见》的通知

法发〔2022〕17 号

各省、自治区、直辖市高级人民法院,解放军军事法院,新疆维吾尔自治区高级人民法院生产建设兵团分院:

现将《最高人民法院关于为深化新三板改革、设立北京证券交易所提供司法保障的若干意见》印发给你们,请认真贯彻落实。

2022 年 6 月 23 日

最高人民法院
关于为深化新三板改革、设立北京证券交易所提供司法保障的若干意见

深化新三板改革、设立北京证券交易所,是中央全面深化资本市场改革、完善资本市场基础制度、提升资本市场功能、支持中小企业创新发展的重要安排,也是落实创新驱动发展战略、推进北京国际科技创新中心和国家金融管理中心建设的重大举措。为充分发挥人民法院审判职能作用,保障深化新三板改革、设立北京证券交易所顺利推进,保护中小企业和投资者合法权益,现就人民法院正确审理新三板挂牌公司、北京证券交易所上市公司相关案件等问题,提出如下意见。

一、提高认识,全面把握深化新三板改革、设立北京证券交易所的重要意义和总体安排

1. 充分认识深化新三板改革、设立北京证券交易所的重要意义。党的十八大以来,党中央高度重视资本市场改革和中小企业发展工作。中央经济工作会议、"十四五"规划纲要和中央政治局会议都对发展"专精特新"中小企业和深化新三板改革作出了重要部署。立足于打造服务创新型中小企业主阵地,此次深化新三板改革,将新三板精选层变更设立为北京证券交易所,打通"创投基金和股权投资基金—区域性股权市场—新三板—证券交易所"中小企业持续成长的全链条市场服务体系,创造中小企业积极向上的良性市场生态,充分体现了以习近平同志为核心的党中央对资本市场服务广大中小企业发展的殷切希望。各级人民法院要坚持以习近平新时代中国特色社会主义思想为指导,认真贯彻落实习近平总书记关于资本市场和中小企业发展的一系列重要指示批示精神,依法妥善审理涉全国中小企业股份转让系统、北京证券交易所及其挂牌公司、上市公司的各类案件,为中小企业健康发展和多层次资本市场体系建设营造良好的司法环境。

2. 准确把握深化新三板改革、设立北京证券交易所的总体安排。本次改革,新三板基础层、创新层和北京证券交易所聚焦服务创新型中小企业,形成"层层递进"的市场结构:北京证券交易所在新三板精选层基础上变更设立,新三板仍保留基础层和创新层挂牌公司,基础层挂牌公司符合创新层进层条件的,进入创新层;北京证券交易所上市公司从新三板创新层挂牌公司产生,同步试点股票发行注册制;与沪深市场相比,北京证券交易所拥有相同的法律地位和市场功能,其上市公司符合转板条件的,可转到创业板和科创板上市。北京证券交易所与沪深交易所、区域性股权市场坚持错位发展与互联互通,重在实现"三个目标":一是构建一套契合创新型中小企业特点的基础制度安排,二是畅通北京证券交易所在多层次资本市场的纽带作用,三是培育一批"专精特新"中小企业,形成良性市场生态。各级人民法院要立足证券刑事、民事和行政审判实际,深刻认识多层次资本市场"层层递进"市场结构的多层次司法需求,通过司法审判推动形成市场参与各方依法依约行为、资

金信息有序流动、主体归位尽责及合法权益得到有效保护的良好市场生态，为投资者放心投资、中小企业大胆创新创业提供有力司法保障。

二、靠前发力，依法保障深化新三板改革、设立北京证券交易所重大部署顺利推进

3. 依法保障证券监管部门行政监管和北京证券交易所自律管理。设立北京证券交易所并试点注册制，除在前端进行发行上市制度改革外，证券监管部门和北京证券交易所根据创新型中小企业的特点，对上市公司再融资、并购重组、交易、退市等配套制度进行了完善。各级人民法院要立足司法审判，通过统一法律适用保障各项改革举措有效实施，支持多层次资本市场发展普惠金融。对于证券监管部门、证券交易所经法定程序制定的、与法律法规不相抵触的股票发行、上市、持续监管等规章、规范性文件和业务规则的相关规定，人民法院可以在审理案件时依法参照适用。对于北京证券交易所所涉纠纷，要积极引导当事人先行通过证券交易所听证、复核等程序表达诉求，寻求救济。严格执行证券法有关保障证券交易所履行自律管理职能的有关规定，依法落实证券交易所正当自律管理行为民事责任豁免原则。

4. 充分尊重新三板作为国务院批准的全国性证券交易场所的改革实践和业务规则。新三板为证券法规定的国务院批准的全国性证券交易场所。由于证券法对全国性证券交易场所的规定相对比较原则，新三板在深化改革中探索出一套以证券监管部门规章、规范性文件以及证券交易场所业务规则为主，适应"层层递进"市场结构安排的挂牌转让、持续监管等制度体系。人民法院在事实认定和法律适用过程中，应充分尊重相关改革实践，参照适用依法制定的相关规章、规范性文件、业务规则，切实维护新三板市场秩序，保护投资者合法权益。

5. 对北京证券交易所及其上市公司所涉案件集中管辖。根据《最高人民法院关于北京金融法院案件管辖的规定》（法释〔2021〕7号）相关规定，对于以北京证券交易所为被告或者第三人的与证券交易场所管理职能相关的第一审证券民商事和行政案件，由北京金融法院管辖。为统一裁判标准，稳定市场司法预期，服务北京国家金融管理中心建设，参照《最高人民法院关于北京金融法院案件管辖的规定》第三条的规定，对北京证券交易所上市公司所涉证券发行纠纷、证券承销合同纠纷、证券上市保荐合同纠纷、证券上市合同纠纷、证券交易合同纠纷和证券欺诈责任纠纷等第一审金融民商事案件，由北京金融法院试点集中管辖。

6. 全面参照执行科创板、创业板司法保障意见的各项司法举措。本次设立北京证券交易所并试点注册制改革充分借鉴和吸收了科创板、创业板试点注册制改革经验，并针对中小企业特点作了部分差异化安排。各级人民法院在审理涉北京证券交易所相关案件时，要增强为设立北京证券交易所并试点注册制提供司法保障的自觉性和主动性，本意见未规定的，参照适用《最高人民法院关于为设立科创板并试点注册制改革提供司法保障的若干意见》（法发〔2019〕17号）、《最高人民法院关于为创业板改革并试点注册制提供司法保障的若干意见》（法发〔2020〕28号）。

三、主动作为，以优质司法服务支持中小企业借助资本市场做大做强

7. 依法支持证券中介机构服务中小企业挂牌上市融资。相较于沪深上市公司，新三板基础层、创新层和北京证券交易所的创新型中小企业处于发展早期，规模体量相对较小。各级人民法院在审理涉中小企业及其证券中介机构虚假陈述案件时，要立足被诉中小企业尚属创业成长阶段这一实际，准确完整理解《最高人民法院关于审理证券市场虚假陈述侵权民事赔偿案件的若干规定》（法释〔2022〕2号，以下简称《虚假陈述司法解释》）所秉持的证券中介机构责任承担与注意义务、注意能力和过错程度相适应原则，力戒"一刀切"。要准确适用《虚假陈述司法解释》第十七条至第十九条的规定，对服务中小企业的证券中介机构的过错认定，坚持排除职业怀疑后的合理信赖标准，提高裁判标准的包容性和精准性。要正确厘清新三板挂牌公司主办券商与上市公司保荐机构职责之间的差异，按照《虚假陈述司法解释》第二十三条的规定，审慎判定主办券商的责任范围，防止过分苛责证券中介机构产生"寒蝉效应"。

8. 按照"层层递进"的市场结构对虚假陈述民事责任予以区别对待。人民法院在认定虚假陈述内容是否符合《虚假陈述司法解释》第十条规定的重大性标准时，应当尊重创新型中小企业的创业期成长特点，对其信息披露质量的司法审查标准不宜等同于发展成熟期的沪深上市公司，做到宽严适度：对于财务报表中的不实记载系由会计差错造成的，在信息披露文件中的技术创新、研发预期等无法量化内容的宣传进行合理商业宣传的，以及信息披露文件中未予指明的相关事实对于判断发行人的财务、业务和经营状况等无足轻重的，人民法院可视情形根据《虚假陈述司法解释》第六条第一款、第十条第三款等规定，认定该虚假陈述内容不具有重大性，为创新型中小企业创业创新营造良好环境。因北京证券交易所上市公司的财务造假等违法违规行为，部分可能追溯至其在新三板挂牌期间，对于该类案件，人民法院要结合其跨新三板基础层、创新层和北京证券交易所期间的信息披露等行为，准确把握不同阶段的信息披露要求，综合认定其违法违规行为及其实施日等要素，不得随意延展其虚假陈述实施日的时间范围，防止上市中小企业民事赔偿责任不当扩大。要尊重新三板市场流动性及价格连续性与交易所市场存在较大差距的客观实际，人民法院在新三板挂牌公司虚假陈述案件损失计算上，不宜直接适用《虚假陈述司法解释》第二十七条和第二十八条的规定，而应主要根据第二十六条第五款的规定充分听取专业意见，以对相关行业企业进行投资时的通常估值方法等为参考，综合考量各项因素，合理确定投资者损失。

9. 秉持资本市场"三公"原则依法降低中小企业融资交易成本。畅通资本市场直接融资途径，是解决中小企业"融资难、融资贵"的有效举措。对于创新型中小企业的上市和再融资，不仅要打通多层次资本市场"扶上马"，还要秉持公开、公平、公正原则"送一程"。在上市过程中，对于为获得融资而与投资方签订的"业绩对赌协议"，如未明确约定公司非控股股东与控股股东或者实际控制人就业绩补偿承担连带责任的，对投资方要求非控股股东向其承担连带责任的诉讼请求，人民法院不予支持。在上市公司定向增发等再融资过程中，对于投资方利用优势地位与上市公司及其控股股东、实际控制人或者主要股东订立的"定增保底"性质条款，因其赋予了投资方优越于其他同种类股东的保证收益特殊权利，变相推高了中小企业融资成本，违反了证券法公平原则和相关监管规定，人民法院应依法认定该条款无效。为降低中小企业上市成本，对于证券中介机构以其与发行人及其控股股东、实际控制人等在上市保荐、承销协议、持续督导等相关协议中存在约定为由，请求补偿其因发行人虚假陈述所承担的赔偿责任的，人民法院不予支持。

10. 优化审判执行程序降低创新型中小企业诉讼成本。各级人民法院要认真贯彻落实

《最高人民法院关于充分发挥司法职能作用助力中小微企业发展的指导意见》(法发〔2022〕2号)精神，处理可能对创新型中小企业持续稳定经营造成较大影响的诉讼案件时，要充分听取中小企业的诉求，依法充分优化立案、保全、审理、执行等诉讼程序，切实降低企业诉讼时间成本和经济成本。对创新型中小企业要依法审慎采取财产保全措施，经初步审查认为当事人的诉讼请求明显不能成立的，依法驳回保全申请。当事人超出诉讼请求范围申请保全的，对超出部分的申请，不予支持。在金钱债权案件中，被采取保全措施的中小企业提供担保请求解除保全措施，经审查认为担保充分有效的，应当裁定准许，不得以申请保全人同意为必要条件。各级人民法院应当依托12368诉讼服务热线、执行信访等问题反映渠道，建立解决超标的查封、乱查封问题快速反应机制，对当事人反映的问题及时受理，快速处理；执行人员对超标的查封、乱查封问题存在过错的，依法严肃追责。

四、恪守底线，依法有效保护投资者合法权益

11. 严厉打击涉新三板基础层、创新层和北京证券交易所市场违法犯罪行为。充分发挥刑事责任追究的一般预防和特殊预防功能，严防"带病闯关"，依法从严惩处通过财务造假等方式实现在新三板挂牌、北京证券交易所上市或者挂牌、上市后发行证券引发的欺诈、腐败等犯罪行为。对于发行人与证券中介机构合谋串通在证券发行文件中隐瞒重要事实或者编造重大虚假内容，以及发行审核、注册工作人员以权谋私、收受贿赂或者接受利益输送的，依法从严追究刑事责任；依法严惩违规披露、不披露重要信息、内幕交易、利用未公开信息交易、操纵证券市场、背信损害上市公司利益等犯罪，依法加大财产刑处罚力度，严格控制缓刑适用。对于假借新三板名义非法集资行为，以"新三板挂牌公司原始股"名义吸引投资者、未经合规发行程序违规募集资金，构成犯罪的，依法从严惩处。

12. 切实防止上市公司、挂牌公司通过破产程序损害投资者合法权益。《最高人民法院关于审理上市公司破产重整案件工作座谈会纪要》施行以来，人民法院依法审理部分上市公司破产重整案件，最大限度减少因上市公司破产程序给社会造成的不良影响，实现法律效果和社会效果的统一。北京证券交易所上市公司与沪深上市公司法律地位相同，对其破产重整案件，人民法院应当适用前述纪要办理。新三板挂牌公司虽因不具有法定上市公司地位，其破产重整案件不适用前述纪要程序，但其作为非上市公众公司，破产重整也涉及投资者、债权人等多方利益保护。为防止挂牌公司滥用破产重整程序逃废债务、损害投资者合法权益，人民法院在审理破产重整案件时，对于挂牌公司在破产重整过程中涉及资产交易并达到重大资产重组标准的，应加强与证券监管部门和证券交易场所的沟通协作，督促公司及相关主体依法履行相应程序，在司法程序中关注注入资产的合规情况等，依法惩处规避证券监管、损害公司和投资者合法权益的违法违规行为。

13. 依法规范证券投资咨询机构对新三板基础层、创新层和北京证券交易所市场的投资建议服务。新三板挂牌公司和北京证券交易所上市公司以中小企业为主，企业投资风险相对较高。各级人民法院在依法适用投资者适当性管理义务规定督促证券公司把好投资者"入口关"的同时，也要准确适用证券法第一百六十一条的规定督促证券投资咨询机构尽责归位。对于涉新三板挂牌公司和北京证券交易所上市公司的投资者诉证券投资咨询机构民事赔偿案件的审理，应重点审查该机构及其从业人员是否具有投资服务资质、提供投资建议时是

否按照客观谨慎、忠实客户的原则，对于证券投资咨询机构未向投资者提示潜在投资风险、向客户承诺保证收益、进行利益输送等违反监管规定和行业自律规定的欺诈投资者行为，应依法判令其承担相应赔偿责任，切实保护投资者合法权益。

14. 进一步健全证券诉讼和纠纷多元化解机制。各级人民法院要认真遵照执行《最高人民法院关于证券纠纷代表人诉讼若干问题的规定》（法释〔2020〕5号），充分发挥证券集体诉讼震慑证券违法和保护投资者的制度功能。要运用人民法院一站式多元纠纷解决机制建设成果，发挥人民法院调解平台在化解证券纠纷中的重要作用，完善有机衔接、协调联动、高效便捷的证券纠纷多元化解机制。要立足新三板基础层、创新层和北京证券交易所市场的特点，进一步发挥专业力量在解决案件关键性争议焦点中的支持作用，加快制定专家证人的资格认定和管理办法，进一步发挥专家证人在案件审理中的作用，确保正确认定事实和适用法律。

最高人民法院
关于发布第 32 批指导性案例的通知

法〔2022〕167 号

各省、自治区、直辖市高级人民法院，解放军军事法院，新疆维吾尔自治区高级人民法院生产建设兵团分院：

经最高人民法院审判委员会讨论决定，现将聂美兰诉北京林氏兄弟文化有限公司确认劳动关系案等七个案例（指导案例179－185号），作为第32批指导性案例发布，供在审判类似案件时参照。

2022 年 7 月 4 日

指导案例 179 号

聂美兰诉北京林氏兄弟文化有限公司
确认劳动关系案

（最高人民法院审判委员会讨论通过　2022 年 7 月 4 日发布）

关键词　民事/确认劳动关系/合作经营/书面劳动合同

裁判要点

1. 劳动关系适格主体以"合作经营"等为名订立协议，但协议约定的双方权利义务内容、实际履行情况等符合劳动关系认定标准,劳动者主张与用人单位存在劳动关系的,人民法院应予支持。

2. 用人单位与劳动者签订的书面协议中包含工作内容、劳动报酬、劳动合同期限等符合劳动合同法第十七条规定的劳动合同条款,劳动者以用人单位未订立书面劳动合同为由要求支付第二倍工资的,人民法院不予支持。

相关法条

《中华人民共和国劳动合同法》第10条、第17条、第82条

基本案情

2016年4月8日,聂美兰与北京林氏兄弟文化有限公司(以下简称林氏兄弟公司)签订了《合作设立茶叶经营项目的协议》,内容为:"第一条:双方约定,甲方出资进行茶叶项目投资,聘任乙方为茶叶经营项目经理,乙方负责公司的管理与经营。第二条:待项目启动后,双方相机共同设立公司,乙方可享有管理股份。第三条:利益分配:在公司设立之前,乙方按基本工资加业绩方式取酬。公司设立之后,按双方的持股比例进行分配。乙方负责管理和经营,取酬方式:基本工资+业绩、奖励+股份分红。第四条:双方在运营过程中,未尽事宜由双方友好协商解决。第五条:本合同正本一式两份,公司股东各执一份。"

协议签订后,聂美兰到该项目上工作,工作内容为负责《中国书画》艺术茶社的经营管理,主要负责接待、茶叶销售等工作。林氏兄弟公司的法定代表人林德汤按照每月基本工资10000元的标准,每月15日通过银行转账向聂美兰发放上一自然月工资。聂美兰请假需经林德汤批准,且实际出勤天数影响工资的实发数额。2017年5月6日林氏兄弟公司通知聂美兰终止合作协议。聂美兰实际工作至2017年5月8日。

聂美兰申请劳动仲裁,认为双方系劳动关系并要求林氏兄弟公司支付未签订书面劳动合同二倍工资差额,林氏兄弟公司主张双方系合作关系。北京市海淀区劳动人事争议仲裁委员会作出京海劳人仲字(2017)第9691号裁决:驳回聂美兰的全部仲裁请求。聂美兰不服仲裁裁决,于法定期限内向北京市海淀区人民法院提起诉讼。

裁判结果

北京市海淀区人民法院于2018年4月17日作出(2017)京0108民初45496号民事判决:一、确认林氏兄弟公司与聂美兰于2016年4月8日至2017年5月8日期间存在劳动关系;二、林氏兄弟公司于判决生效后七日内支付聂美兰2017年3月1日至2017年5月8日期间工资22758.62元;三、林氏兄弟公司于判决生效后七日内支付聂美兰2016年5月8日至2017年4月7日期间未签订劳动合同二倍工资差额103144.9元;四、林氏兄弟公司于判决生效后七日内支付聂美兰违法解除劳动关系赔偿金27711.51元;五、驳回聂美兰的其他诉讼请求。林氏兄弟公司不服一审判决,提出上诉。北京市第一中级人民法院于2018年9月26日作出(2018)京01民终5911号民事判决:一、维持北京市海淀区人民法院(2017)京0108民初45496号民事判决第一项、第二项、第四项;二、撤销北京市海淀区人民法院(2017)京0108民初45496号民事判决第三项、第五项;三、驳回聂美兰的其他诉讼请求。林氏兄弟公司不服二审判决,向北京市高级人民法院申请再审。北京市高级人民法院于2019年4月30日作出(2019)京民申986号民事裁定:驳回林氏兄弟公司的再审申请。

裁判理由

法院生效裁判认为：申请人林氏兄弟公司与被申请人聂美兰签订的《合作设立茶叶经营项目的协议》系自愿签订的，不违反强制性法律、法规规定，属有效合同。对于合同性质的认定，应当根据合同内容所涉及的法律关系，即合同双方所设立的权利义务来进行认定。双方签订的协议第一条明确约定聘任聂美兰为茶叶经营项目经理，"聘任"一词一般表明当事人有雇用劳动者为其提供劳动之意；协议第三条约定了聂美兰的取酬方式，无论在双方设定的目标公司成立之前还是之后，聂美兰均可获得"基本工资""业绩"等报酬，与合作经营中的收益分配明显不符。合作经营合同的典型特征是共同出资，共担风险，本案合同中既未约定聂美兰出资比例，也未约定共担风险，与合作经营合同不符。从本案相关证据上看，聂美兰接受林氏兄弟公司的管理，按月汇报员工的考勤、款项分配、开支、销售、工作计划、备用金的申请等情况，且所发工资与出勤天数密切相关。双方在履行合同过程中形成的关系，符合劳动合同中人格从属性和经济从属性的双重特征。故原判认定申请人与被申请人之间存在劳动关系并无不当。双方签订的合作协议还可视为书面劳动合同，虽缺少一些必备条款，但并不影响已约定的条款及效力，仍可起到固定双方劳动关系、权利义务的作用，二审法院据此依法改判是正确的。林氏兄弟公司于2017年5月6日向聂美兰出具了《终止合作协议通知》，告知聂美兰终止双方的合作，具有解除双方之间劳动关系的意思表示，根据《最高人民法院关于民事诉讼证据的若干规定》第六条，在劳动争议纠纷案件中，因用人单位作出的开除、除名、辞退、解除劳动合同等决定而发生的劳动争议，由用人单位负举证责任，林氏兄弟公司未能提供解除劳动关系原因的相关证据，应当承担不利后果。二审法院根据本案具体情况和相关证据所作的判决，并无不当。

（生效裁判审判人员：陈伟红、符忠良、彭红运）

指导案例180号

孙贤锋诉淮安西区人力资源开发有限公司劳动合同纠纷案

（最高人民法院审判委员会讨论通过　2022年7月4日发布）

关键词　民事/劳动合同/解除劳动合同/合法性判断

裁判要点

人民法院在判断用人单位单方解除劳动合同行为的合法性时，应当以用人单位向劳动者发出的解除通知的内容为认定依据。在案件审理过程中，用人单位超出解除劳动合同通知中载明的依据及事由，另行提出劳动者在履行劳动合同期间存在其他严重违反用人单位规章制度的情形，并据此主张符合解除劳动合同条件的，人民法院不予支持。

相关法条

《中华人民共和国劳动合同法》第 39 条

基本案情

2016 年 7 月 1 日，孙贤锋（乙方）与淮安西区人力资源开发有限公司（以下简称西区公司）（甲方）签订劳动合同，约定：劳动合同期限为自 2016 年 7 月 1 日起至 2019 年 6 月 30 日止；乙方工作地点为连云港，从事邮件收派与司机岗位工作；乙方严重违反甲方的劳动纪律、规章制度的，甲方可以立即解除本合同且不承担任何经济补偿；甲方违约解除或者终止劳动合同的，应当按照法律规定和本合同约定向乙方支付经济补偿金或赔偿金；甲方依法制定并通过公示的各项规章制度，如《员工手册》《奖励与处罚管理规定》《员工考勤管理规定》等文件作为本合同的附件，与本合同具有同等效力。之后，孙贤锋根据西区公司安排，负责江苏省灌南县堆沟港镇区域的顺丰快递收派邮件工作。西区公司自 2016 年 8 月 25 日起每月向孙贤锋银行账户结算工资，截至 2017 年 9 月 25 日，孙贤锋前 12 个月的平均工资为 6329.82 元。2017 年 9 月 12 日、10 月 3 日、10 月 16 日，孙贤锋先后存在工作时间未穿工作服、代他人刷考勤卡、在单位公共平台留言辱骂公司主管等违纪行为。事后，西区公司依据《奖励与处罚管理规定》，由用人部门负责人、建议部门负责人、工会负责人、人力资源部负责人共同签署确认，对孙贤锋上述违纪行为分别给予扣 2 分、扣 10 分、扣 10 分处罚，但具体扣分处罚时间难以认定。

2017 年 10 月 17 日，孙贤锋被所在单位用人部门以未及时上交履职期间的营业款项为由安排停工。次日，孙贤锋至所在单位刷卡考勤，显示刷卡信息无法录入。10 月 25 日，西区公司出具离职证明，载明孙贤锋自 2017 年 10 月 21 日从西区公司正式离职，已办理完毕手续，即日起与公司无任何劳动关系。10 月 30 日，西区公司又出具解除劳动合同通知书，载明孙贤锋在未履行请假手续也未经任何领导批准情况下，自 2017 年 10 月 20 日起无故旷工 3 天以上，依据国家的相关法律法规及单位规章制度，经单位研究决定自 2017 年 10 月 20 日起与孙贤锋解除劳动关系，限于 2017 年 11 月 15 日前办理相关手续，逾期未办理，后果自负。之后，孙贤锋向江苏省灌南县劳动人事争议仲裁委员会申请仲裁，仲裁裁决后孙贤锋不服，遂诉至法院，要求西区公司支付违法解除劳动合同赔偿金共计 68500 元。

西区公司在案件审理过程中提出，孙贤锋在职期间存在未按规定着工作服、代人打卡、谩骂主管以及未按照公司规章制度及时上交营业款项等违纪行为，严重违反用人单位规章制度；自 2017 年 10 月 20 日起，孙贤锋在未履行请假手续且未经批准的情况下无故旷工多日，依法自 2017 年 10 月 20 日起与孙贤锋解除劳动关系，符合法律规定。

裁判结果

江苏省灌南县人民法院于 2018 年 11 月 15 日作出（2018）苏 0724 民初 2732 号民事判决：一、被告西区公司于本判决发生法律效力之日起十日内支付原告孙贤锋经济赔偿金 18989.46 元。二、驳回原告孙贤锋的其他诉讼请求。西区公司不服，提起上诉。江苏省连云港市中级人民法院于 2019 年 4 月 22 日作出（2019）苏 07 民终 658 号民事判决：驳回上诉，维持原判。

裁判理由

法院生效裁判认为：用人单位单方解除劳动合同是根据劳动者存在违法违纪、违反劳动合同的行为，对其合法性的评价也应以作出解除劳动合同决定时的事实、证据和相关法律规定为依据。用人单位向劳动者送达的解除劳动合同通知书，是用人单位向劳动者作出解除劳动合同的意思表示，对用人单位具有法律约束力。解除劳动合同通知书明确载明解除劳动合同的依据及事由，人民法院审理解除劳动合同纠纷案件时应以该决定作出时的事实、证据和法律为标准进行审查，不宜超出解除劳动合同通知书所载明的内容和范围。否则，将偏离劳资双方所争议的解除劳动合同行为的合法性审查内容，导致法院裁判与当事人诉讼请求以及争议焦点不一致；同时，也违背民事主体从事民事活动所应当秉持的诚实信用这一基本原则，造成劳资双方权益保障的失衡。

本案中，孙贤锋与西区公司签订的劳动合同系双方真实意思表示，合法有效。劳动合同附件《奖励与处罚管理规定》作为用人单位的管理规章制度，不违反法律、行政法规的强制性规定，合法有效，对双方当事人均具有约束力。根据《奖励与处罚管理规定》，员工连续旷工3天（含）以上的，公司有权对其处以第五类处罚责任，即解除合同、永不录用。西区公司向孙贤锋送达的解除劳动合同通知书明确载明解除劳动合同的事由为孙贤锋无故旷工达3天以上，孙贤锋诉请法院审查的内容也是西区公司以其无故旷工达3天以上而解除劳动合同行为的合法性，故法院对西区公司解除劳动合同的合法性审查也应以解除劳动合同通知书载明的内容为限，而不能超越该诉争范围。虽然西区公司在庭审中另提出孙贤锋在工作期间存在不及时上交营业款、未穿工服、代他人刷考勤卡、在单位公共平台留言辱骂公司主管等其他违纪行为，也是严重违反用人单位规章制度，公司仍有权解除劳动合同，但是根据在案证据及西区公司的陈述，西区公司在已知孙贤锋存在上述行为的情况下，没有提出解除劳动合同，而是主动提出重新安排孙贤锋从事其他工作，在向孙贤锋出具解除劳动合同通知书时也没有将上述行为作为解除劳动合同的理由。对于西区公司在诉讼期间提出的上述主张，法院不予支持。

西区公司以孙贤锋无故旷工达3天以上为由解除劳动合同，应对孙贤锋无故旷工达3天以上的事实承担举证证明责任。但西区公司仅提供了本单位出具的员工考勤表为证，该考勤表未经孙贤锋签字确认，孙贤锋对此亦不予认可，认为是单位领导安排停工并提供刷卡失败视频为证。因孙贤锋在工作期间被安排停工，西区公司之后是否通知孙贤锋到公司报到、如何通知、通知时间等事实，西区公司均没有提供证据加以证明，故孙贤锋无故旷工3天以上的事实不清，西区公司应对此承担举证不能的不利后果，其以孙贤锋旷工违反公司规章制度为由解除劳动合同，缺少事实依据，属于违法解除劳动合同。

（生效裁判审判人员：王小姣、李季、戴立国）

指导案例 181 号

郑某诉霍尼韦尔自动化控制（中国）有限公司劳动合同纠纷案

（最高人民法院审判委员会讨论通过　2022 年 7 月 4 日发布）

关键词　民事/劳动合同/解除劳动合同/性骚扰/规章制度

裁判要点

用人单位的管理人员对被性骚扰员工的投诉，应采取合理措施进行处置。管理人员未采取合理措施或者存在纵容性骚扰行为、干扰对性骚扰行为调查等情形，用人单位以管理人员未尽岗位职责、严重违反规章制度为由解除劳动合同，管理人员主张解除劳动合同违法的，人民法院不予支持。

相关法条

《中华人民共和国劳动合同法》第 39 条

基本案情

郑某于 2012 年 7 月入职霍尼韦尔自动化控制（中国）有限公司（以下简称霍尼韦尔公司），担任渠道销售经理。霍尼韦尔公司建立有工作场所性骚扰防范培训机制，郑某接受过相关培训。霍尼韦尔公司《商业行为准则》规定经理和主管"应确保下属能畅所欲言且无须担心遭到报复，所有担忧或问题都能专业并及时地得以解决"，不允许任何报复行为。2017 年版《员工手册》规定：对他人实施性骚扰、违反公司《商业行为准则》、在公司内部调查中做虚假陈述的行为均属于会导致立即辞退的违纪行为。上述规章制度在实施前经过该公司工会沟通会议讨论。

郑某与霍尼韦尔公司签订的劳动合同约定郑某确认并同意公司现有的《员工手册》及《商业行为准则》等规章制度作为本合同的组成部分。《员工手册》修改后，郑某再次签署确认书，表示已阅读、明白并愿接受 2017 年版《员工手册》内容，愿恪守公司政策作为在霍尼韦尔公司工作的前提条件。

2018 年 8 月 30 日，郑某因认为下属女职工任某与郑某上级邓某（已婚）之间的关系有点僵，为"疏解"二人关系而找任某谈话。郑某提到昨天观察到邓某跟任某说了一句话，而任某没有回答，其还专门跑到任某处帮忙打圆场。任某提及其在刚入职时曾向郑某出示过间接上级邓某发送的性骚扰微信记录截屏，郑某当时对此答复"我就是不想掺和这个事""我往后不想再回答你后面的事情""我是觉得有点怪，我也不敢问"。谈话中，任某强调邓某是在对其进行性骚扰，邓某要求与其发展男女关系，并在其拒绝后继续不停骚扰，郑某不应责怪其不搭理邓某，也不要替邓某来对其进行敲打。郑某则表示"你如果这样干工作的话，让我很难过""你越端着，他越觉得我要把你怎么样""他这么直接，要是我的话，先靠近你，摸摸看，然后聊聊天"。

后至2018年11月，郑某以任某不合群等为由向霍尼韦尔公司人事部提出与任某解除劳动合同，但未能说明解除任某劳动合同的合理依据。人事部为此找任某了解情况。任某告知人事部其被间接上级邓某骚扰，郑某有意无意撮合其和邓某，其因拒绝骚扰行为而受到打击报复。霍尼韦尔公司为此展开调查。

2019年1月15日，霍尼韦尔公司对郑某进行调查，并制作了调查笔录。郑某未在调查笔录上签字，但对笔录记载的其对公司询问所做答复做了诸多修改。对于调查笔录中有无女员工向郑某反映邓某跟其说过一些不合适的话、对其进行性骚扰的提问所记录的"没有"的答复，郑某未作修改。

2019年1月31日，霍尼韦尔公司出具《单方面解除函》，以郑某未尽经理职责，在下属反映遭受间接上级骚扰后没有采取任何措施帮助下属不再继续遭受骚扰，反而对下属进行打击报复，在调查过程中就上述事实做虚假陈述为由，与郑某解除劳动合同。

2019年7月22日，郑某向上海市劳动争议仲裁委员会申请仲裁，要求霍尼韦尔公司支付违法解除劳动合同赔偿金368130元。该请求未得到仲裁裁决支持。郑某不服，以相同请求诉至上海市浦东新区人民法院。

裁判结果

上海市浦东新区人民法院于2020年11月30日作出（2020）沪0115民初10454号民事判决：驳回郑某的诉讼请求。郑某不服一审判决，提起上诉。上海市第一中级人民法院于2021年4月22日作出（2021）沪01民终2032号民事判决：驳回上诉，维持原判。

裁判理由

法院生效裁判认为，本案争议焦点在于：一、霍尼韦尔公司据以解除郑某劳动合同的《员工手册》和《商业行为准则》对郑某有无约束力；二、郑某是否存在足以解除劳动合同的严重违纪行为。

关于争议焦点一，霍尼韦尔公司据以解除郑某劳动合同的《员工手册》和《商业行为准则》对郑某有无约束力。在案证据显示，郑某持有异议的霍尼韦尔公司2017年版《员工手册》《商业行为准则》分别于2017年9月、2014年12月经霍尼韦尔公司工会沟通会议进行讨论。郑某与霍尼韦尔公司签订的劳动合同明确约定《员工手册》《商业行为准则》属于劳动合同的组成部分，郑某已阅读并理解和接受上述制度。在《员工手册》修订后，郑某亦再次签署确认书，确认已阅读、明白并愿接受2017年版《员工手册》，愿恪守公司政策作为在霍尼韦尔公司工作的前提条件。在此情况下，霍尼韦尔公司的《员工手册》《商业行为准则》应对郑某具有约束力。

关于争议焦点二，郑某是否存在足以解除劳动合同的严重违纪行为。一则，在案证据显示霍尼韦尔公司建立有工作场所性骚扰防范培训机制，郑某亦接受过相关培训。霍尼韦尔公司《商业行为准则》要求经理、主管等管理人员在下属提出担忧或问题时能够专业并及时帮助解决，不能进行打击报复。霍尼韦尔公司2017年版《员工手册》还将违反公司《商业行为准则》的行为列为会导致立即辞退的严重违纪行为范围。现郑某虽称相关女职工未提供受到骚扰的切实证据，其无法判断骚扰行为的真伪、对错，但从郑某在2018年8月30日谈话录音中对相关女职工初入职时向其出示的微信截屏所作的"我是觉得有点怪，我也不敢问""我就是不想掺和这个事"的评述看，郑某本人亦不认为相关微信内容系同事间的正常交流，且郑某在相关女职工反复强调间接上级一直对她进行骚扰时，未见郑某积极应对帮助解决，反而说"他这么直接，要是我的话，先靠近你，摸摸看，然后聊聊天"。所为皆为积极促成自己的下级与上级发展不正当关系。郑某的行为显然有悖其作为霍尼韦尔公司部门主管应尽之职责，其相关答复内容亦有违公序良俗。此外，依据郑某自述，其在2018年8月30日谈话后应已明确知晓相关女职工与间接上级关系不好的原因，但郑某不仅未采取积极措施，反而认为相关女职工处理不当。在任某明确表示对邓某性骚扰的抗拒后，郑某于2018年11月中旬向人事经理提出任某性格不合群，希望公司能解除与任某的劳动合同，据此霍尼韦尔公司主张郑某对相关女职工进行打击报复，亦属合理推断。二则，霍尼韦尔公司2017年版《员工手册》明确规定在公司内部调查中做虚假陈述的行为属于会导致立即辞退的严重违纪行为。霍尼韦尔公司提供的2019年1月15日调查笔录显示郑某在调查过程中存在虚假陈述情况。郑某虽称该调查笔录没有按照其所述内容记录，其不被允许修改很多内容，但此主张与郑某对该调查笔录中诸多问题的答复都进行过修改的事实相矛盾，法院对此不予采信。该调查笔录可以作为认定郑某存在虚假陈述的判断依据。

综上，郑某提出的各项上诉理由难以成为其上诉主张成立的依据。霍尼韦尔公司主张郑某存在严重违纪行为，依据充分，不构成违法解除劳动合同。对郑某要求霍尼韦尔公司支付违法解除劳动合同赔偿金368130元的上诉请求，不予支持。

（生效裁判审判人员：孙少君、韩东红、徐焰）

指导案例182号

彭宇翔诉南京市城市建设开发（集团）有限责任公司追索劳动报酬纠纷案

（最高人民法院审判委员会讨论通过　2022年7月4日发布）

关键词　民事/追索劳动报酬/奖金/审批义务

裁判要点

用人单位规定劳动者在完成一定绩效后可以获得奖金，其无正当理由拒绝履行审批义务，符合奖励条件的劳动者主张获奖条件成就，用人单位应当按照规定发放奖金的，人民法院应予支持。

相关法条

《中华人民共和国劳动法》第4条、《中华人民共和国劳动合同法》第3条

基本案情

南京市城市建设开发（集团）有限责任公司（以下简称城开公司）于2016年8月制定《南京城开集团关于引进投资项目的奖励暂行办法》（以下简称《奖励办法》），规定成功引进商品房项目的，城开公司将综合考虑项目规模、年化平均利润值合并表等综合因素，以项

目审定的预期利润或收益为奖励基数，按照0.1%—0.5%确定奖励总额。该奖励由投资开发部拟定各部门或其他人员的具体奖励构成后提出申请，经集团领导审议、审批后发放。2017年2月，彭宇翔入职城开公司担任投资开发部经理。2017年6月，投资开发部形成《会议纪要》，确定部门内部的奖励分配方案为总经理占部门奖金的75%、其余项目参与人员占部门奖金的25%。

彭宇翔履职期间，其所主导的投资开发部成功引进无锡红梅新天地、扬州GZ051地块、如皋约克小镇、徐州焦庄、高邮鸿基万和城、徐州彭城机械六项目，后针对上述六项目投资开发部先后向城开公司提交了六份奖励申请。

直至彭宇翔自城开公司离职，城开公司未发放上述奖励。彭宇翔经劳动仲裁程序后，于法定期限内诉至法院，要求城开公司支付奖励1689083元。

案件审理过程中，城开公司认可案涉六项目初步符合《奖励办法》规定的受奖条件，但以无锡等三项目的奖励总额虽经审批但具体的奖金分配明细未经审批，及徐州等三项目的奖励申请未经审批为由，主张彭宇翔要求其支付奖金的请求不能成立。对于法院"如彭宇翔现阶段就上述项目继续提出奖励申请，城开公司是否启动审核程序"的询问，城开公司明确表示拒绝，并表示此后也不会再启动六项目的审批程序。此外，城开公司还主张，彭宇翔在无锡红梅新天地项目、如皋约克小镇项目中存在严重失职行为，二项目存在严重亏损，城开公司已就拿地业绩突出向彭宇翔发放过奖励，但均未提交充分的证据予以证明。

裁判结果

南京市秦淮区人民法院于2018年9月11日作出（2018）苏0104民初6032号民事判决：驳回彭宇翔的诉讼请求。彭宇翔不服，提起上诉。江苏省南京市中级人民法院于2020年1月3日作出（2018）苏01民终10066号民事判决：一、撤销南京市秦淮区人民法院（2018）苏0104民初6032号民事判决；二、城开公司于本判决生效之日起十五日内支付彭宇翔奖励1259564.4元。

裁判理由

法院生效判决认为：本案争议焦点为城开公司应否依据《奖励办法》向彭宇翔所在的投资开发部发放无锡红梅新天地等六项目奖励。

首先，从《奖励办法》设置的奖励对象来看，投资开发部以引进项目为主要职责，且在城开公司引进各类项目中起主导作用，故其系该文适格的被奖主体；从《奖励办法》设置的奖励条件来看，投资开发部已成功为城开公司引进符合城开公司战略发展目标的无锡红梅新天地、扬州GZ051地块、如皋约克小镇、徐州焦庄、高邮鸿基万和城、徐州彭城机械六项目，符合该文规定的受奖条件。故就案涉六项目而言，彭宇翔所在的投资开发部形式上已满足用人单位规定的奖励申领条件。城开公司不同意发放相应的奖励，应当说明理由并对此举证证明。但本案中城开公司无法证明无锡红梅新天地项目、如皋约克小镇项目存在亏损，也不能证明彭宇翔在二项目中确实存在失职行为，其关于彭宇翔不应重复获奖的主张亦因欠缺相应依据而无法成立。故而，城开公司主张彭宇翔所在的投资开发部实质不符合依据《奖励办法》获得奖励的理由法院不予采纳。

其次，案涉六项目奖励申请未经审核或审批程序尚未完成，不能成为城开公司拒绝支付彭宇翔项目奖金的理由。城开公司作为奖金的设立者，有权设定相应的考核标准、考核或审批流程。其中，考核标准系员工能否获奖的实质性评价因素，考核流程则属于城开公司为实现其考核权所设置的程序性流程。在无特殊规定的前提下，因流程本身并不涉及奖励评判标准，故而是否经过审批流程不能成为员工能否获得奖金的实质评价要素。城开公司也不应以六项目的审批流程未启动或未完成为由，试图阻却彭宇翔获取奖金的实体权利的实现。此外，对劳动者的奖励申请进行实体审批，不仅是用人单位的权利，也是用人单位的义务。本案中，《奖励办法》所设立的奖励系城开公司为鼓励员工进行创造性劳动所承诺给员工的超额劳动报酬，其性质上属于《国家统计局关于工资总额组成的规定》第7条规定中的"其他奖金"，此时《奖励办法》不仅应视为城开公司基于用工自主权而对员工行使的单方激励行为，还应视为城开公司与包括彭宇翔在内的不特定员工就该项奖励的获取形成的约定。

现彭宇翔通过努力达到《奖励办法》所设奖励的获取条件，其向城开公司提出申请要求兑现该超额劳动报酬，无论是基于诚实信用原则，还是基于按劳取酬原则，城开公司皆有义务启动审核程序对该奖励申请进行核查，以确定彭宇翔关于奖金的权利能否实现。如城开公司拒绝审核，应说明合理理由。本案中，城开公司关于彭宇翔存在失职行为及案涉项目存在亏损的主张因欠缺事实依据不能成立，该公司也不能对不予审核的行为作出合理解释，其拒绝履行审批义务的行为已损害彭宇翔的合法权益，对此应承担相应的不利后果。

综上，法院认定案涉六项目奖励的条件成就，城开公司应当依据《奖励办法》向彭宇翔所在的投资开发部发放奖励。

（生效裁判审判人员：冯驰、吴晓静、陆红霞）

指导案例183号

房玥诉中美联泰大都会人寿保险有限公司劳动合同纠纷案

（最高人民法院审判委员会讨论通过　2022年7月4日发布）

关键词　民事/劳动合同/离职/年终奖

裁判要点

年终奖发放前离职的劳动者主张用人单位支付年终奖的，人民法院应当结合劳动者的离职原因、离职时间、工作表现以及对单位的贡献程度等因素进行综合考量。用人单位的规章制度规定年终奖发放前离职的劳动者不能享有年终奖，但劳动合同的解除非因劳动者单方过失或主动辞职所导致，且劳动者已经完成年度工作任务，用人单位不能证明劳动者的工作业绩及表现不符合年终奖发放标准，年终奖发放前离职的劳动者主张用人单位支付年终奖的，人民法院应予支持。

相关法条

《中华人民共和国劳动合同法》第 40 条

基本案情

房玥于 2011 年 1 月至中美联泰大都会人寿保险有限公司（以下简称大都会公司）工作，双方之间签订的最后一份劳动合同履行日期为 2015 年 7 月 1 日至 2017 年 6 月 30 日，约定房玥担任战略部高级经理一职。2017 年 10 月，大都会公司对其组织架构进行调整，决定撤销战略部，房玥所任职的岗位因此被取消。双方就变更劳动合同等事宜展开了近两个月的协商，未果。12 月 29 日，大都会公司以客观情况发生重大变化、双方未能就变更劳动合同协商达成一致为由，向房玥发出《解除劳动合同通知书》。房玥对解除决定不服，经劳动仲裁程序后起诉要求恢复与大都会公司之间的劳动关系并诉求 2017 年 8 月—12 月未签劳动合同二倍工资差额、2017 年度奖金等。大都会公司《员工手册》规定：年终奖金根据公司政策，按公司业绩、员工表现计发，前提是该员工在当年度 10 月 1 日前已入职，若员工在奖金发放月或之前离职，则不能享有。据查，大都会公司每年度年终奖会在次年 3 月左右发放。

裁判结果

上海市黄浦区人民法院于 2018 年 10 月 29 日作出（2018）沪 0101 民初 10726 号民事判决：一、大都会公司于判决生效之日起七日内向原告房玥支付 2017 年 8 月—12 月期间未签劳动合同双倍工资差额人民币 192500 元；二、房玥的其他诉讼请求均不予支持。房玥不服，上诉至上海市第二中级人民法院。上海市第二中级人民法院于 2019 年 3 月 4 日作出（2018）沪 02 民终 11292 号民事判决：一、维持上海市黄浦区人民法院（2018）沪 0101 民初 10726 号民事判决第一项；二、撤销上海市黄浦区人民法院（2018）沪 0101 民初 10726 号民事判决第二项；三、大都会公司于判决生效之日起七日内支付上诉人房玥 2017 年度年终奖税前人民币 138600 元；四、房玥的其他请求不予支持。

裁判理由

法院生效裁判认为：本案的争议焦点系用人单位以客观情况发生重大变化为依据解除劳动合同，导致劳动者不符合员工手册规定的年终奖发放条件时，劳动者是否可以获得相应的年终奖。对此，一审法院认为，大都会公司的《员工手册》明确规定了奖金发放情形，房玥在大都会公司发放 2017 年度奖金之前已经离职，不符合奖金发放情形，故对房玥要求 2017 年度奖金之请求不予支持。二审法院经过审理后认为，现行法律法规并没有强制规定年终奖应如何发放，用人单位有权根据本单位的经营状况、员工的业绩表现等，自主确定奖金发放与否、发放条件及发放标准，但是用人单位制定的发放规则仍应遵循公平合理原则，对于在年终奖发放之前已经离职的劳动者可否获得年终奖，应当结合劳动者离职的原因、时间、工作表现和对单位的贡献程度等多方面因素综合考量。本案中，大都会公司对其组织架构进行调整，双方未能就劳动合同的变更达成一致，导致劳动合同被解除。房玥在大都会公司工作至 2017 年 12 月 29 日，此后两日系双休日，表明房玥在 2017 年度已在大都会公司工作满一年；在大都会公司未举证房玥的 2017 年度工作业绩、表现等方面不符合规定的情况下，可以认定房玥在该年度为大都会公司付出了一整年的劳动且正常履行了职责，为大都会公司作出了应有的贡献。基于上述理由，大都会公司关于房玥在年终奖发放月之前已离职而不能享有该笔奖金的主张缺乏合理性。故对房玥诉求大都会公司支付 2017 年度年终奖，应予支持。

（生效裁判审判人员：郭征海、谢亚琳、易苏苏）

指导案例 184 号

马筱楠诉北京搜狐新动力信息技术有限公司竞业限制纠纷案

（最高人民法院审判委员会讨论通过　2022 年 7 月 4 日发布）

关键词　民事/竞业限制/期限/约定无效

裁判要点

用人单位与劳动者在竞业限制条款中约定，因履行竞业限制条款发生争议申请仲裁和提起诉讼的期间不计入竞业限制期限的，属于劳动合同法第二十六条第一款第二项规定的"用人单位免除自己的法定责任、排除劳动者权利"的情形，应当认定为无效。

相关法条

《中华人民共和国劳动合同法》第 23 条第 2 款、第 24 条、第 26 条第 1 款

基本案情

马筱楠于 2005 年 9 月 28 日入职北京搜狐新动力信息技术有限公司（以下简称搜狐新动力公司），双方最后一份劳动合同期限自 2014 年 2 月 1 日起至 2017 年 2 月 28 日止，马筱楠担任高级总监。2014 年 2 月 1 日，搜狐新动力公司（甲方）与马筱楠（乙方）签订《不竞争协议》，其中第 3.3 款约定："……，竞业限制期限从乙方离职之日开始计算，最长不超过 12 个月，具体的月数根据甲方向乙方实际支付的竞业限制补偿费计算得出。但如因履行本协议发生争议而提起仲裁或诉讼时，则上述竞业限制期限应将仲裁和诉讼的审理期限扣除；即乙方应履行竞业限制义务的期限，在扣除仲裁和诉讼审理的期限后，不应短于上述约定的竞业限制月数。" 2017 年 2 月 28 日劳动合同到期，双方劳动关系终止。2017 年 3 月 24 日，搜狐新动力公司向马筱楠发出《关于要求履行竞业限制义务和领取竞业限制经济补偿费的告知函》，要求其遵守《不竞争协议》，全面并适当履行竞业限制义务。马筱楠自搜狐新动力公司离职后，于 2017 年 3 月中旬与优酷公司开展合作关系，后于 2017 年 4 月底离开优酷公司，违反了《不竞争协议》。搜狐新动力公司以要求确认马筱楠违反竞业限制义务并双倍返还竞业限制补偿金、继续履行竞业限制义务、赔偿损失并支付律师费为由向北京市劳动人事争议仲裁委员会申请仲裁，仲裁委员会作出京劳人仲字〔2017〕第 339 号裁决：一、马筱楠一次性双倍返还搜狐新动力公司 2017 年 3 月、4 月竞业限制补偿金共计 177900 元；二、马筱楠继续履行对搜狐新动力公司的竞业限制义务；三、驳回搜狐新动力公司的其他仲裁请求。马筱楠不服，于法定期限内向北京市海淀区人民法院提起诉讼。

裁判结果

北京市海淀区人民法院于2018年3月15日作出（2017）京0108民初45728号民事判决：一、马筱楠于判决生效之日起七日内向搜狐新动力公司双倍返还2017年3月、4月竞业限制补偿金共计177892元；二、确认马筱楠无需继续履行对搜狐新动力公司的竞业限制义务。搜狐新动力公司不服一审判决，提起上诉。北京市第一中级人民法院于2018年8月22日作出（2018）京01民终5826号民事判决：驳回上诉，维持原判。

裁判理由

法院生效裁判认为：本案争议焦点为《不竞争协议》第3.3款约定的竞业限制期限的法律适用问题。搜狐新动力公司上诉主张该协议第3.3款约定有效，马筱楠的竞业限制期限为本案仲裁和诉讼的实际审理期限加上12个月，以实际发生时间为准且不超过二年，但本院对其该项主张不予采信。

一、竞业限制协议的审查

法律虽然允许用人单位可以与劳动者约定竞业限制义务，但同时对双方约定竞业限制义务的内容作出了强制性规定，即以效力性规范的方式对竞业限制义务所适用的人员范围、竞业领域、限制期限均作出明确限制，且要求竞业限制约定不得违反法律、法规的规定，以期在保护用人单位商业秘密、维护公平竞争市场秩序的同时，亦防止用人单位不当运用竞业限制制度对劳动者的择业自由权造成过度损害。

二、"扣除仲裁和诉讼审理期限"约定的效力

本案中，搜狐新动力公司在《不竞争协议》第3.3款约定马筱楠的竞业限制期限应扣除仲裁和诉讼的审理期限，该约定实际上要求马筱楠履行竞业限制义务的期限为：仲裁和诉讼程序的审理期限＋实际支付竞业限制补偿金的月数（最长不超过12个月）。从劳动者择业自由权角度来看，虽然法律对于仲裁及诉讼程序的审理期限均有法定限制，但就具体案件而言该期限并非具体确定的期间，将该期间作为竞业限制期限的约定内容，不符合竞业限制条款应具体明确的立法目的。加之劳动争议案件的特殊性，相当数量的案件需要经过"一裁两审"程序，上述约定使得劳动者一旦与用人单位发生争议，则其竞业限制期限将被延长至不可预期且相当长的一段期间，乃至达到二年。这实质上造成了劳动者的择业自由权在一定期间内处于待定状态。另一方面，从劳动者司法救济权角度来看，对于劳动者一方，如果其因履行《不竞争协议》与搜狐新动力公司发生争议并提起仲裁和诉讼，依照该协议第3.3款约定，仲裁及诉讼审理期间劳动者仍需履行竞业限制义务，即出现其竞业限制期限被延长的结果。如此便使劳动者陷入"寻求司法救济则其竞业限制期限被延长""不寻求司法救济则其权益受损害"的两难境地，在一定程度上限制了劳动者的司法救济权利；而对于用人单位一方，该协议第3.3款使得搜狐新动力公司无需与劳动者进行协商，即可通过提起仲裁和诉讼的方式单方地、变相地延长劳动者的竞业限制期限，一定程度上免除了其法定责任。综上，法院认为，《不竞争协议》第3.3款中关于竞业限制期限应将仲裁和诉讼的审理期限扣除的约定，即"但如因履行本协议发生争议而提起仲裁或诉讼时……，乙方应履行竞业限制义务的期限，在扣除仲裁和诉讼审理的期限后，不应短于上述约定的竞业限制月数"的部分，属于劳动合同法第二十六条第一款第二项规定的"用人单位免除自己的法定责任、排除劳动者权利"的情形，应属无效。而根据该法第二十七条规定，劳动合同部分

无效，不影响其他部分效力的，其他部分仍然有效。

三、本案竞业限制期限的确定

据此，依据《不竞争协议》第3.3款仍有效部分的约定，马筱楠的竞业限制期限应依据搜狐新动力公司向其支付竞业限制补偿金的月数确定且最长不超过12个月。鉴于搜狐新动力公司已向马筱楠支付2017年3月至2018年2月期间共计12个月的竞业限制补偿金，马筱楠的竞业限制期限已经届满，其无需继续履行对搜狐新动力公司的竞业限制义务。

（生效裁判审判人员：赵悦、王丽蕊、何锐）

指导案例185号

闫佳琳诉浙江喜来登度假村有限公司平等就业权纠纷案

（最高人民法院审判委员会讨论通过　2022年7月4日发布）

关键词　民事/平等就业权/就业歧视/地域歧视

裁判要点

用人单位在招用人员时，基于地域、性别等与"工作内在要求"无必然联系的因素，对劳动者进行无正当理由的差别对待的，构成就业歧视，劳动者以平等就业权受到侵害，请求用人单位承担相应法律责任的，人民法院应予支持。

相关法条

《中华人民共和国就业促进法》第3条、第26条

基本案情

2019年7月，浙江喜来登度假村有限公司（以下简称喜来登公司）通过智联招聘平台向社会发布了一批公司人员招聘信息，其中包含有"法务专员""董事长助理"两个岗位。2019年7月3日，闫佳琳通过智联招聘手机App软件针对喜来登公司发布的前述两个岗位分别投递了求职简历。闫佳琳投递的求职简历中，包含有姓名、性别、出生年月、户口所在地、现居住城市等个人基本信息，其中户口所在地填写为"河南南阳"，现居住城市填写为"浙江杭州西湖区"。据杭州市杭州互联网公证处出具的公证书记载，公证人员使用闫佳琳的账户、密码登录智联招聘App客户端，显示闫佳琳投递的前述"董事长助理"岗位在2019年7月4日14点28分被查看，28分时给出岗位不合适的结论，"不合适原因：河南人"；"法务专员"岗位在同日14点28分被查看，29分时给出岗位不合适的结论，"不合适原因：河南人"。闫佳琳因案涉公证事宜，支出公证费用1000元。闫佳琳向杭州互联网法院提起诉讼，请求判令喜来登公司赔礼道歉、支付精神抚慰金以及承担诉讼相关费用。

裁判结果

杭州互联网法院于 2019 年 11 月 26 日作出（2019）浙 0192 民初 6405 号民事判决：一、被告喜来登公司于本判决生效之日起十日内赔偿原告闫佳琳精神抚慰金及合理维权费用损失共计 10000 元。二、被告喜来登公司于本判决生效之日起十日内，向原告闫佳琳进行口头道歉并在《法制日报》公开登报赔礼道歉（道歉声明的内容须经本院审核）；逾期不履行，本院将在国家级媒体刊登判决书主要内容，所需费用由被告喜来登公司承担。三、驳回原告闫佳琳其他诉讼请求。宣判后，闫佳琳、喜来登公司均提起上诉。杭州市中级人民法院于 2020 年 5 月 15 日作出（2020）浙 01 民终 736 号民事判决：驳回上诉，维持原判。

裁判理由

法院生效裁判认为：平等就业权是劳动者依法享有的一项基本权利，既具有社会权利的属性，亦具有民法上的私权属性，劳动者享有平等就业权是其人格独立和意志自由的表现，侵害平等就业权在民法领域侵害的是一般人格权的核心内容——人格尊严，人格尊严重要的方面就是要求平等对待，就业歧视往往会使人产生一种严重的受侮辱感，对人的精神健康甚至身体健康造成损害。据此，劳动者可以在其平等就业权受到侵害时向人民法院提起民事诉讼，寻求民事侵权救济。

闫佳琳向喜来登公司两次投递求职简历，均被喜来登公司以"河南人"不合适为由予以拒绝，显然在针对闫佳琳的案涉招聘过程中，喜来登公司使用了主体来源的地域空间这一标准对人群进行归类，并根据这一归类标准而给予闫佳琳低于正常情况下应当给予其他人的待遇，即拒绝录用，可以认定喜来登公司因"河南人"这一地域事由要素对闫佳琳进行了差别对待。

《中华人民共和国就业促进法》第三条在明确规定民族、种族、性别、宗教信仰四种法定禁止区分事由时使用"等"字结尾，表明该条款是一个不完全列举的开放性条款，即法律除认为前述四种事由构成不合理差别对待的禁止性事由外，还存在与前述事由性质一致的其他不合理事由，亦为法律所禁止。何种事由属于前述条款中"等"的范畴，一个重要的判断标准是，用人单位是根据劳动者的专业、学历、工作经验、工作技能以及职业资格等与"工作内在要求"密切相关的"自获因素"进行选择，还是基于劳动者的性别、户籍、身份、地域、年龄、外貌、民族、种族、宗教等与"工作内在要求"没有必然联系的"先赋因素"进行选择，后者构成为法律禁止的不合理就业歧视。劳动者的"先赋因素"，是指人们出生伊始所具有的人力难以选择和控制的因素，法律作为一种社会评价和调节机制，不应该基于人力难以选择和控制的因素给劳动者设置不平等条件；反之，应消除这些因素给劳动者带来的现实上的不平等，将与"工作内在要求"没有任何关联性的"先赋因素"作为就业区别对待的标准，根本违背了公平正义的一般原则，不具有正当性。

本案中，喜来登公司以地域事由要素对闫佳琳的求职申请进行区别对待，而地域事由属于闫佳琳乃至任何人都无法自主选择、控制的与生俱来的"先赋因素"，在喜来登公司无法提供客观有效的证据证明，地域要素与闫佳琳申请的工作岗位之间存在必然的内在关联或存在其他的合法目的的情况下，喜来登公司的区分标准不具有合理性，构成法定禁止事由。故喜来登公司在案涉招聘活动中提出与职业没有必然联系的地域事由对闫佳琳进行区别对待，构成对闫佳琳的就业歧视，损害了闫佳琳平等地获得就业机会和就业待遇的权益，主观上具有过错，构成对闫佳琳平等就业权的侵害，依法应承担公开赔礼道歉并赔偿精神抚慰金及合理维权费用的民事责任。

（生效裁判审判人员：石清荣、俞建明、孔文超）

行　　政

最高人民法院
关于推进行政诉讼程序繁简分流改革的意见

法发〔2021〕17号

为深化行政诉讼制度改革，推进行政案件繁简分流、轻重分离、快慢分道，优化行政审判资源配置，推动行政争议实质化解，依法保护公民、法人和其他组织合法权益，支持和监督行政机关依法行政，根据《中华人民共和国行政诉讼法》（以下简称行政诉讼法）及司法解释的规定，结合审判工作实际，制定本意见。

一、一般规定

第一条　人民法院应当严格规范审理复杂行政案件，依法快速审理简单行政案件，完善行政诉讼简易程序适用规则，推动电子诉讼的应用，引导当事人正确行使诉讼权利、依法履行诉讼义务，全面提升行政审判质量、效率和公信力。

第二条　第一审人民法院审理下列行政案件，可以作为简单案件进行审理：

（一）属于行政诉讼法第八十二条第一款、第二款规定情形的；

（二）不符合法定起诉条件的；

（三）不服行政复议机关作出的不予受理或者驳回复议申请决定的；

（四）事实清楚、权利义务关系明确、争议不大的政府信息公开类、履行法定职责类以及商标授权确权类行政案件。

第二审人民法院对于第一审人民法院按照简单案件快速审理的上诉案件，以及当事人撤回上诉、起诉、按自动撤回上诉处理的案件，针对不予立案、驳回起诉、管辖权异议裁定提起上诉的案件等，可以作为简单案件进行审理。

高级人民法院可以探索开展行政申请再审案件繁简分流工作。

第三条　人民法院可以建立行政案件快审团队或者专业化、类型化审判团队，也可以设立程序分流员，负责行政案件繁简分流，实现简案快审、类案专审、繁案精审。

二、促进行政争议诉前分流

第四条 人民法院应当强化行政争议的诉源治理，完善行政诉讼与行政复议、行政裁决等非诉讼解纷方式的分流对接机制，探索建立诉前和解机制，依托司法与行政的良性互动，加强行政争议多元化解及相关平台建设。

第五条 行政诉讼法规定可以调解的案件、行政相对人要求和解的案件，或者通过和解方式处理更有利于实质性化解行政争议的案件，人民法院可以在立案前引导当事人自行和解或者通过第三方进行调解。开展诉前调解应在调解平台上进行，并编立相应案号。

建立非诉讼调解自动履行正向激励机制，通过将自动履行情况纳入诚信评价体系等，引导当事人自动、即时履行调解协议，及时化解行政争议。

第六条 经诉前调解达成和解协议，当事人共同申请司法确认的，人民法院可以依法确认和解协议效力，出具行政诉前调解书。

当事人拒绝调解或者未达成和解协议，符合法定立案条件的，人民法院应当依法及时登记立案。

立案后，经调解当事人申请撤诉，人民法院审查认为符合法律规定的，依法作出准予撤诉的裁定。

第七条 诉前调解中，当事人没有争议的事实应当记入调解笔录，并由当事人签字确认。

在审理过程中，经当事人同意，双方在调解过程中已确认的无争议事实不再进行举证、质证，但当事人为达成和解协议作出妥协而认可的事实或者有相反证据足以推翻的事实除外。

三、健全简易程序适用规则

第八条 人民法院依照行政诉讼法第八十二条第一款规定适用简易程序审理的行政案件，可以向当事人发送简易程序审理通知书，告知审理方式、审理期限等事项。

人民法院依照行政诉讼法第八十二条第二款规定审理其他第一审行政案件，应当征求当事人意见。征求意见可以通过诉讼平台、电话、手机短信、即时通讯账号等简便方式进行。当事人不同意适用简易程序的，应当自收到通知之日起五日内向人民法院提出。期限内未提出异议的，人民法院可以按照简易程序进行审理。

第九条 人民法院适用简易程序审理行政案件，可以根据案件情况，采取下列方式简化庭审程序，但应当保障当事人答辩、举证、质证、陈述、辩论等诉讼权利：

（一）已经通过开庭前准备阶段或者其他方式完成当事人身份核实、权利义务告知、庭审纪律宣示的，开庭时可以不再重复；

（二）庭审直接围绕与被诉行政行为合法性相关的争议焦点展开，法庭调查、法庭辩论可以合并进行。

当事人双方表示不需要答辩期间、举证期限的，人民法院可以径行开庭，开庭时间不受答辩期间、举证期限的限制。

适用简易程序审理的案件，应当一次开庭审结，但人民法院认为确有必要再次开庭的除外。

第十条 适用简易程序审理行政案件的庭审录音录像，经当事人同意的，可以代替法庭笔录。

第十一条 人民法院适用简易程序审理行政案件，可以简化裁判文书，但应当包含当事人基本信息、诉讼请求、答辩意见、主要事实、简要裁判理由、裁判依据和裁判主文，以及诉讼费用负担、告知当事人上诉权利等必要内容。

第十二条 由简易程序转为普通程序审理的案件，转为普通程序前已经进行的诉讼行为有效，双方当事人已确认的无争议事实，可以不再进行举证、质证。

由简易程序转为普通程序的案件，不得再转为简易程序审理。

四、依法快速审理简单案件

第十三条 人民法院经过阅卷、调查或者询问当事人，认为原告起诉不符合法定起诉条件的，可以径行裁定驳回起诉，但需要开庭审理查明相关事实的除外。

第十四条 开庭前准备阶段已核实当事人身份、告知权利义务、进行证据交换的，开庭审理时不再重复进行。

开庭前准备阶段确认的没有争议并记录在卷的证据，经人民法院在法庭调查时予以说明、各方当事人确认后，可以作为认定案件事实的依据。

第十五条 复议机关为共同被告的案件，对于复议决定与原行政行为认定一致的事实，对方当事人在庭审中明确表示认可的，人民法院可以简化庭审举证和质证，但有相反证据足以推翻该事实的除外。

第十六条 人民法院对具备下列情形之一的上诉案件，经过阅卷、调查或者询问当事人，对没有提出新的事实、证据或者理由的，可以不开庭审理：

（一）不服一审行政裁定的；

（二）当事人认为一审裁判适用法律法规错误的。

在依法保障当事人诉讼权利的情况下，第二审人民法院可以通过诉讼平台、电话、手机短信、即时通讯账号等简便方式询问当事人，并记录在案，但涉及新的事实或者新证据的除外。

第十七条 人民法院审查申请再审案件，应当依据行政诉讼法第九十一条规定，结合当事人的再审请求及理由进行审查。需要询问当事人的，可以通过诉讼平台、电话、手机短信、即时通讯账号等简便方式进行。

当事人主张的再审事由明显不成立的，或者不符合申请再审条件的，驳回再审申请裁定可以适当简化，但应当包含当事人基本信息、案件由来、申请人申请再审的请求和理由、简要裁判理由、裁判依据和裁判主文等必要内容。

第十八条 依法快速审理的简单行政案件，庭审笔录可以适当简化。相关庭审录音录像应当制作光盘等存储介质，一并入卷归档。

第十九条 对事实清楚、权利义务关系明确、争议不大的政府信息公开、不履行法定职责、不予受理或者程序性驳回复议申请以及商标授权确权等行政案件，人民法院可以结合被诉行政行为合法性的审查要素和当事人争议焦点开展庭审活动，并可以制作要素式行政裁判文书。

要素式行政裁判文书可以采取简易方式，按照当事人情况、诉讼请求、基本事实、裁判理由和裁判结果等行政裁判文书的基本要素进行填写。

第二十条　不同当事人对同一个或者同一类行政行为分别提起诉讼的，可以集中立案，由同一审判团队实行集中排期、开庭、审理、宣判。

第二十一条　人民法院审理简单行政案件过程中，发现案件疑难复杂的，应当及时转为复杂案件进行审理。需要变更合议庭或者审判员的，应当告知当事人。

第二十二条　人民法院、当事人及其他诉讼参与人通过信息化诉讼平台在线开展行政诉讼活动，行政诉讼法没有规定的，可以参照适用民事诉讼法及民事诉讼程序繁简分流的相关规定。

五、附则

第二十三条　本意见自 2021 年 6 月 1 日起施行。

2021 年 5 月 14 日

司 法 统 计

2021 年全国法院司法统计公报

各类案件情况

	收案	结案	未结
总计	31539810	30104241	3411383

注：收案是指当期新收案件，结案中包括上期旧存案件。下同

管辖案件情况

	收案	结案	未结
合计	148569	146888	3371

刑事案件情况

	收案	结案	未结
合计	1830415	1789952	132451
刑事一审	1277197	1255671	96597
刑事二审	152955	146291	14766
刑事依职权再审审查	4875	4724	349
刑事申诉再审审查	29668	28182	3581
刑事抗诉再审审查	950	927	113
刑事再审	4378	3935	1261
申请没收违法所得	38	29	32
法定刑以下判处刑罚复核	155	130	32
申请强制医疗审查	1499	1467	70
解除强制医疗审查	670	620	80

续表

	收案	结案	未结
强制医疗复议	67	67	1
强制医疗监督	2	1	1
刑罚与执行变更审查	315755	306608	13750
刑罚与执行变更监督	1188	1113	213
刑罚与执行变更备案	1316	1168	456
其他刑事案件	39702	39019	1149

民事案件情况

	收案	结案	未结
合计	19244432	18239190	2259933
民事一审	16612893	15745884	1977169
民事二审	1642816	1539004	188680
民事依职权再审审查	27921	27682	1769
民事申请再审审查	284353	263989	53238
民事抗诉再审审查	5628	5659	96
民事再审	64260	59317	16002
第三人撤销之诉	4127	3815	1271
选民资格	114	107	12
宣告失踪、宣告死亡	9220	8199	5096
财产代管人申请变更代管	44	44	2
行为能力认定	33720	32242	3969
监护人指定异议	992	1015	40
监护关系变更	5791	5504	471
认定财产无主	239	136	168
实现担保物权	5735	5675	125
调解协议司法确认	387294	386684	3085
设立海事赔偿责任限制基金	43	37	10
海事债权登记与受偿	1197	1157	43
撤销仲裁裁决	30422	29120	2571
申请确认仲裁协议效力	4479	4323	540

续表

	收案	结案	未结
民事特别程序监督	1042	956	145
指定遗产管理人	31	12	19
船舶优先权催告	3	1	3
公示催告	3112	3280	542
申请支付令审查	105475	102131	4038
支付令监督	87	56	53
人格权保护禁令申请审查	4082	4034	75
人格权保护禁令变更	25	25	
其他民事	9287	9102	701

行政案件情况

	收案	结案	未结
合计	706587	674900	89260
行政一审	319977	298301	59482
行政二审	149744	144049	17371
行政依职权再审审查	1319	1266	99
行政申请再审审查	37796	34693	10019
行政抗诉再审审查	189	187	4
行政再审	2308	2191	376
非诉行政行为申请执行审查	191154	190184	1790
非诉行政行为申请执行审查复议	1772	1735	49
其他行政	2328	2294	70

国家赔偿与司法救助案件情况

	收案	结案	未结
合计	68776	65262	9084
行政赔偿一审	16861	15808	3932
行政赔偿二审	11288	10839	1404
行政赔偿依职权再审审查	4	3	1
行政赔偿申请再审审查	3836	3117	1116

续表

	收案	结案	未结
行政赔偿抗诉再审审查	1	1	
行政赔偿再审	217	167	69
其他行政赔偿	50	50	
法院作为赔偿义务机关自赔	2321	2213	323
赔偿委员会审理赔偿	2587	2504	438
司法赔偿监督审查	1241	1156	222
赔偿确认申诉审查			
司法赔偿监督上级法院赔偿委员会重审	47	48	8
司法赔偿监督本院赔偿委员会重审	38	42	14
其他赔偿	79	79	
司法救助	30206	29235	1557

区际司法协助案件情况

	收案	结案	未结
合计	18444	16357	13015
认可与执行申请审查	126	112	66
送达文书	16953	15178	11383
调查取证	1365	1067	1562
被判刑人移管			
罪赃移交			4

国际司法协助案件情况

	收案	结案	未结
合计	7244	7131	9198
承认与执行申请审查	157	145	56
送达文书	6982	6892	9062
调查取证	105	94	80
被判刑人移管			
引渡			

司法制裁案件情况

	收案	结案	未结
合计	24621	23790	1280
司法制裁审查	22963	22160	1216
司法制裁复议	1658	1630	64

非诉保全案件情况

	收案	结案	未结
合计	461734	456003	9154
非诉财产保全审查	460710	455004	9111
非诉行为保全审查	199	185	17
非诉行为保全复议	27	27	4
非诉证据保全审查	798	787	22

执行案件情况

	收案	结案	未结
合计	8979562	8642208	850466
首次执行	8507072	8183221	821717
执行异议	366385	355209	20502
执行复议	55405	53247	3910
执行监督	23378	23287	1659
执行协调	2579	2583	58
其他执行	24743	24661	2620

强制清算与破产案件情况

	收案	结案	未结
合计	49426	42560	34171
强制清算申请审查	5299	4933	872
强制清算	4316	3082	3265
破产申请审查	22660	21083	4563
破产	16187	12659	25166

续表

	收案	结案	未结
强制清算与破产上诉	926	777	290
强制清算与破产监督	38	26	15

刑事一审案件情况

	收案	结案	未结
合计	1277197	1255671	96597
危害公共安全罪	435951	433269	9913
破坏社会主义市场经济秩序罪	74734	73728	16324
侵犯公民人身权利民主权利罪	149046	145273	16245
侵犯财产罪	271533	269145	20453
妨害社会管理秩序罪	330311	319603	28806
危害国防利益罪	437	434	39
贪污贿赂罪	12881	12118	3981
渎职罪	2001	1846	669
其他	303	255	167

民事一审案件情况

	收案	结案	结案方式						未结
			判决	不予受理	驳回起诉	撤诉	调解	其他	
合计	16612893	15745884	7361443	36593	421804	4250271	3483469	192304	1977169
人格权纠纷	192675	181768	93817	421	3561	42124	40781	1064	29756
婚姻家庭、继承纠纷	1898588	1830655	688420	1835	20875	384211	718798	16516	132179
物权纠纷	388106	359180	159759	3574	28646	111703	52064	3434	69927
合同、无因管理、不当得利纠纷	11331129	10765884	5107577	24554	304273	3041011	2182156	106313	1299696
知识产权与竞争纠纷	550263	515861	181492	605	4921	262566	45729	20548	83575
劳动争议、人事争议	533204	499546	255350	2277	21072	89122	115379	16346	80051
海事海商纠纷	14663	13695	5240	47	205	4557	3278	368	2670
与公司、证券、保险、票据等有关的民事纠纷	547113	500007	268991	1668	16955	108919	80526	22948	95501
侵权责任纠纷	1073014	1003495	549854	1331	15570	188581	243863	4296	158796
其他	84138	75793	50943	281	5726	17477	895	471	25018

婚姻家庭、继承一审案件情况

	收案	结案	结案方式						未结
			判决	不予受理	驳回起诉	撤诉	调解	其他	
合计	1898588	1830655	688420	1835	20875	384211	718798	16516	132179
婚姻家庭纠纷小计	1769487	1709455	654048	1651	17973	362291	658007	15485	111422
离婚纠纷	1440908	1394548	537041	1010	12513	286335	546865	10784	83238
抚养纠纷	135986	130743	46553	147	1720	28775	52046	1502	8683
扶养纠纷	4029	3869	1498	5	77	983	1235	71	316
赡养纠纷	24117	23196	8992	19	337	6525	6848	475	1723
收养关系纠纷	1778	1727	659	7	44	354	641	22	117
监护权纠纷	732	691	213	5	23	232	209	9	72
探望权纠纷	7808	7435	2782	14	79	1633	2760	167	573
其他婚姻家庭纠纷	154129	147246	56310	444	3180	37454	47403	2455	16700
继承纠纷小计	127128	119057	33680	178	2863	21384	59952	1000	20549
法定继承纠纷	53358	50365	8822	41	769	7642	32813	278	6988
遗嘱继承纠纷	8282	7322	2963	7	178	1391	2714	69	2094
其他继承纠纷	65488	61370	21895	130	1916	12351	24425	653	11467
其他婚姻家庭、继承纠纷	1973	2143	692	6	39	536	839	31	208

行政一审案件情况

	收案	结案	结案方式						未结
			判决	不予立案	驳回起诉	撤诉	调解	其他	
合计	319977	298301	144010	15194	66589	59095	2142	11271	59482
公安	32292	30278	14581	1893	4880	8189	31	704	4463
资源	51835	49126	20973	2708	14095	8896	241	2213	7426
城乡建设	67195	62753	26927	2850	17497	11471	558	3450	11996
计划生育	121	115	51	10	29	24		1	14
工商	7834	7312	2694	560	1643	2118	45	252	1648
商标	18734	17506	16748	34	62	647		15	8088
质量监督检验检疫	1146	1038	473	22	191	297	21	34	198
卫生	1364	1284	551	88	328	270	10	37	263
食品药品安全	1559	1462	703	41	305	376	25	12	232
农业	757	722	357	48	179	109	1	28	104
物价	85	90	28	6	32	18	3	3	5

续表

	收案	结案	结案方式						未结
			判决	不予立案	驳回起诉	撤诉	调解	其他	
环境保护	2943	2702	1311	30	367	902	27	65	624
交通运输	2906	2853	1246	122	464	955	9	57	303
信息电讯	321	311	140	16	78	71	1	5	26
邮政	63	55	14	9	18	9		5	12
专利	1810	1814	1602	9	35	163		5	1661
新闻出版	19	22	4	3	8	1		6	
税务	1055	923	319	103	264	214	3	20	245
金融	1124	1087	212	66	610	115		84	146
外汇	6	7	5	1	1				2
海关	37	32	14		7	10		1	11
财政	785	740	488	22	107	106		17	91
劳动和社会保障	25858	24314	15362	738	2297	5391	79	447	3606
审计	89	94	36	6	30	19		3	15
经贸	38	36	8	3	6	2	13	4	6
水利	729	669	339	27	161	123	3	16	143
旅游	64	59	28	6	5	14		6	17
烟草专卖	91	89	44	6	12	24		3	12
司法	1063	997	443	114	290	116		34	211
民政	3087	2976	1075	222	754	878	8	39	273
教育	989	943	304	190	297	136	2	14	141
文化	135	118	37	4	34	36		7	32
广播电视电影	33	30	8	2	18	2			4
统计	17	13	3	1	6	2		1	4
电力	77	74	31	12	21	10			33
国有资产	212	182	55	25	71	23	1	7	40
外资		1			1				
盐业	25	28	13	1	3	9	2		
体育	30	23	11	3	4			5	8
行政监察	212	216	71	30	67	44		4	18
乡政府	24654	21828	9364	1241	5423	4221	244	1335	5116
其他	68583	63379	27337	3922	15889	13084	815	2332	12245

各类二审案件情况

	收案	结案	结案方式						未结
			维持	改判	发回重审	撤诉	调解	其他	
合计	1956803	1840183	1155062	211731	88252	221614	117262	46262	222221
刑事	152955	146291	101224	13442	10227	20251	115	1032	14766
民事	1642816	1539004	926080	189357	74668	193578	116835	38486	188680
行政	149744	144049	119664	7831	2695	7303	225	6331	17371
行政赔偿	11288	10839	8094	1101	662	482	87	413	1404

各类再审案件情况

	收案	结案	结案方式							未结
			维持	改判	发回重审	撤诉	调解	驳回再审申请	其他	
合计	71163	65610	12003	21412	8231	2690	3722	327	17225	17708
刑事	4378	3935	717	2215	378	45	4		576	1261
民事	64260	59317	10838	18643	7500	2593	3703	317	15723	16002
行政	2308	2191	407	515	322	50	12	10	875	376
行政赔偿	217	167	41	39	31	2	3		51	69

首次执行案件情况

	收案	结案	结案方式							未结
			不予执行	驳回申请	执行完毕	终结执行	终结本次执行程序	其他		
合计	8507072	8183221	7191	34736	2707680	1680415	3683066	70133		821717
刑事财产刑或附带民事赔偿生效判决、裁定、调解书	1009922	988640	209	1283	472127	75784	432857	6380		49109
具有执行内容民事案件生效判决书、裁定书、调解书、支付令	6792773	6525411	2087	20514	1959248	1489452	3029485	24625		700289
具有执行内容行政案件生效判决书、裁定书、调解书	91092	82569	45	913	41311	13101	26834	365		11098
具有执行内容行政赔偿案件生效判决书、裁定书、调解书	13056	11471	3	133	5168	2952	3020	195		1893

续表

	收案	结案	结案方式						未结
			不予执行	驳回申请	执行完毕	终结执行	终结本次执行程序	其他	
经人民法院裁定认可的香港特区法院裁判	211	165		1	84	17	62	1	56
经人民法院裁定认可的澳门特区法院裁判	520	509	17		202	104	186		28
经人民法院裁定认可的台湾地区法院裁判	1423	1397	10	60	225	546	192	364	37
香港特区仲裁裁决	480	441	2	6	133	146	150	4	66
经人民法院裁定认可的澳门特区仲裁裁决	4	4			2		2		
经人民法院裁定认可的台湾地区仲裁裁决	13	10			3	3	4		3
经人民法院裁定承认的外国法院裁判	36	32			5	10	17		8
经人民法院裁定承认的国外仲裁裁决	736	728	1	12	281	94	243	97	45
国内仲裁裁决	433672	417066	4023	10854	154408	68082	142594	37105	42119
具有强制执行力的公证债权文书	30458	27990	462	203	6472	10210	10268	375	6172
经人民法院裁定准予强制执行的非诉行政行为	27511	27825	225	371	15830	3479	7775	145	1381
先予执行裁定	3311	3303	2	12	1463	678	1069	79	248
司法罚款决定	9938	9883	5	13	8612	100	1140	13	127
其他	91916	85777	100	361	42106	15657	27168	385	9038

刑事案件被告人判决生效情况

	生效判决人数	宣告无罪	宣告不负刑事责任	免予刑事处罚	5年以上至死刑	超过3年不满5年	1年以上3年以下	不满1年	拘役	缓刑	管制	单处附加刑		
												罚金	剥夺政治权利	驱逐出境
合计	1715922	894	86	7698	151221	104310	392667	329062	275450	444332	3139	6995	15	53
危害公共安全罪	437282	32	12	2556	11662	4748	26898	10330	202926	177785	243	88	2	
破坏社会主义市场经济秩序罪	143153	121	6	939	19668	13616	42561	13245	9234	43232	24	506		1
侵犯公民人身权利民主权利罪	170166	377	26	899	28969	16090	50152	27897	4182	41058	424	85	6	1
侵犯财产罪	370521	222	13	1038	40003	31512	99164	105146	25503	63232	592	4094	1	1
妨害社会管理秩序罪	577478	105	28	1668	45961	35469	169460	171584	33395	115684	1852	2216	6	50
危害国防利益罪	809			5	21	50	184	209	86	248	4	2		
贪污贿赂罪	13584	21	1	254	4285	2528	3355	446	81	2609		4		
渎职罪	2377	16		337	350	274	748	178	38	436				
其他	552			2	302	23	145	27	5	48				

罪犯情况

	罪犯人数	作案时年龄				女性罪犯	作案时年龄	
		不满18岁	18岁以上不满25岁	25岁以上不满60岁	60岁以上		不满18岁	18岁以上不满25岁
合计	1714942	34616	248949	1375462	55915	185417	2612	23981
危害公共安全罪	437238	1423	30509	391048	14258	14929	45	1208
破坏社会主义市场经济秩序罪	143026	321	12765	125603	4337	31108	60	2518
侵犯公民人身权利民主权利罪	169763	8663	27950	123340	9810	11989	563	1401
侵犯财产罪	370286	12851	69881	276397	11157	44500	939	9024
妨害社会管理秩序罪	577345	11346	107462	442951	15586	81147	1002	9787
危害国防利益罪	809	4	66	717	22	96		7
贪污贿赂罪	13562	1	136	12747	678	1405		22
渎职罪	2361		72	2230	59	134		2
其他	552	7	108	429	8	109	3	12

裁判文书选登

民　　事

明发集团有限公司与宝龙集团发展有限公司等合同纠纷案

【裁判摘要】

当事人在合同中约定，双方发生与合同有关的争议，既可以向人民法院起诉，也可以向仲裁机构申请仲裁的，当事人关于仲裁的约定无效。但发生纠纷后，一方当事人向仲裁机构申请仲裁，另一方未提出异议并实际参加仲裁的，应视为双方就通过仲裁方式解决争议达成了合意。其后双方就同一合同有关争议又向人民法院起诉的，人民法院不予受理；已经受理的，应裁定驳回起诉。

最高人民法院民事裁定书

(2021) 最高法民终480号

上诉人（原审原告）：明发集团有限公司，住所地福建省厦门市思明区前埔中路327号明发大厦30层。

法定代表人：黄焕明，该公司董事长。

被上诉人（原审被告）：宝龙集团发展有限公司，住所地福建省厦门市嘉禾路305号宝龙中心二期405室。

法定代表人：许健康，该公司董事长。

原审第三人：致同会计师事务所（特殊普通合伙）厦门分所，住所地福建省厦门火炬高新区软件园创新大厦A区12—15楼。

负责人：刘维。

上诉人明发集团有限公司（简称明发公司）因与被上诉人宝龙集团发展有限公司（简称宝龙公司）及原审第三人致同会计师事务所（特殊普通合伙）厦门分所合同纠纷一案，不服福建省高级人民法院（2019）闽民初44号民事裁定，向本院提起上诉。本院于2021年3月2日立案后，依法组成合议庭审理了本案。本案现已审理终结。

明发公司上诉请求：撤销一审裁定，指令一审法院继续审理本案。主要事实和理由是：一、案涉纠纷系明发公司首次向司法机关提出相关主张，未经司法机关处理，一审法院对此不予受理错误。首先，厦门仲裁委员会并未对《关于厦门明发商业广场合作项目支出执行商定程序的报告》涉及的572359122.72元的开发成本与营业外支出进行认定和处理。其次，明发公司提出的品牌使用费、房屋使用费等诉讼请求，既未包含在仲裁案件的请求或反请求当中，也未经包括厦门仲裁委员会在内的裁判机关审理。二、在双方未约定由仲裁机构仲裁的情况下，明发公司就《合作开发"明发商业广场"合同书》（以下简称合作合同）项下其他纠纷可通过诉讼方式解决争议。（一）根据《最高人民法院关于适用〈中华人民共和国仲裁法〉若干问题的解释》第七条之规定，合作合同第十二条关于约定仲裁的条款没有法律效力，应视为双方未达成提交仲裁的合意。（二）明发公司参加仲裁，仅视为其同意通过仲裁方式解决仲裁案件中请求和反请求部分涉及的内容，并不能推定其同意通过仲裁方式解决案涉合同项下的其他纠纷，除非双方有新的仲裁协议或其他明确的意思表示。（三）争议解决条款是当事人依据意思自治原则选择争议解决方式的约定，在没有禁止性规定的情况下，应最大程度上尊重当事人的意思自治。一审法院以"双方已经选择通过仲裁方式解决合同纠纷"为由，认定对于合作中新产生的争议仍应按既选的仲裁方式解决错误，二审法院应予纠正。

明发公司向一审法院起诉请求：一、判令宝龙公司向明发公司支付明发商业广场项目支出166269681.29元；二、判令宝龙公司向明发公司支付资金占用费103270099.05元；三、判令宝龙公司向明发公司支付"明发"品牌使用费4800万元（具体费用以鉴定意见为准）；四、判令宝龙公司向明发公司支付律师费50万元；五、本案的全部诉讼费用由宝龙公司负担。2019年11月19日，明发公司增加诉讼请求：一、判令宝龙公司支付房屋使用费（暂计至2019年7月15日共计25113855.78元），以及相应资金占用利息（按年度支付计算资金占用利息，利息按年利率10%计算，暂计至2019年7月15日共计16895238.9元）；二、判令宝龙公司支付前期投入不足资金占用利息1053811.74元；三、判令宝龙公司支付物业管理费（暂计至2019年6月18日共计21917044.78元）；四、判令宝龙公司支付高级管理人员工资（暂计至2019年6月18日共计20653561.64元）；五、判令宝龙公司向明发公司支付工程费用23032176元。

一审法院认为：首先，双方已经选择通过仲裁方式解决合同纠纷。2002年11月8日，明发公司与宝龙公司签订合作合同，2009年11月26日，宝龙公司依据合作合同第十二条"对本合同各条款的执行与解释所引起的争执，合作双方应尽量通过友好协商解决，如争议调节不成，可提交当地仲裁机构仲裁或辖区人民法院诉讼"约定向厦门仲裁委员会申请仲裁。2009年12月1日，明发公司收到厦门仲裁委员会受理通知及相关材料，选定仲裁员廖益新，对厦门仲裁委员会受理本案及仲裁庭组成均没有异议，双方参加了仲裁审理活动，直至2018年10月30日仲裁委作出裁决书。根据《中华人民共和国仲裁法》第二十条第二款及《最高人民法院关于适用〈中华人民共和国仲裁法〉若干问题的解释》第七条规定，当事人上述行为表明双方对合作中产生的纠纷已经选择通过仲裁解决。其次，2018年10月30

日,厦门仲裁委员会已根据宝龙公司的申请对双方的争议作出裁决。之后,福建省厦门市中级人民法院亦已就明发公司的撤销仲裁申请作出驳回裁定。本案明发公司所提起的诉讼(包括增加的诉讼请求)仍是基于双方在履行2002年11月8日签订的合作合同中所产生的纠纷,根据《中华人民共和国仲裁法》第九条"仲裁实行一裁终局的制度。裁决作出后,当事人就同一纠纷再申请仲裁或向人民法院起诉的,仲裁委员会或者人民法院不予受理",故明发公司对已经仲裁的争议不能再向法院提起民事诉讼;对于合作中新产生的争议仍应按既选的仲裁方式解决。综上,一审法院依照《中华人民共和国民事诉讼法》第一百二十四条第二项、第一百五十四条第一款第三项,《中华人民共和国仲裁法》第九条,《最高人民法院关于适用〈中华人民共和国民事诉讼法〉的解释》第二百零八条第三款、第二百一十五条规定,裁定:驳回明发集团有限公司的起诉。

本院认为:《最高人民法院关于适用〈中华人民共和国仲裁法〉若干问题的解释》第七条规定:"当事人约定争议可以向仲裁机构申请仲裁也可以向人民法院起诉的,仲裁协议无效。但一方向仲裁机构申请仲裁,另一方未在仲裁法第二十条第二款规定期间内提出异议的除外。"《中华人民共和国仲裁法》第二十条第二款规定:"当事人对仲裁协议的效力有异议,应当在仲裁庭首次开庭前提出。"本案明发公司与宝龙公司签订的合作合同第十二条约定:"对本合同各条款的执行与解释所引起的争执,合作双方应尽量通过友好协商解决,如争议调节不成,可提交当地仲裁机构仲裁或辖区人民法院诉讼。"2009年11月26日,宝龙公司依据该约定向厦门仲裁委员会申请仲裁,明发公司收到厦门仲裁委员会受理通知及相关材料,未对以仲裁方式解决纠纷以及仲裁机构提出异议,全程参与仲裁活动,直至2018年10月30日厦门仲裁委员会作出裁决书。宝龙公司、明发公司的行为符合上述法律、司法解释规定的情形,案涉合作合同第十二条关于仲裁协议的约定对双方具有法律约束力。依据《中华人民共和国仲裁法》第五条及《最高人民法院关于适用〈中华人民共和国民事诉讼法〉的解释》第二百一十五条的规定,双方就案涉合作合同产生的纠纷均应通过仲裁的方式解决,不能向人民法院提起诉讼。一审法院裁定驳回明发公司起诉,并无不当。明发公司关于参加仲裁仅视为其同意通过仲裁方式解决仲裁案件中请求和反请求部分涉及的内容,并不能推定其同意通过仲裁方式解决案涉合作合同项下其他纠纷的主张不能成立,本院不予支持。

综上,明发公司的上诉请求不能成立,应予驳回。依照《中华人民共和国民事诉讼法》第一百七十条第一款第一项、第一百七十一条规定,裁定如下:

驳回上诉,维持原裁定。

本裁定为终审裁定。

审 判 长 汪 军
审 判 员 薛贵忠
审 判 员 杜微科

二〇二一年三月二十六日

书 记 员 盛家璐

饶国礼与江西省监狱管理局物资供应站等
房屋租赁合同纠纷案

【裁判摘要】

　　违反行政规章一般不影响合同效力，但违反行政规章签订租赁合同，约定将经鉴定机构鉴定存在严重结构隐患，或将造成重大安全事故的应当尽快拆除的危房出租用于经营酒店，危及不特定公众人身及财产安全的，属于损害社会公共利益、违背公序良俗的行为，应当依法认定租赁合同无效，按照合同双方的过错大小确定各自应当承担的法律责任。

最高人民法院民事判决书

（2019）最高法民再 97 号

　　再审申请人（一审原告、反诉被告，二审上诉人）：饶国礼，男，1953 年 11 月 17 日出生，汉族，住江西省南昌市东湖区。

　　委托诉讼代理人：王新民，江西中磊嘉律师事务所律师。

　　再审申请人（一审被告、反诉原告，二审被上诉人）：江西省监狱管理局物资供应站，住所地江西省南昌市青山南路 1 号。

　　法定代表人：朱志刚，该站站长。

　　委托诉讼代理人：童童，女，江西省监狱管理局工作人员。

　　委托诉讼代理人：叶旦声，江西京九律师事务所律师。

　　一审第三人：上海永祥加固技术工程有限公司，住所地上海市金山区漕泾镇致富街 8 号 2113 室。

　　法定代表人：高加贵，该公司执行董事。

　　再审申请人饶国礼与再审申请人江西省监狱管理局物资供应站（以下简称物资供应站）及一审第三人上海永祥加固技术工程有限公司（以下简称永祥公司）房屋租赁合同纠纷一案，江西省高级人民法院于 2018 年 4 月 24 日作出（2018）赣民终 173 号民事判决。饶国礼、物资供应站均不服，向本院申请再审。本院于 2018 年 9 月 27 日作出（2018）最高法民申 4268 号民事裁定，提审本案。本院依法组成合议庭，公开开庭审理了本案。饶国礼的委托诉讼代理人王新民，物资供应站的委托诉讼代理人童童、叶旦声到庭参加诉讼。永祥公司经本院依法传唤未到庭，本院依法缺席审理了本案，现已审理终结。

　　饶国礼再审请求：一、撤销江西省高级人民法院（2018）赣民终 173 号民事判决第四项，改判物资供应站赔偿饶国礼 281 万元；二、全部诉讼费用由物资供应站负担。

　　事实和理由：一、原审判决认定的基本事实缺乏证据证明。《商品房屋租赁管理办法》

第六条、《江西省商品房屋租赁管理实施办法》第六条、《南昌市城市房屋租赁管理条例》第七条均规定，不符合质量安全要求的房屋不得出租。案涉房屋于2007年已被江西省建设业安全生产监督管理站鉴定为D级危楼，应立即拆除。但是，物资供应站在明知出租房屋属于危楼的情况下，仍通过公开招投标的方式进行招租，且在招标文件中故意隐瞒了出租建筑物的真实状况。案涉房屋在出租前从未进行过加固，即使无任何外力作用仍随时可能发生倒塌。原审判决认定房屋倒塌发生于永祥公司修缮加固过程中，不能排除加固过程中外力的因素导致房屋倒塌，缺乏证据证明。二、原审判决适用法律确有错误。原审判决一方面认定双方当事人对案涉房屋倒塌均有过错，饶国礼应承担的赔偿责任可以减轻，又认定饶国礼主张的281万元损失即便真实发生，也应由其自行承担。上述认定与《中华人民共和国合同法》《中华人民共和国侵权责任法》相关规定相悖。一审期间，对案涉房屋倒塌原因多次鉴定，均无法确定案涉房屋倒塌与修缮、加固有任何因果关系。在没有证据证明饶国礼构成违约或侵权的情况下，让饶国礼承担赔偿责任没有事实和法律依据。再审庭审中，饶国礼主张案涉《租赁合同》无效，其理由是，第一，根据前述相关法律规定，案涉房屋已被鉴定为D级危楼，应予拆除。物资供应站将该房屋进行出租具有违法性。第二，案涉危险房屋出租系用于开设宾馆经营，对社会公众造成严重安全隐患，易引发重大安全事故，造成群死群伤的严重后果。根据《中华人民共和国合同法》第五十二条规定，损害社会公共利益的合同为无效合同。本案双方当事人签订的《租赁合同》严重影响社会公共利益，应当认定为无效合同。

物资供应站辩称：一、关于《租赁合同》的效力。物资供应站没有隐瞒案涉房屋系D级危房的状况，物资供应站与饶国礼签订的《租赁合同》系双方真实意思表示且不违反法律禁止性规定，合法有效。二、关于案涉房屋出租的合法性。危房不能出租，但消除了危房状态的房屋是可以出租的。《租赁合同》约定的权利义务包括两部分，一是饶国礼对案涉房屋解危，使之达到安全使用标准；二是饶国礼实际使用，达到合同目的。饶国礼对承租房屋的使用是附条件的，如条件成就，则解脱了危房的概念。三、关于房屋加固的发包。危房加固修复需要具备专业资质的设计、施工单位承揽，物资供应站与饶国礼约定加固方案应事先经出租方书面许可，加固方案需经报批、建设、验收，并未忽视人身安全和公共安全。四、关于危房倒塌的归责。案涉房屋属于D级危房，物资供应站已预先告知，不属于意外事件或不可抗力。危房加固修复方案的设计与施工，目的就是通过加固消除危险状态，使房屋达到正常安全使用标准。把危房状态认定为施工状态下房屋倒塌原因之一，进而认定物资供应站承担责任，于法无据。五、关于当事人的责任，作为加固工程的发包人，饶国礼负有谨慎选任责任，但饶国礼委托的加固工程设计单位永祥公司在一审法院调查时并没有出示正式施工图。案涉房屋是在加固施工期间倒塌，饶国礼应对房屋毁损的后果承担全部责任。综上，饶国礼充分知晓案涉房屋处于D级危房状态，自愿替代物资供应站成为危房加固修复工程的发包人，租赁物在施工过程中毁损，饶国礼应当承担违约责任。

物资供应站再审请求：一、撤销江西省高级人民法院（2018）赣民终173号民事判决第二项、第三项、第四项、第五项、第六项、第七项；二、维持江西省南昌市中级人民法院（2013）洪民一初字第2号民事判决第三项、第四项、第五项；三、本案诉讼费用由饶国礼负担。

事实和理由：一、《租赁合同》合法有效。（一）案涉房屋是在合同订立时处于危房状态，还是在实际使用时处于危房状态，是本案需要厘清的关键。危房的加固维修义务，通过当事人的合意进行转移，法律亦无禁止。案涉房屋通过加固修复消除安全隐患后就不再是危房，物资供应站并没有"带病出租"案涉房屋，不存在与法律法规的效力性强制性规定相冲突的情形。且饶国礼委托的施工图设计人在其出具的《宾馆（原江西省监狱局办公楼）装修工程结构维修改造设计施工图说明》也认可，案涉房屋经过加固维修后就不应该属于D级危房。（二）案涉房屋具有利用价值。即使是D级危房，也具有可修复性。《城市危险房屋管理规定》第十七条规定，"房屋所有人对经鉴定的危险房屋，必须按照鉴定机构的处理建议，及时加固或修缮治理"。住房和城乡建设部办公厅于2018年3月28日发布的《农村危房改造基本安全技术导则》（建办村函〔2018〕172号）第三条规定，"本导则所称危房改造包括农村危房拆除重建和加固维修。C、D级危房依据《农村危险房屋鉴定技术导则（试行）》确定。应因地制宜开展C级危房加固维修，D级危房确无加固维修价值的，应拆除重建。"上述条款表明加固维修是通用措施，拆除重建是例外措施，法律法规不存在凡是D级危房就应当拆除的强制性规定。（三）本着兼顾效率的原则，依据赣建设技字〔2010〕13号文件"如贵局要改变该办公楼的使用功能，应结合改变后的使用功能，采取进一步的加固措施（为节约资源，可与上述加固措施一并实施到位）"的意见，双方约定，加固修复与酒店装饰装修一并进行，由承租方进行加固修复，"加固方案应事先递交并经出租方书面许可"，加固工程方案须经报批、建设、验收，表明物资供应站并未忽视人身安全和公共安全，没有过错。二、案涉房屋施工属于特殊的危房加固类，设计人、施工人需要专门资质，设计施工均应特别注意、专门防范。案涉危房在加固过程中倒塌，与设计、施工瑕疵关联，物资供应站没有过错。原审判决认定案涉房屋倒塌系多种原因导致，物资供应站、饶国礼均存在过错，该认定错误。（一）案涉房屋自2007年评定为D级危房后，至2011年在加固施工中倒塌，期间历经3年风雨，没有自然倒塌。（二）任何建筑物随着时间的推移，毁损是必然的，但通过科学手段，延迟毁损是可能的。案涉房屋于2011年1月3日前即已移交饶国礼，在饶国礼发包的加固工程施工中倒塌，原因应由饶国礼举证，如果原因无法查明，依法应由饶国礼、永祥公司承担连带责任。（三）房屋危险等级的评定，已蕴含房屋年久失修因素，危房加固方案就是针对案涉房屋的危险等级而制定。危房的加固改造，不同于一般的房屋建筑施工，设计单位、施工单位应当制定安全有效的防范措施。因此，案涉房屋垮塌之时处于饶国礼发包的房屋加固施工期间，垮塌的原因应当由饶国礼从设计、施工等方面查找。饶国礼放弃对设计单位、施工单位的追责，主张物资供应站欺诈，违背诚实信用原则。三、原审判决对物资供应站主张的租金损失未予支持，认定事实错误，适用法律不当。（一）案涉《租赁合同》包括了加固修复与酒店经营两项内容，饶国礼承担的是加固修复和给付租金义务。物资供应站已按约交付房屋，饶国礼已开始履行合同约定的加固修复义务。因此，合同已在履行之中。（二）《中华人民共和国合同法》第二百三十三条规定是对意思自治、诚实信用等原则与公共安全冲突的平衡，并未认定该类民事行为当然无效，而是赋予承租人解除权。案涉房屋消除安全隐患后，可以确保租赁物达到商业房产使用标准，就不存在上述法律规定的解除事由。（三）租金损失4394880元由两部分构成，一是物资供应站与饶国礼的租金损失3856320元，二是物资供应站与南昌洪都农村商业银行股份有限公司（原南昌市洪都农村信用合作社，以下简称洪都农商行）的租金损失538560元。房屋倒塌时，物资供应站与洪都农商行的租赁合同尚在履行中，因案涉房屋倒塌该租赁合同被迫终止。洪都农商行向物资供应站应支付的租金亦是物资供应站的可得利益，一审法院酌定为3年租金损失，计538560元，并无不当。原审判决将两笔租金作为一笔处理，认定物资供应站与洪都农商行签订的《租赁合同》尚未实际履行，显属错误。

饶国礼辩称：一、饶国礼与物资供应站签订的《租赁合同》损害社会公共利益，应当认定为无效合同。《商品房屋租赁管理办法》第六条、《江西省商品房屋租赁管理实施办法》第六条、《南昌市城市房屋租赁管理条例》第七条均明确规定，不符合质量安全要求的房屋不得出租。案涉房屋早在2007年就被江西省建设业安全生产监督管理站鉴定为D级危楼，应该立即予以拆除，而物资供应站在明知该出租房屋属于高度危险房屋的情况下，仍然违反规定通过公开招投标的方式进行对外招租，在招标文件中故意隐瞒出租建筑物为D级危楼、应立即拆除的真实状况，招标文件只是要求承租人进行加固，物资供应站在出租前数年时间内从未进行过任何形式的加固和维修，其违法性和过错是显而易见的。正是由于物资供应站违规招租，给社会公众造成严重安全危险隐患，极易引发群死群伤的严重后果，其行为严重危害社会公共利益，根据《中华人民共和国合同法》第五十二条规定，损害社会公共利益的合同无效，故应认定《租赁合同》为无效合同。二、物资供应站主张的损失主要包括三部分：一是案涉房屋毁损的损失；二是物资供应站因案涉房屋倒塌排除危险和支付补偿款产生的费用；三是租金损失。原审判决将案涉房屋毁损损失认定为物资供应站的直接损失，认定事实及适用法律错误。认定该损失的唯一依据是江西省豫章房地产经纪评估公司（以下简称豫章评估公司）出具的评估报告，该报告的假设条件为"手续齐全、可在公开市场上自由转让"，而该房屋早在2007年就被鉴定为D级危房，应立即拆除。且该房屋在当年建设之初就无施工设计单位设计、无具体施工单位、无竣工验收报告，鉴定报告的假设条件均不具备，不能作为物资供应站的损失依据。物资供应站在危房倒塌后支付的排除危险费用和补偿款，是物资供应站违法违规造成的，应由物资供应站自行承担。对于租金损失，原审判决的认定并无不当。综上，物资供应站违反规定将极度危险的房屋向社会公开招标出租，并在招标文件中隐瞒了案涉房屋的危险程度，导致案涉房屋意外倒塌造成各方损失，该损失均由物资供应站的过错造成，理应由其进行赔偿，其损失也应由其自行承担。

饶国礼向一审法院江西省南昌市中级人民法院提起本案诉讼，请求：一、解除物资供应站与饶国礼于2011年8月29日签订的《租赁合同》；二、物资供应站返还饶国礼保证金220万元；三、物资供应站赔偿饶国礼各项经济损失共计281万元；四、本案诉讼费用由物资供应站承担。

物资供应站向一审法院提出反诉，请求：一、判令饶国礼承担侵权责任，赔偿物资供应站24635161.39元；二、全部诉讼费用由饶国礼承担。

一审法院认定事实：南昌市青山湖区晶品假日酒店（以下简称晶品酒店）组织形式为个人经营，经营者系饶国礼，经营范围及方式为宾馆服务。2011年7月27日，晶品酒店通过公开招标的方式中标获得租赁物资供应站所有的南昌市青山南路1号办公大楼的权利。同日，晶品酒店向物资供应站提交《承诺书》："我公司郑重承诺，如我公司中标以后，一定会严格按照加固设计单位和江西省建设工程安全质量监督管理局等权威部门出具的加固改造方案，对青山南路1号办公大楼进行科学、安全的加固。并在取得具有法律效力的书面文件后，再使用该大楼"。《投标承诺书》第10条、第11条记载，晶品酒店同意根据招标人要求投入相应加固改造装修资金，用于南昌青山南路1号办公大楼加固改造和装修工程，并再次强调了《承诺书》的内容。

2011年8月29日，晶品酒店与物资供应站签订《租赁合同》，约定：物资供应站将南昌市青山南路1号（包含房产证记载的南昌市东湖区青山南路1号和东湖区青山南路3号）办公楼4120平方米建筑（不包括门卫室以及洪都农商行实际占用面积）出租给晶品酒店，用于经营商务宾馆。租赁期限为十五年，自2011年9月1日起至2026年8月31日止。租金和其他费用：1. 租赁期内，前5年租金（含管理费）为每月每平方米26元（按建筑面积计算），合计每月107120元，于每月5号前支付当月租金。鉴于晶品酒店前期准备工作的需要，物资供应站同意从2012年4月开始计付租金。2. 从2017年4月1日开始增加租金，以后每过3年（即从2020年4月1日始）增加一次租金，每次增加比例为原租金总额的5%，以此类推……4. 本合同签订之日，晶品酒店应向物资供应站给付履约保证金人民币20万元，合同期满后，如无法定或约定事由发生，物资供应站免息返还。5. 如有下列事由之一发生，物资供应站有权没收履约保证金并终止合同：（1）拖欠租金2个月；（2）晶品酒店单方提前终止合同；（3）因晶品酒店过错，租赁物毁损或造成物资供应站其他重大经济损失；……第四条第2款第6项约定：晶品酒店对租赁物的装修装饰，应符合招标文件的要求和投标文件的承诺；装修方案应当事先递交物资供应站书面认可，装修装饰不得破坏或影响租赁物的主体结构和安全。第五条约定：1. 租赁物经有关部门鉴定为危楼，需加固后方能使用。晶品酒店对租赁物的前述问题及瑕疵已充分了解。晶品酒店承诺对租赁物进行加固，确保租赁物达到商业房产使用标准，晶品酒店承担全部费用。2. 加固工程方案的报批、建设、验收（验收部门为江西省建设工程安全质量监督管理局或同等资质的部门）均由晶品酒店负责，物资供应站根据需要提供协助。3. 晶品酒店如未经加固合格即擅自使用租赁物，应承担全部责任。如因加固、供水电及晶品酒店履约不能等因素致使合同无法履行，晶品酒店应承担违约责任，物资供应站不予退还履约保证金、不予补偿晶品酒店的实际投资；如物资供应站因此遭受损失，晶品酒店承担赔偿责任。第七条违约责任约定，因双方任一方违约导致合同解除或单方无故终止合同的，违约方应赔偿守约方所有经济损失。合同签订后，物资供应站依照约定交付了租赁房屋。

晶品酒店于2011年7月25日、2011年8月15日先后支付给物资供应站20万元、1000万元，物资供应站认可其中20万元是履约保证金，1000万元是投标保证金，在中标后退还了800万元投标保证金。

2011年10月26日，晶品酒店与永祥公司签订加固改造工程《协议书》，晶品酒店将租赁的房屋以包工包料一次包干（图纸内的全部土建部分）的方式发包给永祥公司加固改造，改造范围为主要承重柱、墙、梁板结构加固新增墙体全部内粉刷，图纸内的全部内容，图纸、电梯、热泵。开工时间2011年10月26日，竣工时间2012年1月26日。2012年1月3日，在加固施工过程中，案涉建筑物大部分垮塌。

另查明：2007年2月7日，物资供应站与洪都农商行签订《房屋租赁合同》，将案涉部分房屋出租给了洪都农商行，租赁期限自2007年3月15日至2017年3月14日止。租金为每月13600元,并根据市场行情变化每隔三年双方协商重新调整一次租金。2011年3月17日,物资供应站与洪都农商行签订《补充协议》,约定从2011年3月15日起年租金变为179520元。2012年11月27日,物资供应站与洪都农商行达成赔偿协议,物资供应站一次性赔偿洪都农商行12万元。另外,物资供应站因案涉房屋倒塌赔偿给附近居民、单位的损失、排除危险、排险期间的过度安置费等共计764434.89元。

还查明:饶国礼提供的江西省建设业安全生产监督管理站于2007年6月18日作出的赣鉴质鉴字〔2007〕5号《江西省监狱管理局办公楼房屋结构安全性技术鉴定意见》(以下简称《房屋安全鉴定意见》)将案涉建筑物危险性等级划分为D级危房。一审法院委托鉴定机构对涉案建筑物的价值和倒塌原因、因果关系、过错进行司法鉴定。豫章评估公司作出赣豫章〔2017〕(房评)第B-057号《房地产估价报告》,对涉案建筑物价值进行了鉴定,认定案涉建筑物在价值时点(2012年1月3日)的市场价值为2764000元。但对于案涉建筑倒塌原因、因果关系、过错的鉴定,一审法院先后委托两家司法鉴定机构进行鉴定,因倒塌建筑物不存在,双方当事人又无法提供有效的涉及施工等验收资料,被鉴定机构退回。一审法院在诉讼过程中到加固改造设计图纸的设计单位江西省协建工程设计院有限公司进行调查取证,该单位回复,加固改造设计不是其单位的正式设计业务,该单位设计人员应朋友要求提交了供工程咨询及施工准备使用的图纸,没有出示正式施工蓝图,故没有底图和相关资料的存档,没有签订合同,也没有收取任何费用。

一审法院认为:饶国礼系个体工商户业主,其经营的晶品酒店与物资供应站签订《租赁合同》系双方真实意思表示,不违反法律规定,予以确认。因双方在诉讼中均同意解除该《租赁合同》,且租赁的建筑已经毁损,合同目的无法实现,故对饶国礼提出的解除合同的请求予以支持。

一、关于责任的承担问题。饶国礼在本诉中基于合同法律关系请求物资供应站承担违约责任及赔偿损失,物资供应站在反诉中要求饶国礼承担侵权赔偿责任。双方争议的核心问题在于谁应当对案涉建筑物的倒塌承担责任。《中华人民共和国合同法》第二百二十二条规定,承租人应当妥善保管租赁物,因保管不善造成租赁物毁损、灭失的,应当承担损害赔偿责任。首先,《投标承诺书》《承诺书》《租赁合同》等可以证明饶国礼在签订《租赁合同》时知道案涉房屋系危房,且双方也约定由饶国礼经营的晶品酒店将出租房屋加固后再使用。其次,根据合同约定,加固工程方案的报批建设、验收均由晶品酒店负责,加固设计图纸也是饶国礼委托他人设计,加固施工单位永祥公司也系晶品酒店与之签订的加固合同。最后,合同约定装修方案应当事先递交物资供应站书面认可,装修装饰不得破坏或影响租赁物的主体结构和安全,本案中并无证据证明饶国礼将加固方案递交物资供应站进行认可,而涉案建筑又是在加固过程中倒塌。另外,虽然涉案房屋系危房,但本案事故并不是在使用中倒塌,而是饶国礼发包的加固公司在加固危房过程中倒塌,一般情况下,危房在通过采取科学、合理的加固措施后依然可以达到安全使用的条件,饶国礼以危房抗辩其不承担责任没有事实依据。综上,案涉建筑物的倒塌系饶国礼未履行妥善保管租赁物的义务,其请求物资供应站承担赔偿责任没有事实和法律依据,予以驳回。反之,由于饶国礼未履行妥善保管租赁物义务导致物资供应站财产损毁,饶国礼应承担相应的侵权赔偿责任。

二、关于饶国礼本诉中所主张的220万元保证金问题。经审理查明,其中的20万元属于履约保证金，依据合同约定，如因晶品酒店过错，租赁物毁损或造成物资供应站其他重大经济损失的，物资供应站有权没收履约保证金并终止合同。如因加固、供水电及晶品酒店履约不能等因素致使合同无法履行，晶品酒店应承担违约责任，物资供应站不予退还履约保证金、不予补偿晶品酒店的实际投资。现因晶品酒店未履行妥善保管租赁物义务，导致物资供应站财产损毁，合同无法履行，造成物资供应站重大损失，物资供应站有权依约没收该20万元，故对饶国礼该部分诉讼请求不予支持。关于200万元投标保证金，因招投标已经结束，物资供应站有义务返还，故对饶国礼的该部分诉讼请求予以支持。

三、关于饶国礼应赔偿物资供应站的损失问题。《中华人民共和国民法通则》第一百一十七条规定，侵占国家的、集体的财产或者他人财产的，应当返还财产，不能返还财产的，应当折价赔偿。损坏国家的、集体的财产或者他人财产的，应当恢复原状或者折价赔偿。受害人因此遭受其他重大损失的，侵害人并应当赔偿损失。《中华人民共和国侵权责任法》第十九条规定，侵害他人财产的，财产损失按照损失发生时的市场价格或者其他方式计算。首先，饶国礼的侵权行为导致租赁房屋毁损，饶国礼依法应按照损失发生之时损毁房屋的价值赔偿物资供应站相应损失。经司法鉴定机构鉴定，案涉建筑物在价值时点的市场价值为2764000元，该鉴定结论符合证据的真实性、合法性、关联性要求，应作为认定本案事实的依据。故饶国礼应赔偿物资供应站的房屋损失金额2764000元。其次，因涉案建筑物的损毁给建筑物其他部分的租赁人、附近居民、单位的生活、工作都带来危险和损失物资供应站为排除危险、补偿他人损失等产生的费用884434.89元也应由饶国礼予以赔偿。最后，关于物资供应站所主张的20740726.39元收益损失。物资供应站的该部分主张是基于出租建筑毁损而产生的利益的减少，属于可得利益损失，依法也应得到相应的赔偿。但对于可得利益的损失大小应综合各方因素考虑和衡量。建筑物毁损虽然导致物资供应站未来预期租金受损，但房屋毁损后，物资供应站可以在合理的期限内重建建筑物，然后再出租，因此对于预期租金的损失的认定应有一定合理期限，根据一般的建筑物修建流程酌定认定3年重建时间，饶国礼应赔偿物资供应站3年的租金损失，对于3年以外的租金损失，属于物资供应站自身过错扩大的损失，应由物资供应站自行承担。至于预期租金的标准，根据物资供应站与洪都农商行签订的《补充协议》，从2011年3月15日起洪都农商行租赁建筑部分的年租金为179520元，故该部分建筑的租金损失为538560元（179520元×3）。还有物资供应站出租给饶国礼部分建筑的租金，酌定按照双方签订的《租赁合同》中约定月租金107120元计算，计3856320元（107120元×36），故租金损失总额为4394880元。

综上，饶国礼应赔偿物资供应站的总损失为8043314.89元（2764000元+884434.89元+4394880元），抵扣物资供应站应返还给饶国礼的200万元投标保证金，饶国礼还应给付物资供应站6043314.89元。据此，该院依照《中华人民共和国民法通则》第一百一十七条，《中华人民共和国合同法》第九十三条、第二百二十二条，《中华人民共和国侵权责任法》第十九条的规定，判决如下：一、解除饶国礼经营的晶品酒店与物资供应站2011年8月29日签订的《租赁合同》；二、物资供应站应返还饶国礼投标保证金200万元；三、饶国礼赔偿物资供应站8043314.89元，抵扣判决第二项物资供应站返还饶国礼的200万保证金后，饶国礼还应于判决生效后十五日内给付物资供应站6043314.89元；四、驳回饶国礼其他诉讼请求；五、驳回物资供应站其他诉讼请求。本诉案件受理费46870元，反诉案件受理费 82428 元，鉴定费 9400 元，合计 138698 元，由饶国礼负担 58425 元，物资供应站负担 80273 元。

饶国礼不服一审判决，向江西省高级人民法院提起上诉，请求：撤销江西省南昌市中级人民法院（2013）洪民一初字第 2 号民事判决，依法改判支持饶国礼的全部诉讼请求，即物资供应站赔偿其各项经济损失共计 281 万元并退回履约保证金 20 万元及投标保证金 200 万元；驳回物资供应站一审反诉请求，即不赔偿物资供应站 8043314.89 元；一、二审诉讼费用全部由物资供应站承担。

二审法院查明的事实与一审法院查明的一致。

二审法院认为：本案争议焦点为：一、案涉房屋能否出租，《租赁合同》是否实际履行；二、案涉房屋倒塌的原因是永祥公司施工不当造成的，还是因房屋本身的原因自然倒塌，抑或多种原因造成的；三、物资供应站是否应退回饶国礼 20 万元履约保证金，并赔偿饶国礼 281 万元经济损失；四、饶国礼是否应赔偿物资供应站经济损失 8043314.89 元。

一、关于案涉房屋能否出租、《租赁合同》是否实际履行的问题。《城市房屋租赁管理办法》第六条规定：有下列情形之一的房屋不得出租……（六）不符合安全标准的。《南昌市城市房屋租赁管理条例》第六条、第七条规定：公民、法人或者其他组织对其依法取得所有权或者国家授权经营、管理的房屋可以依法出租，但有下列情况之一的，不得出租……（五）不符合房屋安全标准的。案涉房屋早在 2007 年就已被江西省建设业安全生产监督管理站鉴定为 D 级危房，并被建议予以拆除，且出租前也未进行过维修、加固，依据上述规定不能出租。尤其在本案中，案涉房屋出租用来开设宾馆，事关人身安全和公共安全。即便可以出租，租赁时间也应自加固、完全消除安全隐患之后起算。虽然双方于 2011 年 8 月 29 日签订《租赁合同》，约定了租赁期间为 2011 年 9 月 1 日起至 2026 年 8 月 31 日，物资供应站也将房屋交付给了饶国礼加固、装修，但出租房屋系危房，按照《中华人民共和国合同法》第二百三十三条"租赁物危及承租人的安全或者健康的，即使承租人订立合同时明知该租赁物质量不合格，承租人仍然可以随时解除合同"之规定，饶国礼可以随时解除合同。何况，案涉房屋在 2012 年 1 月 3 日加固过程中已倒塌，租赁合同的标的物灭失，合同约定计付租金的时间（2012 年 4 月 1 日）也未开始，故案涉房屋《租赁合同》并未实际履行。

二、关于案涉房屋倒塌原因的问题。案涉房屋在 2007 年就被鉴定为 D 级危房，出租前未经过修缮、加固，年久失修，房屋倒塌有其自身原因，但房屋倒塌发生于永祥公司修缮、加固过程中，不能排除加固过程中外力的因素导致房屋倒塌。且《租赁合同》约定，对租赁物的装饰装修，应符合招标文件的要求和投标文件的承诺，装修方案应当事先递交物资供应站，并经物资供应站书面认可，装修装饰不得破坏或影响租赁物的主体结构和安全。招标文件约定，大楼建造时间已久，并且有一份结构安全性技术鉴定意见将该楼定为危楼，存在加固需要，因此必须加固后方可正常使用。加固与装修可结合起来进行，加固与装修费用由承租方承担。涉及加固、装修等与有关部门的联系工作由承租方去做，出租方根据需要提供方便。为保证大楼安全，加固方案需经出租方审定认可，加固装修全过程由出租方监督，由晶晶酒店经营者饶国礼出具的《投标承诺书》第 10 条、第 11 条以及《承诺书》均载明，晶晶酒店郑重承诺，中标以后一定会严格按照加固设计单位和有关权威部门出具的加固改造方案，对青山南路 1 号办公大楼进行科学、安全的加固，并在取得具有法律效力的书面文件后，再使用该大楼。而本案中并无证据证明饶国礼按《租赁合同》约定事先将维修、加固方案递交物资供应站进行认可，故对于案涉房屋倒塌，物资供应站、饶国礼均存在过错。

三、关于物资供应站是否应退回饶国礼20万元履约保证金，并赔偿其281万元经济损失的问题。《租赁合同》约定，如有下列事由之一发生，物资供应站有权没收履约保证金并终止合同：1. 拖欠租金2个月；2. 晶品酒店单方提前终止合同；3. 因晶品酒店过错，租赁物毁损或造成物资供应站其他重大经济损失。《租赁合同》尚未实际履行，房屋毁损也非饶国礼单方面原因所致，故物资供应站没收20万元履约保证金没有事实依据，该20万元履约保证金应退回给饶国礼。《租赁合同》签订前，饶国礼对案涉房屋现状及存在的瑕疵已充分了解，也特别承诺对租赁房屋进行加固，并承担全部费用，故饶国礼提出的281万元经济损失即使真实发生，也应由其自行承担。饶国礼为证明其因案涉租赁物倒塌造成经济损失的具体数额，单方面委托江西中磊司法鉴定中心对办公楼倒塌的实际经济损失以及经营利润损失进行评估鉴定，并出具赣中磊司评字2012-114号《司法鉴定报告》，但该份鉴定报告仅系饶国礼单方面委托，物资供应站并未参与鉴定程序，鉴定报告中计算实际损失依据的工程造价取费表又无相应的工程资料签证和施工单位的确认，因此，在该份鉴定报告的真实性、合法性、关联性、科学性均难以认定的情况下，饶国礼主张281万元经济损失，缺乏充分确凿的证据予以证明，综上，对饶国礼诉请物资供应站赔偿其281万元经济损失，不予支持。

四、关于饶国礼是否应赔偿物资供应站经济损失8043314.89元的问题，一审判决饶国礼赔偿给物资供应站的8043314.89元经济损失，包括三部分：一是案涉房屋毁损损失2764000元，二是案涉房屋毁损后物资供应站为排除危险、补偿他人损失所产生的费用884434.89元，三是租金损失4394880元。对于4394880元租金损失，因案涉房屋系D级危房，依照相关规定不能出租，即使出租承租人也可以随时解除，且《租赁合同》尚未实际履行，故赔偿租金损失于法无据，于理不合，对物资供应站诉请饶国礼赔偿其租金损失不予支持。对于案涉房屋毁损损失2764000元及案涉房屋毁损后物资供应站为排除危险、补偿他人损失所产生的费用884434.89元，该两项损失系物资供应站因案涉房屋毁损所遭受的直接经济损失，因房屋系在饶国礼委托的永祥公司加固过程中倒塌的，饶国礼对该两项损失应予赔偿。但案涉房屋经鉴定系D级危房，且年久失修，房屋倒塌有其自身原因，对案涉房屋倒塌，双方均有过错，故对于饶国礼应承担的赔偿责任可予以减轻，饶国礼应向物资供应站赔偿上述两项损失的50%，即1824217.45元。

综上，一审判决认定事实和适用法律均存在错误，应予纠正。饶国礼的上诉理由部分成立，对其上诉请求予以部分支持，二审法院依照《中华人民共和国民事诉讼法》第一百四十四条、第一百七十条第一款第一项、第二项的规定，判决如下：一、维持江西省南昌市中级人民法院（2013）洪民一初字第2号民事判决第一项、第二项；二、撤销江西省南昌市中级人民法院（2013）洪民一初字第2号民事判决第三项、第四项、第五项；三、物资供应站返还饶国礼履约保证金20万元；四、饶国礼赔偿物资供应站经济损失1824217.45元；五、本判决第一项、第三项、第四项确定的金额相互抵扣后，物资供应站应返还饶国礼375782.55元，该款项限物资供应站于本判决生效后10日内支付；六、驳回饶国礼的其他诉讼请求；七、驳回物资供应站的其他反诉请求。一审本诉案件受理费46870元，反诉案件受理费82428元，鉴定费9400元，二审案件受理费88119.89元，合计226817.89元，由饶国礼负担 68045.37 元，物资供站负担 158772.52 元。

本院再审中，饶国礼及物资供应站均未提交新证据，双方亦对原审判决查明的事实无异议，本院予以确认。

根据双方当事人在原审中提交的证据，本院另查明：江西省建设业安全生产监督管理站于 2007 年 6 月 18 日出具的《房屋安全鉴定意见》的鉴定论证意见为："1. 该大楼由朱港农场设计工程师进行设计，又进行了多次扩建改造（含装修），造成该大楼结构体系较乱，结构受力不明确，不规范、不合理。经查，现有图纸严重不符合国家设计深度要求，且残缺不全，无设计单位，无图标图签，无设计、校审人员签名。2. 该大楼建设施工未委托有正规资质的施工单位组织施工，工程质量达不到国家施工规范、质量验收规范要求。经查，由省监狱局下属朱港农场自己组织人员进行施工，无工程技术资料，无法了解当年的施工质量控制情况。3. 经对该大楼主体结构检测报告分析发现：除砖块质量符合要求外，砌筑砂浆和砼的强度均存在强度离散率大，强度偏低的问题，这是造成砖混结构体系承重砖墙强度不稳定的原因。经查，没有钢筋、砼和砖块等建材产品出厂合格证及二次检验报告。4. 对该大楼主体结构验算发现：一、二、三、四层承重墙体和承重砖柱的强度不能满足上部承载力的要求；三、四、五层⑦、⑧、⑨、⑩轴 390×800 砼大梁的强度、挠度均不能满足上部承载力的要求；部分砖墙、砖柱受力构件的构造不符合相关规范的构造要求，存在较严重的结构安全隐患。5. ……去年九江地震的余震就对该大楼结构造成了一定的破坏。对此应引起业主和上级部门足够的重视。6. 关于大楼地基和基础的问题。经查该大楼无地质勘查报告，无地基和基础施工技术资料。"《房屋安全鉴定意见》的鉴定结果和建议是："1. 根据对省监狱局办公大楼的主体结构验算结果，该大楼主要结构受力构件设计与施工均不能满足现行国家设计和施工规范的要求，其强度不能满足上部结构承载力的要求，存在较严重的结构隐患。2. 该大楼未进行抗震设计，没有抗震构造措施，不符合《建筑抗震设计规范》（GB50011-2001）的要求。遇有地震或其他意外情况发生，将造成重大安全事故。3. 根据《危险房屋鉴定标准》（GB50292-1999），省监狱局办公楼按房屋危险性等级划分，属 D 级危房，应予以拆除。4. 几点建议：（1）应立即对大楼进行减载，减少结构上的荷载；（2）对有问题的结构构件进行加固处理；（3）目前，应对大楼加强观察，并应采取措施，确保大楼安全过渡至拆除。如发现有异常现象，应立即撤出大楼的全部人员，并向有关部门报告；（4）建议尽快拆除全部结构。"

本院再审庭审归纳本案争议的焦点有三：一是案涉《租赁合同》的效力；二是物资供应站应否向饶国礼退还 20 万元履约保证金并赔偿 281 万元；三是饶国礼应否赔偿物资供应站主张的损失 8043314.89 元。

关于案涉《租赁合同》的效力问题。本院认为：根据江西省建设业安全生产监督管理站于 2007 年 6 月 18 日出具的《房屋安全鉴定意见》，案涉《租赁合同》签订前，该合同项下的房屋存在以下安全隐患：一是主要结构受力构件设计与施工均不能满足现行国家设计和施工规范的要求，其强度不能满足上部结构承载力的要求，存在较严重的结构隐患；二是该房屋未进行抗震设计，没有抗震构造措施，不符合《建筑抗震设计规范》国家标准，遇有地震或其他意外情况发生，将造成重大安全事故。《房屋安全鉴定意见》同时就此前当地发生的地震对案涉房屋的结构造成了一定破坏、应引起业主及其上级部门足够重视等提出了警示。在上述认定基础上，江西省建设业安全生产监督管理站对案涉房屋的鉴定结果和建议是，案涉租赁房屋属于应尽快拆除全部结构的D级危房。据此，经有权鉴定机构鉴定，案涉房屋已被确定属于存在严重结构隐患、或将造成重大安全事故的应当尽快拆除的D级危房。根据中华人民共和国住房和城乡建设部《危险房屋鉴定标准》（2016年12月1日实施）第6.1条规定，房屋危险性鉴定属D级危房的，系指承重结构已不能满足安全使用要求，房屋整体处于危险状态，构成整幢危房。尽管《危险房屋鉴定标准》第7.0.5条规定，对评定为局部危房或整幢危房的房屋可按下列方式进行处理：1. 观察使用；2. 处理使用；3. 停止使用；4. 整体拆除；5. 按相关规定处理。但本案中，有权鉴定机构已经明确案涉房屋应予拆除，并建议尽快拆除该危房的全部结构。因此，案涉危房并不具有可在加固后继续使用的情形。《商品房屋租赁管理办法》第六条规定，不符合安全、防灾等工程建设强制性标准的房屋不得出租。《商品房屋租赁管理办法》虽在效力等级上属部门规章，但是，该办法第六条规定体现的是对社会公共安全的保护以及对公序良俗的维护。结合本案事实，在案涉房屋已被确定属于存在严重结构隐患、或将造成重大安全事故、应当尽快拆除的D级危房的情形下，双方当事人仍签订《租赁合同》，约定将该房屋出租用于经营可能危及不特定公众人身及财产安全的商务酒店，明显损害了社会公共利益、违背了公序良俗。从维护公共安全及确立正确的社会价值导向的角度出发，对本案情形下合同效力的认定应从严把握，司法不应支持、鼓励这种为追求经济利益而忽视公共安全的有违社会公共利益和公序良俗的行为。故依照《中华人民共和国民法总则》第一百五十三条第二款关于违背公序良俗的民事法律行为无效的规定，以及《中华人民共和国合同法》第五十二条第四项关于损害社会公共利益的合同无效的规定，本院确认案涉《租赁合同》无效。原审判决关于《租赁合同》不违反法律规定应属有效的认定，系适用法律不当，本院予以纠正。

鉴于本案一审中，饶国礼的第一项诉讼请求是解除其与物资供应站签订的案涉《租赁合同》，本院依照《最高人民法院关于民事诉讼证据的若干规定》第三十五条"诉讼过程中，当事人主张的法律关系的性质或者民事行为的效力与人民法院根据案件事实作出的认定不一致的……人民法院应当告知当事人可以变更诉讼请求"的规定，向饶国礼和物资供应站进行了释明。经释明，饶国礼将其上述诉讼请求变更为：确认案涉《租赁合同》无效。物资供应站亦将其诉讼请求变更为：饶国礼赔偿物资供应站损失4186994.89元（具体包括：1. 案涉大楼因毁损灭失无法返还，依据鉴定结论，应折价赔偿2764000元；2. 物资供应站因一次性赔偿给洪都农商行而发生的损失12万元；3. 物资供应站排除危险支出以及支付给原址居民的搬迁安置费共计764434.89元；4. 物资供应站收取的洪都农商行租金损失，按一审法院确定的三年租金收益538560元计）。同时，释明后，双方当事人对《租赁合同》应属无效合同均不持异议。

关于《租赁合同》无效的责任认定及法律后果承担问题。物资供应站在本院释明后，认可其在签订《租赁合同》时存在对法律理解的偏差，亦承认其应当承担一定的责任，但认为案涉房屋倒塌的直接原因系饶国礼不当加固施工所致，应由饶国礼及其委托的施工方承担所有责任。饶国礼认为物资供应站明知案涉房屋属于应立即拆除的房屋，却隐瞒房屋的危险程度进行招投标，应对合同无效承担全部责任。本院认为：首先，物资供应站与饶国礼对案涉《租赁合同》无效均有过错，均应承担责任。但是，本案中，物资供应站作为案涉房屋的出租方，明知该房屋是存在严重结构隐患，或将造成重大安全事故及应尽快拆除的危房，却未按照上述《房屋安全鉴定意见》的要求和建议及时安排拆除该房屋，而是忽视公共安全隐患将危房出租用于经营商务酒店，故物资供应站对《租赁合同》无效具有主要过错，应承担主要责任。上述《房屋安全鉴定意见》中的几点建议包括应立即对大楼进行减载、对有问题的结构构件进行加固处理、对大楼加强观察并采取措施确保大楼安全过渡至拆除、尽快拆除全部结构等，该意见中并没有案涉房屋经加固后可以使用的表述或建议，而住房和城乡建设部办公厅发布的《农村危房改造基本安全技术导则》系对农村危房处理的规定，亦不适用于本案。物资供应站关于该房屋经加固后仍可以正常使用的主张，缺乏事实和法律依据，不能成立。同时，根据《租赁合同》第五条约定，租赁物经有关部门鉴定为危房，需加固后方能使用，饶国礼对租赁物的前述问题及瑕疵已充分了解。可见，饶国礼作为承租方，在订立《租赁合同》时亦明知案涉房屋属于危房，虽饶国礼述称其仅知道案涉房屋为危房，而不知道系应立即拆除的房屋，但作为承租人其有义务对租赁房屋的状况进行审查，特别是在已知房屋是危房的情形下，更有义务对该房屋是否应立即拆除以及能否继续使用等情况进行核查，饶国礼未尽到合理注意义务而签订案涉《租赁合同》，并欲将租赁房屋用于经营可能危及不特定公众人身及财产安全的商务酒店，其对该合同无效亦有过错，亦应承担相应责任。其次，物资供应站主张的损失能否得到支持的问题。物资供应站主张的损失包括三部分，一是租金损失，二是房屋毁损的损失，三是支付排除危险、补偿他人费用而发生的损失。案涉房屋已被有权鉴定机构确定为具有重大安全隐患应及时拆除的D级危房，依法该房屋不应进入交易市场，也即在此情形下该房屋不再具有交易价值，故原审判决对物资供应站主张的租金损失不予支持，结果并无不当。同时，对于应立即拆除的危房，其亦不具有使用价值，物资供应站主张折价补偿缺乏相应事实基础。原审判决认定案涉房屋毁损损失是物资供应站的直接损失不当，本院予以纠正。关于案涉房屋倒塌后物资供应站支付给他人的补偿费用问题，因物资供应站应对案涉《租赁合同》的无效承担主要责任，根据《中华人民共和国合同法》第五十八条合同无效后，双方都有过错的，应当各自承担相应的责任的规定，上述费用应由物资供应站自行承担。物资供应站请求饶国礼赔偿其上述各项损失，理由不能成立，本院不予支持。原审判决对物资供应站主张的案涉房屋毁损损失及房屋倒塌后赔偿他人损失等两项请求部分支持不当，本院予以纠正。再次，关于饶国礼主张的损失赔偿请求能否成立的问题。饶国礼主张其损失281万元的依据是江西中磊司法鉴定中心出具的赣中磊司评字2012－114号司法《鉴定报告》，该报告中的损失包括装修工程款1007500元，以及2012年2月1日至2012年12月31日的经营利润损失1802500元。由于上述《鉴定报告》系饶国礼在提起本案诉讼前单方委托鉴定机构作出，《鉴定报告》所依据的《工程预（结）算表》《工程造价取费表》等既未经施工单位确认，亦未经物资供应站质证确认，原审判决对该《鉴定报告》的证明效力不予采信并无不当。尽管饶国礼据以主张其损失的《鉴定报告》依法不足以采信，但其实际已对案涉房屋进行了加固施工，在案涉房屋倒塌后，饶国礼主张其发生了一定损失符合常理。但因饶国礼对案涉《租赁合同》无效亦有过错，故对该部分损失依照上述《中华人民共和国合同法》第五十八条的规定，亦应由饶国礼自行承担。最后，关于物资供应站应否向饶国礼退还220万元保证金的问题。《中华人民共和国合同法》第五十八条规定，合同无效后，因该合同取得的财产，应当予以返还。饶国礼向物资供应站支付的 220 万元保证金，因《租赁合同》系无效合同，物资供应站基于该合同取得的该款项依法应当退还给饶国礼，原审判决认定物资供应站应将该款项退还饶国礼正确。

综上，原审判决认定事实以及确定物资供应站应返还饶国礼投标保证金 200 万元、履约保证金 20 万元正确，但认定案涉《租赁合同》有效以及判决饶国礼应赔偿物资供应站损失，适用法律不当，本院予以纠正。饶国礼关于确认《租赁合同》无效的请求以及应驳回物资供应站反诉请求的理由成立，本院予以支持；饶国礼与物资供应站关于对方应赔偿损失的理由均不成立，本院不予支持。依照《中华人民共和国民法总则》第一百五十三条第二款、《中华人民共和国合同法》第五十二条第四项和第五十八条、《中华人民共和国民事诉讼法》第一百七十条第一款第二项、第二百零七条第一款、《最高人民法院关于适用〈中华人民共和国民事诉讼法〉的解释》第四百零七条第二款规定，判决如下：

一、撤销江西省高级人民法院（2018）赣民终 173 号民事判决、江西省南昌市中级人民法院（2013）洪民一初字第 2 号民事判决；

二、确认饶国礼经营的南昌市青山湖区晶品假日酒店与江西省监狱管理局物资供应站签订的《租赁合同》无效；

三、江西省监狱管理局物资供应站自本判决发生法律效力之日起 10 日内向饶国礼返还保证金 220 万元；

四、驳回饶国礼的其他诉讼请求；

五、驳回江西省监狱管理局物资供应站的诉讼请求。

如果未按本判决指定的期间履行给付金钱义务，应当依照《中华人民共和国民事诉讼法》第二百五十三条之规定，加倍支付迟延履行期间的债务利息。

一审本诉案件受理费 46870 元，由饶国礼负担 25870 元，由江西省监狱管理局物资供应站负担 21000 元；反诉案件受理费 82428 元，由江西省监狱管理局物资供应站负担；鉴定费 9400 元，由江西省监狱管理局物资供应站、饶国礼各负担 4700 元。二审案件受理费 88119.89 元，由饶国礼负担 26500 元，由江西省监狱管理局物资供应站负担 61619.89 元。

本判决为终审判决。

审 判 长 张爱珍
审 判 员 何 君
审 判 员 张 颖

二〇一九年十二月十九日

法官助理 潘 琳
书 记 员 黄 哲

黄明与陈琪玲、陈泽峰、福建省丰泉环保集团有限公司民间借贷纠纷案

【裁判摘要】

抵销权的行使不得损害第三人的合法权益。当债权人同时为多个执行案件的被执行人且无实际财产可供清偿他人债务时,债务人以受让申请执行人对债权人享有的执行债权,主张抵销债权人债权的,人民法院应对主动债权的取得情况进行审查,防止主动债权变相获得优先受偿,进而损害其他债权人的利益。债务人受让的执行债权仍应当在债权人作为被执行人的执行案件中以参与分配的方式实现,以遏制恶意抵销和维护债权公平受偿的私法秩序。

最高人民法院民事判决书

(2019)最高法民终218号

上诉人(一审被告):陈琪玲,女,1973年10月25日出生,汉族,住福建省福州市鼓楼区。

上诉人(一审被告):陈泽峰,男,1969年9月22日出生,香港特别行政区居民,内地联系地址:福建省丰泉环保集团有限公司。

上诉人(一审被告):福建省丰泉环保集团有限公司,住所地:福建省福州市仓山区高仕路福建省丰泉环保集团科技园内。

法定代表人:陈泽峰,该公司董事长。

上述三上诉人的共同委托诉讼代理人:王进章,国浩律师(福州)事务所律师。

上述三上诉人的共同委托诉讼代理人:张力明,国浩律师(北京)事务所律师。

被上诉人(一审原告):黄明,男,1963年8月12日出生,汉族,住福建省厦门市思明区。

委托诉讼代理人:陈志铭,福建明嘉律师事务所律师。

委托诉讼代理人:严洪,福建明嘉律师事务所律师。

上诉人陈琪玲、陈泽峰、福建省丰泉环保集团有限公司(以下简称丰泉公司)因与被上诉人黄明民间借贷纠纷一案不服福建省高级人民法院(以下简称福建高院)作出的(2016)闽民初106号民事判决,向本院提起上诉。因黄明未在期限内交纳上诉费,对其上诉按撤回上诉处理。本院于2019年2月13日立案后,依法组成合议庭开庭进行了审理。上诉人陈琪玲、陈泽峰、丰泉公司之共同委托诉讼代理人王进章、张力明,被上诉人黄明之委托诉讼代理人陈志铭到庭参加诉讼。本案经依法延长审限,现已审理终结。

上诉人陈琪玲、陈泽峰、丰泉公司上诉请求：1. 撤销福建高院（2016）闽民初 106 号判决书，驳回黄明的全部诉讼请求；2. 本案一审、二审诉讼费用全部由黄明承担。主要事实和理由为：一、涉案债权本息经双方《和解方案》确认为 40000000 元，而非判决认定的数额。2018 年 1 月 22 日，黄明对借款本息确认：截至 2017 年 12 月 31 日，尚欠借款本金 35000000 元，利息按 2% 计算余欠 16800000 元，最后，双方同意按 40000000 元结算，双方在黄明打印的《和解方案》上签字按了手印，因此，涉案债权的本息应按合计 40000000 元进行认定。虽陈琪玲、丰泉公司未参与《和解方案》的签订，但均予以认可。二、涉案债权已被抵销，应判决驳回黄明的全部诉讼请求。案外人吴永忠与黄明之间的民间借贷纠纷经过福建省厦门市中级人民法院（以下简称厦门中院）、福建高院两审终审，作出了（2014）厦民初字第 679 号、（2015）闽民终字第 2259 号生效民事判决，且吴永忠已向厦门中院申请强制执行黄明借款本金 41000000 元及相应利息。陈琪玲受让了前述案件中吴永忠对黄明的全部债权，吴永忠已经将债权转让情况书面通知了黄明，并且黄明本人签收了该份通知，吴永忠同时也将债权转让的情况告知了执行法院。根据《中华人民共和国合同法》（以下简称《合同法》）第七十九条、第八十条的规定，债权转让已生效，由陈琪玲享有前述案件中对黄明 41000000 元及相应利息的债权，其受让债权金额远高于涉案债权金额。根据《合同法》第九十九条规定，涉案债权与陈琪玲受让的债权均为到期债权，标的物均为金钱债务，且不属于法律规定或者按照合同性质不得抵销的情形，因此陈琪玲有权主张债务抵销，涉案债权也已经被抵销。

被上诉人黄明答辩称：一、关于黄明与陈泽峰签订《和解方案》的问题。1. 2018 年 1 月 22 日黄明和陈泽峰签订的《和解方案》目的是解除陈泽峰的担保责任，但陈泽峰最终没有履行《和解方案》。2. 陈琪玲等人要求对抵债权，说明其已放弃了《和解方案》。3. 签订《和解方案》的背景是黄明保全了陈泽峰控制的公司的厂房、土地等，引起陈泽峰经营困难，其找到黄明要求付款一部分，要求解除其责任，故黄明同意签订《和解方案》。根据上述三点可知，《和解方案》对黄明没有约束力。二、原审判决不支持陈琪玲以受让案外人的债权抵销本案债务的主张，适用法律正确，应当维持。陈琪玲的债权对应的债务人为黄明和谢素月，谢素月和黄明是夫妻，本案黄明的债权不属于夫妻共同债权，陈琪玲主张对抵没有法律依据；黄明因三角债陷入债务纠纷，目前作为被执行人有多个执行案件在案，无法履行债务，如果允许对抵，会导致第三人吴永忠的债权处于优先受偿的地位，损害其他债权人的利益。原审判决事实清楚，适用法律正确。故请求驳回上诉，维持原判。

黄明一审向福建高院提出诉讼请求：1. 判令被告陈琪玲立即向原告偿还尚欠借款本金人民币 3500 万元；2. 判令被告陈琪玲向原告支付从 2013 年 11 月 2 日起至实际还款之日止的利息［暂计至 2016 年 9 月 27 日尚欠利息为人民币 24749333.33 元（详见利息计算清单）］；3. 判令被告陈琪玲向原告支付律师代理费人民币 80000 元；以上 1、2、3 项款项合计人民币 59829333.33 元。4. 判令被告陈泽峰、丰泉公司对陈琪玲上述债务承担连带清偿责任；5. 本案案件受理费、公告费、诉讼保全费由三被告承担。庭审中，黄明将上述诉讼请求第三项变更为：请求判令被告陈琪玲向黄明支付律师代理费人民币 15 万元。

一审法院认定事实：2013 年 6 月 23 日，被告陈琪玲作为借款人向原告黄明出具《借款借据》。该《借款借据》载明：经核对后确认，截至 2013 年 6 月 23 日累计结欠黄明借款

3500万元,月利率3.5%,利息每月22日前支付,借款期限为12个月,如逾期还款,按借款金额的日千分之五支付违约金。担保人丰泉公司、陈泽峰自愿为借款人的上述借款提供连带责任担保,保证期限为本借据签订之日起至借款期限届满之日起二年,担保范围包括借款本金、利息、逾期还款违约金及出借人为实现债权而支付的费用,借款人和担保人同意承担出借人为实现债权而支付的费用(包括但不限于律师代理费、公证费、诉讼费、差旅费以及实现债权的其他实际费用)。此后,原告同意将还款期限延至2015年3月23日。2015年3月23日,陈泽峰、丰泉公司又在该借据上确认为陈琪玲的上述借款"担保至还款结清本息为止"。

2013年6月29日至2016年9月11日,被告陈琪玲分19笔向原告支付利息。其中,2013年6月29日支付20万元,2013年8月22日支付480万元,2013年10月14日支付15万元,2013年12月4日支付10万元,2013年12月18日支付10万元,2013年12月27日支付220万元,2014年1月29日支付50万元,2014年2月28日支付10万元,2014年3月25日支付30万元,2014年4月3日支付50万元,2014年5月27日支付100万元,2014年8月27日支付10万元,2014年9月30日支付20万元,2014年11月3日支付10万元,2014年12月30日支付10万元,2015年2月16日支付100万元,2015年11月27日支付10万元,2016年2月6日支付20万元,2016年9月11日支付20万元。上述19笔款项共计1195万元。

另查明,2011年7月22日至2011年10月19日,案外人谢素月通过银行向被告陈琪玲账户转账付款共计5660万元。2011年10月10日,厦门明晟源投资有限公司通过银行转账向被告丰泉公司付款共计1700万元。2010年2月2日至2011年8月9日,原告黄明通过银行转账向被告陈琪玲付款共计100万元。2011年10月10日至2011年10月19日,原告黄明通过银行转账向被告陈琪玲付款共计1540万元。

案外人黄昆进分别于2016年9月26日和2018年3月7日向北京大成(厦门)律师事务所、福建汇德(厦门)律师事务所支付律师代理费8万元和7万元。

另查明,原告黄明与谢素月系夫妻关系,与黄昆进系父子关系。厦门明晟源投资有限公司的法定代表人系黄明。

一审法院认为,本案为民间借贷纠纷,因被告陈泽峰系香港特别行政区居民,故本案属于涉港民商事纠纷。原被告双方均同意本案适用内地法律,依照《最高人民法院关于适用〈中华人民共和国涉外民事关系法律适用法〉若干问题的解释(一)》第十九条、《中华人民共和国涉外民事关系法律适用法》第三条的规定,本案适用内地法律。

本案的争议焦点在于:1. 原告是否实际向被告出借3500万元;2. 被告在2013年6月23日出具案涉借条时是否还欠原告利息6576000元;3.《借款借据》约定的月利率3.5%是否超过法定的利率标准,被告已经偿还的利息11950000元是否应抵扣本金;4. 被告应当承担原告的律师代理费金额;5. 关于被告能否以受让案外人的债权抵销本案债务。对此,一审法院分析认定如下:

一、关于原告是否已向被告实际出借3500万元

根据被告陈琪玲于2013年6月23日向原告黄明出具的《借款借据》,原被告双方经核对后确认截至2013年6月23日被告陈琪玲累计结欠原告黄明借款3500万元,被告丰泉公司、陈泽峰作为担保人也在该借款借据上盖章、签名,各方对借款事实是明确予以认可的。

2015年3月23日，被告陈泽峰、丰泉公司又在该借据上确认为被告陈琪玲的上述借款"担保至还款结清本息为止"，再次对借款事实予以确认。原告黄明提供的证据也证明其在2011年7月22日至2011年10月19日期间，通过自己或案外人账户向被告陈琪玲或丰泉公司的银行账户转账付款9000万元。被告未能举证证明上述汇款与本案借款无关，相反还主张其已经偿还利息11950000元。上述事实均可证明案涉借款已经实际发生。因此，被告关于案涉借款未实际履行的主张不能成立。

二、关于被告陈琪玲在2013年6月23日出具案涉借条时是否还欠原告利息6576000元

原被告双方在案涉《借款借据》上对于尚欠的借款本金金额作了确认，并未提及被告陈琪玲尚欠利息。原告解释称该笔利息系基于先前借款计算得出，但原告黄明系基于案涉《借款借据》提起本案诉讼，案涉《借款借据》出具前的借款所产生的利息与本案无关，当事人应另行解决。因此，原告主张被告陈琪玲偿还该笔6576000元利息无事实依据，一审法院不予支持。

三、关于案涉《借款借据》约定的月利率是否超过法定的利率标准，被告陈琪玲已经偿还的利息11950000元是否可抵扣本金

《最高人民法院关于审理民间借贷案件适用法律若干问题的规定》第二十六条规定，借贷双方约定的利率未超过年利率24%，出借人请求借款人按照约定的利率支付利息的，人民法院应予支持；借贷双方约定的利率超过年利率36%，超过部分的利息约定无效。借款人请求出借人返还已支付的超过年利率36%部分的利息的，人民法院应予支持。案涉《借款借据》约定的月利率3.5%已经超过年利率36%，超过部分的利息约定无效。被告陈琪玲在2013年6月29日至2016年9月11日期间共向原告支付1195万元。其中，陈琪玲2013年6月29日还款20万元，按照年利率36%计算，尚欠本金3500万元，利息7123.29元；陈琪玲于2013年8月22日还款4800000元，扣除按照年利率36%计算的利息1871232.18元，其余抵扣本金2928767.82元，尚欠本金32071232.18元。此后，陈琪玲自2013年10月14日至2016年9月11日支付的其余695万元利息，按照年利率36%计算可折抵220天的利息，即已付利息计至2014年3月30日止。自2014年3月31日起，应按年利率24%计算利息。

四、关于被告应承担的原告委托律师代理费金额

案涉《借款借据》约定被告陈泽峰、丰泉公司为被告陈琪玲的债务承担连带保证担保责任，担保范围包括借款本金、利息、逾期还款违约金及出借人为实现债权而支付的费用，三被告同时还确认，借款人和担保人同意承担出借人为实现债权而支付的包括律师代理费在内的各项费用，因此被告应当承担原告为本案诉讼所支出的合理费用。原告黄明先后委托北京大成（厦门）律师事务所、福建汇德律师事务所律师代理本案诉讼并分别支付律师代理费8万元和7万元。鉴于原告已经解除其与北京大成（厦门）律师事务所律师的委托合同，该所律师未完成代理事务，因该合同所产生的费用不属于原告为实现债权而产生的合理费用，不应得到支持。因此，被告陈琪玲只应对上述律师代理费中的7万元承担责任。

五、关于被告能否以受让案外人的债权抵销本案债务

原告黄明与案外人之间的债权债务关系与本案不属于同一法律关系，且原告不同意将其与案外人之间的债务与被告所欠债务抵销，因此被告主张以其受让案外人的债权抵销本案债务，一审法院不予支持。案涉《借款借据》系合同双方的真实意思表示，除了因双方约定

的利率超过年利率36%，超过部分的利息约定无效外，合同其他内容未违反法律法规禁止性规定，应认定合法有效。被告陈琪玲未能按照法律规定和合同约定支付利息，且借款期限届满后也未偿还本金及相应利息，应承担违约责任。被告陈泽峰、丰泉公司自愿为被告陈琪玲的上述债务承担连带保证担保责任，担保范围包括借款本金、利息、逾期还款违约金及出借人为实现债权而支付的费用，故被告陈泽峰、丰泉公司应在上述担保范围内承担连带保证责任。

综上，依照《最高人民法院关于适用〈中华人民共和国涉外民事关系法律适用法〉若干问题的解释（一）》第十九条，《中华人民共和国涉外民事关系法律适用法》第三条，《中华人民共和国合同法》第六十条第一款、第一百零七条、第二百零五条、第二百零六条、第二百零七条，《中华人民共和国担保法》第十二条、第十八条、第三十一条，《最高人民法院关于审理民间借贷案件适用法律若干问题的规定》第二十六条，《最高人民法院关于适用〈中华人民共和国担保法〉若干问题的解释》第四十二条第一款之规定，判决：一、被告陈琪玲应在判决生效之日起十日内向原告黄明偿还借款本金32071232.18元，并支付以32071232.18元为基数按年利率24%计算自2014年3月31日起至实际支付之日止的利息；二、被告陈琪玲应在判决生效之日起十日内向原告黄明支付律师代理费70000元；三、被告陈泽峰、丰泉公司应对被告陈琪玲的上述债务承担连带偿还责任，被告陈泽峰、丰泉公司承担担保责任后，有权向被告陈琪玲追偿；四、驳回原告黄明的其他诉讼请求。案件受理费340946.66元，由被告陈琪玲、陈泽峰、丰泉公司负担292518.99元，由原告黄明负担48427.67元。诉讼保全费5000元由被告陈琪玲、陈泽峰、丰泉公司负担。

本院二审期间，当事人围绕上诉请求依法提交了证据。本院组织当事人进行了证据交换和质证。陈琪玲、陈泽峰、丰泉公司提交了一份支付系统专用凭证，欲证明陈琪玲收到黄明款项后转款给了丰泉公司，故陈泽峰与丰泉公司是案涉借款的实际借款人。黄明提交了其作为多起案件被执行人的执行案件查询结果信息，欲证明其作为多起执行案件被执行人，无力偿还债务，陈琪玲提出的债务抵销主张将损害黄明其他债权人的利益。本院认为，陈琪玲、陈泽峰、丰泉公司提出的证据无法证明其欲证明的陈泽峰、丰泉公司系本案实际借款人的事实，本院不予认定。黄明提交的证据可证明黄明系多起执行案件的被执行人。

本院对一审认定的事实依法予以确认。二审经审理查明：

1. 2018年1月22日，陈泽峰（甲方）与黄明（乙方）签订《和解方案》一份，该方案约定：一、截至2017年12月31日，甲方欠乙方本金3500万元，利息按2%计算余欠1680万元，现经双方协商确定本息按人民币4000万元结算；二、付款方式：1.签订协议之日起一个月内须付人民币2000万元；2.2018年12月31日前甲方须付人民币1000万元，并按银行贷款利率支付1000万元对应的利息；3.2019年12月31日前支付的剩余的人民币1000万元，并按银行贷款利率支付2018年1月1日至2019年12月31日1000万元对应的利息。三、若甲方违反约定的上述付款方式，须承担年利率24%的违约金。陈泽峰与黄明签订《和解方案》后，陈泽峰在2018年2月22日（第一期款项2000万元的支付期限）的最后一天向黄明发送《催告函》，要求黄明提供用于收款的银行账号。陈泽峰在之后的两年间一直未履行还款义务。

2. 黄明及其妻谢素月与案外人吴永忠的借贷纠纷中，福建高院已生效的判决（2015）闽民终字第2259号确认"黄明、谢素月应于本判决生效之日起十日内返还吴永忠借款4100

万元及利息（自2011年11月1日起以本金4100万元为基数，按银行同期同类贷款基准利率的四倍计至还款之日止，已经偿付的1806322元，抵作利息）"。2016年10月11日，吴永忠就上述案件向厦门中院申请执行，但由于黄明、谢素月无实际可执行之财产，厦门中院终结执行。除与吴永忠执行案外，黄明为其所牵涉的其他多起案件中的被执行人，且因黄明无可供执行财产，已被法院纳入失信被执行人名单。

3. 2018年5月22日，吴永忠与陈琪玲签订《债权转让确认书》，约定吴永忠将其对黄明享有的4100万元债权本金及利息转让给陈琪玲，并于同日向黄明、谢素月发送《债权转让通知书》，黄明、谢素月于2018年5月25日收到上述通知书。陈琪玲于2018年8月21日（一审诉讼程序中）主张以其从吴永忠处受让的债权抵销其对黄明的债务。

本院认为，本案为民间借贷纠纷，因陈泽峰系香港特别行政区居民，故本案属于涉港民商事纠纷。双方当事人均同意本案适用内地法律，依照《最高人民法院关于适用〈中华人民共和国涉外民事关系法律适用法〉若干问题的解释（一）》第十九条、《中华人民共和国涉外民事关系法律适用法》第三条的规定，本案适用内地法律。

本案的争议焦点是：一、关于上诉人主张按《和解方案》确定本案本息数额是否应予支持的问题；二、关于陈琪玲受让案外人吴永忠的债权能否抵销其对黄明的债务的问题。本院对此分析认定如下：

一、关于上诉人主张按《和解方案》确定本案本息数额是否应予支持的问题

（一）关于《和解方案》的效力是否及于陈琪玲的问题

《和解方案》系由黄明与陈泽峰签订，双方均认可《和解方案》系基于案涉纠纷所签订的，为双方真实意思表示，不违反法律、行政法规的禁止性规定，合法有效。陈泽峰、陈琪玲、丰泉公司虽主张，陈泽峰系代表三方共同与黄明签订《和解方案》，《和解方案》构成对案涉债权债务重新确认，但《和解方案》并无债务人陈琪玲及担保人丰泉公司的签名或盖章，且《和解方案》不包含陈泽峰系代表三方签订的相关内容的任何表述，债权人黄明亦不认可《和解方案》已免除陈琪玲债务，故该协议不能构成免责的债务承担，陈泽峰只是作为共同债务人加入案涉债权债务。此外，由于陈琪玲在一审期间提出以其受让的债权向黄明主张债务抵销，亦可见本案中陈琪玲并未认为《和解方案》已免除其还款义务。综上，《和解方案》不能构成对案涉债权债务重新确认，亦不免除陈琪玲的债务，仍应以《借款借据》作为确认案涉债权债务的依据。

（二）关于陈泽峰的担保债权本息能否按《和解方案》确定的问题

本案中，《和解方案》约定陈泽峰应当在2018年2月22日前向黄明支付2000万元、2018年12月31日前支付1000万元及利息、2019年12月31日前支付1000万元及利息，但陈泽峰并未于约定期限内及此后支付相应款项。陈泽峰在第一期款项2000万元的支付期限的最后一天方才向黄明发送《催告函》，要求黄明提供用于收款的银行账号，且在第一期还款期限届满后的两年间一直未履行还款义务，又因《和解方案》签订于本案诉讼过程中，陈泽峰本可向法院申请提存该笔款项便能清偿债务、履行其合同义务，但陈泽峰却并未以此方式还债，上述事实足以表明陈泽峰拒不还款的真实意思。《和解方案》虽未清楚载明用以向黄明还款的银行账户，但这一瑕疵并不构成陈泽峰的履约障碍。因此，陈泽峰提出的因黄明未提供银行账户导致其无法还款、其发送过《催告函》要求黄明告知银行账户足以证明陈泽峰并未违约的抗辩，不能成立。陈泽峰未在约定期限内履行其作为共同债务人承担《和解方案》中确定的债务，一审按照《借款借据》确定其担保责任并无不当。

二、关于陈琪玲主张以其从案外人吴永忠处受让的对黄明的债权抵销陈琪玲对黄明的债务的问题

首先，人民法院应当对当事人提出的抵销诉求进行审查。陈琪玲在一审中提出的债务抵销主张属于以行使抵销权的方式对黄明的债权请求权进行抗辩，也即诉讼抵销抗辩。一般情况下，被告在诉讼过程中提出诉讼抵销抗辩在法律上并无不当，为了实现诉讼经济目标及免除个案中当事人另行起诉的诉累，人民法院应当在案件中对被告提出的诉讼抵销抗辩予以审查处理，确定这一抗辩是否成立。一审法院以黄明与案外人吴永忠之间的债权债务关系与本案不属于同一法律关系，且黄明不同意将其与吴永忠之间的债务与陈琪玲所欠债务抵销为由，对陈琪玲的抵销主张不予审查存在不当，本院在此予以指出。

其次，抵销权的行使不应损害第三人的合法权益。抵销权作为合同法规定的一项实体权利，债务人可通过行使抵销权免除自己的债务，实现自己的债权，但抵销权的行使，不得损害第三人的合法权益。为此，我国企业破产法在承认抵销权的同时，又对用来抵销的主动债权进行了限制，特别是规定了债务人的债务人在破产申请受理后取得他人对债务人的债权，或者已知债务人有不能清偿到期债务或者破产申请的事实而对债务人取得债权的，不允许抵销。该制度的主要目的在于防止债务人资不抵债时，债务人的债务人通过新取得债权来主张抵销，使自己的新取得债权得到优先清偿、使自己的债务得以免除，而损害其他债权人利益。与此同理，在我国目前没有自然人破产法的司法现状，在诉讼审理程序和执行程序存在关联的情形下，出现个人债务人不能清偿到期债务的情况时，应当防止损害第三人特别是个人债务人的其他债权人的合法权益。由于黄明已是多起执行案件的被执行人，这些案件中的债权均因黄明缺乏可供执行财产而未得到清偿，若在本案中径行准予陈琪玲以受让的债权抵销债务，将导致黄明的可供执行财产的直接减损，并损害涉及黄明的其他执行案件中的其他债权人的合法利益。

再次，诉讼审理程序中抵销权的行使不应与执行程序中公平分配原则相冲突。在一般情况下，有效的诉讼抵销抗辩在经法院审查后可以获得支持，但当存在诉讼审理程序中抵销权行使与执行程序参与分配有关联的情形下，抵销权的行使应受到一定限制。本案中，黄明作为多起执行案件的被执行人一直无法履行债务，陈琪玲受让并主张用以抵销的主动债权即来自于其中的一起执行案件，且该债权原本便存在因黄明无可供执行财产而被迫终止执行的情况。在本案中径行准予陈琪玲以受让的债权抵销债务，这就意味着源自吴永忠的未能通过执行受偿的债权，反而以此种方式间接地较黄明的其他债权人得到优先受偿，与执行程序参与分配制度的公平分配原则直接冲突。

最后，人民法院应根据诚实信用原则确认是否支持抵销权的行使。对于债权转让情形下债务人以受让取得的债权主张抵销的，且取得的债权在执行程序中无法实现时，人民法院应当对诉讼抵销抗辩予以审慎的实质审查。即人民法院应根据诚实信用原则审查用于抵销的主动债权的取得情况，以保护善意抵销权的同时不损害第三人的合法权益。本案中，在陈琪玲明知黄明作为多起案件被执行人缺乏可供执行财产的情形下，在本案一审庭审之后受让债权并主张抵销的行为，违反了诚实信用原则。此外，当陈琪玲能举证证明黄明事实上仍存在其他可供执行财产，诉讼抵销抗辩事实上不会损害被执行人的其他案外债权人利益的，对于此类诉讼抵销抗辩，法院仍可予以支持。但陈琪玲未能提出有效证据证明黄明仍有充分的其他可供执行财产，亦未能证明其诉讼抵销抗辩不会在结果上损害黄明案外的其他债权人利益。因此，对于陈琪玲的诉讼抵销抗辩，本院不予支持。

综上，陈琪玲、陈泽峰、丰泉公司的上诉请求，缺乏事实和法律依据，不能成立，应予驳回。依照《中华人民共和国民事诉讼法》第一百七十条第一款第一项、《最高人民法院关于适用〈中华人民共和国民事诉讼法〉的解释》第三百三十四条的规定，判决如下：

驳回上诉，维持原判。

二审案件受理费340946.66元，由陈琪玲、陈泽峰、福建省丰泉环保集团有限公司负担。

本判决为终审判决。

审　判　长　何　君
审　判　员　张爱珍
审　判　员　肖　峰

二〇二〇年六月三十日

法官助理　钟丽丹
书　记　员　于　露

江西银行股份有限公司南昌洪城支行与上海神州数码有限公司等借款合同纠纷案

【裁判摘要】

部分当事人对一审民事判决中的部分判项提起上诉的，人民法院在二审程序中可以就当事人的上诉请求开展调解工作，对当事人达成的调解协议依法审查后，予以确认并制作调解书。调解书送达后，一审判决即视为撤销。

对于上诉请求和调解书中并未涉及的其余一审判项，经审查与调解书不相冲突也未损害各方当事人合法权益的，可以在二审判决中予以确认。

最高人民法院民事判决书

（2021）最高法民终479号

上诉人（原审被告）：上海神州数码有限公司，住所地上海市长宁区福泉路111号。

法定代表人：李岩，该公司董事长。
委托诉讼代理人：万必闻，江西阳中阳律师事务所律师。
委托诉讼代理人：邓海龙，江西阳中阳律师事务所律师。
被上诉人（原审原告）：江西银行股份有限公司南昌洪城支行，住所地江西省南昌市西湖区建设西路 1013 号。
法定代表人：叶颂明，该支行行长。
委托诉讼代理人：祝林林，北京市京师（南昌）律师事务所律师。
委托诉讼代理人：刘锡闽，北京市京师（南昌）律师事务所律师。
原审被告：南昌凯良科技有限公司，住所地江西省南昌市东湖区南京西路 277 号 A 座 1301 号。
法定代表人：陈斐，该公司总经理。
原审被告：陈斐，男，1983 年 9 月 15 日出生，汉族，住江西省南昌市西湖区。
原审被告：肖珣，男，1975 年 8 月 11 日出生，汉族，住江西省南昌市西湖区。
原审被告：吉安市天际房地产开发有限公司，住所地江西省吉安市吉州区工业园内。
法定代表人：傅冬梅，该公司总经理。

上诉人上海神州数码有限公司（以下简称神州数码公司）因与被上诉人江西银行股份有限公司南昌洪城支行（以下简称江西银行洪城支行）、原审被告南昌凯良科技有限公司（以下简称凯良公司）、陈斐、肖珣、吉安市天际房地产开发有限公司（以下简称天际公司）借款合同纠纷一案，不服江西省高级人民法院（2019）赣民初 20 号民事判决，向本院提起上诉。本院依法组成合议庭，于 2021 年 4 月 16 日对本案进行了公开开庭审理。上诉人神州数码公司的委托诉讼代理人万必闻、邓海龙，被上诉人江西银行洪城支行的委托诉讼代理人祝林林、刘锡闽到庭参加诉讼。本案现已审理终结。

神州数码公司上诉请求：1. 依法撤销江西省高级人民法院（2019）赣民初 20 号民事判决第二项，改判驳回江西银行洪城支行对神州数码公司的所有诉讼请求，即神州数码公司不承担差额退款责任及违约金；2. 本案一、二审诉讼费、财产保全费、鉴定费等全部由江西银行洪城支行、凯良公司、陈斐、肖珣、天际公司承担。事实和理由：（一）本案涉嫌刑事犯罪，应当移送公安机关按照刑事司法程序处理。一审法院未依法移送，适用法律错误，违反法定程序；（二）一审判决判令神州数码公司承担差额退款责任及支付违约金，认定事实错误，适用法律错误；（三）一审判决认定凯良公司已经偿还的 30823841.64 元不属于偿还本案欠款，认定事实错误，且证据不足；（四）江西银行洪城支行存在诸多重大过错，一审判决未判令江西银行洪城支行对自身过错承担责任，有违公平原则；（五）一审判决判令凯良公司承担还款责任及利息后，又同时判令神州数码公司承担差额退款责任及支付违约金，于法无据。

江西银行洪城支行辩称，本案属于民事纠纷，神州数码公司未按合同约定履行义务，应当承担差额退款责任并支付违约金。一审查明事实清楚，应驳回神州数码公司的上诉请求。

二审期间，各方当事人均未提交新证据。

江西银行洪城支行向一审法院起诉请求：（一）判令凯良公司偿还银行承兑垫款 84402787.42 元及利息、罚息（利息、罚息暂算至 2019 年 1 月 7 日为 9791589.98 元。利息、罚息以84402787.42元为基数，按《银行承兑汇票承兑合同》约定计算，自2018年2月8日起计算至债务清偿之日止）；（二）判令神州数码公司对前述第一项凯良公司应付银行承兑垫款84402787.42元承担差额退款责任，并支付违约金（违约金暂算至2019年1月7日为3916635.99元。违约金以垫款金额为基数，按每日万分之二点一计算违约金，自2018年2月8日起计算至债务清偿之日止）；（三）判令陈斐、肖珣、天际公司对前述第一项凯良公司应付银行承兑垫款本息承担连带清偿责任；（四）判令凯良公司、神州数码公司、陈斐、肖珣、天际公司承担律师费等江西银行洪城支行为实现本案债权发生的费用；（五）本案诉讼费、保全费由凯良公司、神州数码公司、陈斐、肖珣、天际公司承担。

一审法院查明，2016年3月28日，江西银行洪城支行与凯良公司签订了编号为"江银南分洪支授字第1610504号"的《授信协议》，约定：1.江西银行洪城支行向凯良公司提供111000000元的授信额度，其中循环授信额度100000000元、一次性授信额度11000000元。2.授信期间为12个月，即从2016年3月28日起至2017年3月24日止。3.综合授信未来提货权融资业务（保兑仓模式）壹亿元（敞口），未来提货权融资业务（保兑仓模式）为循环授信额度，项下品种为银行承兑汇票，银承保证金不低于20%。2017年4月10日，江西银行洪城支行与凯良公司新签订了一份编号为"江银南分洪支授字第1720816号"的《授信协议》，约定了授信额度、授信期间等。

2016年3月，神州数码公司作为甲方（供货商），江西银行洪城支行作为乙方，凯良公司作为丙方（购货商），共同签订了《未来提货权融资业务合作协议书》，约定：1.神州数码公司与凯良公司签订购销协议，由凯良公司购买神州数码公司的货物；江西银行洪城支行与凯良公司签订了编号为"江银南分洪支授字第1610504号"的融资授信协议，由江西银行洪城支行向凯良公司提供融资授信额度。2.三方在本协议项下的合作期限为壹年，自2016年3月25日至2017年3月25日。江西银行洪城支行为凯良公司承兑以神州数码公司为收款人的银行承兑汇票，双方另行签订《银行承兑协议》。凯良公司申请江西银行洪城支行承兑时，应当向江西银行洪城支行缴存首笔保证金，首笔保证金最低不少于《银行承兑协议》中约定的比例。3.在凯良公司向其在江西银行洪城支行开立的保证金账户中存入保证金，或向江西银行洪城支行提前清偿部分融资授信款项本息的情况下，凯良公司填写《提货申请书》，向江西银行洪城支行提出提取购销协议项下货物的申请。江西银行洪城支行核对凯良公司缴存的保证金或清偿的融资授信贷款本金数额（即清偿应付利息后的余额）与《提货申请书》中的提货金额相符后，根据前述款项的数额向神州数码公司发出《发货通知书》。神州数码公司收到江西银行洪城支行出具的《发货通知书》后，向江西银行洪城支行发出《发货通知书收到确认函》，同时按照江西银行洪城支行的通知金额向凯良公司发货。江西银行洪城支行出具的《发货通知书》是神州数码公司向凯良公司发货的唯一凭证。神州数码公司保证其向凯良公司发出的全部货物均只凭江西银行洪城支行开具的《发货通知书》，并严格按照《发货通知书》的内容发货，其累计实际发货金额不能超过江西银行洪城支行累计通知发货金额。若神州数码公司未按江西银行洪城支行出具的《发货通知书》所规定的金额发货，超出部分不得计入本协议约定的累计发货的货款总金额。神州数码公司和凯良公司之间由此产生的纠纷与江西银行洪城支行无关，江西银行洪城支行对神州数码公司、凯良公司双方的损失不承担任何责任。凯良公司收到神州数码公司的发货后，应向江西银行洪城支行出具《货物收到告知函》。三方指定专人负责联系和操作本协议项下的业务。三方在业务发生前预留印章样本,业务办理过程中,收到《银行承兑汇票收到确认函》《提货申请书》《发货通知书》《发货通知书收到确认函》《货物收到告知函》等文件后,应认真核对印章是否与预留样本相符,并对核对结果负责。4. 银行承兑汇票到期前10天,如果银行承兑汇票对应的保证金金额不足100%,即神州数码公司仅根据江西银行洪城支行出具的《发货通知书》计算,累计发货的货款总金额小于票面金额时,江西银行洪城支行向神州数码公司发出《退款通知书》。神州数码公司收到《退款通知书》后,必须无条件按《退款通知书》的要求将差额款项汇入江西银行洪城支行指定的银行账户。江西银行洪城支行的退款通知自发出之日起即视为送达神州数码公司。如果神州数码公司没有按时退款,江西银行洪城支行有权以自己的名义直接向神州数码公司追索上述款项,神州数码公司对此不持异议。凯良公司作为银行承兑汇票申请人,应无条件向江西银行洪城支行补足保证金/清偿全部借款本息。银行承兑汇票/借款到期时,若神州数码公司未将差额款项退还江西银行洪城支行且凯良公司未补足保证金,致使江西银行洪城支行垫款/凯良公司未清偿全部借款本息致使借款逾期,则凯良公司应按照相应的银行承兑协议/借款合同中约定的罚息利率向江西银行洪城支行支付垫款/逾期罚息。5. 神州数码公司向江西银行洪城支行退还差额款项的责任是独立的,神州数码公司声明并保证其向江西银行洪城支行退回差额款项是无条件的。6. 任何一方违反本协议的任何条款(包括声明和保证条款)均构成本协议项下的违约行为,应当向守约方支付违约金或损害赔偿金。迟延履行给付金钱义务的,应当按照未给付金额的每日万分之二点一向守约方支付滞纳金。对于其违约行为给守约方造成损失,应负责赔偿。损失赔偿的范围包括但不限于本金、利息、罚息、可以预见的可得利益及实现债权的所有费用(包括但不限于诉讼费、仲裁费、保全费、公告费、评估费、鉴定费、拍卖费、差旅费、律师费等)。

上述协议到期后,三方于2017年3月又新签订了《未来提货权融资业务合作协议书》。

2016年3月28日,肖珣、陈斐与江西银行洪城支行签订了编号为"江银南分洪支高保字第1610504-003号"的《最高额保证合同》,约定陈斐、肖珣为江西银行洪城支行与凯良公司在2016年3月28日至2017年3月24日签订的所有主合同项下各笔债权提供最高额连带责任保证担保。2017年4月10日,肖珣、陈斐与江西银行洪城支行重新签订了编号为"江银南分洪支高保字第1720816-003号"的《最高额保证合同》,约定陈斐、肖珣为江西银行洪城支行与凯良公司在2017年3月28日至2018年3月27日签订的所有主合同项下各笔债权提供最高额连带责任保证担保,担保主合同项下债权本金最高余额为壹亿零捌佰万元整。其他约定与2016年《最高额保证合同》一致。

上述合同签订后,江西银行洪城支行、神州数码公司、凯良公司按照《未来提货权融资业务合作协议书》所约定的保兑仓交易模式进行交易。自2016年3月至2017年12月31日,凯良公司向江西银行洪城支行共计提交92份《提货申请书》,申请提货金额合计312339000元;江西银行洪城支行向神州数码公司共计发出92份《发货通知书》,发货金额共计312339000元;神州数码公司向江西银行洪城支行共计发出89份《发货通知书收到确认函》,确认发货金额共计312339000元;凯良公司向江西银行洪城支行共计提交89份《货物收到告知函》,确认收货金额合计312339000元。截至2018年2月,共计105份《提货申请书》、105 份《发货通知书》和 102 份《货物收到告知函》载明的货物金额均为 340017964.13 元，各方凭证载明的货物金额、数量和种类完全等同。同时，凯良公司与江西银行洪城支行共计签订 110 份《银行承兑汇票承兑合同》，江西银行洪城支行收取了凯良公司每笔汇票票面金额 20% 的保证金，并据此开具并承兑了以凯良公司为出票人，以神州数码公司为收款人的 134 份《银行承兑汇票》，票面金额共计 438090000 元。一审判决认定，江西银行洪城支行银行承兑汇票垫款余额共计为 84402787.42 元，与其 2018 年 2 月 8 日至 2018 年 7 月 31 日的 41 份《江西银行银行承兑汇票兑付凭证》所载明的垫款总金额一致。

在凯良公司未按照《银行承兑汇票承兑合同》的约定按期补足银行承兑敞口后，江西银行洪城支行从 2018 年 3 月 5 日至 2018 年 7 月 18 日，向神州数码公司共计发出 49 份《退款通知书》，均要求神州数码公司按照《未来提货权融资业务合作协议书》的约定，将《发货通知书》载明的累计发货金额与银行承兑汇票票面金额的差额款项退回江西银行洪城支行。神州数码公司在 2018 年 3 月 29 日回函江西银行洪城支行称，根据截至 2018 年 3 月的对账结果，神州数码公司已收承兑汇票金额 438090000 元，项下的全部货物已发货完成，并不存在已收承兑汇票未发货的情况，故没有向江西银行洪城支行退款的事实及合同依据。相反，截至 2018 年 3 月 28 日，江西银行洪城支行尚欠金额为 45600561.71 元的《发货通知书》，未按约定在发货后四个月内补发神州数码公司。为此，神州数码公司希望江西银行洪城支行审慎核实相关情况，撤回前述《退款通知书》中的退款要求，并尽快将上述应补发的《发货通知书》发送神州数码公司。

2018 年 8 月，江西银行洪城支行两次发出《催告函》称，凯良公司应于 2018 年 8 月 15 日前向江西银行洪城支行偿还银承垫款 92702805.24 元、罚息、违约金等。神州数码公司应于 2018 年 8 月 15 日前对凯良公司所欠江西银行洪城支行的款项承担支付义务，并承担违约金。陈斐、肖珣应于 2018 年 8 月 15 日前对凯良公司的全部债务承担连带保证责任。

凯良公司与江西银行洪城支行签订的 110 份《银行承兑汇票承兑合同》均约定：江西银行洪城支行所垫付票款自付款之日起转作凯良公司逾期贷款，并按每天万分之五计收逾期利息（含复利），且不需通知凯良公司另签订借款合同。按此约定，截至 2019 年 1 月 7 日，凯良公司应承担每笔未清偿垫款的利息、罚息共计 9791589.98 元。同时，按照《未来提货权融资业务合作协议书》的约定，截至 2019 年 1 月 7 日，神州数码公司应承担每笔未清偿垫款的违约金共计 3916635.99 元。

还查明，2018 年 12 月 11 日，天际公司股东（出资人）决议：同意天际公司为债务人凯良公司向债权人江西银行洪城支行提供连带保证责任担保，担保范围包括债务本金 84402787.42 元、利息、罚息、违约金及实现债权的全部费用。同日，凯良公司、天际公司与江西银行洪城支行签订《担保协议书》，天际公司与江西银行洪城支行签订了编号为"江银南昌洪支高保字第 1720816 号"的《最高额保证合同》。

江西银行洪城支行为追索债权，与北京市京师（南昌）律师事务所签订《委托代理合同》。2019 年 1 月 21 日，江西银行洪城支行向北京市京师（南昌）律师事务所转账支付了 350000 元，北京市京师（南昌）律师事务所开具了增值税专用发票。

一审法院认为，江西银行洪城支行已依约履行了向凯良公司提供融资的义务，但凯良公司违反约定，未能在汇票到期前交付全部票据款，导致江西银行洪城支行垫付票据款

84402787.42元；凯良公司构成违约，应承担相应的违约责任。本案的交易模式为保兑仓交易，即以银行信用为载体，以银行承兑汇票为结算工具，由银行控制货权，卖方受托保管货物并以承兑汇票与保证金之间的差额作为担保。江西银行洪城支行承兑并将汇票交付神州数码公司后，已完成《未来提货权融资业务合作协议书》约定的主要合同义务。

根据《未来提货权融资业务合作协议书》的约定，神州数码公司收到《退款通知书》后10个工作日内，必须无条件按《退款通知书》的要求将差额款项汇入江西银行洪城支行指定的账户。如果神州数码公司没有按时退款，江西银行洪城支行有权以自己名义直接向神州数码公司追索该款项，要求神州数码公司对垫款的差额承担退款责任。神州数码公司未按时退款，还应按协议约定支付违约金。

陈斐、肖珣、天际公司分别在与江西银行洪城支行签订的《最高额保证合同》中，明确约定为江西银行洪城支行与凯良公司的债权提供连带责任保证担保，故上述担保人均应对凯良公司应向江西银行洪城支行偿还的债务承担连带清偿责任。对江西银行洪城支行有关各被告承担其为实现债权所支出的律师费350000元的主张，一审法院亦予以支持。一审法院据此判决：一、凯良公司在一审判决生效之日起十日内向江西银行洪城支行偿还银行承兑汇票垫款本金84402787.42元和逾期付款利息9791589.98元（截至2019年1月7日），并自2019年1月8日起至付清全部款项之日止按每日万分之五的标准支付后续的利息；二、神州数码公司对上述第一项凯良公司应付银行承兑汇票垫款84402787.42元，向江西银行洪城支行承担差额退款责任，并向江西银行洪城支行支付违约金3916635.99元（截至2019年1月7日），并自2019年1月8日起至债务清偿之日止按每日万分之二点一计算违约金；三、陈斐、肖珣、天际公司对前述第一项凯良公司应付银行承兑垫款本息承担连带清偿责任，在承担保证责任后有权向凯良公司追偿；四、凯良公司在一审判决生效之日起十日内，向江西银行洪城支行支付律师代理费350000元。一审案件受理费532355.07元，保全费5000元，鉴定费40000元，合计577355.07元，由江西银行洪城支行负担6000元，由神州数码公司、凯良公司、陈斐、肖珣、天际公司共同负担571355.07元。

本院二审审理过程中，神州数码公司与江西银行洪城支行自愿达成调解协议。经本院合法传唤，原审被告凯良公司、陈斐、肖珣、天际公司均未到庭参加诉讼。

本院认为，《中华人民共和国民事诉讼法》第九条规定："人民法院审理民事案件，应当根据自愿和合法的原则进行调解……"《中华人民共和国民事诉讼法》第一百七十二条规定："第二审人民法院审理上诉案件，可以进行调解。调解达成协议，应当制作调解书，由审判人员、书记员署名，加盖人民法院印章。调解书送达后，原审人民法院的判决即视为撤销。"《最高人民法院关于人民法院民事调解工作若干问题的规定》第十四条第一款规定："当事人就部分诉讼请求达成调解协议的，人民法院可以就此先行确认并制作调解书。"根据上述规定，当事人仅对一审判决的部分判项提起上诉的，人民法院在二审程序中可以就当事人的上诉请求开展调解工作，对当事人达成的调解协议依法审查后，予以确认并制作调解书。调解书送达后，一审判决即视为撤销。对于各方当事人均未提起上诉，在调解协议中也未涉及的其余一审判项，可以在与调解书不冲突，也不损害其他各方当事人合法权益的情况下，在二审判决中予以确认。

本案中，一审判决第二项的内容涉及神州数码公司所承担的差额退款责任以及违约金。

各方当事人中，仅有神州数码公司提起上诉，请求撤销一审判决第二项，驳回有关神州数码公司的全部诉讼请求。经本院合法传唤，各原审被告未到庭参加诉讼，不参加本案调解。经本院调解，神州数码公司与江西银行洪城支行达成调解协议，请求本院出具调解书。经本院审查，调解协议的内容不违反法律，未损害其他当事人的合法权益，与一审判决的其他判项并不冲突。而且，对于神州数码公司依照调解书支付的款项，江西银行洪城支行在调解书中明确承诺不依据本判决重复执行。神州数码公司依照调解书支付的本金，在根据本判决书计算利息时也应相应予以扣除。故对神州数码公司与江西银行洪城支行达成的调解协议，本院依法另行出具调解书予以确认，一审判决应依法视为撤销。对于各方当事人均未提起上诉的其余一审判项，本院在二审判决中予以确认。

综上，依照《中华人民共和国民事诉讼法》第九条、第一百七十条、第一百七十二条，《最高人民法院关于人民法院民事调解工作若干问题的规定》第十四条第一款之规定，判决如下：

一、江西省高级人民法院（2019）赣民初20号民事判决视为撤销，上海神州数码有限公司与江西银行股份有限公司南昌洪城支行按照本院（2021）最高法民终479-1号民事调解书履行义务；

二、南昌凯良科技有限公司在本判决生效之日起十日内向江西银行股份有限公司南昌洪城支行偿还银行承兑汇票垫款本金84402787.42元和逾期付款利息9791589.98元（截至2019年1月7日），并自2019年1月8日起至付清全部款项之日止按每日万分之五的标准支付后续的利息；

三、陈斐、肖珣、吉安市天际房地产开发有限公司对前述第二项南昌凯良科技有限公司应付银行承兑垫款本息承担连带清偿责任，在承担保证责任后有权向南昌凯良科技有限公司追偿；

四、南昌凯良科技有限公司在本判决生效之日起十日内向江西银行股份有限公司南昌洪城支行支付律师代理费350000元。

如果未按本判决指定的期间履行给付金钱义务，应当依照《中华人民共和国民事诉讼法》第二百五十三条规定，加倍支付迟延履行期间的债务利息。

二审案件受理费减半收取268127.5元，由上海神州数码有限公司负担；一审案件受理费532355.07元，保全费5000元，鉴定费40000元，合计577355.07元，由江西银行股份有限公司南昌洪城支行负担6000元，上海神州数码有限公司、南昌凯良科技有限公司、陈斐、肖珣、吉安市天际房地产开发有限公司共同负担571355.07元。

本判决为终审判决。

审 判 长　杜微科
审 判 员　汪　军
审 判 员　薛贵忠

二〇二一年八月二十六日

法官助理　杨航光
书 记 员　李　璐

江苏南通二建集团有限公司与上海农村商业银行股份有限公司浦东分行等建设工程施工合同纠纷案

【裁判摘要】

承包人出具虚假的工程款收款证明,就其未获清偿的工程款债权主张享有建设工程价款优先受偿权的,人民法院不予支持。

最高人民法院民事裁定书

(2021)最高法民申 3629 号

再审申请人(一审原告、二审上诉人):江苏南通二建集团有限公司,住所地江苏省启东市人民中路 683 号。

法定代表人:杨晓东,该公司董事长。

委托诉讼代理人:张兵,高朋(上海)律师事务所律师。

委托诉讼代理人:陈浩,北京金诚同达(上海)律师事务所律师。

被申请人(一审第三人、二审上诉人):上海农村商业银行股份有限公司浦东分行,住所地中国(上海)自由贸易试验区世纪大道 1500 号。

负责人:杨园君,该分行行长。

委托诉讼代理人:林雨晗,北京市惠诚律师事务所上海分所律师。

委托诉讼代理人:王涛,北京市惠诚律师事务所上海分所律师。

被申请人(一审被告、二审被上诉人):上海佳程房地产开发有限公司,住所地上海市闵行区苏召路 1628 号 1 幢 A019 室。

法定代表人:田文陶,该公司董事长。

一审被告、二审被上诉人:上海佳程企业发展有限公司,住所地上海市静安区共和新路 3201 号 1209 室。

法定代表人:田文陶,该公司董事长。

一审被告、二审被上诉人:上海栩宽企业发展有限公司,住所地上海市静安区共和新路 3201 号 1210 室。

法定代表人:田文陶,该公司总裁。

委托诉讼代理人:张大奇,男,该公司员工。

一审被告、二审被上诉人:上海五牛素福投资中心(有限合伙),住所地上海市金山区漕泾镇亭卫公路 3688 号 5 幢二层 256 室。

执行事务合伙人：上海五牛资产管理有限公司（委派代表：韩啸）。

委托诉讼代理人：吴阮超，上海市金茂律师事务所律师。

委托诉讼代理人：顾清雯，上海市金茂律师事务所律师。

一审被告、二审被上诉人：五牛股权投资基金管理有限公司，住所地上海市奉贤区光明路 555 号 2 幢 312 室。

法定代表人：韩啸，该公司执行董事。

委托诉讼代理人：吴阮超，上海市金茂律师事务所律师。

委托诉讼代理人：顾清雯，上海市金茂律师事务所律师。

一审被告、二审被上诉人：深圳五牛股权投资基金管理有限公司，住所地广东省深圳市前海深港合作区前湾一路 1 号 A 栋 201 室。

法定代表人：韩啸，该公司执行董事、总经理。

委托诉讼代理人：吴阮超，上海市金茂律师事务所律师。

委托诉讼代理人：顾清雯，上海市金茂律师事务所律师。

再审申请人江苏南通二建集团有限公司（简称南通二建）因与被申请人上海农村商业银行股份有限公司浦东分行（简称上海农商行浦东分行）、上海佳程房地产开发有限公司（简称佳程房产公司）及一审被告、二审被上诉人上海佳程企业发展有限公司、上海栩宽企业发展有限公司、上海五牛素福投资中心（有限合伙）、五牛股权投资基金管理有限公司、深圳五牛股权投资基金管理有限公司建设工程施工合同纠纷一案，不服上海市高级人民法院（2020）沪民终 433 号民事判决，向本院申请再审。本院依法组成合议庭进行了审查，现已审查终结。

南通二建申请再审称：本案符合《中华人民共和国民事诉讼法》第二百条第一项、第三项、第六项规定的情形，应予再审。主要事实与理由：（一）原审判决认定事实的主要证据是伪造的。南通二建申请再审新提交的启东市公安局立案告知单、鉴定意见通知书、立案决定书、苏州同济司法鉴定所司法鉴定意见书，可以证明案涉《建设工程施工合同补充协议》及 2016 年 3 月 31 日、2016 年 5 月 10 日、2016 年 5 月 23 日的《施工方已收到资金确认函》中南通二建的公章均系伪造，南通二建对佳程房产公司向上海农商行浦东分行申请贷款并不知情，也没有配合佳程房产公司转移贷款资金。南通二建将收到的 115692901 元款项返还给佳程房产公司是履约行为，不存在过错。（二）上海农商行浦东分行存在过错，并非善意第三人。南通二建申请再审新提交的上海市监察委员会公告、上海市不动产登记信息、《上海银行人民币单位委托贷款借款合同》《上海市建设工程施工合同》证明上海农商行浦东分行存在配合佳程房产公司挪用贷款以归还高息过桥资金的行为，其未注意审核佳程房产公司伪造的《总承包工程施工合同》，也未按规定将贷款直接发放至南通二建账户。（三）上海农商行浦东分行对案涉工程不享有抵押权。1. 上海农商行浦东分行仅办理了案涉工程抵押预告登记，未办理抵押登记，抵押权未设立。2. 即便上海农商行浦东分行办理了在建工程抵押登记，南通二建申请再审新提交的混凝土抗压强度检测报告、钢材焊接力学性能检测报告、工程变更签证联系单、挖土令、建设工程开工报告等证据也可以证明上海农商行浦东分行对抵押合同签订以后新施工的两幢塔楼、主体工程不享有抵押权。（四）上海农商行浦东分行系无独立请求权的第三人，没有上诉的权利。（五）建设工程价款优先受偿权是一项法定权利，如与抵押权存在冲突，则应结合案件事实认定优先顺序，不应直接剥夺南通二建享有的该项权利。

上海农商行浦东分行提交意见称：（一）南通二建共出具11份资金确认函，各函件内容连续，仅凭其提交的鉴定报告不足以推翻南通二建在原审中关于部分资金确认函系其出具的自认及原审法院对该部分事实的认定。（二）上海农商行浦东分行不存在过错，其既对工程进度进行了审核，又要求南通二建出具了《施工方已收到资金确认函》以保障其抵押权实现。相反，南通二建在收到款项后私自转还给佳程房产公司，并且刻意隐瞒实际工程合同及付款情况，主观上存在明显恶意。（三）上海市第一中级人民法院（2018）沪01民初784号生效判决已经确认上海农商行浦东分行依法享有案涉工程抵押权。（四）上海农商行浦东分行作为案涉工程抵押权人，在本案中属于有利害关系的第三人，依法享有上诉权利。（五）南通二建主张的建设工程价款优先受偿权不得对抗上海农商行浦东分行的抵押权。

本院经审查认为：（一）关于南通二建就案涉工程应否享有建设工程价款优先受偿权的问题。建设工程价款优先受偿权是建设工程承包人享有的一项法定优先权，但承包人不得滥用该项权利，且在特定情形下，因承包人自身存在过错行为，其还可能丧失建设工程价款优先受偿权。本案南通二建就案涉工程应否享有建设工程价款优先受偿权，应结合南通二建所实施行为的主观过错、后果、是否损害他人合法权益、是否影响建筑工人利益等因素综合予以认定。第一，从主观过错来看，南通二建在原审中自认其曾向上海农商行浦东分行出具了落款时间分别为2016年3月31日、5月10日、5月23日、8月22日、8月30日的5份《施工方已收到资金确认函》，确认收到工程款261466700元。南通二建作为长期专业从事工程建设的市场主体，应对上海农商行浦东分行要求其出具收到资金确认函的目的以及其出具收到资金确认函所产生的法律后果具有相应的认知。在此情况下，南通二建仍向上海农商行浦东分行出具与实际收到工程款金额不符的《施工方已收到资金确认函》，并将其实际收到的145432901元工程款中的115692901元返还给了佳程房产公司，配合佳程房产公司套取上海农商行浦东分行贷款。南通二建的行为在主观上存在重大过错，其应对此承担相应的法律责任。第二，从行为后果来看，南通二建在原审中自认由其出具的5份资金确认函载明其已收到佳程房产公司支付的工程款合计261466700元，超过原审法院认定的南通二建施工工程的总价款157704663.49元。发包人欠付工程款是承包人享有建设工程价款优先受偿权的前提和基础，南通二建在收到资金确认函中确认收到的工程款已超出其实际应得的工程款，其因为自身的过错行为丧失了主张建设工程价款优先受偿权的事实基础，其不应再享有该项优先权。第三，从是否损害他人权益的角度来看，虽然南通二建出具5份收到资金确认函的对象为上海农商行浦东分行，但该行为导致佳程房产公司从上海农商行浦东分行获取的本应用于支付工程款的贷款被挪作他用，而具有优先受偿权的工程款未获清偿，必然会影响佳程房产公司其他债权人的债权受偿，故南通二建出具收到资金确认函的行为，不仅损害了上海农商行浦东分行的合法权益，而且损害了佳程房产公司其他债权人的合法权益，其对佳程房产公司享有的工程款债权不应再优先于上海农商行浦东分行对佳程房产公司享有的贷款债权，以及其他债权人对佳程房产公司享有的债权。第四，南通二建并未提供证据证明其就案涉工程不享有建设工程价款优先受偿权会损害建筑工人利益。综上，二审判决认定南通二建就案涉工程因其自身过错行为不享有建设工程价款优先受偿权,并无不当。南通二建申请再审新提交的启东市公安局立案告知单、鉴定意见通知书、立案决定书、苏州同济司法鉴定所司法鉴定意见书,不足以推翻其在原审中关于上述 5 份收到资金确认函由其出具的自认,亦不能证明原审认定的《施工方已收到资金确认函》均系伪造;其申请再审新提交的上海市监察委员会公告、上海市不动产登记信息、《上海银行人民币单位委托贷款借款合同》《上海市建设工程施工合同》,不足以证明上海农商行浦东分行存在主观恶意、未尽到合理审查义务的情形。南通二建所提交的上述证据材料均不属于《中华人民共和国民事诉讼法》第二百条第一项规定的足以推翻原判决的新的证据。

(二)关于上海农商行浦东分行是否享有案涉工程抵押权的问题。上海农商行浦东分行与佳程房产公司就案涉工程签订了借款合同和抵押合同,并办理了案涉工程抵押预告登记,且上海农商行浦东分行享有案涉工程抵押权已经上海市第一中级人民法院(2018)沪 01 民初 784 号民事生效判决确认,原审法院认定上海农商行浦东分行享有案涉工程抵押权,并无不妥。南通二建关于上海农商行浦东分行不享有案涉工程抵押权的主张不成立。南通二建申请再审新提交的混凝土抗压强度检测报告、钢材焊接力学性能检测报告、工程变更签证联系单、挖土令、建设工程开工报告不足以推翻原判决的上述认定,不属于《中华人民共和国民事诉讼法》第二百条第一项规定的新的证据。

(三)关于上海农商行浦东分行在本案中是否享有上诉权的问题。南通二建关于其对案涉工程折价或者拍卖的价款优先受偿的诉讼请求与上海农商行浦东分行实现案涉工程抵押权的优先顺位直接相关,本案的处理结果与上海农商行浦东分行具有法律上的利害关系,上海农商行浦东分行在一审时以第三人身份参加本案诉讼符合《中华人民共和国民事诉讼法》第五十六条的规定。一审判决判定南通二建对案涉工程折价、拍卖的价款享有优先受偿权,已实质性地影响到上海农商行浦东分行享有的案涉工程抵押权的行使和实现,上海农商行浦东分行因一审判决结果实际上承担了相应的法律后果。在此情况下,二审法院认定上海农商行浦东分行享有上诉权,并无不当。南通二建关于上海农商行浦东分行无权提起本案上诉的主张,本院亦不予支持。

综上,南通二建提出的再审事由不能成立,其再审申请不符合《中华人民共和国民事诉讼法》第二百条第一项、第三项、第六项规定的情形。依照《中华人民共和国民事诉讼法》第二百零四条第一款、《最高人民法院关于适用〈中华人民共和国民事诉讼法〉的解释》第三百九十五条第二款规定,裁定如下:

驳回江苏南通二建集团有限公司的再审申请。

审 判 长 汪 军
审 判 员 薛贵忠
审 判 员 杜微科

二〇二一年八月十日

书 记 员 盛家璐

商　　事

招商银行股份有限公司济南分行与临清新银河实业有限公司、中冶纸业银河有限公司金融借款合同纠纷案

【裁判摘要】

债委会会议纪要是债委会集体意志的体现，是债委会各成员单位真实意思表示，不违反法律法规的规定，各成员单位应当遵照执行。债委会成员如承诺与其他成员一致行动、除经债委会同意外不得单独或联合其他方处置债权（包括但不限于起诉、查封、变卖、拍卖、扣划等）的，其在债务重组协议约定的履行期间届满前，未经债委会同意，单独起诉主张实现其债权的，人民法院应当判决驳回其诉讼请求。

最高人民法院民事裁定书

（2021）最高法民申 2707 号

再审申请人（一审原告、二审被上诉人）：招商银行股份有限公司济南分行，住所地山东省济南市高新区经十路 7000 号汉峪金融商务中心四区 1 号楼。

负责人：辛亮，该行行长。

委托诉讼代理人：刘杨，该行公司律师。

委托诉讼代理人：马文，该行公司律师。

被申请人（一审被告、二审上诉人）：临清新银河实业有限公司，住所地山东省聊城市临清市西门里街 297 号。

法定代表人：黎轶，该公司总经理。

委托诉讼代理人：刘金海，北京市炜衡（济南）律师事务所律师。

委托诉讼代理人：刘继恒，北京市炜衡（济南）律师事务所律师。

被申请人（一审被告、二审上诉人）：中冶纸业银河有限公司，住所地山东省临清市西门里街。

法定代表人：黎轶，该公司总经理。

委托诉讼代理人：赵洪文，该公司职员。

委托诉讼代理人：刘金海，北京市炜衡（济南）律师事务所律师。

再审申请人招商银行股份有限公司济南分行（以下简称济南招行）因与被申请人临清新银河实业有限公司（以下简称新银河公司）、中冶纸业银河有限公司（以下简称中冶银河公司）金融借款合同纠纷一案，不服山东省高级人民法院（2020）鲁民终450号民事判决，向本院申请再审。本院依法组成合议庭对本案进行了审查。2021年6月24日，本院进行了询问，济南招行委托诉讼代理人刘杨、马文，新银河公司委托诉讼代理人刘金海、刘继恒，中冶银河公司委托诉讼代理人赵洪文、刘金海到庭参加诉讼。本案现已审查完毕。

济南招行申请再审称：一、济南招行派员出席2019年5月22日债权人会议，向其他债委会成员行及新银河公司、中冶银河公司明确表示，若新银河公司、中冶银河公司不纠正违约行为，将下迁不良贷款管理，依法维权。《会议纪要》未履行表决程序，所载事项未经表决。退一步说，《会议纪要》亦明确约定，债权银行办理借新还旧和贷款业务续作需以新银河方面不违约为前置条件。在新银河公司、中冶银河公司仍不履行债务重组协议约定义务、案涉贷款逾期的情况下，济南招行依法有权起诉。济南招行起诉后，债委会无一家债权银行提出异议。二审期间，14家债权银行中仅工商银行聊城分行一家反对济南招行起诉。各债权银行对新银河公司、中冶银河公司的违约行为形成共识，对济南招行"以诉促履行"的做法表示默许和支持。二审依据《会议纪要》认定济南招行等债权银行对新银河公司、中冶银河公司的违约行为给予了一定宽限期，缺乏证据证明。二、新银河公司、中冶银河公司继2019年5月22日债权人会议后是否继续违约系本案关键事实，二审认定新银河公司、中冶银河公司因济南招行、招商银行股份有限公司聊城分行的原因未能偿还其贷款余额千分之一的贷款本金所依据的证据未经济南招行质证，认定事实错误。三、本案系金融借款合同纠纷。案涉《框架协议》《实施方案》《补充方案》约定，新银河公司、中冶银河公司应先履行资产划转、增资及挂账贷款本金偿还三项合同义务，但截至济南招行起诉时其未履行其中任何一项义务。新银河公司、中冶银河公司作为先履行一方未履行，无权要求后履行一方履行义务。二审未依据《中华人民共和国合同法》（以下简称《合同法》）第六十七条关于后履行一方有权拒绝履行的规定作出认定，适用法律错误。四、2018年《借款合同》的签订时间晚于《框架协议》《实施方案》《补充方案》，是本案贷款发放的直接依据，该合同约定贷款到期日为2019年6月18日，在前签订的《框架协议》《实施方案》《补充方案》关于贷款期限的约定不明。济南招行有权依据2018年《借款合同》的约定和《合同法》第二百零六条关于借款期限约定不明的规定要求新银河公司偿还贷款。此外，临清市人民政府未在《补充方案》上盖章确认，《补充方案》未生效，二审法院确认《补充方案》效力缺乏事实及法律依据。五、根据《中国银监会办公厅关于做好银行业金融机构债权人委员会有关工作的通知》（银监办便函〔2016〕1196号）规定，债委会性质上属于协商性、自律性、临时性组织，职责是依法维护银行业金融机构的合法权益。债委会形成的各类"债权人协议"系各债权银行之间权利义务的安排，不是银行对债务企业的"续贷承诺"。济南招行起诉是否对其他债权银行构成违约及违约程度，超出了原告诉讼请求，不属于金融借款合同纠纷案件的审理范围。济南招行提起诉讼是因新银河公司、中冶银河公司根本违反协议约定致使债务重组合同目的落空，不属于所谓"随意"抽贷、停贷。济南招行依法依约起诉，二审认定济南招行违反诚实信用原则错误。六、即使二审法院认为济南招行起诉未事先获得债委会授权，擅自单独起诉，应认定济南招行原告主体不适格，适用《中华人民共和国民事诉讼法》第一百一十九条第二项的规定裁定驳回起诉，二审判决驳回济南招行诉讼请求，适用法律错误。综上，济南招行依据《中华人民共和国民事诉讼法》第二百条第二项、第四项、第六项的规定申请再审，请求再审本案。

新银河公司、中冶银河公司提交意见认为，济南招行作为债务重组协议的受益方，在借款未到期的情况下单独起诉，损害了新银河公司、中冶银河公司、其他债权银行及社会公众的合法权益。即便新银河公司、中冶银河公司存在违约行为，债务重组协议的一方是债委会和全体债权银行，作为债委会单个成员的济南招行，无权单独起诉。债务重组协议明确约定借款期限最短为8年，《借款合同》是对债务重组协议的履行，济南招行于2016年出具书面《证明》，承诺重组贷款本息结清前到期续做，构成对借款期限最短为8年的明确自认。综上，二审认定事实清楚，适用法律正确，诉讼程序符合法律规定，请求驳回济南招行的再审申请。

本院认为，本案审查的焦点是：《框架协议》《实施方案》《补充方案》等系列重组协议的效力、2018年《借款合同》与系列重组协议的关系、2019年5月22日《会议纪要》的效力以及本案具体裁判方式等四个方面的问题。

一、关于《框架协议》《实施方案》《补充方案》等系列重组协议的效力。本案中，案涉《框架协议》《实施方案》《补充方案》等系列债务重组协议是在国务院国资委、临清市人民政府以及聊城市银行业协会的推动下，为处置中冶银河公司债务、保障各债权银行的贷款本金不受损失以及中冶银河公司优质资产的正常经营所签署，系列债务重组协议不违反法律、行政法规的强制性规定，均为有效。临清市人民政府在《补充方案》中的身份是监督人，监督、协助各方约定的实施和落实，临清市人民政府未盖章不影响《补充方案》的效力。再审审查中，临清市人民政府亦出具《证明》，表示政府起监督作用，虽然未在《补充方案》上盖章，但自始认可《补充方案》的效力。

二、关于案涉2018年《借款合同》与系列重组协议的关系。案涉债务重组协议明确约定，新银河公司承接贷款在重组贷款还清前到期续作，新银河公司承接贷款到期后，在重组贷款本息结清前，各债权银行应采取借新还旧等方式确保贷款到期续作。招商银行股份有限公司聊城分行与新银河公司签订2015年《借款合同》以及济南招行与新银河公司签订2018年《借款合同》均是对债务重组协议约定的履行，且2018年《借款合同》明确约定贷款用途为以新还旧。二审认定2018年《借款合同》系基于系列债务重组协议的约定而发放的以新还旧的贷款，并非借款双方对借款事宜重新作出的约定，该事实认定正确。济南招行作为系列债务重组协议的签署人，应受系列债务重组协议的约束。根据系列重组协议，新银河公司承接贷款的期限为8年，各债权银行应通过借新还旧等方式确保到期续作，至济南招行提起本案诉讼，尚未至约定期限。

三、关于2019年5月22日《会议纪要》的效力问题。债委会在系列重组协议框架下开展工作，包括济南招行在内的各方先后签订多份协议。其中，《补充方案》明确约定任何一方不得单方面或联合其他方与债务人就其债权达成除《补充方案》以外的任何协议，除经债委会同意外不得单独或联合其他方处置（包括但不限于起诉、查封、变卖、拍卖、扣划等）债务人的资产；第三条第4款还约定，债委会各成员不履行《实施方案》和《补充方案》，抽回资金或违约单独采取保全行动的，应在债委会指定的日期内予以纠正，对不及时纠正违约行为的债权人，应赔偿其他债权人的损失。2019年5月22日，中冶银河公司与各债权银行召开债权人会议，形成《会议纪要》，各债权银行同意在新银河公司未按系列重组协议约定进行增资、中冶银河公司未按债务重组协议约定将优质资产纳入新银河公司构成违约的情况下，对新银河公司、中冶银河公司的违约行为给予宽限。济南招行亦派员出席本次会议。本院认为，债委会是债权银行业金融机构发起成立的协商性、自律性、临时性组织，既要支持实体经济发展，也要依法维护金融机构的合法权益。在债务人不履行协议时，债委会可以联合金融机构对相关企业进行警示，要求限期纠正，及时将有关信息通报会员单位，并通过适当形式与国家有关信用信息平台实现信息共享，对逃废金融债务企业依法依规进行失信惩戒。对于拒不采取纠正措施的逃废金融债务企业，债委会可以组织金融机构依法对其采取不予新增融资、视情况压缩存量融资等措施实施惩戒。债委会成员应当一致行动，济南招行作为系列债务重组协议的签署人，承诺与其他债权银行一致行动，应当执行债委会的决定。2019年5月22日《会议纪要》是系列债务重组协议的延续，是债委会共同协商后作出的共同意思表示。另外，《会议纪要》符合《中国银监会办公厅关于做好银行业金融机构债权人委员会有关工作的通知》（银监办便函〔2016〕1196号）规定的债委会重大事项原则上应当同时符合经占金融债权总金额三分之二以上比例债委会成员同意以及经全体债委会成员过半数同意两个条件，2019年5月22日《会议纪要》应为有效。在其他债权银行都没有提出异议的情况下，济南招行单方不履行《会议纪要》，单独提起诉讼，缺乏事实和法律依据。

四、关于本案应当驳回诉讼请求还是驳回起诉的具体处理方式。《中华人民共和国民事诉讼法》第一百一十九条规定："起诉必须符合下列条件：（一）原告是与本案有直接利害关系的公民、法人和其他组织；（二）有明确的被告；（三）有具体的诉讼请求和事实、理由；（四）属于人民法院受理民事诉讼的范围和受诉人民法院管辖。"驳回起诉是为了解决诉讼程序上的问题，驳回诉讼请求处理的是实体上的权利义务关系。济南招行的起诉符合法律规定，具有原告资格，人民法院依法受理，没有裁定驳回起诉，并无不当。本案债委会各成员约定，除经债委会同意外不得单独或联合其他方通过起诉、查封、变卖、拍卖、扣划等方式处置债务人的资产，该约定是债委会集体意志的体现，是债委会各成员单位真实意思表示，不违反法律法规的规定。济南招行作为债委会成员，承诺与其他债权银行一致行动，在未征得债委会同意，且未到债务重组协议约定的履行期限的情况下，其主张的本案债权尚不符合实现条件。二审判决驳回其诉讼请求，并无不当。

综上，济南招行的再审申请不符合《中华人民共和国民事诉讼法》第二百条第二项、第四项、第六项规定的情形。依照《中华人民共和国民事诉讼法》第二百零四条第一款、《最高人民法院关于适用〈中华人民共和国民事诉讼法〉的解释》第三百九十五条第二款规定，裁定如下：

驳回招商银行股份有限公司济南分行的再审申请。

审　判　长　林文学
审　判　员　刘崇理
审　判　员　葛洪涛

二〇二一年九月二十七日

法官助理　杨　婷
书　记　员　宋亚东

韦统兵与新疆宝塔房地产开发有限公司等请求变更公司登记纠纷案

【裁判摘要】

法定代表人是对外代表公司从事民事活动的公司负责人，法定代表人登记依法具有公示效力。就公司内部而言，公司与法定代表人之间为委托法律关系，法定代表人代表权的基础是公司的授权，自公司任命时取得至免除任命时终止。公司权力机关依公司章程规定免去法定代表人的职务后，法定代表人的代表权即为终止。

有限责任公司股东会依据章程规定免除公司法定代表人职务的，公司执行机关应当执行公司决议，依法办理公司法定代表人工商变更登记。

最高人民法院民事判决书

（2022）最高法民再 94 号

再审申请人（一审原告、二审上诉人）：韦统兵，男，1968年12月9日出生，汉族，住北京市丰台区。

委托诉讼代理人：雷建华，新疆元正盛业律师事务所律师。

被申请人（一审被告、二审被上诉人）：新疆宝塔房地产开发有限公司，住所地新疆维吾尔自治区伊犁州奎屯市毓秀里一团结北街28幢。

法定代表人：韦统兵，该公司董事长。

被申请人（一审被告、二审被上诉人）：新疆宝塔投资控股有限公司，住所地新疆维吾尔自治区乌鲁木齐市高新区（新市区）昆明路238号1栋2层201室。

法定代表人：铁斌，该公司董事长。

被申请人（一审被告、二审被上诉人）：新疆嘉鸿投资有限公司，住所地新疆维吾尔自治区乌鲁木齐市天山区文艺路恒福大厦A栋22楼1号。

法定代表人：崔凤，该公司总经理。

再审申请人韦统兵因与被申请人新疆宝塔房地产开发有限公司（以下简称宝塔房地产公司）、新疆宝塔投资控股有限公司（以下简称宝塔投资公司）、新疆嘉鸿投资有限公司（以下简称嘉鸿公司）请求变更公司登记纠纷一案，不服宁夏回族自治区高级人民法院（2021）宁民终82号民事判决，向本院申请再审。本院于2021年12月17日作出（2021）最高法民申7049号民事裁定，提审本案。本院依法组成合议庭，开庭审理了本案。再审申请人韦统兵以及其委托诉讼代理人雷建华到庭参加诉讼。被申请人宝塔房地产公司、宝塔投资公司经本院合法传唤无正当理由未到庭参加诉讼，被申请人嘉鸿公司书面表示其不参加诉讼。本案现已审理终结。

韦统兵再审请求：1.依法撤销宁夏回族自治区高级人民法院（2021）宁民终82号民事判决，改判宝塔房地产公司为韦统兵办理公司法定代表人工商变更登记，并由宝塔投资公司、嘉鸿公司予以配合。2.由宝塔房地产公司、宝塔投资公司、嘉鸿公司承担再审费用。事实和理由：（一）韦统兵与宝塔房地产公司之间已不存在劳动关系，已丧失继续担任宝塔房地产公司法定代表人的基础和条件。2017年7月18日，宝塔石化集团有限公司（以下简称宝塔石化集团）总裁办下发宝总发〔2017〕63号《关于干部免职的决定》，免去韦统兵在宝塔房地产公司董事长、法定代表人及宝塔石化集团的一切职务。同年7月20日宝塔房地产公司控股股东宝塔投资公司通知韦统兵免职事宜，并告知该免职决定已经通知嘉鸿公司，嘉鸿公司接受并同意免职决定。故韦统兵自2017年7月18日即已解除了与宝塔房地产公司关于担任法定代表人任职的委托，且事实上韦统兵自被免职后，已经被停止在宝塔石化集团和宝塔房地产公司的全部职务和工作，亦未再领取宝塔石化集团任何报酬，与宝塔房地产公司不存在任何关联。根据《中华人民共和国公司法》的规定，公司法定代表人依法应由董事长、执行董事或者经理担任，也就是说自然人成为公司的法定代表人，应当与公司之间存在实质性的利益关联，该种利益关联是其担任公司法定代表人的前提和由来。因此，韦统兵已经丧失作为宝塔房地产公司法定代表人的法律基础和基本条件。宝塔房地产公司理应为韦统兵办理法定代表人变更登记。宝塔房地产公司在对韦统兵作出免职决定，韦统兵离开公司并解除双方劳动关系的情况下，怠于和拒绝为韦统兵变更法定代表人登记，损害了韦统兵的权益。（二）宝塔房地产公司的股东就免除韦统兵董事长、法定代表人职务达成合意，已经产生股东会决议的法律效果。宝塔石化集团下发《关于干部免职的决定》后，宝塔投资公司通知了嘉鸿公司，嘉鸿公司同意，本案二审审理中嘉鸿公司向法院提交的答辩意见也证实上述事实。因宝塔投资公司拖延及后期被整体接管致未能完成韦统兵法定代表人变更登记，韦统兵也无法获得宝塔房地产公司内部的股东会决议。但结合宝塔投资公司出具的《免职通知书》和嘉鸿公司提交的答辩意见，事实上宝塔房地产公司的两股东已就免除韦统兵法定代表人的职务达成一致意见，产生股东会决议的法律效力，故依法应当认定免除韦统兵法定代表人是两股东共同意思表示。（三）韦统兵已穷尽公司内部的救济手段。韦统兵被免职后，因其与公司无投资关系，再没有继续为宝塔石化集团工作，作为离职人员其无法通过召集股东会等公司自治途径对法定代表人变更事项进行决议，并提供相应的证据材料，且公司章程中也不涉及有关法定代表人变更登记的规定。此种情形下，韦统兵向宝塔石化集团和宝塔房地产公司提出变更登记的请求，但该诉求被置之不理，韦统兵被迫继续"挂名"宝塔房地产法定代表人，已经严重损害其利益，故诉至法院，请求依法保护其权益。

嘉鸿公司提交书面意见称，认可韦统兵起诉的有关事实，也同意公司给韦统兵办理工商变更登记。

韦统兵向一审法院起诉请求：1.依法判令宝塔房地产公司办理公司法定代表人工商变更登记，并由宝塔投资公司、嘉鸿公司予以配合；2.由宝塔房地产公司、宝塔投资公司、嘉鸿公司承担本案诉讼费用、邮寄送达费等其他相关费用。

一审法院认定事实：宝塔房地产公司于2013年3月26日成立，注册资本2000万元，宝塔投资公司和嘉鸿公司为其股东，其中宝塔投资公司认缴出资1900万元，嘉鸿公司认缴出资100万元，韦统兵担任宝塔房地产公司的董事长及法定代表人。宝塔投资公司成立于

2012年12月6日，系由宝塔投资控股有限公司控股法人独资。

一审法院判决：驳回韦统兵的诉讼请求。一审案件受理费100元，公告费560元，均由韦统兵负担。

韦统兵不服一审判决，上诉请求：1. 依法撤销（2019）宁01民初3717号民事判决，改判宝塔房地产公司限期办理公司法定代表人工商变更登记，宝塔投资公司、嘉鸿公司予以配合；2. 一审、二审诉讼费由宝塔房地产公司、宝塔投资公司、嘉鸿公司承担。

二审期间，韦统兵提交了2017年7月18日宝塔石化集团总裁办下发的宝总发〔2017〕63号《关于干部免职的决定》、2017年7月20日宝塔投资公司出具的《免职通知书》原件。

宝塔房地产公司、宝塔投资公司、嘉鸿公司二审未到庭参加诉讼。

二审查明的案件事实与一审一致。

二审法院认为，当事人对自己提出的诉讼请求所依据的事实，应当提供证据加以证明。《中华人民共和国公司法》第十三条规定："公司法定代表人依照公司章程的规定，由董事长、执行董事或者经理担任，并依法登记。公司法定代表人变更，应当办理变更登记。"本案中，韦统兵未提交宝塔房地产公司的公司章程，不能证明该公司对于法定代表人任免的规定，也未提交宝塔房地产公司作出决议或决定将公司法定代表人进行变更登记的有效证据，宝塔投资公司、嘉鸿公司未拒绝办理变更登记，韦统兵的诉求不符合《中华人民共和国公司法》的相关规定。综上认为韦统兵的上诉请求不能成立，应予驳回；一审判决认定事实清楚，适用法律正确，应予维持。依照《中华人民共和国民事诉讼法》（2017年修正）第一百七十条第一款第一项之规定，判决：驳回上诉，维持原判。二审案件受理费100元，由韦统兵负担。

再审中，韦统兵提交落款时间为2013年3月25日、2017年8月17日的两份《新疆宝塔房地产开发有限公司章程》，拟证明按照《中华人民共和国公司法》第十三条及公司章程第二十六条规定，韦统兵已经被免去公司董事长和法定代表人身份，已不符合继续担任法定代表人的规定，宝塔房地产公司有义务履行法定代表人工商变更登记。

经审查，上述两份公司章程加盖有新疆维吾尔自治区市场监督管理局登记档案查询专用章，本院确认该两份公司章程属实。

本院再审查明，2013年3月25日，工商备案的《新疆宝塔房地产开发有限公司章程》第十三条规定："股东会由全体股东组成，是公司的权力机构，行使下列职权：……（二）选举和更换非由职工代表担任的董事、监事，决定有关董事、监事的报酬事项……"第十九条规定："公司设董事会，成员为5人，由新疆宝塔投资控股有限公司委派3名，由新疆嘉鸿投资有限公司委派2名。董事任期3年，连选可以连任。董事会设董事长1人，由董事会选举产生。董事长任期3年，任期届满，连选可以连任。董事会对股东会负责，行使下列职权：……（二）执行股东会的决议……"第二十六条规定："董事长为公司的法定代表人"。宝塔房地产公司2017年8月17日的公司章程与2013年3月25日的公司章程上述内容基本一致。

另查明，2017年7月20日，宝塔投资公司出具的《免职通知书》载明："韦统兵：根据宝塔石化集团宝总发〔2017〕63号总裁办文件，本公司现通知你，免去你在新疆宝塔房地产开发有限公司董事长、法定代表人职务，同时免去你在新疆宝塔石化运输公司总经理职务。本公司作为新疆宝塔房地产开发有限公司的控股股东，有权决定该公司董事长、法定代表人任免。本公司已将对你的免职决定通知另一股东新疆嘉鸿投资有限公司，该公司未提出异议。本通知自发出之日生效。"

再审还查明，宝塔石化集团系列金融案件正在诉讼中。宝塔投资公司、宝塔房地产公司均系宝塔石化集团下属公司。

再审审理中，本院联系宝塔石化集团，并向其发出函件，告知本案韦统兵诉讼事宜，建议宝塔石化集团协调处理韦统兵的相关诉求。宝塔石化集团收到本院函件后未予答复。

本院再审查明的其余事实与原一、二审一致。

本院再审认为，根据《最高人民法院关于适用〈中华人民共和国民法典〉时间效力的若干规定》第一条第二款关于"民法典施行前的法律事实引起的民事纠纷案件，适用当时的法律、司法解释的规定，但是法律、司法解释另有规定的除外"的规定，本案诉争事实发生在《中华人民共和国民法典》施行前，故依法应适用当时的法律、司法解释的规定。本案争议的问题是宝塔房地产公司应否为韦统兵办理公司法定代表人工商变更登记。

根据本案查明的事实，本院认为，宝塔房地产公司应当为韦统兵办理公司法定代表人工商变更登记，理由如下：

（一）宝塔房地产公司已经终止与韦统兵之间的法定代表人委托关系，韦统兵已经不具有代表公司的法律基础

法定代表人是对外代表公司意志的机关之一，登记的法定代表人依法具有公示效力，但就公司内部而言，公司和法定代表人之间为委托法律关系，法定代表人行使代表人职权的基础为公司权力机关的授权，公司权力机关终止授权则法定代表人对外代表公司从事民事活动的职权终止，公司依法应当及时办理工商变更登记。

本案中，《新疆宝塔房地产开发有限公司章程》第十三条规定，宝塔房地产公司股东会是公司的权力机构，有权选举和更换董事。第十九条规定，董事会董事由股东委派，董事会对股东会负责，执行股东会决议，董事长由董事会选举产生。第二十六条规定，董事长为公司法定代表人。2013年3月26日，宝塔房地产公司成立，韦统兵是宝塔房地产公司股东宝塔投资公司委派的董事，依据公司章程经董事会选举为董事长，依据章程担任公司法定代表人，并办理了工商登记。因此，韦统兵系受公司权力机关委托担任公司法定代表人。

2017年7月18日，宝塔石化集团下发《关于干部免职的决定》，免除韦统兵宝塔房地产公司董事长、法定代表人职务。2017年7月20日，宝塔投资公司依据宝塔石化集团上述干部免职决定，向韦统兵发出《免职通知书》，免去韦统兵公司董事长、法定代表人职务。该《免职通知书》还载明："本公司作为新疆宝塔房地产开发有限公司的控股股东，有权决定该公司董事长、法定代表人任免。本公司已将对你的免职决定通知另一股东新疆嘉鸿投资有限公司，该公司未提出异议。本通知自发出之日生效。"韦统兵被免职后，未在该公司工作，也未从公司领取报酬。本案诉讼中，嘉鸿公司明确其知晓并同意公司决定，因此，可以认定宝塔房地产公司两股东已经就韦统兵免职作出股东会决议并通知了韦统兵，该决议符合宝塔房地产公司章程规定，不违反法律规定，依法产生法律效力，双方的委托关系终止，韦统兵已经不享有公司法定代表人的职责。依据《中华人民共和国公司法》第十三条规定："公司法定代表人依照公司章程的规定，由董事长、执行董事或者经理担任，并依法登记。公司法定代表人变更，应当办理变更登记"，宝塔房地产公司应当依法办理法定代表人变更登记。

（二）宝塔房地产公司怠于履行义务，对韦统兵的权益造成了损害，依法应当办理法定代表人变更登记

按照原国家工商行政管理局制定的《企业法人法定代表人登记管理规定》（1999年修

订）第六条"企业法人申请办理法定代表人变更登记，应当向原企业登记机关提交下列文件：（一）对企业原法定代表人的免职文件；（二）对企业新任法定代表人的任职文件；（三）由原法定代表人或者拟任法定代表人签署的变更登记申请书"以及第七条"有限责任公司或者股份有限公司更换法定代表人需要由股东会、股东大会或者董事会召开会议作出决议……"之规定，宝塔房地产公司只需提交申请书以及对原法定代表人的免职文件、新法定代表人的任职文件，以及股东会、股东大会或者董事会召开会议作出决议即可自行办理工商变更登记。本案中，韦统兵被免职后，其个人不具有办理法定代表人变更登记的主体资格，宝塔房地产公司亦不依法向公司注册地工商局提交变更申请以及相关文件，导致韦统兵在被免职后仍然对外登记公示为公司法定代表人，在宝塔房地产公司相关诉讼中被限制高消费等，已经给韦统兵的生活造成实际影响，侵害了其合法权益。除提起本案诉讼外，韦统兵已无其他救济途径，故韦统兵请求宝塔房地产公司办理工商变更登记，依法有据，应予支持。至于本案判决作出后，宝塔房地产公司是否再选任新的法定代表人，属于公司自治范畴，本案不予处理。

综上，原一、二审判决以宝塔房地产公司未形成决议等为由驳回韦统兵的诉讼请求有误，本院依法予以纠正。

另外，宝塔投资公司、嘉鸿公司仅是宝塔房地产公司的股东，且其已经就免除韦统兵法定代表人作出决议，依法也非办理变更登记的义务主体，韦统兵请求该两公司办理或协助办理法定代表人工商变更登记，依据不足，不予支持。

综上所述，韦统兵的再审请求部分成立。依照《中华人民共和国公司法》第十三条，《中华人民共和国民事诉讼法》第二百一十四条第一款、第一百七十七条第一款第二项规定，判决如下：

一、撤销宁夏回族自治区高级人民法院（2021）宁民终82号民事判决、宁夏回族自治区银川市中级人民法院（2019）宁01民初3717号民事判决；

二、新疆宝塔房地产开发有限公司于本判决生效之日起三十日内为韦统兵办理公司法定代表人变更登记；

三、驳回韦统兵的其他诉讼请求。

一审案件受理费100元，公告费560元，二审案件受理费100元，均由新疆宝塔房地产开发有限公司负担。

本判决为终审判决。

审　判　长　吴兆祥
审　判　员　张　梅
审　判　员　赵　敏

二〇二二年五月十七日

法官助理　尹　伊
书　记　员　雷婷玉

沙启英与塔尼尔生物科技（商丘）有限公司等破产债权确认纠纷案

【裁判摘要】

《最高人民法院关于适用〈中华人民共和国企业破产法〉若干问题的规定（三）》第八条规定的十五日期间系附不利后果的引导性规定，目的是督促异议人及时主张权利、提高破产程序的效率，并非起诉期限、诉讼时效或除斥期间。该十五日期间届满后，破产程序按债权人会议核查并经人民法院裁定确认的结果继续进行，由此给异议人行使表决权和财产分配等带来的不利后果，由其自行承担，但并不导致异议人实体权利或诉权消灭的法律后果。

最高人民法院民事裁定书

（2022）最高法民再233号

再审申请人（一审原告、二审上诉人）：沙启英，女，1968年5月5日出生，回族，住河南省商丘市。

委托诉讼代理人：刘广勋，河南京港律师事务所律师。

委托诉讼代理人：李峁，河南京港律师事务所律师。

被申请人（一审被告、二审被上诉人）：塔尼尔生物科技（商丘）有限公司。住所地：河南省商丘市睢阳区古宋乡（睢阳区产业集聚区工业大道北侧）。

诉讼代表人：河南睢阳律师事务所、北京市炜衡律师事务所，塔尼尔生物科技（商丘）有限公司共同管理人。

负责人：李兰明。

委托诉讼代理人：李亚彬，河南睢阳律师事务所律师。

被申请人（一审被告、二审被上诉人）：商丘市宏达汽车防滑设备有限公司。住所地：河南省商丘市睢阳产业集聚区中亚大道和105国道交叉口西北角。

诉讼代表人：河南睢阳律师事务所、北京市炜衡律师事务所，商丘市宏达汽车防滑设备有限公司共同管理人。

负责人：李兰明。

委托诉讼代理人：李亚彬，河南睢阳律师事务所律师。

一审第三人：李宏军，男，1963年5月22日出生，汉族，住河南省商丘市。

一审第三人：朱家祥，男，1963年10月20日出生，汉族，住河南省商丘市。

再审申请人沙启英因与被申请人塔尼尔生物科技（商丘）有限公司（以下简称塔尼尔

公司）、商丘市宏达汽车防滑设备有限公司（以下简称宏达公司），一审第三人李宏军、朱家祥破产债权确认纠纷一案，不服河南省高级人民法院作出的（2021）豫民终1114号民事裁定，向本院申请再审。本院依法组成合议庭对本案进行了审查，现已审查终结。

沙启英申请再审称：原裁定符合《中华人民共和国民事诉讼法》第二百零七条第六项规定的情形，应予再审。请求：1. 撤销一、二审裁定；2. 指令一审法院审理，并依法作出判决。理由如下：原裁定适用法律错误。《最高人民法院关于适用〈中华人民共和国企业破产法〉若干问题的规定（三）》（以下简称企业破产法司法解释三）第八条规定的十五日期间，是与《中华人民共和国企业破产法》（以下简称《企业破产法》）债权申报期限相同性质的附不利后果承担的引导性规定，而非诉讼时效或除斥期间，不影响当事人的实体权利。此外，债权人会议核查结束的标志应为人民法院裁定确认之债权表，而非债权人会议召开完毕之日，沙启英起诉时未接到人民法院裁定确认之债权表，其起诉不超过企业破产法司法解释三第八条的起诉期限。沙启英第二项诉讼请求是确认合同效力和物权归属，并不适用诉讼时效规定。管理人邮寄"异议答复函"时填写的联系方式并非沙启英申报债权时预留的手机号，该答复函没有有效送达给沙启英，且答复函载明的是"可于"而非"应于"2020年12月5日之前提起诉讼。一、二审法院根据该规定认定沙启英超过起诉期限驳回起诉，适用法律错误。

塔尼尔公司、宏达公司辩称：企业破产法司法解释三第八条规定的十五日期间所要解决的是破产债权确认之诉的程序启动期限，并非解决实体法律关系问题，因此实质上是一种程序形成权，在法律性质上应为除斥期间。法律规定以及破产实务中设计了诸多程序来保障债权人利益，债权人怠于行使权利应自行承担相应法律后果。无论是按照法律规定的从债权人会议核查结束后开始起算，还是按照异议答复函之日起算，沙启英均已超过法律规定的期限。

沙启英一审诉讼请求：1. 确认沙启英对塔尼尔公司、宏达公司享有债权11655787.2元（10800000元 − 5760374.1元 − 672500元 = 4367125.9元，2014年6月19日至2020年6月10日共6年的利息，按月息2分计算；4367125.9元 × 2% × 72个月 = 6288661.3元，截至破产前一日本息合计：10655787.2元，5年租金100万元，债权合计：11655787.2元）；2. 确认2014年6月19日塔尼尔公司、宏达公司出卖给沙启英的房屋（附房屋清单）、机器设备（附机器设备清单）不属于破产财产（主张价值5760374.1元）；3. 责令李宏军向沙启英返还2014年6月19日出卖给沙启英的机器设备（附机器设备清单），如不能返还，折价赔偿672500元；4. 判令第三人李宏军、朱家祥对诉讼请求3承担赔偿责任；5. 诉讼等费用由塔尼尔公司、宏达公司负担。2021年5月13日，沙启英申请变更诉讼请求第二项为：确认双方签订的《房屋买卖合同》《机器设备买卖合同》有效，确认对房屋买卖价款5760374.1元享有优先受偿权，确认机器设备归沙启英所有。2021年5月25日，沙启英申请撤回对北京市炜衡律师事务所、河南睢阳律师事务所的起诉；2021年6月3日，沙启英申请撤回对李宏军的起诉，同时申请追加李宏军为第三人。

一审法院认为，一审法院于2020年6月10日裁定受理塔尼尔公司、宏达公司合并破产重整一案，并指定河南睢阳律师事务所与北京市炜衡律师事务所共同担任上述两公司破产重整管理人。2020年11月20日召开第一次债权人会议，在第一次债权人会议上管理人告知沙启英其申报的 11655787.2 元债权及涉案土地使用权、房屋及设备的取回权未被确认。沙启英于 2020 年 11 月 25 日向塔尼尔公司、宏达公司的管理人提交债权异议申请书，塔尼尔公司、宏达公司的管理人于 2020 年 12 月 2 日 12 时 11 分向沙启英通过 EMS 中国邮政速递物流送达了异议答复函，沙启英收到塔尼尔公司、宏达公司管理人的异议答复函后，在其债权未被确认的情况下，其未按异议答复函的意见于 2020 年 12 月 5 日之前向一审法院提起诉讼，亦未根据企业破产法司法解释三第八条之规定在债权人会议核查结束后十五日内向人民法院提起债权确认的诉讼。沙启英辩称异议答复函并非司法文书，其规定于 2020 年 12 月 5 日之前起诉明显违反法理，且企业破产法司法解释三第八条规定的十五日不是诉讼时效和除斥期间，仅是引导性规定，起算点应从法院裁定送达后开始起算，管理人制作的答复函没有任何约束力。一审法院认为，沙启英未按异议答复函的意见于 2020 年 12 月 5 日之前向一审法院提起诉讼，亦未根据企业破产法司法解释三第八条之规定在债权人会议核查结束后十五日内向人民法院提起债权确认的诉讼，沙启英于 2021 年 3 月 29 日向一审法院提起债权确认的诉讼，其起诉已经超过破产债权确认起诉期限，遂裁定驳回沙启英的起诉。

沙启英不服一审裁定，提起上诉，请求撤销一审裁定，由一审法院对本案进行依法审理。

二审法院认为，《企业破产法》第五十八条规定："依照本法第五十七条规定编制的债权表，应当提交第一次债权人会议核查。债务人、债权人对债权表记载的债权无异议的，由人民法院裁定确认。债务人、债权人对债权表记载的债权有异议的，可以向受理破产申请的人民法院提起诉讼"。企业破产法司法解释三第八条规定："债务人、债权人对债权表记载的债权有异议的，应当说明理由和法律依据。经管理人解释或调整后，异议人仍然不服的，或者管理人不予解释或调整的，异议人应当在债权人会议核查结束后十五日内向人民法院提起债权确认的诉讼。当事人之间在破产申请受理前订立有仲裁条款或仲裁协议的，应当向选定的仲裁机构申请确认债权债务关系。"该司法解释规定的十五日起诉期间是当事人参加民事诉讼活动应当遵守的期间，其约束的客体是当事人的程序权利及义务，主要目的均为就当事人应为的诉讼行为规定一定的期限，强制当事人严格遵守以保障诉讼程序的顺利进行，并且，此期间一旦已经过，当事人就不能再进行该诉讼行为，由此承受程序上的不利后果。本案中，一审法院于 2020 年 6 月 10 日裁定受理塔尼尔公司、宏达公司合并破产重整一案，并指定管理人，管理人在 2020 年 11 月 20 日召开的第一次债权人会议上告知沙启英其申报的 11655787.2 元债权及涉案土地使用权、房屋及设备的取回权未被确认，沙启英提出异议后，管理人于 2020 年 11 月 30 日作出书面异议答复函，向沙启英邮寄送达，异议答复函中明确记载"此答复为管理人最终意见，如您有异议，可于 2020 年 12 月 5 日之前向河南省商丘市中级人民法院提起诉讼"，沙启英于 2020 年 12 月 2 日收到异议答复函，但其直到 2021 年 3 月 29 日才提起本案诉讼，故一审法院依据上述法律及司法解释规定，认定沙启英提起本案诉讼已经超过债权确认起诉期限，并裁定驳回沙启英的起诉，并无不当，遂裁定驳回上诉，维持原裁定。

本院经再审认为，企业破产法司法解释三第八条规定的十五日期间，系附不利后果的引导性规定，目的是督促异议人尽快提起诉讼，以便尽快解决债权争议，提高破产程序的效率，防止破产程序拖延。异议人未在该十五日内提起债权确认的诉讼，视为其同意债权人会议核查结果,破产程序按债权人会议核查并经人民法院裁定确认的结果继续进行,给异议人财产分配和行使表决权等带来的不利后果,由其自行承担。但企业破产法司法解释三第八条规定的十五日期间并非诉讼时效、除斥期间或起诉期限,该十五日期间届满并不导致异议人实体权利或诉权消灭的法律后果。一、二审法院以沙启英超过十五日起诉期限为由驳回起诉,适用法律错误。

综上,依照《中华人民共和国民事诉讼法》第二百一十四条第一款、第一百七十七条第一款第二项规定,裁定如下:

一、撤销河南省高级人民法院(2021)豫民终1114号民事裁定及河南省商丘市中级人民法院(2021)豫14民初26号之一民事裁定;

二、指令河南省商丘市中级人民法院对本案进行审理。

审　判　长　王富博
审　判　员　于　蒙
审　判　员　吴凯敏

二○二二年七月二十日

法官助理　易清清
书　记　员　杨　鹏

知识产权

华为技术有限公司等与康文森无线许可有限公司确认不侵害专利权及标准必要专利许可纠纷案

【裁判摘要】

1. 对于具有"禁诉令"性质的行为保全申请,人民法院应当依照《中华人民共和国民事诉讼法》第一百条及《最高人民法院关于审查知识产权纠纷行为保全案件适用法律若干问题的规定》第七条的规定予以审查,重点考察被申请人在域外法院起诉或者申请执行域外法院判决对中国诉讼的审理和执行是否会产生实质影响、采取行为保全措施是否符合国际礼让原则等因素。关于被申请人在域外法院起诉或者申请执行域外法院判决对中国诉讼的审理和执行是否会产生实质影响,可以考虑中外诉讼的当事人是否基本相同、审理对象是否存在重叠、被申请人的域外诉讼行为效果是否会对中国诉讼造成干扰等。关于国际礼让原则,可以考虑案件受理时间先后、案件管辖适当与否、对域外法院审理和裁判的影响适度与否等。

2. 禁止被申请人为一定行为的行为保全措施具有特殊性,如果被申请人拒不遵守行为保全裁定所确定的不作为义务,违法实施了改变原有状态的行为,则其故意违法行为构成对行为保全裁定的持续性违反和对原有状态的持续性改变,应视为其每日均实施了违法行为,可以视情处以每日罚款并按日累计。

最高人民法院民事裁定书

(2019) 最高法知民终732、733、734号之一

申请人(被上诉人、原审原告):华为技术有限公司。住所地:中华人民共和国广东省深圳市龙岗区坂田华为总部办公楼。

法定代表人:赵明路,该公司经理。

委托诉讼代理人:赵烨,北京市竞天公诚律师事务所律师。

委托诉讼代理人(732号案):王斌,男,该公司工作人员。

委托诉讼代理人(733号案):巫晓倩,女,该公司工作人员。

委托诉讼代理人(734号案):谭伟峰,男,该公司工作人员。

被申请人(上诉人、原审被告):康文森无线许可有限公司(Conversant Wireless Licensing S.à r.l.)。住所地:卢森堡大公国卢森堡市让简英格灵路12号。

授权代表:尼古拉斯·普罗科平科(Nicholas Procopenko),该公司管理人。

委托诉讼代理人:彭飞,北京市中咨律师事务所律师。

委托诉讼代理人:王晓静,北京市中咨律师事务所律师。

上诉人康文森无线许可有限公司(以下简称康文森公司)与被上诉人华为技术有限公司(以下简称华为技术公司)、华为终端有限公司(以下简称华为终端公司)、华为软件技术有限公司(以下简称华为软件公司)确认不侵害专利权及标准必要专利许可纠纷三案,申请人华为技术公司于2020年8月27日向本院申请行为保全,请求责令被申请人康文森公司在本三案终审判决作出之前不得申请执行德国杜塞尔多夫地区法院(以下简称杜塞尔多夫法院)就康文森公司诉华为技术公司、华为技术德国有限公司、华为技术杜塞尔多夫有限公司(以下合称华为技术公司及其德国关联公司)侵害标准必要专利权纠纷案件作出的停止侵权判决。中国工商银行股份有限公司深圳华为支行为华为技术公司的上述行为保全申请提供担保,出具了0400000560-2020年(保函)字0841号担保函,担保金额为人民币1970万元。

华为技术公司称,2018年4月20日,康文森公司向杜塞尔多夫法院提起诉讼(以下称德国诉讼),主张华为技术公司及其德国关联公司侵害了康文森公司专利号为EP1797659、EP1173986、EP1878177的标准必要专利,请求杜塞尔多夫法院禁止华为技术公司及其德国关联公司销售、使用、进口或拥有相关移动终端产品,告知相关侵权行为和销售行为、赔偿

侵权损害、销毁和召回侵权产品，并承担诉讼费用。康文森公司在德国诉讼中主张的上述欧洲专利分别与其在本三案中主张的专利号为 ZL200580038621.8、ZL00804203.9、ZL200680014086.7 的中国专利系同族专利。2020 年 8 月 27 日，杜塞尔多夫法院作出判决，禁止华为技术公司及其德国关联公司在德国销售、使用、进口或拥有相关移动终端产品。华为技术公司主张，根据德国法律，康文森公司提交担保即可以申请执行一审判决。一旦康文森公司向杜塞尔多夫法院提交执行申请，华为技术公司及其德国关联公司将要么被迫退出德国市场，要么被迫接受康文森公司高达本三案原审判决确定的标准必要专利许可费率十数倍的要价，对华为技术公司及其德国关联公司造成不可弥补的损害，并使本三案关于中国标准必要专利许可费率的终审判决难以执行，故有必要禁止康文森公司于本三案终审判决作出之前申请执行杜塞尔多夫法院的停止侵权判决。

本院审查查明：

（一）中国诉讼情况

华为技术公司、华为终端公司、华为软件公司（以下合称华为技术公司及其中国关联公司）于 2018 年 1 月 25 日向江苏省南京市中级人民法院（以下简称原审法院）提起本三案诉讼，原审法院于当日受理并立案，案号分别是（2018）苏 01 民初 232 号、（2018）苏 01 民初 233 号、（2018）苏 01 民初 234 号。华为技术公司及其中国关联公司请求判令：1. 确认其在中国制造、销售、许诺销售移动终端产品的行为不侵害康文森公司享有的专利号为 ZL00819208.1、ZL200580038621.8、ZL200680014086.7 的发明专利权。2. 请求就康文森公司所有以及有权作出许可的、声称并实际满足 2G、3G、4G 标准或技术规范且为华为技术公司及其中国关联公司所实际实施的全部中国必要专利，判令确认符合公平、合理、无歧视原则的对华为技术公司及其中国关联公司产品的许可条件，包括费率。

2019 年 9 月 16 日，原审法院作出（2018）苏 01 民初 232、233、234 号判决：1. 对华为技术公司及其中国关联公司请求确认在中国制造、销售、许诺销售移动终端产品的行为不侵害康文森公司享有的专利号为 ZL00819208.1、ZL200580038621.8、ZL200680014086.7 发明专利权的诉讼请求不予支持；2. 对华为技术公司及其中国关联公司与康文森公司所涉标准必要专利许可应按以下条件确定：（1）许可专利：康文森公司所有以及有权做出许可的、声称并实际满足 2G、3G、4G 标准或技术规范且为华为技术公司及其中国关联公司所实际实施的全部中国必要专利。（2）许可产品：华为技术公司及其中国关联公司的移动终端产品，即手机和有蜂窝通信功能的平板电脑。（3）许可行为：制造、销售、许诺销售、进口许可产品，以及在许可产品上使用许可专利。（4）许可费率：上述许可行为中，华为技术公司及其中国关联公司需要向康文森公司支付的费率为：单模 2G 或 3G 移动终端产品中，中国专利包即中国标准必要专利的许可费率为 0；单模 4G 移动终端产品中，中国标准必要专利的许可费率为 0.00225%；多模 2G/3G/4G 移动终端产品中，中国专利包即中国标准必要专利的许可费率为 0.0018%。并且，华为技术公司及其中国关联公司仅需就含有 ZL200380102135.9 专利技术方案的 4G 移动终端产品向康文森公司支付上述许可费率。

康文森公司不服原审判决向本院提起上诉。本院于 2019 年 11 月 18 日受理并立案，案号分别是（2019）最高法知民终 732 号、（2019）最高法知民终 733 号、（2019）最高法知民终 734 号，目前三案正在审理中。

(二) 德国诉讼情况

康文森公司于 2018 年 4 月 20 日向杜塞尔多夫法院针对华为技术公司及其德国关联公司提起侵害标准必要专利权纠纷诉讼。涉案专利系专利号为 EP1797659、EP1173986、EP1878177 的欧洲专利，其分别与本案所涉专利号为 ZL200580038621.8、ZL00804203.9、ZL200680014086.7 的中国专利为同族专利。康文森公司请求杜塞尔多夫法院禁止华为技术公司及其德国关联公司销售、使用、进口或拥有相关移动终端产品，告知相关侵权行为和销售行为、赔偿侵权损害、销毁并召回侵权产品，承担诉讼费用。

2020 年 8 月 27 日，杜塞尔多夫法院作出一审判决，认定华为技术公司及其德国关联公司侵害了康文森公司专利号为 EP1797659 的欧洲专利，判令禁止华为技术公司及其德国关联公司提供、销售、使用或为上述目的进口或持有相关移动终端，禁止向客户提供或者交付带有 UMTS 标准功能的手机和平板电脑，提供相关侵权行为和销售行为信息，销毁并召回侵权产品，承担诉讼费用。该判决可以在提供 240 万欧元担保后获得临时执行。该判决认定，康文森公司向华为技术公司提出的标准必要专利许可费率要约未违反公平、合理、无歧视（FRAND）原则。康文森公司的前述要约中多模 2G/3G/4G 移动终端产品的标准必要专利许可费率约为本三案原审判决所确定中国标准必要专利许可费率的 18.3 倍。

(三) 有关中国同族专利的权利效力情况

EP1797659 欧洲专利系 ZL200580038621.8 中国专利的同族专利。2018 年 8 月 8 日，国家知识产权局作出第 36922 号无效宣告请求审查决定，宣告 ZL200580038621.8 中国专利权全部无效。康文森公司不服，向北京知识产权法院提起行政诉讼，目前该专利确权行政案件正在审理中。

本院经审查认为，华为技术公司关于禁止康文森公司在本三案终审判决作出之前申请执行杜塞尔多夫法院判决的申请，性质上属于行为保全申请。对于禁止申请执行域外法院判决的行为保全申请，应当考虑被申请人申请执行域外法院判决对中国诉讼的影响，采取行为保全措施是否确属必要，不采取行为保全措施对申请人造成的损害是否超过采取行为保全措施对被申请人造成的损害，采取行为保全措施是否损害公共利益，以及采取行为保全措施是否符合国际礼让原则等因素进行综合判断。

(一) 被申请人申请执行域外法院判决对中国诉讼的影响

对于申请人申请采取行为保全措施，禁止被申请人申请执行域外法院判决的，人民法院首先应当审查被申请人实施该行为是否会对本案审理和裁判执行产生实质影响。被申请人的相关行为可能阻碍本案审理或者造成本案裁判难以执行的，可针对该行为采取禁止性保全措施。具体到本三案而言，首先，从诉讼主体看，本三案当事人为华为技术公司及其中国关联公司和康文森公司，德国诉讼当事人为康文森公司和华为技术公司及其德国关联公司，两国诉讼的当事人基本相同。其次，从审理对象看，本三案中华为技术公司及其中国关联公司请求就康文森公司的中国标准必要专利确定许可使用费率。在德国诉讼中，康文森公司主张华为技术公司及其德国关联公司侵害康文森公司的标准必要专利权，请求杜塞尔多夫法院判令华为技术公司及其德国关联公司停止侵权。杜塞尔多夫法院作出的停止侵权判决以标准必要专利权利人康文森公司在与华为技术公司等协商过程中提出的许可费要约符合公平、合理、无歧视原则为前提。因此，虽然本三案与德国诉讼在纠纷性质上存在差异，但审理对象存在部分重合。最后，从行为效果看，一旦康文森公司申请执行杜塞尔多夫法院的停止侵权判决并获得准许，将对本三案的审理造成干扰，并很可能会使本三案的审理和判决失去意义。综上，康文森公司申请执行杜塞尔多夫法院停止侵权判决的行为将对本三案的审理推进和裁判执行产生实质消极影响，华为技术公司申请本院禁止康文森公司实施上述行为具备该类行为保全的前提条件。

（二）采取行为保全措施是否确属必要

审查采取行为保全措施是否具有必要性，应着重审查不采取行为保全措施是否会使申请人的合法权益受到难以弥补的损害或者造成案件裁决难以执行等损害。原则上，仅当确有必要时，方可采取禁止性保全措施。本三案中，杜塞尔多夫法院的停止侵权判决已经作出，一旦康文森公司提出申请并得以执行，在此紧急情形下，华为技术公司及其德国关联公司将仅有两种选择：要么被迫退出德国市场，要么被迫接受康文森公司要价并与之达成和解。对于前者情形，华为技术公司及其德国关联公司因退出德国市场所遭受的市场损失和失去的商业机会难以在事后通过金钱获得弥补。对于后者情形，华为技术公司及其德国关联公司慑于停止侵权判决的压力，不得不接受康文森公司高达原审法院确定的标准必要专利许可费率18.3倍的要价，并可能被迫放弃本三案中获得法律救济的机会。无论本三案如何认定中国费率，三案判决事实上将难以获得执行。无论发生上述何种情形，华为技术公司所受损害均属难以弥补，本三案具备采取行为保全措施的必要性，且情况确属紧急。

（三）对申请人和被申请人相关利益的合理权衡

判断是否可以采取禁止被申请人为特定行为的行为保全措施，还应当权衡不采取行为保全措施对申请人造成的损害和采取行为保全措施对被申请人造成的损害，兼顾双方利益。不采取行为保全措施对申请人造成的损害超过采取行为保全措施对被申请人造成的损害的，可以认定采取行为保全措施具有合理性。而且，不采取行为保全措施对申请人造成的损害超过采取行为保全措施对被申请人造成的损害的程度越高，采取保全措施的合理性就越强。本三案中，前已述及，一旦康文森公司申请执行杜塞尔多夫法院的停止侵权判决并获得准许，如本院不采取相应行为保全措施，则华为技术公司将遭受被迫退出德国市场或者被迫接受许可要价、放弃在中国法院的法律救济等难以弥补的损害。相反，如果本院采取行为保全措施，对康文森公司的损害仅仅是暂缓执行杜塞尔多夫法院的一审判决。杜塞尔多夫法院的判决并非终审判决，暂缓执行该判决并不影响康文森公司在德国的其他诉讼权益。同时，康文森公司系标准必要专利权利人，其在德国诉讼的核心利益是获得经济赔偿，暂缓执行杜塞尔多夫法院的停止侵权判决对于康文森公司造成的损害较为有限。两者相比较，不采取行为保全措施对华为技术公司造成的损害明显超过采取行为保全措施对康文森公司的损害，故采取行为保全措施具有合理性。同时，中国工商银行股份有限公司深圳华为支行为华为技术公司的行为保全申请提供了相应担保，可依法保障康文森公司的利益。

（四）采取行为保全措施是否会损害公共利益

判断是否可以采取禁止被申请人为特定行为的行为保全措施，还应该审查采取该行为保全措施是否会损害公共利益。本三案及关联德国诉讼主要涉及华为技术公司和康文森公司的利益。同时，本三案中，行为保全的对象是禁止康文森公司在本院终审判决作出前申请执行杜塞尔多夫法院的停止侵权判决，不影响公共利益。综上，本三案中采取行为保全措施不会损害公共利益。

（五）国际礼让因素的考量

对于禁止当事人申请执行域外法院裁判以及禁止其在域外寻求司法救济的行为保全申请，审查是否应予准许时，还应考量国际礼让因素。考虑国际礼让因素时，可以考查案件受理时间先后、案件管辖适当与否、对域外法院审理和裁判的影响是否适度等。从受理时间看，原审法院受理本三案的时间为2018年1月，杜塞尔多夫法院受理关联德国诉讼的时间为2018年4月，本三案受理在先。同时，禁止康文森公司在本三案终审判决作出之前向杜塞尔多夫法院申请执行有关判决，既不影响德国诉讼的后续审理推进，也不会减损德国判决的法律效力，仅仅是暂缓了其判决执行，对杜塞尔多夫法院案件审理和裁判的影响尚在适度范围之内。

因本三案情况紧急，本院必须在四十八小时内作出裁定，故事先未听取康文森公司意见。康文森公司在收到本裁定后，有申请复议的权利。

综上，华为技术公司的行为保全申请具有事实和法律依据，本院予以准许。依照《中华人民共和国民事诉讼法》第一百条、第一百零二条、第一百一十一条第一款第六项、第一百一十五条第一款之规定，裁定如下：

康文森无线许可有限公司不得在本院就本三案作出终审判决前，申请执行德意志联邦共和国杜塞尔多夫地区法院于2020年8月27日作出的一审停止侵权判决。

如违反本裁定，自违反之日起，处每日罚款人民币100万元，按日累计。

案件申请费人民币5000元，由华为技术有限公司负担。

本裁定立即开始执行。

如不服本裁定，可以自收到裁定书之日起五日内向本院申请复议一次。复议期间不停止裁定的执行。

审　判　长　王　闯
审　判　员　周　翔
审　判　员　朱　理
审　判　员　焦　彦
审　判　员　徐卓斌

二〇二〇年八月二十八日

法官助理　廖继博
法官助理　宾岳成
书　记　员　张　华

最高人民法院民事裁定书

（2019）最高法知民终732、733、734号之二

复议申请人：康文森无线许可有限公司（Conversant Wireless Licensing S.à r.l.）。住所地：卢森堡大公国卢森堡市让简英格灵路12号。

授权代表：尼古拉斯·普罗科平科（Nicholas Procopenko），该公司管理人。

委托诉讼代理人：彭飞，北京市中咨律师事务所律师。

委托诉讼代理人：王晓静，北京市中咨律师事务所律师。

被申请人：华为技术有限公司。住所地：中华人民共和国广东省深圳市龙岗区坂田华为总部办公楼。

法定代表人：赵明路，该公司经理。

委托诉讼代理人：赵烨，北京市竞天公诚律师事务所律师。

委托诉讼代理人（732号案）：王斌，男，该公司工作人员。

委托诉讼代理人（733号案）：巫晓倩，女，该公司工作人员。

上诉人康文森无线许可有限公司（以下简称康文森公司）与被上诉人华为技术有限公司（以下简称华为技术公司）、华为终端有限公司（以下简称华为终端公司）、华为软件技术有限公司（以下简称华为软件公司）确认不侵害专利权及标准必要专利许可纠纷三案，本院于2020年8月28日作出（2019）最高法知民终732、733、734号之一行为保全民事裁定（以下简称原裁定）。康文森公司不服，于2020年9月2日向本院提出复议申请。2020年9月4日，本院就复议申请举行听证，康文森公司的委托诉讼代理人彭飞、王晓静，华为技术公司的委托诉讼代理人赵烨、王斌、巫晓倩，华为终端公司的委托诉讼代理人陈果到庭参加听证。本三案现已复议审查终结。

康文森公司复议申请称：

（一）原裁定对康文森公司基于德国法所享有的申请执行德国杜塞尔多夫地区法院（以下简称德国法院）就康文森公司诉华为技术公司、华为技术德国有限公司、华为技术杜塞尔多夫有限公司（以下合称华为技术公司及其德国关联公司）侵害标准必要专利权纠纷案件（以下简称德国诉讼）作出的停止侵权判决（以下简称德国判决）的权利进行限制，不仅违反中国法律关于司法裁决效力应限于本国的司法原则，亦构成对德国法律的违反。原裁定如不撤销，将危及国际司法秩序，造成世界上任何国家法院根据本国专利法所作出的侵权判决均可能在本国无法得到执行的后果。

（二）原裁定不应当限制康文森公司向德国法院申请执行判决的合法权利。中国法院对德国专利侵权案件没有管辖权，对于向德国法院申请执行判决相关问题也没有管辖权。德国法院已经确定华为技术公司及其德国关联公司的行为构成侵权并判决其停止侵权，康文森公司申请执行德国判决的请求基于德国诉讼及欧洲专利德国部分，德国法院具有排他管辖权，中国法院没有管辖权。执行德国判决也是德国诉讼的一个重要部分，中国法院也没有管辖

权。因此，行为保全不应限制康文森公司合法权益。

（三）康文森公司向德国法院申请执行德国判决不会造成本三案的判决难以执行。第一，本三案为确权纠纷，即使法院在本三案中判决确定了许可费率，也不因判决产生给付义务，故不存在可执行内容。第二，本三案诉讼与德国诉讼审理内容不重叠。德国判决并非关于标准必要专利许可的判决，并未对双方的公平、合理、无歧视（FRAND）许可条件作出明确认定，只是一个常规的专利侵权判决。因此，德国法院受理的案件与本三案之间没有冲突，德国判决的执行对本三案审理及后续判决不会产生实质性影响。第三，原裁定与最高人民法院于2020年8月21日作出的（2019）最高法知民辖终157号管辖权异议裁定（以下简称第157号管辖权异议裁定）中的观点存在冲突。

（四）康文森公司向德国法院申请执行德国判决不会对华为技术公司的合法权益造成难以弥补的损害。第一，华为技术公司承担德国判决的法律后果属于法律上的义务，并非其所遭受的损失。第二，没有证据证明存在华为技术公司所称的"难以弥补的损害"。第三，康文森公司提供240万欧元担保后申请执行德国判决可以弥补华为技术公司可能受到的损失。最后，即使康文森公司因为原裁定的作出不申请执行德国判决，甚至本三案终审判决后续作出，德国法院也不会考虑中国判决认定的许可费率，德国诉讼不会受中国诉讼的影响。因此，原裁定的作出无法避免华为技术公司所声称的"难以弥补的损害"。

（五）原裁定没有合理地平衡康文森公司与华为技术公司的利益。第一，原裁定未充分考量康文森公司利益。第二，华为技术公司可以通过支付许可费的方式避免其声称的退出德国市场等损害后果，该利益实质上是经济利益。第三，原裁定混淆了华为技术公司在本三案中应受保护的法律利益与其最大商业利益，超越了中国法律所确定的可保护利益范围。

（六）原裁定采取"按日计罚"方式处以罚款，违反了《中华人民共和国民事诉讼法》（以下简称民事诉讼法）第一百一十五条的规定。

（七）原裁定违反了民事诉讼法第一百零四条的规定。康文森公司在德国法院申请临时执行需要交纳保证金，根据民事诉讼法第一百零四条的规定本三案应当解除保全措施。

综上，康文森公司请求撤销原裁定。

华为技术公司答辩称：

（一）原裁定符合国际司法原则及惯例，并不影响德国法院对德国诉讼的管辖权。第一，原裁定既未评价德国法院的判决内容的合法性，也未干涉德国法院的实体审理，其针对的对象是康文森公司的行为。第二，裁定符合国际通行的司法惯例，且符合相关案件的构成要件，不存在影响国际司法秩序的可能性。第三，原裁定已充分考虑了国际礼让因素，对域外法院的影响在适度范围内。第四，从康文森公司的过往诉讼情况可知，其不认为禁诉令会影响他国司法管辖或者危及国际司法秩序。康文森公司在其他案件中申请过类似禁令，显然没有考虑相关禁令对于中国司法管辖以及国际司法秩序的危害和破坏。

（二）原裁定正确且适当地限制了康文森公司申请执行德国禁令的权利。本三案中，康文森公司如果申请德国法院执行相关判决，将导致本三案判决难以执行，进而导致华为技术公司依据中国法院获得裁判的权利受到严重损害。原裁定暂时限制康文森公司相关权利的行使显然正当且必要。

（三）原裁定关于申请执行德国判决将会导致本三案难以执行的认定正确。第一，康文森公司关于本三案判决不具有可执行内容的观点是错误的,本三案涉及确定中国标准必要专利的许可条件及许可费率,具有确定的可执行性。第二,本三案与德国诉讼的审理对象存在重合之处。德国判决虽然是侵权判决,但是评价了涉案双方的谈判行为,以及康文森公司的报价是否符合公平、合理、无歧视(FRAND)原则。如果德国判决得以执行,则华为技术公司不得不接受康文森公司提出的要价,这将使得本三案的判决难以执行。第三,第157号管辖权异议裁定仅明确了域内法院不因域外法院重叠性的诉讼而丧失管辖权,显然无法得出域外重叠性的诉讼对于域内不会产生不当影响的结论。康文森公司显然曲解了前述裁定。

(四)原裁定充分考虑了华为技术公司与康文森公司的相关利益权衡。第一,如不采取行为保全措施,华为技术公司的合法诉权将受到难以弥补的损害。华为技术公司的手机和平板电脑几乎全部在中国生产,根据国际数据公司(IDC)统计,2019年华为全球销售中,中国销售占比64.23%,而德国销售占比仅仅是2.39%。华为技术公司理应有请求中国法院裁判中国标准必要专利许可费率的权利。对于前述诉权的剥夺是对华为技术公司极为严重的伤害。第二,如不采取行为保全措施,将不成比例地损害华为技术公司的合法权利。专利许可费仅占产品成本的一小部分。如果德国判决得以执行,华为技术公司将不得不被迫从德国市场退出,其损失数十倍甚至数百倍于德国诉讼所涉欧洲专利的许可费,该损失显然是任何理性商业主体都难以接受的。第三,原裁定不会对康文森公司造成损害。原裁定并不是使康文森公司永远无法执行禁令,只是暂缓执行。中国法院会在实体审理程序中确认康文森公司在中国应当获取的标准必要专利对价,其合法权益可以依法得到保障。

(五)原裁定符合民事诉讼法等相关法律法规、司法解释的规定。第一,本三案涉及专利侵权以及相关公平、合理、无歧视(FRAND)义务遵循情况的确认与裁判,并非财产纠纷,并且康文森公司在德国法院是否提供担保与本三案无关,原裁定确定的行为保全措施不应解除。第二,本三案行为保全确定的是禁止行为人为特定行为,为行为人设定了禁止义务。行为人若持续多日违反禁止义务显然系多次对于禁止义务的违反。

综上,华为技术公司主张康文森公司的复议申请理由不能成立,请求对其复议申请予以驳回。

本院经审查认为,根据康文森公司的复议请求及华为技术公司的答辩意见,本三案复议程序有如下六个争议焦点:一是原裁定对德国法院裁判的影响是否超出了适度范围;二是康文森公司若申请临时执行德国法院一审判决对本三案审理的影响;三是若不作出原裁定,华为技术公司是否可能面临难以弥补的损害;四是原裁定对双方利益的权衡是否失衡;五是本三案是否符合民事诉讼法第一百零四条规定的解除保全条件;六是原裁定对违反裁定行为采取按日计罚方式处以罚款是否违反法律规定。对此,本院分析如下:

(一)原裁定对德国法院裁判的影响是否超出了适度范围

康文森公司复议主张,原裁定限制了康文森公司基于德国法律所享有的权利,违反了中国法律关于司法裁决效力应限于本国的司法原则,亦构成对德国法律的违反,中国法院对德国诉讼审理及执行没有管辖权;原裁定危及国际司法秩序,致使他国法院判决无法得到执行。对此,本院认为:

第一,原裁定系依据中国法作出,本三案并不受德国法的约束,更不可能违反德国法。

本三案审理中,华为技术公司向本院提起行为保全申请,应当适用我国民事诉讼法第一百条之规定予以审查,德国法律对于本三案没有约束力。一国法院依据本国法律行使审判权是司法主权的应有之义。康文森公司主张原裁定构成对德国法律的违反,明显缺乏事实和法律依据。

第二,原裁定亦不存在对德国诉讼行使管辖权的情形。对于在我国领域内发生的民事纠纷案件,我国法院具有司法管辖权。原裁定系在本三案审理中基于当事人申请及我国法律相关规定作出,是本院行使中国司法管辖权的结果。原裁定限制康文森公司在本院就本三案作出终审判决前申请临时执行德国法院一审判决,既未涉及德国诉讼所涉欧洲专利的侵权认定,又未对德国判决或者执行作出任何评价,更未干涉德国诉讼实体审理及裁判效力。康文森公司将原裁定理解为中国法院对德国诉讼及判决的申请执行行使管辖权,系对管辖权以及原裁定内容的曲解。因此,康文森公司的该项主张不能成立。

第三,原裁定遵循国际礼让原则,符合国际司法惯例。原裁定作出时充分考虑了国际礼让因素,符合国际司法惯例。特别是,原裁定考虑了其可能对德国诉讼产生的影响。本三案受理时间较德国法院在先,原裁定仅仅是暂缓康文森公司申请执行德国法院一审判决,既不影响德国诉讼的后续推进,也不会减损德国判决的法律效力。康文森公司的相应主张,实质上是将暂缓申请执行德国法院一审判决等同于否定德国判决的效力,将原裁定对其个体权益的限制等同于对德国判决及其效力的限制,是错误的。

第四,康文森公司的主张与其既往行为存在一定矛盾。本院注意到,康文森公司在全球开展的诉讼活动中,曾经主动向域外法院提出申请,要求域外法院颁发禁诉令,禁止特定当事人在中国法院提起关联诉讼。康文森公司的上述既往行为似乎没有认为该禁诉令对中国法院司法管辖权及国际诉讼秩序有不利影响。康文森公司关于原裁定作出对德国法院裁判影响超出了适度范围的主张以及其陈述的具体理由,与其既往行为难以自洽。

因此,原裁定对德国诉讼审理和判决的影响并未超出适度范围。康文森公司的上述复议主张均难以成立,本院不予支持。

(二)康文森公司若申请临时执行德国法院一审判决对本三案审理的影响

康文森公司复议主张,申请临时执行德国判决对本三案终审判决不会造成影响,本三案为确认之诉,终审判决将不包含可执行的内容,无法满足使判决难以执行的行为保全措施适用条件;本三案诉讼与德国诉讼审理内容不重合;原裁定与第157号管辖权异议裁定存在冲突,根据第157号管辖权异议裁定内容,德国诉讼即便与本三案在审理对象上存在部分重合,也不会对本三案产生实质消极影响。对此,本院认为:

第一,本三案终审判决具有执行力。首先,在审查行为保全申请时,对于是否可能因当事人一方的行为造成案件判决难以执行等损害这一要件,应当结合行为保全的特点予以理解。行为保全具有保全性和应急性,其目的是确保将来的判决能够获得执行、申请人依据判决确定的权益能够最终得以实现。因此,在行为保全的语境下,考察当事人一方的行为是否会造成案件判决难以执行时,聚焦的核心是,如果不采取保全措施,一旦当事人实施该行为,能否确保判决对当事人发生拘束力和执行力,申请人依据判决确定的权益能否最终得以实现。至于判决内容本身是否适合直接强制执行,并非判断当事人的行为是否可能造成案件判决难以执行时需要考虑的内容。康文森公司关于本三案终审判决不具有执行力的主张,错误将判决的执行力混同于判决内容是否适合强制执行。其次，本三案终审判决将确定涉案标准必要专利许可费率，该费率对双方均具有约束力，亦具有可执行内容。标准必要专利许可纠纷的核心是诉请法院确定特定许可条件或者内容，促使双方最终达成或者履行许可协议。在本三案判决作出后，各方当事人均有义务遵守判决确定的许可费率标准，非经对方当事人同意，标准必要专利权利人不得要求高于判决确定的许可费率，专利实施者不得支付低于判决确定的许可费率。这是本三案终审判决约束力和执行力的重要表现。最后，如康文森公司申请临时执行德国法院一审判决，华为技术公司可能迫于退出德国市场等严重后果，不得不与康文森公司达成和解，接受远高于本三案一审判决确定的许可费率，导致本院的后续审理和裁判确定的许可费率无法得到遵守，失去意义。

第二，本三案与德国诉讼审理对象存在部分重合。本三案中华为技术公司及其中国关联公司请求就康文森公司的中国标准必要专利确定许可费率。在德国诉讼中，康文森公司主张华为技术公司及其德国关联公司侵害康文森公司的标准必要专利权，请求德国法院判令华为技术公司及其德国关联公司停止侵权。德国法院作出的停止侵权判决以标准必要专利权利人康文森公司在与华为技术公司等协商过程中提出的许可费要约符合公平、合理、无歧视（FRAND）原则为前提。在本三案听证程序中，康文森公司亦认可德国判决评述并认定了该公司提出的包括中国地区在内的许可费要约未违反公平、合理、无歧视（FRAND）原则。因此，原裁定认定本三案与德国诉讼审理对象存在部分重合并无不当。

第三，原裁定与第157号管辖权异议裁定并不存在冲突。首先，第157号管辖权异议裁定与原裁定的性质不同，二者所要解决的争议焦点区别明显。第157号管辖权异议裁定中双方争议焦点在于中国法院是否对该案具有管辖权，而本三案原裁定为禁止特定当事人为一定行为的行为保全裁定，两者处理的是截然不同的法律问题。其次，从第157号管辖权异议裁定中无法得出康文森公司所主张的结论。在第157号管辖权异议裁定中，本院以存在适当联系为管辖标准，认为国外正在进行的平行诉讼不影响中国法院对案件的管辖权，仅就中国法院对该案是否具有管辖权进行评述，并未涉及实体法律问题，更未涉及国际平行诉讼审理对象存在部分重合时是否会对他国诉讼造成实质消极影响的问题。

因此，康文森公司的上述复议主张均难以成立，本院不予支持。

（三）若不作出原裁定，华为技术公司是否可能面临难以弥补的损害

康文森公司复议主张，德国法院判决华为技术公司承担的法律后果属于法律义务，并不构成其损失；没有证据证明存在华为技术公司所称的"难以弥补的损害"；其提供240万欧元担保后申请执行德国判决，足以弥补华为技术公司损失；即使康文森公司在本三案终审判决作出之前不申请执行德国判决，因德国法院不会考虑中国判决认定的专利许可费率，德国诉讼不受中国诉讼的影响，原裁定的作出不能避免华为技术公司所称的"难以弥补的损害"。对此，本院认为：

第一，执行德国判决可能会使华为技术公司遭受难以弥补的损害。首先，在本三案行为保全申请审查中，应该关注的是，在德国法院一审判决作出和本院正在对本三案进行审理的特定时间段内，如果康文森公司申请临时执行德国法院一审判决，可能会给华为技术公司造成的损害。在此时间段内，一旦德国法院一审判决得以执行，则华为技术公司将仅余两种选择：要么被迫退出德国市场，要么被迫接受康文森公司要价并与之达成和解。前一情形下，

其将承受相关市场损失和商业机会损失；后一情形下，其将被迫接受康文森公司的超高专利许可费要价，甚至放弃本三案司法救济机会。故此，华为技术公司因康文森公司申请临时执行德国法院一审判决所可能遭受的损害既包括有形的物质损害，又包括商业机会和市场利益等无形损害；既包括经济利益损害，又包括诉讼利益损害；既包括在德利益损害，又包括在华利益损害。其次，由上可知，华为技术公司因康文森公司申请临时执行德国法院一审判决所可能遭受损害的范围超出了德国法院一审判决的范围，与其根据德国法院一审判决应当承担的法律责任并无直接关联性。况且，德国法院一审判决所确定的华为技术公司的法律责任仅仅是一种可能性，该法律责任在当前承担与否取决于康文森公司是否申请临时执行。

第二，原裁定认定华为技术公司可能遭受难以弥补的损害具有证据支持。根据《最高人民法院关于民事诉讼证据的若干规定》第八十六条第二款之规定，与诉讼保全、回避等程序事项有关的事实，人民法院结合当事人的说明及相关证据，认为有关事实存在的可能性较大的，可以认定该事实存在。华为技术公司申请的行为保全属于诉讼保全范畴，有关事实认定适用优势证据证明标准，而非高度盖然性标准。华为技术公司提供了德国法院一审判决，就临时执行德国法院一审判决可能使其遭受前述难以弥补的损害作出了合理说明，该说明符合一般商业逻辑和既有商业实践，可以初步证明其所称的难以弥补的损害。

第三，康文森公司提供 240 万欧元担保并不足以弥补华为技术公司可能遭受的损害。首先，前已述及，华为技术公司因康文森公司在当前特定时刻申请临时执行德国法院一审判决所可能遭受的损害包括有形损害和无形损害、经济利益损害和诉讼利益损害、在德利益损害和在华利益损害，其超出了德国判决的范围，与其根据德国判决应当承担的法律责任并无直接关联。其次，即便德国判决认定 240 万欧元担保足以弥补华为技术公司在德国所可能遭受的损害，亦无法弥补华为技术公司在华诉讼利益的损害。华为技术公司基于本三案寻求确定康文森公司中国标准必要专利许可费率的司法救济，构成其在华诉讼利益。如德国法院一审判决得以临时执行，华为技术公司可能为保留德国市场而被迫接受上述超高要价并与康文森公司达成和解，则其势必将放弃在华司法救济，其诉讼利益将遭受重大损失，本三案的审理亦将难以推进。

第四，德国法院是否考虑中国判决认定的专利许可费率并受中国诉讼影响，与原裁定缺乏关联性。首先，原裁定的意旨在于，根据华为技术公司的申请，暂缓康文森公司申请德国判决的执行，维护本三案的审理秩序和裁决执行，并非影响德国诉讼或者德国判决。德国法院如何看待本三案判决，以及德国诉讼是否受到中国诉讼影响，并非作出原裁定的考虑因素。其次，原裁定法律效力的实现，不取决于其是否得到德国法院的承认与执行，而取决于康文森公司是否遵守原裁定确定的法律义务。最后，原裁定所指向的难以弥补的损害，是康文森公司在本三案终审判决作出之前申请临时执行德国法院一审判决所带来的损害，而非其他。原裁定系针对康文森公司作出，只要康文森公司遵守原裁定确定的法律义务，不得在本三案终审判决作出之前申请临时执行德国法院一审判决，该损害即可以避免。

因此，康文森公司的上述复议主张缺乏事实和法律依据，本院不予支持。

（四）原裁定对双方利益的权衡是否失衡

康文森公司复议主张，原裁定未充分考量和保护其利益；超出华为技术公司诉讼请求范围保护其利益,属于法律适用错误;原裁定混淆华为技术公司应受保护的法律利益与其最大商业利益,超越中国法律确定的可保护利益范围,将其无限扩张为华为技术公司的最大商业利益。对此,本院认为:

第一,行为保全裁定中对于当事人利益的考量以利益受损比较为基本方法,即比较不采取行为保全措施对申请人造成的损害和采取行为保全措施对被申请人造成的损害,两害相权取其轻。本三案中,如前所述,不采取行为保全措施情形下,华为技术公司将遭受难以弥补的损害,包括有形损害和无形损害、经济利益损害和诉讼利益损害、在德利益损害和在华利益损害。本三案听证过程中,康文森公司认可其德国诉讼的核心利益是经济利益,具体而言是德国诉讼所涉标准必要专利的许可使用费。比较华为技术公司的受损利益和康文森公司德国诉讼的核心利益,原裁定认定不采取行为保全措施对华为技术公司造成的损害超过采取行为保全措施对康文森公司造成的损害,并无不当。原裁定综合考虑上述利益衡量的情况,在华为技术公司提供了与康文森公司德国诉讼中专利侵权损害赔偿请求数额相当的担保的前提下,仅限期暂缓康文森公司申请临时执行德国法院一审判决,已经充分考虑了康文森公司的利益。

第二,原裁定的利益衡量范围与华为技术公司的诉讼请求范围并无直接关联。行为保全裁定不同于案件实体判决。行为保全的申请人不限于原告,应予考虑的受损利益也不限于原告诉讼请求。审查行为保全申请时,利益衡量的范围和限度取决于作为行为保全申请对象的行为对申请人和被申请人的影响范围和程度。本三案中,康文森公司申请临时执行德国法院一审判决是行为保全申请的对象,该行为给华为技术公司造成的利益影响均可纳入考量范围。原裁定的利益衡量范围并无不当。

第三,原裁定并未考虑最大化华为技术公司的商业利益。首先,原裁定系基于华为技术公司的申请,依据民事诉讼法关于行为保全的规定作出。作出原裁定所考虑的是,华为技术公司因康文森公司在当前特定时刻申请临时执行德国法院一审判决所可能遭受的损害,而非最大化华为技术公司的商业利益。康文森公司所谓原裁定混淆华为技术公司应受保护的法律利益与其最大商业利益等主张,是对原裁定的曲解。其次,除华为技术公司因康文森公司在当前特定时刻申请临时执行德国法院一审判决所可能遭受的损害外,原裁定更关注的是,康文森公司在当前特定时刻申请临时执行德国法院一审判决可能对本三案审理和执行造成的干扰和妨碍。此外,原裁定还考虑了康文森公司的利益、国际礼让等因素。

因此,康文森公司的上述复议主张缺乏事实和法律依据,本院不予支持。

(五)本三案是否符合民事诉讼法第一百零四条规定的解除保全条件

康文森公司复议主张,因其申请执行德国判决需要提供担保,故其符合民事诉讼法第一百零四条关于"财产纠纷案件,被申请人提供担保的,人民法院应当裁定解除"之规定,本三案有关行为保全措施应当解除。对此,本院认为:

第一,康文森公司向德国法院提供担保不属于民事诉讼法第一百零四条规定的情形,不构成解除原裁定行为保全措施的充分条件。相反,一旦康文森公司向德国法院提供担保申请执行德国判决,将构成对原裁定的违反,应当受到相应处罚。

第二,《最高人民法院关于审查知识产权纠纷行为保全案件适用法律若干问题的规定》第十二条规定,人民法院采取的行为保全措施,一般不因被申请人提供担保而解除,但是申请人同意的除外。据此,即便康文森公司向本院提供相应担保,原裁定所采取的行为保全措施亦不能当然解除。

因此,康文森公司关于有关行为保全措施应予解除的主张缺乏依据,本院不予支持。

(六)原裁定对违反裁定行为采取按日计罚方式处以罚款是否违反法律规定

为确保裁定中的行为保全措施得到有效执行,原裁定明确了康文森公司拒不执行的法律后果:"自违反之日起,处每日罚款人民币 100 万元,按日累计。"康文森公司主张按日计罚处罚方式不符合法律规定。对此,本院认为:

第一,按日计罚处罚方式符合法律规定。民事诉讼法第一百一十五条规定:"……对单位的罚款金额,为人民币五万元以上一百万元以下……"禁止被申请人为一定行为的行为保全措施具有特殊性,其核心是针对被申请人未来的行为,要求其不得为一定行为,不得违法改变现有状态。倘若被申请人拒不遵守法院裁定确定的义务,改变现有状态,则属于积极、故意违法行为。被申请人此种故意违法行为系持续性地违反裁定和改变现状,该行为与一次性的、已经实施完毕的违法行为具有明显区别,应视为被申请人每日均实施了单独的违法行为。对于该种每日持续发生的妨害民事诉讼的行为,应当以按日计罚的方式确定处罚。

第二,按日计罚处罚方式与本三案违反行为保全措施可能产生的后果相适应。妨害民事诉讼强制措施的强度需要与妨害民事诉讼行为可能产生的后果相适应。本三案中,康文森公司若故意违反原裁定,申请临时执行德国法院一审判决,不仅可能使华为技术公司德国市场利益受到严重损害,还可能致使其被迫放弃在中国法院寻求司法救济的机会,而且也将使得本三案判决难以执行甚至失去意义。相反,一旦康文森公司申请临时执行德国法院一审判决,则可能在双方后续的许可费谈判中获得显著优势地位,并基于该优势地位获得巨额利益。因此,对于康文森公司可能的故意违反原裁定所确定的义务的行为,采取按日计罚方式,既与该违法行为的恶性程度和损害后果相适应,也为维护原裁定的法律效力所必需。

因此,原裁定对违反裁定行为采取按日计罚方式处以罚款符合法律规定,并无不当。康文森公司的上述复议主张难以成立,本院不予支持。

本院特别指出,华为技术公司与康文森公司因标准必要专利许可纠纷在全球展开诉讼,相关国际平行诉讼的存在使得不同法域的法院在审理中面临复杂的情形。本院尊重双方当事人的诉讼权益以及基于商业考量的处分权,但原裁定作为生效裁定所确定的行为保全措施,理应得到各方当事人的尊重与执行。双方应当正确理解并完全履行原裁定确定的行为保全措施,不得以任何方式否定、规避或妨碍原裁定的执行,特别是不得向德国法院申请禁令,对抗原裁定的执行。本院将结合当事人的具体行为以及对原裁定行为保全措施可能带来的影响判断是否构成对原裁定的违反。构成对原裁定违反的,将依法予以制裁,对主要负责人或者直接责任人员予以罚款、拘留;构成犯罪的,依法追究刑事责任。

综上,原裁定认定事实清楚,适用法律正确,本院予以维持。康文森公司的复议请求缺乏事实和法律依据,本院不予支持。依照《中华人民共和国民事诉讼法》第一百零八条、《最高人民法院关于适用〈中华人民共和国民事诉讼法〉的解释》第一百七十一条之规定,裁定如下:

驳回康文森无线许可有限公司的复议请求。

本裁定立即开始执行。

审　判　长　王　闯
审　判　员　周　翔
审　判　员　朱　理
审　判　员　焦　彦
审　判　员　徐卓斌

二〇二〇年九月十一日

法官助理　廖继博
法官助理　宾岳成
书　记　员　张　华

OPPO广东移动通信有限公司等与夏普株式会社等标准必要专利许可纠纷管辖权异议纠纷案

【裁判摘要】

1. 在确定标准必要专利全球许可条件纠纷的管辖时，可以考虑当事人就涉案标准必要专利许可磋商时的意愿范围，许可磋商所涉及的标准必要专利权利授予国及分布比例，涉案标准必要专利实施者的主要实施地、主要营业地或者主要营收来源地、许可磋商地，当事人可供扣押或可供执行财产所在地等。

2. 在当事人具备达成全球许可的意愿且纠纷与中国具有更密切联系时，即便当事人未达成管辖合意，中国法院仍有权依一方当事人的申请，对标准必要专利全球许可条件作出裁决。

最高人民法院民事裁定书

（2020）最高法知民辖终517号

上诉人（原审被告）：夏普株式会社（Sharp Corporation）。住所地：日本国大阪府堺市堺区匠町1番地。

代表人：野村胜明，该株式会社执行副总裁、董事。

委托诉讼代理人：刘庆辉，北京安杰律师事务所律师。

委托诉讼代理人：吴立，北京安杰律师事务所律师。

上诉人（原审被告）：赛恩倍吉日本株式会社（Japan Corporation）。住所地：日本国大阪市阿倍野区西田边町1丁目19-20号。

代表人：高原直幸，该株式会社法律部部长。

委托诉讼代理人：陈志兴，北京安杰律师事务所律师。

委托诉讼代理人：徐静，北京市金杜律师事务所律师。

被上诉人（原审原告）：OPPO广东移动通信有限公司。住所地：中华人民共和国广东省东莞市长安镇乌沙海滨路18号。

法定代表人：刘波，该公司经理兼执行董事。

委托诉讼代理人：赵烨，北京市竞天公诚律师事务所律师。

委托诉讼代理人：余媛芳，女，该公司工作人员。

被上诉人（原审原告）：OPPO广东移动通信有限公司深圳分公司。住所地：中华人民共和国广东省深圳市南山区粤海街道海德三道126号卓越后海金融中心7层。

法定代表人：刘波，该公司负责人。

委托诉讼代理人：黄宇峰，男，该公司工作人员。

委托诉讼代理人：王欢，男，该公司工作人员。

上诉人夏普株式会社、赛恩倍吉日本株式会社因与被上诉人OPPO广东移动通信有限公司（以下简称OPPO公司）、OPPO广东移动通信有限公司深圳分公司（以下简称OPPO深圳公司）标准必要专利许可纠纷管辖权异议一案，不服中华人民共和国广东省深圳市中级人民法院（以下简称原审法院）于2020年10月16日作出的（2020）粤03民初689号民事裁定（以下简称原审裁定），向本院提起上诉。本院于2020年12月7日立案后，依法组成合议庭，并于2021年1月14日询问当事人，夏普株式会社的委托诉讼代理人刘庆辉、吴立，赛恩倍吉日本株式会社的委托诉讼代理人陈志兴、徐静，OPPO公司的委托诉讼代理人赵烨、余媛芳，OPPO深圳公司的委托诉讼代理人黄宇峰、王欢均到庭参加询问。

夏普株式会社上诉请求：1.撤销原审裁定，驳回OPPO公司、OPPO深圳公司的起诉；2.如以上请求不能全部满足，则依法裁定驳回OPPO公司、OPPO深圳公司关于侵权损害赔偿、裁决WiFi标准相关标准必要专利全球许可条件及裁决3G标准、4G标准相关标准必要专利在中国大陆范围外的许可条件的起诉；3.裁定将涉及3G标准、4G标准相关标准必要专利在中国大陆范围的许可条件纠纷移送中华人民共和国广州知识产权法院（以下简称广州知识产权法院）管辖。事实与理由：

第一，OPPO公司指控的侵权行为实施地、结果发生地或被告住所地均不在中国大陆，故OPPO公司就该侵权纠纷提起的诉讼不属于中国法院管辖的范围，应予驳回。本案涉及侵权和标准必要专利许可，OPPO公司将两个法律关系合并请求法院审理，没有法律依据。就标准必要专利许可纠纷而言，应当由被告住所地或合同履行地法院管辖，鉴于当事人尚未就本案合同的关键条款达成一致，尚不涉及合同的履行，而且被告住所地也不在中国大陆；就侵权纠纷而言，应当由侵权行为实施地、侵权结果发生地或者被告住所地法院管辖，上述地点均在域外。因此，OPPO公司在中国法院提起诉讼没有法律依据。

第二，本案不符合标准必要专利许可纠纷立案标准。对于标准必要专利许可纠纷，立案标准应该是"专利权人与专利实施人就许可条件经充分协商，仍无法达成一致"。截至目前，当事人就涉案标准必要专利许可事项，还处于前期谈判阶段，远未达到"充分协商"的程度。

第三，原审法院对本案没有管辖权。1. 夏普株式会社与OPPO公司尚未签订合同，不涉及合同履行地的问题，原审法院认定广东省深圳市为涉案标准必要专利实施地，没有事实依据。2. 原审法院错误地将侵权损害赔偿责任纠纷解释为缔约过失责任纠纷，认定事实和适用法律均有错误。本案缔约过失责任纠纷应比照许可合同纠纷处理，本案诉讼标的即夏普株式会社的专利所在地不在广东省深圳市，故原审法院没有管辖权；夏普株式会社在广东省深圳市没有可供扣押的财产，在中国大陆也没有代表机构，原审法院对所谓的缔约过失责任纠纷也没有管辖权。3. 退一步而言，OPPO深圳公司并非许可谈判主体，夏普株式会社在日本、德国及中国台湾地区提起的侵权诉讼亦不涉及OPPO深圳公司。即便认为涉案侵权行为间接结果发生在中国大陆，也应按OPPO公司住所地即广东省东莞市确定管辖，移送广州知识产权法院审理。

第四，即便本案纠纷满足立案条件，原审法院也不应当就夏普株式会社的WiFi标准、3G标准以及4G标准相关标准必要专利在全球范围内的许可条件作出裁定，该项诉讼请求超出原审法院管辖范围，应予驳回。夏普株式会社在日本、德国和中国台湾地区提出了专利侵权损害赔偿的诉讼，在计算损害赔偿数额时极可能涉及费率问题。这些案件的起诉时间早于本案OPPO公司提交《补充民事起诉状》的时间，并且已经处于审理程序中。在此情况下，原审法院应当本着尊重司法主权和国际司法礼让的原则，拒绝处理OPPO公司提出的裁决全球许可条件的事项，否则在费率问题上就会形成相互冲突的裁判。

赛恩倍吉日本株式会社上诉称：同意并坚持夏普株式会社的上诉请求、事实和理由。另补充，在案证据不能证成一个可争辩的赛恩倍吉日本株式会社与本案有关的管辖连结点的事实。赛恩倍吉日本株式会社与本案侵权纠纷、专利许可纠纷均无关系，不应成为本案被告，应驳回OPPO公司、OPPO深圳公司对赛恩倍吉日本株式会社的起诉。

OPPO公司、OPPO深圳公司共同答辩称：

第一，OPPO公司、OPPO深圳公司提出的两个核心诉讼请求，分别是"确认违反公平、合理、无歧视（FRAND）义务，并赔偿损失"和"确认符合FRAND原则的许可使用费"，两项诉求属于标准必要专利许可纠纷的一体两面，对两个诉求一并审理可以从根源上彻底、完整地解决许可纠纷。

第二，中国法院就本案享有管辖权。中国法院对于中国专利的实施行为和专利价值具有当然的管辖权。中国法院有权就中国专利的许可费率进行裁判。

第三，原审法院就本案享有管辖权。1. OPPO公司、OPPO深圳公司的研发、销售、许诺销售、测试行为有相当一部分都发生在广东省深圳市，广东省深圳市是涉案标准必要专利的主要实施地之一，依据"专利实施地"确认管辖，原审法院依法对本案具有管辖权。2. 广东省深圳市是当事人许可谈判行为的发生地，属于体现合同特征的履行地，原审法院为本案的方便法院。3. 违反FRAND义务的行为是违反中国法律所规定的诚实信用原则的行为，是一种广义的民事侵权行为。夏普株式会社与赛恩倍吉日本株式会社违反FRAND义务的行为直接导致OPPO深圳公司在投入大量的人力、物力之后，仍然无法顺利获得相关专利许可，由此产生了经济损失，广东省深圳市因此也是本案的侵权结果直接发生地。

第四，中国法院有权就涉案标准必要专利的全球许可条件进行裁判。1. 标准必要专利具有全球分布的特点，中国法院裁判全球许可条件具有事实依据。2. 中国是本案的最密切联系地，中国法院方便管辖。3. 夏普株式会社在其与OPPO公司、OPPO深圳公司启动许可谈判程序之后所提出的许可要约也是全球许可条件，由此表明当事人已达成涉案标准必要专利全球许可的意向与合意。4. 即使在当事人未达成管辖合意的情况下，英国最高法院已于2020年8月26日作出终审裁决，认定英国法院对相关标准必要专利的全球许可条件具有管辖权。5. 提起裁判全球许可条件的诉讼请求没有违反中国任何禁止性的法律规定，中国法律及司法政策也从未明确否定中国法院对标准必要专利全球许可费率的管辖权，裁定全球许可费率具备法理基础，也是一次性解决许可纠纷的客观需要。6. 夏普株式会社在全球范围内提起的专利侵权诉讼均不包含请求法院确认许可条件的诉讼请求，本案诉讼请求的审理范围与其他域外案件不存在直接冲突。

综上，请求驳回上诉，维持原裁定。

OPPO公司、OPPO深圳公司向原审法院提起诉讼，原审法院于2020年3月25日立案受理。OPPO公司、OPPO深圳公司起诉请求：1. 确认夏普株式会社、赛恩倍吉日本株式会社在许可谈判中的相关行为违反FRAND义务或者违反诚实信用原则，包括但不限于不合理拖延谈判进程，拖延保密协议的签署，未按交易习惯向OPPO公司、OPPO深圳公司提供权利要求对照表，隐瞒其曾经做过FRAND声明，未经充分协商单方面发起诉讼突袭，以侵权诉讼禁令为威胁逼迫OPPO公司、OPPO深圳公司接受其单方面制定的许可条件，过高定价等行为，OPPO公司、OPPO深圳公司保留在诉讼过程中针对夏普株式会社、赛恩倍吉日本株式会社其他FRAND义务或者诚信原则的行为进行追诉的权利；2. 就夏普株式会社拥有并有权作出许可的WiFi标准、3G标准以及4G标准相关标准必要专利在全球范围内针对OPPO公司、OPPO深圳公司的智能终端产品的许可条件作出判决，包括但不限于许可使用费率；3. 判令夏普株式会社、赛恩倍吉日本株式会社赔偿OPPO公司、OPPO深圳公司因违反FRAND义务给OPPO公司、OPPO深圳公司造成的经济损失共计人民币300万元。

夏普株式会社在提交答辩状期间，对案件提出管辖权异议，请求：1. 驳回起诉；2. 如果上述请求不能全部满足，则依法裁定驳回该案中侵权纠纷起诉，裁定将涉及中国专利在中国大陆范围内的许可条件纠纷移送广州知识产权法院管辖，驳回涉及其他国家或地区的专利许可条件的起诉。

赛恩倍吉日本株式会社亦提出管辖权异议，同意夏普株式会社意见，并认为其与本案侵权纠纷及专利许可纠纷均无关系，不应成为本案被告。

原审法院根据《中华人民共和国民事诉讼法》（以下简称民事诉讼法）第十八条、第一百二十七条、第二百六十五条之规定裁定：驳回被告夏普株式会社、赛恩倍吉日本株式会社提出的管辖权异议。案件受理费人民币100元，由被告夏普株式会社、赛恩倍吉日本株式会社共同负担。

本院经审查初步查明：

（一）有关本案管辖权争议相关事实

OPPO深圳公司经营项目包括从事移动通信终端设备软、硬件的开发及相关配套服务，从事手机及其周边产品、配件的技术开发服务。

截至 2019 年 12 月 31 日，OPPO 公司在中国的销售占比为 71.08%，在欧洲的销售占比为 0.21%，在日本的销售占比为 0.07%。

2018 年 7 月 10 日，夏普株式会社、赛恩倍吉日本株式会社向 OPPO 公司、OPPO 深圳公司发送专利清单，标准必要专利组合包括 645 个 3G/4G 专利族（555CN）、13 个 WiFi 专利族（10CN）、44 个 HEVC 专利族（45CN）。

2019 年 2 月 19 日，OPPO 公司、OPPO 深圳公司与夏普株式会社、赛恩倍吉日本株式会社在 OPPO 深圳公司位于广东省深圳市南山区海德三道 126 号卓越后海中心的办公室进行会谈。夏普株式会社、赛恩倍吉日本株式会社用以谈判的幻灯片显示，其提议标准必要专利许可的整体首选结构为：期间为 5 年，许可专利（许可标准）为"期限内拥有的 3G/4G/Wi-Fi/HEVC 标准必需专利"，许可范围为"全球非独占许可，没有分许可权，仅限于许可标准的实施使用领域"。

（二）有关域外关联诉讼的基本情况

原审法院受理本案纠纷后，OPPO 公司、OPPO 深圳公司提起行为保全申请，原审法院于 2020 年 10 月 16 日作出（2020）粤 03 民初 689 号之一民事裁定，该案中查明如下关联诉讼事实：

2020 年 1 月 30 日，夏普株式会社向日本东京地方裁判所针对 OPPO 日本株式会社（系 OPPO 公司的日本独家代理商）提起专利侵权诉讼，主张 OPPO 日本株式会社销售的部分 OPPO 品牌手机侵害其 JP5379269 号日本专利，并请求判定：禁止 OPPO 日本株式会社使用、转让、租赁、进口或出口、或申请转让或租赁涉案 OPPO 手机；责令 OPPO 日本株式会社销毁涉案 OPPO 手机并承担诉讼费用。该 JP5379269 号专利涉及 WiFi 技术。

2020 年 3 月 6 日，夏普株式会社在日本东京地方裁判所针对 OPPO 日本株式会社提起专利侵权之诉，涉案专利为日本专利 JP4659895 号，请求判定 OPPO 日本株式会社赔偿 3000001750 日元及利息并承担诉讼费。该 JP4659895 号专利涉及 LTE 技术。

2020 年 3 月 9 日，夏普株式会社就 JP4706071 号专利在日本提起了侵权之诉，诉讼请求与前述 2020 年 3 月 6 日就 JP4659895 号专利提起的侵权之诉相同。该 JP4706071 号专利涉及 LTE 技术。

2020 年 3 月 6 日，夏普株式会社在德国慕尼黑法院起诉 OPPO 公司生产、销售的 OPPO Reno2 等手机专利侵权，请求判定 OPPO 公司专利侵权、赔偿自其专利授权日以来至今的损失并承担相关诉讼费用。涉诉专利为 EP2854324B1、EP2312896B1、EP2667676B1，均涉及 LTE 相关技术。

2020 年 3 月 6 日，夏普株式会社在德国曼海姆地区法院起诉 OPPO 公司专利侵权，涉及的被诉侵权产品及诉讼请求与前述 2020 年 3 月 6 日在德国慕尼黑法院起诉的案件相同。涉案专利为 EP2154903B1、EP2129181B1，均涉及 LTE 相关技术。

2020 年 4 月 1 日，夏普株式会社在中国台湾地区智慧财产法院起诉萨摩亚商新茂环球有限公司（系 OPPO 公司的中国台湾地区独家代理商），请求判定萨摩亚商新茂环球有限公司支付 200 万元新台币赔偿金及利息。涉案专利为 TWI505663，涉及 LTE 技术。

2019 年 6 月 28 日，夏普株式会社曾在德国慕尼黑法院起诉案外人侵害其与 LTE 相关的标准必要专利，涉案专利为 EP2854324B1、EP2312896B1、EP2667676B1。在诉讼过程中，夏普株式会社增加了禁止销售、召回或销毁侵权产品的禁令请求。2020 年 9 月 10 日，德国慕尼黑法院对 EP2667676B1 专利颁发了针对案外人产品的禁令。随后，夏普株式会社与案外人达成相关的标准必要专利许可协议。

本院认为，本案系标准必要专利许可纠纷管辖权异议案件。根据当事人的诉辩情况及初步查明的事实，本案二审期间的争议焦点问题有：中国法院对本案是否具有管辖权；如果中国法院对本案具有管辖权，原审法院对本案行使管辖权是否适当；如果原审法院具有管辖权，其在本案中是否适宜对涉案标准必要专利在全球范围内的许可条件作出裁决；赛恩倍吉日本株式会社是否可以作为本案被告。

（一）关于中国法院对本案是否具有管辖权

夏普株式会社、赛恩倍吉日本株式会社系外国企业，且在中国境内没有住所和代表机构。针对在中国境内没有住所和代表机构的被告提起的涉外民事纠纷案件，中国法院是否具有管辖权，取决于该纠纷与中国是否存在适当联系。判断标准必要专利许可纠纷与中国是否存在适当联系，应结合该类纠纷的特点予以考虑。从司法实务可见，该类纠纷具有合同纠纷的某些特点，例如可能需要根据磋商过程确定各方关于包括许可费率在内的许可条件存在的分歧或已达成的部分合意等；又具有专利侵权纠纷的某些特点，例如可能需要判断作为许可标的的专利是否属于标准必要专利或者标准实施者是否实施了该专利、该专利的有效性如何。但是，标准必要专利许可纠纷的核心是诉请法院确定特定许可条件或者内容，促使各方最终达成许可协议或者履行许可协议，因此，可以视为一种相对更具有合同性质的特殊类型纠纷。综合考虑该类纠纷的上述特点，在被告系外国企业且其在中国境内没有住所和代表机构的情况下，该纠纷与中国是否存在适当联系的判断标准，可以考虑专利权授予地、专利实施地、专利许可合同签订地或专利许可磋商地、专利许可合同履行地、可供扣押或可供执行财产所在地等是否在中国领域内。只要前述地点之一在中国领域内，则应认为该案件与中国存在适当联系，中国法院对该案件即具有管辖权。

本案中，作为许可标的的标准必要专利组合涉及多项中国专利，OPPO 公司、OPPO 深圳公司实施涉案标准必要专利的制造行为发生在中国，当事人曾就涉案标准必要专利许可问题在中国深圳进行过磋商，故中国法院无论是作为专利权授予地法院，还是涉案标准必要专利实施地法院，抑或是涉案标准必要专利许可磋商地法院，均对本案依法具有管辖权。夏普株式会社、赛恩倍吉日本株式会社上诉主张本案不属于中国法院管辖范围，理据不足，本院不予支持。

（二）关于原审法院对本案行使管辖权是否适当

如前所述，标准必要专利许可纠纷是兼具合同纠纷和专利侵权纠纷特点的特殊类型纠纷。标准必要专利纠纷应由中国哪个法院管辖，可以根据具体情况考虑专利权授予地、专利实施地、专利许可合同签订地或专利许可磋商地、专利许可合同履行地、可供扣押或可供执行财产所在地等管辖连结点。本案中，当事人尚未达成许可协议，无法以专利许可合同签订地或履行地作为案件管辖连结点。OPPO 深圳公司作为 OPPO 公司的全资子公司，其经营项目包括从事移动通信终端设备软、硬件的开发及相关配套服务，从事手机及其周边产品、配件的技术开发服务，属于涉案标准必要专利的实施主体之一。OPPO 深圳公司位于广东省深圳市，其在该地实施本案所涉标准必要专利，故原审法院作为涉案标准必要专利实施地法院，可以对本案行使管辖权。同时，当事人曾就涉案标准必要专利许可问题在广东省深圳市进行过磋商，故原审法院作为专利许可磋商地法院，亦可以据此对本案行使管辖权。夏普株式会社、赛恩倍吉日本株式会社关于OPPO深圳公司并非本案纠纷主体，不能根据OPPO深圳公司的住所地确定管辖，本案标准必要专利在中国大陆范围的许可纠纷应移送广州知识产权法院管辖的主张，理据不足，本院不予支持。

（三）关于原审法院在本案中是否适宜对涉案标准必要专利在全球范围内的许可条件作出裁决

本案中，OPPO公司和OPPO深圳公司向原审法院起诉，请求就夏普株式会社拥有并有权作出许可的WiFi标准、3G标准、4G标准相关标准必要专利在全球范围内针对其智能终端产品的许可条件作出判决，包括但不限于许可使用费率。经审查，该诉讼请求符合民事诉讼法关于起诉条件的规定，并非民事诉讼法规定的人民法院不予受理的情形。

夏普株式会社、赛恩倍吉日本株式会社上诉提出，在其驳回OPPO公司、OPPO深圳公司起诉的上诉主张不能全部满足的前提下，则请求依法裁定驳回OPPO公司、OPPO深圳公司关于侵权损害赔偿、裁决WiFi标准相关标准必要专利全球许可条件及裁决3G标准、4G标准相关标准必要专利在中国大陆范围外的许可条件的起诉。原审法院在本案中是否适宜对涉案标准必要专利在全球范围内的许可条件作出裁决，应在查明本案有关管辖争议的基本事实基础之上，结合标准必要专利许可纠纷的特殊性，予以综合考量。具体而言，本案已查明与上述管辖争议相关的事实有：

1. 当事人就涉案标准必要专利许可磋商时的意愿范围。在本案所涉标准必要专利许可谈判过程中，夏普株式会社、赛恩倍吉日本株式会社提议许可的整体首选结构为：期间为5年，许可专利（许可标准）为期限内拥有的3G/4G/WiFi/HEVC标准必要专利，许可范围为全球非独占许可，没有分许可权，仅限于许可标准的实施使用领域。可见，当事人的谈判内容包含了涉案标准必要专利在全球范围内的许可条件。

2. 许可磋商所涉及的标准必要专利权利授予国及分布比例。根据各方当事人提供的初步证据，本案涉及的标准必要专利较多，大部分是中国专利，也有美国、日本等国家的专利。

3. 涉案标准必要专利实施者的主要实施地、主要营业地或者主要营收来源地。OPPO公司、OPPO深圳公司的主要营业地在中国，其涉案智能终端产品的制造地和主要销售区域在中国。截至2019年12月31日，OPPO公司在中国的销售占比为71.08%，在欧洲的销售占比为0.21%，在日本的销售占比为0.07%。从以上数据来分析，OPPO公司智能终端产品在中国的销售比例远高于其在德国、日本等其他国家的销售比例。

4. 当事人专利许可磋商地或专利许可合同签订地。本案OPPO公司、OPPO深圳公司与夏普株式会社、赛恩倍吉日本株式会社在OPPO深圳公司所在地广东省深圳市进行过许可谈判，广东省深圳市可视为当事人专利许可磋商地。

5. 当事人可供扣押或可供执行财产所在地。作为专利许可请求方的OPPO公司、OPPO深圳公司，其在中国境内有可供扣押或可供执行的财产。

基于以上事实可知，首先，本案当事人均有就涉案标准必要专利达成全球范围内许可条件的意愿，且对此进行过许可磋商。当事人协商谈判的意愿范围构成本案具备确定涉案标准必要专利全球范围内许可条件的事实基础。其次，本案标准必要专利许可纠纷显然与中国具有更密切的联系。具体表现为：本案中，当事人许可磋商所涉及的标准必要专利大部分是中国专利；中国是涉案标准必要专利实施者的主要实施地、主要营业地或主要营收来源地；中国是当事人专利许可磋商地；中国也是专利许可请求方可供扣押或可供执行财产所在地。由中国法院对涉案标准必要专利在全球范围内的许可条件进行裁决，不仅更有利于查明OPPO公司和OPPO深圳公司实施涉案标准必要专利的情况，还更便利案件裁判的执行。最后，还需说明的是，如果当事人对于由一国法院裁判标准必要专利全球许可条件能够达成合意，则该国法院当然可以对当事人之间的标准必要专利全球许可条件进行管辖和裁判。但是，管辖合意并非特定法院就标准必要专利全球许可条件进行管辖和处理的必要条件。在当事人具有达成全球许可的意愿且案件与中国法院具有更密切联系的情况下，原审法院在对本案具有管辖权的基础上，认定其适宜对涉案标准必要专利在全球范围内的许可条件作出裁决，并无不当。因此，夏普株式会社、赛恩倍吉日本株式会社前述关于许可费率应分开裁判的上诉理由，理据不足，本院不予支持。

夏普株式会社、赛恩倍吉日本株式会社上诉还认为，夏普株式会社已先行在日本、德国和中国台湾地区针对OPPO公司提起了专利侵权损害赔偿诉讼，在计算损害赔偿数额时极可能涉及许可费率问题，本案的受理将与上述在先诉讼形成冲突。本院认为，首先，从已查明的事实来看，上述诉讼所涉及的专利均为其主张的专利侵权行为地所在法域专利，且纠纷的核心问题为是否构成专利侵权，系典型的专利侵权诉讼，本案标准必要专利组合涉及中国以及美国、日本等多族专利，且纠纷实质主要是所涉标准必要专利全球许可条件的确定，本案诉讼与上述域外诉讼在核心诉争问题上有明显不同，如域外法院在相关专利侵权诉讼中认定构成侵权，一般也只能就已发生的侵权行为作出赔偿判决，而本案需要确定的是专利许可条件，与侵权损害赔偿在性质上明显不同。其次，《最高人民法院关于适用〈中华人民共和国民事诉讼法〉的解释》第五百三十三条第一款规定："中华人民共和国法院和外国法院都有管辖权的案件，一方当事人向外国法院起诉，而另一方当事人向中华人民共和国法院起诉的，人民法院可予受理。判决后，外国法院申请或者当事人请求人民法院承认和执行外国法院对本案作出的判决、裁定的，不予准许；但双方共同缔结或者参加的国际条约另有规定的除外。"根据上述规定，即便某个案件的平行诉讼正在外国法院审理，只要中国法院对该案件依法具有管辖权，外国法院的平行诉讼原则上也不影响中国法院对该案行使管辖权。因此，夏普株式会社、赛恩倍吉日本株式会社的该项上诉理由亦无事实和法律依据，本院不予支持。

（四）关于赛恩倍吉日本株式会社是否可以作为本案被告

根据民事诉讼法第一百一十九条的规定，原告只要能够提供明确的被告，在符合其他受理条件的情况下，人民法院便应当立案受理。本案中，OPPO公司和OPPO深圳公司主张，赛恩倍吉日本株式会社与夏普株式会社在谈判过程中违反FRAND义务的行为直接导致OPPO深圳公司产生经济损失，构成侵权。根据初步查明的事实，赛恩倍吉日本株式会社与夏普株式会社共同参与了涉案标准必要专利许可的谈判过程，该事实已足以证成赛恩倍吉日本株式会社与本案有关的可争辩的管辖连结点。原审法院裁定赛恩倍吉日本株式会社可以作为本案被告,并无不当。至于赛恩倍吉日本株式会社主张的其并非专利权人,与本案纠纷无关等问题,可留待本案实体审理阶段予以认定。

综上,夏普株式会社、赛恩倍吉日本株式会社的上诉请求均不能成立,应予驳回;原审裁定认定事实清楚,适用法律正确,应予维持。依照《中华人民共和国民事诉讼法》第一百七十条第一款第一项、第一百七十一条之规定,裁定如下:

驳回上诉,维持原裁定。

本裁定为终审裁定。

审 判 长　傅　蕾
审 判 员　唐小妹
审 判 员　汤　锷

二〇二一年八月十九日

法官助理　郑文思
书 记 员　薛伟聪

慈溪市博生塑料制品有限公司与永康市联悦工贸有限公司等侵害实用新型专利权纠纷案

【裁判摘要】

1. 涉电子商务平台知识产权侵权纠纷中,平台内经营者向人民法院申请行为保全,请求责令电子商务平台经营者恢复链接和服务等,人民法院应当予以审查,并综合考虑平台内经营者的请求是否具有事实基础和法律依据,如果不恢复是否会对平台内经营者造成难以弥补的损害,如果恢复对知识产权人可能造成的损害是否会超过维持有关措施对平台内经营者造成的损害,如果恢复是否会损害社会公共利益,是否还存在不宜恢复的其他情形等因素,作出裁决。人民法院责令恢复的,电子商务平台经营者即应对原来采取的措施予以取消。

2. 平台内经营者提出前款所称行为保全申请的,应当依法提供担保,人民法院可以责令平台经营者在终审判决作出之前,不得提取其通过电子商务平台销售被诉侵权产品的收款账户中一定数额款项作为担保。该数额可以是平台内经营者的侵权获利,即被诉侵权产品的单价、利润率、涉案专利对产品利润的贡献率以及电子商务平台取消有关措施后的被诉侵权产品销售数量之积。

最高人民法院民事裁定书

（2020）最高法知民终 993 号

申请人（上诉人、原审被告）：永康市联悦工贸有限公司。住所地：浙江省永康市龙山镇梅陇村。

法定代表人：陈慧亮，该公司执行董事兼经理。

委托诉讼代理人：丁雷，北京市世纪（上海）律师事务所律师。

被申请人（原审被告）：浙江天猫网络有限公司。住所地：浙江省杭州市余杭区五常街道文一西路 969 号 3 幢 5 层 506 室。

法定代表人：蒋凡，该公司董事长兼总经理。

委托诉讼代理人：孔珊珊，北京嘉润律师事务所律师。

委托诉讼代理人：马卉，北京嘉润律师事务所律师。

被申请人（被上诉人、原审原告）：慈溪市博生塑料制品有限公司。住所地：浙江省慈溪市龙山镇东渡村。

法定代表人：黄春亚，该公司执行董事兼总经理。

委托诉讼代理人：严晓，慈溪方升专利代理事务所（普通合伙）专利代理师。

上诉人永康市联悦工贸有限公司（以下简称联悦公司）、浙江兴昊塑业有限公司（以下简称兴昊公司）与被上诉人慈溪市博生塑料制品有限公司（以下简称博生公司），原审被告浙江天猫网络有限公司（以下简称天猫公司）、谢辉侵害实用新型专利权纠纷一案，申请人联悦公司于 2020 年 11 月 5 日向本院申请行为保全，请求法院责令天猫公司立即恢复其在"天猫网"上经营的"帮主妇旗舰店"（以下简称涉案网店）中"免手洗拖把家用平板懒人吸水拖布网红一拖净干湿两用抖音拖地神器"（以下简称被诉侵权产品）的销售链接，直至终审判决生效之日。申请人联悦公司同意以其支付宝账户余额 632 万元作为担保。

本院经听证初步查明：

博生公司系以下两项专利的专利权人：1. 专利号为 ZL201820084323.7、名称为"具有新型桶体结构的平板拖把清洁工具"的实用新型专利（以下简称涉案专利）。2. 专利号为 ZL201620853180.2、名称为"一种用于平板拖把挤水和清洗的拖把桶"（以下简称 180.2 号专利）。2019 年 10 月 11 日，博生公司以被诉侵权产品侵犯其上述两项专利权为由，向浙江省宁波市中级人民法院分别提起本案及另案诉讼。本案原审案号为（2019）浙 02 知民初 367 号；另案案号为（2019）浙 02 知民初 368 号（以下简称 368 号案）。两案均请求法院判令联悦公司、兴昊公司、谢辉立即停止实施制造、销售、许诺销售被诉侵权产品的行为，天猫公司立即删除、断开被诉侵权产品的销售链接，兴昊公司、联悦公司、天猫公司连带赔偿博生公司经济损失 316 万元。2019 年 10 月 15 日，博生公司在两案中分别向原审法院申请财产保全。2019 年 10 月 29 日，原审法院作出财产保全裁定，两案各冻结联悦公司支付宝账户余额或银行存款 316 万元。目前上述两笔款项仍在冻结中。2019 年 10 月 20 日、11 月 25

日,博生公司就上述两案向天猫公司发起投诉。联悦公司提出申诉,并于2019年11月10日出具《知识产权保证金承诺函》,同意缴存100万元保证金于其支付宝账户内,并同意支付宝公司及天猫公司冻结其网店自2019年11月10日22点起的全店所有销售收入。

2020年4月10日,原审法院就本案作出判决,判令:谢辉、兴昊公司、联悦公司立即停止实施侵权行为;天猫公司立即删除、断开被诉侵权产品的销售链接;兴昊公司、联悦公司连带赔偿博生公司经济损失316万元。同日,博生公司再次向天猫公司就被诉侵权产品进行投诉。2020年4月17日,天猫公司删除了被诉侵权产品的销售链接。联悦公司、兴昊公司不服原审判决,向本院提起上诉。本案二审审理期间,国家知识产权局于2020年9月9日就涉案专利作出无效宣告请求审查决定,认为涉案专利权利要求1-24均不具备《中华人民共和国专利法》第二十二条第二款规定的新颖性,宣告涉案专利权全部无效。博生公司表示将提起行政诉讼。

另查明,针对同一被诉侵权产品涉嫌侵权的368号案仍在浙江省宁波市中级人民法院一审审理中。2020年1月2日兴昊公司对该案所涉180.2号专利提起无效宣告请求,目前国家知识产权局尚未作出审查决定。

再查明,截至2020年11月5日联悦公司提起本行为保全申请之时,联悦公司支付宝账户余额共被冻结1560万元。其中,632万元为原审法院财产保全措施冻结款项;100万元为联悦公司根据其出具的《知识产权保证金承诺函》同意缴存的款项;828万元为联悦公司同意支付宝公司及天猫公司冻结的其网店自2019年11月10日22点起的全店所有销售收入。

本院经审查认为,针对联悦公司的行为保全申请,重点需要审查如下问题:(一)联悦公司作为被诉侵权人是否具有提起行为保全申请的主体资格;(二)本案应否采取恢复链接行为保全措施;(三)本案担保金额的确定。

(一)关于联悦公司作为被诉侵权人是否具有提起行为保全申请的主体资格

《中华人民共和国民事诉讼法》(以下简称民事诉讼法)第一百条规定:"人民法院对于可能因当事人一方的行为或者其他原因,使判决难以执行或者造成当事人其他损害的案件,根据对方当事人的申请,可以裁定对其财产进行保全、责令其作出一定行为或者禁止其作出一定行为;当事人没有提出申请的,人民法院在必要时也可以裁定采取保全措施。人民法院采取保全措施,可以责令申请人提供担保,申请人不提供担保的,裁定驳回申请。人民法院接受申请后,对情况紧急的,必须在四十八小时内作出裁定;裁定采取保全措施的,应当立即开始执行。"根据上述规定,人民法院采取行为保全措施的要件主要包括:一是因当事人一方的行为或其他原因使判决难以执行或造成当事人的其他损害;二是一方当事人明确提出行为保全申请或者人民法院认为确有必要。显然,行为保全措施的申请人并不限于原告。尤其是在涉电子商务平台知识产权侵权纠纷中,允许被诉侵权的平台内经营者在符合前述民事诉讼法第一百条规定的条件下申请行为保全,要求电子商务平台经营者采取恢复链接等行为保全措施,对于合理平衡知识产权权利人、电子商务平台经营者和平台内经营者的合法利益,促进电子商务市场健康发展具有重要意义。

《中华人民共和国侵权责任法》(以下简称侵权责任法)第三十六条第二款规定:"网络用户利用网络服务实施侵权行为的,被侵权人有权通知网络服务提供者采取删除、屏蔽、断开链接等必要措施。网络服务提供者接到通知后未及时采取必要措施的,对损害的扩大部分与该网络用户承担连带责任。"《中华人民共和国电子商务法》（以下简称电子商务法）第四十二条规定："知识产权权利人认为其知识产权受到侵害的，有权通知电子商务平台经营者采取删除、屏蔽、断开链接、终止交易和服务等必要措施。通知应当包括构成侵权的初步证据。电子商务平台经营者接到通知后，应当及时采取必要措施，并将该通知转送平台内经营者；未及时采取必要措施的，对损害的扩大部分与平台内经营者承担连带责任……"根据上述规定，电子商务平台经营者在收到知识产权权利人含有侵权初步证据的通知时，具有采取删除、屏蔽、断开链接、终止交易和服务等必要措施的法定义务。而对于电子商务平台经营者在诉讼过程中，何种情况下可以应平台内经营者的申请采取恢复链接等措施，侵权责任法和电子商务法都没有作出相关规定。由于专利权等通过行政授权取得权利的知识产权在民事侵权诉讼过程中，可能因被宣告无效、提起行政诉讼等程序而使权利处于不确定状态，且平台内经营者的经营状况等在诉讼过程中也可能发生重大变化。此时，平台内经营者因情况紧急，不恢复链接将会使其合法利益受到难以弥补的损害，向人民法院申请行为保全，要求电子商务平台经营者采取恢复链接等行为保全措施的，人民法院应当予以受理，并依据民事诉讼法第一百条及相关司法解释的规定予以审查。

本案中，涉案专利为实用新型专利，虽然原审法院认定侵权成立，天猫公司删除了被诉侵权产品的销售链接，但二审中涉案专利权被宣告全部无效，其有效性因博生公司即将提起行政诉讼而处于不确定状态。在此情况下，作为被删除产品链接的联悦公司具有提起恢复链接行为保全申请的主体资格。

（二）关于本案应否采取恢复链接行为保全措施

《最高人民法院关于审查知识产权纠纷行为保全案件适用法律若干问题的规定》（以下简称保全若干规定）第七条规定："人民法院审查行为保全申请，应当综合考量下列因素：（一）申请人的请求是否具有事实基础和法律依据，包括请求保护的知识产权效力是否稳定；（二）不采取行为保全措施是否会使申请人的合法权益受到难以弥补的损害或者造成案件裁决难以执行等损害；（三）不采取行为保全措施对申请人造成的损害是否超过采取行为保全措施对被申请人造成的损害；（四）采取行为保全措施是否损害社会公共利益；（五）其他应当考量的因素。"根据上述规定，在涉电子商务平台知识产权侵权纠纷中，确定是否依被诉侵权人的申请采取恢复链接行为保全措施应主要考虑以下因素：1. 申请人的请求是否具有事实基础和法律依据；2. 不恢复链接是否会对申请人造成难以弥补的损害；3. 恢复链接对专利权人可能造成的损害是否会超过不恢复链接对被诉侵权人造成的损害；4. 恢复链接是否会损害社会公共利益；5. 是否存在不宜恢复链接的其他情形。具体到本案，分析如下：

1. 联悦公司的请求是否具有事实基础和法律依据。本案为侵害实用新型专利权纠纷。我国实用新型专利的授权并不经过实质审查，其权利稳定性较弱。为了平衡专利权人的利益及同业竞争者、社会公众的利益，维护正常、有序的网络运营环境，专利权人要求电子商务平台经营者删除涉嫌侵犯实用新型专利权的产品销售链接时，应当提交由专利行政部门作出的专利权评价报告。专利权人无正当理由不提交的，电子商务平台经营者可以拒绝删除链接，但法院经审理后认定侵权的除外。本案中，天猫公司在原审法院认定侵权成立后及时删除了被诉侵权产品的销售链接，但二审中涉案专利权已被国家知识产权局因缺乏新颖性而被宣告全部无效，博生公司即将提起行政诉讼，专利有效性处于不确定状态。联悦公司因本案诉讼及368号案，截至2020年11月5日支付宝账户余额共被冻结1560万元，正常生产经营受到严重影响。在此情况下，联悦公司要求天猫公司恢复产品链接具有事实与法律依据。

2. 不恢复链接是否会对申请人造成难以弥补的损害。在涉电子商务平台知识产权侵权纠纷中，删除、屏蔽、断开商品销售链接不仅将使该商品无法在电商平台上销售，而且还将影响该商品之前累积的访问量、搜索权重及账户评级，进而降低平台内经营者的市场竞争优势。因此，确定"难以弥补的损害"应考量是否存在以下情形之一：（1）不采取行为保全措施是否会使申请人的商誉等人身性质的权利受到无法挽回的损害；（2）不采取行为保全措施是否会导致申请人市场竞争优势或商业机会严重丧失，导致即使因错误删除链接等情况可以请求金钱赔偿，但损失非常大或者非常复杂以至于无法准确计算其数额。

本案中，被诉侵权产品主要通过联悦公司在"天猫网"上的涉案网店进行销售，且根据原审查明的事实，2019年11月13日被诉侵权产品累计销量为283693件；2019年12月4日，原审法院组织各方当事人进行证据交换时的累计销量为352996件；2020年1月13日，原审庭审时的累计销量为594347件。这一方面说明被诉侵权产品的销量大，另一方面也说明其累计的访问量及搜索权重较大，断开销售链接对其网络销售利益影响较大。特别是在"双十一"等特定销售时机，是否恢复链接将对被诉侵权人的商业利益产生巨大影响。在涉案专利权效力处于不确定状态的情况下，通过恢复链接行为保全措施使平台内经营者能够在"双十一"等特定销售时机正常上线经营，能够避免其利益受到不可弥补的损害。

3. 恢复链接对专利权人可能造成的损害是否会超过不恢复链接对被诉侵权人造成的损害。本案中，被诉侵权产品与涉案专利产品虽为同类产品，但市场上类似产品众多，并不会导致博生公司的专利产品因恢复链接而被完全替代。而且，本院已经考虑到因恢复链接可能给博生公司带来的损失，并将冻结联悦公司支付宝账户相应金额及恢复链接后继续销售的可得利益，联悦公司也明确表示同意。在此情况下，相较于不恢复链接对联悦公司正常经营的影响，恢复链接对博生公司可能造成的损害较小。

4. 恢复链接是否会损害社会公共利益。在专利侵权纠纷中，社会公共利益一般考量的是公众健康、环保以及其他重大社会利益。本案所涉被诉侵权产品系用于家庭日常生活的拖把桶，恢复链接时考量的重要因素是是否会对公众健康、环保造成影响，特别是需要考虑是否会对消费者的人身财产造成不应有的损害，而本案无证据表明被诉侵权产品存在上述可能损害公共利益的情形。

5. 是否存在不宜恢复链接的其他情形。本案中，博生公司主张不宜恢复链接的主要理由在于被诉侵权产品除涉嫌侵害涉案专利权外，还在368号案中涉嫌侵害博生公司180.2号专利，且180.2号专利目前仍处于有效状态。对此，本院认为，首先，368号案尚在一审审理中，被诉侵权产品是否侵权、现有技术抗辩是否成立尚不确定。其次，368号案中，博生公司赔偿损失的诉请请求已经通过冻结联悦公司支付宝账户余额316万元的财产保全措施予以保障。最后，本院在确定本案行为保全担保金额时，已考虑368号案的情况酌情提高了联悦公司的担保金额并将冻结联悦公司恢复链接后继续销售的可得利益。虽然，因本行为保全措施系针对本案诉讼，担保金额冻结至本案判决生效之日，届时，如果368号案仍在审理中，博生公司可以在该案中通过申请行为保全等措施维护自身合法权益，由法院根据该案情况决定是否采取行为保全措施。因此，不存在博生公司就180.2号专利所享有的权利难以得到保障的情况。综上，被诉侵权产品还因涉嫌侵害180.2号专利权而涉诉的事实不影响本案行为保全措施的采取。本案不存在不宜恢复链接的其他情形。

（三）本案担保金额的确定

行为保全担保金额的确定既要合理又要有效。既要考虑行为保全措施实施后对被申请人可能造成的损害，也要防止过高的担保金额对申请人的生产经营造成不合理影响。在涉电子商务平台专利侵权纠纷中，恢复链接行为保全措施担保金额的确定，一方面应考虑恢复链接后可能给权利人造成的损失，确保权利人就该损失另行主张赔偿的权利得到充分保障；另一方面也应合理确定申请人恢复链接后的可得利益，避免因冻结过多的销售收入不合理影响其资金回笼和后续经营。具体到本案，博生公司在本案及368号案中均要求被诉侵权人赔偿经济损失316万元，原审法院均已采取财产保全措施。但考虑到被诉侵权产品在删除链接前销售数额较大、恢复链接将可能导致博生公司的损失扩大等因素，为最大限度保护专利权人的利益，本院将综合博生公司在两案中的赔偿主张、恢复链接后联悦公司的可得利益等因素酌定担保金额。鉴于联悦公司的可得利益将随产品销售而不断增加，除固定担保金外，本院将增加动态担保金。由于联悦公司的销售收入中还含有成本、管理费用等，为防止过高的担保金额对联悦公司的生产经营造成不合理影响，本院在考虑本案及368号案所涉专利贡献率的情况下，酌情将动态担保金确定为联悦公司销售额的50%。

综上，联悦公司要求天猫公司恢复被诉侵权产品销售链接的申请符合法律规定，应予准许。依照《中华人民共和国民事诉讼法》第一百条、第一百零二条，《最高人民法院关于审查知识产权纠纷行为保全案件适用法律若干问题的规定》第七条、第十一条规定，裁定如下：

一、被申请人浙江天猫网络有限公司立即恢复申请人永康市联悦工贸有限公司在"天猫网"购物平台上的被诉侵权产品销售链接；

二、冻结申请人永康市联悦工贸有限公司名下的支付宝账户余额632万元，期限至本案判决生效之日；

三、自恢复被诉侵权产品销售链接之日起至本案判决生效之日，如申请人永康市联悦工贸有限公司恢复链接后被诉侵权产品的销售总额的50%超过632万元，则应将超出部分的销售额的50%留存在其支付宝账户内，不得提取。

本裁定立即开始执行。

案件申请费30元，由申请人永康市联悦工贸有限公司负担。

如不服本裁定，可以自收到裁定书之日起五日内向本院申请复议一次。复议期间不停止裁定的执行。

审 判 长　原晓爽
审 判 员　徐　飞
审 判 员　孔立明

二〇二〇年十一月六日

法官助理　郝小娟
书 记 员　汪　妮

山东瀚霖生物技术有限公司与国家知识产权局等发明专利权无效行政纠纷案

【裁判摘要】

1. 专利制度保护的是利用自然规律解决技术问题的技术方案，而不是自然规律本身。因此，对于权利要求是否清楚地限定专利保护范围的问题，需要审查的内容是权利要求是否清楚地限定了专利保护的技术方案本身，而不是对技术方案所利用的自然规律是否进行了清楚的阐述和限定。

2. 行为人将他人技术成果非法申请为自己的专利，在该非法申请的专利权依法返还他人后，转而对该专利权提出无效宣告请求的，明显违背诚信原则，人民法院不予支持。

最高人民法院行政判决书

(2020) 最高法知行终 564 号

上诉人（原审被告）：国家知识产权局。住所地：北京市海淀区蓟门桥西土城路 6 号。
法定代表人：申长雨，该局局长。
委托诉讼代理人：侯曜，该局审查员。
委托诉讼代理人：赵鑫，该局审查员。
上诉人（原审第三人）：上海凯赛生物技术股份有限公司。住所地：中国（上海）自由贸易试验区蔡伦路 1690 号 5 幢 4 楼。
法定代表人：刘修才，该公司董事长。
委托诉讼代理人：张秋林，北京允天律师事务所律师。
委托诉讼代理人：李德宝，北京允天律师事务所律师。
被上诉人（原审原告）：山东瀚霖生物技术有限公司。住所地：山东省莱阳市（开发区）峨眉路 1 号。
法定代表人：曹务波，该公司执行董事。
委托诉讼代理人：赵锐，北京高文律师事务所律师。
委托诉讼代理人：王明喜，北京高文律师事务所律师。

上诉人国家知识产权局、上海凯赛生物技术股份有限公司（以下简称凯赛公司）因与被上诉人山东瀚霖生物技术有限公司（以下简称瀚霖公司）发明专利权无效行政纠纷一案，不服北京知识产权法院于 2020 年 7 月 15 日作出的 (2019) 京 73 行初 7946 号行政判决，向本院提起上诉。本院于 2020 年 11 月 5 日立案后，依法组成合议庭，于 2021 年 5 月 28 日对本案进行公开开庭审理。上诉人国家知识产权局的委托诉讼代理人侯曜、赵鑫，上诉人凯赛公司的委托诉讼代理人张秋林、李德宝,被上诉人瀚霖公司的委托诉讼代理人赵锐、王明喜到庭参加诉讼。本案现已审理终结。

国家知识产权局上诉请求:1. 撤销原审判决;2. 维持国家知识产权局作出的第39674号无效宣告请求审查决定(以下简称被诉决定)。事实与理由:名称为"生物发酵法生产长碳链二元酸的精制工艺"、专利号为201010160266.4的发明专利(以下简称本专利)符合《中华人民共和国专利法》(2008年修正,以下简称专利法)第二十六条第三款、第四款以及第二十二条第三款的规定,原审判决对此认定错误。(一)对于权利要求中的术语,应当站位本领域技术人员,结合本领域技术常识加以理解。本专利权利要求中的"长碳链二元酸溶解度非常低"是本领域公知常识,对此各方均无异议。在此基础上,本领域技术人员不可能将"高温水结晶"机械理解为严格意义上的"结晶"。原审判决单纯从字面含义出发,认为首先应当解读为"以高温水为溶剂,将步骤(2)得到的晶体完全溶解再以结晶形式析出,或者不使用溶剂,完全熔解再结晶析出的方式"背离了本领域技术人员的基本认知。(二)本专利说明书和权利要求1关于步骤(3)的描述是清楚的。通过对说明书内容的阅读并结合本领域公知常识,本领域技术人员能够获知在"高温水结晶罐"中进行的该"结晶、分离"步骤的准确含义应当是"在罐设备中,在高温水的作用下,以结晶形式获得并分离出二元酸产品",该步骤并非严格的"溶剂结晶"或者"熔融结晶"方式,与步骤(2)中"结晶"含义不同。(三)凯赛公司对技术方案的解读不存在前后矛盾。在本案涉及的无效宣告请求中,凯赛公司解释步骤(3)的物料状态时主张,该步骤中二元酸在高温和水的共同作用下,处于"部分溶解—熔融悬浊"的分散状态,该解释基本符合本领域认知。而在第42594号无效宣告请求审查决定(在被诉决定作出之后,瀚霖公司于2019年6月21日就本专利再次提起专利权无效宣告请求,国家知识产权局于2019年12月29日作出第42594号无效宣告请求审查决定,维持本专利权有效,以下简称第42594号决定)所对应的无效宣告请求案中,凯赛公司作出"本专利权利要求1的步骤(3)中不存在熔融的情况"的意见陈述,其目的仅在于否定本专利步骤(3)是"熔融结晶"这种特定的结晶方式,与其在本案中的陈述并不存在前后矛盾。原审判决实际上将专利权人的主张扩大解读为否定"步骤(3)中可能存在部分熔融的二元酸",并由此认定与专利权人此前对于本专利是一个"部分溶解—熔融悬浊的分散状态"的陈述前后矛盾,该认定与事实不符。(四)相关事实已经在各级人民法院的裁判中获得确认。凯赛公司和瀚霖公司自2012年起即围绕本专利和相关专利权在各地各级人民法院进行诉讼。在上述纠纷的生效判决中,均涉及一份2003年10月3日拟稿的SOP(标准化操作程序)复印件(以下简称2003年SOP),其中记载了与本专利权利要求1实质相同的生产工艺,该证据被人民法院作为认定本专利实际发明人应为凯赛公司职工的定案依据。根据2003年SOP的记载,本专利权利要求1步骤(3)中的操作在发明伊始即被称为"高温水结晶"步骤。而对于该名称的技术含义以及其中的具体操作细节,无论是现专利权人凯赛公司还是原专利权人瀚霖公司,应当都是明晰的,在实际生产中,也是这样操作的;同时,也再次印证本专利权利要求的保护范围是清楚的,不存在权利要求术语不清楚,进而导致技术方案无法实施的情形。本专利符合专利法第二十六条第三款、第四款的规定。

凯赛公司上诉请求:撤销原审判决,维持被诉决定,判令瀚霖公司承担两审诉讼费用。

事实与理由：（一）本专利权利要求1本身限定的技术方案清楚。1. 权利要求1已对生物发酵法生产长碳链二元酸的精制工艺进行了清楚、完整的描述，即包括4个步骤，并对每个步骤的操作方法和操作条件进行了限定。2. 权利要求1步骤（3）已清晰地记载了物料来源，放入至何种设备中，控制的温度范围以及时间，以及降温的温度范围等，本领域技术人员根据上述表述，能够完成具体操作，并明晰其边界。3. 基于长碳链二元酸在水中溶解度较低的公知常识，本领域技术人员能够知晓步骤（3）的"高温水结晶"不应是"二元酸全部溶解于水中并通过降温全部结晶再次析出"的过程。4. 步骤（3）所述的"完全结晶"是指降温后，溶解在水中的二元酸由于溶解度降低而基本均析出结晶，并非"二元酸完全溶解后再完全结晶"，且权利要求中也未对长链二元酸的溶解性进行任何限定。（二）通过本专利说明书亦能清楚界定权利要求1的保护范围。涉案专利说明书详细记载了背景技术、发明目的、技术方案和产生的技术效果，发明内容部分记载的技术方案与权利要求1一致，在具体实施方式部分，给出了具体的实施例，步骤（3）也给出了控制温度、保温时间和降温温度的具体点值，描述的具体操作过程亦在权利要求1的范围内。同时，还给出了总酸含量、单酸含量、总氮含量、Fe离子含量、灰份含量、水份等方面的技术效果数据，并与现有技术进行了比对。因此，说明书对本发明作出了清楚完整的说明，本领域技术人员在通读说明书后，既知晓如何实施，又能清楚界定权利要求1的保护范围。（三）专利法之所以要求权利要求的保护范围应当"清楚"，其目的在于界定专利权的保护边界，使本领域技术人员能够清楚何种技术方案会落入专利权的保护范围内，进而构成侵权，何种技术方案不会落入专利权的保护范围，进而可以避开其保护范围，并自由实施。原审判决认为"鉴于长碳链二元酸在水中的低溶解度，步骤（3）所述结晶工艺在技术上明显不合逻辑，也没有生产上的实际意义"，对专利法第二十六条第四款的理解有误，并没有准确理解该条款的基本含义。综上，本专利权利要求1的保护范围清楚、说明书公开充分，符合专利法第二十六条第四款、第三款的规定。（四）由于权利要求1的保护范围清楚，且权利要求1与瀚霖公司提交的证据存在多个区别技术特征，本领域技术人员并不能显而易见地获得权利要求1的技术方案，由此权利要求1具备创造性。

瀚霖公司辩称：（一）本专利权利要求1步骤（3）中的两个用语"水"与"结晶"存在明显矛盾且无法合理解释，导致保护范围不清楚，不符合专利法第二十六条第四款的规定。1."结晶"在化学领域具有通常含义，即热的饱和溶液冷却后溶质因溶解度降低导致溶液过饱和，从而溶质以晶体的形式析出。本专利说明书中并没有对"结晶"作出特别限定，因此应当采用通常含义来解释步骤（3）中的"结晶"。2. 权利要求1步骤（2）中的"一次结晶""物料完全结晶""结晶物料"中的"结晶"都是采用通常含义来解释。根据"同一权利要求中的相同用语应具有相同含义"的解释规则，步骤（3）中的"结晶"也应当采用化学领域的普通含义来解释。因此步骤（3）保护的是"以水做溶剂，通过二元酸的结晶来实现提纯目的"的技术方案。3. 从权利要求记载的文义可知，步骤（3）是通过二元酸颗粒在水中进行结晶工艺来纯化二元酸颗粒的方法，说明书实施例1、2、3对步骤（3）的描述与权利要求1的记载基本一致。4. 由于十二碳二元酸在水中的溶解度太小，因此"以水做溶剂，通过二元酸的结晶来实现提纯目的"的技术方案需要大量的高温水及巨大的结晶罐等配套设备，仅在理论上有可实施性。在实践中，不仅工业生产中不会采用，就连实验室也不会采用。(二) 凯赛公司在两次专利权无效宣告程序中对步骤 (3) 给出了三种不同的解释,也能说明本专利的保护范围不清楚。1. 在本案中,凯赛公司认为步骤 (3) 中的二元酸实际上处于一个"部分溶解—熔融—悬浊"的分散状态,"部分溶解"是因步骤 (2) 残留的醋酸溶解了部分二元酸颗粒,"熔融"是因为二元酸颗粒中混有杂质,降低了熔点。2. 在第 42594 号决定所对应的无效宣告请求案中,凯赛公司认为步骤 (3) "高温水结晶"与步骤 (2) 一样,都属于结晶工艺,这个解释与本专利权利要求 1 的文义解释一致。3. 在第 42594 号决定所对应的无效宣告请求案中,凯赛公司还认为步骤 (3) 是"洗涤工艺+结晶现象",并推翻了之前提出的残留醋酸导致部分溶解、存在熔融、属于结晶工艺等观点。(三) 在两次专利无效宣告程序中,国家知识产权局分别认可了凯赛公司的第一种解释和第三种解释,也能说明本专利的保护范围不清楚。1. 在被诉决定中,国家知识产权局认同凯赛公司主张的"该步骤中二元酸实际上处于一个'部分溶解—熔融—悬浊'的分散状态"。但在第 42594 号决定中,国家知识产权局又认为本专利权利要求 1 步骤 (3) 中"不存在熔融情况"。2. 在第 42594 号决定中,国家知识产权局将步骤 (3) 认定为"洗涤工艺+结晶现象",但是由于长链二元酸在水中的溶解度太小,为了让溶于水的微量二元酸结晶析出,需耗费大量的时间和能源,因此,这种先形成过饱和溶液,再实现长链二元酸"再结晶"的技术方案不具有可行性,是本领域技术人员可以明确排除的技术方案。(四) 在本案上诉状中,国家知识产权局与凯赛公司对步骤 (3) 中的"结晶"给出了相反的解释,也能说明步骤 (3) 的保护范围不清楚。国家知识产权局在上诉状中认为权利要求 1 中步骤 (2) 与步骤 (3) 的相同用语"结晶"具有不同的含义,而凯赛公司在上诉状中却认为步骤 (2) 与 (3) 中的"结晶"具有一致性,仅此就足以确定步骤 (3) 的保护范围不清楚。(五) 如果凯赛公司实施了步骤 (3) "高温水结晶",实现了"部分溶解—熔融—悬浊的分散状态",那将是本领域重大的技术突破。但说明书中没有记载如何实现"部分溶解—熔融—悬浊的分散状态"的技术手段,属于说明书公开不充分。

瀚霖公司向原审法院提起诉讼,原审法院于 2019 年 7 月 8 日立案受理。瀚霖公司起诉请求:撤销被诉决定,并判令国家知识产权局重新作出决定。事实与理由:本专利不符合专利法第二十六条第三款、第四款以及第二十二条第三款的规定。本专利权利要求 1 和说明书均未记载步骤 (3) 所使用的水量以及与步骤 (2) 所得结晶物料之间的关系,本领域技术人员依据说明书的记载无法实现提高纯度的技术目的,故权利要求 1 不符合专利法第二十六条第四款的规定。基于与上述基本相同的理由,本专利说明书不符合专利法第二十六条第三款的规定。至于权利要求 1 的创造性,关于区别特征①,在附件 2 给出乙酸溶解二元酸粗品并利用活性炭脱色的基础上,本领域技术人员在实际操作中有动机对乙酸用量和二元酸粗品的含水量进行调整,采用板框压滤机过滤也是本领域的常规选择。关于区别特征②,在附件 2 技术方案的基础上,本领域技术人员容易想到使用附件 3 公开的两次结晶方案,至于具体的步骤和条件可根据实际需要确定,无需付出创造性劳动。关于区别特征③,高温水结晶的实质是反向萃取,是本领域技术人员常用的一种提纯技术。关于区别特征④,选择闪蒸干燥器干燥是本领域的常规选择,且没有产生预料不到的技术效果。

国家知识产权局原审辩称:坚持被诉决定中的意见。被诉决定认定事实清楚,适用法律正确,审查程序合法,瀚霖公司的诉讼理由不能成立,请求法院驳回瀚霖公司的诉讼请求。

凯赛公司原审述称：同意被诉决定中的意见，请求法院驳回瀚霖公司的诉讼请求。

原审法院认定事实如下：

本专利申请日为2010年4月30日，专利权人为凯赛公司。本专利授权公告时的权利要求书如下："1. 生物发酵法生产长碳链二元酸的精制工艺，其特征在于：精制工艺步骤包括：（1）脱色、过滤；（2）一次结晶、分离；（3）高温水结晶、分离；（4）干燥；所述步骤（1）脱色过滤：把二元酸粗品放入脱色罐内，含水量为5～12wt%，加入0.05～0.2wt%的活性炭，换算成含量为100%的溶剂与二元酸的质量比为3.0～2.0：1，在温度85～100℃下，脱色20～90min后经板框压滤机过滤后得二元酸清液；所述步骤（2）一次结晶、分离：将步骤（1）得到的二元酸清液放入一次结晶罐内，降温至75～85℃，保温1～2小时后，再降温至25～35℃，物料完全结晶后，将结晶物料用离心机分离；所述步骤（3）高温水结晶、分离：将步骤（2）得到的结晶物料放入高温水结晶罐内，控制温度70～100℃，保温时间120min，再降温至30～50℃，物料完全结晶后，将结晶物料用离心机分离得二元酸湿品；所述步骤（4）干燥：将步骤（3）得到的二元酸湿品在闪蒸干燥器内干燥得到长碳链二元酸精品，所述步骤（1）的溶剂为含量为90%以上的醋酸溶液。"

2018年11月14日，瀚霖公司针对本专利向原国家知识产权局专利复审委员会（以下简称专利复审委员会）提出了无效宣告请求，其理由是：本专利说明书不符合专利法第二十六条第三款的规定，权利要求1不清楚，不符合专利法第二十六条第四款的规定，请求宣告本专利权利要求1无效，同时提交了以下附件1：

附件1："长链二元酸的制备与精制研究进展"，刘雅等，《现代化工》，第38卷第8期，第43～47页，2018年8月31日。

2018年12月3日，专利复审委员会受理了上述无效宣告请求并成立合议组进行审理。

2018年12月14日，瀚霖公司提交意见陈述书以及以下附件2和附件3，认为本专利权利要求1相对于附件2和附件3的结合不符合专利法第二十二条第三款的规定：

附件2：CN101121653A，公开日为2008年2月13日。

附件3：CN1570124A，公开日为2005年1月26日。

2019年3月18日，专利复审委员会举行口头审理。在口头审理中，瀚霖公司当庭提交附件4（《化工百科全书》第3卷，化学工业出版社，1993年第1版，封面、出版信息页、目录第V页、第1039页、第1054～1060页）作为公知常识性证据，用于证明与附件1相同的事实，即长链二元酸不溶于水；凯赛公司认可附件1～4的真实性，但认为附件1的公开日晚于本专利申请日，不能作为现有技术和公知常识性证据。

2019年3月29日，专利复审委员会作出被诉决定。被诉决定记载：

1. 关于本专利是否公开不充分和权利要求是否不清楚

瀚霖公司认为，（1）本专利权利要求1的步骤（3）中使用的关键设备"高温水结晶罐"本身是模糊不清的，在缺乏溶剂、pH值、水和结晶物料的比例等具体条件的情况下也不清楚该步骤是如何实现的，即便认为其中的溶剂即为高温水，而长碳链二元酸不溶于水是本领域的常识；（2）步骤（1）中，含水量的百分比基数，活性炭含量的百分比基数、溶剂与二元酸的质量比均未说明；（3）本专利声称的"透光性好"以及"热稳定性高"这部分效果是本领域技术人员根据本专利技术方案所无法预见的，因此，本专利说明书公开不充分，不符合专利法第二十六条第三款的规定。基于前述（3）的相同理由，权利要求1的技术方案及其保护范围是不清楚的，不符合专利法第二十六条第四款的规定。

专利复审委员会认为，根据本专利说明书的记载，目前，长链二元酸生产企业所采用的工艺技术只能生产二元酸粗品（称P级产品），但二元酸粗品的单酸含量低，热稳定性差，纯度低，灰份和铁盐含量高，产品质量达不到聚合级质量标准，不能满足客户的高质量需求，大大限制了长链二元酸的应用范围。本发明的目的在于，克服现有技术的不足，提供了一种生物发酵法生产长碳链二元酸的精制工艺。该精制工艺生产的长碳链二元酸具有产酸水平高，生产成本低，产品质量好，品种全等特点，极大地拓展了长碳链二元酸下游产品发展空间。……本发明的有益效果是：生物发酵法生产长碳链二元酸的精制工艺步骤包括：（1）脱色、过滤；（2）一次结晶、分离；（3）高温水结晶、分离；（4）干燥。得到的长碳链二元酸产品具有单酸含量高、透光好、热稳定性高，可以满足不同客户的需求，可用于生产高级香料、高性能工程塑料、高温电介质、高档热熔胶、耐寒增塑剂、高级润滑油、高级油漆和涂料等，极大地拓展了长碳链二元酸下游产品发展空间。在具体实施方式中，本专利分别采用不同的精制工艺条件，在实施例1~3中进行了精制工艺，得到长碳链二元酸精品，测定了分别用实施例1、2、3生产的十二碳二元酸和十三碳二元酸产品质量指标，并与二元酸粗品进行了比较。可见，本专利的发明目的是提供一种处理二元酸粗品以获得纯度更高的产品的精制方法，所述方法包括（1）脱色、过滤；（2）一次结晶、分离；（3）高温水结晶、分离；（4）干燥等四个步骤。在说明书第［0008］~［0012］段，本专利详细提供了上述四个步骤的具体操作条件，在实施例1~3中通过进一步选择操作条件，获得了外观洁白的粉状二元酸产品，并测定了所述产品的总酸含量、单酸含量、总氨含量、Fe离子含量、灰分含量和水分含量等指标，与现有技术获得的产品相比，各项指标均有所提高。

专利复审委员会针对性地回应瀚霖公司主张的前述理由，认为：首先，本专利精制工艺的步骤（3）是高温水结晶、分离，在该步骤中，将步骤（2）获得的经一次结晶后物料在高温水结晶罐中进行处理，控制温度及保温时间，再降温结晶，用离心机分离出二元酸湿品。本领域技术人员公知，二元酸在水中溶解度较低，如10个碳的二元酸（癸二酸）在水中溶解度是0.1g/100g，十二烷二元酸的溶解度在23℃下是0.003g/100g，温度为100℃下溶解度上升至0.37g/100g……因此，尽管化学产品普遍存在随温度升高溶解度有所增加的性质，但本领域技术人员也能够由此推断出，步骤（3）的"高温水结晶"不应当是一个"以水为溶剂，二元酸全部溶解于水中并通过降温结晶再次析出"的常规意义上的重结晶过程；此外，由于该步骤中使用的物料是不纯的二元酸，包括前一个步骤残留的溶剂、水分和未除去的杂质等，该步骤中二元酸在70~100℃的高温水保温120分钟后，结晶罐中应当是一个较为复杂的固液混合体系，与纯二元酸溶于水中的状态不会完全相同；凯赛公司在口头审理中也主张，该步骤中二元酸实际上处于一个"部分溶解—熔融—悬浊"的分散状态。因此，瀚霖公司以二元酸的低溶解度为由质疑该步骤无法实施的理由不能成立；此外，根据适当的生产规模和工艺要求选择用于进行上述过程的容器作为高温水结晶罐，以及选择水的用量，是本领域技术人员有能力实现的；并且，也没有证据表明该步骤需要其他溶剂的存在或需要进行pH调节。

其次，步骤（1）限定了原料二元酸粗品的含水量，本领域通常理解所述含水量应当是基于所述二元酸粗品的；关于活性炭的加入量，本领域通常认为其应当是基于整个体系；关于溶剂的加入量，本专利权利要求1和说明书均明确为是按照与二元酸的质量比加入的，此处的"二元酸"从文字上区别于该步骤的"二元酸粗品"，而二元酸粗品中的二元酸含量测定对于本领域技术人员来说是能够实现的，凯赛公司在意见陈述和口头审理当庭的表述也与前述本领域的常规认知是一致的。

最后，如前所述，本专利说明书已经提供了经本专利工艺处理后的产品的各项指标，以及较之现有技术产品的对比结果，因此，其较之现有技术产品具备"透光性好"以及"热稳定性高"的技术效果也是可以预期的。

可见，对于权利要求1的技术方案，本专利说明书提供了其方法所用的原料、工艺步骤和工艺条件，没有证据表明本领域技术人员按照上述记载不能实施该方案，或者不能解决本专利要解决的技术问题，瀚霖公司主张的本专利说明书不符合专利法第二十六条第三款的理由均不能成立；同理，本专利权利要求1因保护范围不清楚而不符合专利法第二十六条第四款规定的理由亦不能成立。

2. 关于创造性

附件2涉及一种以脂肪酸酯或脂肪酸的盐为原料，通过发酵法制备长碳链二元酸的方法，其中涉及二元酸的提取精制：将发酵液加碱调pH至7~11，加热至60~100℃，然后利用离心法或膜过滤法分离菌体、二元酸清液及发酵残余的底物；得到的二元酸清液视情况加入不超过清液体积5%含量的活性炭，在50~95℃脱色10~180分钟，过滤除去活性炭，然后将脱色液加热至50~100℃，用酸调节pH至2~5进行酸化结晶，酸化结晶液再经板框压滤得到长碳链二元酸粗品；用有机溶剂溶液溶解长碳链二元酸粗品，待二元酸充分溶解后，加入不超过溶液总体积5%含量的活性炭并加热至60~100℃进行脱色10~180分钟，待脱色结束后趁热过滤，清液冷却至10~40℃使长碳链二元酸结晶析出，离心或用板框过滤收集产品，用蒸馏水多次洗涤后，干燥得到成品（参见附件2权利要求11和说明书第3页倒数第2段）。……所使用的溶剂可以是醇类（甲醇、乙醇、异丙醇、正丁醇）、酸类（乙酸）、酮类（丙酮）、酯类（乙酸乙酯、乙酸丁酯）等。

附件3涉及一种发酵法生产正长链二元酸的方法，所述方法包括：1）发酵法转化：以C9~C18的烷烃或脂肪酸为底物，通过微生物发酵法转化为相应的长链二元酸；2）发酵液的预处理：将发酵液加碱调pH至8~10，加热至60~100℃，然后利用离心法或膜过滤法分离菌体、二元酸清液及发酵残余的底物；得到的二元酸清液视情况加入0~5%的活性炭，在60~95℃脱色20~180分钟，过滤除去活性炭，然后将脱色液加热至60~100℃，用H_2SO_4调节pH至2~5进行酸化结晶，酸化结晶液再经板框压滤得到二元酸粗品；3）二次溶剂结晶法精制：将得到的二元酸粗品投入到一定比例的溶剂中，所使用的溶剂可以是醇类（甲醇、乙醇、异丙醇、正丁醇）、酸类（乙酸）、酮类（丙酮）、酯类（乙酸乙酯、乙酸丁酯）等，加热使其溶解，在60~100℃保温30~180分钟后冷却结晶，固液分离，干燥得到产品。

本专利权利要求1处理的目标为含水量为5~12wt%的二元酸固体粗品，其相当于附件2和附件3中"酸化结晶液再经过滤得到的长碳链二元酸粗品"，在口头审理中，凯赛公司对此也表示认可，因此，本专利权利要求1的处理步骤与附件2和附件3各步骤的对应关系如下：

本专利	附件 2	附件 3
	（发酵液经过滤后）得到的二元酸清液视情况加入不超过清液体积 5% 含量的活性炭，在 50～95℃脱色 10～180 分钟，过滤除去活性炭	（发酵液经过滤后）得到的二元酸清液视情况加入 0～5%的活性炭，在 60～95℃脱色 20～180 分钟，过滤除去活性炭
	然后将脱色液加热至 50～100℃，用酸调节 pH 至 2～5 进行酸化结晶，酸化结晶液再经板框压滤得到长碳链二元酸粗品	然后将脱色液加热至 60～100℃，用 H_2SO_4 调节 pH 至 2～5 进行酸化结晶，酸化结晶液再经板框压滤得到二元酸粗品
（1）脱色、过滤 把二元酸粗品放入脱色罐内，含水量为 5～12wt%，加入 0.05～0.2wt%的活性炭，换算成含量为 100%的溶剂与二元酸的质量比为 3.0～2.0∶1，在温度 85～100℃下，脱色 20～90min 后经板框压滤机过滤后得二元酸清液；所述步骤（1）的溶剂为含量为 90%以上的醋酸溶液	用有机溶剂溶液溶解长碳链二元酸粗品，待二元酸充分溶解后，加入不超过溶液总体积 5%含量的活性炭并加热至 60～100℃进行脱色 10～180 分钟，待脱色结束后趁热过滤 所使用的溶剂可以是……酸类（乙酸）等	将得到的二元酸粗品投入到一定比例的溶剂中，所使用的溶剂可以是醇类（甲醇、乙醇、异丙醇、正丁醇）、酸类（乙酸）、酮类（丙酮）、酯类（乙酸乙酯、乙酸丁酯）等，加热使其溶解，在 60～100℃保温 30～180 分钟
（2）一次结晶、分离 将步骤（1）得到的二元酸清液放入一次结晶罐内，降温至 75～85℃，保温 1～2 小时后，再降温至 25～35℃，物料完全结晶后，将结晶物料用离心机分离	清液冷却至 10～40℃使长碳链二元酸结晶析出，离心或用板框过滤收集产品	冷却结晶，固液分离
（3）结晶、分离 将步骤（2）得到的结晶物料放入高温水结晶罐内，控制温度 70～100℃，保温时间 120min，再降温至 30～50℃，物料完全结晶后，将结晶物料用离心机分离得二元酸湿品		
（4）干燥 将步骤（3）得到的二元酸湿品在闪蒸干燥器内干燥得到长碳链二元酸精品	用蒸馏水多次洗涤，干燥得到成品	干燥得到产品

本专利权利要求 1 和附件 2 公开的上述技术方案的区别特征在于，①附件 2 没有公开本专利步骤（1）中二元酸粗品的含水量、醋酸溶剂用量和过滤装置；②附件 2 没有公开本专

利步骤（2）的二步降温获得结晶的步骤及具体条件；③附件2没有公开本专利的步骤（3）；④附件2没有公开本专利步骤（4）的闪蒸干燥器。

基于前述本专利说明书的记载，本专利的目的在于获得纯度更高的二元酸产品。附件2说明书第11页的提纯例11中，使用乙酸作为溶剂，获得了纯度为98.9%的二元酸产品，因此，本专利权利要求1技术方案实际解决的技术问题是提高了二元酸产品的纯度。

如上表所述，附件3同样没有公开上述区别特征①~④，关于二元酸纯化，其公开的信息甚至少于附件2；如前所述，由于二元酸水溶性较低的性质，本领域技术人员也没有动机将本专利步骤（3）的高温水结晶步骤引入二元酸的纯化过程，以提高二元酸的收率。因此，本领域技术人员在上述现有技术的基础上不能显而易见地获得本专利权利要求1的技术方案，瀚霖公司主张的权利要求1相对于附件2和3的结合不具备专利法第二十二条第三款规定的理由不能成立。

瀚霖公司主张，附件2中"使用活性炭对二元酸清液脱色""酸化结晶""有机溶剂溶解加活性炭脱色"，以及"干燥"依次对应于本专利权利要求1的步骤（1）~（4），因此二者的区别特征为本专利方法中的一些具体条件，如用量、时间、温度等，这些特征或者是本领域技术人员容易想到的，或者被附件3的实施例30公开，而步骤（3）的高温水结晶过程应当理解为本领域无法实现的过程。

对此，专利复审委员会认为，首先，如前所述，附件2的第一个活性炭脱色步骤是针对二元酸清液进行的，其处理对象是发酵液经滤除菌体后的二元酸清液，而根据附件2说明书第5~7页的发酵方法和发酵制备例，发酵罐中的培养基主要是水配制的，这与本专利步骤（1）中将二元酸粗品溶于90%以上醋酸所获得的体系完全不同，因此，附件2与本专利各步骤的对应关系应当如上表所示。

进一步考察附件3实施例30，其涉及溶剂法精制二元酸粗品，包括二元酸粗品DC12250g，加入乙酸1000ml，加热至90℃使二元酸溶解，保温90分钟，在1小时内将其冷却至15℃结晶，过滤，得到的一次结晶的产品再加入800ml乙酸，加热至80℃使二元酸溶解，保温60分钟，在2小时内将其冷却至15℃结晶，过滤，干燥，产品204g……可见，实施例30实际上属于前述附件3方法中的步骤（3）二次溶剂结晶法精制，只不过实施例30将溶剂结晶反复进行了两次。因此，该实施例和步骤（3）一样，应当对应于本专利的步骤（1）。也就是说，尽管附件3的实施例30公开了一些与前述区别特征①有关信息，如溶剂用量等，其仍然没有就其他区别特征，特别是区别特征③给出任何启示。

本专利通过将高温水结晶步骤引入二元酸纯化工艺中，并与其他步骤的工艺参数结合，实现了提高二元酸产品纯度的发明目的。因此，对于瀚霖公司的主张，专利复审委员会不予支持。

在本案原审开庭审理过程中，瀚霖公司表示对被诉决定关于附件2、附件3公开内容的记载无异议，但不认可被诉决定关于权利要求1的处理步骤与附件2、附件3各步骤对应关系的认定；瀚霖公司在本案中主张本专利说明书不符合专利法第二十六条第三款的规定，权利要求1不符合专利法第二十六条第四款的规定，并认为权利要求1相对于附件2、附件3的结合不具备创造性。

原审法院认为：

第一，从权利要求1的限定理解所述高温水结晶。通常而言，一项专利的权利要求中相同的技术术语具有相同的技术含义，不同的技术术语则具有不同的技术含义。本领域技术人员公知，"结晶"是指根据混合物中各个组分在溶剂里的溶解度的不同，通过蒸发减少溶剂或降低温度使溶质的溶解度变小，从而使晶体析出。权利要求1步骤（2）为"一次结晶、分离"，具体为"将步骤（1）得到的二元酸清液放入一次结晶罐内，降温至75～85℃，保温1～2小时后，再降温至25～35℃，物料完全结晶后，将结晶物料用离心机分离"，结合步骤（1）以及本专利说明书的记载，本领域技术人员能够理解权利要求1所述步骤（2）就是本领域常见的结晶操作过程。相应的，权利要求1步骤（3）为"高温水结晶、分离"，具体为"将步骤（2）得到的结晶物料放入高温水结晶罐内，控制温度70～100℃，保温时间120min，再降温至30～50℃，物料完全结晶后，将结晶物料用离心机分离得二元酸湿品"。同时，本专利说明书实施例1～3仅分别对所述温度限定为"70℃、30℃""85℃、40℃""100℃、50℃"，其余与权利要求1的文字记载一致。显然，权利要求1步骤（3）的具体限定以及说明书实施例1～3公开的内容中，均没有记载步骤（3）中添加了除水之外的其他溶剂及需要调节pH值，在此情况下，本领域技术人员通常理解该步骤中并未添加除水外的其他"溶剂"，也无调节pH值的操作。因此，在本专利说明书并未对步骤（3）所述"结晶"作出不同于本领域普通含义的解释的前提下，权利要求1步骤（3）与步骤（2）所述相同术语"结晶""完全结晶"应当具有相同的含义，也就是说，权利要求1步骤（3）与步骤（2）类似，亦应为常规意义上的结晶操作过程，即步骤（3）系以水做溶剂，通过二元酸的结晶来实现提纯的目的。

第二，从技术方案整体理解所述高温水结晶。权利要求是对技术方案的表达，技术上明显不合逻辑或没有意义的技术方案通常不在权利要求的保护范围内。本案中，本专利说明书记载"本发明的目的在于，克服现有技术的不足，提供了一种生物发酵法生产长碳链二元酸的精制工艺。该精制工艺生产的长碳链二元酸具有产酸水平高，生产成本低，产品质量好，品种全等特点，极大地拓展了长碳链二元酸下游产品发展空间"，可见，本专利所述长碳链二元酸精制工艺具体应用于工业生产，且具有生产成本低等优点。然而，本领域公知（参见附件4），长碳链二元酸在水中溶解度较低，如十二烷二酸在水中的溶解度23℃下为0.003g/100g，100℃下为0.37g/100g。倘若如上将权利要求1步骤（3）理解为常规意义上的结晶操作过程，就意味着需要大量的高温水及巨大的结晶罐等配套设备，这显然不适用于工业生产，也与本专利说明书所述生产成本低的发明目的相悖。

综上所述，本专利权利要求1步骤（3）所述高温水结晶，按照其具体限定及说明书记载的内容，通常应当理解为以水做溶剂，通过二元酸的结晶来实现提纯的目的。但是，鉴于长碳链二元酸在水中的低溶解度，步骤（3）所述结晶工艺在技术上明显不合逻辑，也没有生产上的实际意义。因此，本领域技术人员并不能合理确定本专利权利要求1步骤（3）所述高温水结晶的具体含义，且如果将步骤（3）所述高温水结晶作非常规结晶工艺理解，则会与步骤（2）所述高温水结晶特征矛盾，故该权利要求不符合专利法第二十六条第四款关于权利要求书应当清楚地限定要求专利保护的范围的规定。基于基本相同的理由，本专利说明书也不符合专利法第二十六条第三款的规定。

国家知识产权局和凯赛公司在原审中强调，由于步骤（3）中使用的物料是不纯的二元酸，包括前一个步骤残留的溶剂、水分和未除去的杂质等，故该步骤中的"高温水结晶"不应当是一个"以水为溶剂，二元酸全部溶解于水中并通过降温结晶再次析出"的常规意义上的重结晶过程。对此，原审法院认为，首先，如上所述，从权利要求1步骤（3）和步骤（2）的限定以及本专利说明书的记载来看，步骤（3）应为以水做溶剂并通过二元酸的结晶来实现提纯的目的的常规意义上的结晶操作过程。其次，被诉决定记载"专利权人在口头审理中也主张，该步骤中二元酸实际上处于一个'部分溶解—熔融—悬浊'的分散状态"，然而，在第42594号决定中记载"专利权人确认，本专利权利要求1的步骤（3）中不存在熔融情况"，而且，凯赛公司在第42594号决定所对应的无效宣告请求案口头审理过程中在答复"步骤3是怎么实现让溶剂杂质去除掉"的问题时，称"步骤3作用是去除溶剂，高温是为了增加二元酸溶解度，将步骤2夹杂醋酸的杂质进一步去除。投料比参考后面离心过程，一般离心能够顺利进行即可。高温水结晶不是将二元酸完全溶解后再结晶出来"。可见，凯赛公司在上述无效宣告请求案中所述步骤（3）"将步骤2夹杂醋酸的杂质进一步去除""高温水结晶不是将二元酸完全溶解后再结晶出来"，与权利要求1步骤（2）所述高温水结晶分属不同的提纯工艺操作过程，凯赛公司在不同程序中对步骤（3）的工艺过程也存在不同甚至相互矛盾的理解。综上，国家知识产权局和凯赛公司的上述主张，并不能澄清权利要求1步骤（3）所述高温水结晶的含义，其主张缺乏事实和法律依据，不予支持。

另外，原审法院认为，在上述已认定本专利权利要求1不符合专利法第二十六条第四款规定的情况下，被诉决定认定权利要求1符合专利法第二十二条第三款规定，显然不妥，依法亦应予以纠正。

综上，原审法院判决：一、撤销被诉决定；二、国家知识产权局针对瀚霖公司就本专利提出的无效宣告请求重新作出审查决定。一审案件受理费100元，由国家知识产权局负担。

二审中，各方均提交了新证据。

国家知识产权局二审中提交如下证据：1. 第42594号无效宣告请求审查决定。2. 专利文献CN1552687A，名称为"一种长链二元酸的精制方法"发明专利申请公开说明书，系前述第42594号无效宣告请求审查决定中所引用的对比文件。证据1和2拟证明凯赛公司所陈述的事实不存在原审判决中所谓的前后矛盾。3. 北京市第一中级人民法院（2012）一中民初字第1284号民事判决书。4. 北京市高级人民法院（2012）高民终字第3975号民事判决书。5. 本院（2013）民申字第232号民事裁定书。证据3~5拟证明"高温水结晶"是清楚的，已为相关生效民事裁判所认定。

凯赛公司质证意见为：认可证据真实性、合法性、关联性及其证明目的。

瀚霖公司质证意见为：对真实性、合法性没有异议，对关联性、证明目的有异议。这些证据都不是国家知识产权局作出被诉审查决定的依据，因此不应予以采纳。

本院认证意见为：虽然国家知识产权局提交的上述证据1和2并非其作出被诉决定的依据，但考虑到专利确权程序系特殊的行政程序，国家知识产权局提交上述证据主要系针对一审判决所提及的当事人陈述前后矛盾这一新事实，其证明目的是涉案专利权应当被维持有效，否则专利权人将丧失救济机会，故本院对于国家知识产权局提交上述证据予以审查。证据3~5系人民法院作出的与本专利权利要求解释有关的生效裁判，对本案具有参考意义。

根据上述证据的形式和性质,并结合双方质证意见,本院确认国家知识产权局提交的上述证据的真实性、合法性和关联性。关于其是否能够达到证明目的,本院将结合全案证据予以综合认定。

凯赛公司二审中提交如下证据:1.(2020)沪徐证经字第8301号公证书。2.编号分别为WP-20083189-CS-01、WP-20083189-CS-02、WP-20083189-CS-03、WP-20112216-FX-01的四份测试报告。3.(2020)沪徐证经字第9489号公证书。4.编号分别为WP-20098063-CS-01、WP-20098063-CS-02、WP-20098063-CS-03、WP-20098063-CS-04、WP-20098063-CS-05、WP-20121027-CS-01、WP-20098092-FX-01的7份测试报告。证据1～4拟证明本专利权利要求1所限定的技术方案清楚,能够实施并取得相应的技术效果。

国家知识产权局质证意见为:认可证据真实性、合法性、关联性及其证明目的。

瀚霖公司质证意见为:认可凯赛公司所提交证据的形式真实性,但对于其内容真实性、合法性、关联性以及证明目的不予认可,具体理由如下:1.证据1和证据3公证的实验过程中使用的原料、步骤、条件、环境、参数等均未经质证,因此实验结果不应采信。2.证据1和证据3中的高温水结晶步骤与本专利的步骤(3)没有关联性。首先,无法确定这两份公证书公证的高温水结晶步骤对应凯赛公司三种解释中的哪一种,即无法确定高温水结晶步骤中的二元酸是处于一个"部分溶解—熔融—悬浊"的分散状态,还是属于结晶工艺,或者是洗涤工艺+结晶现象。其次,证据1和证据3中的实验过程都缺少本专利步骤(2)(3)中的"物料完全结晶后"这一子步骤。3.证据2和证据4的最后一页均附有一份《声明》。该《声明》的第5项记载:本报告结果仅供客户内部使用,对社会不具有证明作用。因此证据2和证据4在本案中作为证据使用不具有合法性。4.证据2和证据4中检测的样品未经质证,也没有公开全部的检测方法,上海微谱化工技术服务有限公司(以下简称上海微谱公司)没有鉴定资质,因此检测结果不应采信。

本院认证意见为:上述证据系专利权人凯赛公司用于证明本专利应当被维持有效的证据,应当予以审查。凯赛公司提交的证据1和证据3系公证文书,该公证文书所记载的客观事实,在没有相反证据予以推翻的情况下应认定其真实性。证据2和证据4中的测试报告中的被测对象,系上述证据1和证据3中全程公证情况下各实验环节中的样品,在公证封存情况下交由上海微谱公司,故对检测样品的真实性本院予以确认。关于瀚霖公司主张证据2和证据4没有公开全部的检测方法以及上海微谱公司没有鉴定资质的质证意见,本院认为,从证据2和证据4记载的内容来看,检测报告对各受测样品、检测内容、检测仪器设备、检测方法和检测结果均进行了确切记载,且从检测报告所记载的检测方法来看,均系常规检测方法,具有可重复性,同时凯赛公司也并未将上述检测报告作为鉴定意见使用。故瀚霖公司以检测报告没有公开全部的检测方法以及上海微谱公司没有鉴定资质为由,质疑检测结果的真实性,系对证据的简单否定,本院不予采信。关于上述证据是否能够达到凯赛公司的证明目的,本院将结合裁判理由予以评述和综合认定。

瀚霖公司二审中提交如下证据:1.硕士论文《十二碳二元酸的精制工艺研究》。拟证明在溶剂重结晶法精制十二碳二元酸的过程中,由于即使在加热的情况下十二碳二元酸在水里的溶解度也很低,因此"以水为溶剂通过结晶工艺来提纯十二碳二元酸"是本领域技术人员可以明确排除的技术方案。2.关于十二烷二酸的百度百科网页打印件。拟证明十二烷二酸的熔点是128.7~129℃，在70~100℃的高温水中不可能熔融，因此凯赛公司主张的"该步骤中二元酸实际上处于一个'部分溶解—熔融—悬浊'的分散状态"是不存在的。3.凯赛公司、凯赛（金乡）生物材料有限公司（以下简称凯赛金乡公司）在（2019）鲁02知民初87号案中提交的"补充证据（四）"。拟证明凯赛公司主张的"因步骤（2）残留的醋酸溶解了部分二元酸"的观点是明显不成立的。4.第42594号决定所对应的无效宣告请求案中，国家知识产权局《转文通知书》及凯赛公司的《意见陈述书》以及该案的无效宣告请求决定书。拟证明国家知识产权局与凯赛公司此前对步骤（3）的解释与本案中的解释前后矛盾。

国家知识产权局质证意见为：证据1公开时间晚于涉案专利申请日，而证据2的公开时间亦无法确认，故证据1、2不能作为现有技术使用。因证据3无法核实原件，故不认可其真实性。上述证据均不是本专利无效宣告行政程序中出现的证据，故不认可其关联性。认可证据4的真实性和关联性，但不具有证明力。

凯赛公司质证意见为：因百度百科的内容随时可以被修改，故对证据2的真实性不予认可，认可除证据2之外的其他证据的真实性。证据1公开日期在本专利的申请日之后，且其为论文不属于公知常识性证据，无法实现其证明目的。瀚霖公司对证据3以及证据4中的内容存在断章取义式的理解，故证据3、4不能达到瀚霖公司的证明目的。

本院认证意见为：瀚霖公司提交的上述证据1和证据2的内容为其在无效宣告请求审查程序中已主张的且各方均无异议的公知常识，证据3系凯赛公司在另案侵权诉讼中提交的证据，证据的主要内容仍属于凯赛公司无异议的事实，瀚霖公司在二审中是否提交该三份证据，不影响本院对于瀚霖公司相关主张能否成立的判断，且考虑证据1相对于本专利不属于现有技术，证据2的公开时间无法确认，证据3与其证明目的无关联性，故本院对瀚霖公司提交的上述证据1~3不予采信。证据4所记载的相关事实已被原审判决所认定，且原审判决已将其作为定案依据，故不属于新证据。

本院经审理查明：

原审法院查明的事实属实，本院予以确认。

本院结合上述有关二审新证据并依职权另查明：

（一）关于本专利发明人署名权纠纷

根据国家知识产权局提交的二审证据3~5，2010年4月30日，瀚霖公司向国家知识产权局申请本专利，申请文件上记载的本专利发明人为黄力、刘双江、曹务波、王志洲、葛明华、陈远童、傅深展。2012年1月5日，雷光、李乃强向北京市第一中级人民法院起诉称：雷光和李乃强分别是山东凯赛生物科技材料有限公司（以下简称山东凯赛公司）和凯赛公司的科研技术人员，二人参与了长碳链二元酸生物生产技术工艺标准化操作程序的制定以及后续优化试验工作。王志洲、葛明华曾在山东凯赛公司任职，接触过相关技术图纸、设备及生产工艺。2008年7月，王志洲从山东凯赛公司辞职，在此之前已经成为瀚霖公司的股东。2008年12月23日，瀚霖公司增加"长链二元酸及系列产品的研发、生产与销售及进出口业务"经营范围，并于2010年4月30日申请了本专利。本专利与山东凯赛公司使用的标准化操作程序长链二元酸生物生产技术工艺标准化操作程序相同，核心工艺参数与凯赛公司已经授权的200610029784.6号专利相同。雷光、李乃强对上述技术方案作出了实质性贡献，是本专利申请的发明人，享有署名权。王志洲等七名被告未作出实质性贡献，其冒名剽窃行为，侵害了雷光、李乃强的署名权，故要求法院确认本专利申请的发明人为雷光、李乃强。

在该案中雷光、李乃强为证明其为实际发明人，提交了一份关键性证据，即 2003 年 SOP，该证据记载了与本专利权利要求 1 所限定的技术方案基本相同的长碳链二元酸精制方法。其中，与本专利权利要求 1 步骤（3）相对应的记载内容为："2.1 本规程规定了 6#溶剂工序高温水结晶的操作方法及注意事项；4.2.1 进料结束后开始升温，终点温度 90～100℃；4.2.2 稍开冷却水，然后关闭。保温 1.5～2.5 小时，终点温度 80～90℃；4.2.3 稍开冷却水，使温度缓慢地降至 45～55 度，时间 1.2～2.5 小时，冷却水逐渐加大，最终降至 26～35℃出料，时间 1.2～2.5 小时，低于 30℃时可关闭冷却水；4.3.1 联系离心岗位，打开出料阀开始出料。"北京市第一中级人民法院对于该证据的真实性予以认定。此外，北京市第一中级人民法院还认定以下事实：2011 年 11 月 5 日广东中鉴认证有限责任公司山东分公司出具证明，其于 2004 年 3 月 1～4 日按照 ISO9001 标准对山东凯赛公司的质量管理体系进行了现场审核，期间审阅了该公司于 2003 年 10 月 15 日发放并实施的 2003 年 SOP，并按照其规程对现场操作控制进行了现场审核。

2012 年 7 月 26 日，北京市第一中级人民法院作出（2012）一中民初字第 1284 号民事判决，确认本专利的发明人为雷光、李乃强。2012 年 11 月 16 日，北京市高级人民法院作出（2012）高民终字第 3975 号民事判决，维持（2012）一中民初字第 1284 号民事判决。2014 年 9 月 17 日，本院作出（2013）民申字第 232 号民事裁定，驳回曹务波等人对（2012）高民终字第 3975 号民事判决提出的再审申请。在该裁定中，本院查明和认定如下事实：

1. 黄力、刘双江认为瀚霖公司未经本人允许将其列为多份专利申请的发明人的行为侵害了二人的姓名权，分别起诉至北京市海淀区人民法院。该院审理认为，中国科学院微生物所于 2011 年 7 月 14 日致函瀚霖公司，对瀚霖公司将黄力、刘双江列为"生物发酵法生产长碳链二元酸的精制工艺"发明人一事已提出异议；瀚霖公司亦于同年 8 月回函以书面方式道歉，并承诺配合消除不利影响，故瀚霖公司侵害了黄力、刘双江的姓名权。据此，该院判决瀚霖公司在《科技日报》上对黄力、刘双江赔礼道歉，赔偿精神抚慰金。2011 年 2 月 14 日，国家知识产权局发出手续合格通知书，本专利申请的发明人名单中删除了黄力和刘双江。

2. 关于 2003 年 SOP 证据的真实性。首先，2002 年至 2003 年签订的设备购买合同及合同签发单等证据显示，凯赛公司购买的上述设备与 2003 年 SOP 文件提及的部分设备相对应。例如，厢式压滤机购销合同对应 2003 年 SOP 文件中过滤操作的板框过滤，搪瓷反应罐定作合同对应过滤、调浆操作中的脱色罐 2 台、热溶剂罐 1 台、调浆罐 1 台，搪玻璃反应罐工矿产品购销合同对应过滤操作中的结晶罐等。其次，广东中鉴认证有限责任公司山东分公司出具的证明表明，该公司在 2004 年 3 月已经对 2003 年 SOP 文件进行过审核，可以印证 2003 年 SOP 文件的真实存在。再次，2006 年操作记录、2009 年 SOP 文件等证据表明，其记载的操作步骤与 2003 年 SOP 文件复印件记载的内容具有密切联系。最后，根据（2011）沪东证经字第 11338 号公证书的记载，2003 年 SOP 文件在本案专利申请公开日（2011 年 3 月 16 日）之前的 2010 年 12 月 14 日已向上海市第二中级人民法院提交，针对本案专利伪造 2003 年 SOP 文件的可能性较小。由此可见，虽然上述证据均不能直接证明 2003 年 SOP 文件复印件的真实性，但是上述证据与 2003 年 SOP 文件复印件均存在一定的关联性，其综合起来能够形成一个相对完整的证据链,可以证明2003年SOP文件复印件具有较强的可信性。

(二)关于本专利申请权权属纠纷

本院依职权查明,2015年,山东凯赛公司和凯赛公司向山东省烟台市中级人民法院提起本专利申请权权属纠纷诉讼。2015年7月8日,山东省烟台市中级人民法院作出(2015)烟民知初字第111号民事判决,确认山东凯赛公司和凯赛公司享有本专利申请权。2016年3月28日,山东省高级人民法院作出(2016)鲁民终212号民事判决,驳回上诉,维持(2015)烟民知初字第111号民事判决。

(三)关于本专利侵权纠纷

本院依职权查明,2017年,凯赛公司以山东瀚峰生物科技有限公司(以下简称瀚峰公司)侵害其享有专利权的本专利为由,向山东省青岛市中级人民法院提起诉讼。2019年5月13日,山东省青岛市中级人民法院作出(2017)鲁02民初1694号民事判决,认定瀚峰公司侵害了凯赛公司的本专利权,并赔偿50万元。瀚峰公司不服,向本院提起上诉。2019年10月8日,本院作出(2019)最高法知民终157号民事判决,驳回上诉,维持(2017)鲁02民初1694号民事判决。2020年12月2日,本院作出(2020)最高法民申4925号民事裁定,驳回瀚峰公司对(2019)最高法知民终157号民事判决提出的再审申请。

2019年,凯赛公司、凯赛金乡公司以瀚霖公司、莱阳市恒基生物制品经营有限公司(以下简称恒基公司)、山东归源生物科技有限公司(以下简称归源公司)侵害其享有专利权的本专利为由,向山东省青岛市中级人民法院起诉。2020年12月10日,山东省青岛市中级人民法院作出(2019)鲁02知民初87号民事判决,认定恒基公司、归源公司租用瀚霖公司相关设备、继续使用瀚霖公司的环保审批、验收手续,具有侵权的高度可能性,在未能证明其采用非侵权技术方案的情况下,应当认定其构成侵权,判令恒基公司、归源公司停止侵权并分别赔偿凯赛公司、凯赛金乡公司经济损失200万元、300万元。恒基公司、归源公司不服,向本院提起上诉,本院于2021年7月13日立案受理,目前正在审理过程中。

(四)关于凯赛公司提交的实验和测试报告

为证明本专利权利要求1的保护范围清楚,技术方案可实施并能够产生相应的技术效果,凯赛公司分别在其公司实验室和凯赛金乡公司内的产线车间重复实施了本专利权利要求1所限定的技术方案,并对实施过程进行了全程公证,同时将实施过程中获得的样品在公证员的见证下送交第三方检测机构上海微谱公司进行检测。上海微谱公司出具的检测报告显示,无论是实验室操作环境还是生产线操作环境,本领域技术人员根据本专利权利要求1的记载,均能顺利完成一次结晶和高温水结晶操作,并能够产生显著的技术效果,尤其是产品的纯度有大幅提升;高温水结晶步骤后,物料中的醋酸、总氮等含量有大幅下降,各项指标均符合产品要求。

本院认为:本案为发明专利权无效行政纠纷。因本专利申请日在2009年10月1日之后、2021年6月1日前,故本案应适用2008年修正的专利法。根据各方的诉辩意见,本案二审争议焦点为:(一)本专利是否符合专利法第二十六条第三款、第四款的规定;(二)本专利权利要求1是否具备创造性。

(一)关于本专利是否符合专利法第二十六条第三款、第四款的规定

瀚霖公司主张,对于已有通常含义的"结晶"这一技术术语,在本专利说明书没有对

此作出特别界定的情况下,应当采用"结晶"的通常含义来理解本专利步骤(3)的"高温水结晶"技术特征;按照"结晶"的通常含义去理解步骤(3)中的"高温水结晶"技术特征,本专利权利要求1限定的技术方案在工业生产实践中不太可能被实施。因此,本专利步骤(3)限定的以水为溶剂和采用结晶的工艺存在技术上的矛盾,导致本专利权利要求1不符合专利法第二十六条第四款的规定;基于基本相同的理由,也不符合该条第三款的规定。

对此本院认为,准确判断某一专利是否符合专利法第二十六条第三款、第四款的规定,需要注意以下问题:首先,权利要求书是否清楚地限定专利保护的范围,应当站在本领域技术人员的角度,以权利要求书和说明书记载的内容为依据,在对权利要求进行合理解释的前提下进行判断。对于专利权利要求中出现的技术术语,如果说明书中对此未作出特别界定,一般应按照该技术术语的通常含义解释权利要求。但是,如果本领域技术人员根据权利要求以及说明书所记载的内容,能够明确地、毫无疑义地确定该技术术语在权利要求中不应理解为通常含义,而应当理解为特定含义,且在该特定含义下权利要求保护的范围是清楚的,则应当以该特定含义来理解权利要求保护的范围,而不应机械地以通常含义对权利要求进行解释。其次,专利制度保护的是利用自然规律解决技术问题的技术方案,而不是自然规律本身。因此,权利要求是否清楚地限定专利保护的范围,审查的内容是权利要求是否清楚地限定了专利保护的技术方案本身,而不是对技术方案所利用的自然规律是否进行了清楚的阐述和限定。最后,专利法对于说明书"充分公开"的要求,以本领域技术人员阅读说明书后能够实施专利保护的技术方案为准。对于一些虽未记载在说明书,但不影响本领域技术人员准确理解和实施专利所保护技术方案的相关技术信息,并不要求必须在专利说明书中一一予以记载。具体到本案中:

第一,瀚霖公司关于权利要求1不清楚的主张违背对专利权利要求的合理解释原则。瀚霖公司主张权利要求1限定的技术方案存在明显矛盾是以本领域技术人员对于步骤(3)中的"高温水结晶"过程理解为通常意义上的"通过降温方式使溶质从饱和溶液中析出"为前提。但是,诉讼中各方均认可长碳链二元酸在水中的溶解度很低系公知常识,以十二烷二元酸为例,环境温度为23℃时,该长碳链二元酸在水中的溶解度是$0.003g/100g$,环境温度为100℃时,该长碳链二元酸在水中的溶解度上升至$0.37g/100g$。正如瀚霖公司所计算的,20吨100℃的水溶解的十二烷二元酸理论上最多不超过74公斤(溶解度为$0.37g/100g$)。因此,即便通过大幅度降温方式,将溶解在100℃水中的二元酸基本上全部结晶析出,理论上也只能得到不超过74公斤的二元酸晶体,生产效率极低。在这种情况下,再结合说明书中所记载的能够体现本专利方法具有可行性的具体实施方式以及能够体现本专利方法相对于现有技术具有有益技术效果的对比实验数据,本领域技术人员不会脱离具体工艺环境,机械地将权利要求1步骤(3)所限定"高温水结晶"过程简单地理解为通常意义上的纯粹的结晶过程,该解释方法不符合在权利要求是否清楚限定专利保护范围的审查过程中应当坚持的合理解释原则。

从凯赛公司和国家知识产权局对于步骤(3)所限定"高温水结晶"的解释来看,两者虽存在表述上的差异,但实质内容是一致的,即步骤(3)中的结晶,与步骤(2)中的单纯的溶剂结晶含义不同,同时也不是单纯的熔融结晶方式,而应当是"在罐设备中,在高温水的作用下,以结晶形式获得并分离出二元酸产品"的过程。上述解释并不违背本领域技术人员的基本认知，也不存在前后矛盾，是从本领域的基本理论出发并结合权利要求1的具体的、实际的工艺过程得出的解释，构成合理解释。

第二，从本专利文件的记载分析，本专利权利要求1清楚地限定了专利要求保护的范围，说明书对本专利技术方案进行了充分的公开。本专利属于对现有化工产品进一步提纯精制的方法专利，判断此类方法专利权利要求是否清楚地限定了专利保护范围，审查的重点是该专利权利要求是否对专利保护的技术方案所涉及的工艺步骤和工艺条件（例如原材料的参数，各工艺步骤以及各步骤中所需的助剂、溶剂，所要求的温度、压力、时间等技术信息）进行了清楚的限定。本专利权利要求1要求保护的是一种对采用生物发酵法生产获得的长碳链二元酸进行精制提纯的工艺方法，从权利要求1所限定的内容来看：权利要求1限定了精制提纯的4个步骤，即（1）脱色、过滤；（2）一次结晶、分离；（3）高温水结晶、分离；（4）干燥。在上述各工艺步骤项下，又限定了各工艺步骤的实施对象、环境和条件。以瀚霖公司所质疑的步骤（3）为例，该步骤的名称为"高温水结晶、分离"，对专利保护的范围真正起到限定作用的是该步骤所限定的具体工艺，即"将步骤（2）得到的结晶物料放入高温水结晶罐内，控制温度70～100℃，保温时间120min，再降温至30～50℃，物料完全结晶后，将结晶物料用离心机分离得二元酸湿品"。正如凯赛公司所主张并被国家知识产权局所认可的，该段内容已清晰地记载了步骤（3）中物料来源，放入至何种设备中，控制的温度范围以及时间，以及降温的温度范围等，本领域技术人员根据上述技术信息，并结合说明书的记载，能够确定本专利权利要求1所保护的技术方案的内容。而且，基于前述对于"高温水结晶"的解释，步骤（3）中的所涉及的结晶，并非指通常意义上的溶剂结晶或者熔融结晶，故权利要求1的技术方案在实施过程中，不会存在如瀚霖公司所主张的"需要大量的高温水及巨大的结晶罐等配套设备，仅在理论上有实施的可能性"的技术缺陷。

另外，本专利说明书记载了权利要求1的3个具体实施方式，还记载了与现有技术相比较所能取得的有益技术效果的相关实验数据。说明书对本专利权利要求保护的技术方案作出了清楚、完整的说明，本领域技术人员能够依据说明书的记载内容实现本专利保护的技术方案。

第三，从外部证据分析，本领域技术人员能够根据本专利文件记载的内容实施本专利要求保护的技术方案。首先，凯赛公司二审提交的相关实验及相关测试结果能够证明本专利权利要求1所限定的技术方案是可以实施的技术方案。为证明本专利权利要求1的技术方案不存在瀚霖公司所称的明显矛盾，具有可行性，凯赛公司经公证证明，分别在实验室环境和工业生产环境下，按照本专利权利要求1所限定的步骤进行了两组实验，并将两组实验的每个步骤中的物料进行了专业测试，从实验和测试结果看，无论是实验室操作还是生产线实践操作，技术人员均能实现权利要求1的技术方案，并取得预期技术效果。其次，相关生效裁判所认定的事实，也能证明本专利权利要求1所限定的技术方案是可以实施的技术方案。本专利发明人署名权纠纷案的生效裁判已经确认本专利技术方案源于具备真实性和可实施性的2003年SOP。在本专利的发明人署名权纠纷案中，相关生效裁判认定了2003年SOP本身的真实性以及本专利技术方案与2003年SOP所记载的技术方案实质同一性，据此确定了本专利的实际发明人应为山东凯赛公司职工雷光以及凯赛公司职工李乃强。在该案的再审申请案［（2013）民申字第232号］的民事裁定中，本院将广东中鉴认证有限责任公司山东分公司出具的关于该公司在 2004 年 3 月已经对 2003 年 SOP 的现场操作控制进行了现场审核的证明，作为认定 2003 年 SOP 真实性的依据之一。在本院作出的已生效的（2019）最高法知民终 157 号民事判决中，本院认定瀚峰公司租用瀚霖公司厂房和设备实施了本专利技术方案，该行为构成专利侵权。

在没有相反证据足以否定和推翻前述证据所证明事实的情况下，应当认定本专利权利要求 1 所限定的技术方案是可以实施的技术方案。瀚霖公司关于本专利技术方案在工业中无法实施的主张，本院不予支持。

特别需要指出的是，瀚霖公司针对本专利提起无效宣告请求也违背诚信原则。根据本院查明的事实，瀚霖公司将原本属于凯赛公司的知识产权当作自己的知识产权向国家知识产权局申请专利的行为，本身就已经构成不诚信行为，现其又对当初由其自己撰写并申请的专利，以不符合专利法第二十六条第三款、第四款为由，提出无效宣告请求，明显违背了诚信原则。此种将他人技术成果非法申请为自己的专利，在该非法申请的专利权依法返还他人后，转而对该专利权提出无效宣告请求的行为，明显违背诚信原则，对该无效宣告请求，也不应予以支持。况且，前已述及，瀚霖公司提交的用于支持本专利不符合专利法第二十六条第三款、第四款的相关证据，远未达到能够确实充分证明本专利不符合专利法第二十六条第三款、第四款规定的程度。相反，凯赛公司以及国家知识产权局的举证及相关理由，足以支持其关于本专利符合专利法第二十六条第三款、第四款规定的主张。

综上所述，国家知识产权局、凯赛公司关于本专利权利要求 1 符合专利法第二十六条第三款、第四款规定的理由成立，本院予以支持；瀚霖公司的相关主张缺乏事实和法律依据，本院不予支持。原审法院关于本专利权利要求 1 不符合专利法第二十六条第三款、第四款的认定错误，本院予以纠正。

（二）关于本专利权利要求 1 是否具备创造性

1. 关于本院能否在本案中评价本专利的创造性

原审判决作出的"被诉决定认定权利要求 1 符合专利法第二十二条第三款规定，显然不妥"的认定，是在其错误认定本专利权利要求 1 不符合专利法第二十六条第三款、第四款的前提下作出的，因此，关于本专利权利要求 1 是否具备创造性，原审判决未进行详细评述。对此，本院认为，虽然原审判决未对本专利创造性问题作出详细评述，有所不妥，但考虑到本案具体情形，本案无需发回重审。首先，被诉决定和原审判决已经查明了瀚霖所主张的现有技术方案，本案具备评判创造性的事实基础。其次，原审法院对创造性所涉事实进行了庭审调查，各方当事人关于创造性问题充分发表了意见。最后，本案二审庭审及庭审后亦给予各方就创造性问题充分陈述意见的机会。故，综合考虑纠纷解决效率、程序节约和诉辩对抗情况，本院对于本专利是否具备创造性的问题继续予以审理。

2. 关于本专利权利要求 1 是否具备创造性

在一、二审诉讼中，瀚霖公司关于本专利的创造性问题的主要诉讼主张是被诉决定关于区别特征的认定有误，以及本专利权利要求 1 相对于附件 2、附件 3 和公知常识的结合属于显而易见，因此被诉决定关于本专利权利要求 1 具备创造性的认定有误。对此，本院认为，当区别特征未被对比文件公开，亦非公知常识时，则可以认定发明要求保护的技术方案具备了认定创造性的前提。如果该区别特征同时还能给发明要求保护的技术方案整体带来有益的技术效果，则应认定该发明要求保护的技术方案对本领域的技术人员来说具有非显而易见性，应认定具备创造性。具体到本案中：

首先，本专利权利要求1步骤（3）构成本专利相较于附件2的区别特征。附件2公开的主要内容是一种以脂肪酸酯或脂肪酸的盐为原料，通过发酵法制备长碳链二元酸的方法，其中，涉及二元酸粗品精制的工艺，可概括为"有机溶剂溶解—活性炭脱色、过滤—冷却结晶—离心/板框过滤—蒸馏水多次洗涤—干燥"。因此，附件2公开的二元酸精制工艺中，未提及"在罐设备中，在高温水的作用下，以结晶形式获得并分离出二元酸产品"工艺过程，即本专利权利要求1步骤（3）所限定的"高温水结晶"这一技术特征，该技术特征构成本专利权利要求1与最接近的现有技术附件2的区别特征。

其次，附件3未公开本专利权利要求1步骤（3）这一区别特征。附件3公开的主要内容是一种发酵法生产正长链二元酸的方法，其中，涉及二元酸粗品的精制工艺，可概括为"二次溶剂结晶法"，即用醇类、酸类、酮类、酯类作为溶剂，加热溶解二元酸粗品，保温一段时间后冷却结晶，固液分离，干燥得到产品。因此，附件3公开的二元酸精制工艺中，并没有采用高温水为工作介质对二元酸粗品进行提纯，而仍是采用通常意义下的冷却结晶工艺，故附件3没有公开本专利权利要求1步骤（3）这一区别特征。瀚霖公司主张权利要求1步骤（3）为通常意义的结晶工艺故该区别特征被附件3公开的主张，前已述及，系对本专利权利要求的机械理解所致的错误结论，本院不予支持。

最后，本专利权利要求1步骤（3）中的"高温水结晶"步骤亦非本领域的公知常识或者容易想到的常规技术手段。正如各方当事人所认可的事实，二元酸在水中的溶解度非常低，如果以水为溶剂溶解二元酸粗品，并采用通常意义下的冷却结晶工艺，则需要大量的水才能提高二元酸精制品的产量，非常不经济，难以产业化实施。故对于本领域技术人员而言，一般不会联想到采用高温水作为工作介质，并进一步采用如本专利权利要求1步骤（3）所限定的具体步骤，来实现二元酸的提纯精制。

综上，根据瀚霖公司所提交的证据，本专利权利要求1步骤（3）所限定的技术特征，既没有被现有技术公开，亦不属于本领域的公知常识或者容易想到的常规技术手段。同时，前已述及，对于本领域技术人员而言，本专利权利要求1所限定的包含有步骤（3）的技术方案是清楚的，且众多事实证明该技术方案是可以实施并具有有益的技术效果。因此，含有上述区别特征的本专利权利要求1对本领域的技术人员来说属于非显而易见的技术方案，应认定本专利权利要求1具备创造性。关于瀚霖公司在诉讼中提及的被诉决定认定的其他区别特征不准确、其他区别特征均为本领域技术人员的常规选择或者容易想到的特征的主张，因本专利权利要求1步骤（3）已足以使得本专利具备创造性，故本院对于瀚霖公司所主张的关于本专利不具备创造性的其他理由，不再予以评述。

综上所述，原审判决认定事实基本清楚，但适用法律错误。国家知识产权局和上海凯赛生物技术股份有限公司的上诉请求成立，应予支持。依据《中华人民共和国专利法》（2008年修正）第二十二条第三款和第二十六条第三款、第四款，《中华人民共和国行政诉讼法》第六十九条、第八十九条第一款第二项之规定，判决如下：

一、撤销北京知识产权法院（2019）京73行初7946号行政判决；

二、驳回山东瀚霖生物技术有限公司的诉讼请求。

一、二审案件受理费各 100 元，均由山东瀚霖生物技术有限公司负担。

本判决为终审判决。

审　判　长　周　翔
审　判　员　罗　霞
审　判　员　张晓阳

二〇二一年十一月十二日

法官助理　牛鸿生
书　记　员　张　华

行　政

湛江喜强工业气体有限公司与遂溪县住房和城乡规划建设局等编制并批准土地利用总体规划纠纷案

【裁判摘要】

就城镇总体规划可诉性而言，总体规划内容实施尚有不确定性，且需借助详细规划尤其是修建性详细规划才能实施，更需要通过"一书两证"才能得以具体化。当事人认为总体规划内容侵犯其合法权益的，应当通过对实施总体规划的详细规划尤其是修建性详细规划的异议程序以及对颁发或不颁发"一书两证"行政行为的司法审查程序寻求救济。对总体规划的监督既可以通过《中华人民共和国城乡规划法》第十六条等规定的民主审议程序进行，也可以通过专业判断和公众参与等程序进行，但不宜通过司法审查程序监督。

最高人民法院行政裁定书

（2019）最高法行申 10407 号

再审申请人（一审原告、二审上诉人）：湛江喜强工业气体有限公司，住所地广东省遂溪县岭北镇374省道甘岭糖厂对面。

法定代表人：许称喜，该公司总经理。

被申请人（一审被告、二审被上诉人）：遂溪县住房和城乡规划建设局，住所地广东省遂溪县遂城镇东山路18号。

法定代表人：王永龙，该局局长。

被申请人（一审被告、二审被上诉人）：遂溪县人民政府，住所地广东省遂溪县中山路133号。

法定代表人：余庆创，该县县长。

一审第三人：广东北部湾农产品批发中心有限公司，住所地广东省遂溪县岭北镇金岭糖厂办公楼二楼。

法定代表人：林德才，该公司董事长。

再审申请人湛江喜强工业气体有限公司（以下简称湛江喜强公司）因诉被申请人遂溪县人民政府、遂溪县住房和城乡规划建设局（以下简称遂溪住建局）、一审第三人广东北部湾农产品批发中心有限公司（以下简称广东北部湾公司）编制并批准土地利用总体规划一案，不服广东省高级人民法院（2018）粤行终159号行政裁定，向本院申请再审。本院依法组成合议庭对本案进行了审查。现已审查终结。

一审法院认为，《中华人民共和国土地管理法》第十七条第一款规定："各级人民政府应当依据国民经济和社会发展规划、国土整治和资源环境保护的要求、土地供给能力以及各项建设对土地的需求，组织编制土地利用总体规划。"城乡总体规划是指人民政府依据国民经济和社会发展规划以及当地的自然环境、资源条件、历史情况、现状特点、统筹兼顾、综合部署，为确定城乡的规模和发展方向，实现城乡的经济和社会发展目标，合理利用城乡土地，协调城乡空间布局等所作的一定期限内的综合部署和具体安排，是对不特定的多数人制定的拟定计划行为，具有普遍适用性与约束力。根据《中华人民共和国行政诉讼法》第十三条第二项规定，公民、法人或者其他组织对行政法规、规章或者行政机关制定、发布的具有普遍约束力的决定、命令提起行政诉讼的，人民法院不予受理。因此，湛江喜强公司起诉请求确认遂溪住建局、遂溪县人民政府编制《遂溪县岭北镇总体规划（2012—2030）》行为违法并予以撤销，不属于人民法院行政诉讼受案范围。依照《中华人民共和国行政诉讼法》第四十九条第四项、《最高人民法院关于适用〈中华人民共和国行政诉讼法〉若干问题的解释》第三条第一款规定，公民、法人或者其他组织提起行政诉讼，应当属于人民法院受案范围，对已经立案但不符合起诉条件的，应当裁定驳回起诉。据此，一审法院根据《中华人民共和国行政诉讼法》第十二条、第十三条第二项、第四十九条第四项、《最高人民法院关于适用〈中华人民共和国行政诉讼法〉若干问题的解释》第三条第一款之规定，裁定驳回湛江喜强公司的起诉。

二审法院认为，本案系行政规划纠纷。被诉的《遂溪县岭北镇总体规划（2012—2030）》是遂溪县岭北镇人民政府报请遂溪县人民政府批准实施的区域性行政规划，批准日期是2013年2月5日，湛江喜强公司对遂溪县人民政府作出的审批行为不服提起诉讼，应在《中华人民共和国行政诉讼法》第四十六条第一款规定的6个月起诉期限内提出，但湛江喜强公司在2017年3月提起本案诉讼，超过了法定的起诉期限。据此，一审法院裁定驳回湛江喜强公司的起诉结果正确，予以维持。湛江喜强公司主张撤销原审裁定的理由不成立，不予支持。二审法院依据《中华人民共和国行政诉讼法》第八十九条第一款第一项规定，裁定驳回上诉，维持原裁定。

湛江喜强公司申请再审称：（一）湛江喜强公司用地符合规划，证照齐全，并且早于广东北部湾公司的用地许可、规划及建设许可多年。（二）两被申请人违反法律法规，给予广东北部湾公司用地规划、许可，并且留下严重的安全生产隐患，一旦事故发生，后果不堪设想。2012年，被申请人及广东北部湾公司在未征求申请人意见下，变更了包括湛江喜强公司厂区范围在内的周边用地规划，并先后向广东北部湾公司颁发了地字第440823201400012号《建设用地规划许可证》《建设工程规划许可证》。（三）两被申请人违法变更用地规划，没有相关的法律依据，造成湛江喜强公司损失后，多次口头承诺给予安置、补偿，却没有妥善处理矛盾。（四）一、二审人民法院没有依法查明事实，程序严重违法，没有切实维护湛江喜强公司的合法权益。《中华人民共和国城乡规划法》（以下简称《城乡规划法》）第五十条规定："在选址意见书、建设用地规划许可证、建设工程规划许可证或者乡村建设规划许可证发放后，因依法修改城乡规划给被许可人合法权益造成损失的，应当依法给予补偿……"被申请人颁发给第三人的建设用地规划许可及建设工程规划许可，已经违反了上述规定，并严重损害了湛江喜强公司的合法权益，造成了极其严重的安全生产隐患。被申请人已违反《城乡规划法》相关规定。湛江喜强公司提起本案诉讼并未超过法定起诉期限。

本院经审查认为，本案再审审查的焦点问题为岭北镇人民政府编制、遂溪县人民政府审批《遂溪县岭北镇（2012—2030）总体规划》行为是否属于行政诉讼受案范围。

《城乡规划法》第二条、第五条规定，城市规划、镇规划分为总体规划和详细规划。详细规划分为控制性详细规划和修建性详细规划。其中，城市总体规划是依据城市社会经济发展的战略对一定时期的城市性质、发展规模、土地利用、空间布局以及各项城市基础设施所做的综合部署和空间安排，是城市建设和发展的总体部署和总纲，具有综合性、战略性、政策性、长期性和指导性。城市总体规划编制主要考虑当地的社会经济发展情况、自然条件、资源条件、历史背景、现状特点，统筹兼顾、综合协调，属于公共政策和规范制定范畴，具有抽象性和实施中的不确定性，其法律意义在于对下一层次的规划权力进行限制，而不是对具体的建设项目进行直接约束。总体规划的内容，需要通过控制性详细规划和修建性详细规划来加以落实和具体化，并通过对建设项目颁发"一书两证"（即建设项目选址意见书、建设用地规划许可证和建设工程规划许可证）等行政许可决定才能得以具体化。而控制性详细规划即为城市总体规划在城市局部地区的解释与深化，确定局部地区建设用地中可开发地块的土地使用性质、开发强度等控制指标以及道路和市政规划控制要求的空间安排，是城市总体规划与土地开发的桥梁，是行政权对建设项目管理的直接依据。修建性详细规划则是依据控制性详细规划确定的指标，对将要进行建设的地区，编制的具体的、操作性的规划，作为各项建筑和工程设施设计和施工的依据，更是颁发"一书两证"和规划管理的依据。因此，就总体规划可诉性而言，总体规划内容实施尚有不确定性，且需借助详细规划尤其是修建性详细规划才能实施，更需要通过"一书两证"才能得以具体化。当事人认为总体规划内容侵犯其合法权益的，应当通过对实施总体规划的详细规划尤其是修建性详细规划的异议程序以及对颁发或不颁发"一书两证"行政行为的司法审查程序寻求救济。对总体规划的监督既可以通过《城乡规划法》第十六条等规定的民主审议程序进行，也可以通过专业判断和公众参与等程序进行，但不宜通过司法审查程序监督。

编制和修改详细规划，的确可能影响土地权利人对土地的开发和利用，甚至是减损权利人已经依法取得的土地利用权和开发权。尤其是控制性详细规划一经批准，就形成约束力，是规划管理的最直接依据，是国有土地使用权出让、开发和建设管理的法定前置条件，城乡规划部门必须严格按规划实施管理，建设单位必须严格按规划实施建设，各相关利益群体必须服从规划管理。因此对地方政府编制和修改详细规划行为亦有司法救济的必要。但与仅设定特定行政管理相对人权利义务的传统行政行为不同，详细规划涉及局部地区建设用地中可大批量开发地块总体空间安排且具有高度政策性和公众参与性，司法机关对详细规划行为受理和合法性审查应当审慎。特定地块权利人一般并不宜对详细规划的整体内容提起诉讼。权利人对与其土地利用权有直接利害关系的内容提起诉讼的，人民法院仍应结合详细规划实施情况、权利人或者利益相对方申请许可情况以及是否已经依据详细规划取得"一书两证"情况等综合判定被诉行政行为、起诉时机以及具体的审查内容和审查标准。只有在详细规划已经直接限制当事人权利且无需通过"一书两证"行为即能得出明确限制结论的情况下，才宜考虑承认修建性详细规划中有关特定地块规划限制内容的可诉性；相对人还应明确具体的诉讼请求。对详细规划内容的合法性审查，应尊重总体规划控制和专业判断，尊重行政机关的政策调整，并考虑详细规划的稳定性；合法性审查更多体现在程序合法性审查。规划行政主管部门已经依据详细规划作出"一书两证"行为的，当事人应直接对颁发"一书两证"行为申请行政复议或提起行政诉讼，或者对规划行政主管部门不依法履行颁发"一书两证"行政许可职责的行为申请行政复议或提起行政诉讼，而不宜再对详细规划的内容申请复议和诉讼。当事人认为详细规划侵犯其土地利用权的，可以根据《中华人民共和国行政复议法》第七条、《中华人民共和国行政诉讼法》第五十三条等规定在对"一书两证"行为引发的复议和诉讼案件中，一并请求对详细规划进行审查，以维护合法权益。详细规划的编制和修改给权利人已经取得的权利造成损失的，权利人还可依据《城乡规划法》第五十条规定精神，直接诉请相关主体依法补偿损失。

总之，根据《中华人民共和国行政诉讼法》第十三条规定以及《最高人民法院关于适用〈中华人民共和国行政诉讼法〉的解释》第二条第二款规定，人民法院不受理公民、法人或其他组织对行政机关制定、发布的具有普遍约束力的决定、命令提起的诉讼，城市总体规划和镇总体规划，不应纳入行政诉讼受案范围，以避免现行法律制度框架下原告资格、起诉期限、合法性审查标准和审查强度、既判力范围等方面的冲突。湛江喜强公司对岭北镇人民政府编制、遂溪县人民政府审批《遂溪县岭北镇（2012—2030）总体规划》行为的起诉，不属于行政诉讼受案范围。一、二审人民法院分别裁定驳回其起诉和上诉，符合法律规定。湛江喜强公司认为规划行政主管部门向广东北部湾公司颁发地字第440823201400012号《建设用地规划许可证》《建设工程规划许可证》等侵犯其合法权益的，可以直接以颁证机关为被告、以相关规划行政许可为审查对象，依法申请行政复议或提起行政诉讼。

综上，湛江喜强公司的再审申请不符合《中华人民共和国行政诉讼法》第九十一条规定的情形。本院依照《最高人民法院关于适用〈中华人民共和国行政诉讼法〉的解释》第一百一十六条第二款的规定，裁定如下：

驳回湛江喜强工业气体有限公司的再审申请。

审 判 长　高燕竹
审 判 员　杨志华
审 判 员　刘艾涛

二〇二〇年三月三十日

法官助理　华　雷
书 记 员　黄慧航

濮阳市华龙区华隆天然气有限公司因濮阳华润燃气有限公司诉河南省濮阳市城市管理局、河南省濮阳市人民政府确认行政协议无效再审案

【裁判摘要】

行政协议系行政机关为实现行政管理或公共服务目标，与公民、法人或者其他组织协商订立的具有行政法上权利义务内容的协议。管道燃气特许经营协议作为政府特许经营协议，属于典型的行政协议，该协议兼具"行政性"和"合同性"。人民法院在审理行政协议效力认定案件时，不但要根据行政诉讼法及相关司法解释规定的无效情形进行审查，还要遵从相关民事法律规范对于合同效力认定的规定。

最高人民法院行政判决书

（2020）最高法行再509号

再审申请人（一审第三人、二审上诉人）：濮阳市华龙区华隆天然气有限公司，住所地河南省濮阳市中原路东段路南华龙配气站院内。

法定代表人：薛源，该公司董事长。

委托诉讼代理人：田华钢，河南金谋律师事务所律师。

委托诉讼代理人：张亚辉，河南金谋律师事务所律师。

被申请人（一审被告、二审上诉人）：河南省濮阳市城市管理局，住所地河南省濮阳市人民路中段112-2号。

法定代表人：侯献峰，该局局长。

出庭负责人：吕英杰，该局副局长。

委托诉讼代理人：韩培山，该局工作人员。

委托诉讼代理人：薛峰，河南濮水律师事务所律师。

被申请人（一审被告）：河南省濮阳市人民政府，住所地河南省濮阳市华龙区人民路158号。

法定代表人：万正峰，该市人民政府市长。

委托诉讼代理人：靳爱红，该市司法局工作人员。

委托诉讼代理人：李杰，该市司法局工作人员。

被申请人（一审原告、二审上诉人）：濮阳华润燃气有限公司，住所地河南省濮阳市金堤中路659号。

法定代表人：陈国勇，该公司董事长。

委托诉讼代理人：史焕乾，河南瀛豫律师事务所律师。

委托诉讼代理人：李新颖，河南德问行律师事务所律师。

再审申请人濮阳市华龙区华隆天然气有限公司（以下简称华隆公司）因濮阳华润燃气有限公司（以下简称华润公司）诉河南省濮阳市城市管理局（以下简称濮阳市城管局）、河南省濮阳市人民政府（以下简称濮阳市政府）确认行政协议无效一案，不服河南省高级人民法院（2018）豫行终111号行政判决，向本院申请再审。本院于2020年11月24日作出（2019）最高法行申13741号行政裁定，对本案提起再审。提审后，本院依法组成合议庭，于2021年9月10日公开开庭审理了本案。再审申请人华隆公司的法定代表人薛源、委托诉讼代理人田华钢，被申请人濮阳市城管局的行政机关负责人吕英杰、委托诉讼代理人韩培山、薛峰，被申请人濮阳市政府的委托诉讼代理人靳爱红、李杰，被申请人华润公司的委托诉讼代理人史焕乾、李新颖到庭参加诉讼。本案现已审理终结。

华润公司向河南省鹤壁市中级人民法院（以下简称一审法院）起诉称，2012年8月21日，濮阳市政府委托濮阳市城管局（2015年12月31日，原濮阳市公用事业局组建为濮阳市城管局，以下统称为濮阳市城管局）与华润公司签订《濮阳华润燃气有限公司管道燃气特许经营协议》。2013年12月10日，濮阳市政府委托濮阳市城管局与华隆公司签订《濮阳市城市管道燃气特许经营协议》（以下简称被诉协议）。两份协议约定的经营区域部分重合，濮阳市城管局与华隆公司签署上述被诉协议，将已由华润公司特许经营的区域又交给华隆公司经营，严重侵犯华润公司权益，请求确认被诉协议无效。

一审法院经审理查明，2012年8月21日，华润公司与濮阳市城管局签订《濮阳华润燃气有限公司管道燃气特许经营协议》，合同约定的特许经营权行使范围为：濮阳市规划区［包括但不仅限于华龙区、濮阳市高新技术开发区、濮阳工业园区（濮阳市产业聚集区）等以及下属的各乡镇］及原濮阳市天然气公司已取得的其他经营区域，并随所在区域的扩大而扩大，但在《设立濮阳华润燃气有限公司合资合同》签署时在濮阳市规划区内已经由濮阳市城管局批复的中原油田内部职工自供用户范围、濮阳市天伦燃气有限公司的供气区域除外。

2013年12月10日，濮阳市城管局作为甲方与乙方华隆公司签订被诉协议。协议约定华隆公司的特许经营权范围为：（1）①现清丰县南县界以南、文化路以东、绿城路以北、龙乡路以西，该区域不包括油田内部单位、企业和职工住宅区；②绿城路以南、盘锦路以东、黄河路以北、龙乡路以西；③在规定区域内，由其他燃气公司供应的原用户保持不变；④特殊情况由市燃气主管部门根据情况确定。（详见附件2《濮阳市华龙区华隆天然气有限公司特许经营区域图示》）（2）在濮阳市市城区内，乙方不得超出协议第3.4条（1）项所划定的特许经营区域经营管道燃气。毗邻乙方的管道燃气特许经营者的供气管道需要通过乙方的特许经营区域并影响乙方的燃气设施建设或安全时，毗邻双方先自行协商确定路由等建设方案；双方达不成一致意见的，管道燃气建设方应制定详细的方案，甲方在听取乙方的合理意见后有权依法确定方案，甲方有权通知乙方执行该方案，乙方不得拒绝执行。（3）在濮阳市市城区内，乙方的供气管道需要通过毗邻的特许经营区域时，乙方有权提请甲方协调按照本协议第3.4（2）项约定的同等条件和程序执行，乙方的供气管道允许通过，但不许开口或安装阀门。（4）在濮阳市市城区内，乙方与其他毗邻管道燃气经营者就管道燃气特许经营区域产生争议的，在争议解决之前，任何一方不得改变供气现状、擅自停止供气及调整供气量、擅自建设。

2015年8月1日，濮阳市城管局又与华润公司签订《濮阳华润燃气有限公司管道燃气特许经营补充协议》。协议又将华润公司特许经营范围确定为：1. 现清丰县南县界以南、金堤路以东、绿城路以北、文化路以西，该区域不包括油田内部单位、企业和职工住宅区；2. 绿城路以南、开州路以东、黄河路以北、盘锦路以西，该区域不包括油田内部单位、企业和职工住宅区；3. 黄河路以南、濮阳市界以东、现濮阳市市区行政辖区南界以北、106国道以西，该区域不包括油田内部单位、企业和职工住宅区及濮阳县行政所辖区；4. 现黄河路以南的王助乡和新习乡行政所辖区；5. 濮阳市工业园区［《濮阳市人民政府（濮政文〔2010〕322号）关于濮阳市产业集聚区空间发展规划和濮阳市产业集聚区控制性详细规划的批复》］（A. 纬一路以南、经一路以东、顺北路—经四路—纬九路以北、经五路以西；B. 纬三路以南、经五路以东、纬八路以北、顺西路以西；C. 纬五路以南、顺西路—赵寨路以东、于家村路以北、大寨口路—周村路以西）；6. 龙乡路以东现岳村乡行政所辖区；7. 黄河以南、106国道以东、现濮阳县北县界以北、西县界以西的濮阳市区行政管辖区；8. 特殊情况由市燃气主管部门根据情况确定。（具体经营区域详见附件：《濮阳华润燃气有限公司特许经营区域图示》）

一审法院经审理认为，濮阳市城管局是独立的机关法人，独立承担法律责任，在签订协议过程中，濮阳市政府没有作出行政行为。华润公司诉称经濮阳市政府授权濮阳市城管局签订协议，无证据支持，依法不予采信。濮阳市城管局与华润公司签订的《濮阳华润燃气有限公司管道燃气特许经营协议》约定的特许经营范围，与被诉协议约定的范围，四至不清，表述不明。濮阳市城管局2012年8月21日与华润公司签订了《濮阳华润燃气有限公司管道燃气特许经营协议》，又在2013年12月10日与华隆公司签订被诉协议，约定的经营区域部分重叠，该约定行为违法。一审法院依照《中华人民共和国行政诉讼法》第七十四条第一款第一项、第七十八条之规定，判决：一、确认濮阳市城管局与华隆公司于2013年12月10日签订的被诉协议中第3.4条款违法；二、责令濮阳市城管局采取补救措施；三、驳回华润公司的其他诉讼请求。一审案件受理费50元，由濮阳市城管局负担。

华润公司、华隆公司、濮阳市城管局均不服一审判决，向河南省高级人民法院（以下简称二审法院）提起上诉。

二审法院对一审法院查明的事实予以确认。

二审法院经审理认为：一、管道燃气经营属于《中华人民共和国行政许可法》第十二条规定的"有限自然资源开发利用、公共资源配置以及直接关系公共利益的特定行业的市场准入等，需要赋予特定权利的事项"，管道燃气特许经营协议中关于经营范围的内容属于行政许可。本案中，濮阳市城管局与华润公司于2012年8月21日签订的《濮阳华润燃气有限公司管道燃气特许经营协议》3.4载明："乙方管道燃气经营区域：濮阳市规划区〔包括但不仅限于华龙区、濮阳市高新技术开发区、濮阳工业园区（濮阳市产业集聚区）等以及下属的各乡镇〕及原濮阳市天然气公司已取得的其他经营区域，并随所在区域的扩大而扩大。"华润公司以2005—2020年城市规划图、燃气规划图等证据主张涉案争议经营区域在其燃气特许经营许可范围内，濮阳市政府、濮阳市城管局、华隆公司虽然均主张该争议区域边界不明，但未提供相反证据予以证实。濮阳市政府主张华润公司提供的城市规划图已经废止，但未提供相应证据予以支持，且濮阳市政府、濮阳市城管局、华隆公司均未提供濮阳市其他城市规划图等来证明规划图之间关于涉案争议区域不一致、边界不清晰或未包含涉案争议区域的事实，故该院对华润公司的主张予以支持。濮阳市城管局于2013年12月10日与华隆公司签订的被诉协议约定的经营区域，与其和华润公司签订的《濮阳华润燃气有限公司管道燃气特许经营协议》约定的经营区域部分重叠，该重叠部分属于重复许可，自始不发生法律效力。因涉案争议区域是签订被诉协议的基础，故该协议依法应属无效协议。二、濮阳市城管局与华润公司签订的《濮阳华润燃气有限公司管道燃气特许经营补充协议》对争议经营区域的经营权归属没有明确，濮阳市城管局以该补充协议主张华润公司与华隆公司特许经营区域不重叠的理由不成立。三、关于濮公用〔2016〕1号《濮阳市公用事业局关于濮阳华润燃气有限公司濮阳市华龙区华隆燃气有限公司经营区域内部分地块调整的通知》（以下简称濮公用〔2016〕1号文），濮阳市城管局和华隆公司均主张该文系各方协调的结果，华润公司不予认可。因濮公用〔2016〕1号文的表现形式是单方决定，濮阳市城管局和华隆公司均没有举出协商一致的其他证据，且该文第二条中涉及的调整给华润公司作为补偿的华隆公司的两块经营区域，原本在濮阳市城管局与华润公司2012年8月签订的《濮阳华润燃气有限公司管道燃气特许经营协议》约定的经营范围内，不符合常理，故对濮阳市城管局和华隆公司的该项主张不予支持。四、《城镇燃气管理条例》第五条第二款规定："县级以上人民政府燃气管理部门负责本行政区域内的燃气管理工作。"濮阳市城管局是濮阳市政府成立的职能机构，其主要职责包括负责燃气经营许可，故本案适格被告是濮阳市城管局，濮阳市政府不是本案适格被告。华润公司关于该局无权签订协议的理由不能成立。综上，一审认定事实清楚，但适用法律错误，予以纠正。二审法院依照《中华人民共和国行政诉讼法》第八十九条第一款第二项之规定，判决：一、撤销一审法院（2014）鹤行初字第38号行政判决；二、确认2013年12月10日濮阳市城管局与华隆公司签订的被诉协议无效。本案一审和二审诉讼费各50元，由濮阳市城管局、濮阳市政府、华隆公司共同负担。

华隆公司不服二审判决，向本院申请再审称：一、濮阳市华龙区人民政府（以下简称华龙区政府）与华隆公司2010年8月18日签订《濮阳市濮东产业集聚区燃气项目投资建设合同》后，华隆公司已开始在濮阳市华龙区实际投资、经营管道燃气。二、濮阳市城管局

2012年8月21日与华润公司签订的《濮阳华润燃气有限公司管道燃气特许经营协议》约定的特许经营区域四至不明，其燃气经营许可证载明的特许经营区域与上述协议不一致，亦可说明上述问题。濮阳市城管局将部分华隆公司特许经营区域重复授权给华润公司，侵害了华隆公司的合法权益，该授权未经过招投标，也未听证，程序违法。三、华润公司诉请确认被诉协议无效，根据《最高人民法院关于适用〈中华人民共和国行政诉讼法〉的解释》第一百六十二条的规定，应当不予立案。一、二审法院受理并作出判决，适用法律错误，违反法定程序。请求撤销二审判决，将本案发回重审或改判驳回华润公司的诉讼请求。

濮阳市城管局答辩称：一、濮阳市城管局按照国家、河南省的相关规定和要求，于2013年12月10日与华隆公司签订被诉协议，该协议经过原濮阳市人民政府法制办公室（以下简称濮阳市法制办）合法性审核。二、濮阳市城管局与华润公司于2012年8月21日签订的《濮阳华润燃气有限公司管道燃气特许经营协议》四至不明确，未按照原中华人民共和国建设部发布的示范合同要求，明确特许经营区域和四至。三、濮阳市城管局与华润公司之间签订的上述协议没有通过濮阳市法制办的审核，因此，濮阳市城管局才与华润公司于2015年8月签订了《濮阳华润燃气有限公司管道燃气特许经营补充协议》，该协议的签订部分解决了华润公司、华隆公司之间的经营权争议。四、濮公用〔2016〕1号文的作出，是为了解决华润公司、华隆公司在濮阳市濮东产业集聚区管道燃气经营权的争议问题，是组织双方商谈协调的结果。该文作出后，华隆公司将所有针对华润公司的诉讼都撤回，华润公司将在河南省范县人民法院对华隆公司提起的诉讼撤回，但未撤回本案诉讼。五、濮阳市城管局根据濮公用〔2016〕1号文的内容，结合华隆公司、华润公司的现实情况，已经明确了两家公司的各自经营范围，实际上本案纠纷已经彻底解决。

濮阳市政府答辩称：一、濮阳市政府不是本案的适格被告。二、濮阳市政府同意濮阳市城管局的答辩意见。

华润公司答辩称：一、濮阳市城管局与华润公司2012年8月21日签订的《濮阳华润燃气有限公司管道燃气特许经营协议》对特许经营区域约定具体、明确，不存在边界不明的情况。城市规划区作为法律概念，系指城市建成区及因城乡建设和发展需要，必须实行规划控制的区域，故上述协议约定的"濮阳市规划区"界限具体、清晰、明确。二、华润公司作为原濮阳市天然气公司管道燃气经营的承继单位，承继该公司管道燃气业务具有历史原因。华润公司与濮阳市城管局签订的《濮阳华润燃气有限公司管道燃气特许经营协议》合法有效，亦非本案被诉标的，华隆公司主张该协议的签订未经招投标、听证，程序违法，不应予以支持。三、华润公司依据与濮阳市城管局签订的《濮阳华润燃气有限公司管道燃气特许经营补充协议》，对不存在争议的经营区域先行办理燃气经营许可证，具有事实根据，不能证明华润公司特许经营区域四至不清。四、濮阳市城管局把已经由华润公司取得特许经营权的区域，通过签订被诉协议的方式授权华隆公司进行经营，侵害了华润公司合法权益。濮公用〔2016〕1号文系濮阳市城管局单方作出，华润公司不服，已向濮阳市政府申请行政复议。濮阳市政府以相关争议在诉讼过程中为由，决定中止该案的审理。综上，二审判决确认被诉协议无效，认定事实清楚，适用法律、法规正确，程序合法。华隆公司申请再审的理由不能成立，请求驳回其再审申请。

华隆公司再审过程中向本院提交了两份新证据，分别为河南省濮阳市华龙区人民法院

（2019）豫0902行初62号行政判决和河南省濮阳市中级人民法院（2020）豫09行终13号行政判决，用于证明华润公司与濮阳市城管局签订的《濮阳华润燃气有限公司管道燃气特许经营补充协议》因侵犯濮阳县博远天然气有限公司的在先权利，已被部分确认无效。对于华隆公司提交的上述新证据，本院认为其所欲证明的事实与本案裁判无关，故在本案中不予采纳。

本院除对一、二审法院查明的事实予以确认外，根据各方当事人在一、二审程序中提交的证据和质证的意见，再审另查明以下事实：2010年8月18日，华龙区政府与华隆公司签订《濮阳市濮东产业集聚区燃气项目投资建设合同》，合同约定华龙区政府授权华隆公司在濮东产业集聚区独家投资建设城市燃气管网，特许经营30年，不再审批其他管道燃气运营商在2010年7月新规划的濮东产业集聚区从事城市燃气管网建设、设备安装及燃气经营活动。同年12月2日，原濮阳市国土资源局作出《关于濮东产业集聚区天然气门站建设项目用地的意见》，认为华隆公司关于濮东产业集聚区天然气门站建设项目选址符合《濮阳市土地利用总体规划（2006—2020年）》。2011年3月15日，濮阳市发展和改革委员会作出濮发改基础〔2011〕99号《濮阳市发展和改革委员会关于对华龙区濮东产业集聚区天然气利用管网工程项目核准的批复》，同意华隆公司作为项目业主投资建设濮东产业集聚区的天然气利用管网工程。同年7月25日，原濮阳市公用事业局向华隆公司作出濮公用〔2011〕106号《濮阳市公用事业局关于濮阳市华龙区华隆天然气有限公司申请备案的批复》，认为华隆公司基本符合燃气企业备案条件，原则同意备案。2012年3月16日，濮东产业集聚区管理委员会对华隆公司作出《关于对濮阳市华龙区华隆天然气有限公司管网敷设的批复》，同意华隆公司按濮东产业集聚区控制性详细规划燃气工程规划进行敷设。2012年5月7日，濮阳市华龙区发展和改革委员会作出《河南省企业投资项目备案确认书》，确认华隆公司申请备案的濮东产业集聚区天然气管网低压输气管线建设项目符合国家产业政策，准予备案。

本院再审还查明，2012年5月，原濮阳市天然气公司与华润燃气投资（中国）有限公司签订《设立濮阳华润燃气有限公司合资合同》。当月，原濮阳市公用事业局向濮阳市政府上报濮公用〔2012〕73号《濮阳市公用事业局关于报批〈濮阳市天然气公司、濮阳市燃气工程处改制实施方案〉的请示》。濮阳市政府于2012年6月26日作出濮政文〔2012〕175号《濮阳市人民政府关于濮阳市天然气公司濮阳市燃气工程处改制实施方案的批复》，原则同意濮阳市天然气公司、濮阳市燃气工程处改制实施方案。2012年6月21日，华润公司注册成立。

2012年8月15日，濮阳市法制办作出濮政法审〔2012〕81号《法制审核意见书》，就濮阳市城管局与华润公司即将签署的《濮阳华润燃气有限公司管道燃气特许经营协议》3.4约定的特许经营区域，提出如下意见："针对上述特许经营区域的表述，濮阳县博远天然气有限公司、濮阳市天伦燃气有限公司、华龙区华隆天然气有限公司提出异议。我们认为，特许经营区域条款具有排他性，协议签署前不应存在争议。为此，针对上述争议，建议市公用事业局进一步协调，对各方特许经营区域予以明确，达成一致意见。"

2014年6月，华隆公司以华润公司与濮阳市城管局于2012年8月21日签订的《濮阳华润燃气有限公司管道燃气特许经营协议》侵犯其特许经营权为由，向濮阳市华龙区人民法院提起诉讼，请求确认该协议无效。诉讼中，华隆公司向法院提出撤诉申请，濮阳市华龙区人民法院裁定准许其撤回起诉。2014年11月14日，河南省住房和城乡建设厅向华隆公司颁发燃气经营许可证，允许其经营的范围执行被诉协议。2014年12月25日，华润公司认为华龙区政府与华隆公司于2010年8月18日签订的《濮阳市濮东产业集聚区燃气项目投资建设合同》中涉及的特许经营范围与其特许经营范围在濮东产业集聚区内有重合,向河南省范县人民法院提起行政诉讼,请求确认华龙区政府与华隆公司签订的上述协议违法、无效。河南省范县人民法院经审理认为,华龙区政府授予华隆公司濮东产业集聚区燃气特许经营权的行为系超越职权的行为,该院于2015年12月12日作出(2015)范行初字第00001号行政判决,撤销华龙区政府与华隆公司2010年8月18日签订的《濮阳市濮东产业集聚区燃气项目投资建设合同》中一、(一)1①、2①及(二)1⑤条款,即撤销关于特许经营权年限、区域以及不再在特许经营范围内为其他管道燃气运营商审批的独家经营权利的约定。该判决作出后,各方当事人均未上诉,已经发生法律效力。

本院再审又查明,2016年1月6日,濮阳市城管局作出濮公用〔2016〕1号文,该文载明:因华隆公司已在龙乡路以东的部分区域建设安装了燃气管道及有关燃气设施,实施了供气,为确保正常供气,将绿城路以南、龙乡路以东、纬一路以北、Y004(08线)以西的地块,划归华隆公司经营范围;将华隆公司原特许经营区域内的两个区块划归华润公司作为补偿。一是现清丰县南县界以南、文化路以东、绿城路以北、盘锦路以西;二是中原路以南、盘锦路以东、黄河路以北、106国道以西。华隆公司、华润公司在对方区域内既有的供应用户维持现状、保持不变、继续经营,新建管网不得重复投资、相互交叉建设、杜绝安全隐患。濮阳市城管局与华隆公司、华润公司分别签订的特许经营协议约定经营区域及濮公用〔2015〕9号文件未涉及的其他区域保持不变。目前,华隆公司与华润公司各自向其用气单位提供管道燃气服务,两家公司的实际经营区域不存在重叠情形。

本院认为,为了实现行政管理及提供社会公共服务的需要,濮阳市城管局和华隆公司签订了本案被诉协议。该协议属于典型的政府特许经营协议,即政府根据有关法律、法规的规定,在提供社会公用产品或公共服务领域,通过市场竞争机制,选择公用事业投资者或者经营者,授权其在一定期限和范围内进行经营管理、并与其订立的协议。因政府特许经营协议具有行政法上权利义务内容,故其属于行政协议。根据《中华人民共和国行政诉讼法》第十二条第一款第十一项的规定,依法属于行政诉讼受案范围。《城镇燃气管理条例》第五条第二款规定:"县级以上地方人民政府燃气管理部门负责本行政区域内的燃气管理工作。"因此,濮阳市城管局具有签订被诉协议的法定职权,其作为能够独立承担法律责任的行政主体,是本案的适格被告。濮阳市政府不是签订被诉协议的主体,一、二审法院关于其不是本案适格被告的认定,本院予以认可。

本案争议焦点为被诉协议是否存在无效情形,以及华润公司关于被诉协议侵害其权益的主张是否成立。行政协议作为一种特殊的行政行为,兼具"行政性"和"合同性"。《最高人民法院关于审理行政协议案件若干问题的规定》第十二条第一款、第二款规定:"行政协议存在行政诉讼法第七十五条规定的重大且明显违法情形的,人民法院应当确认行政协议无效。人民法院可以适用民事法律规范确认行政协议无效。"据此,人民法院在审理行政协议效力认定的案件时,首先要根据行政诉讼法规定的无效情形进行审查,此外,还要遵从相关民事法律规范对于合同效力认定的规定。

一、本案被诉协议是否存在行政诉讼法规定的无效情形

《中华人民共和国行政诉讼法》第七十五条规定:"行政行为有实施主体不具有行政主

体资格或者没有依据等重大且明显违法情形，原告申请确认行政行为无效的，人民法院判决确认无效。"根据行政诉讼法的规定可知，无效行政行为是指该行为存在"重大且明显"的违法情形。"重大"一般是指行政行为的实施将给公民、法人或者其他组织的合法权益带来重大影响；而"明显"一般是指行政行为的违法性已经明显到任何有理智的人都能够作出判断的程度。行政行为只有同时存在"重大且明显"违法的情形，该行为才能被认定为无效。在《最高人民法院关于适用〈中华人民共和国行政诉讼法〉的解释》中，对行政行为无效情形亦作了例举式规定。该解释第九十九条规定："有下列情形之一的，属于行政诉讼法第七十五条规定的'重大且明显违法'：（一）行政行为实施主体不具有行政主体资格；（二）减损权利或者增加义务的行政行为没有法律规范依据；（三）行政行为的内容客观上不可能实施；（四）其他重大且明显违法的情形。"

本案中，被诉协议约定了华隆公司在濮阳市特许经营管道燃气的区域、年限等内容。《城镇燃气管理条例》第五条第二款规定："县级以上地方人民政府燃气管理部门负责本行政区域内的燃气管理工作。"《市政公用事业特许经营管理办法》第四条第三款规定："直辖市、市、县人民政府市政公用事业主管部门依据人民政府的授权（以下简称主管部门），负责本行政区域内的市政公用事业特许经营的具体实施。"据此，濮阳市城管局具有负责濮阳市包括城市供气在内的市政公用事业特许经营管理工作的职权。根据《建设部关于印发〈关于加快市政公用行业市场化进程的意见〉的通知》中关于"城市市政公用行业主管部门代表城市政府与被授予特许经营权的企业签订特许经营合同"的规定，濮阳市城管局作为城市市政公用行业主管部门，与华隆公司签订被诉协议，具有法律依据，因此，该协议不存在"签订主体没有行政主体资格或者超越法定权限"的情形。此外，该协议中也不存在《最高人民法院关于适用〈中华人民共和国行政诉讼法〉的解释》第九十九条规定的"减损权利或者增加义务的行政行为没有法律规范依据""行政行为的内容客观上不可能实施"或者其他重大且明显违法的情形。因此，本院认为，被诉协议不存在《中华人民共和国行政诉讼法》第七十五条规定的无效情形

二、被诉协议是否存在民事法律规范规定的无效情形

本案被诉协议签订时有效的《中华人民共和国合同法》第五十二条规定："有下列情形之一的，合同无效：（一）一方以欺诈、胁迫的手段订立合同，损害国家利益；（二）恶意串通，损害国家、集体或者第三人利益；（三）以合法形式掩盖非法目的；（四）损害社会公共利益；（五）违反法律、行政法规的强制性规定。"本案中，华润公司未提出被诉协议违反前述法律规定的主张，且被诉协议作为在濮阳市城管局和华隆公司之间签订的政府特许经营协议，亦不存在《中华人民共和国合同法》第五十二条规定的无效情形。

三、华润公司关于被诉协议侵害其权益的主张是否成立

第一，根据本案再审查明的事实，华隆公司与华龙区政府于 2010 年 8 月 18 日已签订《濮阳市濮东产业集聚区燃气项目投资建设合同》，该合同约定华龙区政府授权华隆公司在濮东产业集聚区独家投资建设城市燃气管网。尽管该合同中关于特许经营权年限、区域等约定在 2015 年 12 月经人民法院生效判决撤销，但华隆公司基于该合同已于 2010 年开始在濮阳市投资建设燃气管网，相应的项目用地、建设项目、工程规划经过濮阳市、华龙区政府相关职能部门审批，其经营的天然气管网低压输气管线建设项目经过备案，河南省住房和城乡

建设厅亦向华隆公司颁发了燃气经营许可证。上述事实可以证明，华隆公司早在本案被诉协议签订前，已实际在濮阳市濮东产业集聚区投资修建管道并经营管道燃气。

第二，根据本案再审查明的事实，在华润公司与濮阳市城管局签订《濮阳华润燃气有限公司管道燃气特许经营协议》之前，濮阳市法制办就该协议作出濮政法审〔2012〕81号《法制审核意见书》，指出华隆公司、濮阳县博远天然气有限公司、濮阳市天伦燃气有限公司均对该协议所涉特许经营区域提出异议，建议濮阳市城管局进一步协调，对各方特许经营区域予以明确，达成一致意见。该事实可以证明，对于华润公司管道燃气的特许经营范围是存有争议的。根据《河南省城镇燃气管理办法》第十二条规定，"特许经营协议应当明确特许经营内容、区域、范围、有效期限及服务标准等"。《河南省住房和城乡建设厅关于进一步规范全省城镇管道燃气特许经营管理的通知》中亦有"签订特许经营协议时要充分考虑到城市发展的动态变化，对特许经营的区域要明确界定，标明四至并附《特许经营区域范围图示》"的规定。根据原中华人民共和国建设部建城〔2004〕162号《关于印发城市供水、管道燃气、城市生活垃圾处理特许经营协议示范文本的通知》中《管道燃气特许经营协议示范文本》（GF－2004－2502）的指引，管道燃气特许经营协议中"特许经营权经营范围"应当标明地理四至。因此，签订管道燃气特许经营协议时，应将特许经营的范围标明地理四至，即东西南北各至何路、何界，该特许经营的范围应当是相对固定的。华润公司于2012年8月21日与濮阳市城管局签订《濮阳华润燃气有限公司管道燃气特许经营协议》，将特许经营范围约定为"濮阳市规划区"，该约定并没有明确的地理四至，且"濮阳市规划区"亦非一级行政区划。据此，华润公司虽与濮阳市城管局签订特许经营协议的时间早于本案被诉协议签订时间，但因《濮阳华润燃气有限公司管道燃气特许经营协议》约定的特许经营区域四至不明，故不能证明被诉协议与其经营区域部分重叠，亦不能证明华润公司的合法权益受到侵害，故本院认为华润公司关于被诉协议侵害其权益的主张不能成立。

此外，本院还认为，对行政协议效力的审查，一方面要严格按照法律及司法解释的相关规定，另一方面，基于行政协议的订立是为了进行行政管理和提供公共服务的目的，从维护国家利益和社会公共利益的角度出发，对行政协议无效的认定要采取谨慎的态度，如果可以通过瑕疵补正的，应当尽可能减少无效行政协议的认定，以推动协议各方主体继续履行义务。本案中，濮阳市城管局通过与华润公司签订补充协议明确四至，以及华隆公司、华润公司各自按照实际经营区域办理燃气特许经营许可证，都可以说明市场秩序已经稳定。

综上，濮阳市城管局与华隆公司于2013年12月10日签订的被诉协议没有《中华人民共和国行政诉讼法》第七十五条以及协议签订时有效的《中华人民共和国合同法》第五十二条规定的无效情形。华润公司提起本案诉讼，请求确认上述协议无效，不应支持。二审判决确认被诉协议无效，适用法律错误，本院予以纠正。本案经本院审判委员会民事行政审判专业委员会会议讨论决定，依照《中华人民共和国行政诉讼法》第八十九条第一款第二项、《最高人民法院关于适用〈中华人民共和国行政诉讼法〉的解释》第一百一十九条第一款之规定，判决如下：

一、撤销河南省高级人民法院（2018）豫行终111号行政判决；

二、撤销河南省鹤壁市中级人民法院（2014）鹤行初字第38号行政判决；

三、驳回濮阳华润燃气有限公司的诉讼请求。

本案一、二审诉讼费各 50 元，由濮阳华润燃气有限公司承担。
本判决为终审判决。

审 判 长　姜　伟
审 判 员　包剑平
审 判 员　李小梅

二〇二一年十月十八日

法 官 助 理　张海婷
书 记 员　袁正明
书 记 员　刘会贞

执　　行

武汉和平华裕物流有限公司与乐昌市粤汉钢铁贸易有限公司等案外人执行异议之诉案

【裁判摘要】

出租人将土地出租给承租人，当该土地被强制执行时，案外人主张承租人向其转租土地，且其在土地上兴建建筑物并对之享有足以排除强制执行的合法权益时，可通过案外人执行异议之诉主张权利。人民法院在审理次承租人以案外人提起的执行异议之诉案件时，既要依法维护次承租人的正当权利，也要防止其滥用案外人执行异议之诉，妨害强制执行程序的正常进行。对于次承租人提起的执行异议能否排除强制执行，应当依据《最高人民法院关于适用〈中华人民共和国民事诉讼法〉的解释》第三百一十一条（修改后第三百零九条）的规定进行审查。

最高人民法院民事判决书

（2019）最高法民终 1790 号

上诉人（原审原告）：武汉和平华裕物流有限公司。住所地：湖北省武汉市东湖生态旅游风景区龚家岭。

法定代表人：李笛，该公司总经理。

委托诉讼代理人：王芳，湖北卓胜律师事务所律师。

被上诉人（原审被告）：乐昌市粤汉钢铁贸易有限公司。住所地：广东省乐昌市站前路幸福家园B座首层02号。

法定代表人：孙光亮，该公司总经理。

委托诉讼代理人：徐秋林，湖北谦顺律师事务所律师。

委托诉讼代理人：梅占春，湖北汉丰律师事务所律师。

原审第三人：武汉华裕李氏经贸集团有限公司。住所地：湖北省武汉市东湖生态旅游风景区和平乡龚家岭青王路235号。

法定代表人：李少华，该公司总经理。

委托诉讼代理人：陈静，湖北蕙风和律师事务所律师。

原审第三人：李少华，男，1971年1月23日出生，汉族，住湖北省武汉市洪山区。

委托诉讼代理人：陈静，湖北蕙风和律师事务所律师。

上诉人武汉和平华裕物流有限公司（以下简称华裕物流公司）因与被上诉人乐昌市粤汉钢铁贸易有限公司（以下简称粤汉钢铁公司）及原审第三人武汉华裕李氏经贸集团有限公司（以下简称华裕李氏公司）、李少华案外人执行异议之诉一案，不服湖北省高级人民法院（2018）鄂民初99号民事判决，向本院提起上诉。本院于2019年10月10日立案后，依法组成合议庭，开庭进行了审理。上诉人华裕物流公司的委托诉讼代理人王芳，被上诉人粤汉钢铁公司的委托诉讼代理人徐秋林、梅占春，原审第三人华裕李氏公司的法定代表人李少华及委托诉讼代理人陈静，原审第三人李少华及其委托诉讼代理人陈静到庭参加诉讼。本案现已审理终结。

华裕物流公司上诉请求：一、撤销原审判决。二、停止执行位于湖北省武汉市东湖生态旅游风景区龚家岭村12组41.15亩土地（以下简称龚家岭地块）上所建地上建筑物的征收收益；停止执行位于湖北省武汉市东湖生态旅游风景区青王公路235号（原武汉市和平镀锌板厂，以下简称和平镀锌板厂）土地上所建厂房、仓库等地上建筑物的征收收益；停止执行原武汉市和平总观园工贸发展有限公司（以下简称总观园公司）厂房、仓库、办公楼等地上建筑物的征收收益；解除对上述建筑物的查封。三、请求确认龚家岭地块上所建地上建筑物以及湖北省武汉市东湖生态旅游风景区青王公路235号（和平镀锌板厂）土地上所建厂房、仓库等地上建筑物和总观园公司厂房、仓库、办公楼等地上建筑物的权利人为华裕物流公司。四、一、二审诉讼费用由粤汉钢铁公司承担。主要事实和理由：一、本案核心是案涉建筑物投资建设主体的认定问题，在华裕物流公司提交充分证据的前提下，原审法院未认定华裕物流公司系案涉建（构）筑物的实际权利人，属于认定事实错误。二、原审判决认定华裕物流公司提交的设计合同、施工图纸以及施工合同，对应的工程项目系围墙、路面、护坡、给排水等构筑物附属工程，与本案争议的厂房、仓库等主体建筑物无关，认定事实错误。（一）华裕物流公司原审提供的证据施工合同第一条第一项明确约定的工程范围包括室内仓库，同时结合本次提交的华裕物流公司与施工单位签订的结算文件，加之此前提供的三千万工程款的付款凭证，可以证明华裕物流公司投资建设的并非原审法院所认定的仅限附属工程,而包括主体工程厂房、仓库与附属工程。(二)即便如原审认定,华裕物流公司投资建设了围墙、护坡等附属工程,该建设行为亦非与案涉建筑物无关,粤汉钢铁公司申请对龚家岭地块、和平镀锌板厂地块上所建厂房、仓库等地上建筑物进行查封,可见查封范围并非限于厂房和仓库,而是及于地上的全部建(构)筑物在内,因此原审法院认定华裕物流公司举证与案涉查封标的无关,属于认定事实错误。三、原审判决认为"华裕物流公司以其对被查封的上述建筑物享有足以排除强制执行实体权利的理由不能成立"错误。(一)华裕物流公司虽未提供符合合同约定支付方式的租金支付凭证,但提供了实际对该地块进行投资、占有及使用管理的证据,而华裕李氏公司与华裕物流公司之间是否形成转租的事实,实质判断应以租赁标的(即案涉龚家岭地块)是否实际转移占有、使用为依据,而非仅以"是否存在租金支付凭证"作为主要判断依据,更何况华裕物流公司与华裕李氏公司是以转租方式使用龚家岭地块还是以其他方式使用案涉地块,均不影响对投资主体及权利人的判断。即使华裕李氏公司无偿将案涉地块转租给华裕物流公司使用,华裕物流公司在租赁地块上投资建设建(构)筑物,该建(构)筑物的权利人亦为华裕物流公司,而与华裕李氏公司无关,故原审判决以"华裕物流公司未能提交相关租金支付凭证及其他合同履行依据,无法认定转租关系成立"为由,未认定华裕物流公司作为投资人享有排除强制执行的权利,属于认定事实错误。(二)华裕物流公司原审中提交的大量证据证明和平镀锌板厂的资产已经转移给华裕物流公司且在资产转移后所涉建(构)筑物由华裕物流公司实际经营管理,且因集体土地性质及历史原因,和平镀锌板厂地块上的建筑物本身并未办理产权证,在变更转移至华裕物流公司时无法办理产权登记手续有其客观因素,原审判决认为"总观园公司在处置和平镀锌板厂移交的厂房、仓库等不动产时,应当依法进行登记,否则不发生物权变更的法律效力"错误,原审判决关于和平镀锌板厂地块上所建建筑物的权属问题认定,属于认定事实错误,应予纠正。四、原审对案涉建筑物能否享有收益及收益权归属认定的事实不清,且对执行标的实体权益的认定及证明标准适用法律方面存在错误。(一)本案为执行异议之诉,法院的审查范围不应仅包括华裕物流公司对执行标的是否拥有足以排除强制执行的权利,而应审查法院对执行标的采取执行行为的正当性以及被执行人华裕李氏公司对执行标的是否享有实体权益。在本案中,华裕物流公司针对执行标的提交了涵盖从设计、施工到对建筑物投资、占有、管理、使用、收益的大量证据,同时因案涉执行标的本身属于未办理任何规划手续且在村集体经济组织的土地上建设而成的建(构)筑物,所涉投资建设行为迄今已十多年之久,原审法院不应以十多年之后对证据形式及合法性的要求溯及适用至十多年前既已形成的有关事实、证据,而应根据《最高人民法院关于适用〈中华人民共和国民事诉讼法〉的解释》第一百零八条的规定,采用高度盖然性的证明标准,对华裕物流公司作为执行标的权利人的身份予以认定。(二)原审在对华裕物流公司作为执行标的权利人身份予以全面驳斥的前提下,却未对原审法院查封执行标的的法律依据以及华裕李氏公司是否对执行标的享有实体权益作出说明,涉及龚家岭地块上建筑物的查封行为,原审判决对依据何种法律规定以及事实认定对执行标的进行查封,亦未进行阐述。根据《最高人民法院关于人民法院民事执行中查封、扣押、冻结财产的规定》第二条"人民法院可以查封、扣押、冻结被执行人占有的动产、登记在被执行人名下的不动产、特定动产及其他财产权。未登记的建筑物和土地使用权,依据土地使用权的审批文件和其他相关证据确定权属"之规定,执行法院在财产保全中查封的范围应仅限于登记在被执行人华裕李氏公司名下的财产，而案涉房屋及土地并未登记在华裕李氏公司名下，也无土地使用权审批文件和其他相关证据可以确定权属为华裕李氏公司。因此，原审法院对案涉建筑物采取的查封措施，应予纠正。

粤汉钢铁公司答辩称：一、华裕物流公司主张其对位于龚家岭地块上所建厂房、仓库等地上建筑物享有所有权的证据不足，不足以排除强制执行。（一）粤汉钢铁公司申请查封龚家岭地块上所建厂房、仓库等地上建筑物有充分的依据，且经原审法院调查核实，该部分建筑物的权利归属于华裕李氏公司。（二）华裕物流公司以2010年1月1日其与华裕李氏公司签订的《土地租赁合同》、构筑物设计合同及图纸、租金支付凭证、施工合同、转租合同、供电合同等证据证明其对该部分建筑物享有所有权，其证据及证明目的存在诸多缺陷，证据真实性存疑，且多数证据无法与本案争议标的物建立关联，证据之间无法形成完整、有效的证据链以支持其享有足以排除强制执行的诉讼主张，原审对相关证据的认定合法合理，认定的事实清楚准确，华裕物流公司主张享有龚家岭地块上所建厂房、仓库等建筑物的所有权的证据不足，不足以排除强制执行。二、华裕物流公司主张其对"和平镀锌板厂土地上所建厂房、仓库等地上建筑物"及"总观园公司厂房、仓库、办公楼等地上建筑物"享有所有权与事实相悖。（一）位于湖北省武汉市东湖生态旅游风景区青王公路235号（和平镀锌板厂）土地上所建厂房、仓库等地上建筑物已经转化为华裕李氏公司的固定资产，原审法院对该部分地上建筑物的查封合法合理。（二）华裕物流公司在举证中混淆了武汉东湖生态旅游风景区先锋村（以下简称先锋村）所有的82亩土地与武汉市洪山区和平街道资产管理中心所有的53亩土地，未证明"位于和平镀锌板厂土地上所建厂房、仓库等地上建筑物"以及"总观园公司厂房、仓库、办公楼等地上建筑物"属其所有。三、华裕物流公司主张的土地租赁（转租）、构筑物设计、施工、仓库出租等方面的证据，均不满足在执行异议程序中确权或排除强制执行的条件。（一）华裕物流公司提交的由华裕李氏公司分别向其转租龚家岭村41.15亩土地、先锋村82亩土地的《租赁合同》，合同真实性存疑、合同签订时间早于华裕李氏公司与龚家岭村签订《土地股份合作协议》的时间、合同履行的证据不充分，举证对象混淆，无法证明华裕物流公司已实际承租相应地块。（二）华裕物流公司提交的设计合同、设计图纸、施工合同，无法体现与本案争议标的物具有关联性。（三）华裕物流公司提交的仓库转租经营、电力等方面的证据，不仅缺乏关联性，亦不能证明其享有所有权或者其他足以排除强制执行的实体权利。四、原审法院依据粤汉钢铁公司提供的《土地股份合作协议》《土地出租协议》等保全线索，依法核实并裁定对华裕李氏公司、李少华所有的财产采取保全措施合法合理，且有充分、详尽的调查资料予以佐证。华裕物流公司在本案中既未提供不动产权利登记证明，也未提供其他证据证明其对本案标的物享有足以排除强制执行的实体权利，其异议应予驳回。

原审第三人华裕李氏公司、李少华共同答辩称，同意华裕物流公司的诉讼请求，原审判决认定事实不清，结论错误。

华裕物流公司向原审法院起诉请求：一、停止执行龚家岭地块上所建地上建筑物的征收收益；停止执行位于湖北省武汉市东湖生态旅游风景区青王公路235号（和平镀锌板厂）土地上所建厂房、仓库等地上建筑物的征收收益；停止执行总观园公司厂房、仓库、办公楼等地上建筑物的征收收益，并解除对上述建筑物的查封。二、确认位于龚家岭地块上所建地上建筑物以及和平镀锌板厂土地上所建厂房等建筑物和总观园公司厂房等建筑物的权利人为华裕物流公司。三、案件受理费等由粤汉钢铁公司承担。

原审法院查明：2017年7月21日，湖北省高级人民法院立案受理粤汉钢铁公司与华裕李氏公司、李少华民间借贷纠纷一案，该院于2017年12月25日作出（2017）鄂民初49号民事判决。粤汉钢铁公司不服，向最高人民法院提起上诉。最高人民法院于2018年4月27日作出（2018）最高法民终198号民事判决：一、撤销湖北省高级人民法院（2017）鄂民初49号民事判决。二、华裕李氏公司于判决生效之日起十日内：1.偿还粤汉钢铁公司借款本金1332322元，并自2016年9月22日起至实际给付之日止，以1332322元为基数，按12%的年利率向粤汉钢铁公司支付利息；2.偿还粤汉钢铁公司借款本金1377万元，并自2014年1月17日起至实际给付之日止，以1377万元为基数，按12%的年利率向粤汉钢铁公司支付利息；3.偿还粤汉钢铁公司借款本金50万元，并自2014年2月20日起至实际给付之日止，以50万元为基数，按12%的年利率向粤汉钢铁公司支付利息；4.偿还粤汉钢铁公司借款本金50万元，并自2014年2月21日起至实际给付之日止，以50万元为基数，按12%的年利率向粤汉钢铁公司支付利息；5.偿还粤汉钢铁公司借款本金300万元，并自2014年3月7日起至实际给付之日止，以300万元为基数，按12%的年利率向粤汉钢铁公司支付利息。三、华裕李氏公司于判决生效之日起十日内偿还粤汉钢铁公司借款本金5000万元，并自2014年1月16日起至实际给付之日止，以5000万元为基数，按24%的年利率向粤汉钢铁公司支付利息；李少华对此承担连带保证责任。四、驳回粤汉钢铁公司其他诉讼请求。

在上述案件审理过程中，2017年8月3日，粤汉钢铁公司向湖北省高级人民法院提出财产保全申请，该院于2017年8月4日作出（2017）鄂民初49-1号民事裁定：查封、扣押、冻结华裕李氏公司、李少华价值141763252.11元的财产。2017年10月30日，该院依据上述民事裁定书作出（2017）鄂执保44号查封公告以及（2017）鄂执保44号之一查封公告，查封了龚家岭地块上所建的厂房、仓库等地上建筑物，和平镀锌板厂土地上所建厂房、仓库等地上建筑物以及李少华享有的总观园公司厂房、仓库、办公楼等地上建筑物80%的收益，查封期限自2017年11月30日起至2020年11月29日。2018年8月14日，华裕物流公司向湖北省高级人民法院提出执行异议，称上述被查封的财产均属该公司所有，并非华裕李氏公司的财产。该院经审查后，于2018年9月29日作出（2018）鄂执异6号执行裁定：驳回华裕物流公司的异议请求。华裕物流公司不服该裁定，于2018年10月26日向原审法院提起案外人执行异议之诉。

原审另查明：2010年1月1日，华裕李氏公司（乙方）与龚家岭村（甲方）签订《土地股份合作协议》，约定：1.甲方同意以龚家岭村闲置荒地与乙方合作，合作期限为贰拾年，从2010年1月1日至2029年12月31日止，土地方位为本村12组，面积41.15亩，届时以实测为准。2.乙方在合作期内不论盈亏，每年必须定时足额向甲方付土地费用，即每年每亩陆仟元整（6000元/亩），每年分两次付清，即年中和年底各付一半。五年后，每亩按3%的幅度递增，每五年递增一次。……合作期满后，土地归还甲方。厂房设备及辅助设施和地上附着物乙方所有。同时，双方还对各自的权利义务及违约责任进行了约定。

2010年1月1日，华裕李氏公司（甲方）与华裕物流公司（乙方）签订《租赁合同》，约定：1.乙方承租的范围。甲方同意将龚家岭特1号的41.15亩土地（约合27406㎡），有偿租赁给乙方开发建设仓储物流中心（仅限仓储物流业，不得另作他用）。2. 租赁期限。租赁期限约为15年。期限自2010年1月1日起至2025年12月31日止，期满本合同自行废止……3. 租赁费及缴费之规定。①土地租赁费按1.5万元/亩·年计，即年度租赁费为人民币陆拾壹万柒仟贰佰伍拾元整（￥61.725万元），整个租赁期（15年）租赁费为人民币玖佰贰拾伍万捌仟柒佰伍拾元整（￥925.875万元）。②土地租赁费缴费约定。土地租赁费按照"先租后用"的惯例，约定每三年缴纳一次。即本合同签订生效后三日内（若遇法定节假日可顺延），乙方一次性向甲方付讫三年期的土地租赁费（人民币壹佰捌拾伍万壹仟柒佰伍拾元整，￥185.175万元）。三年期满后（若遇法定节假日可顺延）第二次向甲方一次性付讫下三年期的土地租赁费（人民币壹佰捌拾伍万壹仟柒佰伍拾元整，￥185.175万元）。往后每三年期的土地租赁费，即第三、第四、第五次付款时限及金额均雷同，以此类推。双方还对各自责任及约定责任作了约定。

原审还查明：1. 和平镀锌板厂原系和平乡人民政府资产管理中心所属集体企业。2003年12月22日，和平乡人民政府为推进和平镀锌板厂改制与总观园公司签订了《固定资产有偿转让合同书》，约定由总观园公司收购和平镀锌板厂的全部固定资产。协议签订后，和平乡将和平镀锌板厂的全部固定资产移交给总观园公司，并制作了资产移交表。2. 2004年3月，总观园公司股东李少华、李安华共同以实物出资方式申请设立"武汉华裕镀锌板有限公司"。后经武汉华裕镀锌板有限公司申请，工商部门于2007年3月30日将"武汉华裕镀锌板有限公司"名称核准变更登记为华裕李氏公司。2007年5月8日，总观园公司经股东李少华、李安华申请注销清算，2011年8月23日的注销清算报告显示总观园公司固定资产为"零"。3. 2007年6月18日，华裕李氏公司物流仓储分公司经工商管理部门核准成立，经营范围为仓储、货物代（办）。2007年9月26日，华裕物流公司经工商管理部门核准成立，注册资本为1800万元，法定代表人为黄华宇，银行进账单显示黄华宇出资的540万元由武汉华裕镀锌板有限公司即华裕李氏公司代缴。4. 工商登记资料显示：华裕李氏公司和华裕物流公司在具体经营中，均开展了物流仓储、货物代办经营项目。其中，李卫东既是华裕李氏公司财务负责人，亦是华裕物流公司财务负责人、股东和监事。李文娟既是华裕李氏公司财务联络员，亦是华裕物流公司财务联络员。5. 在庭审中，华裕物流公司、粤汉钢铁公司、华裕李氏公司、李少华均对粤汉钢铁公司提交的卫星图片的真实性无异议，并均认为和平镀锌板厂所占的53亩土地与先锋村82亩地块未发生重叠。

原审法院认为，本案争议焦点为华裕物流公司对案涉建筑物是否享有权益并足以排除强制执行的问题。

关于龚家岭地块所建地上建筑物的权属问题。根据各方当事人的诉辩意见，各方对华裕李氏公司承租龚家岭地块的事实均无异议，但是对华裕李氏公司是否将该地块转租给华裕物流公司以及华裕物流公司是否对该地块上的厂房、仓库等地上建筑物享有民事权益的事实存有重大争议。根据《最高人民法院关于适用〈中华人民共和国民事诉讼法〉的解释》第三百一十一条"案外人或者申请执行人提起执行异议之诉的，案外人应当就其对执行标的享有足以排除强制执行的民事权益承担举证证明责任"的规定，华裕物流公司应当对其提出的其与华裕李氏公司之间就龚家岭地块形成转租合同法律关系，并实际投资建设了龚家岭地块上的厂房、仓库等地上建筑物的主张承担举证责任。本案中，华裕物流公司提交了华裕李氏公司与华裕物流公司于2010年1月1日签订的《租赁合同》以及与相关设计、施工单位、银行签订的《建设工程设计合同》《建筑工程施工合同》《固定资产借款合同》及借款、转账凭证等证据。原审法院综合全案证据审查认为，华裕物流公司虽提交了其与华裕李氏公司之间的《租赁合同》，但未提交与该合同约定的租金数额、租期、支付方式相对应的租金支付凭证以及其他合同履行依据。因此，在无其他证据佐证的情况下，仅依据《租赁合同》尚不足以认定华裕物流公司与华裕李氏公司之间就龚家岭地块形成了转租关系的事实。华裕物流公司提交的《建设工程设计合同》《施工图》《建筑工程施工合同》，对应的工程项目均系路面、围墙、护坡、给排水等构筑物附属工程，与本案争议的厂房、仓库等主体建筑物并不一致。同时，也没有证据佐证相应的履约依据与上述合同相对应。《固定资产借款合同》及借款凭证只能证明华裕物流公司以仓储扩建的名义向武汉农村商业银行股份有限公司青山支行借款3000万元的事实，而该借款合同对应的具体工程项目不明，且转账凭证中用途亦未填写，无法证明与龚家岭地块地上建筑物存有关联。因此，上述证据均不足以证明华裕物流公司实际投资建设了龚家岭地块上的厂房、仓库等地上建筑物的主张。华裕物流公司在原审庭审中提出，上述合同、借款及转账凭证对应的是龚家岭地块、先锋村地块以及和平镀锌板厂的全部地上建筑物的建设工程项目，是统一设计、统一施工，但是无论从华裕物流公司提交的设计、施工合同的具体内容，还是借款及转账凭证中载明的款项用途，都无法与其主张相印证。因此，对华裕物流公司关于其与华裕李氏公司之间关于龚家岭地块形成了租赁关系以及实际投资建设了龚家岭地块地上建筑物的相关主张均不予支持。在华裕物流公司未能提交充分证据证明其实际承租以及投资建设了龚家岭地块地上建筑物的情形下，华裕物流公司对被查封的上述建筑物享有足以排除强制执行实体权利的理由不能成立。故依据相关法律规定查封龚家岭地块上的厂房、仓库等地上建筑物并无不当。此外，关于华裕物流公司提出的书面申请，要求对其提交的证据A4、A15及华裕物流公司向武汉农村商业银行股份有限公司青山支行借款3000万元的真实性进行调查核实的问题，因粤汉钢铁公司及第三人对证据A4、A15的真实性无异议，该院对此亦予以了确认，故该调查核实已无意义。对华裕物流公司向武汉农村商业银行股份有限公司青山支行借款真实性的问题，因该银行已经向原审法院提交了相关汇款原件资料，对此调查亦无意义，该院不予准许。

关于和平镀锌板厂地块上所建建筑物的权属问题。本案中，粤汉钢铁公司提交的《和平镀锌板厂资产移交表》显示，和平镀锌板厂的全部资产在经过改制之后已全部移交至总观园公司。总观园公司股东李少华、李安华将上述部分资产以实物作价的方式出资设立了华裕李氏公司。之后，李少华、李安华申请注销总观园公司。注销清算报告显示，总观园公司在申请注销时的固定资产为"零"。华裕物流公司认为，总观园公司的固定资产为零，表明该公司的资产已经发生转移，结合华裕物流公司是总观园公司现有资产管理人的实际情况，可以确定总观园公司的上述资产已被华裕物流公司合法接收。因此，华裕物流公司是和平镀锌板厂厂房、仓库等地上建筑物的实际权利人。对此，该院认为，根据《中华人民共和国物权法》第六条"不动产物权的设立、变更、转让和消灭，应当依照法律规定登记"的规定，总观园公司在处置和平镀锌板厂移交的厂房、仓库等不动产时，应当依法进行登记，否则不发生物权变更的法律效力。因此，即便华裕物流公司对和平镀锌板厂的相关资产行使着管理和收益的权利，在没有任何物权登记的情况下，也不能认定华裕物流公司系上述资产的实际权利人。华裕物流公司还认为，武汉市房产测绘中心出具的《武汉市房屋面积调查测丈表》以及武汉市青山区房产测绘站出具的《武汉市房地产平面图》可作为认定该公司系上述资产产权人的依据。对此，该院认为，首先，华裕物流公司、华裕李氏公司以及华裕李氏公司物流仓储分公司均有物流仓储经营项目，且部分管理和财务人员还存在重合，华裕物流公司与华裕李氏公司之间存在一定的关联关系，而上述文件中产权人记载的"华裕物流"以及"华裕物流仓储公司"，在无明确依据的情况下，上述记载明显指向不明；其次，上述文件均系房产测绘文件，即对房屋进行位置、面积、结构等内容的测定，而对于权属的审核和登记，不属于测绘部门的职责范围。因此，上述测绘资料不能作为认定争议执行标的的物权属的依据。加之，从和平镀锌板厂的资产流转过程分析，现有证据只能证明上述资产通过李少华、李安华等人的操作，部分移交至华裕李氏公司名下，但不能证明上述资产合法移交至华裕物流公司。且华裕物流公司提交的《建设工程设计合同》《施工图》《建筑工程施工合同》均系2008年6月之后形成，而和平镀锌板厂的厂房、仓库等地上建筑物于2003年在和平镀锌板厂改制之前就已经存在。因此，华裕物流公司关于其对和平镀锌板厂的厂房、仓库等地上建筑物享有实体权利，并足以阻却执行措施的主张，缺乏相应的事实和法律依据，不予支持。综上，该院认为华裕物流公司的请求及理由依据不足，不予支持。依照《中华人民共和国民事诉讼法》第二百二十七条、《最高人民法院关于适用〈中华人民共和国民事诉讼法〉的解释》第三百一十二条第一款第二项之规定，判决：驳回华裕物流公司的诉讼请求。案件受理费750616.26元，由华裕物流公司负担。

二审审理期间，华裕物流公司提交了以下新证据：

证据1：湖北省民族建筑工程有限责任公司（以下简称民族建筑公司）法定代表人叶佳斌出具的《法定代表人授权委托书》，内容为"授权委托该公司许才进为华裕物流公司厂房及基础配套工程项目经理"。拟证明：民族建筑公司为华裕物流公司厂房及基础配套工程的施工单位，许才进为项目实际施工人。粤汉钢铁公司质证认为：该证据形成于原审庭审之前，不属于新证据，对该证据的真实性、合法性、关联性均不予认可。

证据2：《工程决算书》六份。拟证明：华裕物流公司系案涉执行标的的投资主体，并就相关施工内容与民族建筑公司进行结算。粤汉钢铁公司质证认为：该证据仅首页加盖了建设单位华裕物流公司和施工单位民族建筑公司的印章，其余部分均为打印件或复印件，也无骑缝章，存在伪造嫌疑，真实性无法确定，也不属于新证据。

证据3：武汉农村商业银行股份有限公司青山支行2019年11月19日出具的《情况说明》。拟证明：华裕物流公司因支付室内仓库、露天货场改造道路及场坪等工程款，向该行贷款3000万元，支付对象为民族建筑公司。粤汉钢铁公司质证认为：对该证据的真实性、合法性、关联性均不予认可。

原审第三人华裕李氏公司、李少华对华裕物流公司提交的上述新证据均予认可。本院将结合庭审查明事实及在案其他证据对华裕物流公司提交的上述新证据的证明目的予以综合评判认定。

本院二审审理期间，被上诉人粤汉钢铁公司及原审第三人华裕李氏公司、李少华未提交新证据。

本院二审对原审查明的事实予以确认。

本院认为，根据当事人的诉辩主张和理由，本案二审争议的焦点为"华裕物流公司对案涉建筑物是否享有权益并足以排除强制执行"，而该焦点问题涉及的建筑物包括"龚家岭地块地上建筑物"和"和平镀锌板厂地块地上建筑物"两部分，本院对上述两地块分别进行评判。

首先，关于龚家岭地块上所建地上建筑物的权属问题。本院认为，本案中，本案各方对华裕李氏公司承租龚家岭地块的事实均无异议，但对华裕李氏公司是否将该地块转租给华裕物流公司以及华裕物流公司是否对该地块上的厂房、仓库等地上建筑物享有民事权益的事实存有争议。根据《最高人民法院关于适用〈中华人民共和国民事诉讼法〉的解释》第三百一十一条"案外人或者申请执行人提起执行异议之诉的，案外人应当就其对执行标的享有足以排除强制执行的民事权益承担举证证明责任"的规定，华裕物流公司应当提交证据证明其对龚家岭地块形成转租关系，并实际投资建设了龚家岭地块上的厂房、仓库等地上建筑物，进而证明其对龚家岭地块上所建地上建筑物享有足以排除强制执行的民事权益。对此，原审中，华裕物流公司仅提交了其与华裕李氏公司之间的《租赁合同》，但未提交与该合同约定的租金数额、租期、支付方式相对应的租金支付凭证以及其他合同履行依据，在无其他证据相印证的情形下，原审认定该证据尚不足以充分证明华裕物流公司与华裕李氏公司之间就龚家岭地块形成转租关系正确。华裕物流公司在原审中也提交了《建设工程设计合同》《施工图》《建筑工程施工合同》等证据，但原审亦查明认定，上述证据对应的工程项目系路面、围墙、护坡、给排水等构筑物附属工程，与案涉厂房、仓库等主体建筑物并不一致，同时也没有其他证据佐证相应的履约依据与上述合同相对应。而华裕物流公司原审中提交的《固定资产借款合同》及借款凭证，只能证明华裕物流公司以仓储扩建的名义向武汉农村商业银行股份有限公司青山支行借款3000万元的事实，而该借款合同对应的具体工程项目不明，且转账凭证中用途未填写，无法证明与龚家岭地块地上建筑物存在关联。在本院二审期间，华裕物流公司为证明其主张，又提交了《工程结算书》《法定代表人授权委托书》《情况说明》等证据。因本案原审已查明，华裕物流公司在原审提交的《建设工程设计合同》《施工图》《建筑工程施工合同》等证据对应的工程项目系路面、围墙、护坡、给排水等构筑物附属工程，与案涉厂房、仓库等主体建筑物并不一致，即使华裕物流公司提交的《工程结算书》《法定代表人授权委托书》为真实，也不能以此证明华裕物流公司投资建设了案涉厂房、仓库等主体建筑物。而《情况说明》显示华裕物流公司向武汉农村商业银行股份有限公司青山支行申请该笔贷款的申请理由，为支付室内仓库露天货场改造道路及场坪等工程款，尚不能证明该笔贷款实际用于案涉厂房、仓库等建筑物的建设。因此，华裕物流公司提交的上述新证据亦不能充分证明其投资建设了龚家岭地块上的建筑物。故原审认定华裕物流公司提交的证据无法证明其对龚家岭地块上所建地上建筑物享有足以排除强制执行的民事权益并无不当。华裕物流公司关于"其已提交充分证据的前提下，原审未认定华裕物流公司系案涉建（构）筑物实际权利人，属认定事实错误"等上诉理由不能成立，本院予以驳回。

其次，关于和平镀锌板厂地块上所建建筑物的权属问题。本院认为，本案已查明，和平镀锌板厂的全部资产经过改制后已全部移交至总观园公司。总观园公司股东李少华、李安华将上述部分资产以实物作价的方式出资设立了华裕李氏公司。华裕物流公司提交的现有证据无法证明总观园公司在和平镀锌板厂处置过程中移交的厂房、仓库等不动产已依法进行物权变更登记，因此，即便华裕物流公司对和平镀锌板厂的相关资产行使管理和收益的权利，在没有相关权属登记证明的情况下，华裕物流公司提交的现有证据不能证明华裕物流公司系上述资产的实际权利人。而本案也查明，和平镀锌板厂的厂房、仓库等地上建筑物在和平镀锌板厂2003年改制前就已经存在，华裕物流公司在原审提交的《建设工程设计合同》《施工图》《建筑工程施工合同》均形成于2008年6月后，晚于和平镀锌板厂地上建筑物形成时间。而且，对应的工程项目系路面、围墙、护坡、给排水等构筑物附属工程，与案涉厂房、仓库等主体建筑物并不一致，华裕物流公司即使在本案二审期间又提交了《工程结算书》《法定代表人授权委托书》《情况说明》等证据，也并不能形成完整的证据链条证明其为和平镀锌板厂相关资产的实际权利人。因此，原审关于华裕物流公司对和平镀锌板厂的厂房、仓库等地上建筑物不享有实体权利及不足以阻却执行的事实认定亦无不当，对华裕物流公司主张"其为上述资产的实际权利人"不予支持正确，本院予以维持。关于华裕物流公司主张武汉市房产测绘中心出具的《武汉市房屋面积调查测丈表》以及武汉市青山区房产测绘站出具的《武汉市房地产平面图》可作为认定该公司系上述资产产权人的依据的问题。原审已查明，华裕物流公司、华裕李氏公司以及华裕李氏公司物流仓储分公司均有物流仓储经营项目，而且，部分管理人员和财务人员还存在重合，华裕物流公司与华裕李氏公司之间存在一定的关联关系，而《武汉市房屋面积调查测丈表》《武汉市房地产平面图》中记载的产权人为"华裕物流"以及"华裕物流仓储公司"，在华裕物流公司未提供其他证据相互印证的情况下，上述记载无法明确指向华裕物流公司，亦不能证明华裕物流公司为上述文件所涉房产的权利人。而且，上述文件均系房产测绘文件，即对房屋进行位置、面积、结构等内容的测定，而对于权属的审核和登记，不属于测绘部门的职责范围。因此，原审认定上述测绘资料不能作为认定争议执行标的物权属的依据并无不当。综上，华裕物流公司主张其对和平镀锌板厂地块上所建建筑物享有权益并足以排除强制执行的上诉理由亦不能成立，本院予以驳回。

关于原审对案涉建筑物能否享有收益权及收益权归属的事实认定是否清楚、对执行标的实体权益的认定以及证明标准适用法律是否正确的问题。本院认为，本案为案外人执行异议之诉，根据《最高人民法院关于适用〈中华人民共和国民事诉讼法〉的解释》第三百一十一条"案外人或者申请执行人提起执行异议之诉的，案外人应当就其对执行标的享有足以排除强制执行的民事权益承担举证证明责任"的规定，本案的审理范围主要为"案外人华裕物流公司对其主张的案涉建筑物能否享有足以排除强制执行的民事权益"，而华裕物流公司上诉所主张的原审法院对案涉建（构）筑物采取的查封措施错误、未对执行行为的正当性进行审查等理由，并非本案的审理范围。所以，原审法院仅就华裕物流公司提供的证据是否足以排除强制执行进行审理认定，并无不当。根据《最高人民法院关于适用〈中华人民共和国民事诉讼法〉的解释》第三百一十二条第一款第二项"案外人就执行标的不享有足以排除强制执行的民事权益的，判决驳回诉讼请求"的规定，原审经审理后，认定华裕物流公司提交的证据不足以证明其为案涉建筑物的权利人且不享有足以排除强制执行的民事权益，并据此规定驳回诉讼请求适用法律亦无不当。

综上，华裕物流公司的上诉请求因缺乏相应的证据支持和法律依据，均不能成立，本院予以驳回。原审判决认定事实清楚，适用法律正确，依法应予维持。本院依照《中华人民共和国民事诉讼法》第一百七十条第一款第一项之规定，判决如下：

驳回上诉，维持原判。

一审案件受理费按一审判决执行。二审案件受理费750616.26元，由武汉和平华裕物流有限公司负担。

本判决为终审判决。

审　判　长　李相波

审　判　员　方　芳

审　判　员　朱　燕

二〇二〇年四月二十八日

法官助理　王　鑫

书　记　员　秦　爽

黔南州荔波县茂兰镇下甲介煤矿与张学新、贵州甲盛龙集团矿业投资有限公司案外人执行异议之诉案

【裁判摘要】

支付定金后即变更采矿权人登记系兼并重组政策的要求，登记权利人仅支付定金未实际经营，申请执行人应当知晓案外人系案涉采矿权的实际权利人，对采矿权登记在登记权利人名下不产生信赖利益保护，案外人提出执行异议的，人民法院应予支持。

执行异议之诉中，案涉采矿权在判决作出前已通过以物抵债裁定变更到申请执行人名下，当人民法院判决不得执行该采矿权时，如不涉及维护司法拍卖、变卖程序安定性及不特定第三人利益保护等问题，则不得执行的范围可以及于该以物抵债裁定书，以物抵债裁定书应予以撤销，并解除查封等强制执行措施。

最高人民法院民事判决书

（2021）最高法民再141号

再审申请人（案外人、一审原告、二审上诉人）：黔南州荔波县茂兰镇下甲介煤矿，住

所地贵州省荔波县茂兰镇比鸠村。

执行事务合伙人：欧鼎金，该矿矿长。

委托诉讼代理人：覃健保，广西协约律师事务所律师。

被申请人（申请执行人、一审被告、二审被上诉人）：张学新，男，1967年10月1日出生，汉族，住贵州省都匀市。

委托诉讼代理人：罗镐昌，贵州贵达律师事务所律师。

第三人（被执行人）：贵州甲盛龙集团矿业投资有限公司，住所地贵州省荔波县玉屏镇建设西路66号。

法定代表人：任建渠。

再审申请人黔南州荔波县茂兰镇下甲介煤矿（以下简称下甲介煤矿）因与被申请人张学新、第三人贵州甲盛龙集团矿业投资有限公司（以下简称甲盛龙公司）案外人执行异议之诉一案，不服贵州省高级人民法院（2020）黔民终476号民事判决，向本院申请再审。本院于2021年5月12日作出（2021）最高法民申1484号民事裁定，提审本案。本院依法组成合议庭，公开开庭审理了本案，再审申请人下甲介煤矿的执行事务合伙人欧鼎金及其委托诉讼代理人覃健保、被申请人张学新及其委托诉讼代理人罗镐昌到庭参加诉讼。第三人甲盛龙公司经传票传唤无正当理由未到庭参加诉讼，本院依法缺席审理。本案现已审理终结。

下甲介煤矿申请再审称：一、下甲介煤矿是名为"黔南州荔波县茂兰镇下甲介煤矿（欧鼎金）"的采矿权（即案涉采矿权，证号C5200002012011120122487）的实际权利人，一审和二审法院以案涉采矿权登记在甲盛龙公司名下、认定失效的采矿许可证可以抵债缺乏证据予以证明。案涉采矿权系挂靠在甲盛龙公司名下，下甲介煤矿与甲盛龙公司对此有合同约定，甲盛龙公司亦明确表示无异议。张学新与甲盛龙公司达成的《执行和解协议》针对的是张学新对甲盛龙公司享有的普通金钱债权，下甲介煤矿与甲盛龙公司于2013年8月27日签订的《协议书》和甲盛龙公司于2014年9月26日出具的《产权确认证明书》，约定的是案涉采矿权的所有权，所有权应当优于债权受到保护。在甲盛龙公司仅支付100万元定金的情况下，案涉采矿权就被变更登记到甲盛龙公司名下，是根据贵州省煤矿企业兼并重组政策的要求进行的。案涉采矿权没有登记在甲盛龙公司企业财产范围内，不属于其财产。（2020）黔27民终225号民事判决已经解除下甲介煤矿与甲盛龙公司签订的《矿业权股权转让合同》和《关于"矿业权股权转让合同"的补充协议》（以下简称《补充协议》），双方应当各自返还财产，甲盛龙公司已把案涉煤矿全部财产移交回下甲介煤矿管理。二、案涉采矿权在签订《执行和解协议》时已经过期且案涉煤矿已经被关闭，不能成为合同转让或者抵债的标的，一审和二审法院适用法律错误。张学新是自然人，不是合法的采矿企业，不能成为采矿权的受让人，贵州省自然资源厅也不可能将采矿权变更登记办理到张学新名下，因此案涉采矿权无法在执行程序中抵债。根据《执行和解协议》拍卖案涉采矿权，未经贵州省自然资源厅审批同意，违反《中华人民共和国矿产资源法》相关强制性规定，是无效的。综上，下甲介煤矿根据《中华人民共和国民事诉讼法》第二百条第二项、第六项的规定申请再审，请求撤销一、二审判决，依法判决不得执行案涉采矿权。

张学新辩称：一、下甲介煤矿对案涉采矿权不享有正当权益。下甲介煤矿与甲盛龙公司于2013年8月27日签订的《黔南州荔波县茂兰镇下甲介煤矿（兼并重组）采矿权转让合同》(以下简称《采矿权转让合同》),约定下甲介煤矿将案涉采矿权以合作方式转让给甲盛龙公司,转让价款700万元。该转让合同经原贵州省国土资源厅批准,并于2013年11月27日办理采矿许可证变更登记,下甲介煤矿已丧失案涉采矿权。下甲介煤矿所持旧证不能证明其是案涉煤矿的采矿权人。《关于对甲盛龙公司煤矿企业兼并重组实施方案第一批的批复》(黔煤兼并重组办〔2016〕2号)并未确认案涉煤矿关闭后,权属为下甲介煤矿所有,《贵州省煤矿企业兼并重组工作方案(试行)》(黔府办发〔2012〕61号)亦没有对被兼并重组的煤矿企业作出可以保留产权、采矿权的规定,上述文件不是下甲介煤矿享有案涉煤矿权属的依据。下甲介煤矿提交的《产权确认证明书》《情况说明》《声明》系甲盛龙公司或下甲介煤矿的自述材料,不符合《中华人民共和国物权法》第四十六条规定,不能证明下甲介煤矿对案涉煤矿享有正当权益。《矿业权股权转让合同》约定,甲盛龙公司延期付款超过一个月的,下甲介煤矿有权解除合同。下甲介煤矿于2019年9月6日起诉解除,其解除权已经消灭。(2020)黔27民终225号民事判决适用法律错误,不能成为下甲介煤矿享有案涉采矿权的正当根据。二、下甲介煤矿与甲盛龙公司于2013年8月27日签订《协议书》的真实目的并非保留案涉煤矿原采矿权权益,而是要解决因签订多份转让合同可能带来的转让价款支付风险,并不能证明下甲介煤矿仍享有案涉采矿权。甲盛龙公司是否如约支付转让价款属于合同之债问题,不涉及案涉采矿权的归属。三、在案涉煤矿被关闭、案涉采矿权过期的情况下,甲盛龙公司不再享有对案涉煤矿矿产资源进行使用和收益的权利,但其对案涉煤矿仍享有财产性权益,经自然资源行政主管部门批准,可以变卖以清偿采矿企业的债务或者以物抵债。四、张学新与甲盛龙公司签订的《执行和解协议》合法有效,本案已执行完毕,下甲介煤矿已丧失诉的基础。如果下甲介煤矿认为《执行和解协议》违法,可以向执行法院申请确认该协议的效力而不应在本案中解决。张学新已将对甲盛龙公司享有的700万元债权转让给盘县新民富新煤矿,执行法院已变更申请执行人,将案涉煤矿采矿权作价700万元抵偿了债务。综上,请求驳回下甲介煤矿的再审申请。

甲盛龙公司向本院提交了一份《再审提交材料的情况说明》称,张学新的借款共1400万元与下甲介煤矿无关。

下甲介煤矿向贵州省黔南布依族苗族自治州中级人民法院(以下简称一审法院或者黔南州中院)起诉请求:一、判决不得查封、拍卖政府已经关闭的下甲介煤矿和已经过期的下甲介煤矿采矿权(证号C5200002012011120122487,即案涉采矿权)折抵张学新债务;二、本案的诉讼费由张学新承担。

一审法院认定事实:根据贵州省煤矿企业兼并重组实施方案,2013年7月30日、8月27日,下甲介煤矿与甲盛龙公司相继签订了《矿业权股权转让合同》和《补充协议》,双方约定转让案涉采矿权,同时约定了有效期、转让金额及股权份额。2013年8月27日,下甲介煤矿与甲盛龙公司签订《协议书》,载明双方已进入煤矿企业兼并重组矿权交易变更阶段,双方就甲盛龙公司暂时无法支付收购煤矿转让价款事宜达成协议,约定双方签订的煤矿收购协议继续生效,签订的《采矿权转让合同》作为办理煤矿采矿权兼并重组用,不作为采矿权交易付款的真实依据。2013年11月20日,甲盛龙公司办理了采矿许可证(证号C5200002012011120122487),载明采矿权人为甲盛龙公司,矿山名称为"贵州甲盛龙集团矿业投资有限公司荔波县茂兰镇下甲介煤矿"(即案涉煤矿)。2016年3月4日,贵州省煤矿企业兼并重组工作领导小组办公室与贵州省能源局联合下发黔煤兼并重组办〔2016〕2号文件，决定关闭案涉煤矿。

另查明，张学新与甲盛龙公司民间借贷纠纷一案，贵州省高级人民法院作出（2017）黔民终128号民事判决，判决甲盛龙公司偿付张学新借款1128万元及利息（自2014年12月4日至本息还清之日止，按年利率24%计息）。因甲盛龙公司不履行生效文书义务，张学新向一审法院申请强制执行。执行程序中，一审法院向原贵州省国土资源厅查询甲盛龙公司名下采矿权情况。2018年5月28日，原贵州省国土资源厅查询情况显示：截至该日，包括案涉采矿权在内共有16个有效采矿权登记在甲盛龙公司名下，其中案涉采矿权在该厅无有效的抵押备案记录。一审法院依据上述查询结果对甲盛龙公司名下包括案涉采矿权在内的部分采矿权进行了查封。下甲介煤矿以其为案涉采矿权的实际权利人为由，向一审法院提出异议，请求中止对案涉采矿权的执行。一审法院认为案涉采矿权登记权利人为甲盛龙公司，而非下甲介煤矿，故驳回下甲介煤矿所提执行异议。

再查明，原贵州省国土资源厅查询情况同时显示，甲盛龙公司在该厅登记案涉采矿权的有效期至2018年6月。

又查明，张学新与甲盛龙公司民间借贷纠纷一案，在执行过程中，张学新与甲盛龙公司达成《执行和解协议》，甲盛龙公司同意提供属于其公司的案涉煤矿进行担保和查封。

一审法院于2019年12月12日作出（2019）黔27民初122号民事判决：驳回下甲介煤矿的诉讼请求。案件受理费60800元，由下甲介煤矿承担。

下甲介煤矿不服一审判决，上诉请求：一、撤销一审判决，改判不得执行查封、拍卖政府已经关闭了的下甲介煤矿和用已经过期了的案涉采矿权（证号C5200002012011120122487）折抵张学新700万元债务；二、本案的诉讼费由张学新承担。

二审法院查明的事实与一审法院认定事实基本一致。二审程序中，下甲介煤矿提交了另案生效民事判决即黔南州中院（2020）黔27民终225号民事判决书，该生效判决解除下甲介煤矿与甲盛龙公司于2013年7月30日签订的《矿业权股权转让合同》和2013年8月27日签订的《补充协议》，下甲介煤矿拟以该生效判决证明案涉采矿权属其所有，张学新与甲盛龙公司签订的《执行和解协议》无效。张学新质证认为该生效判决不能达到下甲介煤矿的证明目的。甲盛龙公司认可该生效判决的真实性。

二审法院认为，下甲介煤矿在本案所提诉讼请求能否成立，关键在于其是否属于案涉煤矿的合法采矿权人或者就案涉采矿权享有足以排除案涉强制执行的其他合法民事权益。

根据《中华人民共和国矿产资源法实施细则》第六条规定，取得采矿许可证的单位或者个人称为采矿权人。本案中，案涉采矿权虽曾属于下甲介煤矿，但下甲介煤矿在贵州省实施煤矿兼并重组期间按兼并重组政策和相关法律规定将案涉采矿权报经行政审批后已变更登记到甲盛龙公司名下，甲盛龙公司据此已经依法取得采矿许可证，成为案涉煤矿的法定采矿权人，下甲介煤矿依法不再是案涉煤矿的法定采矿权人。采矿权系经行政审批许可取得的开采矿产资源的特许权利，不同于一般物权。下甲介煤矿与甲盛龙公司之间关于双方就案涉采矿权系挂靠关系、下甲介煤矿仍然系案涉煤矿实际采矿权人的主张，于法无据，不能否定行政主管机关对甲盛龙公司依法颁发的采矿许可证。下甲介煤矿在二审中所提另案生效判决，虽然解除了下甲介煤矿与甲盛龙公司之间的前述转让合同，但并未判决也不可能判决案涉煤矿的采矿权人系下甲介煤矿,否则系以审判权取代行政权,从而违背矿产资源法律法规规定。下甲介煤矿与甲盛龙公司之间的案涉合同经判决解除后,下甲介煤矿因此对甲盛龙公司可依法享有相应的合同债权,而非据此依法直接取得案涉采矿权。事实上,根据我国现行矿产资源管理规定,煤炭资源的采矿权人应具备法人资格和其他特定条件。根据债权平等原则,下甲介煤矿基于合同解除对甲盛龙公司可能享有的合同债权,并不能对抗张学新对甲盛龙公司享有的经生效判决确定的债权,不能排除执行法院基于张学新的申请对甲盛龙公司名下采矿权的强制执行。执行法院在执行查封甲盛龙公司名下的案涉采矿权时,案涉采矿许可证并未被行政机关依法注销或者撤销,而是该矿需与甲盛龙公司名下的其他煤矿兼并重组,所查封的采矿权具有相应财产价值,贵州省实施煤矿企业兼并重组政策期间相关煤矿采矿权的处理有其特殊性,案涉煤矿采矿许可证过期并不等于采矿权的当然灭失,行政主管机关并未因此认定该采矿权已灭失。案涉煤矿因兼并重组需关闭亦不能否定该矿既有采矿权的兼并重组变现价值。下甲介煤矿所提其他上诉理由,均不能证明其系被执行查封的案涉采矿权的法定采矿权人,亦不能证明其对案涉采矿权依法享有优先于张学新对甲盛龙公司享有的债权。故下甲介煤矿关于对案涉采矿权排除执行的上诉理由不能成立。

综上,二审法院于2020年8月3日作出(2020)黔民终476号民事判决:驳回上诉,维持原判。二审案件受理费60800元,由下甲介煤矿负担。

为充分考虑各方当事人基于证据提出的诉辩意见,本院对各方当事人在不同审理程序中提交的证据进行了审查。

下甲介煤矿向一审和二审法院提交了以下证据:

证据1,黔南州中院(2019)黔27执异54号执行裁定书,系下甲介煤矿提起案外人执行异议之诉的依据。

证据2—4,贵州省人民政府办公厅发布的《贵州省煤矿企业兼并重组工作方案(试行)》(黔府办发〔2012〕61号),贵州省煤矿企业兼并重组工作领导小组办公室与贵州省能源局联合下发的《关于对贵州甲盛龙集团矿业投资有限公司煤矿企业兼并重组实施方案(第一批)的批复》(黔煤兼并重组办〔2016〕2号),中共荔波县委办公室与荔波县人民政府办公室联合下发的《关于印发〈荔波县煤炭工业淘汰落后产能加快转型升级实施方案〉的通知》(荔党办发〔2018〕35号)。拟证明,案涉煤矿是根据政府要求重组整合的,是政府行为的结果,案涉采矿权仅是挂靠在甲盛龙公司名下;案涉煤矿虽然已经被关闭,但下甲介煤矿主体资格仍然存在,案涉煤矿不得拍卖抵债。

证据5,下甲介煤矿与甲盛龙公司签订的《矿业权股权转让合同》《补充协议》《协议书》。拟证明,甲盛龙公司未按合同约定向下甲介煤矿支付案涉煤矿转让款,双方仅是形式上的兼并重组。

证据6—8,原贵州省国土资源厅颁发给甲盛龙公司的采矿许可证(证号C5200002012011120122487),有效期自2013年11月至2018年6月,采矿权人为甲盛龙公司;原贵州省国土资源厅颁发给下甲介煤矿的采矿许可证(证号C5200002012011120122487),有效期自2011年12月至2018年6月,采矿权人为下甲介煤矿;黔南州中院于2019年8月27日在其网络平台发布的关于变卖甲盛龙公司名下的案涉采矿权的公告。拟证明,张学新与甲盛龙公司达成的《执行和解协议》约定的采矿许可证是采矿权人为甲盛龙公司名下的采矿许可证,并非下甲介煤矿名下的采矿许可证,而且拍卖时案涉采矿权已经过期,法院拍卖行为错误。

证据9—11,甲盛龙公司于2014年9月26日出具的《产权确认证明书》,下甲介煤矿于2019年9月18日出具的经荔波县应急管理局盖章确认的《情况说明》,甲盛龙公司于2019年9月3日向黔南州中院出具的《声明》。拟证明,甲盛龙公司与下甲介煤矿共同确认下甲介煤矿是案涉采矿权的实际权利人,荔波县应急管理局对此情况亦知悉。

证据12—13,国家企业信用信息公示系统关于甲盛龙公司的《企业信用信息公示报告》,下甲介煤矿的《合伙企业营业执照》和《组织机构代码证》。拟证明,案涉煤矿的主体资格仍然是下甲介煤矿,下甲介煤矿是案涉采矿权的实际权利人。

证据14,张学新与甲盛龙公司在双方民间借贷纠纷生效判决的执行程序中签订的《执行和解协议》。拟证明,张学新作为个人签订该协议,主体不适格,且用已经过期的案涉采矿许可证拍卖抵债,违反相关法律规定,应属无效。

证据15,黔南州中院(2020)黔27民终225号民事判决书和荔波县人民法院(2019)黔2722民初1656号民事判决书。拟证明,生效判决已经解除了下甲介煤矿与甲盛龙公司的《矿业权股权转让合同》及其《补充协议》,案涉采矿权属于下甲介煤矿。

在一审法院于2019年11月25日开庭审理本案中,张学新对上述证据的真实性未提出异议。在本院于2021年4月14日询问当事人时,张学新本人先是明确陈述对上述证据的真实性无异议,后又主张对证据9—11的真实性有异议,认为是下甲介煤矿后补的证据。在本院于2021年7月26日公开开庭审理本案中,张学新对证据9—11的真实性提出异议,但未提交反驳证据。本院对证据9—11予以采信。

张学新向本院提交了以下新证据:

证据1,《下甲介煤矿档案资料》(复印件)。拟证明,下甲介煤矿因贵州省煤矿企业兼并重组政策转让案涉采矿权,案涉采矿权的权利人已经由下甲介煤矿变更为甲盛龙公司,下甲介煤矿对案涉采矿权不享有正当权益。该证据系张学新于再审开庭审理前向本院申请调查取证,经本院与下甲介煤矿沟通,由下甲介煤矿自行向贵州省自然资源厅取得上述证据后提供给张学新。

证据2—5,张学新与盘县新民富新煤矿于2019年12月6日签订的《债权转让协议》,盘县新民富新煤矿于2019年12月6日向黔南州中院提交的《关于变更申请执行人申请》和《以物抵债申请书》,黔南州中院(2019)黔27执恢9号之五执行裁定书。拟证明,张学新已将案涉700万元债权转让给盘县新民富新煤矿,黔南州中院已裁定将案涉采矿权以物抵债给盘县新民富新煤矿。

证据6—7,黔南州中院(2018)黔27执8号之六协助执行通知书,原贵州省国土资源厅于2018年5月28日出具的案涉采矿权查封、抵押登记备案情况回函。拟证明,黔南州中院已向原贵州省国土资源厅发出协助执行通知书,案涉采矿权已经被查封,程序合法。

证据8—10,下甲介煤矿于2019年12月出具的《荔波县茂兰镇下甲介煤矿矿山地质环境现状调查评价报告》,下甲介煤矿矿山地质环境恢复前后对照图,荔波县自然资源局于2019年11月26日出具的《关于实施荔波县茂兰镇下甲介煤矿矿山地质环境治理恢复工作的委托书》。拟证明,荔波县人民政府已对案涉煤矿进行复垦复绿环境治理,下甲介煤矿述称其已按照黔南州中院（2020）黔27民终225号民事判决书接管案涉煤矿资产不属实。

证据11—13，贵州省煤炭工业淘汰落后产能加快转型升级工作领导小组办公室于2019年12月31日作出的《关于对盘州市煤炭开发总公司（第四批）兼并重组实施方案的批复》（黔煤转型升级办〔2019〕99号），贵州省煤炭工业淘汰落后产能加快转型升级工作领导小组办公室〔2019〕第16次会议纪要，贵州省自然资源厅于2021年5月7日颁发的矿山名称为"贵州亿盛龙矿业有限公司荔波县茂兰镇富奇煤矿"的采矿许可证。拟证明，经贵州省煤炭工业淘汰落后产能加快转型升级工作领导小组办公室批准，案涉煤矿被纳入贵州亿盛龙矿业有限公司荔波县茂兰镇富奇煤矿第四批兼并关闭煤矿，案涉煤矿已经执行完毕，下甲介煤矿已经丧失诉的基础。

下甲介煤矿对上述证据的真实性未提出异议，但认为，债权转让不符合法律规定，变更被执行人违法，政府相关部门认定案涉采矿权属于下甲介煤矿。

甲盛龙公司向本院提交了以下新证据：

证据1，甲盛龙公司于2013年9月1日出具的《关于对张学新同志任命的通知》（复印件）以及其于2021年7月24日出具的《〈关于对张学新同志任命通知〉的情况说明》（原件）。拟证明，甲盛龙公司任命张学新为该公司副总经理，负责公司融资、整合煤矿资源；任命通知原件存档于甲盛龙公司原法定代表人曹乐柏私人保险柜内，因曹乐柏目前被关押在金沙县看守所，无法提供原件。

证据2，甲盛龙公司分别在中国建设银行股份有限公司贵阳东山支行、贵阳银行股份有限公司都匀分行等开设的银行账户流水及相关凭证。拟证明，张学新通过其掌控的甲盛龙公司上述账户，将其他煤矿汇入甲盛龙公司的款项1632.5万元转入其个人账户。

证据3，贵州省高级人民法院（2017）黔民终128号民事判决书。拟证明，张学新曾将甲盛龙公司账户内的1632.5万元转入自己的账户，但该判决并未认定该款系还款。

证据4，《都匀市洛帮镇躲雨岩煤矿采矿权及股权转让合同》及其《补充协议》《荔波县水尧乡吉党煤矿采矿权及股权转让合同》及其《补充协议》《中国建设银行客户专用回单》等。拟证明，张学新将甲盛龙公司名下的躲雨岩煤矿、吉党煤矿转让给贵州永基矿业投资有限公司，并将相应转让款汇至张学新控制的银行账户中。

证据5，甲盛龙公司于2014年9月23日向贵州鲁中矿业有限责任公司出具的请求付款到张学新账户的《付款申请》及张学新出具的《收条》。拟证明，张学新指令贵州鲁中矿业有限责任公司将转让款转入张学新账户。

证据6，贵州省贵阳市观山湖区人民法院（2016）黔0115民初330号民事裁定书及相应的起诉状、撤诉申请书、甲盛龙公司出具的证明等。拟证明，张学新曾伪造甲盛龙公司的公章及该公司时任法定代表人曹乐柏的签名，并起诉贵州鲁中矿业有限责任公司请求其支付转让尾款，被甲盛龙公司发现后向法院出具书面证明，才使该民事案件被裁定准许撤诉。

张学新对上述证据1的真实性、合法性和关联性均不认可，对证据2－6的真实性、合法性无异议，但认为与本案无关，无法达到证明目的。

下甲介煤矿对证据1—6的真实性、合法性、关联性均予以认可。

对于当事人认可真实性的证据，本院予以采信。对于当事人提出异议的证据及所证明事项是否成立，本院将在审理查明事实部分一并进行分析论证。

下甲介煤矿、张学新对一审和二审法院查明的事实没有异议，本院经审查，予以确认。根据各方当事人在一审和二审程序中提交的证据、向本院提交的新证据以及当事人的陈述，本院另查明：

一、关于贵州省煤矿企业兼并重组工作及案涉采矿权转让相关情况

贵州省人民政府办公厅于2012年12月19日印发的《贵州省煤矿企业兼并重组工作方案（试行）》载明以下内容，为……积极稳妥推进全省煤矿企业兼并重组，深化煤矿整合，有序开发煤炭资源，优化煤炭产业结构，促进全省煤炭产业持续健康安全发展，制定本工作方案；通过政策引导、政府推动，依照有关法律和规定推进煤矿企业兼并重组；实施方案批准后，由各市（州）、各县（市、区、特区）人民政府组织协调，兼并重组主体具体实施，于2014年3月31日前基本完成兼并重组工作；兼并重组后的煤矿各类证照必须变更到兼并重组主体名下。

贵州省煤矿企业兼并重组工作领导小组办公室与贵州省能源局于2016年3月4日联合下发的《关于对甲盛龙公司煤矿企业兼并重组实施方案（第一批）的批复》系针对甲盛龙公司的请示作出，批复的内容包括，保留甲盛龙公司荔波县茂兰镇富奇煤矿，关闭甲盛龙公司荔波县茂兰镇下甲介煤矿。

2013年7月30日，下甲介煤矿与甲盛龙公司签订《矿业权股权转让合同》，载明：转让采矿权名称为黔南州荔波县茂兰镇下甲介煤矿（欧鼎金）；采矿权许可证号为C5200002012011120122487；转让金额为，所有资产作价为人民币3000万元，甲盛龙公司收购下甲介煤矿99%股权，作价2970万元；在原贵州省国土资源厅签字更名时，甲盛龙公司支付100万元作为履行合同的定金。2013年8月27日，下甲介煤矿与甲盛龙公司签订《补充协议》，变更转让金额为，所有资产作价为人民币3800万元，甲盛龙公司收购下甲介煤矿99%股份，作价3762万元；定金支付条件和数额未变更。2014年2月10日，甲盛龙公司向下甲介煤矿支付了100万元转让款。

2013年8月27日，下甲介煤矿与甲盛龙公司签订《采矿权转让合同》，该合同约定，案涉煤矿采矿权以合资合作方式转让给甲盛龙公司，转让金额为700万元，转让后下甲介煤矿占该矿权的49%，甲盛龙公司占该矿权的51%；签订协议后三个工作日内，甲盛龙公司付款50万元，六个月以后付款400万元，剩余250万元在变更完证照后付清；甲盛龙公司按合同约定向下甲介煤矿支付完转让金额后，方可要求下甲介煤矿提供采矿许可证等规定的全部资料，下甲介煤矿有义务协助甲盛龙公司办理采矿许可证变更登记等相关手续。该《采矿权转让合同》系在原贵州省国土资源厅归档的合同。

2013年8月27日，下甲介煤矿与甲盛龙公司签订《协议书》，第二条约定，按省国土资源厅要求所签订的《采矿权转让合同》仅作为办理煤矿采矿权兼并重组之用，不作为采矿权交易付款的真实依据。

2014年9月26日，甲盛龙公司向下甲介煤矿出具《产权确认证明书》，承诺在甲盛龙公司未支付完毕所有采矿权价款时，案涉煤矿的所有产权（含采矿权及煤矿地面上的所有财产权等）仍归属荔波县茂兰镇下甲介煤矿（法人：欧鼎金）所有。2019年9月18日下甲介煤矿出具《情况说明》称，2018年9月4日甲盛龙公司与荔波县茂兰镇富奇煤矿、下甲介煤矿在荔波县应急管理局就产权退出补偿一事进行调解。荔波县应急管理局在该《情况说明》上备注"情况属实",并加盖了荔波县应急管理局的印章。甲盛龙公司于2019年9月3日向黔南州中院出具《声明》称,根据省人民政府对煤矿兼并重组精神的要求,贵州省各县煤矿成立集团公司,原煤矿企业要求兼并重组到集团公司,为了配合甲盛龙公司办理相关证件手续,下甲介煤矿进入甲盛龙公司进行兼并重组,甲盛龙公司于2013年8月27日与下甲介煤矿(法人:欧鼎金)签订《煤矿收购协议书》,但采矿权手续变更后,甲盛龙公司无法履行《煤矿收购协议书》,至今未按时支付采矿权转让价款,因此案涉煤矿的所有产权归黔南荔波县茂兰镇下甲介煤矿所有,其他任何单位和个人无权处置下甲介煤矿所有产权。

案涉采矿权变更登记至甲盛龙公司名下后,一直处于关闭停业状态,甲盛龙公司对案涉煤矿未进行实际经营。经贵州省煤炭工业淘汰落后产能加快转型升级工作领导小组办公室于2019年12月31日批复,案涉煤矿被关闭。

二、关于张学新诉甲盛龙公司民间借贷纠纷案相关情况

贵州省高级人民法院(2017)黔民终128号民事判决查明以下事实:"甲盛龙公司于2013年1月5日注册成立后,公司法定代表人曹乐柏以公司名义授权委托张学新代为行使公司作为所收购煤矿出资人享有的所有权利,包括但不限于:采矿权对外转让、煤矿对外转让权、收取转让款等。甲盛龙公司为此开设的贵阳银行账户、建行账户所留两枚印鉴,除公司财务专用章外,另一枚为张学新私章,上述甲盛龙公司两个银行账户上存款资金使用均需经张学新同意。"张学新对上述事实本身没有异议,但主张其未参与案涉采矿权的交易。

根据贵州省高级人民法院(2017)黔民终128号民事判决查明的事实,张学新在该案中请求甲盛龙公司返还的借款本金1400万元是其于2013年9月至10月期间多次转入甲盛龙公司账户。

在本院开庭审理本案中,张学新认可其向甲盛龙公司出借上述款项前,未到原贵州省国土资源厅查询甲盛龙公司名下的采矿权,亦未在案涉采矿权上设立担保物权。

在本院于2021年7月26日召开庭前会议和开庭审理本案时,张学新述称,案涉采矿权已经于2021年5月7日通过执行法院执行程序变更到盘县新民富新煤矿名下,执行法院通过银行转账给张学新300万元,下甲介煤矿对案涉采矿权已经没有诉的利益。下甲介煤矿对此发表意见称,过期的采矿许可证不能变更,其在开庭前到贵州省自然资源厅调取案涉采矿权档案,该档案中不存在案涉采矿权已经变更登记至盘县新民富新煤矿名下的记载。经查,在贵州省高级人民法院(2017)黔民终128号民事判决的执行程序中,张学新与盘县新民富新煤矿于2019年12月6日就判项中的700万元借款本金达成《债权转让协议》,盘县新民富新煤矿于2019年12月6日向黔南州中院提交《关于变更申请执行人申请》和《以物抵债申请书》,申请以二拍流拍价裁定案涉煤矿采矿权归盘县新民富新煤矿所有;在张学新提供执行担保的情况下,黔南州中院于2019年12月8日作出(2019)黔27执恢9号之五执行裁定书,裁定变更盘县新民富新煤矿为案涉申请执行人(之一),将案涉采矿权作价700万元交付盘县新民富新煤矿抵偿700万元的债务。

三、其他情况

甲盛龙公司向本院提交了其分别在中国建设银行股份有限公司贵阳东山支行、贵阳银行股份有限公司都匀分行开设的银行账户流水及相关凭证(即证据2)。张学新对该证据的真实性没有异议。经查,相关凭证为银行电汇凭证或者实时通付款凭证等,汇款人为甲盛龙公司,收款人为张学新,在银行记账凭证联或者汇出行作借方凭证联上同时有甲盛龙公司财务专用章和张学新私章,交易时间最早为2013年10月15日,最晚为2016年10月11日。

甲盛龙公司向本院提交了其于2013年9月1日向集团各部门、各煤矿印发的《关于对张学新同志任命的通知》(复印件)以及于2021年7月24日甲盛龙公司出具的《〈关于对张学新同志任命通知〉的情况说明》(原件),均盖有甲盛龙公司的印章。前述任命通知载明:"经集团公司股东会研究决定任命张学新同志为集团公司副总经理。负责融资、整合煤矿资源。"前述情况说明载明:"该任命通知原件存档于集团公司原法定代表人曹乐柏私人保险柜内,目前曹乐柏被关押在金沙县看守所,无法提供原件,但张学新的确是我集团公司任命的副总经理。"对于该任命通知及情况说明,虽然张学新不认可其真实性,但结合贵州省高级人民法院(2017)黔民终128号民事判决查明的相关事实以及甲盛龙公司通过银行向张学新汇款的凭证上同时有甲盛龙公司财务专用章和张学新私章的事实,张学新又未提供足以推翻该任命通知和情况说明的证据,可以认定甲盛龙公司关于其任命张学新为其副总经理并负责融资、整合煤矿资源的主张成立。即使不能认定甲盛龙公司任命张学新为其副总经理,也至少可以认定张学新负责甲盛龙公司自2013年9月以来的对外收购煤矿、转让煤矿以及支付煤矿转让款等工作。

张学新于本院申请再审程序中询问当事人时陈述称,其了解贵州省煤矿企业兼并重组政策;在本院于再审程序中组织庭前会议时称,贵州省煤矿企业兼并重组政策实施之前,其也经营小煤矿,曾有一个煤矿兼并重组到甲盛龙公司名下,甲盛龙公司未支付转让款,其起诉请求返还煤矿并得到支持。

本院再审认为,本案的争议焦点在于,下甲介煤矿对案涉采矿权是否享有足以排除强制执行的民事权益。对此需要考虑两个问题,一是下甲介煤矿是否为案涉采矿权的实际权利人;二是下甲介煤矿对案涉采矿权享有的民事权益是否足以排除强制执行,即下甲介煤矿对案涉采矿权享有的民事权益相对于张学新依据执行依据所享有的债权是否具有优先效力。

一、关于下甲介煤矿是否为案涉采矿权的实际权利人

采矿权虽然是依据行政许可产生的权利,但对矿产品的开采利用本身是一种用益物权,属于物权范畴。在采矿权经初始设定即行政许可登记之后的权利利用上,实践中存在名义权利与实际权利分离的情形。《中华人民共和国物权法》第三十三条规定:"因物权的归属、内容发生争议的,利害关系人可以请求确认权利。"当名义权利人和实际权利人就采矿权的归属发生争议时,通过执行异议之诉请求确认实际权利人,符合民事诉讼的制度目的。需要明确的是,人民法院在执行异议之诉中确认的是采矿权的实际权利状态而不是采矿权的行政许可,不具有直接产生许可登记的效力。人民法院确认采矿权的实际权利人后,实际权利人能否取得采矿权,仍然需要取决于其是否符合行政管理法规关于采矿权许可登记的其他条件。

本案中,根据前述查明的事实可以认定,下甲介煤矿是案涉采矿权的实际权利人。理由如下:

首先,案涉采矿权变更到甲盛龙公司名下,系根据贵州省煤矿企业兼并重组政策要求进行的,并非下甲介煤矿的真实意思表示。甲盛龙公司与下甲介煤矿虽然签订了《矿业权股权转让合同》及《补充协议》，但该交易是根据贵州省煤矿企业兼并重组政策要求进行的，与当事人经过自由协商后达成的转让合同不同，主要体现在，本案中下甲介煤矿客观上无法采用约定支付完毕全部价款或者大部分价款后再变更采矿权人的通常做法，以避免案涉采矿权被变更到受让人名下、转让人却无法收到转让款的商业风险。下甲介煤矿与甲盛龙公司之间先后就案涉采矿权的转让签订了四份协议，四份协议所体现的转让价款、转让时间及采矿许可证的变更时间并不一致，其中关于转让价款，《矿业权股权转让合同》及《补充协议》分别约定的是3000万元和3800万元，而在原贵州省国土资源厅官网公示并归档的《采矿权转让合同》约定的是700万元。下甲介煤矿主张，之所以甲盛龙公司仅支付100万元定金就将案涉采矿权变更登记至甲盛龙公司名下，是根据贵州省煤矿企业兼并重组政策要求进行的。贵州省人民政府办公厅发布的《贵州省煤矿企业兼并重组工作方案（试行）》（黔府办〔2012〕61号）关于2014年3月31日前基本完成兼并重组工作、兼并重组后的煤矿各类证照必须变更到兼并重组主体名下的内容，可以佐证下甲介煤矿的上述主张。因此，案涉采矿权于2013年11月20日被变更到甲盛龙公司名下并非下甲介煤矿的真实意思表示。

其次，甲盛龙公司认可下甲介煤矿是案涉采矿权的实际权利人。甲盛龙公司与下甲介煤矿签订的《协议书》关于"按省国土资源厅要求所签订《采矿权转让合同》仅作为办理煤矿采矿权兼并重组之用，不作为采矿权交易付款的真实依据"的约定，以及甲盛龙公司出具的《产权确认证明书》，均反映出甲盛龙公司也确认，其未按约定支付案涉采矿权转让款，案涉采矿权仍然属于下甲介煤矿所有。

再次，当地行政主管部门认可下甲介煤矿与甲盛龙公司的兼并重组并未完成，并就产权退出补偿事宜进行过调解。从案涉煤矿所属地区荔波县应急管理局盖章确认的《情况说明》来看，相关行政部门就双方产权退出补偿一事进行过调解，当地行政主管部门对双方之间的兼并重组情况知情。

最后，甲盛龙公司未对案涉煤矿进行实际经营。在案涉采矿权变更登记至甲盛龙公司名下后，案涉煤矿即根据贵州省煤矿企业兼并重组相关政策要求被关闭至今，未进行实质性的兼并重组。甲盛龙公司虽然是登记的权利人，但除挂名之外，对案涉采矿权和案涉煤矿未进行实际经营。

综上，案涉采矿权系根据贵州省煤矿企业兼并重组政策要求，形式上变更登记至甲盛龙公司名下，甲盛龙公司并未进行实际经营和收益，应当认定下甲介煤矿系案涉采矿权的实际权利人。

二、关于下甲介煤矿对案涉采矿权享有的民事权益是否足以排除本案强制执行

本院认为，下甲介煤矿作为案涉采矿权的实际权利人，对案涉采矿权享有的民事权益，足以排除本案强制执行。理由如下：

一方面，本案不存在实际权利人需要让位优先权利的情形。本案案涉采矿权被查封，系依据张学新诉甲盛龙公司民间借贷纠纷一案的生效判决，张学新依据该生效判决对甲盛龙公司享有普通金钱债权，张学新并未在案涉采矿权上设立担保物权。本案亦不存在建筑工程优先受偿权和居住权等优先权利的情形。

另一方面，张学新向甲盛龙公司提供借款时，案涉采矿权未登记在甲盛龙公司名下。张学新请求执行的债权形成于2013年9月至10月，此时案涉采矿权尚未变更登记至甲盛龙公司名下。张学新在向甲盛龙公司提供借款时，并未对甲盛龙公司名下采矿权情况进行查询，案涉采矿权及其无抵押等相关信息系由黔南州中院在执行程序中向原贵州省国土资源厅查询所知，张学新向甲盛龙公司提供借款并未受到案涉采矿权的影响。此外，根据本院查明的事实，张学新知晓贵州省煤矿企业兼并重组政策，且经授权代甲盛龙公司行使作为所收购煤矿出资人享有的所有权利，甲盛龙公司为兼并重组开设的两个银行账户上存款资金使用均需经张学新同意。由此可知，张学新对于甲盛龙公司与下甲介煤矿之间的兼并重组交易、转让款支付情况以及下甲介煤矿属于实际权利人应当是知晓的。

二审判决认为："采矿权系经行政审批许可取得的开采矿产资源的特许权利，不同于一般物权。下甲介煤矿与甲盛龙公司之间关于双方就该矿采矿权系挂靠关系、下甲介煤矿仍然系案涉煤矿实际采矿权人的主张，于法无据，不能否定行政主管机关对甲盛龙公司依法颁发的采矿许可证。"二审判决实际上是严格按照行政许可登记来确认案涉采矿权的权利人。这涉及采矿权行政许可登记的公信效力。物权登记的公信效力是物权公示制度的法律效果。所谓公信效力，是指登记的采矿权权利人在法律上推定为真正的权利人。对于信赖该登记而从事交易的人，即使后来证明该登记是错误的，法律仍然承认其具有与真实的采矿权相同的法律效果，这是为保护依据登记内容进行交易的第三人的信赖利益，但在登记权利人和利害关系人之间，不适用公示公信的推定效力。本案中，张学新对贵州省煤矿企业兼并重组政策是知晓的，而且经授权代甲盛龙公司行使作为收购煤矿出资人享有的所有权利，张学新事实上对于案涉采矿权登记在甲盛龙公司名下系根据兼并重组政策要求而进行且甲盛龙公司仅支付100万元定金应当知晓。在这种情况下，张学新并非对下甲介煤矿与甲盛龙公司之间的兼并重组交易或者说对下甲介煤矿系案涉采矿权的实际权利人毫不知情的第三人。因此，案涉采矿权登记在甲盛龙公司名下，对于张学新来说，不产生信赖利益保护的问题。

此外，张学新主张，在本院裁定提审本案前，案涉采矿权已经通过执行程序变更至案外人名下，下甲介煤矿已经没有诉的利益。对此，本院认为，本案中，执行法院作出（2019）黔27执恢9号之五执行裁定书，以流拍的案涉采矿权抵债，并非通过拍卖、变卖方式予以执行并变更至本案案外人名下，应当属于人民法院在执行程序中作出的以物抵债裁定书。《最高人民法院关于人民法院办理执行异议和复议案件若干问题的规定》第六条第二款规定："案外人依照民事诉讼法第二百二十七条规定提出异议的，应当在异议指向的执行标的执行终结之前提出；执行标的由当事人受让的，应当在执行程序终结之前提出。"下甲介煤矿提起本案诉讼符合上述法律规定，案涉采矿权虽然经过以物抵债裁定变更至盘县新民富新煤矿名下，但是下甲介煤矿在执行标的查封之后、执行程序终结之前，有权提起执行异议维护其合法权益。此外，（2019）黔27执恢9号之五执行裁定书虽然确认案涉采矿权交付盘县新民富新煤矿，但该裁定书属于人民法院在执行程序中作出的以物抵债裁定书，将案涉采矿权变更登记至盘县新民富新煤矿名下不涉及维护司法拍卖、变卖程序安定性以及不特定第三人利益保护等问题，本案判决不得执行的范围可以及于该裁定书。

综上，下甲介煤矿对案涉采矿权享有足以排除强制执行的民事权益。《最高人民法院关于适用〈中华人民共和国民事诉讼法〉的解释》第三百一十二条第一款第一项规定，案外人就执行标的享有足以排除强制执行的民事权益的，判决不得执行该执行标的。本案应当判决不得执行案涉采矿权。《最高人民法院关于适用〈中华人民共和国民事诉讼法〉的解释》

第三百一十四条第一款规定："对案外人执行异议之诉，人民法院判决不得对执行标的执行的，执行异议裁定失效。"本判决生效后，黔南州中院（2019）黔 27 执异 54 号执行裁定书即失效，无需本院在判项中撤销该裁定。在执行程序中针对案涉采矿权作出的以物抵债裁定书即黔南州中院（2019）黔 27 执恢 9 号之五执行裁定书，基于前述理由，也应当予以撤销，并解除查封等强制执行措施。

综上所述，下甲介煤矿的再审请求成立。依照《中华人民共和国民事诉讼法》第二百零七条第一款、第一百七十条第一款第二项规定，判决如下：

一、撤销贵州省高级人民法院（2020）黔民终 476 号民事判决和贵州省黔南布依族苗族自治州中级人民法院（2019）黔 27 民初 122 号民事判决；

二、不得执行贵州甲盛龙集团矿业投资有限公司荔波县茂兰镇下甲介煤矿采矿权（证号 C5200002012011120122487）。

一审案件受理费 60800 元，二审案件受理费 60800 元，由张学新负担。

本判决为终审判决。

审　判　长　郎贵梅
审　判　员　王朝辉
审　判　员　刘丽芳

二〇二一年十一月十一日

法　官　助　理　梁　欣
书　　记　　员　朱小玲

案　例

刑　事

库尔勒铁路运输检察院诉伊敏·萨衣木滥伐林木案

【裁判摘要】

滥伐林木类案件中，被告人认罪认罚，积极缴纳补植复绿保证金，并承诺按受损林木倍数补种树木用于生态修复的，可对其从轻处罚。

公诉机关：库尔勒铁路运输检察院。

被告人：伊敏·萨衣木，男，1973年9月12日出生，维吾尔族，住新疆维吾尔自治区麦盖提县。因本案于2020年7月14日被麦盖提县公安局取保候审，2021年2月7日被库尔勒铁路运输检察院取保候审。

库尔勒铁路运输检察院以被告人伊敏·萨衣木犯滥伐林木罪，向库尔勒铁路运输法院提起公诉。

起诉书指控：2020年6月4日，被告人伊敏·萨衣木以1500元价格购买英塔克乡尤库日阿克提坎村1组艾买尔·艾孜孜耕地西部林带的杨树，被告人在购买杨树时没协商确定由谁办理采伐许可证。2020年7月7日，被告人在未经林业行政主管部门及法律规定其他主管部门批准，在未办理采伐许可证的情况下，对涉案杨树进行采伐，将所伐林木以每吨240元的价格用货车运到喀什，出售给金杨万华木材公司，共14.55吨。经新疆维吾尔自治区森林公安司法鉴定中心鉴定，涉案林木种类为杨树，立木材积（立木蓄积）合计为25.158立方米，数量为321株。

2021年2月14日，麦盖提县央塔克乡乌尊买里村村委会出具一份证明，证实被告人伊敏·萨衣木认罪表现好，已经保证在麦盖提县央塔克乡乌尊买里村4组种1560棵白杨树，林带已经整理，到3月中旬补种树苗，所有费用其自己承担，希望有关单位从宽处理。麦盖提县央塔克乡林管站也签字盖章，确认情况属实。

库尔勒铁路运输法院经审理查明事实与公诉机关指控事实一致。

库尔勒铁路运输法院一审认为：森林是我国的重要自然资源。国家对森林和其他林木实行特别保护，对森林和其他林木的所有权、采伐作业、培育种植、分类经营管理活动和主管机关的职权，以及所有者和使用者的权利义务，都作出了明确的规定。《中华人民共和国森林法》和其他有关法律规定，对森林和其他林木只能合理采伐，凡采伐林木都必须申请采伐林木许可证，不准进行计划外采伐和无证采伐。违反森林法的规定，未经有关部门批准并核发采伐许可证，或者虽持有采伐许可证，但违背采伐证所规定的地点、数量、树种、方式任意采伐本单位所有或者管理的，以及本人自留山上或者其他林木，数量较大的，构成滥伐林木罪。

被告人伊敏·萨衣木违反《中华人民共和国森林法》的规定，在未办理《林木采伐许可证》的情况下，擅自砍伐购买的杨树，立木蓄积量25.158立方米，数量较大，其行为已构成滥伐林木罪，公诉机关指控的罪名成立。本案所涉地区，林木对防风固沙、涵养土壤具有尤为重要的作用，被告人案发后主动交纳补植复绿保证金并承诺补种滥伐林木三倍数量的树木用于生态修复，可从轻处罚；被告人在公诉机关审查起诉阶段自愿认罪认罚，可依法从宽处理。鉴于被告人有悔罪表现，经审前社会调查，具备对其实施社区矫正的条件，可对被告人适用缓刑。公诉机关提出对被告人判处有期徒刑一年缓刑两年并处罚金的量刑意见适当，法院予以采纳。

综上，库尔勒铁路运输法院依照《中华人民共和国刑法》第三百四十五条第二款、第七十二条、第七十三条、第五十二条，《中华人民共和国刑事诉讼法》第十五条规定，于2021年3月18日判决如下：

被告人伊敏·萨衣木犯滥伐林木罪，判处有期徒刑一年，缓刑二年，并处罚金人民币3000元。

一审宣判后，被告人未提出上诉，公诉机关未提出抗诉，一审判决已经发生法律效力。

上海市闵行区人民检察院诉卞飞非法经营案

【裁判摘要】

人民法院认定非法经营行为，应依据行政法律、法规的规定，对于行政机关内部文件，应当全面审查其是否符合行政法律法规的相关规定，不得单独据以认定行为人的行为构成犯罪。

公诉机关：上海市闵行区人民检察院。
被告人：卞飞，男，汉族，1958年10月出生，系上海辉海电子设备有限公司、上海明珠医疗科技发展有限公司法定代表人，住江苏省扬州市广陵区。因涉嫌犯非法经营罪于2017年4月26日被刑事拘留，同年6月1日被取保候审，同年12月8日被逮捕，同年12月9日被取保候审。

上海市闵行区人民检察院以被告人卞飞犯非法经营罪，向上海市闵行区人民法院提起公诉。

起诉书指控：2015年7月起，被告人卞飞在经营上海辉海电子设备有限公司（以下简称辉海公司）过程中，生产型号为SE－F1、SE－F2、SE－F3系列生物能量仪，并由上海明珠医疗科技发展有限公司（以下简称明珠公司）进行销售，累计生产、销售SE系列生物能量仪182台，合计金额人民币924270元。经国家食品药品监督管理总局（以下简称食药总局）复函，认定该SE系列生物能量仪属于第二类医疗器械。国家红外及工业电热产品质量监督检验中心武汉产品质量监督检验所《检验报告》分别对SE－生物能量仪及哈尔滨全科治疗仪的相对辐射能谱（红外辐射波长范围）进行了检验。2016年12月，行政执法部门查扣涉案SE系列生物能量仪127台，价值人民币581740元。卞飞违反国家规定，未经许可经营法律、行政法规规定的限制买卖的物品，扰乱市场秩序，情节严重，其行为已构成非法经营罪。提请法院依照《中华人民共和国刑法》第二百二十五条第一项、第二百三十一条、第三十条、第三十一条之规定，对卞飞予以判处。

被告人卞飞辩称：涉案产品系合格的家用电器产品，并非医疗器械，其系合法经营，不构成非法经营犯罪。

辩护人提出辩护意见如下：北京市第一中级人民法院（2017）京行初502号《行政裁定书》认为复函实质是被告与上海市食品药品监督管理局（以下简称上海食药局）就前述具体法律使用问题的意见交流，并未确定新的权利义务关系，对闵行市场局如何就原告生产SE－生物能量仪产品的行为进行认定不产生法律拘束力。复函并非认定涉案SE－生物能量仪系二类医疗器械的法律依据。辉海公司仅在普通家用电器渠道销售涉案产品，没有进入任何医疗机构，没有相关医疗器械的宣传。医疗器械属于经审查后即可经营的物品，并非国家专营专卖或者限制买卖需要国家特许经营的物品，套用非法经营罪显然不当，请求对被告人卞飞宣告无罪。

上海市闵行区人民法院一审查明：被告人卞飞系辉海公司、明珠公司的法定代表人。辉海公司的经营范围包括电子设备、电子产品的销售、电子保健仪器（除医疗器械）的组装、销售；明珠公司的经营范围包括医疗器材、医疗保健、生物制品等。2015年7月起，辉海公司开始生产型号为SE－F1、SE－F2、SE－F3系列生物能量仪，由明珠公司进行销售。2016年3月，上海市闵行区市场监督管理局（以下简称闵行市场局）就该产品是否作为医疗器械产品管理，如作为医疗器械管理，应按几类医疗器械进行注册，上述产品是否取得医疗器械产品注册证的情况向上海食药局请示，并递交了SE－生物能量仪包装及产品照片、生物能量仪使用参考书和合格证原件。上海食药局就此向食药总局请示前述产品是否应按二类医疗器械管理，食药总局针对上海食药局的请示回复函称：该产品预期目的符合《医疗器械监督管理条例》（国务院令650号）第七十六条要求，依据《医疗器械分类规则》（食品药品监管总局令第15号），应作为第二类医疗器械管理。

2016年12月，闵行市场局于现场执法中，在闵行区春中路28弄6号辉海公司的仓库内及明珠公司的相关销售点查扣涉案SE系列生物能量仪共计127台，总价值人民币581740元。

经上海沪港金茂会计师事务所有限公司鉴定，至案发，辉海公司、明珠公司累计生产、销售SE系列生物能量仪182台，合计金额人民币924270元。

上海市闵行区人民法院一审认为：根据《医疗器械监督管理条例》，国家对医疗器械按照风险程度实行分类管理。第一类低风险程度的医疗器械实行产品备案管理，第二类中等风险程度的医疗器械及第三类较高风险程度的医疗器械实行产品注册管理，即第二类、第三类医疗器械的生产、销售需要行政许可。本案公诉机关认为SE－生物能量仪属于第二类医疗器械，应取得医疗器械产品注册证方可生产经营，而被告人卞飞辩称SE－生物能量仪属于合格的家用电器，不需要进行行政许可即可生产销售。法院经审理认为，公诉机关以卞飞犯《中华人民共和国刑法》第二百二十五条第一项非法经营罪的指控不能成立。理由如下：

一、证明涉案器械属性的证据不足

非法经营罪属于行政犯，司法机关在案件审理时首先应对行为人的行为是否先行触犯行政法律、法规等作出判断。根据行政法"法无规定不禁止""法无规定不处罚"的原则，行为人行为未被法律、法规明确禁止或明确认定属违法的，不是违法行为。

涉案SE－生物能量仪属于新型产品，没有进入医疗器械名录，行政机关对其性质的判定需要遵守基本原则。

首先，行政许可必须遵循行政公开原则的基本要求，应将行政许可事项、依据、条件、数量、程序、期限以及需要申请人提交的全部材料的目录和申请书示范文本予以公示，确保公众的知情权。根据《医疗器械监督管理条例》规定：国务院食品药品监督管理部门负责制定医疗器械的分类规则和分类目录，医疗器械分类目录应当向社会公布。而根据案发时食药总局发布的医疗器械分类目录，以及食药总局于2017年12月31日发布、2018年1月1日起实施的医疗器械分类目录（修订版），都找不到涉案SE生物能量仪在案发当时及审理时已纳入医疗器械管理的依据。复函回复"应作为第二类医疗器械管理"，与"已纳入"是两个不同的概念。法院认为，涉案物品只有在被列入医疗器械名录，由食药总局明确其定义，并将相应的规范性文件公之于众后，才能对"未经许可"进行生产或经营的行为人追究相应的法律责任。该复函系食药总局与上海食药局就相关问题的意见交流，属于不具有对外效力的行政机关内部文件，不能作为行政处罚的依据。

其次，认定某种器械的性质，必须遵循科学专业的技术规范，严格依据现有规定进行。根据《医疗器械监督管理条例》对第二类、第三类医疗器械申请注册的规定可知，以上两类医疗器械应当由医疗器械检测机构出具产品检验报告、应当在有资质的临床试验机构进行临床试验。只有经国务院认证认可监督管理部门会同国务院食品药品监督管理部门认定的检验机构方可对医疗器械进行检验。根据食药总局《关于规范医疗器械产品分类有关工作的通知》，对于日常监管、投诉举报中涉及尚未列入《分类目录》或其他通知文件的医疗器械类别确认的，省级食药监部门向食药总局提出请示时，应提供用于支持分类的相应详细资料及预分类意见，由食药总局组织医疗器械标准管理中心研究确定。本案中，食药总局依照上海食药局提交的现场扣押的产品包装、照片、使用参考书及合格证等材料作出的复函以及国家红外及工业电热产品质量监督检验中心武汉产品质量监督检验所做出的《检验报告》不能替代有资质的医疗器械检测机构的检测报告。公诉机关亦未能提供检测单位具有医疗器械检测资质等证据，食药总局亦未出具对实物的技术检测、专家会审、评定结论等其他材料予以佐证。故在案证据不足以证实SE－生物能量仪系二类医疗器械。

二、证实被告人卞飞具有犯罪主观故意的证据不足

举报人哈尔滨全科医疗发展有限责任公司(以下简称全科公司)报案陈述认为 SE-生物能量仪和全科公司产品外观相似度很高,并且宣传产品功能一致,被告人卞飞明知全科公司产品属于第二类医疗器械,故其应知 SE-生物能量仪也属于医疗器械。全科公司的陈述属于主观认识和判断,在本案中无其他客观证据与其印证的情况下,其自行提供的对比情况说明不能起到证明作用。故在案证据不足以证实卞飞有非法经营二类医疗器械的主观故意。

综上,现有证据不能证明被告人卞飞具有非法经营二类医疗器械的主观故意且客观上实施了上述行为,公诉机关指控卞飞构成非法经营罪的证据不足,指控的犯罪不能成立。上海市闵行区人民法院依照《中华人民共和国刑法》之规定,于 2019 年 11 月 13 日判决如下:

被告人卞飞无罪。

一审判决后,被告人卞飞未上诉,公诉机关上海市闵行区人民检察院提出抗诉。

上海市闵行区人民检察院抗诉提出,一审被告人卞飞的行为构成非法经营罪,一审判决认定卞飞无罪存在错误。主要理由如下:(1)食药总局办公厅出具的《关于 SE-生物能量仪产品界定分类问题的复函》来源合法、内容客观,可以证实 SE-生物能量仪系第二类医疗器械,而且在案证据能够印证食药总局的界定依据。(2)卞飞具有医科背景,熟悉相关行业法律、法规等,应当明知自己生产、经营的 SE-生物能量仪需要办理第二类医疗器械的相关准入手续却未办理,具有非法经营的主观故意。(3)卞飞违反国家规定,将原本应纳入监管体系的第二类医疗器械以普通家用电器的名义生产、销售,逃避行政主管部门对涉案产品安全性的审查、评价以及后续监管,严重侵犯其他合法产品的权益并扰乱医疗器械市场管理秩序,具有较大的社会危害性,构成非法经营罪。

上海市人民检察院第一分院出庭意见认为,一审判决认定一审被告人卞飞非法经营的事实、适用法律错误,导致判决无罪不当,闵行区人民检察院抗诉意见正确,建议二审法院采纳,依法裁判。检察机关同时还向二审法院提供并出示了在二审期间取得的上海药品监管局(以下简称上海药监局)向闵行区人民检察院出具的《关于对 SE-生物能量仪系列产品委托认定的复函》,以证明卞飞的行为构成非法经营罪。

一审被告人卞飞未提出上诉,但是当庭提出其行为不构成犯罪。

上海市第一中级人民法院经二审,确认了一审查明的事实。检察机关在二审期间向法庭所举证据材料亦经法庭当庭质证。

上海市第一中级人民法院二审认为:关于一审被告人卞飞的行为是否构成非法经营罪的问题。经查,食药总局、公安部、最高人民法院、最高人民检察院、国务院食品安全办于 2015 年 12 月 22 日印发的《食品药品行政执法与刑事司法衔接工作办法》第七条第二款规定,食品药品监管部门向公安机关移送涉嫌犯罪案件,应当附有下列材料:……(四)有关检验报告或者鉴定意见。同时,该办法第二条规定:本办法适用于各级食品药品监管部门、公安机关、人民检察院、人民法院办理的食品(含食品添加剂)、药品、医疗器械、化妆品等领域涉嫌违法犯罪案件。本案中,食药总局办公厅出具的《关于 SE-生物能量仪产品界定分类问题的复函》及上海药监局出具的《关于对 SE-生物能量仪系列产品委托认定的复函》,仅根据涉案的 SE-生物能量仪使用参考书等资料载明的产品预期目的,认定该产品应作为第二类医疗器械管理,但是并未对扣押在案的产品进行实物检验或者鉴定,也未明确认定涉案产品所属第二类医疗器械的具体种类。综合在案证据材料，虽然足以证实卞飞作为医疗相关行业专业人士，具有规避法律监管的主观意图，但是尚不足以证实涉案的SE-生物能量仪属于第二类医疗器械，故认定卞飞的行为构成非法经营罪的证据尚不充分。

综上，一审法院认定一审被告人卞飞无罪，定性准确，适用法律正确，审判程序合法。抗诉机关的抗诉意见及二审检察机关对此支持抗诉的出庭意见，不予采纳。据此，上海市第一中级人民法院依照《中华人民共和国刑事诉讼法》第二百三十六条第一项之规定，于2020年11月25日裁定如下：

驳回抗诉，维持原判。

本裁定为终审裁定。

民　　事

王钦杰与上海力澄投资管理有限公司、郭睿星等民间借贷纠纷案

【裁判摘要】

在注册资本认缴制下，公司债务产生后公司以股东（大）会决议或其他方式延长股东出资期限的，债权人以公司不能清偿到期债务为由，请求未届修改后出资期限的股东在未出资范围内对公司不能清偿的债务承担补充赔偿责任的，人民法院应予支持。

原告：王钦杰（ONG KHIM KIAT），男，1948年4月11日出生，印度尼西亚共和国国籍，联系地址：中华人民共和国上海市浦东新区。

被告：上海力澄投资管理有限公司，住所地：中华人民共和国上海市嘉定区真南路。

法定代表人：曲一博（曾用名曲普普），该公司执行董事。

被告：郭睿星，女，1991年3月17日出生，汉族，住中华人民共和国广东省深圳市罗湖区。

被告：曲一博（曾用名曲普普），男，1987年1月30日出生，汉族，住中华人民共和国河南省偃师市。

第三人：蔡利涛，男，1966年12月19日出生，汉族，户籍所在地：中华人民共和国河南省洛阳市涧西区。

原告王钦杰（ONG KHIM KIAT）因与被告上海力澄投资管理有限公司（以下简称力澄公司）、郭睿星、曲一博及第三人蔡利涛发生民间借贷纠纷，向上海市嘉定区人民法院提起

诉讼。

原告王钦杰（ONG KHIM KIAT）诉称：2015年12月30日，原告与被告力澄公司签订《管理咨询服务协议》。《管理咨询服务协议》主要约定，力澄公司以管理为名，向王钦杰借款100万元，年利率15%，借期自2015年12月30日起至2016年12月29日止。协议签订后，王钦杰按约于2015年12月30日向力澄公司转账100万元。但借款到期后，力澄公司并未按约还款付息。力澄公司的行为损害了王钦杰的合法权益，被告郭睿星、曲一博系力澄公司股东，认缴出资期限届满后，未缴足注册资金，应对力澄公司的上述债务承担连带还款责任。据此，王钦杰提起诉讼，请求判令力澄公司归还王钦杰借款人民币100万元（以下币种同）并支付自2015年12月30日起至实际清偿之日止的利息（以100万元为基数，按年利率15%计算），判令郭睿星、曲一博对力澄公司的还款义务承担连带还款责任。

被告力澄公司辩称：（1）根据《管理咨询服务协议》约定，力澄公司是借款的中介方，实际借款人为案外人郑某某，原告王钦杰与力澄公司之间不存在借贷关系，力澄公司仅对郑某某的债务承担担保责任，但王钦杰向力澄公司主张担保责任时已超过保证期间，故力澄公司无需承担责任；（2）如果认为王钦杰与力澄公司之间是借贷关系，力澄公司也已通过证人葛某某向王钦杰归还了35万元本金，且王钦杰、力澄公司、蔡利涛之间达成债务转让协议，力澄公司将剩余65万元欠款本金及相应利息转让给蔡利涛，王钦杰应向第三人蔡利涛主张；（3）股东承担责任的前提是公司不能清偿债务，本案仍在审理过程中，公司能否清偿尚不确定，且股东出资责任是另一法律关系，不应在本案中一并处理；（4）蔡利涛将翡翠珠宝进行质押以担保向王钦杰的借款，王钦杰应当在担保期限届满时与蔡利涛协商或拍卖质押物，否则存在双重获益的情形。

上海市嘉定区人民法院一审查明：2015年12月30日，原告王钦杰（甲方，出借方）与被告力澄公司（丙方，服务方）签订《管理咨询服务协议》。《管理咨询服务协议》中未列明乙方（即借款方）的具体信息，仅在合同落款处加盖郑某某名章。协议主要约定：2.1甲方及乙方有资金需求及投资需求，通过丙方居间介绍并协助双方办理相关事宜，甲方资金出借期限、回收方式、金额与预期收益如下：出借方式为澄丰年享，出借金额100万元，年化利率15%，出借起止日期为2015年12月30日至2016年12月29日，派息方式为每月派息的产品派息日为起始出借日之后的每月当日，而到期本息支付方式为到期日当天支付本金及全部利息；3.1甲方在约定时间内将资金以银行汇款或第三方支付的方式汇入乙方指定的账户或指定的银行托管账户，汇款的当日起开始计息；4.1乙方提供担保品作为借款担保，其担保品估值另以协议作为说明，担保品以丙方名义办理抵质押手续，如遇乙方违约时，丙方须负连带责任，承担垫付义务，并负责担保品的处分及收益分配，进行法律诉讼等程序，确保甲方本金及利息的回收；7.2丙方确保其提供的借款人及借款信息真实，不得有虚假、伪造等情形，如因此造成甲方的利益受损，则丙方应承担连带责任；7.5在出借人及借款人借贷关系存续期间，借款人发生违约行为时，丙方须负连带责任，维护甲方合法权益，并积极协助甲方向乙方进行催收及追讨，一旦乙方不能兑现或不能及时兑现甲方的本金和利息，甲方可将债权依法转让给丙方，由丙方代为支付。

同日，原告王钦杰向被告力澄公司支付款项100万元，力澄公司向王钦杰出具收据。力澄公司收款后，未实际出借给郑某某。

《管理咨询服务协议》约定的借期届满后，因原告王钦杰未收到借款本息，遂与被告力澄公司进行交涉。力澄公司委托前员工葛某某向王钦杰还款35万元。葛某某分别于2017年2月14日、2017年2月17日、2017年10月2日向王钦杰银行账户汇款10万元、10万元、15万元。证人葛某某称，其在向王钦杰还款时曾表示该35万元款项是力澄公司归还的借款本金。

2017年11月22日，第三人蔡利涛（甲方，债务人，借款人）与原告王钦杰（乙方，债权人，贷款人）签订《实物质押担保协议》，主要约定：甲方应偿还乙方借款本金65万元及相应利息，以附件所标明物品（翡翠珠宝）进行质押担保，以保证在约定时间内无法偿还应偿还本金及利息时乙方的权益；协议项下借款的质押实物为翡翠珠宝，详细清单见附件照片，共十一件，作为该笔借款的抵押品；本合同一式两份，甲、乙当事人各持一份。《实物质押担保协议》签订后，蔡利涛向王钦杰交付了质押物，至于交付的质押物与附件所载是否一致，王钦杰在本案中未予明确。庭审中，王钦杰及被告力澄公司各提交了一份《实物质押担保协议》原件，其中原告提供的《实物质押担保协议》原件借款人处有蔡利涛签名，贷款人处有王钦杰签名，力澄公司提交的《实物质押担保协议》原件除借款人处有蔡利涛签名，贷款人处有王钦杰签名外，空白处还有"同意此笔债务转让"字样，并在该文字内容处盖有力澄公司公章。

另查，被告力澄公司系成立于2015年11月6日的有限责任公司，注册资本5000万元，股东为被告曲一博（认缴出资额2550万元，出资时间2018年12月31日，持股比例51%）、被告郭睿星（认缴出资额2450万元，出资时间2018年12月31日，持股比例49%），曲一博任执行董事，郭睿星任监事。

上海市嘉定区人民法院一审认为：

本案一审的争议焦点为：（1）原告王钦杰与被告力澄公司之间的法律关系；（2）《实物质押担保协议》的性质；（3）葛某某支付的35万元款项的性质。

一、关于原告王钦杰与被告力澄公司之间的法律关系问题

原告王钦杰认为双方之间为借贷关系，被告力澄公司认为双方之间为保证关系。首先，《管理咨询服务协议》虽形式上包含出借方、借款方、服务方三方，但借款方身份不明，且力澄公司自认收到王钦杰100万元款项后未实际打款给借款方，因此一审法院认为《管理咨询服务协议》的合同主体为王钦杰与力澄公司。其次，《管理咨询服务协议》实质约定了王钦杰出借金额、固定年化收益、到期还本付息等条款，其表现形式名为服务协议，实为民间借贷。综上，王钦杰与力澄公司之间为借贷法律关系，力澄公司关于其仅为担保方，王钦杰主张其承担担保责任已逾保证期间的主张不能成立。

二、关于《实物质押担保协议》的性质问题

原告王钦杰认为是第三人蔡利涛自愿为力澄公司还款，属债的加入；被告力澄公司认为是蔡利涛代替力澄公司还款，属债务转让。一审法院认为，王钦杰与蔡利涛分别持有一份《实物质押担保协议》原件，两份原件内容应当一致，但力澄公司提交的由蔡利涛持有的原件与王钦杰持有的原件相比，在空白处多了"同意此笔债务转让"手写内容及力澄公司盖章，一审法院认为，如该内容确实为《实物质押担保协议》签订时各方当事人的合意，应在两份原件中均有体现，现上述字样及盖章仅在蔡利涛持有的协议中出现，法院倾向性认为系事后单方填写,故关于《实物质押担保协议》的内容应以王钦杰持有的原件为准。据此,力澄公司所称在王钦杰、力澄公司、蔡利涛之间达成债务转让的合意的主张无法成立。此外,诉讼中王钦杰明确在本案中不向蔡利涛进行主张,故关于《实物质押担保协议》所涉质押事项不属于本案处理范围,王钦杰与蔡利涛若认为自身权益受到损害,均可另案提起诉讼。

三、关于葛某某支付的 35 万元款项的性质问题

原告王钦杰认为 35 万元不能作为被告力澄公司的还款,即便认定为力澄公司还款,也应当优先抵充利息;力澄公司认为葛某某支付的 35 万元应认定为力澄公司归还的本金。一审法院认为,《实物质押担保协议》签订于葛某某还款之后,约定的还款内容为借款本金 65 万元及相应利息,该借款本金数额恰与力澄公司欠王钦杰的借款本金扣除葛某某还款金额后的数额吻合,由此表明王钦杰在签订《实物质押担保协议》时即认可 35 万元款项系力澄公司偿还的借款本金。而证人葛某某的证言亦能印证上述事实。故一审法院认为 35 万元还款的性质为力澄公司向王钦杰归还的借款本金。

综上,原告王钦杰与被告力澄公司之间存在民间借贷关系,王钦杰已按约向力澄公司履行了出借借款 100 万元的合同义务,力澄公司仅归还本金 35 万元,其行为已构成违约,理应承担归还剩余本金 65 万元及相应利息的法律责任。相应利息应按实际欠付的本金金额分段计算。被告郭睿星、曲一博作为力澄公司的股东,在认缴出资期限届满后,未足额缴纳出资,属未履行或未全面履行出资义务,应在各自未出资本息范围内对力澄公司债务不能清偿的部分承担补充赔偿责任。审理中,郭睿星、曲一博经法院合法传唤无正当理由拒不到庭系无视法律之行为,应视为其放弃了答辩、质证等诉讼权利,亦应承担一定的法律后果。

综上,上海市嘉定区人民法院依照《中华人民共和国涉外民事关系法律适用法》第四十一条,《中华人民共和国合同法》第一百九十六条、第二百零五条、第二百零六条、第二百零七条,《最高人民法院关于审理民间借贷案件适用法律若干问题的规定》第二十九条第二款第二项,《最高人民法院关于适用〈中华人民共和国公司法〉若干问题的规定(三)》第十三条第二款,《中华人民共和国民事诉讼法》第一百四十四条之规定,于 2019 年 6 月 28 日作出判决:

一、被告上海力澄投资管理有限公司应于判决生效之日起十日内返还原告王钦杰借款本金 65 万元;

二、被告上海力澄投资管理有限公司应于判决生效之日起十日内偿还原告王钦杰 2015 年 12 月 30 日至 2017 年 10 月 2 日期间的利息 247750 元及自 2017 年 10 月 3 日起至实际清偿之日止的利息(以 65 万元为基数,按年利率 15% 计算);

三、被告郭睿星应在 2450 万元未出资本息范围内对被告上海力澄投资管理有限公司上述第一项、第二项付款义务不能清偿的部分承担补充赔偿责任;

四、被告曲一博应在 2550 万元未出资本息范围内对被告上海力澄投资管理有限公司上述第一项、第二项付款义务不能清偿的部分承担补充赔偿责任;

五、驳回原告王钦杰其余诉讼请求。

力澄公司、郭睿星不服一审判决,向上海市第二中级人民法院提起上诉。

力澄公司、郭睿星上诉称:(1)一审遗漏重要当事人王某宇。王某宇作为力澄公司的原唯一股东、原债务人，参与签署了《实物质押担保协议》，是本案重要当事人。虽《实物质押担保协议》中没有王某宇的签字，但其参与了该协议的签订。涉案债务是王某宇担任力澄公司原股东的期间发生的，一审第三人蔡利涛所持《实物质押担保协议》中"同意此笔债务转让"的字样即由王某宇书写。(2) 一审法院对蔡利涛在《管理咨询服务协议》和《实物质押担保协议》中的身份事实认定不清，蔡利涛实为《实物质押担保协议》中的债务人和《管理咨询服务协议》中的实际用款人。(3) 一审法院未对《实物质押担保协议》的性质作出认定，在各方对《实物质押担保协议》性质存在争议的情况下，一审法院认为该协议不属于本案处理范围不恰当。(4) 一审法院对郭睿星、一审被告曲一博的认缴期限认定事实不清。认缴期限截止日期应为2045年11月4日，这是依据国家企业信用公示系统查询所得知的结果。目前认缴期限还未届满，故郭睿星和曲一博不应承担力澄公司的债务清偿责任。故请求依法撤销一审判决，改判驳回王钦杰的一审诉讼请求或将本案发回重审；本案一、二审案件受理费由王钦杰承担。

被上诉人王钦杰辩称：一审法院认定事实清楚，适用法律正确，不同意上诉人力澄公司、郭睿星的上诉请求。(1) 涉案《管理咨询服务协议》系由王钦杰与力澄公司签订，而非王钦杰与力澄公司法定代表人个人签订，因此法定代表人的变更不影响双方权利义务关系。(2) 王钦杰起诉依据的是《管理咨询服务协议》，与蔡利涛签订的《实物质押担保协议》无直接的因果关系。若一审第三人蔡利涛认为与王钦杰间存在纠纷，可另行起诉，并不影响本案处理。王钦杰所持《实物质押担保协议》上并无"同意此笔债务转让"字样，系力澄公司单方面添加，且签署该协议时王某宇并不在场。(3) 关于股东出资认缴期限问题。认缴期限应以工商局原始资料中记载的期限为准，工商局的原始资料是唯一正确的记录载体，郭睿星未提供该证据，故对其此节主张不予认可。

一审被告曲一博述称：同意上诉人力澄公司、郭睿星的上诉请求以及所依据的事实与理由。此外，一审案卷内容显示，2015年12月30日被上诉人王钦杰与力澄公司签订《管理咨询服务协议》，2017年11月22日王钦杰与蔡利涛已就涉案借款65万元如何偿还以及担保事宜作出了明确的约定，并由王钦杰签字，力澄公司也对该协议进行了盖章确认。故原有的法律关系在两年后已发生了本质的转变。一审第三人蔡利涛也根据《实物质押担保协议》的约定向王钦杰提供了翡翠珠宝作为质押物，履行了其担保义务。关于认缴期限的问题，认同郭睿星的意见，即出资认缴期限应至2024年11月4日届满，一审法院认定曲一博在时间点内未缴足投资款，并判令其承担责任没有依据。

一审第三人蔡利涛未到庭参加审理亦未陈述意见。

上海市第二中级人民法院经二审，确认了一审查明的事实。

另查明：上诉人力澄公司2015年11月设立时股东为王某宇、杨某某；2016年5月股东变更为王某宇一人；2016年6月22日股东变更为赵某某、郭睿星；2016年8月22日股东再次发生变更，至今为郭睿星、曲一博。工商档案反映，由郭睿星、曲一博签字的2016年7月25日力澄公司章程载明，该两名股东认缴出资时间应为2018年12月31日。截至二审审理时，企业信用信息公示报告反映，力澄公司股东郭睿星、曲一博的认缴出资时间为2045年11月4日，公示时间为2018年3月27日。审理中，郭睿星表示，其对于力澄公司设立时股东认缴出资期限以及之后有无变更过不清楚，其本人没有变更过，其只是股东，不是公司的法定代表人，对于公司章程有无变更也不清楚。在法院指定的期限内，郭睿星未能提供有关出资人认缴期限变更的公司章程或股东会决议等文件。

上海市第二中级人民法院二审认为：

一、被上诉人王钦杰系与上诉人力澄公司签订《管理咨询服务协议》，涉案借款亦系进入力澄公司，无论借款发生时力澄公司的股东或实际控制人为谁，均不影响王钦杰与力澄公司之间的合同关系。至于力澄公司的股权转让过程中出让人与受让人之间就公司债权债务所作的约定，对约定双方发生法律效力，并不能据此对抗公司的债权人。因此，力澄公司、郭睿星上诉主张一审遗漏重要当事人王某宇，理由不能成立。

二、一审法院在综合分析了《实物质押担保协议》的内容及被上诉人王钦杰、一审第三人蔡利涛分别所持《实物质押担保协议》形式上存在差异的基础上，作出上诉人力澄公司关于债务转移的主张不能成立的认定，合理合法，在此不再赘述。鉴于本案中王钦杰系向力澄公司主张借款，并未向蔡利涛主张还款或行使担保权，故一审认定《实物质押担保协议》所涉质押事宜不属本案处理范围，并无不当。

三、关于上诉人郭睿星的责任。审理中，郭睿星提供了企业信用信息公示报告，以证明其作为上诉人力澄公司股东的出资认缴期限并未届满。对此二审法院认为，注册资本认缴制下，股东虽依法享有期限利益，然债权人亦享有期待权利。涉案借款发生于2015年12月，借款到期日为2016年12月，此时工商载明的力澄公司股东的出资认缴期限为2018年12月31日，也就是说，在力澄公司未按时还款的情况下，被上诉人王钦杰可以期待2018年12月力澄公司股东出资认缴期限届满时以股东出资获得还款。且不论目前郭睿星并无证据证明其以公司章程、股东会决议或其他合法合规的方式办理了认缴期限变更的手续，即使其确实办理了变更，因该变更系在力澄公司债务产生后，未经债权人同意的情况下所进行，实质损害了债权人的期待利益，故作为力澄公司的股东亦不能据此免责。至于王某宇向力澄公司转账500万元的凭证，既非原件，真实性无法确认，且仅凭该凭证亦不足以证明系股东向公司履行出资义务，故对此不予认定。综上，力澄公司、郭睿星的上诉主张，依据不足，不予支持。一审判决查明事实清楚，适用法律正确，应予维持。

综上，上海市第二中级人民法院依照《中华人民共和国民事诉讼法》第一百七十条第一款第一项之规定，于2019年12月6日判决如下：

驳回上诉，维持原判。

本判决为终审判决。

陈某某诉无锡市妇幼保健院医疗服务合同纠纷案

【裁判摘要】

夫妻双方与医疗机构订立"体外受精—胚胎移植"医疗服务合同并已经完成取卵、胚胎培养等合同内容,在胚胎正式移植前丈夫死亡且生前并未向医疗机构表示拒绝履行合同,妻子要求医疗机构继续履行胚胎移植义务,既是当事人真实意思的反映,亦具备可履行的内容,且并不违反法律法规及公序良俗,医疗机构应当继续履行医疗服务合同。

丧偶妇女符合国家相关人口和计划生育法律法规情况下以其夫妇通过实施人类辅助生殖技术而获得的胚胎继续生育子女,有别于原卫生部实施人类辅助生殖技术规范中的单身妇女,不违反社会公益原则。医院不得基于部门规章的行政管理规定对抗当事人基于法律所享有的正当生育权利。

原告:陈某某,女,1994年5月8日出生,汉族,住安徽省全椒县。
被告:无锡市妇幼保健院,住所地:江苏省无锡市梁溪区槐树巷。
法定代表人:杨亚萍,该院院长。

原告陈某某因与被告无锡市妇幼保健院(以下简称妇幼保健院)发生医疗服务合同纠纷,向江苏省无锡市梁溪区人民法院提起诉讼。

原告陈某某诉称:2016年8月,其和丈夫李某某因不孕至妇幼保健院诊疗,要求实施"体外受精—胚胎移植"手术,其夫妇在妇幼保健院分别进行取卵术、取精术,并成功培育胚胎,但后期胚胎移植手术并未成功。2017年5月26日,其夫妇再次至妇幼保健院要求实施"体外受精—胚胎移植"手术,并成功培育4个胚胎,计划于2017年7月植入其体内,但因其当时取卵较多导致腹水,不宜立即移植胚胎,其在家中调养身体,待身体条件具备后再进行移植手术。2019年7月1日,其丈夫李某某因意外事故死亡。之后,其要求妇幼保健院继续完成"体外受精—胚胎移植"手术,但妇幼保健院以缺少李某某签字、按照相关规定不得实施该手术为由,予以拒绝,其丈夫为家中独子,夫妻关系存续期间双方感情较好,其虽然丧偶,但继续完成胚胎移植手术传承丈夫血脉,寄托了其及公婆一家的全部希望,请求法院判令妇幼保健院继续履行双方之间"体外受精—胚胎移植"的医疗服务合同,为其实施胚胎移植手术,并承担本案诉讼费用。

被告妇幼保健院辩称:(1)根据卫科教〔2001〕143号《人类辅助生殖技术规范》和《人类辅助生殖技术和人类精子库伦理原则》的规定,辅助生殖技术必须严格遵守知情同意、知情选择的自愿原则,陈某某丈夫李某某去世前的两年内均未来施行胚胎移植手术,李某某生前签署的知情同意书不能延续至死亡后,且李某某不再能签署胚胎解冻及移植知情同意书,陈某某主张继续履行合同与法律规定相悖;(2)2017年4月,陈某某夫妻双方签署的胚胎冷冻、解冻及移植同意书中,其已明确告知陈某某夫妇首次冷冻费用含3个月的胚胎保存费，逾期如需继续冷冻，需补交费用，否则不予保存，如超过保存期，同意将胚胎去标识后作为教学科研用，但陈某某交纳首期胚胎冷冻费用后，超过保存期两年以来从未补交冷冻费用，陈某某在丈夫去世前两年间无故未来其处实施胚胎移植手术，属于主观放弃胚胎，陈某某无正当理由未来其处实施手术，系合同未履行的根本原因；（3）李某某去世后，陈某某即为单身妇女，单亲环境可能会对孩子生理、心理、性格等方面带来影响，根据《人类辅助生殖技术规范》的保护后代原则、公益原则规定，其无法为单身妇女实施辅助生殖技术，也不建议为单身妇女实施辅助生育技术，陈某某现不属于人类辅助生殖技术适用的对象。其无法实现为陈某某实施冷冻胚胎解冻及移植手术，请求驳回陈某某的诉讼请求。

江苏省无锡市梁溪区人民法院一审查明：被告妇幼保健院为经卫生行政管理部门批准，登记开展人类辅助生殖技术的执业医疗机构。原告陈某某与其丈夫李某某于2015年1月6日登记结婚。2016年8月起，陈某某、李某某因女方管性因素患不育症至妇幼保健院诊治。2016年12月18日，妇幼保健院为陈某某施行"体外受精—胚胎移植手术"，后陈某某未孕。2017年4月27日，陈某某、李某某再次至妇幼保健院要求IVF-ET即"体外受精—胚胎移植手术"助孕，妇幼保健院拟行方案为：刺激周期，超长方案。当日，陈某某、李某某向妇幼保健院签署了《体外受精—胚胎移植知情同意书》，同意因患不育症授权妇幼保健院诊治，自愿选择"体外受精—胚胎移植"。2017年5月28日，妇幼保健院分别为陈某某、李某某进行取卵术、取精术，并进行胚胎培养。当日，陈某某存有卵巢过度刺激综合症倾向，妇幼保健院予扩容治疗，并全胚冷冻，妇幼保健院将《移植术须知》张贴于陈某某病历上，该须知载明："1.__月__日07:30夫妇来院，女方挂号，双方带好结婚证、身份证、生育证明原件，来院到生殖中心（607室）耐心等待医护人员安排看胚胎单后，夫妇双方签字，之后护士核对证据开具收费项目，移植费用2200+30元、辅助孵出1200元。胚胎冷冻续冻费150元/月。……特别提醒：冷冻胚胎移植，胚胎解冻前夫妇双方在__月__日13:30到607室签字，解冻费800元，胚胎全冻保存续费150元/月"，其中"特别提醒"和"夫妇双方"等字样为黑体字迹，识别较为明显。2017年6月2日，陈某某因胸腹腔积液，诊断为卵巢过度刺激综合症、取卵术后，入住妇幼保健院治疗。2017年6月3日，陈某某、李某某向妇幼保健院签署了《胚胎冷冻、解冻及移植知情同意书》，该同意书载明："陈某某、李某某声明在妇幼保健院实施IVF即体外受精手术，目前尚剩余2个卵裂期胚胎和2个囊胚，要求妇幼保健院采用低温保存技术保存这些胚胎，其知道目前首次冷冻费用含3个月的胚胎保存费，逾期如需继续冷冻，需补交费用，否则不予保存。如果超过保存期，其同意将胚胎去标识后作为教学科研用。"2017年6月7日，陈某某病情好转出院，出院医嘱：陈某某一周妇幼保健院生殖中心门诊就诊，不适随诊。后陈某某因身体原因未能至妇幼保健院就诊和胚胎移植，也未能交纳冷冻胚胎保存费，现尚有2个卵裂期胚胎和2个囊胚均低温冷冻保存于妇幼保健院，妇幼保健院对该冷冻胚胎、囊胚至今也未改变原有保存方式和条件。此外，陈某某、李某某于2017年4月27日至妇幼保健院要求"体外受精—胚胎移植手术"助孕过程中，还向妇幼保健院签署了《承诺书》《囊胚培养知情同意书》《选择性单胚胎移植知情同意书》《选择性单囊胚移植知情同意书》《配子、胚胎去向知情同意书》等。

2019年7月1日，李某某意外死亡，后原告陈某某至妇幼保健院要求继续履行医疗服务合同实施胚胎移植手术，被被告妇幼保健院予以拒绝。

2019年10月9日，原告陈某某向法院提出本案诉讼。诉讼中，李某某父亲李某甲、母亲刘某乙均到庭陈述，其夫妻共生育三子，李某某为小儿子，此前的两个哥哥均已去世，现李某某又意外身亡，作为父母知晓李某某生前曾到医院人工助孕，其支持儿媳陈某某继续实施胚胎移植手术，希望为李某某延续血脉，让生者有所希望，同意承担陈某某实施胚胎移植手术后生育子女带来的法律上的权利和义务，包含伦理和道德义务。陈某某父亲陈某丙也到庭明确支持女儿的诉求。陈某某当庭表示其开设美容院，有一定的经济收入，承诺移植胚胎、生育子女后，愿意承担伦理、道德和法律上的权利和义务。此外，陈某某所在户籍地安徽省滁州市全椒县武岗镇卫生和计划生育办公室和安徽省滁州市全椒县武岗镇官渡村民委员会向法院出具了陈某某、李某某夫妇符合国家计划生育政策，未曾生育及领养子女的书面证明。

另查明，原告陈某某因取卵术后卵巢过度刺激综合症入住妇幼保健院治疗后，曾咨询被告妇幼保健院冷冻胚胎保存费用是否可以后期胚胎移植时一并支付，妇幼保健院医护人员承诺予以同意。诉讼中，陈某某为补交冷冻胚胎保存费用电话咨询妇幼保健院的主治医生、护士长，被告知只要不是夫妻共同签署销毁胚胎的，不会将冷冻胚胎予以销毁或作科研用，仍按正常程序继续保存冷冻胚胎，并明确告知陈某某冷冻胚胎保存费用后期补上也是可以的，只要至医院挂号找医生补交保存费用，后又被告知目前双方已发生民事诉讼，等法院明确可以实施移植胚胎手术后再予以交纳冷冻胚胎保存费。本案审理期间，陈某某将结欠的至2020年7月的冷冻胚胎保存费用5550元交至法院提存。

江苏省无锡市梁溪区人民法院一审认为：

原告陈某某与其丈夫李某某因不育症至经卫生行政管理部门批准并登记开展人类辅助生殖技术的被告妇幼保健院进行人类辅助生殖治疗，妇幼保健院为其培育并冷冻胚胎，双方之间由此形成的医疗服务合同关系合法、有效。本案争议在于，李某某死亡后，陈某某要求继续实施胚胎移植手术，是否违反有关伦理道德，是否符合合同约定和法律规定，医患双方之间的相关医疗服务合同是否应当继续履行。

原卫生部于2001年2月颁布的《人类辅助生殖技术管理办法》和2001年5月发布、后又于2003年6月修订的原卫生部以卫科教发名义发布的《人类辅助生殖技术规范》《人类辅助生殖技术和人类精子库伦理原则》均分别规定：实施人类辅助生殖技术应当符合《人类辅助生殖技术规范》的规定；实施人类辅助生殖技术应当遵循知情同意原则，并签署知情同意书；实施人类辅助生殖技术人员禁止给不符合国家人口和计划生育法规和条例规定的夫妇和单身妇女实施人类辅助生殖技术；人类辅助生殖技术应当遵循保护后代的伦理原则。本案中，被告妇幼保健院虽然对于原告陈某某的情况予以同情，但同时出于执业医疗机构严谨、审慎的医疗作风和基于以上原卫生部制定相关的管理办法和伦理原则对陈某某的继续履行医疗服务合同要求予以拒绝，并在本案诉讼中以上述规定予以抗辩。对此，法院认为，首先，陈某某及其丈夫李某某与妇幼保健院订立医疗服务合同目的就是为了生育子女，虽然陈某某的丈夫李某某已经死亡，但李某某在生前与陈某某共同在妇幼保健院处两次接受人类辅助生殖技术治疗，尤其在本次医疗服务合同中签署了多项知情同意书，并进行培育和冷冻胚胎的事实，均表明了李某某明确要求通过人类辅助生殖技术生育子女的意愿，且可推知继续实施胚胎移植手术并不违反李某某的生前意愿；陈某某、李某某接受妇幼保健院人类辅助生殖手术在履行过程中，李某某对胚胎冷冻、解冻及移植意见，已在知情同意书上一揽子、概括性地签字确认，之所以没有立即实施胚胎移植仅是陈某某身体原因，既有的医疗服务合同尚未完成，且陈某某夫妇仍有胚胎保存于妇幼保健院，陈某某作为患方主体之一单独要求妇幼保健院继续履行其夫妻早已与妇幼保健院订立的医疗服务合同，并不违反当事人的真实意思表示和知情同意原则，妇幼保健院应基于陈某某不育的病理因素和目前家庭实际情况，从依法保障生育权和有利于患者的伦理原则考量，不应拘泥于既有的医疗服务合同中的胚胎移植手术时李某某未签字这一形式，李某某未签字，亦不必然对继续履行合同构成妨碍。其次，虽然孩子出生后没有亲生父亲，可能生长在单亲家庭，但该假定条件并不意味着必然会对孩子的生理、心理、性格等方面产生严重影响，且目前并没有证据证明实施人类辅助生殖技术存在医学上、亲权上或其他方面于后代不利的情形；另通过人类辅助生殖技术出生的后代与自然分娩的后代享有同样的法律权利和义务，包括家庭伦理、道德义务等，陈某某要求继续实施人类辅助生殖手术取得了李某某父母的同意，以及自己父亲的支持，愿意承担包含道德、伦理在内的法律上的义务，故妇幼保健院继续为陈某某实施人类辅助生殖技术并不违反保护后代的原则。再者，陈某某与李某某未生育子女，也未收养子女，陈某某进行生育并不违反国家相关人口和计划生育法律法规；虽然李某某死亡，但陈某某作为丧偶妇女，现要求的是以其夫妇通过实施人类辅助生殖技术而获得的胚胎继续生育子女，有别于原卫生部上述管理规范中要求实施人类辅助生殖技术的单身妇女，故陈某某要求妇幼保健院继续为其移植胚胎，并不违反社会公益原则。此外，原卫生部上述这些规定是卫生行政管理部门对相关医疗机构和人员在从事人工生殖辅助技术时的管理性规定，妇幼保健院不得基于部门规章的行政管理规定对抗当事人基于民法所享有的正当的生育权利。

诉讼中被告妇幼保健院辩称原告陈某某未补交冷冻胚胎保存费用，无故两年未来其处实施胚胎移植手术，属于主观放弃胚胎，系合同未履行的根本原因。陈某某对此主张关于知情同意书中"有关首次冷冻费、续冻费用和保存期……"内容的条款为格式条款，存有不同解释，且医院没有尽到提示说明义务，应当按照法律作出有利于患者的解释，其认为胚胎移植时将拖欠的冷冻胚胎保存费用予以补交，这也是行业习惯，对于保存期也应当理解为医学上的"5—10年的保质期"；即使非格式条款，其未交保存费用，医院也应当向其催告交费，其为助孕身心受到很大的损伤，也花费了不少前期费用，其不会因150元/月的冷冻胚胎保存费而予以放弃，且也没有放弃胚胎移植的想法。对此，法院认为，医患双方当事人约定的"其知道目前首次冷冻费用含3个月的胚胎保存费，逾期如需继续冷冻，需补交费用，否则不予保存。如果超过保存期，其同意将胚胎去标识后作为教学科研用"。该内容条款为格式条款，对于逾期补交费用，没有明确具体时间限制，医院的《移植术须知》中关于冷冻胚胎保存费载明了在移植术当日交纳，陈某某提交的与院方医护人员对话录音也印证了妇幼保健院应允陈某某对冷冻胚胎保存费用于后期胚胎移植时一并支付；约定内容中"保存期"，医患双方也出现不同的解释，如按医院的解释为3个月或为患者交冷冻费用的期间为保存期，那么按照该条款的约定超过3个月或交费的期间就直接用于去标识教学科研用，就不存在需继续冷冻补交费用的情形，因此，该内容中的"保存期"，不能当然理解为交胚胎保存费的期间为保存期，按《中华人民共和国合同法》的规定，对格式条款有两种以上解释的，应当作出不利于提供格式条款的一方的解释，应理解为患者理解的冷冻胚胎的"质保期"，妇幼保健院不能据此格式条款内容推断陈某某主观放弃冷冻胚胎；妇幼保健院的《移植术须知》，以及其对陈某某卵巢过度刺激综合症治疗出院时虽医嘱一周生殖中心门诊就诊，均未有明确的胚胎移植时间，且妇幼保健院对陈某某胚胎移植手术并无时间限制的约定；即使符合合同解除条件，妇幼保健院并未行使合同解除权，其诉讼中抗辩合同解除，以对抗陈某某要求继续履行合同的诉讼请求，有违诚信原则，且与人民法院行使审判权相冲突，其诉讼中主张合同解除权不能产生法律效力；从陈某某诉讼中与医院医护人员咨询补交冷冻胚胎保存费用对话的情况来看，医院同意陈某某予以挂号、补交胚胎冷冻费用，也应视为放弃行使合同解除权，医患双方之间的医疗服务合同并未解除。此外，妇幼保健院并未因陈某某未交冷冻胚胎保存费对冷冻胚胎作事实上的处分，事实上对4个胚胎仍按原有条件予以低温冷冻保存，妇幼保健院不存在事实上不能履行的情形。陈某某向法院提存冷冻胚胎保存费用后坚持要求履行既有的医疗服务合同，符合医患双方的合同约定和法律规定。

综上所述，依法成立的合同，对当事人具有法律约束力，双方当事人均应按照合同约定履行各自义务。原告陈某某要求被告妇幼保健院继续履行医疗服务合同为其移植胚胎，既是当事人真实意思的反映，亦具备可履行的内容，且并不违反法律法规及公序良俗，故对于陈某某的诉讼请求予以支持。妇幼保健院的抗辩意见不予采信。

据此，江苏省无锡市梁溪区人民法院依照《中华人民共和国民法总则》第三条，《中华人民共和国合同法》第八条第一款、第六十条第一款、第一百零七条，《中华人民共和国人口与计划生育法》第十七条之规定，于2020年6月23日判决：

无锡市妇幼保健院于本判决生效之日起继续履行与陈某某之间的"体外受精—胚胎移植"医疗服务合同，为陈某某实施胚胎移植手术。

一审判决宣判后，双方当事人在法定期间内均未上诉，一审判决已经发生法律效力。

上海友民房地产开发有限公司诉宝山区杨行镇北宗村村民委员会借款合同纠纷案

【裁判摘要】

农村集体所有制企业的资产属于村民集体所有，该企业被征收后的补偿款亦属于村民集体所有。未经村民会议授权，村民委员会擅自对外签章承诺将该村集体企业的部分财产份额或企业被征收后的部分补偿款份额转让给他人的，违反了《中华人民共和国村民委员会组织法》的规定，该承诺或约定应属无效。

原告：上海友民房地产开发有限公司，住所地：上海市宝山区水产路。
法定代表人：金爱民，该公司董事长。
被告：宝山区杨行镇北宗村村民委员会，住所地：上海市宝山区杨宗路。
法定代表人：金明，该村村民委员会主任。
原告上海友民房地产开发有限公司（以下简称友民房产）因与被告宝山区杨行镇北宗

村村民委员会(以下简称北宗村村委会)发生借款合同纠纷,向上海市宝山区人民法院提起诉讼。

原告友民房产诉称:1999年12月,被告北宗村村委会向他人收购了上海杨泰汽车特种型钢厂(以下简称杨泰钢厂),为筹集收购资金,被告向宝山区杨行镇钱湾村村民委员会(以下简称钱湾村村委会)借款200万元。2010年4月,为向钱湾村村委会归还前述借款,被告又向原告借款200万元,同年4月9日,原告代被告向钱湾村村委会支付了该200万元。嗣后,原告多次向被告催讨所欠借款,但被告无力偿还。2015年,被告向原告出具《承诺书》,承诺原告对于杨泰钢厂全部资产中享有40%的权益,若日后杨泰钢厂遇土地征收,所得补偿款的40%由原告享有。2018年5月,就杨泰钢厂的房屋和土地,被告与上海市宝山区杨行镇人民政府签订了《拆迁房屋补偿协议》,其中约定本次拆迁补偿款共17854787元。扣除安置承租人费用4419000元之后,被告实得拆迁补偿款13435787元,按40%计原告应得5374314.80元。原告就上述款项向被告催讨未果,故起诉请求:判令被告向原告支付杨泰钢厂土地征收地面资产补偿款的40%,共计5374314.80元。

被告北宗村村委会辩称:对原告友民房产所述借款事实及曾向原告出具过《承诺书》予以认可,本案实际上是被告以资产抵偿所欠原告的债务。但杨泰钢厂获得的拆迁补偿款除了应扣除安置承租人的费用外,还包括了搬迁费、停工停业损失、二次装潢价值,亦应予扣除。

上海市宝山区人民法院一审查明:

上海宝山北宗实业公司(以下简称北宗实业公司)系在宝山区杨行镇北宗村设立的为了发展该村村民集体经济的农村集体经济组织,由被告北宗村村委会领导和管理。1999年12月,北宗实业公司以合同价500万元向杨行农工商总公司受让了杨泰钢厂的全部资产,成为杨泰钢厂的全额出资人。为支付所欠的部分资产转让款,2001年5月,北宗实业公司向钱湾村村委会借款200万元用于支付收购杨泰钢厂的部分转让款。

为归还上述向钱湾村的200万元借款,北宗村又向原告友民房产借款。2010年4月9日,原告向钱湾村下属的经济合作社支付了200万元,钱湾村村委会在本案一审中出具《情况说明》确认该笔200万元系归还当初北宗实业公司的借款。就原告代为归还的200万元,原告与被告北宗村村委会或北宗实业公司均未签订书面协议,亦未约定借款的期限和利息。本案诉讼中,原告陈述其自2012年1月起开始向被告催讨上述借款,但被告一直未归还;被告陈述,原告的确从2012年上半年开始向被告催讨借款,但具体催讨日期已记不清楚。

一审审理中,原告友民房产向法院提供被告北宗村村委会向原告出具的一份《承诺书》,主要内容为:"本村于1999年12月收购杨泰钢厂,当时因资金困难,向本镇钱湾村借款200万元。后因本村一直无力偿还,故由友民房产代本村偿还此款。嗣后,本村亦一直未偿还友民房产,至今亦无力偿还。鉴于以上情况,经本村与友民房产商定,确认在杨泰钢厂全部资产中友民房产享有40%的权益。若日后杨泰钢厂遇土地征收,所得补偿款的40%由友民房产享有。特此承诺。"该《承诺书》盖有北宗村村委会公章,落款注明签署日期为2015年,但未明确写具体月、日。

被告北宗村村委会在一审中陈述,2015年7、8月村换届选举后,原告友民房产向村里领导催讨该笔款项,由于当时资金紧张,无法还款,由村里的支部书记、村主任与原告商议,决定以杨泰钢厂将获得的征收补偿款的40%抵债,后由支部书记盖了村委会章,向原告出具了该份《承诺书》。就出具该份《承诺书》,被告在事前和事后都没有召开过村民代表会议或村民大会进行过讨论。

2018年5月25日,上海市宝山区杨行镇人民政府作为征收方对杨泰钢厂所处地块的建筑物和构筑物进行征收拆迁,被告北宗村村委会确认相关《拆迁房屋补偿协议》确定的拆迁房屋就是杨泰钢厂的资产。拆迁补偿协议约定的拆迁补偿款共计17854787元,包括建筑物价值11164581元、二次装潢价值268728元、附属物及设备搬迁费2833880元、停工停业损失3587598元。另在2017年12月26日,被告与实际承租人上海道通废旧物资回收有限公司亦签订一份《动迁补偿协议》,约定因政府对该地块收回,被告需支付承租人各类补偿款4419000元。

之后,被告北宗村村委会收到杨行镇人民政府支付的全部拆迁补偿款共计17854787元。拆迁完毕后,杨泰钢厂被注销。

一审审理中,法院询问双方当事人,如果本案认定2015年《承诺书》的约定无效,双方有何意见。原告友民房产坚持认为《承诺书》关于原告可取得杨泰钢厂拆迁补偿款之40%的约定是有效的,该约定符合市场融资成本,并未损害北宗村村民的利益。被告北宗村村委会则称《承诺书》的效力和后果由法院依法处理。

上海市宝山区人民法院一审认为:原告友民房产与被告北宗村村委会均认可2010年4月原告向钱湾村下属经济合作社付款200万元系原告出借被告该款项用于归还被告向钱湾村村委会的借款,且钱湾村村委会出具《情况说明》对此予以确认,故法院认定原告与被告之间就案涉200万元成立借款合同关系。

对于被告北宗村村委会向原告友民房产所出具《承诺书》的效力,法院认为,根据《中华人民共和国村民委员会组织法》第二十四条规定,涉及村民利益的有关事项,包括征地补偿费的使用、分配方案,或者以借贷、租赁或其他方式处分村集体财产,需经村民会议讨论决定方可办理。该规定系对集体经济组织成员利益的保护。北宗实业公司系为了发展北宗村村民集体经济而设立的农村集体经济组织,其全资拥有的杨泰钢厂属于北宗村的村集体所有制企业,杨泰钢厂的资产属于北宗村的村集体资产。本案所涉《承诺书》确认在杨泰钢厂全部资产中原告享有40%的权益,并承诺若日后该厂遇征收,所得补偿款的40%由原告享有,此类似于约定将村集体企业的40%产权份额转让给他人。根据村委会组织法的规定,该《承诺书》所约定的上述事项并非村委会所能直接决定的事项,而应由村民会议来决定,或经过村民会议的授权。本案《承诺书》虽然加盖了被告北宗村村委会的印章,但该签章行为未经村民会议授权,构成越权代表,内容也有损于北宗村的村民集体利益。综上,法院认定该《承诺书》中被告所承诺的内容无效。

关于原告友民房产主张被告北宗村村委会支付40%资产补偿款5374314.80元的诉讼请求,法院认为,如前所述,因法院认定案涉《承诺书》所承诺内容无效,故原告依据《承诺书》主张被告支付资产补偿款,缺乏依据,不予支持。法院已就《承诺书》可能认定无效询问了双方当事人的意见,为了避免当事人讼累,对于被告所欠原告借款在本案中一并予以处理。因双方未约定借款期限,故被告经原告催讨后应及时归还欠款,未及时归还的,原告可主张被告支付逾期利息。本案中，原告主张自 2012 年 1 月起向被告催讨借款，被告基本认可原告催讨情况，故法院认定被告应归还原告借款本金 200 万元，并结合案件情况和法律规定酌情确定被告应支付的逾期利息（即以 200 万元为基数，自 2012 年 2 月 1 日起计付至本判决生效之日止，按同期中国人民银行贷款基准利率或 LPR 利率标准计付）。

据此，上海市宝山区人民法院依照《中华人民共和国民法总则》第一百五十五条，《中华人民共和国村民委员会组织法》第二十四条，《中华人民共和国合同法》第二百零六条、第二百零七条之规定，于 2020 年 7 月 29 日作出判决：

一、原告上海友民房地产开发有限公司提供的被告宝山区杨行镇北宗村村民委员会向原告出具的落款日期为 2015 年的《承诺书》中，被告所作的确认原告在上海杨泰汽车特种型钢厂全部资产中享有 40% 权益并可取得该厂被征收补偿款的 40% 的承诺无效；

二、被告宝山区杨行镇北宗村村民委员会于本判决生效之日起十日内归还原告上海友民房地产开发有限公司借款本金 200 万元；

三、被告宝山区杨行镇北宗村村民委员会于本判决生效之日起十日内支付原告上海友民房地产开发有限公司以 200 万元为基数，自 2012 年 2 月 1 日起计付至本判决生效之日止的逾期利息，2019 年 8 月 19 日之前按同期中国人民银行公布的贷款基准利率计付，2019 年 8 月 20 日之后按同期全国银行间同业拆借中心公布的贷款市场报价利率（LPR）计付；

四、驳回原告上海友民房地产开发有限公司的其余诉讼请求。

一审判决后，友民房产不服，向上海市第二中级人民法院提起上诉。

友民房产上诉称：一审法院依据《中华人民共和国村民委员会组织法》第二十四条，认定《承诺书》中被上诉人北宗村村委会所承诺的内容无效，系适用法律错误。《中华人民共和国村民委员会组织法》第二十四条是管理性规定，该条款也未明确规定未经村民会议讨论决定的合同无效。北宗村村委会签署《承诺书》是真实意思表示，未违反法律、行政法规强制性规定，也不属于恶意串通损害集体利益的合同无效情形，应认定为合法有效。故请求二审撤销原判，改判支持友民房产的一审诉讼请求。

被上诉人北宗村村委会答辩称：《中华人民共和国村民委员会组织法》第二十四条系效力性强制性规定，涉案《承诺书》违反上述规定，未经村民会议讨论通过，损害了集体利益和社会公共利益，该《承诺书》应属无效。一审法院认定事实清楚，适用法律正确，请求二审法院维持原判。

上海市第二中级人民法院经二审，确认了一审查明的事实。

上海市第二中级人民法院二审认为：

本案二审争议焦点为被上诉人北宗村村委会在《承诺书》中对上诉人友民房产所作承诺是否有效。村民委员会是村民自我管理、自我教育、自我服务的基层群众性自治组织，可依法在一定权限内处理村集体事务。但是，根据《中华人民共和国村民委员会组织法》第二十四条第一款第七项、第八项规定，涉及村民利益的征地补偿费的使用、分配方案，以及以借贷、租赁或者其他方式处分村集体财产，经村民会议讨论决定，或者由村民会议授权村民代表会议讨论决定，方可办理。本案中杨泰钢厂资产在北宗实业公司购买后，已成为北宗村集体资产。后北宗村村委会在涉案《承诺书》中承诺友民房产在杨泰钢厂全部资产中享有 40% 的权益，以及杨泰钢厂资产被征收所得补偿款的 40% 由友民房产享有，该些承诺系处分村集体财产以及分配涉及村民利益的征地补偿费，因涉及村民重大利益，不是村委会或其负责人所能单独决定的事项，依法应当由村民会议或者由村民会议授权村民代表会议讨论决定，未经法定程序擅自决定处分的，构成越权代表。现无证据证明上述承诺经由村民会议或者村民代表会议讨论决定，故北宗村村委会及其负责人向友民房产所作承诺系越权代表。

《中华人民共和国合同法》第五十条规定："法人或者其他组织的法定代表人、负责人超越权限订立的合同，除相对人知道或者应当知道其超越权限的以外，该代表行为有效。"故越权代表行为仅对不知道或者不应当知道超越权限的善意相对人有效。《中华人民共和国村民委员会组织法》作为由全国人大常委会颁布施行的全国性法律，一经公布，即推定所有人都应知晓并遵守。本案中，上诉人友民房产与被上诉人北宗村村委会进行交易活动，但并未提供证据证明其对于村民会议或者村民代表会议的决定提出审查要求或尽到了审查义务，故友民房产并非善意相对人，其合同权益不应得到支持。因此，一审法院认定北宗村村委会在《承诺书》中确认友民房产在杨泰钢厂全部资产中享有40%权益并可取得该厂被征收补偿款的40%的承诺无效，具有事实与法律依据，应予维持。

此外，一审法院根据查明的事实确认本案当事人之间的借款合同关系成立有效，并在询问双方当事人意见之后，将本案所涉借款纠纷一并予以处理，所作论述并无不妥，一审法院据此判决被上诉人北宗村村委会支付借款本金与逾期利息，亦予维持。据此，上诉人友民房产的上诉请求不能成立，应予驳回；一审判决认定事实清楚，适用法律正确，应予维持。

综上，上海市第二中级人民法院依照《中华人民共和国民事诉讼法》第一百七十条第一款第一项规定，于2020年11月26日作出判决：

驳回上诉，维持原判。

本判决为终审判决。

江苏省消费者权益保护委员会诉乐融致新电子科技（天津）有限公司消费民事公益诉讼案

【裁判摘要】

智能电视开启时开机广告自动播放，如果智能电视生产者同时也是开机广告的经营者，其有义务明确提示消费者产品含有开机广告内容，并告知能否一键关闭。智能电视生产者对其生产销售的智能电视未提供即时一键关闭功能，消费者权益保护组织为维护众多不特定消费者合法权益，提起民事公益诉讼要求智能电视生产者提供开机广告一键关闭功能的，人民法院应予支持。

原告：江苏省消费者权益保护委员会，住所地：江苏省南京市鼓楼区北京西路。
法定代表人：陆惜春，该委员会秘书长。
被告：乐融致新电子科技（天津）有限公司，住所地：天津市天津生态城动漫中路。
法定代表人：毛丙龙，该公司经理。

原告江苏省消费者权益保护委员会（以下简称江苏省消保委）因与被告乐融致新电子科技（天津）有限公司（以下简称乐融致新公司）发生消费民事公益诉讼纠纷，向南京市中级人民法院提起诉讼。

原告江苏省消保委诉称：根据消费者的投诉，原告调查发现被告乐融致新公司在其销售的品牌智能电视产品中加载了开机广告功能。消费者打开智能电视后，会自动播放15秒左右的开机广告，但被告在销售相关产品时并未向消费者提示，相关广告也不能关闭。消费者普遍反映，相关开机广告降低了观看电视的体验。针对消费者的投诉，原告进行了问卷调查，根据调查结果向被告发送了整改通知，并集中约谈了包括被告在内的智能电视经营者。经过集中约谈，多数智能电视经营者能够整改，但是被告并未积极整改。被告未经消费者同意，通过互联网智能电视发送广告，且未提供一键关闭功能，违反了《中华人民共和国广告法》第四十三条、第四十四条规定和《中华人民共和国消费者权益保护法》第八条、第九条、第十条规定，侵害了消费者的知情权、选择权和公平交易权。原告作为消费者权益保护组织依法提起公益诉讼，请求判令：（1）被告在销售带有开机广告功能的智能电视时以显著的方式提示或告知消费者其产品存在开机广告；（2）被告为其销售的带有开机广告功能的智能电视提供一键关闭开机广告的功能；（3）被告承担本案诉讼费。

被告乐融致新公司辩称：（1）关于售前告知义务。原告江苏省消保委约谈后，被告在包括但不限于京东等线上销售的商品介绍页面，乐视各型号智能电视均有明确告知存在开机广告。消费者在购买前享有充分的知情权，产品销售详情页面上即标注提示"此电视含开关机广告，但您可以上传自定义开机视频，详细步骤咨询客服"。产品说明书上售后服务支持页上也会明确告知，乐视商城网站购买协议上明确告知，在产品外包装上也明确告知，保证消费者在购买时可以知晓。（2）关于保障消费者选择权。自约谈整改后，被告已提供视频定制化功能，为客户需求提供差异化服务。（3）关于开机广告的一键关闭功能，被告已完成整改。被告已经研发出了一键关闭功能，并处在调试各机型软硬件适配稳定性的阶段。（4）关于开机广告显示问题。被告的电视产品符合国家标准及行业标准，为优化枯燥的开机等待时间，用户可以观看精美广告或联系被告客服自定义开机视频，这些开机画面并未影响用户正常使用产品，也未占用用户的有效时间。《中华人民共和国广告法》第四十四条立法目的旨在"不得影响用户正常使用网络"，该立法并未禁止所有互联网广告。综上，由于技术原因，被告销售产品存在一定的开机等待时间，利用该时间播放的广告未侵害消费者的权益，在销售时给予了充分的告知，并且消费者可以对开机广告进行定制化更改，充分保障了消费者的知情权和选择权。法律并没有强制性规定取消开机广告，但被告仍然做了整改，希望能和原告达成和解，创造良好的营商环境。被告承诺对生产的内含开机广告的电视设置一键关闭功能，符合法律法规规章的规定，执行标准不低于市场上主流机型。尽管做了整改，但并不意味着被告存在违法，如未能达成和解，恳请法院依法驳回起诉，维护被告合法利益。

南京市中级人民法院一审查明：被告乐融致新公司是"乐视TV""Letv""Letv超级电视"等品牌智能电视的经营者。2019年3月16日，原告江苏省消保委接到南京市一名消费者的投诉，反映被告销售的智能电视存在开机广告且不能关闭。

原告江苏省消保委接到消费者投诉后，履行了下列公益性职责：（1）受理投诉并进行调查。调查中，原告发现被告乐融致新公司销售的智能电视开机时会自动播放 15 秒左右的开机广告，未在销售时以显著的方式向消费者提示或告知存在开机广告，相关广告也不能关闭。针对消费者的投诉，原告进行了问卷调查。消费者纷纷留言表示不能接受智能电视开机广告，智能电视开机广告侵害了消费者的权益。（2）根据调查结果，集中约谈了包括被告在内的智能电视经营者，并向被告发送了整改通知。2019 年 9 月 4 日，原告向包括被告在内的智能电视经营者发送了《智能电视开机广告侵犯消费者权益问题的约谈函》。2019 年 10 月 10 日，原告集中约谈了包括被告在内的七家市场占有率较高的品牌智能电视经营者，集中告知其智能电视开机广告侵害了消费者的知情权、选择权和公平交易权。同日，原告向被告发送了《企业告知书》，要求被告在销售智能电视时向消费者告知其产品存在开机广告，并且为消费者提供一键关闭开机广告功能，履行保护消费者知情权、选择权、公平交易权、健全投诉处理机制等法律义务。（3）提起本案公益诉讼。经过集中约谈，多数智能电视生产厂商先后向原告发送整改情况回复函，原告认为此部分厂商已经通过技术手段解决了一键关闭开机广告的问题。被告于 2019 年 9 月 20 日致函原告，对约谈函中提出的问题进行回复，于 2019 年 10 月 21 日再次致函原告，对电视开机服务进行承诺及保障。原告认为，多数智能电视经营者能够整改，但是被告并未积极整改。原告作为依法成立的消费者权益保护组织，依据《中华人民共和国民事诉讼法》第五十五条规定，提起公益诉讼，以维护众多不特定消费者的合法权益。

一审庭审中，被告乐融致新公司辩称，电视在开机热机阶段完全无法播放电视内容，如果没有广告就是黑屏状态，因此待机期间的广告或其他用户自定义视频并未影响用户观看电视。

原告江苏省消保委为证明开机广告并非智能电视必须具备的功能，提交了《测试报告》，并申请具有专门知识的人员孙国梓出庭，以证明智能电视开机时，技术上可以在播放广告同时实现一键关闭。孙国梓出具《专家意见》并陈述：（1）开机时播放广告不是智能电视开机的必要程序。（2）播放开机广告延长了开机时间，增加了消费者的等待时间。（3）智能电视开机广告需要利用因特网下载更新内容。（4）从技术可行性角度看，在播放开机广告同时可以提供一键关闭功能，消费者操作关闭广告的按键后，能够立即关闭广告。

关于提供一键关闭开机广告具体时间，被告乐融致新公司陈述其已经提供开机广告一键关闭功能，是在 15 秒开机广告剩余 5 秒的时候出现一键关闭窗口。原告江苏省消保委主张其诉讼请求是要求被告在智能电视开机广告播放同时提供一键关闭广告功能，即在开机广告播放时可以立即关闭、随时关闭。

另查明，原告江苏省消保委经江苏省人民政府批准，于 2017 年 9 月 13 日依法成立，代替原江苏省消费者协会履行《中华人民共和国消费者权益保护法》赋予的公益性职责。一审法院于 2020 年 1 月 2 日受理本案后，对本案受理情况进行了公告，但直至开庭前，无任何有权机关或社会组织申请参与本案诉讼。

再查明，一审期间，被告乐融致新公司对其生产的智能电视的开机广告实施了整改，在外包装上就开机广告业务进行提示，增大提示字体。

南京市中级人民法院一审认为，本案的争议焦点为：被告乐融致新公司是否应为其销售的智能电视在播放开机广告同时提供一键关闭功能，是否侵害了消费者的知情选择权等合法权益，是否应承担相应民事责任。

消费者享有自主选择商品或者服务的权利。消费者享有公平交易的权利。《中华人民共和国广告法》第四十三条第一款规定："任何单位或者个人未经当事人同意或者请求，不得向其住宅、交通工具等发送广告，也不得以电子信息方式向其发送广告。"第四十四条规定："利用互联网从事广告活动，适用本法的各项规定。利用互联网发布、发送广告，不得影响用户正常使用网络。在互联网页面以弹出等形式发布的广告，应当显著标明关闭标志，确保一键关闭。"本案中，原告江苏省消保委作为依法设立的组织，履行消费者协会的职责，开展对商品和服务的社会监督，受理消费者投诉，保护消费者合法权益，根据《中华人民共和国民事诉讼法》第五十五条、《中华人民共和国消费者权益保护法》第四十七条、《最高人民法院关于审理消费民事公益诉讼案件适用法律若干问题的解释》第一条规定，有权提起本案诉讼。被告乐融致新公司生产和销售的"乐视TV""Letv""Letv超级电视"等品牌智能电视加载了开机广告，并通过互联网不断更新广告内容，消费者开机后会自动播放15秒左右的开机广告，且该广告直到播放最后5秒时才弹出一键关闭窗口，消费者才能选择关闭开机广告，侵害了消费者的选择权，降低了消费者观看电视的体验，侵害了众多不特定消费者的合法权益。而且，从技术角度看，智能电视在开机期间播放广告，完全可以做到播放广告同时提供一键关闭功能。被告抗辩认为电视开机时需要热机等待，如不播放广告会出现黑屏，与事实不符，不予采信。原告要求被告为其销售的带有开机广告的智能电视在播放开机广告同时提供一键关闭广告功能，具有事实和法律依据，予以支持。考虑到被告以前销售的老旧机型，受软硬件技术限制以及功能修改量大，对其已经出售的智能电视机不作整改时间限制。被告应于本案判决生效之日起为其销售的带有开机广告功能的智能电视机在开机广告播放的同时提供一键关闭广告功能。

关于原告江苏省消保委要求被告乐融致新公司在销售智能电视时以显著方式提示或告知消费者其产品存在开机广告的诉讼请求，因被告已经进行了整改，在产品销售页面、产品说明书、乐视商城网站的购买协议均有相应告知，且在外包装上就开机广告进行了提示，增大了提示字体。被告在销售智能电视时对其存在开机广告事项基本履行了向消费者的告知义务，对原告的此项诉讼请求，不予支持。综上所述，原告的部分诉讼请求有事实和法律依据，予以支持。

据此，南京市中级人民法院依照《中华人民共和国消费者权益保护法》第九条、第十条、第四十七条，《中华人民共和国广告法》第四十三条第一款、第四十四条，《最高人民法院关于审理消费民事公益诉讼案件适用法律若干问题的解释》第一条、第四条、第十三条第一款，《中华人民共和国民事诉讼法》第五十五条之规定，于2020年11月10日作出判决：

一、被告乐融致新电子科技（天津）有限公司于本判决生效之日起为其销售的带有开机广告的智能电视机在开机广告播放的同时提供一键关闭功能；

二、驳回原告江苏省消费者权益保护委员会的其他诉讼请求。

一审宣判后，乐融致新公司不服一审判决，向江苏省高级人民法院提起上诉。

乐融致新公司上诉称：（1）乐融致新公司为消费者提供了可选择设置全家福、旅游照片等作为开机视频或观看电视广告的功能，且提供了一键关闭功能，已经充分保护了消费者的选择权，一审法院对此未予回应并以设置一键关闭功能的可行性为由认定乐融致新公司侵犯消费者权益错误;(2)《中华人民共和国广告法》第四十三条明显落后于社会生活实际情况,一审法院无视智能电视产业的发展现状和客观情况,适用该规定处理本案对乐融致新公司过于苛刻,导致利益严重失衡,系适用法律错误。综上,请求撤销一审判决,驳回被上诉人江苏省消保委的全部诉讼请求。

被上诉人江苏省消保委辩称:(1)开机广告不是电视必须具备的功能,依据《中华人民法共和国广告法》第四十四条的规定,上诉人乐融致新公司有义务为其销售的智能电视在开机广告播放的同时提供一键关闭的功能,确保消费者选择观看或者不观看广告的权利;(2)江苏省消保委的诉讼请求是乐融致新公司在其销售的电视机上设置一键关闭而非其他功能,一审法院对上传照片、视频功能问题无需进行调查和回应;(3)设置一键关闭功能是为了保护消费者的选择权,并非不允许播放开机广告,也不损害乐融致新公司的经营利益。综上,一审法院认定事实清楚,适用法律正确。请求驳回乐融致新公司的上诉请求。

江苏省高级人民法院经二审,确认了一审查明的事实。

江苏省高级人民法院二审认为,本案二审的争议焦点为:(1)上诉人乐融致新公司销售的智能电视在播放开机广告时为消费者提供的可供选择的服务是否限制了消费者的选择权;(2)乐融致新公司提供的一键关闭的功能是否符合《中华人民共和国广告法》等法律规定。

法院认为,开机广告是智能电视的生产者通过智能电视的内置程序,利用因特网下载更新内容,并在用户开机时自动播放的广告。智能电视生产者对开机广告内容和播放模式具有决定权。因此,智能电视的生产者同时也是开机广告的经营者。本案系因消费者购买上诉人乐融致新公司生产的电视机出现开机广告问题引发的纠纷。消费者的自主选择权是指消费者有权根据自己的意愿自主选择或拒绝特定商品和服务的权利。鉴于乐融致新公司的双重身份,相较于传统消费纠纷,本案消费者的自主选择权具有更加丰富的内涵,自主选择权是否受到侵害应分为两个层面讨论。第一层面为乐融致新公司在消费者购买电视机时是否全面告知开机广告的有关情况,以此让消费者能够充分了解相关信息并自主选择购买或不购买电视机;第二层面为涉案电视机在播放开机广告时,是否按照法律规定设置了一键关闭功能,确保消费者享有拒绝接收开机广告的权利。

(一) 关于上诉人乐融致新公司是否侵害消费者购买电视机的选择权问题

根据一审查明的事实,上诉人乐融致新公司整改后,在产品销售页面、产品说明书、乐视商城网站的购买协议和产品外包装上就开机广告进行了提示,增大了提示字体。从提示的内容来看,乐融致新公司已经表明开机时会出现开机广告,部分机型包装上还载明了可以通过设置照片、视频等方式替代开机广告。在一般情况下,尚不至于使消费者产生误解,从而可以保障消费者购买电视机的选择权。然而,需要指出的是,乐融致新公司在相关提示中关于消费者是否可一键关闭开机广告的表述还不够清晰,仍有继续改进的空间。综合考虑本案情况,一审认为乐融致新公司在销售智能电视时对其存在开机广告事项基本履行了向消费者的告知义务正确,予以支持。

(二) 关于上诉人乐融致新公司是否侵害消费者观看开机广告的选择权问题

《中华人民共和国消费者权益保护法》第二十九条第三款规定:"经营者未经消费者同意或者请求,或者消费者明确表示拒绝的,不得向其发送商业性信息。"《中华人民共和国广告法》第四十四条第二款规定:"利用互联网发布、发送广告,不得影响用户正常使用网络。在互联网页面以弹出等形式发布的广告，应当显著标明关闭标志，确保一键关闭。"可见，法律并不禁止广告经营者通过互联网等方式向消费者推送广告或者其他商业信息，但应当保证消费者的拒绝权（选择权）。上述规定已经充分考虑互联网的特点，平衡了广告经营者的商业利益、信息流通利益和消费者权益。消费者是否接收商业信息的选择权是基于自身意愿产生的无需说明理由的权利，通过显著方式设置一键关闭窗口是保证该权利实现的法定形式，也是经营者应承担的无条件的法定义务。该法定义务应当是即时和彻底的，关闭窗口只有与互联网广告同时出现且能够彻底关闭广告才能充分保护消费者的选择权，才能实现法律规定的"确保一键关闭""不影响用户正常使用网络"的规范目的。

本案中，上诉人乐融致新公司销售的智能电视为消费者提供了设置开机照片、视频的功能，但该功能只赋予了消费者选择看开机照片、视频或是开机广告的权利，并未赋予消费者拒绝观看开机广告或其他开机照片、视频的权利，不当限缩了消费者选择权的范围。因此该功能不能免除或替代经营者的法定义务。而被上诉人江苏省消保委提交的《测试报告》和《专家意见》已经证明，播放开机广告延长了开机时间，增加了消费者的等待时间，且在播放开机广告的同时设置一键关闭功能在技术上并无障碍。因此，即使乐融致新公司所称基于技术原因，电视开机时需要热机等待，如不播放广告会出现黑屏的事实成立，也不能作为其拒绝设置一键关闭窗口的理由。乐融致新公司生产和销售的"乐视TV""Letv""Letv超级电视"等品牌智能电视加载的开机广告，在直到播放最后5秒时才弹出一键关闭窗口，消费者才能选择关闭开机广告，明显降低了消费者观看电视的体验，侵害了消费者的选择权。

二审中，上诉人乐融致新公司辩称其销售的智能电视机设置开机广告符合行业规范的要求，设置的一键关闭功能也遵循广告法的规定，赋予了消费者选择权。对此，法院认为，《智能电视开机广告服务规范》未就开机广告应如何设置一键关闭功能以确保实现消费者的选择权作出明确规定，并不代表经营者可以自由设置一键关闭功能。行业协会对开机广告制定行业规范，非法律所禁止，但行业标准不能低于法定标准，经营行为符合行业规范的基础上亦应当符合法律规定和社会广大消费者的普遍认知。现有证据表明，乐融致新公司设置的一键关闭不符合广告法的要求，不具有即时性。乐融致新公司的抗辩法院不予支持。一审认定乐融致新公司侵害了众多不特定消费者的合法权益，具有事实和法律依据，予以支持。

上诉人乐融致新公司自2019年10月21日致函被上诉人江苏省消保委至本案二审开庭，已一年有余，其向江苏省消保委承诺改进开机广告，设置一键关闭窗口事实上并无实质性进展。一审考虑到乐融致新公司以前销售的老旧机型，受软硬件技术限制以及功能修改量大等原因，对其已经出售的智能电视机不作整改时间限制，仅判令乐融致新公司于本判决生效之日起为其销售的带有开机广告的智能电视机在开机广告播放的同时提供一键关闭功能，已充分考虑了乐融致新公司的利益，体现了对市场主体的尊重和宽容，亦予以支持。

综上，上诉人乐融致新公司的上诉请求和理由均不能成立，不予支持。江苏省高级人民法院依照《中华人民共和国消费者权益保护法》第二十九条第三款、《中华人民共和国广告法》第四十四条第二款、《中华人民共和国民事诉讼法》第一百七十条第一款第一项之规定，于2021年3月23日作出判决：

驳回上诉，维持原判。

本判决为终审判决。

车函倩诉连云港亲亲袋鼠教育咨询有限公司、连云港苏宁置业有限公司苏宁广场购物分公司等侵权责任纠纷案

【裁判摘要】

商场商铺承租人因经营不善等原因倒闭或歇业后，主动与消费者联系退费等事宜，且不存在经营者下落不明导致消费者无法找到交易对象、亦不存在租赁主体不清导致消费者无法区分交易对象的情形，消费者以《中华人民共和国消费者权益保护法》第四十三条为依据，主张商场作为商铺出租人与商铺承租人共同承担赔偿责任的，人民法院不予支持。

原告：车函倩，女，1988年6月4日出生，汉族，住江苏省连云港市开发区。
被告：连云港亲亲袋鼠教育咨询有限公司，住所地：江苏省连云港市海州区通灌北路。
法定代表人：晏斌，该公司总经理。
被告：连云港苏宁置业有限公司苏宁广场购物分公司，住所地：江苏省连云港市海州区通灌北路。
法定代表人：楼晓君，该分公司经理。
被告：北京英启迪教育科技有限公司，住所地：北京市海淀区清河安宁庄东路。
法定代表人：杨丹丹，该公司总经理。

原告车函倩因与被告连云港亲亲袋鼠教育咨询有限公司（以下简称袋鼠公司）、连云港苏宁置业有限公司苏宁广场购物分公司（以下简称苏宁公司）、北京英启迪教育科技有限公司（以下简称英启迪公司）发生侵权责任纠纷，向江苏省连云港市海州区人民法院提起诉讼。

原告车函倩起诉称：原告与被告袋鼠公司签订了早教合同，在合同没有到期和履行完毕的情况下，被告单方面撤离，给原告造成了损失和痛苦，构成违约，应当承担赔偿责任，故请求判令三被告共同承担退还原告未授课程学费11224元，三倍赔偿金33673元，共计44897元。

被告袋鼠公司辩称：（1）确认与原告车函倩之间存在早期教育培训合同法律关系，并就袋鼠公司因经营状况严重困难，致使公司停业，并导致公司无力为学员提供服务，给原告带来困扰的情况，表示歉意。但对原告的两项诉求均不认可。根据袋鼠公司与原告签订的具体合同及合同履行情况看，原告的实际剩余课时费为781元（12500元÷12个月÷8课时×剩余6课时），不是11224元。根据双方签订的合同，合同期限为：2017年5月6日至2018年5月6日，原告购买的课时总数为90节课时；总价为14400元；会员类型为：年卡，期限12个月。协议中还约定了合同期限内学员上课的时段及频次为一周两次。根据双方合同

约定，学员应在协议规定期间内完成所有课程，袋鼠公司未收到学员请假通知的，视为学员自动放弃该节课程。（2）本案诉争事项应适用《中华人民共和国合同法》，而非依据《中华人民共和国消费者权益保护法》。原告主张三倍惩罚性赔偿没有事实和法律依据。如果适用《中华人民共和国消费者权益保护法》，消费者应为接受早教的学员儿童。本案不存在欺诈的事实前提，无论是合同的签订还是合同的具体履行，袋鼠公司均按照诚实信用原则履行着合同的各项条款，不存在提供的商品或服务具有欺诈的情况。即使在袋鼠公司陷入困境后仍在四处借钱努力退还客户剩余课时费，并积极与多数学员家长达成了善后协议。综上，请求驳回原告的诉求。

被告苏宁公司辩称：（1）本案纠纷系原告车函倩与被告袋鼠公司之间的教育培训合同纠纷，原告的诉求与苏宁公司没有关联性。本案中原告与袋鼠公司签订教育培训合同，购买袋鼠公司提供的教育服务，原告相应的款项是直接进入袋鼠公司的指定账户，享受的优惠政策也是袋鼠公司单方向原告提供。现由于袋鼠公司单方面撤离导致原告与袋鼠公司签订的合同目的不能实现，根据合同的相对性，本案与苏宁公司没有任何关系，苏宁公司对此不应该承担任何责任。（2）苏宁公司与袋鼠公司之间为商铺租赁关系，苏宁公司不参与袋鼠公司的经营活动，苏宁公司不应承担赔偿责任。苏宁公司与袋鼠公司仅为商铺租赁关系，苏宁公司对袋鼠公司自身的商业经营活动没有管理权，也不存在管理义务，苏宁公司不能介入袋鼠公司的内部经营管理，所以苏宁公司对袋鼠公司给原告造成的损失不承担责任。袋鼠公司与苏宁公司之间不存在管理与被管理的关系，亦没有任何法律、法规规定授予苏宁公司作为出租人对承租人即袋鼠公司享有监管的权力，苏宁公司对袋鼠公司的经营行为没有管理的权限和职责，袋鼠公司的日常经营行为独立于苏宁公司的经营行为，原告主张的要求苏宁公司承担连带责任，没有任何法律依据。（3）苏宁公司在本案中已经尽到管理义务，袋鼠公司具有独立的法人资格，苏宁公司不应承担赔偿责任。作为商铺的出租方，苏宁公司在与袋鼠公司签订租赁合同时，已尽到应尽的管理义务：书面要求袋鼠公司在开业之日起在店铺内亮照经营，将相关主体及经营证照（包括但不限于营业执照、税务登记证、组织机构代码证、行政许可审批手续及相关证照等）等证件正本置放在经营场所的醒目位置。并且袋鼠公司也取得了工商经营相关证照，合法开业经营，苏宁公司已经尽到对袋鼠公司的应尽的管理义务，因此苏宁公司不应当承担赔偿责任。因此，本案中原告是单独支付预付款给袋鼠公司，双方单独签订合同、履行合同，这些行为与苏宁公司没有关系、不存在关联性。请求依法驳回原告对苏宁公司的诉讼请求。

被告英启迪公司辩称：英启迪公司与被告袋鼠公司之间是独立的法人关系，是商标授权经营关系，再无其他任何法律关系，请求驳回原告对于英启迪公司的诉讼请求。

江苏省连云港市海州区人民法院一审查明：

2014年6月，晏斌从被告英启迪公司取得被告袋鼠公司品牌特许经营权。2014年7月，晏斌与被告苏宁公司签订商铺租赁合同。2014年8月29日，晏斌取得袋鼠公司营业执照（自然人独资，晏斌为法定代表人）。2014年第四季度，袋鼠公司开始营业。车函倩等人均与袋鼠公司签订会员协议，其子女在袋鼠公司接受早教服务。2018年初，袋鼠公司出现资金周转困难。2018年3月23日，袋鼠公司向苏宁公司申请延期支付租金，苏宁公司回绝。2018年4月14日，袋鼠公司向苏宁公司提出解除双方租赁合同。2018年4月16日，袋鼠公司正式停业,并在店铺张贴告示:由于经营状况变化,本中心暂时停止营业,我们为因此给您带来的不便深感抱歉,合同期内的会员家长我们会与您及时联系办理退款手续。由于车函倩与袋鼠公司就剩余课时存在较大争议,经消费者协会调解不成诉至一审法院。袋鼠公司在应诉时称应苏宁公司要求,清场时刷课系统已经处理,无法提供刷课记录,要求按照剩余合同期限计算剩余课时(已经过的合同期限视为车函倩已全部正常上课)。

再查明,2017年5月6日,原告车函倩与被告袋鼠公司签订会员协议,约定课时96节,赠送2节课,定价14400元(实际交纳12500元),起始日2017年5月6日,到期日2018年5月6日,上课时段为周中周末,上课频次为一周两次。车函倩的刷课小票未予以保存,但车函倩陈述其剩余课时为88节。

会员协议内容:会员协议背面为格式条款,其中特别声明:本协议签订后,乙方(袋鼠公司)将向甲方(车函倩)提供会员卡一张,会员系统会登记会员的课时情况,上课时甲方务必携带会员卡并交乙方前台登记刷卡,该会员卡的使用方式为一节课刷卡一次,会员卡性质包括服务期限、每周上课频次、每周上课时段(周中/周末),在会员合同服务期限内课次消耗与卡类有效期两者任意一种完成,均视同乙方完成对甲方的服务,甲方可通过续费为孩子获得下一个阶段课程体验。

另附《合同重要信息》,主要为上课守则。签到:到达中心以后,请先至前台使用会员卡签到,做好刷课的手续。请假:如有特殊原因不能来上课,请家长至少提前一天致电中心请假,若中心未收到任何请假通知,视为家长自动放弃本节课程,系统将自动扣课。补课:家长可随时和顾问联系并提前确定补课时间,连续3周以上的请假,需在中心前台办理书面停课请假手续……会员必须在协议规定期内完成所有课程(包括补课和赠送的课时),一旦课程有效期截止,未结束课时将自动取消。

又查明,2014年7月11日,被告苏宁公司(甲方)与晏斌(乙方袋鼠公司的法定代表人)签订《商铺租赁合同》,约定将苏宁广场第3层第304号商铺出租给乙方使用,租赁期限60个月(2014年9月30日至2019年9月29日),自该商铺开业日起计算。第三条商铺用途:3.1该商铺仅供用于经营袋鼠公司,类别为儿童早教。3.2乙方如拟将该商铺用于本合同约定之外的经营活动或用途,应经甲方书面同意。3.4乙方在该商铺内应合法经营,……并保证甲方不因乙方在该商铺内销售的商品、提供的服务或其他行为而受到任何第三方的投诉、索赔或遭受其他损失、责任。由此给甲方造成损失及责任的(含甲方为解决纠纷支付的各项费用),乙方应予以承担并负责赔偿。

第四条租金、费用及支付方式:4.2.1乙方应向甲方交纳租赁保证金118625元,该租赁保证金不是乙方预付的租金、物业服务费或其他费用,仅是乙方履行本合同、全部附件及各项管理制度约定义务的保证。4.2.3……甲方有权从租赁保证金中抵扣乙方拖欠的租金、物业服务费、其他费用、乙方应承担的赔偿、违约金、甲方代乙方承担的赔偿等。……4.2.4本合同解除或终止时,甲方应以下条件经甲方确认全部满足之日起三个月内将租赁保证金无息返还乙方(共7个条件),其中第5个条件为:乙方发放的以该商铺为经营场所或其他与该商铺有关的会员卡、预付款类卡及类似卡片、资格证件的退还以及退费问题已经完成,被投诉等售后服务问题已经解决(乙方应向甲方提供证明文件);第6个条件:乙方与甲方及/或消费者之间的纠纷(如有)已妥善解决,且无纠纷(乙方应向甲方提供甲方认可的相关证明文件)。

第九条经营条款 9.1 乙方应于甲方确定的时间正常营业。乙方应服从甲方对苏宁广场营业时间的安排,未经甲方书面同意,不得于营业时间内无故停止、暂停营业、撤离派驻人员或商品。9.3 乙方应遵守甲方对苏宁广场进行的推广活动及时间安排。9.4 乙方应独立承担因利用该商铺进行经营而产生的一切责任。如因乙方经营行为引起消费者直接向甲方提出修理、更换、退货或其他正当合理的要求时乙方应积极妥善处理。否则,甲方有权视具体情况,直接作出修理、更换、退货或其他合理的决定,有关费用由乙方承担。若因此导致甲方遭受损失时,乙方应负责赔偿。

被告袋鼠公司经营困难,无资金继续缴纳被告苏宁公司的租金及物业费,无法继续履行上述租赁合同。2018 年 4 月 14 日,袋鼠公司提出解除双方租赁合同。

另查明,2014 年 6 月 23 日,被告英启迪公司与晏斌签订《特许经营合同书》,许可晏斌在连云港市海州区 58 号苏宁广场投资设立加盟店,并授予被告袋鼠公司(特色课程)特许经营权,合同有效期五年,自 2014 年 8 月 23 日至 2019 年 8 月 22 日,特许经营费为 24 万元,年度特许经营费为第一年 8 万元、第二年 8 万元、第三年 10 万元、第四年 10 万元、第五年 12 万元。

江苏省连云港市海州区人民法院一审认为:本案一审争议焦点为:(1)剩余课时费如何计算,被告袋鼠公司是否构成欺诈;(2)被告苏宁公司、英启迪公司是否应承担责任,承担何种责任。

根据《江苏省消费者权益保护条例》第二十七条规定,预付款消费,经营者发行单用途预付卡(含其他预收款凭证)的,单张记名卡限额不得超过 5000 元。预付卡不得设定有效期。经营者应当保存合同及履行的相关资料,方便消费者查询、复制;相关资料应当保存至合同履行完毕后两年。第二十八条规定,经营者停业、歇业或者变更经营场所的,应当提前一个月通知已交预付款的消费者,并按照前款规定承担责任。经营者未事先通知已交预付款的消费者并作出妥善安排,不提供或者不按照约定提供商品、服务又无法联络的,视为欺诈行为。本案中,原告车函倩与被告袋鼠公司存在早期教育培训合同关系,在合同履行期间,因袋鼠公司经营不善致使公司停业,袋鼠公司应当承担退还原告剩余课时费的责任。

关于剩余课时费的计算问题。首先,因为被告袋鼠公司掌握刷课系统,完全有能力举证证明剩余课时,而原告车函倩持有的刷课小票难以保存,消费者丢失也属正常。现袋鼠公司拒不提供刷课系统记录,应承担举证不能的法律后果。其次,从同期在袋鼠公司上课的朱某某、韩某等人提供的刷课小票看,课时并未按照会员协议约定计算,而是以实际上课次数计算,应视为双方对合同约定的变更。最后,根据《侵害消费者权益行为处罚办法》第十条的规定,对于退款无约定的,按照有利于消费者的计算方式折算退款金额。综上,一审法院支持原告自认剩余 88 课时的主张,经计算,原告剩余课时费为 11224 元(12500 元÷98 课时×剩余 88 课时)。

关于被告袋鼠公司是否构成欺诈问题。袋鼠公司因经营不善致使公司停业,停业后积极与原告车函倩协商退款事宜,因双方对剩余课时存在争议,没有达成一致意见,故袋鼠公司并无欺诈行为,对原告主张三倍赔偿的诉讼请求,不予支持。

关于被告苏宁公司、英启迪公司是否应承担责任、承担何种责任的问题,《中华人民共和国消费者权益保护法》第四十三条规定，消费者在展销会、租赁柜台购买商品或者接受服务，其合法权益受到损害的，可以向销售者或者服务者要求赔偿。展销会结束或者柜台租赁期满后，也可以向展销会的举办者、柜台的出租者要求赔偿。展销会的举办者、柜台的出租者赔偿后，有权向销售者或者服务者追偿。根据该规定，结合本案案情，原告车函倩有权要求苏宁公司承担赔偿责任。首先，苏宁公司将位于苏宁广场第3层第304号商铺出租给被告袋鼠公司使用，用于经营儿童早教中心。根据双方签订的商铺租赁协议，双方不是简单的房屋租赁关系，苏宁公司对于袋鼠公司营业时间、商铺用途、消费投诉等方面都有限制性规定。苏宁公司的管理较一般的展销会举办者、柜台出租者更为严格。该经营场地相对独立，与其他客户相对隔离，经营形式符合柜台租赁的特征。苏宁公司应认定为"柜台的出租者"。其次，袋鼠公司已经停止经营，苏宁公司已将涉案商铺收回。再者，袋鼠公司向苏宁公司缴纳保证金118625元，该保证金仅是袋鼠公司履行合同、全部附件及各项管理制度约定义务的保证。苏宁公司有权从保证金中抵扣袋鼠公司拖欠的租金、物业服务费、其他费用、袋鼠公司应承担的赔偿、违约金、苏宁公司代乙方承担的赔偿等。综上，苏宁公司作为出租者，其在市场的管理经营过程中获得了经济收益，根据权利义务对等原则，出租者应在一定情形下承担一定的责任风险，其也预见到消费者与袋鼠公司发生纠纷时可能直接向其投诉，消费者选择到袋鼠公司进行预付款消费，也部分基于对苏宁广场的信任，故从保护消费者权益的角度和立场出发，苏宁公司应对原告承担连带赔偿责任。苏宁公司在承担赔偿责任后，可向袋鼠公司进行追偿。对于苏宁公司提出的袋鼠公司与苏宁公司之间不存在管理与被管理的关系，其不应承担连带赔偿责任的抗辩意见，与事实不符，不予采纳。袋鼠公司与英启迪公司是品牌特许加盟关系，双方系独立的法人，综合本案案情，原告要求英启迪公司承担连带赔偿责任，无法律依据，不予支持。

综上，江苏省连云港市海州区人民法院依照《中华人民共和国消费者权益保护法》第四十三条、《中华人民共和国民事诉讼法》第六十四条之规定，于2019年4月18日作出判决：

一、被告连云港亲亲袋鼠教育咨询有限公司于本判决生效之日起十日内给付原告车函倩剩余课时费11224元；

二、被告连云港苏宁置业有限公司苏宁广场购物分公司对上述第一项承担连带赔偿责任。其在承担赔偿责任后，可向连云港亲亲袋鼠教育咨询有限公司追偿；

三、驳回原告车函倩的其他诉讼请求。

袋鼠公司、苏宁公司不服一审判决，向江苏省连云港市中级人民法院提起上诉。

上诉人袋鼠公司上诉称：（1）根据合同的约定，截至袋鼠公司停业时即2018年4月16日，被上诉人车函倩的剩余课时为6节课，应退金额为12500元除以12个月（有效期），再除以8课时/月，再乘以6（剩余课时数）合计为781元。（2）车函倩主张按照《中华人民共和国消费者权益保护法》处理诉争事实，突破了合同相对性。本案系教育培训合同服务纠纷，不属于生活消费领域。如果本案适用《中华人民共和国消费者权益保护法》，消费者应该是接受早教的儿童，而不是家长作为原告。（3）袋鼠公司在2019年1月收到了一审法院十多份判决，均确认相关纠纷属于教育合同培训纠纷，亦明确引用了《中华人民共和国合同法》，本案结果却与之前的多起案件截然不同。请求二审法院撤销一审判决并依法改判。

上诉人苏宁公司辩称：本案纠纷系上诉人袋鼠公司与被上诉人车函倩之间的商业行为，与苏宁公司无关，苏宁公司不应承担责任。

被上诉人车函倩辩称：本案教育培训合同合法有效，上诉人袋鼠公司应当将所有的课程培训完毕，但事实上袋鼠公司在没有告知车函倩的情况下，突然将店铺关闭，搬离店内物品，其行为已经严重违约，给车函倩造成经济及时间上的损失。袋鼠公司涉嫌欺诈，应支付车函倩未授课时费的三倍违约金。袋鼠公司的电脑系统保存有完整的上课记录，但其拒不提供，应当由其承担相应的不利后果。

上诉人苏宁公司上诉称：（1）苏宁公司与上诉人袋鼠公司之间属于房屋租赁关系，并非柜台租赁关系。其一，涉案商铺套内面积达650平方米，与其他商铺相互独立、隔断封闭经营，且悬挂、摆放其经营的品牌和企业名称。其二，苏宁公司仅向袋鼠公司提供商铺并收取租金和物业管理费，袋鼠公司自行装饰装修，负担水电等费用，独立经营。苏宁公司对袋鼠公司的经营活动完全不参与，不具有支配和控制权。其三，苏宁公司作为出租方，对广场内所有承租商户的卫生、物业、开业时间等进行管理，系日常的公共管理，并非对袋鼠公司进行实质管理。其四，袋鼠公司用自己的品牌和影响力对外展示经营能力，与消费者形成合同关系。被上诉人车函倩非常清楚交易的对象和品牌，并直接向袋鼠公司付费，双方形成教育培训合同关系，与苏宁公司没有任何关系。（2）袋鼠公司停止经营后，以实际行为表明不再履行租赁合同，苏宁公司为了防止损失进一步扩大，与袋鼠公司及时解约，系苏宁公司正当处分租赁合同权利义务的行为。苏宁公司向袋鼠公司收取的保证金，用于担保袋鼠公司违反租赁合同给其造成损失时的赔偿，包括欠付租金、违约金等，系民事合同常见的履约担保方式，而非苏宁公司的收益，更不能表明双方之间存在管理与被管理的关系，况且保证金不足以抵扣苏宁公司的损失。（3）车函倩独立地与袋鼠公司签订合同、履行合同，车函倩享受的优惠政策也是袋鼠公司提供的。根据合同相对性原则，违约责任应由袋鼠公司承担，与苏宁公司无关。根据一审判决的逻辑，对商业广场的经营者（出租方）极不公平，增加了交易成本，阻碍了市场的发展，赋予了出租方不应该承担的义务，不利于行业的发展。（4）一审法院就相同案件前期作出了判决且已经生效，这些判决均依据合同相对性原则，认定苏宁公司不承担责任。（5）根据《商业特许经营管理条例》和《江苏省消费者权益保护条例》的规定，被上诉人英启迪公司与袋鼠公司之间为特许加盟关系，英启迪公司有义务对袋鼠公司的经营活动加强指导、监督，并在袋鼠公司拒不履行消费者权益保护义务时，承担相应的法律责任。综上，请求二审依法撤销一审判决第二项。

上诉人袋鼠公司辩称：同意上诉人苏宁公司的上诉意见，苏宁公司不应承担责任。袋鼠公司在营业期间均是以袋鼠公司作为主体对外经营，苏宁公司是合同履行的案外人，对袋鼠公司对外签订的合同不承担任何义务和责任。

被上诉人车函倩辩称：当事人之所以去上诉人苏宁公司和上诉人袋鼠公司签订早教合同，就是因为苏宁公司巨大的品牌价值，其有理由相信所有入驻苏宁广场的商家都是经过苏宁广场的严格审核，是对苏宁品牌的信赖，相信入驻商家的实力也是与苏宁广场的实力相匹配，与路边商铺不同。苏宁广场的入驻商家都是各行业的佼佼者，而且苏宁公司对入驻的商家有严格的管理与被管理的关系，苏宁公司对袋鼠公司的营业时间、商务运作、消费投诉等都有限制性规定，苏宁公司的管理较一般展销会的举办者，柜台出租者更为严格。本案符合《中华人民共和国消费者权益保护法》第四十三条相关规定，故苏宁公司应当承担连带责任。

被上诉人英启迪公司提交书面答辩意见：英启迪公司与上诉人袋鼠公司之间是商标授权的特许经营关系，不参与袋鼠公司的实际经营活动，只是提供早教的教学方法，一审判决英启迪公司不承担责任合法合理。

江苏省连云港市中级人民法院经二审，确认了一审查明的事实。

江苏省连云港市中级人民法院二审认为，本案二审的争议焦点为：（1）被上诉人车函倩诉讼主体是否适格以及剩余课时费如何计算；（2）本案能否依据《中华人民共和国消费者权益保护法》第四十三条的规定，判决上诉人苏宁公司承担相应的法律责任。

关于第一个争议焦点。第一，《亲亲袋鼠国际早教连云港中心会员协议》明确载明被上诉人车函倩系会员，其提起本案诉讼符合协议约定，本案诉讼主体适格。第二，一审考虑到车函倩与上诉人袋鼠公司对于剩余课时费的举证能力，结合同期上课的学员刷课小票，根据《侵害消费者权益行为处罚办法》关于退款的规定，从有利于消费者的角度出发，认定双方对合同约定已作变更，支持车函倩关于剩余课时为88节课、剩余课时费为11224元的主张并无不当，二审予以认同。

关于第二个争议焦点。二审认为，上诉人苏宁公司在本案中不应承担责任，理由如下：第一，苏宁公司不是合同相对方，其承担责任没有合同依据。本案的合同双方为被上诉人车函倩与上诉人袋鼠公司，袋鼠公司系自主品牌，自己提供教育培训服务并收取教育培训费用，苏宁公司并非涉案合同的当事人。消费者对自己的交易对象是袋鼠公司应当是清楚明知的，不存在因标识不全而产生混淆的情况。根据合同相对性原则，车函倩应当依据合同约定，向合同的相对方袋鼠公司主张合同权利，苏宁公司无承担责任的合同依据。第二，本案不适用《中华人民共和国消费者权益保护法》第四十三条的规定，该条款的立法本意是在商品展销会结束后消费者无法找到其具体的交易对象，或商场租赁柜台主体不清导致消费者无法区分交易对象的情况下，为了维护消费者权益而要求主办方和出租方承担责任，给予消费者的一种保护。该条款的适用范围不应无限扩大，应有一定的适用范围，即只有在展销会结束后或者柜台租赁期满后，经营者下落不明，消费者找不到合同相对人的情况下，才能要求主办方和出租者承担责任。本案中袋鼠公司在经营不善关门歇业后，主动与消费者联系后续退费事宜，不存在联系不上或拒绝退费等情形，故不属于《中华人民共和国消费者权益保护法》第四十三条规定的适用范围。第三，苏宁公司虽然对袋鼠公司进行管理，但该管理行为只是商场自身的正常经营管理，并没有参与袋鼠公司的经营管理，苏宁公司收取的租赁保证金性质是为了确保租赁合同的履行，并非为替代处理纠纷而预先收取。合同中并未约定苏宁公司全权替代处理消费者纠纷，收取租赁保证金的行为与袋鼠公司和消费者之间的纠纷没有关联性，不能据此要求苏宁公司承担因袋鼠公司自身经营行为而产生的风险责任。

综上，上诉人袋鼠公司关于本案诉讼主体以及剩余课时费的上诉请求依法不能成立，不予支持。上诉人苏宁公司关于其不承担责任的上诉请求依法成立，予以支持。一审判决认定的基本事实清楚，但适用法律不当，依法予以纠正。据此，江苏省连云港市中级人民法院经审判委员会讨论决定，依照《中华人民共和国民事诉讼法》第一百七十条第一款第二项的规定，于 2020 年 9 月 18 日作出判决：

一、维持连云港市海州区人民法院（2018）苏 0706 民初 4652 号民事判决第一项、第三项；

二、撤销连云港市海州区人民法院（2018）苏 0706 民初 4652 号民事判决第二项，即连云港苏宁置业有限公司苏宁广场购物分公司不承担责任。

本判决为终审判决。

姜某某、孟某某与乔某甲申请变更监护人案

【裁判摘要】

在申请变更监护人、变更抚养关系等需要确认未成年人、无行为能力或者限制行为能力人的财产监管责任的案件中，如监护人因年龄、身体健康等原因导致财产监管能力不足，或者监护人与被监护人的财产利益存在冲突等情况，造成监护人无法有效管理被监护人财产，可能造成其财产利益受损的，为体现"最有利于被监护人"的法律原则，经监护人与第三方协商一致并听取被监护人意见，经法院审查认定，可将被监护人财产委托第三方监管。

申请人：姜某某，女，1950 年 7 月 16 日出生，汉族，住上海市宝山区。
申请人：孟某某，男，1947 年 5 月 9 日出生，汉族，住上海市宝山区。
被申请人：乔某甲，男，1963 年 12 月 7 日出生，汉族，住上海市宝山区。

申请人姜某某、孟某某与被申请人乔某甲因申请变更监护人，向上海市长宁区人民法院提起诉讼。

申请人姜某某、孟某某称：被监护人乔某乙系两申请人的外孙女，乔某乙的母亲孟某于 2010 年 9 月 3 日病故，父亲乔某丙于 2012 年 7 月 23 日病故，乔某乙成了孤儿。2012 年 10 月 10 日经过亲属协商，上海市新华路街道人民居民委员会指定由乔某乙的叔叔乔某甲担任监护人。乔某乙已就读初三，有自己的判断能力，现在乔某乙本人要求两申请人担任监护人，两申请人尊重乔某乙的本人意愿，希望担任乔某乙的监护人。

被申请人乔某甲表示同意变更监护人，乔某乙现已长大，尊重其本人意愿。同时，将乔某乙本人的相关身份资料、乔某乙动迁分得的房产资料、银行存折等一并移交给乔某乙（两申请人同时签收），并表示经过结算，在其处还有属于乔某乙的 300000 元钱款，希望由案外人韩某某代为监管，该款不到万不得已不要动用。乔某甲另希望乔某乙能加强自我保护意识，在清明等重大节日能去祭扫自己的父母，尽到一个女儿的责任。在乔某乙遇到困难时，乔家的亲属也愿意帮助她。

上海市长宁区人民法院经审理查明：两申请人姜某某、孟某某系夫妻关系，两申请人系被监护人乔某乙的外祖父母。乔某乙于 2002 年 5 月 15 日出生，其母亲孟某于 2010 年 9 月 3 日病故，父亲乔某丙于 2012 年 7 月 23 日病故。经亲属间协商，上海市长宁区新华路街道人

民居民委员会于2012年10月10日指定被申请人乔某甲（系乔某乙叔叔）担任监护人。2012年10月起，乔某乙随乔某甲共同生活，直至2016年7月。2016年8月起，乔某乙随两申请人共同生活。

庭审中，被监护人乔某乙本人到庭，表示其愿意随两申请人姜某某、孟某某共同生活。

两申请人姜某某、孟某某与被申请人乔某甲在庭审中对被监护人乔某乙的经济款项达成一致意见，乔某甲将300000元交付给乔某乙，就此结清。

申请人姜某某、孟某某与被申请人乔某甲一致表示，为保护未成年人合法权益，希望属于被监护人乔某乙的300000元钱款由双方共同信任的案外人韩某某代为监管。

法院对被监护人乔某乙进行了心理观护。根据社会观护员出具的心理观护报告，乔某乙身体健康，但性格较弱，其已走出父母早逝的阴影。申请人姜某某、孟某某与被申请人乔某甲之间的争执让乔某乙心灵受到不小冲击，望各方亲属能看在乔某乙年纪尚小、失去父母的情况下，减少争执，尽可能在乔某乙成长之路上给予帮助。

法院经审理认为，父母是未成年子女的法定监护人，现被监护人乔某乙的父母皆已过世，居民委员会指定了被申请人乔某甲成为乔某乙的监护人，乔某甲尽到了监护责任。然乔某乙在生活中难免与乔某甲的亲属产生矛盾，其本人希望由申请人姜某某、孟某某担任监护人，现两申请人与被申请人达成一致意见，符合法律规定，予以准许。关于财产监管的问题，根据法律规定，监护人有管理和保护被监护人财产的义务。乔某甲作为原监护人出于保护乔某乙合法权益出发，提议由可信任的案外人暂时保管乔某乙的银行卡，符合情理。案外人韩某某也愿意承担监管义务，考虑到两申请人文化水平有限，年岁已高，乔某乙也系未成年人，其心智尚未完全成熟，案涉钱款系已离世的父母留给乔某乙的最后财产，确需慎重保管和处理，本案两申请人亦同意将乔某乙钱款交由韩某某监管。综合本案案情和现实生活中的情况，法院具体考量如下。

首先，在我国将被监护人财产交第三方监管是有法律依据的。当前的司法实践中，财产形式的多样化、财产关系的复杂化、经济行为的丰富化对财产监护能力提出更高要求。《中华人民共和国民法通则》第十八条以及2017年10月1日起正式实施的《中华人民共和国民法总则》第三十五条对被监护人的财产监护职责作了原则规定。《最高人民法院关于贯彻执行〈中华人民共和国民法通则〉若干问题的意见（试行）》第二十二条规定，"监护人可以将被监护人监护职责部分或者全部委托给他人……"《中华人民共和国民法总则》第三十五条明确规定，"监护人应当按照最有利于被监护人的原则履行监护职责。监护人除为维护被监护人利益外，不得处分被监护人的财产"。

其次，关于第三方资质的问题。监管被监护人财产的主体范围可以是被监护人的近亲属、亲朋好友等合适成年人，或是公证机关，或是妇联、关工委、居民（村）委员会、民政等公益组织。本案中，两申请人姜某某、孟某某和被申请人乔某甲共同选定由被监护人乔某乙的表舅韩某某担任财产监管人。法院在听取两申请人和被申请人意见的基础上，听取了案外人韩某某本人意见，其表示乔某乙系孤儿，愿意承担监管责任，由其保管该款项的银行卡或存折。法院还委托社会观护员调查韩某某的经济状况、社会表现、有无不良记录等各方面情况，确保韩某某确实具有监管乔某乙财产的能力，并会为了乔某乙的利益最大化管理其财产。

再次，为保证未成年被监护人利益的最大化，法院还详细解释并听取了被监护人乔某乙对财产监管方式的意见。乔某乙表示对由表舅韩某某担任财产监管人无异议，没有抵触心理。

最后，在各方面条件均具备的情况下，法院组织两申请人姜某某、孟某某，被申请人乔某甲和案外人韩某某在法官见证下，签订了书面监管协议，明确了财产清单、监管方式、监管时间等具体内容，并由法院审核确认，以此规范财产监管人的行为，保障未成年被监护人的财产得到最好管理和维护。

法院还指出，监护人有管理和保护未成年人财产的义务。财产监管是为防止监护人与未成年人的财产利益相冲突时，监护人无法合理有效管理未成年人财产并损害未成年人财产利益或者监护人出于自身管理财产能力等因素，自愿将未成年人财产交由他人代为监管。财产监管人并非未成年人财产的所有权人，财产监管人侵犯未成年人财产权益的，未成年人或者监护人可以追究财产监管人的法律责任。

综上，上海市长宁区人民法院依照《中华人民共和国民法通则》第十六条、第十八条，《最高人民法院关于贯彻执行〈中华人民共和国民法通则〉若干问题的意见（试行）》第十四条、第十五条、第十六条、第十七条、第十八条、第十九条，《中华人民共和国民事诉讼法》第一百七十八条之规定，于2017年4月12日判决如下：

一、被监护人乔某乙的监护人变更为申请人姜某某、孟某某。

二、被申请人乔某甲于本判决生效后十五日内将300000元交付给被监护人乔某乙，该款的银行卡（存折）在乔某乙18周岁前由财产监管人韩某某负责代为保管。

本判决为终审判决。

江西省金溪县人民检察院诉徐华文、方雨平人文遗迹保护民事公益诉讼案

【裁判摘要】

因破坏古迹、建筑群、遗址等人文遗迹造成生态资源损害的，侵权人应当承担侵权责任。检察机关可以依法对破坏人文遗迹造成生态资源损害的案件提起环境民事公益诉讼。在没有鉴定机构对古建筑损坏导致的人文生态资源损失作出鉴定的情况下，经当庭质证的专家意见可以作为认定根据。人民法院应综合考虑检察机关的公益诉讼请求、人文遗迹所在地经济发展水平、人文遗迹自身的社会影响力、被告的主观过错及其经济条件、对人文遗迹整体性的破坏程度和专家意见等要素，依法酌定人文生态资源损失。

公益诉讼起诉人：江西省金溪县人民检察院。

被告：徐华文，男，1969年12月7日出生，汉族，住江西省金溪县。

被告：方雨平，男，1966年3月12日出生，汉族，住江西省金溪县。

江西省金溪县人民检察院以金检刑诉（2020）174号起诉书指控徐华文、方雨平等人犯盗窃罪，于2021年1月5日向江西省金溪县人民法院提起公诉。金溪县人民法院于2021年5月7日作出（2021）赣1027刑初8号刑事判决，判决徐华文、方雨平犯盗窃罪，分别判处有期徒刑一年四个月、一年三个月，并各处罚金1万元。金溪县人民检察院于2020年12月17日公告了案件相关情况，公告期内未有法律规定的机关和有关组织提起民事公益诉讼。金溪县人民检察院于2021年1月22日向金溪县人民法院提起附带人文遗迹保护民事公益诉讼。

江西省金溪县人民检察院起诉称：2020年4月11日晚上九点多，被告徐华文、方雨平驾驶三轮摩托车到金溪县琉璃乡波源村西岸组一门楼偷盗一块"甲第里"石匾，两人在盗窃石匾过程中造成石匾被摔断，后两人将摔断的石匾装上车运回到云山镇。琉璃乡波源村系江西省传统村落，拥有较为丰富的物质和非物质文化遗产，具备地域文化特色及传统村落风貌。本案"甲第里"门楼属于不可再生的古建筑资源，其系波源村的有机组成部分，具有相应的历史、文化和经济价值。该门楼牌匾被盗窃并被损坏，改变了原有古建筑的风貌，斩断了原有历史文化传承，在一定程度上也加速了古建筑的消亡，损害了其历史、文化和经济价值，也对社会公共利益造成侵害。经重庆市工程设计院福建分院评估，"甲第里"门楼修复工程费用为9812元。2020年4月27日晚上，徐华文、方雨平驾驶三轮摩托车到合市镇湖坊村下洋组一门楼偷盗一块"三公旧第"石匾，两人在盗窃石匾过程中造成石匾摔断以及门楼整体性垮塌。后两人将摔断的石匾装上车运回到云山镇。合市镇湖坊村下辖的珊珂村、仲岭村系中国传统村落，湖坊村下洋组与珊珂村、仲岭村在空间距离上较近，历史文化传承和风貌相似，均具有一定的地域文化特色和传统村落风貌。本案案涉的"三公旧第"门楼承载着一定的历史、文化、艺术、社会、经济价值，对研究金溪县明清古建筑群以及江西农耕文化具有一定的史料参考价值。该门楼牌匾被盗，门楼整体遭到严重损坏，造成了历史、文化及经济损失，损害了社会公共利益。经重庆市工程设计院福建分院评估，"三公旧第"门楼修复工程费用为93727.61元。徐华文将两次盗得的石匾卖给黄光春，得款共计2200元。经专家评估，徐华文、方雨平盗窃古建筑构件行为造成人文生态环境服务功能损失合计为310617元。

被告徐华文、方雨平的盗窃行为，严重损毁被盗门楼的历史、艺术、文化价值，损害了社会公共利益，且至今未恢复原状或者赔偿损失，应承担相应的民事侵权责任。诉请：（1）两被告承担"甲第里"门楼修复费9812元、"三公旧第"门楼修复费93727.61元，总计103539.61元；（2）两被告承担人文生态环境服务功能损失310617元；（3）两被告承担鉴定费用共计11200元。

被告徐华文辩称：评估意见非国家文物评估机构或国家文物局备案的文物鉴定评估人员出具，专家评估意见科学性不足。徐华文系农民，根本没有意识到文物的不可再生性，其家庭经济困难，应当充分考虑其主观过错程度与经济赔偿能力。请求法院在判决承担修复费后，对人文生态环境服务功能损失作出公正判决。

被告方雨平辩称：方雨平对自己的错误行为造成文化、历史、艺术价值的损毁表示歉意，愿意在法定范围内赔偿相关经济损失并作修复。人文生态环境服务功能损失费310617元，是精神损失赔偿，属于间接经济损失，不应支持。两位专家不具备出具法定评估鉴定意见的主体资格，出具意见程序不合法，意见缺乏法定数据依据及专业行业性规定，不能单独作为定案依据。方雨平没有意识到自己的行为会对门楼的文化、历史、艺术价值造成巨大损毁，且其家庭经济条件有限。方雨平愿意承担修复费用及鉴定费用合计10余万元，其已受到了教育、惩罚。

江西省金溪县人民法院一审查明：金溪县琉璃乡波源村系"江西省传统村落"，拥有丰富的物质和非物质文化遗产。2020年4月11日晚上9时许，被告徐华文、方雨平驾驶三轮摩托车到波源村西岸组一门楼偷盗一块"甲第里"石匾，在盗窃过程中造成石匾掉落摔断。同年4月27日晚上，两被告驾驶三轮摩托车到下洋组一门楼偷盗一块"三公旧第"石匾，在盗窃过程中造成石匾摔断以及门楼整体性垮塌。其间，两被告将被摔断的两块石匾装车运到抚州市临川区云山镇，以2200元出售给他人。两块石匾尚未追回。

经专业机构评估，"甲第里"门楼修复工程费用为9812元、"三公旧第"门楼修复工程费用为93727.61元。经专家评估，两被告盗窃古建筑构件的行为，造成人文生态环境服务功能损失共计310617元。

另查明，金溪县系"江西十大文化古县"，拥有中国历史文化名镇（名村）7个、传统村落128个、明清古建筑11633栋，其中，中国传统村落42个、江西省传统村落31个，被誉为"一座没有围墙的古村落博物馆"。

江西省金溪县人民法院一审认为：人文遗迹属于我国环境法保护的范畴。传统村落是中国农耕文明留下的宝贵文化遗产，归属于人文遗迹，是环境的重要组成部分。对传统村落的保护应当重视其生态价值和文化价值的保护。同时，对传统村落的保护必须着眼于整体性保护，方能实现传统村落的可持续发展。因破坏古迹、建筑群、遗址等人文遗迹造成生态资源损害的，侵权人应当承担侵权责任。案涉"甲第里""三公旧第"牌匾及其依存建筑具有浓厚的地域文化特征，且包含了丰富的历史信息，属于不可再生的文化遗产。

本案系环境资源案件中的生态保护案件。公益诉讼起诉人起诉要求两被告承担民事侵权责任，对于侵权行为以及侵权行为和损害后果之间的因果关系，因两被告盗窃行为造成被盗门楼损毁的事实，已为生效刑事判决所确认，故本案审理重点为：（1）检察机关对破坏传统村落行为能否提起环境民事公益诉讼。（2）在没有鉴定机构能对古建筑损坏所造成的人文生态资源损失作出鉴定时，有专门知识的人出具的专家意见能否作为证据采信。（3）本案的损失如何确定。对此，评述如下：

一、关于检察机关对破坏传统村落行为能否提起环境民事公益诉讼的问题

金溪县琉璃乡波源村系"江西省传统村落"，拥有丰富的物质和非物质文化遗产。"甲第里"门楼属于不可再生的古建筑资源，该门楼牌匾被盗及损坏，改变了原有古建筑风貌，斩断了原有历史文化传承。金溪县合市镇湖坊村下洋组与"中国传统村落"珊珂村、仲岭村距离相近，具备地域文化特色及传统村落风貌。"三公旧第"门楼承载着一定的历史、文化、艺术、社会、经济价值，对研究当地明清古建筑群以及江西农耕文化具有一定的史料参考价值。法院认为，人文遗迹属于文化遗产，虽然文化遗产属于精神文明范畴，但都是通过一定的物质载体来体现。传统村落即属于有形文化遗产与无形文化遗产的综合体。上述门楼牌匾被盗及损坏，严重损毁被盗门楼的生态价值和历史文化价值，损害了社会公共利益。本案所造成的损失既包含具有直观性和直接性的直接经济损失即门楼牌匾修复费用，也包含具有无形性的生态和人文价值损失，两被告应承担相应的民事侵权责任。本案涉及生态资源的公共利益保护，在没有法律规定的机关和组织提起诉讼的情况下，检察机关可以提起环境民事公益诉讼。

二、关于在没有鉴定机构能对古建筑损坏所造成的人文生态资源损失作出鉴定时，有专门知识的人出具的专家意见能否作为证据采信的问题

本案因无鉴定机构可以对人文生态资源损失进行鉴定，委托两名专家出具了《专家评估意见》。经查，两名专家分别为：抚州市文物保护中心副研究馆员丁潮康，抚州市博物馆副研究馆员程小辉，均系文博类专家，具有文博领域专业知识，且长期从事文物保护领域研究，具有对古建筑损坏所造成人文生态资源损害等专门性问题进行评价的能力，属于"有专门知识的人"。两名专家接受公益诉讼起诉人的委托，依据自己的专业知识并查阅资料，经充分讨论、分析，从人文生态环境角度对古建筑损坏所造成的功能损害给出了明确的专业意见，并以专家身份出庭接受当事人及审判人员的询问。根据《中华人民共和国民事诉讼法》第七十九条规定："当事人可以申请人民法院通知有专门知识的人出庭，就鉴定人作出的鉴定意见或者专业问题提出意见。"《最高人民法院关于适用〈中华人民共和国民事诉讼法〉的解释》第一百二十二条规定："当事人可以依照民事诉讼法第七十九条的规定，在举证期限届满前申请一至二名具有专门知识的人出庭，代表当事人对鉴定意见进行质证，或者对案件事实所涉及的专业问题提出意见。具有专门知识的人在法庭上就专业问题提出的意见，视为当事人的陈述……"《最高人民法院关于审理环境民事公益诉讼案件适用法律若干问题的解释》第十五条规定："当事人申请通知有专门知识的人出庭，就鉴定人作出的鉴定意见或者就因果关系、生态环境修复方式、生态环境修复费用以及生态环境受到损害至修复完成期间服务功能丧失导致的损失等专门性问题提出意见的，人民法院可以准许。前款规定的专家意见经质证，可以作为认定事实的根据。"法院认为，《专家评估意见》的出具主体、形成程序均合法，两名专家出具的意见，经过充分讨论、分析，结论明确，且经庭审质证，具备合法性、科学性，符合上述法律及司法解释的规定，依法可以作为本案认定事实的根据。

三、关于本案的损失如何确定问题

本案门楼牌匾被盗的同时造成其本身依附的建筑损坏，经具有文物工程设计资质的重庆市工程设计院福建分院对两块牌匾依存建筑所做的修复设计，"甲第里"门楼修复预算为9812元，"三公旧第"门楼修复预算为93727.61元。法院认为，上述修复工程费用系有资质的专业机构所做的评估意见，且两被告对该修复费用并无异议，故对公益诉讼起诉人提起的要求两被告承担"甲第里"门楼修复费9812元、"三公旧第"门楼修复费93727.61元的诉讼请求，予以支持。

关于对人文生态资源损失的确定。法院认为，公益诉讼起诉人起诉要求两被告承担人文生态环境服务功能损失，实质上是要求两被告承担所造成的人文生态资源损失，既包含了服务功能损失，也应包含永久性功能损失。故法院界定本案所造成的损失应为人文生态资源损失。案涉"甲第里""三公旧第"牌匾及其依存建筑具有浓厚的地域文化特征，且包含了丰富的历史信息，属于不可再生的文化遗产。虽然被盗牌匾及被破坏的门楼建筑可以依照原貌进行修复，但被盗牌匾的原物已难以追回，而且经过修复后的门楼及牌匾的人文生态价值相较原物价值必有贬损，原生态的古村落传统风貌的完整性和传统村落历史文化的传承功能已不可逆地遭到破坏，对当地人文生态资源造成了损害，这种损害严重影响了当地人民群众的人文情怀、历史情感，这种无形的损失难以用金钱来衡量。综合考虑金溪县地方经济发展水平、"甲第里"石匾所在地波源村系"江西省传统村落"、两被告的主观过错及其家庭经济条件、对传统村落整体性的破坏程度以及专家依据专业知识出具的人文生态环境服务功能损失费用310617元的意见等情况，根据《最高人民法院关于审理环境民事公益诉讼案件适用法律若干问题的解释》第二十一条"原告请求被告赔偿生态环境受到损害至修复完成期间服务功能丧失导致的损失、生态环境功能永久性损害造成的损失的，人民法院可以依法予以支持"的规定，酌定两被告承担因破坏人文生态资源所造成的损失为300000元。鉴定和评估费用共计11200元，应由两被告一并承担。

人文遗迹承载灿烂文明，传承历史文化，维系民族精神。金溪县作为"江西十大文化古县"，拥有众多的传统村落和古建筑。本案的审判，既是对两被告所做行为的否定评价，也是对广大公众人文生态资源权益遭受损害的填补，更在于警示、教育、唤起全体社会成员人文生态资源保护意识，增强保护传统村落风貌和古建筑等不可再生文化遗产的自觉性，更好地留住历史传承，留住美丽乡愁。

据此，江西省金溪县人民法院依照《最高人民法院关于适用〈中华人民共和国民法典〉时间效力的若干规定》第二条，《中华人民共和国民法典》第一千一百六十五条、第一千一百六十八条、第一千二百二十九条、第一千二百三十五条，《中华人民共和国环境保护法》第二条、第六十四条，《最高人民法院关于审理环境民事公益诉讼案件适用法律若干问题的解释》第十五条、第十八条、第二十条、第二十一条、第二十二条、第二十三条，《中华人民共和国民事诉讼法》第五十五条、第七十九条，《最高人民法院关于适用〈中华人民共和国民事诉讼法〉的解释》第一百二十二条的规定，于2021年12月31日判决如下：

一、被告徐华文、方雨平应当在本判决生效之日起十日内连带赔偿"甲第里"门楼修复费用9812元、"三公旧第"门楼修复费用93727.61元，合计修复费用103539.61元；

二、被告徐华文、方雨平应当在本判决生效之日起三十日内连带赔偿人文生态资源损失300000元；

三、被告徐华文、方雨平承担鉴定及评估费用11200元。

一审宣判后，各方当事人均未提起上诉，一审判决已发生法律效力。

江卫民诉南京宏阳房产经纪有限公司房屋租赁合同纠纷案

【裁判摘要】

出租人向承租人提供租赁物，应符合租赁用途。经营房屋租赁业务的出租人，应对室内空气质量进行检测、治理，使之符合国家有关环保标准。出租人如提供有害气体超标的租赁房屋，侵害了承租人的生命健康安全，致承租人的租赁目的无法实现，承租人要求解除合同并退还租金等费用的，人民法院应予支持。

原告：江卫民，男，汉族，1996年7月15日出生，住江西省九江市都昌县。

被告：南京宏阳房产经纪有限公司，住所地：江苏省南京市江宁区东山街道府前东路。

法定代表人：陈俊宏，该公司总经理。

原告江卫民因与被告南京宏阳房产经纪有限公司（以下简称宏阳公司）发生房屋租赁合同纠纷，向江苏省南京市江宁区人民法院提起诉讼。

原告江卫民诉称：2021年3月，原告在被告宏阳公司处租赁了位于南京市江宁区×幢×室房屋，并签订《房屋租赁合同》。合同约定，租金每月1100元，押一付三。签约当日原告入住案涉房屋，后感到全身不适，其怀孕的妻子亦生病。原告即与被告协商换房或退租事宜，但被告一直不愿处理，无奈之下于同年6月自费找到检测机构对房屋的室内空气质量进行检测。检测报告显示，室内空气中的甲醛值、总挥发性有机物值均超标。考虑到妻子有孕在身，不愿再住在该房屋内，但多次与被告协商退房无果。为了保护自身权益诉至法院，请求判令：（1）解除原、被告之间的《房屋租赁合同》；（2）判令被告立即退还其交纳的各项费用合计6556元（具体明细为：2021年3月28日交纳的租金3300元、物业管理费1056元、押金1100元、2021年5月16日交纳的租金1100元）；（3）被告承担诉讼费用。

被告宏阳公司辩称：原告江卫民未按约定的时间交纳租金，构成违约。被告在原告起诉后自行对室内有害气体进行了检测，结果未超标，故不同意原告的诉讼请求。

江苏省南京市江宁区人民法院一审查明：

被告宏阳公司从事房地产经纪、住房租赁等业务。2021年3月21日，宏阳公司（甲方）与原告江卫民（乙方）签订《房屋租赁合同》一份，约定甲方将位于南京市江宁区×幢×室房屋出租给乙方使用，租期自2021年3月22日起至2022年7月15日止；租金每月1100元，押一付三，首期租金3300元于2021年3月22日支付，第二期租金3300元于同年5月15日支付，以此类推；甲方收取乙方保证金1100元，公共区域保洁、维修、宽带、物业管理费1056元。合同还约定了其他内容。合同签订后，被告将房屋交给原告使用，原告支付租金3300元、物业管理费1056元、押金1100元，合计5456元，被告于2021年3月28日出具收据一份。2021年5月16日，原告又支付租金1100元。

2021年4月，原告江卫民妻子（已怀孕）出现身体不适，至江苏省人民医院、东部战区总医院等医疗机构检查,诊断为慢性肾小球肾炎。原告认为与室内甲醛超标有关,自行购买甲醛检测试纸检测,结果超标,故与被告宏阳公司业务员联系要求退租。双方协商中,被告工作人员于2021年6月1日联系原告催缴第二期剩余租金,原告要求被告配合其找具有相应资质的机构进行甲醛检测,其工作人员回复"你租个房子还什么甲醛,有这条件你自己买房子住去呗""我这还第一次听说租房还有甲醛检测的""你爱住就住,不住晚上搬走,我下面找不在乎这些什么甲醛、乙醛的租客"。与被告协商未果后,原告自行委托江苏智然检测有限公司(以下简称智然公司)对案涉房屋内的空气质量进行检测。2021年6月2日,智然公司上门采样。2021年6月7日,智然公司出具(2021)苏智监(室环)字第(202106090)号检测报告,结果为甲醛检测值0.213毫克/立方米,苯检测值0.035毫克/立方米,甲苯检测值0.062毫克/立方米,二甲苯检测值0.085毫克/立方米,总挥发性有机物TVOC检测值0.863毫克/立方米,甲醛、总挥发性有机物TVOC不合格。原告取得上述检测报告后,搬出租赁房屋并告知被告且将房门钥匙邮寄交还被告。

另查明,根据国家质量监督检验检疫总局、卫生部、国家环境保护总局联合发布的《室内空气质量标准》(GB/T18883-2002),室内空气中的甲醛含量应小于等于0.10毫克/立方米,总挥发性有机物TVOC含量应小于等于0.60毫克/立方米。智然公司具有中国计量认证(CMA)证书(编号171012050167),具备相应环境与环保检测资质。

再查明,2021年6月29日,原告江卫民就本案纠纷向法院提起诉讼,法院委托相关特邀调解组织进行了诉前调解,起诉状副本、证据等材料由特邀调解组织于2021年7月3日送达被告宏阳公司。

审理中,被告宏阳公司陈述,案涉房屋于2017年即已装修,虽装修完成时并未检测,但其在原告江卫民起诉后进行了检测,室内空气质量是合格的,并提交一份由智然公司出具的检测报告〔(2021)苏智监(室环)字第(202111452)号〕,采样时间为2021年11月18日,结果中甲醛检测值0.090毫克/立方米、总挥发性有机物TVOC检测值0.424毫克/立方米,均符合国家标准。于2021年11月26日至智然公司就两份检测报告结果不一致问题进行调查。智然公司法定代表人陈述,两次检测所用的仪器、检测方法及标准均相同,但甲醛和总挥发性有机物TVOC的挥发量与温度、湿度、密闭时间等环境因素有较大关系,两份报告间隔近半年,有害物质也会随时间挥发减少;从报告本身数值看,即便在冬天(挥发性会随温度降低),甲醛数值也接近国家标准上限。

江苏省南京市江宁区人民法院一审认为:

出租人的核心义务是向承租人提供符合租赁用途,具有使用、收益价值的租赁物。出租人提供有害气体超标的租赁房屋,侵害了承租人以安全健康为内容的人格权,致承租人的租赁目的无法实现,故相关房屋不应用于出租,已出租房屋亦无权收取租金,承租人有权要求解除合同并退还全部款项。

本案中,被告宏阳公司作为经营房屋租赁业务的企业,应主动对室内空气质量进行检测、治理,使之符合国家有关环保标准。在被告既未主动进行室内空气质量检测,又拒绝配合承租人进行空气质量检测的情况下,原告江卫民有权自行委托有资质的检测机构进行检测,被告无权以原告单方检测为由拒绝承认检测结果。根据原告提交的检测报告,被告出租的房屋中甲醛、总挥发性有机物TVOC严重超标,可能致使用人受到严重健康损害。虽无确定的证据可以证明原告妻子的疾病由上述有害气体引起,但也不能排除与有害气体超标导致的免疫力减退等因素有关。被告虽也提供同一机构的检测报告证明室内空气质量符合标准,但其检测时间在原告入住之后较久,根据气体的挥发性质,相应有害气体检测值可能随时间、温度或通风、治理等情况逐渐减少,不能据此证明原告居住期间的空气质量合格。且从第二份报告检测值看,即便在间隔近半年、有害气体挥发性较弱的冬天,甲醛数值也接近国家标准上限,亦佐证了第一份报告结论的正确性。

综上,本案《房屋租赁合同》应予解除。原告江卫民要求解约的主张通过法院特邀调解组织送达起诉状副本于2021年7月3日到达被告宏阳公司,故房屋租赁合同于当日解除。合同解除后,被告应退还原告支付的全部款项6556元。

据此,江苏省南京市江宁区人民法院依照《中华人民共和国民法典》第三条,第五百六十三条第一款第四项,第五百六十五条第二款,第五百六十六条第一款、第二款,第七百零八条;《中华人民共和国民事诉讼法》第六十四条第一款之规定,于2021年12月7日判决如下:

一、原告江卫民与被告南京宏阳房产经纪有限公司之间的《房屋租赁合同》于2021年7月3日解除;

二、被告南京宏阳房产经纪有限公司于本判决发生法律效力之日起十日内返还原告江卫民租金4400元、物业费1056元、押金1100元,合计6556元。

案件受理费294元,减半收取计147元,由被告南京宏阳房产经纪有限公司负担。

宏阳公司不服一审判决,向江苏省南京市中级人民法院提起上诉。因宏阳公司经合法传唤,无正当理由未到庭参加诉讼,江苏省南京市中级人民法院于2022年2月17日裁定如下:

本案按上诉人南京宏阳房产经纪有限公司撤回上诉处理。一审判决自本裁定书送达之日起发生法律效力。

本裁定为终审裁定。

商 事

郑诗琦诉三星财产保险（中国）有限公司
财产保险合同纠纷案

【裁判摘要】

被保险人将约定用途为"非营业个人"的被保险车辆出租给他人，并允许承租人通过网络向不特定用户转租，系以获取租金收益为目的的商业性使用，改变了保险标的的用途，且超出保险合同订立时保险人预见或应当预见的保险合同的承保范围，属于《中华人民共和国保险法》第五十二条危险程度显著增加的情形。

原告：郑诗琦，男，1986年7月27日出生，汉族，户籍地：上海市黄浦区。

被告：三星财产保险（中国）有限公司，住所地：上海市闵行区吴中路。

法定代表人：吉庆燮，该公司总经理。

原告郑诗琦因与被告三星财产保险（中国）有限公司（以下简称三星公司）发生财产保险合同纠纷，向上海市闵行区人民法院提起诉讼。

原告郑诗琦诉称：2018年6月26日，原告在被告三星公司处投保了车损险及不计免赔险，保险期间自2018年8月10日至2019年8月9日止。2018年12月23日，案外人肖韩驾驶原告所有的沪BW××××车辆在浙江省平湖市黄姑集镇九龙山度假景区发生事故，经平湖市交通警察支队出具道路交通事故认定书认定肖韩负事故全部责任。后经上海道路交通事故物损评估中心对事故车辆沪BW××××进行修复价格评估，沪BW××××车辆市场修复价格为145786元，为此支付评估费3910元，事故施救费用250元，以上共计149946元。原告认为，原、被告之间存在合法有效的保险合同关系，且事故发生在保险期间内，因发生事故致使原告车辆受损。原告向被告申请理赔，被告以原告改变被保险车辆用途为由拒绝赔偿。原告认为被保险车辆的用途没有改变，特提起诉讼，请求被告赔偿原告车辆维修费、施救费等149946元。

被告三星公司辩称：对原告郑诗琦所述事故发生经过、交警责任认定以及车辆投保情况无异议，但是被告不同意赔偿。因为被保险车辆是在租赁期间发生的事故，原告改变了被保险车辆的用途导致危险显著增加，依据《中华人民共和国保险法》第五十二条的规定，不予赔偿。

上海市闵行区人民法院一审查明：

沪BW××××小型轿车为原告郑诗琦所有。原告为该车向被告三星公司投保机动车综合商业保险，保险期间自2018年8月10日至2019年8月9日止；《机动车综合商业保险保险单》使用性质一栏注明"非营业个人"；重要提示一栏注明"被保险机动车因改装、加装、改变使用性质等导致危险程度显著增加以及转卖、转让、赠送他人的，应书面通知保险人并办理变更手续"。

原告郑诗琦将沪BW×××小型轿车租赁给案外人宋子玉（微信名）。2018年12月23日，宋子玉将沪BW×××小型轿车租赁给案外人于仕鑫，并收取租金及押金共计3100元。于仕鑫将该车交由肖韩驾驶。2018年12月23日23时40分许，肖韩驾驶该车沿浙江省平湖市独山港镇九龙山度假景区内道路行驶至事发路段时因避让动物导致车辆失控冲出路面，与山体相撞，造成车辆损坏的事故。平湖市公安局交警大队认定肖韩负全部责任。

2019年1月14日，被告三星公司向原告郑诗琦出具《机动车辆保险拒赔通知书》，对沪BW×××小型轿车在上述事故中产生的损失以不属于保险责任赔偿范围为由，拒绝赔偿。

诉讼中，原告郑诗琦陈述："宋子玉是我在网上认识的朋友，我们在去年第三季度，大概在10月份左右认识的。认识后我们见过面的，主要是网上聊，一共就见过两次面。他的职业我不清楚，就知道他是车迷中一个组织者。我只知道他住上海，具体哪里不知道，至于他是哪里人我不清楚没问过。……曾经两次见面都是在我家附近的地方看车，问我有没有改装的兴趣以及对车这方面有什么喜好。""事故车辆是闲置的，我不是经常开，他说停着也是停着不如借给他，给我一些补贴，假如有什么事情他会赔，且车子本身也有保险。""他说让我看一下一般到租车公司租这样的车要多少钱，然后再打个折给他，外面基本是六七百一天，所以最后我和他谈的是四五百一天。""拿了车大概过了十几分钟他就通过微信转给我1000元。车子就是事故当天中午给他的，是第一次给到他，结果晚上就出事了。事发当日宋子玉联系我只告诉我车子撞了，驾驶员是他的朋友，具体细节没有提，之后的修车事宜都是他处理的，再后来是保险公司联系上我，说你朋友将车子租给别人，保险公司拒赔。""我没有细问（宋子玉借车的用途），他说他会自己开或者给朋友开，就告诉我不用担心，有问题他会处理的。""既然我把车给了他，就是因为我觉得即使他把车租给别人开也没什么问题，因为车子是有保险的，所以我才敢把车子给到他。他是否收取租金我也不方便再去问他，我觉得这也不影响理赔。""没有核实过（宋子玉真名），我管他叫小宋，也没有看过身份证原件，签租车协议也是在外面签的，租车合同上的名字像宋志凯，所以我也不知道他的真实名字。""（现在）联系过（宋子玉），但是几乎联系不上，我不知道他在哪里。我们只是在车友群认识的。"

宋子玉在其微信朋友圈发布各款汽车图片，并配有以下文字："js在空秒飞雨天骨折价""沪牌高配a5包月打骨折价"。

上海市闵行区人民法院经审理认为：

被告三星公司拒绝理赔的理由成立，原告郑诗琦要求被告理赔的诉讼请求不成立，理由如下：结合《中华人民共和国保险法》第五十二条及《最高人民法院关于适用〈中华人民共和国保险法〉若干问题的解释（四）》第四条的规定，并结合本案事实，评判被告应否承担赔偿责任，需要注意以下问题：（1）沪BW×××小型轿车的用途是否改变；（2）如果沪BW×××小型轿车的用途改变，是否因此导致危险程度显著增加；（3）危险程度虽然增加，但是否属于保险人预见或应当预见的保险合同承保范围。

关于沪BW××××小型轿车的用途是否改变的问题，原告郑诗琦投保时双方约定系争车辆的用途为"非营业个人"，"非营业"相对的概念是"营业"。营业一词，从文义解释来看，《现代汉语词典》给出的解释是"（商业、服务业、交通运输业等）经营业务"，根据该解释"非营业"应当排除经营业务。从行业规范来看，公安部发布的《中华人民共和国公共安全行业标准机动车类型术语和定义》中明确"非营运机动车是指个人或者单位不以获取利润为目的而使用的机动车"，该规范所附的《机动车使用性质细类表》中列明营运类机动车包括公路客运、公交客运、出租客运、旅游客运、租赁、教练、货运、危化品运输。本案中，双方约定的系争车辆的用途为"非营业个人"，排除了对系争车辆以营利为目的的商业性使用。根据被告三星公司提供的证据，并结合原告本人的陈述，法院有理由相信原告将系争车辆出租于案外人宋子玉，宋子玉又将系争车辆转租于次承租人。显然，系争车辆的使用性质已经不同于原、被告双方约定的"非营业个人"，而是转变为以获取租金收益为目的的商业性使用。

关于沪BW××××小型轿车的用途改变是否导致危险程度显著增加且超出保险人应当预见范围的问题。本案中，系争车辆危险程度的增加体现在以下方面：首先，原告郑诗琦将车辆出租给微信名为宋子玉的案外人，而宋子玉通过网络发布广告，向不特定人员低价招揽租车用户的方式客观上大幅提高了车辆的出行频率、扩大了出行范围，车辆在运行过程中出险的概率也相应大幅提高，导致被告方所承担的风险远远超过原、被告双方按"非营业个人"的用途所确定保费的承受范围。其次，系争车辆用途的改变同时伴随着车辆管理人与使用人的改变。原告将车辆交付宋子玉管理。庭审中原告的陈述表明其对宋子玉的真实身份情况并不清楚，因此无证据证明宋子玉具备经营车辆租赁所必需的对车辆进行规范管理、维护、对客户进行风险管控的专业能力；而宋子玉承租车辆的目的在于转租再谋利，没有证据表明宋子玉在车辆转租过程中对相对人的风险控制能力进行了必要的审查。因此，系争车辆管理人的改变也足以导致危险概率的提高，而原告与宋子玉对危险概率的提高均采取了放任的态度。在此情况下，系争车辆危险程度的增加完全超出了保险人可预见的范围，如果由保险人来承担风险，将违反财产保险合同中对价平衡的原则，不利于保险业的健康长久稳定发展。根据《最高人民法院关于适用〈中华人民共和国保险法〉若干问题的解释（四）》第四条的规定，应当认定沪BW××××小型轿车的危险程度显著增加且超出保险人应当预见的范围。

据此，上海市闵行区人民法院依照《中华人民共和国保险法》第五十二条，《最高人民法院关于适用〈中华人民共和国保险法〉若干问题的解释（四）》第四条第一款第一项、第五项之规定，于2019年12月24日判决如下：

驳回原告郑诗琦的诉讼请求。

一审宣判后，双方当事人均未提起上诉，一审判决已发生法律效力。

昆明哦客商贸有限公司、熊志民与李长友等股东资格确认纠纷案

【裁判摘要】

1. 名为股权转让，但转让各方资金往来表现为借贷关系，存在以债务清偿为股权返还条件、转让后受让方未接手公司管理、表达了担保意思等不享有股东权利特征的，应当认定为股权让与担保，股权让与担保权人仅为名义股东，不实际享有股东权利。股权让与担保人请求确认自己享有的股权的，应予支持。在清偿完被担保的债务前，股权让与担保人请求变更股权登记至其名下的，不予支持。

2. 人民法院在处理股权让与担保纠纷案件时，应注意审查相关合同的具体约定，准确认定当事人的真实意思表示，充分尊重当事人的意思自治；注意参照质押担保的法律要件准确认定股权让与担保，是否移交公司经营权并非必要要件；注意在涉及移交公司经营权的案件中，综合考虑担保权人的投资和经营贡献、市场行情等因素，运用利益平衡原则妥善处理因经营损益、股权价值变动等引发的纠纷。

原告：熊志民，男，汉族，1964年5月18日出生，住云南省昆明市西山区。

原告：昆明哦客商贸有限公司，住所地：云南省昆明市盘龙区昆明园博印象旅游文化城。

法定代表人：付坤，该公司总经理。

被告：余晓平，男，汉族，1956年4月28日出生，住江西省景德镇市珠山区。

被告：徐颖，女，汉族，1983年5月9日出生，住江西省景德镇市昌江区。

第三人：李长友，男，汉族，1962年12月25日出生，住景德镇市昌南大道。

原告熊志民、昆明哦客商贸有限公司（以下简称哦客公司）因与被告余晓平、徐颖、第三人李长友发生股东资格确认纠纷，向江西省景德镇市中级人民法院提起诉讼。

原告熊志民、哦客公司诉称：2014年11月，原告熊志民、哦客公司向被告余晓平、徐颖借款800万元用于鸿荣公司项目中。该借款到期后，不能如期还款，余晓平、徐颖于是提出还可以继续借款，但要求将景德镇市鸿荣房地产开发有限公司（以下简称鸿荣公司）股权过户给余晓平、徐颖作为借款担保。2014年12月2日，熊志民、哦客公司分别与余晓平、徐颖签订了《股权转让协议》，并办理股权过户登记。此后，熊志民、哦客公司仍然行使公司股东权利，余晓平、徐颖也从未支付任何股权转让款。此后，余晓平、徐颖又向熊志民提供借款6529.4万元。熊志民为上述借款先后出具了33份借条，并出具了利息承诺书，且上述借款全部用于鸿荣公司项目中。余晓平、徐颖背后的实际控制人为第三人李长友。现鸿荣公司被强行霸占，请求确认其股权并办理工商变更登记至原告名下。

被告余晓平、徐颖辩称：案涉7329.4万元款项虽然都出具了借条，但实际上1000万元为股权转让款、2287.2万元为前期投资补偿款、160万元为熊志民的报酬、3882.2万元为

项目投资款。《股权转让协议》是双方真实意思表示,徐颖、余晓平支付了转让价款,办理了工商变更登记,实际取得股权。

第三人李长友辩称:同意被告余晓平、徐颖的意见。

江西省景德镇市中级人民法院一审查明:鸿荣公司由原告哦客公司和熊志民共同出资设立,注册资本1000万元人民币。哦客公司出资认缴额人民币510万元,占股比51%。熊志民出资认缴额人民币490万元,占股比49%。2014年12月2日,熊志民与被告余晓平签订了一份《股权转让协议》,协议约定:熊志民将其持有的鸿荣公司49%的股权转让给余晓平,转让价为490万元。同日,哦客公司与被告徐颖签订了一份《股权转让协议》,协议约定:哦客公司将其持有的鸿荣公司51%的股权转让给徐颖,转让价为510万元。2014年12月23日,办理了鸿荣公司股东变更登记,法定代表人变更为徐颖。同时鸿荣公司将公章移交给了徐颖、余晓平。2011年11月3日至2015年8月14日,李长友、徐颖、余晓平、冯晓萍、李爱珍、闵冬香、张湾等向昌江综合农贸批发市场、刘红梅、尧标华、鸿荣公司、抚州市临川房屋建筑工程公司等汇款,金额合计7329.4万元。

江西省景德镇市中级人民法院一审认为:原告熊志民、哦客公司与被告徐颖、余晓平签订的《股权转让协议》是当事人的真实意思表示,不违反法律、行政法规的强制性规定,属有效合同,双方办理了股权变更登记,股权转让行为发生法律效力。股权让与担保是指债务人或者第三人为担保债务的履行,将其股权转移至债权人名下并完成变更登记,在债务人不履行到期债务时,债权人可就股权享有优先受偿权的一种担保方式。担保主体及内容必须有明确具体的约定,否则不构成担保的意思表示。诉讼中李长友、徐颖、余晓平否认双方存在借款关系,熊志民、哦客公司又未提供有效证据,证明双方有股权让与担保的意思表示,熊志民提供的录音证据,仅能证明双方进行磋商,但并未明确双方权利义务关系,不能作为定案依据。双方签订《股权转让协议》并办理了股权变更登记,徐颖、余晓平也支付了合同对价,现熊志民、哦客公司请求确认双方为让与担保法律关系,要求返还股权,证据不足,不予支持。徐颖、余晓平、李长友主张其支付了7329.4万元,其中1000万元是徐颖、余晓平支付的股权转让款,另有2287.2万元是对熊志民前期投资款的补偿,160万元是返聘熊志民的报酬,其余款项是李长友、徐颖、余晓平支付"创想天地"工程项目的投资款。双方均认可以上款项7329.4万元,已经投入"创想天地"工程。熊志民、哦客公司主张其对"创想天地"工程项目投入近1亿元,7329.4万元系其向李长友等人的借款。徐颖、余晓平、李长友主张除已经支付的7329.4万元,后续工程还投入了大量资金,有凭据可查。各方均主张对"创想天地"项目进行了资金投入,是否形成其他法律关系,因超出本案审理范围,当事人可另行主张权利。熊志民、哦客公司的诉讼请求不能成立。

据此,江西省景德镇市中级人民法院依据《中华人民共和国合同法》第八条、第四十四条、第六十条,《中华人民共和国民事诉讼法》第一百三十四条、第一百四十二条之规定,于2019年12月24日判决:

驳回原告熊志民、哦客公司的诉讼请求。

熊志民、哦客公司不服一审判决,向江西省高级人民法院上诉称:(1)上诉人与被上诉人之间7329.4万元款项系民间借贷,双方并不存在真实的股权转让行为,一审未认定双方系民间借贷的事实是错误的。(2)上诉人与被上诉人之间形成的是让与担保法律关系。

一审法院仅截取部分事实,仅以"担保主体及内容必须有明确具体的约定,否则不构成担保的意思表示"为由,否定上诉人与被上诉人之间形成的让与担保的法律关系,臆断双方形成股权转让的事实,系查明事实不清,其以股权转让纠纷审理本案,错误适用法律。(3)一审判决驳回上诉人的诉讼请求,违背了公平公正的基本原则,侵害了上诉人的合法权益,保护了被上诉人的不法利益。上诉人以5108万元从原股东购买了鸿荣公司全部股权,并在取得鸿荣公司后又先后投入了1亿多资金,现在正常经营,具有3亿多元的项目资产,被上诉人通过以借款的方式,诱使上诉人将股权让与给被上诉人,意图以1000万元获得上诉人所持有的价值3亿多资产的鸿荣公司,其行为实质上是违法的"套路贷"行为,一审判决驳回上诉人的诉讼请求,使得被上诉人仅以1000万元就取得了价值3亿多元的鸿荣公司全部股权,违背了人民法院审判活动应遵循公平正义的基本原则,损害了上诉人的合法权益。

余晓平、徐颖答辩称:(1)上诉人并未提供支持其与被上诉人之间存在将鸿荣公司股权过户给被上诉人作为借款担保的约定的客观证据。(2)借条的存在不等于当事人之间法律关系的内容就是民间借贷。在法庭质证时,被上诉人并未否定上诉人出具过借条,但实质内容是股权转让款、投资补偿款和委托代付工程费用。(3)上诉人关于其与被上诉人之间的股权转让就是让与担保的主张,没有任何事实和法律依据。以公司股权提供担保的,只有一种法定形式,即股权质押。股权质押与股权转让是两种性质完全不同的民事法律行为,股权转让发生股东或股份的变更,股权质押不发生股东或股份的变更,二者不可兼容。(4)上诉人上诉称鸿荣公司仍由其"控制、管理、投资经营",与客观事实完全不符。股权转让完成后,鸿荣公司建设的"创想天地"项目已由被上诉人全面接管,并持续投资建设至今。(5)上诉人在股权转让前对"创想天地"项目的投资已获得足额补偿,该项目的建设成果全部源自被上诉人的投入。

江西省高级人民法院经二审,确认了一审查明的事实。

另查明,本案纠纷涉及资金7329.4万元,均制作了借条,33张借条均分别注明用于工程款、还货款、交付保证金、鸿荣公司日常开支、测绘费、规费、广告费、装修费等用途。

鸿荣公司股权变更后,上诉人熊志民仍继续负责该公司日常经营管理直至2015年8月。

2014年12月22日至2019年4月14日,当事人围绕本案诉争的款项往来、股权过户、鸿荣公司经营以及纠纷解决进行过多次沟通,上诉人熊志民提供了22份录音,被上诉人徐颖、李长友对录音的真实性予以认可。

二审还查明,被上诉人徐颖与李长友为同居关系,被上诉人余晓平为李长友前妻姐夫。

本案的争议焦点为:(1)案涉《股权转让协议》的性质应如何认定;(2)上诉人熊志民、哦客公司关于确认其股权并办理工商变更登记的请求是否成立。

江西省高级人民法院二审认为:

一、关于案涉《股权转让协议》性质的问题

股权让与担保是债务人或第三人(即让与担保人)为担保债务人的债务,将公司股权让与债权人或第三人(即让与担保权人),债务清偿后,股权应转回让与担保人,债务未适当履行时,让与担保权人可以就该股权优先受偿的一种担保形式。从形式上说,股权让与担保和股权转让都具有股权变更的外观,具有一定的相似性。但股权让与担保目的是为债务提供担保，并非转让股权，让与担保权人受让的股权并不是完整的权利，实际权利内容不得超出担保之目的，其只是名义上的股东。虽然本案被上诉人徐颖、余晓平受让了股份并办理了工商变更登记，具有享有股权的外观，但结合当事人之间的债权债务关系和真实意思表示，案涉《股权转让协议》在性质上应认定为股权让与担保。

第一，股权转让各方存在债权债务关系。本案纠纷涉及资金7329.4万元，均制作了借条。被上诉人称，有借条不等于借贷关系，其实质内容是股权转让款、投资补偿款和委托代付工程费用等。但其在外观上均表现为借条，且借条注明用途均与工程建设有关，未注明股权转让款、前期投资补偿款、报酬以及项目投资款等事项，上诉人与被上诉人沟通的录音文件中也从未提到过上述事项，反而是反复提到借款和还款的问题，被上诉人亦未能提供其他证据证明案涉款项有上述用途。且被上诉人未能举证股权转让款和前期投资补偿款如何确定，所称给熊志明的返聘报酬支付方式前后矛盾，购买股权后全部采用熊志明向其借款方式支付公司运营款项亦与常理不符。因此，案涉资金应当根据借条记载认定为借款。

第二，股权转让各方具有担保的意思表示，而没有真实转让股权的意思表示。（1）从股权转让各方的沟通情况看。首先，让与方多次表示以股权担保，而没有表示出让股权的意思；受让方也多次表示不要股权。其次，案涉股权约定了返还条件，即还清借款本息便归还股权。最后，纠纷发生后，股权转让各方还在商谈股权合作和买断股权的问题，说明并未实际买断鸿荣公司股权。但是，双方最终没有达成一致，鸿荣公司的股权因而也并未发生实际转让。（2）从《股权转让协议》的实际履行情况看。首先，鸿荣公司经营的账目以及工程证照并未实际移交，被上诉人也未提供证据证明约定了要移交。其次，被上诉人承认公司移交后一直到2015年8月之前都是熊志民负责经营管理。虽然被上诉人主张熊志民为其返聘，但其并未与熊志民签订返聘协议，二审庭审时承认并未给熊志民发出过经营指令，其声称给熊志民的报酬也缺乏证据证明，也未提供社保等其他可以证明存在雇佣关系的证据，因此其关于返聘熊志民的主张不能成立。综合以上情况，《股权转让协议》签订并办理工商变更登记后，一直到2015年8月之前，受让方并未实际接手公司经营管理，这也与股权实际转让相矛盾。

综合以上分析，本案《股权转让协议》的真实意思并非转让股权，而是为债务提供担保，应当认定为股权让与担保。

二、关于上诉人熊志民、哦客公司确认其股权并办理工商变更登记的请求是否成立的问题

关于上诉人熊志民、哦客公司确认其股权的问题。首先，真实权利人应当得到保护。据前分析，熊志民、哦客公司签订《股权转让协议》，并将股权登记至徐颖、余晓平名下，真实意思是股权让与担保，而非股权真正转让。虽然工商部门登记的股东为徐颖、余晓平，但工商登记是一种公示行为，为证权效力，股权是否转让应当以当事人真实意思和事实为基础。因此，徐颖、余晓平仅系名义股东，而非实际股东，其享有的权利不应超过以股权设定担保这一目的。熊志民、哦客公司的股东权利并未丧失，对其真实享有的权利应予确认。且从本案实际情况来看，熊志民、哦客公司在2015年8月以后不能对公司进行经营管理，已经出现了名义股东通过担保剥夺实际股东经营管理自由的现象，也影响到实际股东以鸿荣公司开发的"创想天地"项目销售款来归还借款。因此，应当确认熊志民、哦客公司为鸿荣公司真实股东。其次，确认熊志民、哦客公司为真实股东不损害被上诉人享有的担保权利。从本案来看，股权已经登记在被上诉人名下，上诉人与被上诉人在沟通中也就被上诉人掌握鸿荣公司公章、账户达成一致，被上诉人有充分的途径保护自身的担保权利，确认熊志民、哦客公司为真实股东并不影响其基于让与担保而受到的保障。最后，被上诉人在2015年8月以后的投资亦不影响上诉人的权利。被上诉人称，其在2015年8月以后，以股东身份对"创想天地"项目进行了大量投资，因而应当享有股权。但是，股权转让必须以当事人的合意为基础，被上诉人单方以何种意图进行工程的后续建设，与其是否享有股东权利没有关联性。被上诉人并不是鸿荣公司真实股东，其投资亦未得到真实股东的授权、确认，其资金投入有待与上诉人清算确认后另行主张权利。综上，应当确认熊志民享有鸿荣公司49%的股权、哦客公司享有鸿荣公司51%的股权。

关于办理工商变更登记的问题。股权让与担保是基于当事人合意而设立，其权利义务内容依据当事人意思而确定。虽然余晓平、徐颖只是名义股东，但上诉人与被上诉人签订《股权转让协议》，并登记股权至余晓平、徐颖名下，从而设定让与担保，是双方的真实意思表示，且不违反强制性法律规定，该约定对双方具有约束力。同时，从当事人沟通情况看，双方已约定将案涉债务清偿完毕，才能将股权登记变更回上诉人名下。而上诉人并未清偿完毕案涉债务，将股权变更回上诉人名下的条件尚未成就。如此时将股权变更回上诉人名下，则会导致被上诉人的债权失去基于股权让与担保而受到的保障。因此，对上诉人办理工商变更登记的请求不予支持。

综上，上诉人的上诉请求部分成立，应予支持。一审判决认定事实不清，适用法律错误，应予纠正。江西省高级人民法院依照《中华人民共和国合同法》第六十条第一款、《中华人民共和国民事诉讼法》第六十五条第一款、第一百七十条第一款第二项之规定，于2020年5月28日判决：

一、撤销江西省景德镇市中级人民法院（2019）赣02民初85号民事判决；

二、确认熊志民享有景德镇市鸿荣房地产开发有限公司49%的股权，昆明哦客商贸有限公司享有景德镇市鸿荣房地产开发有限公司51%的股权；

三、驳回熊志民、昆明哦客商贸有限公司其他诉讼请求。

本判决为终审判决。

世嘉有限公司诉中国大地财产保险股份有限公司等海上保险合同纠纷案

【裁判摘要】

《国际船舶安全营运及防止污染管理规则》（ISM 规则）是适用于国际航行船舶的强制性国际标准。被保险船舶在船舶安全管理体系实施方面违反 ISM 规则，严重影响船舶航行安全，可构成船舶不适航。若此种不适航与船舶搁浅全损具有直接的因果关系，保险人依法不负赔偿责任。

原告：世嘉有限公司（GLOBAL EMINENCE LIMITED）。住所地：英属维尔京群岛托托拉岛（TORTOLA, VG1110, BRITISHVIRGIN ISLANDS）。

代表人：林悦安（LAM Yuet On），该公司董事。

被告：中国大地财产保险股份有限公司。住所地：中华人民共和国上海市浦东新区民生路。

法定代表人：陈勇，该公司总裁。

被告：中国大地财产保险股份有限公司航运保险运营中心。住所地：中华人民共和国上海市浦东新区民生路。

代表人：吴岩，该中心副总经理。

原告世嘉有限公司（GLOBAL EMINENCE LIMITED，以下简称世嘉公司）因与被告中国大地财产保险股份有限公司（以下简称大地财保）、被告中国大地财产保险股份有限公司航运保险运营中心（以下简称大地财保航保中心）发生海上保险合同纠纷，向上海海事法院提起诉讼。

原告世嘉公司诉称：原告是"SAGAN"轮的船舶所有人，于 2016 年 7 月向被告大地财保投保一年期的远洋船舶保险。被告大地财保航保中心依照大地财保的授权在保险单上盖章，是共同承保人。"SAGAN"轮于 2017 年 2 月初在自中国台湾地区高雄港至韩国昂山（ONSAN）港途中突遇机损和恶劣天气，并于 2 月 11 日在日本鹿儿岛附近海域搁浅，最终全损。原告委托日本救助株式会社（THE NIPPON SALVAGE CO., LTD，以下简称日本救助）对该轮进行施救作业，产生高额施救费用。原告将船舶遇险和施救情况及时通报给两被告，但两被告回避参与施救，并拒绝负担施救费用和赔偿船舶损失。因此，请求判令两被告：（1）连带支付原告船舶全损赔偿金人民币 30648960 元及其利息损失；（2）连带赔偿船舶施救费 3559866.49 美元及其利息损失；（3）赔付（2018）沪 72 民初 3821 号案（以下简称 3821 号案）的案件受理费人民币 166395 元、司法评估费人民币 75000 元，并承担本案案件受理费。

被告大地财保及其航保中心共同辩称：涉案船舶搁浅毁损并非保险条款列明的承保风险所致。涉案航程中并无不能预见、不能避免的恶劣天气。涉案船舶搁浅全损不属于机损所致损失，原告世嘉公司自行管理船舶，但没有船舶管理的资质，涉案船舶没有必备的安全管理体系文件，原告明知涉案船舶在开航前不适航，且在涉案船舶失去动力情况下不及时有效地采取防止或减少损失的措施，因此船舶搁浅受损并非意外而是必然会发生的结果，或者是扩大的损失，保险人无需承担赔偿责任。

上海海事法院一审查明："SAGAN"轮为巴拿马籍油船，船舶所有人为原告世嘉公司，船舶管理人为明进船舶管理顾问有限公司（MING JIN SHIPMANAGEMENT CONSULTANT LIMITED，以下简称明进公司）；明进公司持有符合证书（DOC证书）；"SAGAN"轮持有安全管理证书（SMC证书）。

涉案远洋船舶保险单签发于2016年7月17日，以被告大地财保为抬头，盖有被告大地财保航保中心的承保专用章。被保险人为明进公司和原告世嘉公司，保险金额为480万美元，保险条件为"协会定期船舶保险条款全损险（1/10/83），附加共同海损、救助、施救和碰撞、触碰责任"等；保险期限自2016年7月18日0时起至2017年7月17日24时止。涉案英文版保险条款的标题下方载明"THIS INSURANCE IS SUBJECT TO ENGLISH LAW AND PRACTICE"（本保险适用英国法律和惯例）。

2017年2月1日1000时左右（当地时间），"SAGAN"轮空载状态自中国台湾地区高雄港出发驶往韩国昂山（ONSAN）港，携带一组4个活塞环备件。开航后约31个小时即2月2日1700时开始，至2月6日0850期间，主机扫气箱至少7次起火，此后主机彻底无法启动、船舶失去动力开始漂航。船长于2月5日询问原告世嘉公司的指示，原告要求继续航程。"SAGAN"轮在2月6日0831时向原告报告"主机无法启动"，同日1146时向原告报告主机的6组气缸24个活塞环中仅有1组气缸的活塞环状况良好。原告在2月8日下午联系韩国拖轮，当日2151时得知5000马力的拖轮因4米高的涌浪被迫返港，预计2月11日上午天气好转才能出航。2月9日2342时，"SAGAN"轮向原告报告"SAGAN"轮正在向日本岛屿漂航，要求迅速派遣拖轮，并告知如果拖轮有延迟，船舶可能搁浅。2月10日原告联系了日本的5000马力拖轮，同日1802时得知该拖轮预计到2月13日出发对"SAGAN"轮执行拖航。最终，漂航约5天的"SAGAN"轮于当地时间2月11日0600时（北京时间0500时）左右在日本诹访之濑岛西南岸搁浅；0635时，日本海上保安厅收到"SAGAN"轮发出的求救信号；1754时，原告向被告大地财保航保中心报告出险。

日本救助提供了起浮作业服务，救助无果。3821号案生效判决判令原告世嘉公司向日本救助支付救助报酬3559866.49美元及其利息。后经证实"SAGAN"轮在搁浅时即可视为推定全损。2018年1月5日，"SAGAN"轮注销登记。2018年8月4日，新钢商事有限会社接收了"SAGAN"轮的船舶残骸（包括残油）。

上海海事法院一审认为：

一、关于法律适用

涉案协会定期船舶保险条款标题下方载明"THIS INSURANCE IS SUBJECT TO ENGLISH LAW AND PRACTICE"（本保险适用英国法律和惯例），说明对保险条款的解释应遵循英国法律和惯例。本案中并无其他证据证明双方就保险合同项下纠纷适用的准据法达成过一致，故应当适用与合同有最密切联系的国家的法律。鉴于涉案保险人为中国公司且涉案保险合同在中国签订，因此中国法是与涉案保险合同有最密切联系的国家的法律，本案的准据法应当为中华人民共和国法律。

二、关于事故原因

造成"SAGAN"轮全损的直接原因是搁浅。涉案保险条款中并无"搁浅"这项列明风险，因此需要具体分析"搁浅"是否可以构成保险条款第6条第1款列明风险中的"海上危险"。根据《英国1906年海上保险法》附件1《保险单解释规则》第7条对"海上危险"的界定，该术语仅涉及海上意外事故或灾难，不包括风浪的通常作用。因此，并非所有的搁浅事故都当然地属于"海上危险"，需要看具体的搁浅事故是否达到与"意外事故或灾难"相同性质的意外性和灾难性。

根据查明的事实，主机活塞环的过度磨损导致活塞和气缸套的不气密，从而引起主机着火和因此无法启动。而导致活塞环过度磨损和扫气箱着火的可能原因有很多，比如活塞顶、气缸套等问题，也不排除使用了低品质的燃油和活塞环的问题，但上述原因均不构成经谨慎处理无法发现的"潜在缺陷"，没有证据证明系由保险条款第6.2.2条中"机器、船体的任何潜在缺陷"引起。"SAGAN"轮在涉案航次前刚刚经过主机维修和试航，据此可以合理推定修船人和船员存在疏忽，未经谨慎处理发现和纠正主机存在的问题或未正确保养和维护主机，可能涉及第6.2.3条中的"船长、高级船员、船员的疏忽"和第6.2.4条中的"被保险人以外的修船人的疏忽"这两类列明风险，这是保险条款第6条第2款列明的保险人承保的第二类风险，保险人对此类风险的承保存在"但书"的例外规定，即以保险标的的全损损失非起因于被保险人、船东或管理人缺乏谨慎处理为条件。

在案证据表明，"SAGAN"轮与原告世嘉公司之间的实时通讯畅通。2月4日时"SAGAN"轮报告活塞环备件严重不足，需要24个活塞环的紧急备件，2月5日时"SAGAN"轮报告6组气缸中有3组气缸的活塞环损坏，说明船上备件严重不足，如果其他气缸的活塞环继续出现问题，主机随时可能无法再启动。原告在有条件纠正船舶不适航状态的情况下不采取合理措施，未安排解决紧急备件，也未根据当时的船位，趁船舶主机尚可以启动时就近挂靠附近港口进行维修，未给予船舶足够的岸基支持。当船长两次询问原告是否继续航程时，原告指示"SAGAN"轮冒险继续航程，缺乏合理和必要的谨慎。船长在2月6日上午0831时已向原告报告主机无法启动，原告在当日也获悉"SAGAN"轮的6组气缸中仅有1组气缸的活塞环状况良好且无足够配件更换，因此已明知不可能靠船员的修理使主机恢复正常。船舶处于完全失去动力的漂航状态，面临碰撞和搁浅的现实危险。证据表明，"SAGAN"轮在2月6日晚间已经与渔船发生碰撞。此时，原告还应当注意到未来几天海况将会恶化的天气预报，应当尽早安排拖轮对船舶进行施救。但是原告直到2月8日下午才开始联系韩国拖轮。并且，当天被告知拖轮遇到高涌浪被迫返回，预计到2月11日上午才能出发拖航后，未立刻寻求更大马力的拖轮施救。2月9日午夜船长明确告知如果拖轮有延迟，"SAGAN"轮有搁浅危险，2月10日0759时，原告已获报船舶距离附近的岛屿仅有60海里至70海里的距离，当天被告知另行联系的同样马力的日本拖轮预计到2月13日才能出发时，再无其他应急举措，也不指令船舶发布求救信号，放任"SAGAN"轮身处险境。综上所述，在"SAGAN"轮主机故障演变为搁浅全损的过程中，原告缺乏谨慎处理。即使"SAGAN"轮主机故障可能系由第二类风险所引起，但由于全损损失是被保险人缺乏谨慎处理所致，因此属于保险人在此类列明风险下不承担赔偿责任的例外情形。

"SAGAN"轮在2月9日开始遇到的海况为6级风和5—6级的浪,好于开航次日的海况,不属于灾害性的异常海况,其对"SAGAN"轮的影响是"风浪的通常作用",对于动力正常时的"SAGAN"轮难以构成威胁,不构成协会定期船舶保险条款第6条第1款列明的第一类风险中的"海上危险"。

综上,"SAGAN"轮搁浅全损的事故系由多种原因共同作用所造成的结果,但该多种原因或不属于保险人承保的列明风险,或属于列明不予赔偿的情形,因此保险人无需赔偿。

三、关于船舶不适航

"SAGAN"轮于2016年7月在港口国监督检查(PSC,即PORT STATE CONTROL)中被滞留,被发现设备老旧,建议对船况进行全面检查,在开航前因主机点火故障进厂维修,厂修结束后未经过船级社的检验认证,因此,"SAGAN"轮事发时虽持有全套有效的船舶证书,但并不足以证明其船体、轮机和装备等适航。"SAGAN"轮的主机在开航次日就接连发生多次扫气箱着火事故,最终失去动力不能完成既定航程,这一事实本身足以证明"SAGAN"轮在开航当时主机状态并不适航。"SAGAN"轮在2月4日就报告需要24个活塞环备件,说明开航时携带4个备用活塞环可能符合最低的要求,但是针对老龄船和主机曾经发生故障的"SAGAN"轮而言远远不够。因此,"SAGAN"轮在开航时船况不佳且备件不足,技术状态上不适航。

"SAGAN"轮在2016年4月和7月的PSC检查中连续两次被滞留,先后被列为标准风险与高风险船舶,主机故障后缺乏有效应急措施,深层次原因是船舶未有效建立或落实安全管理体系,安全管理方面不适航。国际海事组织制定的《国际船舶安全营运及防止污染管理规则》(ISM规则),是《1974年国际海上人命安全公约》(SOLAS公约)的组成部分,是适用于国际航行船舶的强制性国际标准。虽然"SAGAN"轮持有安全管理证书(SMC证书),船舶管理人明进公司持有符合证书(DOC证书),但这只是"SAGAN"轮的安全管理体系符合ISM规则的初步证据。从涉案船岸沟通情况看,"SAGAN"轮由没有船舶管理资质的原告世嘉公司作为船东直接运营管理,船舶备件、船舶修理、船舶货运安全等都在原告的控制之下,作为管理公司的明进公司从未出面,船舶安全管理体系和实际的管理情况脱节,导致船舶在发生主机故障时,原告无力按照ISM规则的要求,向船舶提供足够的资源和岸基支持,不能在任何时候对船舶所面临的危险、事故和紧急情况作出正确的反应,使机损事故一步步演变为搁浅全损事故。

综上,"SAGAN"轮在涉案航次开航时在技术方面和安全管理体系方面均不适航,且船舶不适航是导致其搁浅的原因。原告作为船舶所有人,对"SAGAN"轮进行直接的运营管理,对以上适航性方面存在的问题显然是明知的,故依据《中华人民共和国海商法》第二百四十四条的规定,保险人不负赔偿责任。

据此,上海海事法院依照《中华人民共和国海商法》第二百一十六条、第二百四十条第一款、第二百四十四条第一款第一项、第二百六十八条第一款以及《中华人民共和国民事诉讼法》第六十四条第一款之规定,于2021年3月9日作出判决:

驳回原告世嘉有限公司的诉讼请求。

世嘉公司不服一审判决,向上海市高级人民法院提起上诉。世嘉公司上诉称:(1)涉案船舶搁浅事故的发生存在多项意外因素,其中船舶失去动力后是否遇到大风浪以及船长如讯公司停止侵权、赔偿损失。此后该案于2008年11月移送江苏省无锡市中级人民法院管辖，庭审中比特公司请求索赔612万元。比特公司还于2008年8月向工商部门投诉，要求对中讯公司进行查处。2009年11月，比特公司以需要新证据为由，申请撤诉并获法院准许。迫于比特公司压力，中讯公司被迫终止与美爵信达公司关于"TELEMATRIX"品牌电话机的代工合作，损耗了大量产品和物料，比特公司上述行为给中讯公司的生产经营造成了巨大损失。此后，北京市高级人民法院在诉讼中依法撤销了比特公司的上述商标注册，并在判决中认定比特公司的注册行为构成以不正当手段抢先注册合作伙伴在先使用并有一定影响的商标，具有不正当性。比特公司向最高人民法院提起再审申请，最高人民法院依法认定其行为违法，驳回了其再审申请。至此，比特公司系以不正当手段注册商标的违法行为已经形成法律事实，其商标专用权自始不存在，其向中讯公司提起诉讼的行为构成恶意诉讼，情节恶劣，破坏了中讯公司在行业内的声誉，致使中讯公司失去了巨大商业机会并造成了巨额经济损失。据此，请求法院判令比特公司：（1）赔偿中讯公司损失612万元和合理支出10万元，并在全国性媒体上消除影响；（2）承担本案诉讼费用。

被告比特公司辩称：（1）比特公司提起诉讼的行为是正常的民事诉讼，不存在恶意诉讼的任何要件，虽然涉案商标被撤销，但这并不表明商标有效期内提起的商标侵权诉讼就是恶意诉讼；商标被宣告无效后，对此前包括商标侵权诉讼在内的行为一般无溯及力；同时，比特公司是基于当时稳定的商标有效状态提起诉讼，未在诉讼中采取任何保全措施，主观上不存在任何过错，也未给原告中讯公司造成任何损失；（2）中讯公司提交的所有证据均不能证明比特公司有恶意诉讼行为，不具有关联性；中讯公司所称的巨额损失缺乏事实和法律依据，无论其是否产生了经济损失，与比特公司的诉讼行为没有关联。

江苏省无锡市中级人民法院一审查明：1998年至2003年，比特公司的前身兖矿集团山东比特电子公司（以下简称兖矿比特公司）曾作为美国赛德电子通信技术股份有限公司（以下简称赛德公司）在中国的代工商，接受赛德公司的委托为其加工酒店专用电话机，双方合作未涉及"TELEMATRIX"商标的电话机。2006年3月28日，赛德公司兼并了TELEMATRIX. INC.（佛罗里达），并使用"TELEMATRIX"作为企业名称，即TELEMATRIX. INC.（特拉华），此后又更名为美国美爵信达公司，其授权北京美爵信达科技有限公司（以下简称北京美爵信达公司）在中国独家代理销售"TELEMATRIX"酒店专用电话机产品。2006年起，中讯公司接受赛德公司委托，为其加工"TELEMATRIX"品牌等酒店电话机产品。中讯公司在诉讼中提交的经营统计表、退税单据显示，2006—2007年中讯公司代工"TELEMATRIX"品牌酒店电话机的毛利为12504594元。

2004年11月12日，兖矿比特公司向国家商标局申请注册"TELEMATRIX"商标，核定使用商品为第9类电话机、可视电话、手提无线电话机、网络通讯设备、传真机、成套无线电话、手提电话等。2007年5月28日，该商标获得注册，有效期限自2007年5月28日至2017年5月27日，注册号为第4359350号。此后，兖矿比特公司经过两次变更，现名称为比特公司。比特公司在其网站上有如下宣传内容："作为国际上与德利达、TELEMATRIX齐名的三大酒店电话品牌之一，比特在产品和服务上一直追求领先，在很多技术和功能方面都是创新者。"

2008年1月8日，比特公司委托律师事务所，向中讯公司发出一份律师函，称中讯公司在《中国酒店采购报》宣传、生产、销售以"TELEMATRIX"为商标的电话机产品，涉嫌侵犯了比特公司的商标专用权及合法利益，要求中讯公司撤销所有相关广告和宣传，并停止其他一切相关的生产、销售、进出口行为，否则将诉诸法律。

2008年3月28日，中讯公司向无锡中院提起确认不侵犯比特公司"TELEMATRIX"商标权的诉讼。此后，比特公司即向日照中院提起商标侵权诉讼，请求判令中讯公司立即停止侵犯其注册商标专用权的行为并赔偿经济损失。2008年11月，日照中院将该案移送至无锡中院审理。比特公司在庭审中明确要求中讯公司赔偿经济损失612万元。2009年10月30日，无锡中院分别作出（2008）锡民三初字第70号–1、（2009）锡知民初字第57号民事裁定，裁定准许中讯公司、比特公司撤回起诉。

2008年8月21日，宜兴市工商部门根据比特公司的举报，对中讯公司的车间、仓库进行了检查，清点了涉嫌商标侵权的电话机产品。中讯公司陈述其在比特公司提起诉讼后停止在产品上使用"TELEMATRIX"商标，更换了模具并产生了电话机外壳报废、商标物料损失及电话机换壳人工费用支出。中讯公司提交的模具合同显示，其于2008年委托第三方制造电话机上盖、下盖的模具，合计支出83000元。

2010年8月，比特公司起诉北京美爵信达公司擅自将"TELEMATRIX"作为商号和电话机名称在网站宣传及销售活动中使用，侵害了上述商标权，要求北京美爵信达公司停止侵权、赔偿损失等。2010年9月6日，北京美爵信达公司向国家商标局评审委员会（以下简称商评委）提出申请，请求撤销比特公司"TELEMATRIX"商标。2013年7月22日，商评委作出裁定，认定在争议商标申请注册日之前，TELEMATRIX. INC. 已在欧盟等地区于电话机等商品上申请了注册了"TELEMATRIX"商标，其"TELEMATRIX"酒店专用电话机商品已为多家全球连锁酒店集团所认可并使用，在世界范围内尤其在美国酒店专用电话机行业领域内具有一定知名度。且在案证据表明2002年"TELEMATRIX"电话机商品已进入中国酒店市场。比特公司自1998年即与美国美爵信达公司的前身赛德公司开始合作，从事酒店专用电话机的加工生产，虽然合作协议中涉及的商标并非"TELEMATRIX"商标，但其作为同行业合作者对美国美爵信达公司从1998年即获得注册并开始在国际上使用的知名品牌理应知晓。且比特公司在其网站中亦承认"TELEMATRIX"为他人国际知名酒店电话机品牌。比特公司在电话机等相同、类似商品上申请注册文字构成完全相同的争议商标难谓善意，构成《中华人民共和国商标法》第三十一条所指的"以不正当手段抢先注册他人已经使用并有一定影响的商标"之情形，据此裁定撤销争议商标。

比特公司不服上述裁定，向北京市第一中级人民法院提起行政诉讼。2013年12月19日，北京一中院作出（2013）一中知行初字第2956号行政判决，认定比特公司自1998年与美国美爵信达公司的前身开始合作，从事酒店电话机的加工，比特公司作为专业公司，应当对其从事的行业有一定的了解，尤其是其合作对象的产品情况。且比特公司的网站宣传页显示其承认"TELEMATRIX"商标在酒店电话机商品上的知名度。在案证据证明了"TELEMATRIX"商标的影响足以达到比特公司且该商标的影响足以促使比特公司抢先注册以企从中获得利益，故争议商标的注册违反了《中华人民共和国商标法》第三十一条以不正当手段抢先注册他人已经使用并具有一定影响商标的规定，据此判决维持商评委上述裁定。比特公司不服提起上诉，北京高院于2014年3月21日作出（2014）高行终字第799号行政判决书，判决驳回上诉，维持原判。比特公司就上述生效判决向最高人民法院申请再审，最高人民法院于 2014 年 12 月 15 日裁定驳回比特公司的再审申请。

本案的争议焦点是：比特公司向中讯公司提起商标侵权诉讼的行为是否为恶意诉讼行为。

江苏省无锡市中级人民法院一审认为：本案为与知识产权有关的恶意诉讼纠纷案件，认定恶意应考虑如下因素：一是无事实依据和正当理由提起民事诉讼，即原告提起知识产权诉讼并没有合法的权利基础；二是以损害他人合法权益为目的，即主观上具有恶意；三是给他人造成了损害，即给他人造成了经济损失或竞争优势的削弱。

关于第一点，比特公司向中讯公司提起诉讼时，虽然获得了"TELEMATRIX"商标注册，但此后商评委在申请撤销该商标的程序中，认定比特公司以不正当手段抢先注册他人已经使用并有一定影响的商标，并据此裁定撤销了该商标。比特公司不服提起行政诉讼，人民法院经过一、二审，最终判决维持了上述裁定，"TELEMATRIX"商标至此已被撤销。《中华人民共和国商标法》（2001 年修正）第三十一条规定，申请商标注册不得损害他人现有的在先权利，也不得以不正当手段抢先注册他人已经使用并有一定影响的商标。第四十一条规定，已经注册的商标，违反本法第十条、第十一条规定的，或者是以欺骗手段或者其他不正当手段取得注册的，由商标局撤销该注册商标；其他单位或者个人可以请求商评委裁定撤销该注册商标。已经注册的商标，违反本法第十三条、第十五条、第十六条、第三十一条规定的，自商标注册之日起五年内，商标所有人或者利害关系人可以请求商评委裁定撤销该注册商标。对恶意注册的，驰名商标所有人不受五年的时间限制。《中华人民共和国商标法实施条例》（2002 年施行）第三十六条第一款规定，依照《中华人民共和国商标法》第四十一条的规定撤销的注册商标，其商标专用权视为自始即不存在。因此，"TELEMATRIX"商标系比特公司用不正当手段获得注册并最终被撤销，在法律效力上属于自始无效，比特公司实质上从该商标获得注册至被最终撤销的期间内并不享有"TELEMATRIX"商标专用权，据此可以认定比特公司在提起第 57 号诉讼时不具备合法的权利基础。

关于第二点，《中华人民共和国商标实施条例》（2002 年施行）第三十六条还规定，有关撤销注册商标的决定或者裁定，对在撤销前人民法院作出并已执行的商标侵权案件的判决、裁定，工商行政管理部门作出并已执行的商标侵权案件的处理决定，以及已经履行的商标转让或者使用许可合同，不具有追溯力；但是，因商标注册人恶意给他人造成的损失，应当给予赔偿。从上述规定可以看出，在"TELEMATRIX"商标被撤销的情形下，比特公司如系出于恶意提起第 57 号诉讼，则有可能承担损害赔偿责任。所谓恶意是当事人行为时的主观状态，虽无法完全回溯探究当事人当时的内心状态，但人民法院仍可通过当事人的具体行为结合其他事实来综合判断当事人是否具有恶意。就本案而言，如有证据证明比特公司抢先注册了他人已投入商业使用但未及时注册的商标，然后以其注册商标权对在先使用人提起侵权之诉，以商标维权名义损害在先使用人利益，可以认定其提起诉讼行为时主观上具有恶意。首先，根据涉案生效行政判决认定，比特公司系将他人在先使用已有相当知名度及影响力的"TELEMATRIX"商标申请注册为自己的商标，其行为具有明显的不正当性，属于法律规定的可撤销情形之一。同时，比特公司在其网站中也明确"TELEMATRIX"为国际知名酒店电话品牌，从而可以证明其在明知"TELEMATRIX"为他人在先使用的知名商标的情况下将该文字注册为商标，其申请注册行为有违诚信，具有显而易见的恶意。上述恶意行为对于涉案诉讼是否为恶意诉讼的判断及认定具有重要的意义。其次，比特公司在获得商标注册后，向同为美国美爵信达公司代工商的中讯公司发出律师函，要求中讯公司撤销所有"TELEMATRIX"电话机的相关广告和宣传，并停止其他一切相关的生产、销售、进出口行为，否则将诉诸法律。在中讯公司提起不侵权诉讼后，随即另行提起诉讼，要求中讯公司停止侵权及赔偿损失。从上述事实可以看出，比特公司在恶意获得商标注册后，以商标权人的身份威胁中讯公司停止生产、销售相应产品，并最终提起侵权诉讼，试图以此方式迫使中讯公司不再接受相关委托，停止代工生产行为，从而达到控制"TELEMATRIX"商标商品在国内市场的生产、销售并据此获取非法利益的目的。如前所述，"TELEMATRIX"为国际知名酒店电话机品牌，在欧盟等地已经获得注册，中讯公司接受委托加工该品牌电话机产品具有正当性。因此，比特公司虽然在中讯公司提起不侵权诉讼之后提起诉讼，但其实质目的仍然在于损害中讯公司的合法权益，系恶意行使商标权的权利滥用行为，与其恶意注册商标行为一样，亦不具备正当性。本案中，比特公司以违反诚实信用的不正当手段获得了系争商标的注册，并以损害在先使用人的正当权益为目的，利用诉讼恶意行使权利，应当据此认定比特公司提起涉案诉讼行为系权利滥用行为，构成恶意诉讼。

关于第三点，比特公司提起诉讼行为会对中讯公司的生产经营产生负面影响，中讯公司接受委托加工"TELEMATRIX"电话机产品的经营交易机会必然会失去，故涉案诉讼损害了中讯公司的合法权益，造成其经济损失，比特公司应当承担赔偿损失的法律责任。本案的损害赔偿问题可参照适用知识产权法中特有的法定赔偿方式，即由人民法院在一定限额内综合考虑相关因素确定赔偿数额，综合考虑比特公司主观恶意、中讯公司的模具费用支出、物料损失及更换外壳人工费用支出的合理部分、中讯公司为本案支付的律师代理费等因素确定赔偿数额。比特公司的恶意诉讼行为给中讯公司造成了不良影响，中讯公司要求其公开消除影响的诉讼请求，予以支持。

据此，江苏省无锡市中级人民法院依照《中华人民共和国民法通则》第一百零六条第二款和第一百三十四条第一款第七项、第九项，第二款，《中华人民共和国民事诉讼法》第一百四十二条的规定，于2017年7月26日判决如下：

一、山东比特智能科技股份有限公司于本判决生效之日起三十日内在《法制日报》上刊登消除影响声明（内容须经法院审核），逾期不履行由法院选择媒体刊登判决书内容，所需费用由山东比特智能科技股份有限公司负担；

二、山东比特智能科技股份有限公司于本判决生效之日起十日内赔偿江苏中讯数码电子有限公司经济损失及合理开支100万元；

三、驳回江苏中讯数码电子有限公司的其他诉讼请求。

比特公司不服一审判决，向江苏省高级人民法院提出上诉，请求：（1）撤销一审判决；（2）确认比特公司提起的（2009）锡知民初字第57号诉讼（以下简称第57号诉讼）不属于恶意诉讼，驳回中讯公司的全部诉讼请求；（3）中讯公司承担一、二审诉讼费。理由：第一，一审判决错误认定比特公司在申请注册"TELEMATRIX"商标和提起第57号诉讼时具有恶意。判断行为人提起诉讼是否具有恶意，最关键的是考察行为人是否主观上明知其起诉时无合法依据。一审判决忽略了对行为人是否主观上明知进行考量。（1）比特公司在提起第57号诉讼时拥有"TELEMATRIX"商标的有效注册证，有理由认为第57号诉讼具有合法依据，在主观上没有恶意。（2）比特公司在2004年11月12日申请注册"TELEMATRIX"商标时并不知晓"TELEMATRIX"已经被他人（在中国）使用并有一定影响。比特公司在网站上的宣传只能表明比特公司在当时知晓"TELEMATRIX"是国外品牌，不能证明比特公司申请注册"TELEMATRIX"商标时明知该商标已经被他人（在中国）使用并有一定影响。（3）一审判决因"TELEMATRIX"商标被撤销即反向推定行为人在申请注册和提起诉讼时存在恶意，缺少事实和法律依据。第二，一审判决未考虑中讯公司怠于行使权利，比特公司在诉讼过程中的克制以及双方对诉权的处分等重要因素。（1）中讯公司从"TELEMATRIX"商标注册到第57号诉讼提起之间长达近四年时间未对"TELEMATRIX"商标的权利提出任何质疑，属怠于行使权利，应当承担相应后果。（2）比特公司提起第57号诉讼是在中讯公司提起确认不侵权之诉之后，并非比特公司主动提起。向中讯公司发送律师函是基于对"TELEMATRIX"商标的权利基础的合法维权，并非利用诉讼侵害对方合法利益。比特公司在第57号诉讼过程中，表现出克制、理性的态度，并非滥用诉权恶意诉讼。（3）一审判决应尊重双方对诉权的自由处分。中讯公司对确认不侵权之诉提出撤诉的同时，比特公司也对第57号诉讼提出撤诉，并为无锡中院裁定准许。因此，第57号诉讼已经了结，双方当事人之间的纠纷已经得到解决。如果允许一方当事人事后反悔追究此前已撤回的诉讼行为，有损诉讼程序的严肃性。第三，一审判决确定的赔偿数额缺乏事实和法律依据。（1）一审判决未查明中讯公司主张的更换模具费用、物料损失、更换外壳人工费用等损害与第57号诉讼的直接因果关系。一审判决仅凭中讯公司提交的模具合同等时间在第57号诉讼期间内，就认定该模具费用等支出应当作为因第57号诉讼遭受的损失，缺乏事实和法律依据。中讯公司主张的物料损失、更换外壳人工费用从证据的角度而言，不足以与第57号诉讼形成较为紧密的关联性，但一审判决仅凭"更换标注有'TELEMATRIX'商标的库存品外壳的可能性"，认定该损失属于赔偿数额的一部分，不满足侵权责任法上的因果关系要求。（2）赛德公司与中讯公司签订的合作协议约定模具由赛德公司提供，因此中讯公司并非更换模具产生费用的适格主体。一审判决比特公司赔偿经济损失及合理开支共计100万元缺少事实和法律依据，具体赔偿计算方式不明确，数额过高。

被上诉人中讯公司答辩称：比特公司提起第57号诉讼的行为构成恶意知识产权诉讼。第一，比特公司提起第57号诉讼在事实和法律上没有合法根据。"TELEMATRIX"商标系比特公司以不正当手段获得注册并最终被撤销，在法律效力上属于自始无效，比特公司实质上从该商标获得注册到最终被撤销的期间不享有"TELEMATRIX"商标专用权。第二，比特公司对中讯公司提起第57号诉讼具有显而易见的主观恶意。（1）商评委及三级人民法院均已认定，比特公司系以不正当手段抢先注册他人已经使用并有一定影响的商标。同时，比特公司作为同行业的专业公司和经营者，应当对从事的行业有一定的了解，尤其是其合作对象的产品情况。比特公司在网站中明确"TELEMATRIX"为他人国际知名酒店电话品牌。上述事实证明比特公司在申请"TELEMATRIX"商标注册时即已具有非常明显的主观恶意。（2）比特公司在提起第57号诉讼时具有非常明显的恶意。比特公司提起诉讼的主观目的不是基于真正维护合法权益，商标申请时的主观恶意状态对第57号诉讼提出时主观心理状态的认定有重要意义，本案证据可以证明比特公司是在明知"TELEMATRIX"商标为他人所有、其并没有取得"TELEMATRIX"商标的实质合法权利的情况下,积极提起诉讼以达到损害竞争对手利益的目的,主观恶意明显。在"TELEMATRIX"商标注册日之前,比特公司对"TELEMATRIX"商标的真正权利人为其前合作伙伴的事实便已经知晓,那么比特公司不仅对中讯公司提起第57号诉讼具有明显的主观恶意,其发送律师函以诉诸法律对中讯公司相威胁之时就已经存在主观恶意。此外,比特公司不仅对中讯公司提起了诉讼,而且对真正权利人美国美爵信达公司在中国设立的北京美爵信达公司、在中国的另外一个代工商以及下游两个经销商全部提起了诉讼,还同时采取了工商查处和海关查扣等措施,已经超出了正当维权的合理范畴,而是一系列有计划安排的恶意诉讼。比特公司称其在第57号诉讼及相关过程中保持克制和理性,与事实不符。第三,比特公司提起第57号诉讼给中讯公司生产和经营造成了巨大损失,中讯公司不得不更换模具、返工成品电话机、报废已生产带有"TELEMATRIX"商标的标贴、说明书、包装盒、包装箱等,造成了巨大的物料损失和人工费用。比特公司的诉讼行为还致使中讯公司代工量急剧减少,原本可预期的巨大代工利润迅速减少,且持续时间很长。与此同时,比特公司取得"TELEMATRIX"商标注册后,便开始大肆使用,搭便车牟取了巨额不当经济利益,总销售额达近800万元。一审法院判决比特公司赔偿中讯公司经济损失及合理开支100万元并无不妥。综上,一审判决认定事实清楚,适用法律正确,请求驳回上诉,维持原判。

江苏省高级人民法院经二审,确认了一审查明的事实。

江苏省高级人民法院二审认为:

一、比特公司提起涉案诉讼构成恶意提起知识产权诉讼。(1)比特公司提起诉讼时虽然表面上拥有"TELEMATRIX"商标权,但该商标权是比特公司"以不正当手段抢先注册他人已经使用并有一定影响的商标"而取得的,其并不享有实质上正当的权利基础。人民法院亦作出终审判决撤销了系争商标,比特公司的商标专用权视为自始即不存在。因此,比特公司提起涉案诉讼时实质上并不享有"TELEMATRIX"商标权。(2)比特公司提起涉案诉讼时主观上具有恶意。首先,比特公司明知"TELEMATRIX"商标系他人已经使用并有一定影响的商标,自己是以不正当手段予以抢注,具有恶意,应当知道其以不正当手段抢注"TELEMATRIX"商标违反《中华人民共和国商标法》第三十一条的规定,属于可被依法撤销的情形,事实也证明系争商标最终被撤销。因此,比特公司提出"该公司申请注册时无恶意"的上诉理由无事实依据。其次,比特公司提起诉讼时具有恶意。比特公司提起涉案诉讼前在其公司网站上宣称"作为国际上与德利达、TELEMATRIX齐名的三大酒店电话机品牌之一,比特在产品和服务上一直追求领先",该事实进一步证实了比特公司申请注册"TELEMATRIX"商标后,一直明知该商标系其抢注他人在先使用并有一定影响的商标,"TELEMATRIX"商标权应当由该商标在先使用并逐步积淀商誉的主体享有,其实质上不应当享有"TELEMATRIX"商标权。同时,由于中讯公司、比特公司同是酒店电话产品的专业生产商,两公司存在竞争关系。比特公司起诉要求中讯公司停止生产、销售、宣传"TELEMATRIX"商标产品,其目的显然是排挤竞争对手中讯公司,以垄断"TELEMATRIX"商标相关产品在国内的生产销售,损害中讯公司合法权益,获取非法利益。(3)比特公司提起涉案诉讼造成了中讯公司的损失,且该损失与其诉讼行为之间具有因果关系。

二、一审法院判决比特公司赔偿中讯公司经济损失及合理开支100万元,并无不当。本登记。因云龙区民政局无管辖权限，不具有为二人办理离婚登记的主体资格，依据《中华人民共和国行政诉讼法》（以下简称《行政诉讼法》）第七十五条的规定，云龙区民政局婚姻登记处作出的离婚登记行为无效。（2）云龙区民政局作出的情况说明内容合法，程序正当。2018年2月，云龙区民政局发现黄某某隐瞒国籍与梁某某办理离婚登记的事实。2月27日，云龙区民政局工作人员通过电话方式与梁某某取得联系，向其了解情况，对其与黄某某以隐瞒国籍的方式办理离婚登记情况之无效情形进行了释明。后在云龙区民政局婚姻登记处，工作人员接待了梁某某，对登记无效情况再次进行释明，听取了梁某某的陈述意见。2018年3月5日，云龙区民政局在查询梁某某自2015年8月10日起，未在江苏省再次登记结婚的基础上，依据江苏省民政厅《关于进一步明确婚姻登记工作有关事项的通知》（苏民事〔2013〕2号，以下简称《婚姻登记工作事项通知》）中规定的"婚姻登记机关在登记后自主发现登记瑕疵时，应及时采取补正、更正、确认无效等方式予以纠正，同时将纠正内容存入或记录在婚姻档案中，并告知婚姻当事人纠正事项和内容"，确认双方于2015年8月10日办理的离婚登记为无效登记。综上，云龙区民政局作出的情况说明认定事实清楚，适用法律、法规正确，符合法定程序，请求依法驳回梁某某的诉讼请求。

第三人黄某某述称：被告云龙区民政局在为原告梁某某及黄某某办理离婚登记时尽到了审慎审查的职责，没有过错。发现梁某某及黄某某隐瞒身份进行离婚登记后，其依据江苏省民政厅的相关规定进行纠正且出具情况说明，该行为符合相关规定。因此，请求驳回梁某某的诉讼请求。

徐州市中级人民法院一审查明：原告梁某某与第三人黄某某于1985年11月登记结婚。2007年3月27日，黄某某取得新加坡国籍。2015年8月10日，梁某某与黄某某以感情破裂为由持中国居民身份证、户口本等至被告云龙区民政局婚姻登记处办理离婚登记。二人就离婚、子女抚养、财产分割等签订离婚协议书，同时签署了申请离婚登记声明书，声明书中国籍部分打印为"中华人民共和国"，二人填写的常住户口所在地均为"云龙区解放路×××号×号楼×单元×××室"。经审查，云龙区民政局婚姻登记处当日为二人办理离婚登记，并颁发离婚证。

2018年2月27日，被告云龙区民政局婚姻登记处主任袁晓明与原告梁某某电话联系，口头告知其因第三人黄某某办理离婚登记时已取得新加坡国籍，二人2015年8月10日办理的离婚登记无效，并要求梁某某将离婚证交回。后，梁某某与他人又曾至云龙婚姻登记处找袁晓明了解情况，袁晓明为梁某某复印了相关婚姻登记规范文件。2018年3月5日，云龙区民政局婚姻登记处作出案涉《离婚登记情况说明》并存放至徐州市云龙区档案馆。梁某某在徐州市云龙区档案馆复印获取该情况说明。

被告云龙区民政局婚姻登记处收回了第三人黄某某持有的离婚证，但原告梁某某仍持有云龙区民政局婚姻登记处颁发的离婚证。

徐州市中级人民法院一审认为：依法行政是行政机关作出行政行为时的基本准则。对于行政机关作出的违法行政行为，行政相对人可以诉请人民法院予以监督纠正，作出行政行为的行政机关基于有错必纠的原则也可自行纠正。《行政诉讼法》第六十二条、第七十四条第二款第二项，《最高人民法院关于适用〈中华人民共和国行政诉讼法〉的解释》第八十一条，《江苏省行政程序规定》（江苏省人民政府令第100号）第一百零三条第一款等均规定，对于行政机关作出的违法行政行为，行政机关应当依职权或者依申请自行纠正。本案中，被告云龙区民政局对原告梁某某、第三人黄某某作出离婚登记后发现登记错误，即作出确认离婚登记无效的行为。依据上述规定，云龙区民政局当然可依职权或依申请自行纠正原离婚登记行为。

首先，本案中被告云龙区民政局认定的无效行政行为是否具有事实和法律依据的问题。根据《中华人民共和国国籍法》第三条、第九条的规定，我国不承认双重国籍，中国公民取得外国国籍的，自动丧失中国国籍。原告梁某某与第三人黄某某办理离婚登记之前，黄某某已取得了新加坡国籍，其在办理离婚登记时已属外国人，不是中国公民，对于该事实，梁某某、黄某某在办理离婚登记时是明知的，诉讼过程中二人对此并未提出异议。根据《婚姻登记条例》第二条第二款、民政部《婚姻登记工作规范》第五条第一款第二项、江苏省民政厅《江苏省婚姻登记工作规范》第三条规定，江苏省民政厅设置婚姻登记处，负责办理全省涉外、涉港澳台居民、华侨、出国人员的婚姻登记。云龙区民政局婚姻登记处办理梁某某、黄某某的离婚登记显然属于事实清楚超越职权的无效行政行为。

其次，被告云龙区民政局自行纠正确认无效是否妥当的问题。本案中，云龙区民政局不具备涉案离婚登记的行政主体资格，其于2015年8月10日作出的离婚登记行为属于超越职权行为，该行政行为无效。如通过人民法院纠正该离婚登记行为，人民法院可能会撤销该离婚登记行为。但在婚姻登记过程中，行政机关自行纠正违法行政行为时可否采取上述撤销方式，并无明确规定。从《婚姻法》《婚姻登记条例》、民政部《婚姻登记工作规范》、江苏省民政厅《江苏省婚姻登记工作规范》等对撤销婚姻登记的规定来看，可撤销的婚姻登记仅限于因胁迫进行的结婚登记。对于自行纠错时可采取的处理方式，江苏省民政厅《婚姻登记工作事项通知》在第四部分关于"完善行政执法监督管理机制"中规定，婚姻登记机关在登记事后自主发现登记瑕疵时，应及时采取补正、更正、确认无效等方式予以纠正，同时将纠正内容存入或记录在婚姻档案中，并告知婚姻当事人纠正事项和内容。因此，在有规范性文件明确规定的情况下，云龙区民政局以确认无效方式纠正原违法离婚登记行为并无不当。

最后，被告云龙区民政局确认离婚登记无效的行为是否符合正当程序原则。虽然没有法律、法规及规章对行政机关自行纠正行为的程序作出明确规定，但行政机关在作出纠错行为时也应遵循正当程序原则。本案中，案涉《离婚登记情况说明》作出前，云龙区民政局婚姻登记处袁晓明主任电话告知了原告梁某某拟作出的行政行为及相应的事实依据，梁某某在通话过程中也发表了自己的意见。后，梁某某又与他人至袁晓明处获取了相关的婚姻登记规范文件。云龙区民政局婚姻登记处作出案涉《离婚登记情况说明》后虽未向梁某某送达，但告知了获取途径，梁某某通过该途径也实际取得了记载行政行为的书面材料。云龙区民政局确认原离婚登记行为无效后，收回了黄某某持有的离婚证，也通过一定的方式告知收回向梁某某颁发的离婚证，梁某某虽未上缴其持有的离婚证，但不影响云龙区民政局依规定将纠正内容存入婚姻档案。云龙区民政局自发现涉案离婚登记错误后，自行纠正、纠正内容存档、告知涉案离婚双方当事人纠正内容及办理涉外离婚登记合法的行政机关，并无不当。因此，云龙区民政局作出案涉《离婚登记情况说明》并不违背正当程序原则。

综上，被告云龙区民政局作出的案涉《离婚登记情况说明》证据确凿，适用法律、法省、自治区、直辖市人民政府民政部门或者省、自治区、直辖市人民政府民政部门确定的机关。《江苏省婚姻登记工作规范》（江苏省民政厅苏民福〔2005〕62号）第三条规定，省民政厅设置婚姻登记处，负责办理全省涉外、涉港澳台居民、华侨、出国人员的婚姻登记。本案中，上诉人梁某某与原审第三人黄某某办理案涉离婚登记之前，黄某某已取得了新加坡国籍，其在办理案涉离婚登记时系外国人，并非中国公民。因此，被上诉人云龙区民政局并无办理该离婚登记的职权，梁某某与黄某某应在江苏省民政厅办理涉外婚姻登记的部门进行离婚登记。黄某某与梁某某于2015年8月10日在云龙区民政局自愿办理离婚登记时，未告知云龙区民政局黄某某系新加坡国籍，在黄某某持有未注销的中国内地户口簿、身份证的情况下，云龙区民政局依规定审查了黄某某与梁某某提交的离婚申请材料后，为黄某某与梁某某颁发了离婚证，以法定形式完成了该离婚登记。即使此后云龙区民政局发现其没有办理涉外离婚登记的职权，其亦无职权确认该离婚登记无效或撤销该离婚登记。

据此，被上诉人云龙区民政局作出案涉《离婚登记情况说明》，确认案涉离婚登记应为无效登记及由此形成的相关后果缺乏法律依据，原审法院关于云龙区民政局以确认无效方式纠正原违法离婚登记行为并无不当的认定错误，应予纠正。

二、关于行政程序法律原则的适用问题

行政主体及其工作人员要严格按照法定的行政程序作出行政行为。一般情况下，无论是行政机关还是法院，如直接适用法律原则来判断行政行为的程序合法性需具备前提条件：查明法律规范对该行政行为的程序存在规则不能情形。如查明相关行政程序有可适用的具体法律规范，则应当直接适用该具体法律规范；如查明没有可适用的具体法律规范，即存在行政程序规则缺失、规则模糊等规则不能的情况下，方可直接以正当程序原则等相关行政程序法律原则来判断行政行为的程序合法性。

本案原审法院在未查明案涉相关行政程序可适用的具体法律规范的情况下，直接适用相关行政程序法律原则对案涉行政程序进行合法性评价不当，应予纠正。《江苏省行政程序规定》第三十九条规定，本规定所称行政执法，是指行政机关依据法律、法规和规章，作出的行政许可、行政处罚、行政强制、行政给付、行政征收、行政确认等影响公民、法人或者其他组织权利、义务的行政行为。被上诉人云龙区民政局以《婚姻登记条例》第二条等法律规范为依据作出的案涉《离婚登记情况说明》，是对黄某某、梁某某的权利、义务产生直接影响的行政确认行为，虽然没有法律规范对该类行政行为的程序作出特别规定，但在《江苏省行政程序规定》对此已有一般规定的情形下，云龙区民政局应当履行该程序规定所确定的程序义务。《江苏省行政程序规定》第五十三条规定，行政机关在作出行政执法决定前，应当告知当事人、利害关系人享有陈述、申辩的权利，并听取其陈述和申辩。对于当事人、利害关系人的陈述和申辩，行政机关应当予以记录并归入案卷。对当事人、利害关系人提出的事实、理由和证据，行政机关应当进行审查，并采纳其合理的意见；不予采纳的，应当说明理由。根据在案证据，云龙区民政局在案涉《离婚登记情况说明》作出前，其婚姻登记处主任袁晓明告知了上诉人梁某某拟作出的行政行为、相应的事实依据及理由，梁某某也发表了自己的意见，故梁某某已行使了自己的陈述、申辩权。但本案并无证据证明云龙区民政局对梁某某的陈述、申辩进行了记录，故不符合前述关于记录的规定，应予纠正。《江苏省行政程序规定》第六十八条第三款规定，行政执法决定的送达程序参照《民事诉讼法》

有关规定执行。《民事诉讼法》第八十五条至第九十二条规定了诉讼文书的直接送达、留置送达、电子送达、委托及邮寄送达、公告送达等送达方式及程序。但云龙区民政局作出案涉《离婚登记情况说明》后并未向梁某某送达，而是要求梁某某自行到档案馆查询。虽然梁某某在档案馆查到案涉《离婚登记情况说明》并提起本案诉讼，该情况说明已实际产生外化结果，但云龙区民政局未按照《民事诉讼法》规定的方式向梁某某送达案涉《离婚登记情况说明》的行为，不符合前述关于送达的规定，亦应予以纠正。

综上，江苏省高级人民法院依照《中华人民共和国行政诉讼法》第七十五条、第八十九条第一款第二项之规定，于2019年9月9日作出判决：

一、撤销江苏省徐州市中级人民法院（2018）苏03行初139号行政判决；

二、确认徐州市云龙区民政局于2018年3月5日作出的《关于黄某某隐瞒国籍与梁某某办理离婚登记的情况说明》无效。

本判决为终审判决。

余姚市甬兴气体分滤厂与余姚市住房和城乡建设局燃气经营许可纠纷案

【裁判摘要】

具有行政许可权的行政机关作出不予行政许可决定的理由不能成立，且该决定已被人民法院判决撤销并责令重作的情况下，行政机关仍以相同理由再次作出不予行政许可决定，应认定为滥用职权。

原告：余姚市甬兴气体分滤厂，住所地：浙江省余姚市泗门镇。
法定代表人：施炳清，该厂厂长。
被告：余姚市住房和城乡建设局，住所地：浙江省余姚市南滨江路。
法定代表人：谢高，该局局长。

原告余姚市甬兴气体分滤厂（以下简称甬兴气体分滤厂）因与被告余姚市住房和城乡建设局（以下简称余姚市住建局）发生燃气经营许可纠纷，向浙江省余姚市人民法院提起行政诉讼。

原告甬兴气体分滤厂诉称：2018年8月17日，原告向被告余姚市住建局申请核发瓶装燃气经营许可证。被告于2018年8月27日作出《行政许可决定书》，以目前泗门镇已有一座瓶装液化石油气储配站，可以满足当地需求，不存在供气不足现象为由，决定不予核发原告瓶装燃气经营许可证。原告不服，依法于2018年11月8日向余姚市人民法院提起行政诉讼。经审理，余姚市人民法院于2019年4月4日作出（2018）浙0281行初94号《行政判决书》，认定行政许可决定适用法律不当，依据不足，理由难以成立，判决撤销《行政许可决定书》并责令被告重新作出决定。2019年7月11日，被告仍然以泗门镇无需新增储配站为由，作出《余姚市住房和城乡建设局不予行政许可决定书》（以下简称《不予行政许可决设计公司不具备论证"泗门镇2030年前无需新增储配站"的资格，其出具的《相关情况说明》所依据的材料不真实、不充分，欠缺合法形式要件，《相关情况说明》不是司法鉴定意见，结论不具有客观公正性。一审法院采信《相关情况说明》错误，属于认定事实不清。（2）余姚市住建局作出的《不予行政许可决定书》所依据的事实和理由，与生效行政判决撤销的决定书的事实和理由完全相同，无非是余姚市住建局以自己提供的数据炮制了一份《相关情况说明》，没有对实质性的事实和理由作改变，违反了"人民法院判决被告重新作出行政行为的，被告不得以同一事实和理由作出与原行政行为基本相同的行政行为"的规定。一审法院认为余姚市住建局并非基于同一事实和理由作出判决，属于适用法律错误。综上，请求二审法院撤销一审判决，撤销《不予行政许可决定书》，并责令余姚市住建局重新作出行政许可决定。

被上诉人余姚市住建局辩称：生效判决仅仅是以证据不足为由撤销原行政行为，其重新作出行政行为时，依据新的证据补充认定相关事实，完善决定理由，重新作出了行政决定。该决定仅是结果与原行政行为相同，但作出决定的事实和理由与原决定不同。城建设计公司作为专业机构，依据客观真实的数据作出专业评价，其以此为依据重新作出行政决定，证据确凿。《相关情况说明》属新证据，完善了其作出不予许可决定的理由，不属于"以同一事实和理由作出与原行政行为基本相同的行政行为"的情形。一审判决正确。请求二审法院驳回上诉，维持一审判决。

浙江省宁波市中级人民法院经二审，确认了一审查明的事实。

浙江省宁波市中级人民法院二审认为：在行政诉讼中，人民法院判决被告重新作出行政行为，被告重新作出的行政行为与原行政行为的结果相同，但主要事实或者主要理由有改变的，不属于"以同一事实和理由作出与原行政行为基本相同的行政行为"的情形。根据本案查明的事实，生效的（2018）浙0281行初94号行政判决认为被上诉人余姚市住建局于2018年8月27日作出的《行政许可决定书》适用法律不当，补充说明依据不足，责令被上诉人重作。被上诉人于2019年7月11日重新作出《不予行政许可决定书》，该两份决定书虽然结果相同，但法律适用不同，证据依据不同，故可以认定主要事实和理由有改变，不属于"以同一事实和理由作出与原行政行为基本相同的行政行为"的情形。上诉人甬兴气体分滤厂认为被上诉人基于同一事实和理由作出被诉行政行为的主张，缺乏事实和法律依据，法院不予支持。城建设计公司具有城乡规划编制资质证书等资质，对石油天然气等具有编制规划和规划咨询评估等资格，且系《余姚市域燃气专项规划（2014—2030年）》的主要参编单位，该公司在对余姚市域液化石油气储配站供应规模、供应能力进行评估分析的基础上，对《余姚市域燃气专项规划（2014—2030年）》中"泗门镇可根据区域燃气实际供应的需要，在现状基础上新增液化石油气储配站1座，储罐规模为100m³"的内容作出规划说明，并出具了《相关情况说明》，结论为"泗门镇2030年前无需新增储配站"。该情况说明在一定程度上具有客观性、专业性，可以作为余姚市住建局对燃气经营许可是否符合燃气专项规划要求的判断依据。余姚市住建局根据《相关情况说明》，认为上诉人提出的燃气经营许可申请在现阶段不符合燃气专项规划，违反了《城镇燃气管理条例》第十五条第一款第一项和《宁波市燃气管理条例》第十三条第一项的规定，从而作出《不予行政许可决定书》，并无不当。一审法院认定事实清楚，适用法律正确，审判程序合法。上诉人的上诉理由不足，不予支持。

据此，浙江省宁波市中级人民法院依照《中华人民共和国行政诉讼法》第八十九条第一款第一项之规定，于2019年12月24日判决如下：

驳回上诉，维持原判。

甬兴气体分滤厂不服二审判决，向浙江省高级人民法院申请再审称：第一，本案被申请人余姚市住建局将申请人申请领取燃气经营许可证的行为错误地认为是申请燃气经营许可，重复行政许可评价错误作出不予许可决定，一、二审判决认定法律行为错误。申请人于2000年经原余姚市城乡建委和宁波市市政公用局批准设立精制液化石油气储罐站，后于2009年11月8日向被申请人申请兼营民用液化石油气充装经营。2009年11月14日，被申请人出具《余姚市建设局关于同意余姚市甬兴气体分滤厂兼营民用液化石油气充装的批复》，批准同意申请人兼营民用液化石油气充装。故申请人经被申请人审查批准同意兼营民用液化石油气充装，也已获得了民用燃气经营许可。本次申请人的申请仅为申领许可证件，而非申请燃气经营审批。因此，被申请人对申请人的申请认识错误，对已经其批准的许可事项重复评价，且作出前后矛盾的许可决定，认定法律行为错误，一、二审法院支持被申请人的许可决定，于法无据。第二，一、二审判决采信证据错误，认定事实不清。一、二审法院作出与（2018）浙0281行初94号判决完全相反判决的唯一依据是《相关情况说明》，该份由城建设计公司作出的说明明显违反现行法律，依据不充分，结论不公正，不能作为裁判的依据。(1) 城建设计公司不具备论证本案"泗门镇2030年前无需新增储配站"的资格，无权改变余姚市人民政府依法作出的专项规划。申请人不否认城建设计公司具有城乡规划编制资质，但该资质针对的是对规划编制的资格，而是否新增储备站是行政机关的行政许可事项，该《相关情况说明书》论证结论"泗门镇2030年前无需新增储配站"，属于行政机关的审批权，而不是作为一家企业的权利。同时，具有法律效力的经余姚市人民政府颁布的《余姚市域燃气专项规划（2014—2030年）》就是由城建设计公司参与编制的，该专项规划明确"在现有基础上新增液化石油气储备站1座"，现该公司又出具《相关情况说明》说明"泗门镇2030年前无需新增储配站"，前后矛盾。同时，根据《中华人民共和国城乡规划法》第四十七条、第四十八条的规定，城乡规划的修改必须要经过严格的程序，由原审批机关审批并报经同级人大备案才能生效。但本案中，被申请人未经任何审批、备案，就擅自委托原编制机构对原规划具体内容进行直接否定（从原先规划的允许设立储配站改变为无需新增储配站），并以此理由对申请人作出不予许可的行政决定，明显违法。一、二审法院对该违法行为不予纠正，反而认定《相关情况说明》可以作为符合规划的判断依据。(2) 该《相关情况说明》所依据材料不真实不充分。无论是《相关情况说明》或鉴定结论，都必须是建立在充分的科学数据和客观事实基础上的实证性判断，而不是推理臆断。而城建设计公司仅凭被申请人提供的几个数据，既没有实地调查、核查数据，更没有听取民意，分析泗门镇的经济、人口发展态势，就得出"泗门镇2030年前无需新增储配站"，实属不当。(3) 该《相关情况说明》欠缺合法的形式要件。《相关情况说明》的合法形式，不仅影响到说明本身的合法性和规范性，而且影响到说明的真实性。其中最基本的形式要件是出具的说明中应当有编制人员或鉴定人员的签名，本案中虽有公章，但没有编制人员的签名，所以本案判决采信的《相关情况说明》明显缺乏基本的合法形式要求，真实性合法性明显可疑。（4）该《相关情况说明》不是司法鉴定意见，其结论不具有客观公正性。该《相关情况说明》系被申请人单方委托城建设计公司形成，该公司又是《余姚市域燃气专项规划（2014—2030年）》编制单位，被申请人与该公司早有业务往来。尽管申请人不怀疑该公司的专业性，但从形式上不得不使人怀疑该公司是为了套合被申请人的意思出具的《相关情况说明》。因此，由与被申请人有业务往来的第三方出具的《相关情况说明》，不能保证其真实性和公正性。（5）与（2018）浙0281行初94号判决认定事实自相矛盾。在申请人向一审法院起诉，一审法院支持申请人诉讼请求的（2018）浙0281行初94号判决书中，一审法院认定余姚燃气规划和发展规划合法有效，该规划明确泗门镇"在现状基础上适时增设液化石油气储配站1座，即意味着尚可增加一次行政许可"，也即认为可以新增液化石油气储配站1座。同时也认为"被告也应当根据行政许可法第五条第一款的规定，设定和实施行政许可，应当遵循公开、公正的原则，以维护政府的公信力，促进依法行政，保障市场主体平等参与市场的权利"。而在本案中，相同法院相同审判组织却采信《相关情况说明》，认定事实前后不一，自相矛盾。综上，一、二审判决认定事实不清。第三，一、二审判决适用法律错误。《城镇燃气管理条例》第十五条和《宁波市燃气管理条例》第十三条第一项中规定的"符合燃气发展规划要求""符合燃气专项规划要求"是对燃气经营企业燃气设施建设项目的建设规划要求，燃气设施工程必须取得规划选址意见或规划许可证，也就是说燃气储备站、点的设置要符合燃气发展规划。因此《余姚市域燃气专项规划（2014—2030)》中也表述"在现状基础上新增液化石油气'储备站'1座"。而申请人成立于1993年，储配站也于2000年经有关部门批准布点建设竣工，申请人早在《中华人民共和国行政许可法》《城镇燃气管理条例》《浙江省燃气管理条例》《宁波市燃气管理条例》等法律法规颁布施行前已经在合法经营了。因此在评判申请人能否取得燃气经营许可证时，是否符合燃气发展规划要求并不是考量申请人的条件，因为申请人经批准布点建设成立储配站，当然符合规划要求，只要申请人具备其他的条件就应当核发燃气经营许可证。而在（2018）浙0281行初94号案件审理过程中，被申请人曾经明确回答申请人所有条件都符合申请要求，只是被申请人有"自由裁量权"，就有权不予审批。因此被申请人作出被诉不予许可决定和一、二审法院支持被诉行政行为适用上述条款适用错误。第四，一、二审判决说理不明。（1）一、二审判决认为被申请人委托城建设计公司形成的《相关情况说明》，具有客观性、专业性和关联性，可以认定主要事实和理由有改变，不属于"以同一事实和理由作出与原行政行为基本相同的行政行为"的情形。但申请人认为，判断"主要事实或者理由有改变"的标准为：对原行政行为适用法律规范所要求的法律要件事实进行了实质性的改变。本案中，被申请人提供的情况说明，其内核就是原不予许可决定认定中的相同数据和理由，系由所谓第三方公司出具了一份与原相同事实基础的说明而已，其实质并没有改变，并没有足以改变原认定事实或理由的新内容。因此，一、二审判决认为被诉行政行为不属于"以同一事实和理由作出与原行政行为基本相同的行政行为"的情形，认定事实错误，适用法律错误。（2）本案行政许可实施过程中，燃气经营许可应当符合燃气发展规划要求，而余姚市燃气专项规划设计在"现状基础上新增液化石油气'储备站'1座"，新增还是不新增涉及的是作为和不作为的问题，不存在自由裁量出具所谓情况说明来论证不需要新增储配站的余地。因此，本案行政许可行为中，燃气规划允许新增座储配站，被申请人行政机关不存在裁量的余地,不存在可以增设也可以不增设的选择空间。如果允许行政机关所谓弹性规划、弹性许可,明显给权利创造了寻租空间,这与行政许可创设的公开、公平、公正、非歧视的原则初衷相违背。请求撤销一、二审判决和被申请人作出的《不予行政许可决定书》,责令被申请人重新作出行政许可决定。

被申请人余姚市住建局答辩称:第一,一、二审法院对法律行为认定正确。申请人甬兴气体分滤厂在再审申请书中陈述,其已取得被申请人出具的兼营民用液化石油气充装的批复,本次申请为申领许可证,不是燃气经营审批,是被申请人在恶意混淆概念。(1)颁发许可证不需要单独申请,不存在所谓的申领许可证行为。根据《中华人民共和国行政许可法》第三十九条规定,只要行政机关作出行政许可决定,就要颁发许可证,而不是在申请人取得行政许可决定后,再由申请人另行提出颁发许可证的申请。(2)退一步讲,即使颁发许可证需要单独申请,申请人的行为也是申请行政许可的行为,而不是申领许可证的行为。首先,申请人申请时提交的材料为《燃气经营许可申请表》、安全管理制度、经营方案等,这些材料是燃气经营许可的申请材料。若如申请人所说,本次申请为取得许可之后申领许可证的行为,申请人为何不提交所谓的批复要求发证,而提交申请燃气经营许可的申请材料。其次,申请人在起诉状中所列的诉讼请求是要求撤销被申请人作出的不予许可决定,而不是要求颁发许可证。最后,按照申请人的陈述,其于2009年已取得兼营民用液化石油气的批复,而申请人直到2018年才向被申请人申请颁发许可证,这又作何解释。第二,一、二审判决认定事实清楚,证据确实、充分。(1)城建设计公司就"泗门镇储配站是否新增"出具了《相关情况说明》,该情况说明客观、专业,能够作为认定泗门镇是否新增储配站的依据。①城建设计公司是《余姚市域燃气专项规划(2014—2030)》的编制单位,有权对规划中的规定就相关事项作出说明。②《相关情况说明》所依据的材料客观真实。情况说明的数据由掌握数据的行政机关和公共服务企业提供,比如人口数量由余姚市公安局提供,泗门镇现有居民管道燃气用户数由余姚市城市天然气有限公司提供。③《相关情况说明》论证充分、客观,具有证明力。情况说明依据真实的数据,对余姚市域液化石油气储配站的供应能力,余姚市2020年、2030年液化石油气需求量进行了分析,得出的结论是客观的。④《相关情况说明》具备合法的形式要件。情况说明不是鉴定意见,规划编制人员签名不是必备的形式要件,同时情况说明盖有出具单位公章,代表规划编制单位的意志,与规划文件具有同等效力。(2)申请人提供的证明、居民联名书,不能作为认定瓶装燃气实际供应的需要。即使证明、居民联名信属实,以此来认定瓶装燃气实际供应的需要,也是不可行的。居民个人仅考量个人利益,不会考虑公共利益等其他因素,充气点离家越近越好。而政府执政必须要做到统筹兼顾,平衡各种利益。第三,一、二审法院适用法律正确。(1)根据《城镇燃气管理条例》的规定,国家对燃气经营实行行政许可证制度,从事燃气经营活动的企业,欲获得行政许可,应当具备符合燃气专项规划要求的条件。《余姚市域燃气专项规划(2014—2030)》第四十九条第二项规定:"泗门镇可根据区域瓶装燃气实际供应的需要,在现状基础上新增液化石油气储配站1座,储罐规模为100m³。"该项规划条件非常明确,在泗门镇是否新增液化石油气储配站,要根据申请新增燃气经营许可时,当时的储备站是否能够满足实际供气需要而定。即,现有的储配站能满足实际供应需求的,对新增燃气经营申请不予许可;现有的储配站不能满足实际供应需求的,对新增燃气经营申请予以许可。城建设第五项及第八十九条第一款第二项和《最高人民法院关于适用〈中华人民共和国行政诉讼法〉的解释》第一百一十九条、第一百二十二条之规定，于2021年5月21日作出判决：

一、撤销浙江省余姚市人民法院（2019）浙0281行初47号行政判决；

二、撤销浙江省宁波市中级人民法院（2019）浙02行终622号行政判决；

三、撤销余姚市住房和城乡建设局于2019年7月11日作出的《不予行政许可决定书》，责令余姚市住房和城乡建设局对余姚市甬兴气体分滤厂提出的瓶装燃气经营许可证的核发申请在法定期限内重新作出决定。

本判决为终审判决。

王志国诉重庆市万州区人力资源和社会保障局工伤认定及重庆市人力资源和社会保障局行政复议案

【裁判摘要】

职工的家庭住所地与工作地相隔两城，法定节假日或约定休息日期间，职工为上下班在合理时间内跨越城际往返于两地的合理路线，应当认定为《工伤保险条例》第十四条规定的"上下班途中"。

原告：王志国，男，1964年2月6日出生，住重庆市江北区。

被告：重庆市万州区人力资源和社会保障局，住所地：重庆市万州区江南大道。

法定代表人：冉崇富，该局局长。

被告：重庆市人力资源和社会保障局，住所地：重庆市渝北区春华大道。

法定代表人：陈元春，该局局长。

第三人：重庆长安跨越车辆有限公司，住所地：重庆市万州区申明北路。

法定代表人：韩鸣，该公司总经理。

原告王志国因与被告重庆市万州区人力资源和社会保障局（以下简称万州区人社局）、重庆市人力资源和社会保障局（以下简称市人社局）、第三人重庆长安跨越车辆有限公司（以下简称长安跨越公司）发生工伤认定及行政复议纠纷，向重庆市渝北区人民法院提起诉讼。

原告王志国诉称：（1）其从重庆主城返回万州是以上班为目的，符合《工伤保险条例》关于"上下班途中"的目的要素。原告家庭居住地与工作地距离200余公里，需要提前一天前往工作地，且原告与公司其他同事均提前一天从重庆主城返回万州宿舍，原告此行目的是上班，具有合理时间上班的正当性。（2）原告从重庆主城到万州的上班路线属于合理路线，第三人公司是由重庆主城搬迁至万州，包括原告在内的大部分员工都居住在重庆主城，原告发生交通事故的地点位于沪渝高速出城方向1672千米处，属于重庆主城前往万州的合理路线。(3) 原告发生交通事故的时间属于上班途中的合理时间,原告从重庆主城居住地到万州公司上班约需3.5小时车程,原告于2018年4月7日18时30分左右从重庆主城居住地出发返回万州工作地,发生交通事故时间为当天19时55分,属于上班途中的合理时间。(4) 原告申请工伤认定符合《工伤保险条例》等劳动法律法规的规定及保护职工合法权益的立法精神。(5) 二被告作出被诉行政行为程序不合法,被告万州区人社局没有如《不予认定工伤决定书》所记载依法向原告出具补正材料通知书,被告市人社局没有提供证据证明作出《行政复议决定书》的工作人员已通过国家统一法律职业资格考试。因此,二被告作出的被诉行政行为认定事实不清,适用法律法规错误,程序不合法,请求法院撤销万州区人社局作出的万州人社伤险不认字〔2018〕8号《不予认定工伤决定书》及市人社局作出的渝人社复决字〔2018〕109号《行政复议决定书》,并责令万州区人社局重新作出工伤认定决定。

被告万州区人社局辩称:(1) 2018年4月7日为休息日,原告王志国当天从重庆主城家中前往万州工作地,不属于《工伤保险条例》第十四条第六项及人力资源和社会保障部〔2016〕29号文件规定的上下班途中的"合理时间"。(2) 原告当天前往万州的目的是休息,而不是上班,不属于《工伤保险条例》第十四条第六项及人力资源和社会保障部〔2016〕29号文件规定的上下班途中的"上班目的"。至于第三人长安跨越公司发布的《关于对渝万往返乘车安排的通知》,主要是规范渝万往返员工的乘车安排及费用报销问题,其关于"返万时间原则上为假期最后一日"的表述,并不是要求员工于假期最后一日上班,而是提醒员工第二天按时上班。(3) 原告2018年4月7日发生的交通事故伤害,不符合《工伤保险条例》第十四条第六项认定工伤的情形,本局作出的被诉不予认定工伤决定适用法律正确。(4) 本局作出的不予认定工伤决定符合工伤认定程序。综上,请求驳回原告的诉讼请求。

被告市人社局辩称:(1) 本局于2018年9月20日收到原告王志国的行政复议申请书,经初审后于次日受理,并分别向原告和被告万州区人社局制发了《行政复议受理通知书》和《行政复议答复通知书》。万州区人社局答复后,本局于2018年11月6日作出《行政复议决定书》,并于同月22日邮寄送达原告和第三人长安跨越公司。故本局行政复议程序合法。(2) 原告系第三人公司员工,任该公司副总经理职务,原告于2018年4月7日下午乘车从重庆返回万州途中发生交通事故致受伤,但根据第三人发布的《关于2018年"清明节"放假有关安排的通知》载明,事发当天该公司处于放假状态,且没有证据证明原告当天返回万州是为了参加当天的公司级会议,故原告受到的此次事故伤害不符合《工伤保险条例》第十四条第六项规定的情形,经复议,决定维持万州区人社局作出的不予认定工伤决定。综上,请驳回原告的诉讼请求。

第三人长安跨越公司未陈述意见。

重庆市渝北区人民法院一审查明:第三人长安跨越公司是依法成立的有限责任公司,经营地位于重庆万州区。原告王志国系该公司员工,任副总经理职务,分管质量部,其家庭住址位于重庆江北区,工作日期间其居住于第三人提供的位于万州区的单位宿舍。第三人为其配备了渝A2×××号小型客车。2018年4月5日至7日为清明节法定节假日,第三人下发连续放假三天的通知,告知2018年4月8日正常打卡上下班,并安排冉某某、唐某某、销。被告市人社局作出渝人社复决字〔2018〕109号《行政复议决定书》，维持被告万州区人社局的《不予认定工伤决定书》，亦属适用法律错误，应一并予以撤销。

据此，重庆市渝北区人民法院依照《中华人民共和国行政诉讼法》第七十条第二项、第七十九条，《最高人民法院关于适用〈中华人民共和国行政诉讼法〉的解释》第一百三十六条第一款、第三款之规定，于2019年4月30日作出判决：

一、撤销被告重庆市万州区人力资源和社会保障局于2018年7月4日作出的万州人社伤险不认字〔2018〕8号《不予认定工伤决定书》；

二、撤销被告重庆市人力资源和社会保障局于2018年11月6日作出的渝人社复决字〔2018〕109号《行政复议决定书》；

三、责令被告重庆市万州区人力资源和社会保障局于本判决生效之日起60日内重新作出行政行为。

万州区人社局不服一审判决，向重庆市第一中级人民法院提起上诉称：被上诉人王志国于2018年4月7日16时55分，在沪渝高速出城方向1672千米处发生交通事故，4月7日是"清明节"假期的最后一天，当天是休息日不是工作日，离第二天上班间隔15小时左右，不符合《工伤保险条例》规定的"上下班途中"的情形。王志国于4月7日从重庆主城家中返回万州的目的是休息，并非上班，故不属于上班途中。因此，一审认定事实不清，请求撤销一审判决，改判维持上诉人作出的万州人社伤险不认字〔2018〕8号《不予认定工伤决定书》。

被上诉人王志国与一审第三人长安跨越公司以及一审被告市人社局均未向法院提交书面答辩意见。

重庆市第一中级人民法院经二审，确认了一审查明的事实。

重庆市第一中级人民法院二审认为：

上诉人万州区人社局作为该辖区的社会保险行政主管部门，具有作出万州人社伤险不认字〔2018〕8号《不予认定工伤决定书》的法定职责，其受理一审第三人长安跨越公司提出的工伤认定申请符合《工伤保险条例》的规定；一审被告市人社局作为万州区人社局的上级主管部门，受理被上诉人王志国提出的行政复议申请并作出渝人社复决字〔2018〕109号《行政复议决定书》，符合《中华人民共和国行政复议法》的规定。

本案争议焦点是：被上诉人王志国遭遇交通事故时是否属于上班的合理时间即是否符合"上下班途中"。《工伤保险条例》第十四条规定："职工有下列情形之一的，应当认定为工伤：……（六）在上下班途中，受到非本人主要责任的交通事故或者城市轨道交通、客运轮渡、火车事故伤害的……"同时，《最高人民法院关于审理工伤保险行政案件若干问题的规定》第六条第一项、第三项规定，在合理时间内往返于工作地与住所地、经常居住地、单位宿舍的合理路线的上下班途中或者从事属于日常工作生活所需要的活动，且在合理时间和合理路线的上下班途中，社会保险行政部门认定为"上下班途中"的，法院应予支持。本案中，根据上诉人万州区人社局举示的《劳动合同》、工伤认定调查笔录、《道路交通事故认定书》等证据，结合庭审笔录中各方当事人的陈述，能够认定被上诉人王志国在一审第三人长安跨越公司工作，2018年4月7日18时许，乘坐公司为其配备的渝A2×××号小型客车，从居住地重庆市江北区出发前往公司所在地万州区，19时55分许车辆行驶至沪渝高速公路出城方向1672千米处与前车发生追尾交通事故致其受伤，王志国在此次交通事故中不承担事故责任的事实。上述证据相互印证，可以证明王志国是为了4月8日能准时上班而提前于4月7日16时许从距离万州280余公里的家中出发前往公司。虽然事发当日不是上班时间（"清明"小长假的最后一天），但因王志国属于异地工作，居家与工作地相距较远，放假回家后提前一天返回职工宿舍，既符合其平时的惯常往返方式也符合常理，同时亦符合公司《关于对渝万往返乘车安排的通知》第三条"乘车规定：（8）返万时间原则上为假期最后一日……"的规定。王志国发生事故时是4月7日19时50分，已经是晚上，故其提前返回公司的时间处于合理范围内，并未过分提前超出必要限度。如果苛求王志国必须于4月8日当天工作日上班出行，才构成《工伤保险条例》"上下班途中"的要求，那么王志国须于当日凌晨3时左右就要出发前往万州才能按时到达工作岗位，显然既不符合人体生理条件也不符合常理，更不利于对异地工作劳动者的保护。因此，王志国事发当日提前返回公司宿舍休息，也是为了第二天能够正常上班不耽误，符合以"上下班为目的"基本条件，具有正当性和合理性，应当认定其发生交通事故时处于上班的合理时间。因此，王志国受伤符合《工伤保险条例》第十四条第六项及《最高人民法院关于审理工伤保险行政案件若干问题的规定》第六条第一项、第三项之规定，应当认定为工伤。上诉人作出的万州人社伤险不认字〔2018〕8号《不予认定工伤决定书》认定事实清楚，但适用法律错误，依法应予撤销。同理，一审被告市人社局作出的渝人社复决字〔2018〕109号《行政复议决定书》亦属适用法律错误，同样应予撤销。上诉人认为王志国不是正常上班时间而受伤不应认定工伤的理由不能成立，法院不予支持。万州区人社局作出的万州人社伤险不认字〔2018〕8号《不予认定工伤决定书》以及市人社局作出的渝人社复决字〔2018〕109号《行政复议决定书》适用法律错误，一审予以撤销并无不当。上诉人的上诉理由及上诉请求均不能成立，依法不予支持。

据此，重庆市第一中级人民法院依照《中华人民共和国行政诉讼法》第八十九条第一款第一项之规定，于2019年7月1日作出判决：

驳回上诉，维持原判。

本判决为终审判决。

上海笛爱建筑材料有限公司诉上海市浦东新区人民政府行政批复案

【裁判摘要】

事故调查过程中,事故调查组的主要职责在于查明事故情况、认定事故责任并提交事故调查报告。调查组成员参与事故调查属于职务行为,为维护事故调查的客观公正,调查组成员所在行政机关与事故调查结果之间存在利害关系的,该行政机关与其工作人员均应当回避。

原告:上海笛爱建筑材料有限公司,住所地:上海市奉贤区大叶公路。

法定代表人:王沪欢,该公司总经理。

被告:上海市浦东新区人民政府,住所地:上海市浦东新区世纪大道。

法定代表人:杭迎伟,该区区长。

原告上海笛爱建筑材料有限公司(以下简称笛爱公司)不服被告上海市浦东新区人民政府(以下简称浦东新区政府)作出的浦府安〔2019〕16 号《关于〈上海笛爱建筑材料有限公司"11·19"车辆伤害死亡事故调查报告〉的批复》(以下简称被诉批复),向上海市第一中级人民法院提起诉讼。

原告笛爱公司诉称,《上海笛爱建筑材料有限公司"11·19"车辆伤害死亡事故调查报告》(以下简称《事故调查报告》)的事实认定及责任认定均有误,且事故调查组组成不合法。具体理由如下:(1)涉案工程建设方是上海市浦东新区张江镇人民政府(以下简称张江镇政府),总包单位为上海市浦东新区建设(集团)有限公司(以下简称浦建公司),分包单位为上海元迅建设发展有限公司(以下简称元迅公司),监理单位为上海申筑建设监理有限公司(以下简称申筑监理公司)。上述单位对涉案工程工地均有安全生产监管责任,但在事发时,上述单位均无人员在现场,应当分别承担责任。笛爱公司只是元迅公司的供货商,对施工工地不具有安全管理义务。笛爱公司与死者王启才之间仅存在运输合同关系,双方是托运人与承运人的关系。根据事故车辆的机动车行驶证上记载,事故车辆属于上海鸿渐汽车销售有限公司(以下简称鸿渐公司)所有,笛爱公司委托鸿渐公司运输货物。笛爱公司作为托运人对承运人王启才并无安全管理职责,且事故发生时,王启才并非为原告运输货物,而是为他人运输货物。(2)事故调查组组成不合法。首先,张江镇政府应当回避。张江镇政府作为发包方本身就具有安全生产管理职责,但是,张江镇政府事故调查过程中又作为事故调查组成员参与调查,影响本案的调查和处理。其次,浦东新区监察委员会没有在签到单上签字就代表其没有参与事故调查。事故调查组缺少必要的组成人员。综上,被诉批复及《事故调查报告》实体和程序均违法,故请求法院判决撤销被告浦东新区政府作出的被诉批复及《事故调查报告》。

被告浦东新区政府辩称,其依据《生产安全事故报告和调查处理条例》(以下简称《安全事故条例》）的相关规定作出被诉批复，主体适格，合法有效；事故调查处理科学严谨、依法依规、实事求是、符合法定程序。原告笛爱公司将人行道砖运输业务委托发包给案外人王启才的行为违法。王启才系在履行原告委托发包的业务过程中发生的事故。原告对王启才的运输装卸作业具有不可推卸的安全管理义务。关于事故调查组的组成，《安全事故条例》没有规定回避的情形，张江镇政府作为属地人民政府参与事故调查组不违反法律规定；《安全事故条例》第二十二条规定了事故调查组成员的组成，因为机构职能调整，人民检察院的相关职能调整到了监察委员会，所以，事故调查组邀请了监察机关派员参加，但不在名单上签字。原告的诉请缺乏事实和法律根据，请求法院驳回原告的诉讼请求。

上海市第一中级人民法院一审查明：涉案工程的建设方是张江镇政府，总包单位为浦建公司，分包单位为元迅公司，监理单位为申筑监理公司。祎晨公司是元迅公司道路石材铺设供货单位。祎晨公司将人行道砖转由原告笛爱公司向元迅公司提供。笛爱公司委托王启才运输涉案工程工地货物，并与王启才结算货物运输款。2018年11月19日13时10分左右，王启才将前几天停放在涉案工程工地上的叉车，通过自制铁架斜坡从地面往货车厢板倒车，东侧支撑承受不住叉车重量，变形断裂，叉车失去重心侧翻将王启才压在了叉车下。现场工友见状后，立刻拨打了"120"急救电话，"120"急救人员到场后，确认王启才已死亡。

被告浦东新区政府委托原浦东安监局对一般生产安全事故（特种设备事故除外）组织事故调查组进行调查。事故发生后，原浦东安监局、上海市公安局浦东分局、张江镇政府等政府及部门组成调查组赴现场调查取证，拟写了《事故调查报告》。2019年1月25日，调查组人员讨论通过《事故调查报告》，原浦东安监局于2019年2月12日将《事故调查报告》报送被告，被告于2019年2月22日作出被诉批复，并于2019年3月13日将《事故调查报告》及被诉批复送达原告笛爱公司。原告不服被诉批复中对事故发生原因和责任的认定，向法院提起本案诉讼，请求法院判决撤销被告作出的被诉批复及《事故调查报告》。

上海市第一中级人民法院一审认为：

本案一审的争议焦点是：张江镇政府作为涉案工程的建设方，是否可以作为属地人民政府成为事故调查组的成员。

根据《安全事故条例》第二十八条的规定，事故调查组成员在事故调查工作中应当诚信公正、恪尽职守，遵守事故调查组纪律，保守事故调查秘密。对此，法院认为，公正不仅包括实体公正，还包括程序公正。本案中，张江镇政府既是事故发生地人民政府，同时也是涉诉事故调查报告所查明的新建道路工程的建设单位。根据《中华人民共和国安全生产法》以及《建设工程安全生产管理条例》的相关规定，张江镇政府就涉案项目建设的安全生产具有相应的安全生产责任，是涉案生产安全事故的被调查对象，可能承担相应的安全生产责任。不应在调查之前即将其排除出调查范围。《安全事故条例》第二十二条规定，根据事故的具体情况，事故调查组由有关人民政府、安全生产监督管理部门、负有安全生产监督管理职责的有关部门、监察机关、公安机关以及工会派人组成，并应当邀请人民检察院派人参加。该条规定并未明确规定由哪一级地方人民政府参与事故调查组，且根据该条规定，事故调查组的组成应当根据事故的具体情况决定。因负有安全生产责任，张江镇政府属于被调查对象，其作为事故调查组成员开展事故调查工作，有违正当程序原则。被告浦东新区政府不应当要求、认可或者接受张江镇政府派员参加事故调查组。被告批复同意该调查组作出的

《事故调查报告》，显属不当。被告应当依照《中华人民共和国安全生产法》《安全事故条例》等相关规定重新组织事故调查组认定本案事实并适用法律作出责任认定，履行相关法定职责。

综上，被告浦东新区政府作出的被诉批复违反法定程序，原告笛爱公司要求撤销被诉批复的诉讼请求，具有事实根据和法律依据，应予支持。上海市第一中级人民法院依照《中华人民共和国行政诉讼法》第七十条第三项的规定，于2020年3月6日判决如下：

一、撤销被告上海市浦东新区人民政府于2019年2月22日作出的浦府安〔2019〕16号《关于〈上海笛爱建筑材料有限公司"11·19"车辆伤害死亡事故调查报告〉的批复》；

二、责令被告上海市浦东新区人民政府于本判决生效之日起九十日内重新作出行政行为。

浦东新区政府不服一审判决，向上海市高级人民法院提起上诉，请求二审法院撤销一审判决，维持其作出的被诉批复。

浦东新区政府上诉称：属地政府派员参加事故调查组是法定制度，调查组成员在事故调查中有明确的、不可替代的职责分工；调查组由具体调查人员组成，依据相关规定，回避的对象应该是调查组的组成人员，而不是成员单位；事故调查组有充分的制度设计确保调查的公正性，属地政府派员参与事故调查不影响事故调查的公正性，事故调查不涉及民事责任分配；涉案事故属于运输服务过程中发生的事故，并非建筑施工过程中发生的事故，张江镇政府作为建设方其安全责任也仅限于建设工程，与涉案事故没有关联；其严格按照法律规定的要求组织事故调查就是维护事故调查的程序公正，将没有直接关联的单位推定为负有安全责任扩大了事故调查范围。

被上诉人笛爱公司辩称：建设工程的发包方、承包方、分包方，包括监理单位都是被调查对象，张江镇政府是涉案工程的发包方、建设方，是直接责任人，应该作为被调查对象；其与王启才是委托运输关系，在运输过程中没有发生道路交通事故，其不应承担责任；运输的车辆有挂靠单位，事故调查组没有调查挂靠单位，请求驳回上诉，维持原判。

上海市高级人民法院经二审，确认了一审查明的事实。

上海市高级人民法院二审认为：涉案生产安全事故1人死亡，系一般事故。根据国务院《安全事故条例》第十九条第二款、第二十九条及第三十二条规定，原浦东安监局接受上诉人浦东新区政府的委托对"11·19"事故组织调查组进行调查，拟写《事故调查报告》并报送浦东新区政府，浦东新区政府自收到《事故调查报告》后于法定期限15日内作出批复，符合法律规定。浦东新区政府作为负责涉案事故调查的人民政府在收到事故调查组提交的《事故调查报告》后，具有作出被诉批复的法定职责。《安全事故条例》第二十二条第二款、第二十三条规定，事故调查组的主要职责在于查明事故情况、认定事故责任并提交事故调查报告。

政府部门一般不直接从事生产经营活动，通常情况下，属地人民政府参加事故调查组，参与事故调查及认定事故责任，有利于配合做好服务保障和相关社会管理工作。但在本案中，张江镇政府是涉案工程的建设单位，在此特定情形下，张江镇政府就涉案工程建设的安全生产具有相应的安全生产责任，有可能是涉案生产安全事故的被调查对象，不应在调查之前即将其排除出调查范围。张江镇政府工作人员参加事故调查组，参与事故调查并认定事故责任，显然有违正当程序的法治原则。上诉人浦东新区政府批复同意该调查组作出的《事故调查报告》，显属不当，一审据此认定浦东新区政府作出被诉批复违反法定程序，判决撤销该批复并责令浦东新区政府于一审判决生效之日起九十日内重新作出行政行为正确。

为准确查清事故原因，查明事故性质和责任，维护事故调查的客观公正，组织事故调查组不仅应该严格遵循法律法规规定，而且应该结合事故个案的具体情况，排除对事故调查公正性的合理怀疑。事故调查组由具体调查人员组成，法规已明确规定事故调查组成员应当与所调查的事故没有直接利害关系。基于正当程序原则，为防止偏见、排除合理怀疑，派出调查组人员参与组成调查组的单位也理所应当与所调查的事故没有直接利害关系，故作为涉案新建工程项目建设单位的张江镇政府，在有可能作为被调查对象的情况下，应当主动回避，不参与涉案事故调查过程以及对事故原因的分析判断和事故责任的认定处理。因此，上诉人浦东新区政府提出回避对象应是调查组的组成成员而非成员单位的上诉主张，不能成立。

涉案事故发生时，涉案工程尚未竣工验收、交付使用，属在建工程。张江镇政府在本案中既是事故发生地人民政府，同时也是涉诉《事故调查报告》所查明的新建道路工程的建设单位。在张江镇政府建设的新建道路工程工地上，在运输工程所用人行道砖车辆的装卸过程中发生生产安全事故，事故调查组自然应该调查该在建工程相关主体在事故中的安全责任。事故被调查对象不应当在调查开展前即预先确定，而应该随着调查的开展，基于查清事实、明确责任的需要，逐步确定或排除。如前所述，张江镇政府作为涉案在建工程的建设单位，有可能是事故的被调查对象。浦东新区政府上诉中主张，涉案事故发生于运输服务过程中，而非建筑施工过程中，在事故调查组开展调查、作出事故责任认定之前，即将张江镇政府作为建设单位可能承担的安全生产责任局限于建筑施工过程，进而预先认定张江镇政府不属涉案事故的被调查对象，这一预设前提显然缺乏依据，浦东新区政府相关上诉主张亦不能成立。

综上所述，一审法院以违反法定程序为由，判决撤销被诉批复并责令浦东新区政府于一审判决生效之日起九十日内重新作出行政行为，认定事实清楚，适用法律、法规正确，程序合法，应予维持。

据此，上海市高级人民法院依照《中华人民共和国行政诉讼法》第八十九条第一款第一项之规定，于2020年9月28日判决如下：

驳回上诉，维持原判。

本判决为终审判决。

昆山城开锦亭置业有限公司诉昆山市国土资源局
不动产行政登记及行政赔偿纠纷案

【裁判摘要】

　　不动产登记系对物权的公示，涉及民事、行政双重法律关系，既应遵循物权法定等民事法律规范，又应符合不动产登记相关行政法规。物权的种类和内容由法律规定，当事人无权通过约定变更物权的法定内容。登记机关如将缺乏法律依据的约定内容进行登记，有违物权法定原则，当事人请求撤销相关登记内容的，人民法院应予支持。

原告：昆山城开锦亭置业有限公司，住所地：江苏省昆山市花桥镇。
法定代表人：费佐祥，该公司董事长。
被告：昆山市国土资源局，住所地：江苏省昆山市同丰西路。
法定代表人：李铭，该局局长。

　　原告昆山城开锦亭置业有限公司（以下简称城开公司）因与被告昆山市国土资源局发生不动产行政登记及行政赔偿纠纷，向江苏省昆山市人民法院提起诉讼，后经江苏省苏州市中级人民法院指定管辖，由江苏省苏州市姑苏区人民法院立案受理。

　　原告城开公司诉称：游站商业中心是原告在昆山市花桥镇徐公桥路东侧C25地块上开发建设的商业项目。2008年1月，原告以公开出让（挂牌）方式取得开发土地，并与被告昆山市国土资源局及江苏昆山花桥经济开发区管理委员会（以下简称花桥管委会）签订国有土地使用权出让合同。土地用途为商业、酒店、办公、科研用地。2013年11月，原告、被告、花桥管委会签订补充协议，同意增加地下一层空间建设用地使用权，面积为6754.91平方米，用途为商业，原告补交了土地出让金。商业中心竣工后，2017年4月在为地下商业房产办理不动产权属登记时，被告在不动产权证书附记栏中加注了"新建，办理自用房手续，不得对外销售。如需进行二手房转让，必须先行征得花桥管委会同意"这一限制不动产物权的文字内容。鉴于商业中心项目存在巨大资金缺口，为解决企业融资问题，原告自2015年1月起多次向花桥管委会、昆山市住房和城乡建设局和被告提交书面申请，请求撤销产权证附记栏中所加注的权利限制性文字内容，均未能解决。原告认为，不动产权证书附记栏中越权加注限制不动产物权的文字内容，侵犯了原告合法的财产权利，应予以撤销，并应赔偿原告相应融资损失。现原告向法院起诉请求：（1）判决撤销被告在2017年4月6日苏（2017）昆山市不动产权第004××××号《不动产权证书》附注栏中越权加注的"新建，办理自用房手续，不得对外销售。如需进行二手房转让，必须先行征得花桥管委会同意"这一限制不动产物权的文字内容；（2）判决被告赔偿原告2017年4月至2018年4月期间的利息差额损失1111.1335万元；（3）本案诉讼费用由被告承担。

　　被告昆山市国土资源局辩称：2017年3月，原告城开公司作为申请人向被告提交了涉案不动产产权登记书面申请及相关办证材料，被告依照程序为原告办理了涉案不动产产权登记，颁发了不动产产权证，程序合法，依据充分。经原告申请，在不改变原出让经济技术指标的前提下，相关部门同意将涉案不动产地下6754.91平方米空间作为地下商业开发，但明确不得对外销售。后原告办理了相关用地手续。涉案不动产在后续登记时已有不得对外销售等相关权利限制信息。原告在向被告申请办理涉案不动产的产权登记时提供了申请一份，可以看出原告是知晓并同意涉案不动产的限制情况的，且再次明确了不对外销售，并由花桥管委会盖章确认。被告根据涉案不动产的原登记的限制情况以及原告的申请在涉案不动产证中继续记载不得对外销售的相关内容，并没有违反法律规定，也没有侵害原告的合法权益。请求依法驳回原告的诉讼请求。

苏州市姑苏区人民法院一审查明：2008年1月，原告方股东与被告昆山市国土资源局及花桥管委会就昆山市花桥镇徐公桥路东侧C25地块国有土地使用权签订国有土地使用权出让合同。2008年10月，经相关各方签订补充协议，将上述国有土地使用权变更给原告城开公司。之后，又经数次补充协议调整了土地用途和容积率。原告在该地块进行游站商业中心项目建设。2013年9月，花桥经济开发区规划建设局发布《关于游站项目地下空间调整的公示意见》，载明：为更有效地使用地下空间，节约土地资源，在不改变原出让经济技术指标的前提下，拟将涉案地块的地下6754.91平方米空间作为地下商业开发，不对外销售。2013年9月，原告与花桥管委会共同向被告提交了一份《游站商业中心项目各业态面积情况说明》，其中地下室部分记载：总面积23843.19平方米，其中车库17088.28平方米，地下商业6754.91平方米，地下室不对外分割销售。2013年10月，原告向被告提交了《关于游站商业中心项目地下商业情况说明》，申请将6754.91平方米地下空间用于地下商业开发，不对外进行销售。2013年11月，原告、被告、花桥管委会再次签订补充协议，同意增加地下一层空间建设用地使用权，面积为6754.91平方米，用途为商业，原告补交了土地出让金。

2015年10月，昆山市人民政府向原告城开公司颁发了国有土地使用权证，使用权面积6754.91平方米，用途为商业。在该证记事栏记载：该地块为地下一层空间建设用地使用权，不得对外分割销售。

2016年6月，原告城开公司就游站商业中心地下室1—43室，商业面积6754.91平方米，共43套房屋领取了房屋所有权初始登记证明，每份登记证明的备注栏均载明：办理自用房手续，不得对外销售；如需进行二手房转让，必须先行征得花桥管委会同意。

2016年6月，昆山市实行不动产统一登记，由被告昆山市国土资源局负责该区域内房屋所有权及国有土地使用权的登记事项。

2016年12月，原告城开公司向花桥管委会提交了一份关于"游站商业中心"项目地下室商业产证办理事宜的申请，提出：地下室商业产权的初始登记目前已完成，总计43户，根据管委会"游站商业中心地下室商业不得分割销售"的要求，由于目前无法办理地下室商业的分割手续，造成后期无法办理地下室商业的产权证；为此，原告准备将地下室商业办理一份产证，不进行分割办理。花桥管委会于2017年2月在该申请书上加盖了公章。

2017年3月，原告城开公司向被告昆山市国土资源局提交了游站商业中心地下室商业的不动产变更登记申请书，并提供了相关材料。被告经审核后于2017年4月向原告颁发了苏（2017）昆山市不动产权第004×××号不动产权证书，记载：权利类型为国有建设用地使用权/房屋所有权，面积为土地使用权面积6754.91平方米/房屋建筑面积6754.91平方米；附记栏中注明："新建，办理自用房手续，不得对外销售。如需进行二手房转让，必须先行征得花桥管委会同意"。

苏州市姑苏区人民法院一审认为：本案的争议焦点有三个方面：（1）2017年的登记行为是否可诉；（2）涉案不动产登记的附记事项是否合法；（3）原告城开公司的行政赔偿请求应否支持。

（一）诉争不动产登记属于可诉的行政行为

游站商业中心地下室商业部分2015年的国有土地使用权登记及2016年的房屋所有权登记均是独立且已完成的登记行为。因登记部门不同等原因，房屋及其所占土地的登记存在不一致，即房屋分成43份进行所有权登记，土地使用权按1份使用权登记，土地使用权证附记栏注明不得对外分割销售，每份房屋所有权登记证明附记栏注明不得对外销售等内容。涉案2017年不动产登记，系将上述房屋所有权与土地使用权合并进行统一登记，且将43套房屋归并成1份进行所有权登记，附记栏注明不得对外销售等内容，未记载不得对外分割销售的内容。因此，涉案2017年不动产登记并非简单地对2015年、2016年两次发证的合并换证，还涉及权利状态、附记事项等变化，应属于变更登记，该变更登记对原告权利义务产生实际影响，属于可诉的行政行为。

（二）诉争不动产登记的附记内容违背物权法定原则

《中华人民共和国民法总则》第一百一十六条规定："物权的种类和内容，由法律规定。"《中华人民共和国物权法》第五条规定："物权的种类和内容，由法律规定。"根据物权法定原则，物权的种类、内容均由法律明确规定，当事人之间不能任意创立物权或约定变更物权的法定内容。《中华人民共和国物权法》第九条第一款规定："不动产物权的设立、变更、转让和消灭，经依法登记，发生效力；未经登记，不发生效力，但法律另有规定的除外。"不动产物权经登记发生法律效力，登记起到了物权公示作用，不动产登记簿是物权归属和内容的根据。不动产权属证书记载的事项，应当与不动产登记簿一致。本案中，原告城开公司通过土地出让方式合法取得了昆山市花桥镇徐公桥路东侧C25地块的国有土地使用权，在该地块上开发建设了游站商业中心项目，原告对该房产依法享有直接支配和排他的权利，享有完整的占有、使用、收益、处分的权利。原告享有的上述物权内容是法定的，不应受到任意限制。涉案不动产登记违背了物权法定原则及相关规定。

（三）附记内容违反不动产登记行政法规

《不动产登记暂行条例》第二条第一款规定："本条例所称不动产登记，是指不动产登记机构依法将不动产权利归属和其他法定事项记载于不动产登记簿的行为。"《不动产登记暂行条例》对于不动产登记簿的记载事项作了明确规定。第八条规定："不动产以不动产单元为基本单位进行登记。不动产单元具有唯一编码。不动产登记机构应当按照国务院国土资源主管部门的规定设立统一的不动产登记簿。不动产登记簿应当记载以下事项：（一）不动产的坐落、界址、空间界限、面积、用途等自然状况；（二）不动产权利的主体、类型、内容、来源、期限、权利变化等权属状况；（三）涉及不动产权利限制、提示的事项；（四）其他相关事项。"上述条款规定了不动产登记簿的记载事项主要分为不动产的自然状况、权属状况以及其他限制、提示事项等三种类型。其中，不动产限制提示事项主要是针对异议登记、预告登记、查封登记等登记类型而规定的。不动产登记部门在作出不动产登记时，应严格按照条例的规定进行办理，对于任何涉及不动产权利限制、提示的事项，登记必须有法律依据，不能随意对《不动产登记暂行条例》第八条的规定作扩大解释。本案被告于2017年作出的涉案不动产登记，其附记内容"不得对外销售。如需进行二手房转让，必须先行征得花桥管委会同意"系对原告物权的限制，该限制内容不符合物权法定原则，仅是原告、被告、花桥管委会就土地出让合同签订补充协议时原告与花桥管委会的约定事项，具有合同相对性，不属于《不动产登记暂行条例》第八条规定的应当登记的涉及不动产权利限制的法定事项范围。因此，涉案登记的附记记载行为缺乏法律依据。

（四）原告城开公司主张的融资利息差额损失缺乏依据

行政赔偿适用于因行政行为违法或无效等造成权利人直接损失的情形。原告城开公司主张行政赔偿，系认为基于涉案不动产登记中附记内容违法，限制其销售而导致其向相关企业、单位借款所产生的利息与同期银行贷款利息的差额。但涉案不动产登记中限制的仅是不得销售，不影响原告进行其他相应利用、处分，且原告所称上述损失与涉案登记行为并无直接的因果关系。因此，原告要求行政赔偿缺乏事实和法律依据。

据此，苏州市姑苏区人民法院依照《中华人民共和国行政诉讼法》第七十条第二项、《中华人民共和国国家赔偿法》第五条第三项的规定，于2020年11月20日作出判决：

一、撤销被告昆山市国土资源局于2017年4月6日作出的苏（2017）昆山市不动产权第004××××号《不动产权证书》附注栏中"不得对外销售。如需进行二手房转让，必须先行征得花桥管委会同意"的内容。

二、驳回原告昆山城开锦亭置业有限公司其他诉讼请求。

一审宣判后，双方当事人均未提起上诉，一审判决已发生法律效力。

项红敏诉六盘水市人民政府改变原行政行为行政复议决定案

【裁判摘要】

在车辆挂靠关系中，被挂靠人向挂靠人收取挂靠费，应与挂靠人共同承担经营运输风险，仅以协议约定不能免除其作为被挂靠人应承担的风险和责任。个人挂靠其他单位对外经营，其聘用的人员因工伤亡，被挂靠单位以不存在劳动关系为由，主张不承担工伤保险责任的，人民法院不予支持。

依照《最高人民法院关于适用〈中华人民共和国行政诉讼法〉的解释》第八十九条规定，人民法院经审理认为复议决定改变原行政行为错误的，在判决撤销复议决定时，可以一并判决恢复原行政行为的法律效力。

原告：项红敏，女，汉族，1992年2月17日生，住贵州省黔西县。

被告：六盘水市人民政府，住所地：贵州省六盘水市钟山区钟山西路。

法定代表人：张定超，该市市长。

第三人：六盘水市人力资源和社会保障局，住所地：贵州省六盘水市钟山中路。

法定代表人：张锡钢，该局局长。

第三人：六盘水快易通运输有限公司，住所地：贵州省六盘水市钟山经济开发区金果建材城。

法定代表人：姚斐，该公司总经理。

原告项红敏因与被告六盘水市人民政府（以下简称六盘水市政府）及第三人六盘水市人力资源和社会保障局（以下简称六盘水市人社局）、六盘水快易通运输有限公司（以下简称快易通公司）发生改变原行政行为行政复议决定纠纷，向贵州省六盘水市中级人民法院提起行政诉讼。

原告项红敏诉称：原告系死者周永鹏之妻，于2019年12月16日向第三人六盘水市人社局提交其丈夫周永鹏的工伤认定申请，该局于2020年1月7日作出《认定工伤决定书》（六盘水工认字〔2020〕0100036号），认定周永鹏所受伤害为工伤，后因第三人快易通公司不服该决定，向被告六盘水市政府提起行政复议，被告于2020年4月29日作出《行政复议决定书》（六盘水府行复决字〔2020〕4号），撤销《认定工伤决定书》，要求六盘水市人社局重新作出行政行为。六盘水市人社局又于2020年6月15日作出《认定工伤决定书》（六盘水工认字〔2020〕0100692号），认定周永鹏所受伤害为工伤，快易通公司再次就该决定书提起行政复议，被告于2020年10月16日作出《行政复议决定书》（六盘水府行复决字〔2020〕16号），撤销六盘水市人社局作出的《认定工伤决定书》，并要求六盘水市人社局重新作出行政行为。原告认为，原告丈夫周永鹏所受伤害，应予认定为工伤，六盘水市人社局作出的《认定工伤决定书》认定事实清楚，适用法律正确，应予维持。理由如下：（1）周永鹏与快易通公司之间形成了事实劳动关系；（2）周永鹏所受伤害符合认定工伤之情形，六盘水市政府作出的《行政复议决定书》认定事实错误，证据不足，依法应当撤销。请求：（1）撤销六盘水市政府作出的《行政复议决定书》（六盘水府行复决字〔2020〕16号）；（2）本案诉讼费用由六盘水市政府承担。

被告六盘水市政府辩称：（1）被告行政复议程序合法。第三人快易通公司不服第三人六盘水市人社局作出的100692号《认定工伤决定书》，提起行政复议申请，六盘水市政府受理后，向原告项红敏送达了《第三人参加行政复议通知书》《第三人权利义务告知书》。经审查，六盘水市政府作出16号行政复议决定，撤销六盘水市人社局作出的100692号认定工伤决定，向项红敏送达了16号复议决定，并告知不服行政复议决定可提起行政诉讼。（2）行政复议决定于法有据。根据《工伤保险条例》第十四条、第十五条、第十八条规定，确认劳动者与用人单位之间存在劳动关系是认定工伤的前提。《最高人民法院关于审理工伤保险行政案件若干问题的规定》第三条第一款第五项对单位依法承担的工伤保险条例责任的具体认定，这是对"责任"承担的规定，不适用对工伤的认定。本案中，在周永鹏与快易通公司之间是否存在劳动关系尚未查清的情况下，六盘水市人社局认定周永鹏受到的事故伤害符合《工伤保险条例》第十四条第一项之规定，属于认定事实不清。六盘水市政府根据《中华人民共和国行政复议法》第二十八条第一款第三项之规定，撤销100692号认定工伤决定并无不当。

第三人六盘水市人社局述称：（1）根据《最高人民法院行政审判庭关于车辆挂靠其他单位经营车辆实际所有人聘用的司机工作中伤亡能否认定为工伤问题的答复》，罗某私人车辆挂靠在第三人快易通公司运营，其聘用的驾驶员周永鹏与快易通公司形成事实劳动关系；（2）根据《工伤保险条例》第十四条第一项之规定，周永鹏是在工作时间工作场所内因工作原因受到事故伤害，所以应当认定为工伤。

第三人快易通公司述称：根据最高人民法院关于挂靠单位的相关规定，车辆挂靠在我公司，但是没有以公司名义经营，公司也没有参与任何经营，也没有收取周永鹏任何费用。周永鹏是罗某自己找的驾驶员，公司完全不参与任何一方，所以责任不能全部由公司承担。

六盘水市中级人民法院一审查明：原告项红敏系涉案事故被害人周永鹏妻子。罗某聘请周永鹏为案涉车辆贵BB××××油罐车驾驶员，案涉车辆登记所有人为第三人快易通公司。2017年9月29日，以罗某母亲作为乙方与快易通公司作为甲方就案涉车辆签订货运车代管协议，约定：乙方每年向甲方交纳管理费12000元，由甲方办理车辆的所有权年审及其他事务。案涉车辆使用公司营运资质、以甲方公司名义对外运营，驾驶员的安全责任由乙方负责。2019年11月19日18时30分，周永鹏驾驶案涉车辆行至人民路白鹤村独木冲砂场路段处时，因操作不当，致使车辆冲下路坎侧翻，造成燃油泄漏的交通事故，驾驶员周永鹏当场死亡。项红敏于2019年12月16日向第三人六盘水市人社局提交周永鹏工伤认定申请，该局于2020年1月7日作出100036号认定工伤决定，认定周永鹏所受伤害为工伤，快易通公司不服该决定，向被告六盘水市政府提起行政复议，六盘水市政府于2020年4月29日作出4号复议决定，撤销100036号认定工伤决定，要求六盘水市人社局重新作出行政行为。六盘水市人社局又于2020年6月15日作出100692号认定工伤决定，认定周永鹏所受伤害为工伤，快易通公司再次就该决定书提起行政复议，六盘水市政府于2020年10月16日作出16号复议决定，撤销六盘水市人社局作出的100692号认定工伤决定，并要求六盘水市人社局重新作出行政行为。项红敏不服该行政复议决定，遂提起本案行政诉讼。

六盘水市中级人民法院一审认为：本案一审的争议焦点为：被告六盘水市政府作出的16号复议决定是否有事实及法律依据。

《最高人民法院关于审理工伤保险行政案件若干问题的规定》第三条第一款第五项规定，个人挂靠其他单位对外经营，其聘用的人员因工伤亡的，被挂靠单位为承担工伤保险责任的单位。本案中，原告项红敏提交的《货运车辆代管协议》《危险货物运输车辆承包经营合同》及《道路交通事故责任认定书》等证据能够证实，周永鹏在驾驶贵BB××××油罐车过程中受到伤害以及该车辆系挂靠第三人快易通公司且以快易通公司名义进行经营的事实。快易通公司主张该车辆未以其公司名义经营，无事实依据，不能成立。虽周永鹏系罗某个人聘用的贵BB××××油罐车的驾驶员，但因该车登记的所有人为快易通公司，快易通公司应为周永鹏法律上的雇主，快易通公司与周永鹏之间形成事实劳动关系。第三人六盘水市人社局根据本案事实，依据《最高人民法院关于审理工伤保险行政案件若干问题的规定》第三条第一款第五项及《工伤保险条例》第十四条第一项的规定，认定周永鹏所受伤害为工伤，认定事实清楚，适用法律、法规正确，程序合法。被告六盘水市政府作出的16号复议决定，认定事实不清，适用法律错误，应予撤销并恢复100692号认定工伤决定的法律效力。

据此，六盘水市中级人民法院依照《中华人民共和国行政诉讼法》第七十条第一项、第二项及《最高人民法院关于适用〈中华人民共和国行政诉讼法〉的解释》第八十九条之规定，于2020年12月15日作出判决：

一、撤销六盘水市人民政府作出的六盘水府行复决字〔2020〕16号《行政复议决定书》；

二、恢复六盘水市人力资源和社会保障局作出的六盘水工认字〔2020〕0100692号《认定工伤决定书》的法律效力。

案件受理费50元，由六盘水市人民政府负担。

快易通公司不服一审判决，向贵州省高级人民法院提起上诉称：（1）一审判决对被上诉人项红敏提交的证据予以采信，违反了证据原则，导致事实认定错误。在周永鹏与快易通公司不存在劳动关系的情形下，一审第三人六盘水市人社局直接认定周永鹏受到的事故伤害符合《工伤保险条例》第十四条第一项之规定，认定为工伤，认定事实不清、无事实依据；（2）该决定书中未对周永鹏受到的何种事故伤害及情形进行法律事实认定；（3）代管协议中明确约定快易通公司不干预一方的经营活动，不参加利润分配，且不承担经营风险。至于项红敏称车辆是以公司名义对外经营，快易通公司不予承认，项红敏并未提供有效证据证明。请求撤销原判，改判支持上诉人的诉讼请求。

贵州省高级人民法院经二审，确认了一审查明的事实。

贵州省高级人民法院二审认为：本案二审的争议焦点为：（1）罗某与上诉人快易通公司之间是否形成挂靠关系；（2）一审第三人六盘水市人社局认定工伤是否需以周永鹏与快易通公司具有劳动关系为前提；（3）本案举证责任分配是否正确。

一、关于罗某与上诉人快易通公司之间是否形成挂靠关系的问题。依照《中华人民共和国道路运输条例》第二十三条之规定，申请从事危险货物运输经营，应当具备5辆以上经检测合格的危险货物运输专用车辆、设备等条件。本案中，罗某因不具备从事危险货物运输经营的资质，以其母亲的名义与快易通公司签订《货物车辆代管协议》《危险货物运输车辆承包经营合同》等协议，将其实际使用的车辆落户到快易通公司名下，委托快易通公司代管经营，快易通公司再以承包的形式，将涉案车辆交由罗某使用。上述协议中亦明确约定，罗某需向快易通公司支付一定的费用，遵守并执行快易通公司的规章制度，服从快易通公司的管理；快易通公司亦需向罗某提供运输市场信息，利用公司优势积极为其联系货源、协调运输物资等。由此可见，罗某和快易通公司之间实际形成了挂靠关系。

二、关于一审第三人六盘水市人社局认定工伤是否需以周永鹏与上诉人快易通公司之间具有劳动关系为前提的问题。《工伤保险条例》第十八条第一款第二项规定，申请工伤认定应当提交与用人单位存在劳动关系（包括事实劳动关系）的证明材料。因此，一般而言，社会保险行政部门认定工伤，应当以劳动者和用人单位之间存在劳动关系为前提，除非法律、法规及司法解释另有规定。《最高人民法院关于审理工伤保险行政案件若干问题的规定》第三条第一款第五项明确规定，个人挂靠其他单位对外经营，其聘用的人员因工伤亡的，被挂靠单位为承担工伤保险责任的单位。该条规定遵照劳动者倾斜保护原则，对将劳动关系作为工伤认定前提的一般规定作了相应补充。只要存在个人挂靠其他单位对外经营的情形时，被挂靠单位承担工伤保险责任不以存在劳动关系为前提。工伤保险本质上是一种社会保障，国家建立工伤保险制度，是维护劳动者合法权益的重要手段，强调对工伤劳动者及其家人基本生活需求的保障。相较于用人单位而言，劳动者往往处于弱势地位。在车辆挂靠关系中，被挂靠人向挂靠人收取挂靠费，应与挂靠人共同承担经营运输的风险，仅以协议约定不能免除其同意挂靠后应承担的风险和责任。被挂靠人承担工伤保险责任，符合《中华人民共和国宪法》《中华人民共和国劳动法》《工伤保险条例》中"保护劳动者合法权益"的立法宗旨。本案中，六盘水市人社局依照该条规定认定由快易通公司承担工伤保险责任并无不当。

三、关于本案举证责任分配是否正确的问题。依照《最高人民法院关于行政诉讼证据若干问题的规定》第四条第一款"公民、法人或者其他组织向人民法院起诉时，应当提供其符合起诉条件的相应的证据材料"、《工伤保险条例》第十八条第一款"提出工伤认定申请表应当提交下列材料：（一）工伤认定申请表；（二）与用人单位存在劳动关系（包括事实劳动关系）的证明材料；（三）医疗诊断证明或者职业病诊断证明书（或者职业病诊断鉴定书）"以及第十九条第二款"职工或者其近亲属认为是工伤，用人单位不认为是工伤的，由用人单位承担举证责任"之规定，劳动者对劳动关系和工伤事实负有初步举证责任，而用人单位认为不是工伤的，应当由用人单位承担举证责任。本案中，被上诉人项红敏已经提供了《货运车辆代管协议》《危险货物运输车辆承包经营合同》《证明》等证据，完成了初步举证责任。上诉人快易通公司主张案涉车辆不是以公司的名义进行经营，依照前述规定，应由快易通公司举证证明其主张，而快易通公司未能举证，其应承担举证不能的法律后果。快易通公司的该项上诉理由不能成立。

综上，贵州省高级人民法院依照《中华人民共和国行政诉讼法》第八十九条第一款第一项之规定，于2021年8月9日作出判决：

驳回上诉，维持原判。

本判决为终审判决。

上海欧帛服饰有限公司诉南京市江宁区人力资源和社会保障局工伤认定决定案

【裁判摘要】

按照《女职工劳动保护特别规定》，用人单位应在每日工作时间内为哺乳期女职工安排哺乳时间。哺乳期内女职工上班期间返家哺乳、哺乳结束后返回单位工作，往返途中属于《工伤保险条例》第十四条第六项的"上下班途中"，在此过程中因发生非本人主要责任的交通事故受伤，应认定为工伤。

原告：上海欧帛服饰有限公司，住所地：上海市徐汇区田林路。

法定代表人：刘泽明，该公司总经理。

被告：南京市江宁区人力资源和社会保障局，住所地：江苏省南京市江宁区东山街道。

法定代表人：杨嘉清，该局局长。

第三人：周某，女，1995年3月8日出生，汉族，住江苏省南京市江宁区。

原告上海欧帛服饰有限公司（以下简称欧帛公司）因不服被告南京市江宁区人力资源和社会保障局（以下简称江宁区人社局）作出的工伤认定决定，向江苏省南京江北新区人民法院提起诉讼。

原告欧帛公司诉称：第三人周某是原告职工，工作地点为南京市江宁区汤山街道汤泉东路99号汤山百联奥特莱斯广场BF1205号。2019年12月6日13时55分许，周某未经请假私自外出，于龙铜线（337省道）22公里100米汤山街道老宁峰路路口处遭遇交通事故，后南京市公安局江宁分局交通警察大队作出事故认定书，认定周某无责。后周某以其回家喂奶途中遭到交通事故为由向被告江宁区人社局申请工伤认定，被告于2020年8月20日作出涉案决定书，以周某受到的事故符合《工伤保险条例》第十四条第六项为由，认定为工伤。欧帛公司认为《工伤保险条例》第十四条第六项之规定，意为职工以上下班为目的，在合理时间内往返于工作单位和居住地之间的合理路线，才视为"上下班途中"。周某发生事故的时间为13时55分，并非上下班时间，亦未按照员工手册规定履行相应手续，其行为是上班期间私自外出进而受到交通事故伤害，已违反公司规章制度，故其受伤情形不符合上述规定的"上下班途中"情形。而江宁区人社局草率作出涉案决定书，损害欧帛公司的合法权益。故提起诉讼，请求法院判决：撤销江宁区人社局作出的涉案决定书，责令其重新作出工伤认定决定书。

被告江宁区人社局辩称：（1）被告认定事实清楚。第三人周某系原告欧帛公司员工，工作职责为店铺店长，工作时间为10时至19时，工作地点为江宁区汤山街道百联奥特莱斯，住南京市江宁区汤山街道。2019年12月6日13时55分，周某驾驶的车牌苏A9××××汽车在沿龙铜线（337省道）22公里100米汤山街道老宁峰路路口与张某某驾驶的苏AU××××的汽车发生交通事故，周某无责。周某于当日在南京市江宁区中医医院入院，经诊断周某创伤性脾破裂，左肾挫伤，低蛋白血症。2019年6月25日，周某育有一女，发生交通事故当日处于哺乳期内。（2）工伤认定程序合法。周某于2020年7月15日向江宁区人社局申请工伤认定，被告于2020年7月27日作出受理决定并于同日向欧帛公司邮寄《工伤认定举证通知书》，于2020年8月14日对周某进行调查，于2020年8月20日作出涉案决定书，于2020年8月24日分别送达欧帛公司、周某。（3）适用法律正确。首先，根据《女职工劳动保护特别规定》第九条规定，欧帛公司应当在周某工作时间内安排1小时哺乳时间，欧帛公司并未提交安排周某哺乳的具体时间相关证据。而周某在工作时间内，合理选择时间回家哺乳，且路线是工作地点到家庭的合理路线，周某因交通事故受伤符合《工伤保险条例》第十四条第六项情形。其次，根据《工伤保险条例》第十九条第二款的规定，欧帛公司虽向江宁区人社局提供了劳动合同、员工手册等证据，但是并未提供欧帛公司对周某进行相关培训、签收员工手册的证据，周某亦不认可接收过员工手册。综上，江宁区人社局作出涉案决定书，事实清楚，程序合法，适用法律、法规准确，请求驳回欧帛公司的诉讼请求。

第三人周某述称：（1）女职工的哺乳时间是法律明确赋予女职工在哺乳期内的特殊权

利,用人单位也不能通过约定来排除法律规定,《女职工劳动保护特别规定》第九条规定,用人单位应当在每天的劳动时间内为哺乳期女职工安排1小时的哺乳时间。《江苏省实施〈中华人民共和国母婴保健法〉办法》第二十八条规定,用人单位应当为有不满一周岁婴儿的女职工安排每天不少于一小时哺乳时间。该情况下,哺乳时间和哺乳往返途中的时间,也应当算作劳动时间。事发当天,第三人选择回家哺乳,时间合理,路线合理,完全符合工伤认定的情形。(2)原告欧帛公司所举证的员工手册,第三人从未收到,其制定的内容和程序也不合法,不对第三人产生任何效力。首先,用人单位制定规章制度内容不得违反法律、法规的规定;其次,用人单位规章制度的制定程序应当符合民主性和科学性,应经职工代表大会或者全体职工讨论,平等协商确定;最后,用人单位的规章制度也应当进行公示,否则不应当对劳动者产生效力。综上,第三人认为,被告江宁区人社局作出的涉案认定书认定事实清楚、适用法律正确、程序合法,应当予以维持,请求法院依法驳回欧帛公司的诉请。

江苏省南京江北新区人民法院一审查明:第三人周某系原告欧帛公司职工,工作地点为南京市江宁区汤山街道汤泉东路99号汤山百联奥特莱斯广场,工作时间为10时至19时。2019年6月25日,周某生育一女,休完产假后回单位工作。2019年12月6日13时30分左右,周某从工作地点开车回家。当日13时55分,案外人张某某驾驶苏AU××××重型特殊结构货车在沿龙铜线(337省道)22公里100米汤山街道老宁峰路路口与周某驾驶的汽车发生相撞,造成周某受伤。周某的伤情经诊断为:(1)创伤性脾破裂;(2)左肾挫伤;(3)低蛋白血症,周某受伤时处于哺乳期内。当日,南京市公安局江宁分局交通警察大队出具《道路交通事故认定书》,认定张某某负事故全部责任,周某无责任。2020年7月15日,周某的委托代理人向被告江宁区人社局提交工伤认定申请,提出周某于2019年12月6日13时30分左右驾车回家哺乳途中因交通事故受伤,并提交了企业信息、个人参加社会保险情况、回复函、微信聊天记录、交通事故认定书、汤山街道鹤龄社区居民委员会出具的证明、路线图、出生医学证明、病历、出院记录、疾病诊断书、授权委托书等申请材料。江宁区人社局于2020年7月27日受理该申请并向欧帛公司邮寄工伤认定举证通知书。2020年8月12日,欧帛公司作出《工伤认定举证答辩书》并提交劳动合同、员工手册等材料,提出周某并未向公司申请调增其休哺乳假的时间,其外出也未按照公司制度申请外出流程,不符合"上下班途中"的范围。2020年8月14日,江宁区人社局对周某进行调查询问。2020年8月20日,江宁区人社局作出涉案决定书,认定周某从单位回家给小孩哺乳途中,受到非本人主要责任的交通事故伤害而受伤,符合《工伤保险条例》第十四条第六项的规定,属于工伤认定范围,予以认定为工伤。后江宁区人社局将涉案决定书分别向周某及欧帛公司送达,欧帛公司于2020年8月27日签收。

江苏省南京江北新区人民法院一审认为:《工伤保险条例》第五条第二款规定,县级以上地方各级人民政府社会保险行政部门负责本行政区域内的工伤保险工作。被告江宁区人社局作为县级以上社会保险行政部门,具有负责本行政区域内工伤保险工作的法定职责。《工伤保险条例》第十四条第六项规定,职工有下列情形之一的,应当认定为工伤:……(六)在上下班途中,受到非本人主要责任的交通事故或者城市轨道交通、客运轮渡、火车事故伤害的。《最高人民法院关于审理工伤保险行政案件若干问题的规定》第六条规定,对社会保险行政部门认定下列情形为"上下班途中"的,人民法院应予支持:(一)在合理时间内往返于工作地与住所地、经常居住地、单位宿舍的合理路线的上下班途中；（二）在合理时间内往返于工作地与配偶、父母、子女居住地的合理路线的上下班途中；（三）从事属于日常工作生活所需要的活动，且在合理时间和合理路线的上下班途中；（四）在合理时间内其他合理路线的上下班途中。

本案中，第三人周某系原告欧帛公司的员工，被告江宁区人社局在受理周某的工伤认定申请后，经过调查并结合证据材料，认定周某从单位回家给小孩哺乳途中，受到非本人主要责任的交通事故伤害而受伤，属于因在上下班途中发生非本人主要责任的交通事故受伤的情形，江宁区人社局据此作出涉案决定书，符合上述规定。《工伤保险条例》第十九条第二款规定，职工或者其近亲属认为是工伤，用人单位不认为是工伤的，由用人单位承担举证责任。《女职工劳动保护特别规定》第九条规定，对哺乳未满 1 周岁婴儿的女职工，用人单位不得延长劳动时间或者安排夜班劳动。用人单位应当在每天的劳动时间内为哺乳期女职工安排 1 小时哺乳时间；女职工生育多胞胎的，每多哺乳 1 个婴儿每天增加 1 小时哺乳时间。因此，女职工在哺乳期内，用人单位应当在每天的劳动时间内为其安排 1 小时的哺乳时间。本案中，周某于 2019 年 6 月 25 日生育一女，休完产假后回单位工作，周某工作时尚处在哺乳期内，欧帛公司应当为周某安排 1 小时的哺乳时间，并及时与周某沟通协商哺乳时间的安排。周某在欧帛公司未与其沟通明确哺乳时间的情形下，根据工作时间灵活安排其每日的哺乳时间，回家哺乳后再返回单位继续工作，往返途中发生的交通事故伤害应视为工伤认定的合理范畴。虽欧帛公司提交的员工手册中载明哺乳假的休假时间及请假流程，但欧帛公司不能证明其就员工手册向周某进行了告知，欧帛公司也未提交证据证明其就哺乳时间相关事宜与周某进行过沟通协商，故欧帛公司应承担不利的法律后果。因此，江宁区人社局作出的涉案决定书认定事实清楚、适用法律正确，保护了女职工的特殊权益。江宁区人社局在收到周某的工伤认定申请后，履行了受理、发送举证通知书等程序，在法定期限内作出涉案决定书并依法送达给相关当事人，江宁区人社局作出行政行为的程序合法。

综上，原告欧帛公司要求撤销涉案决定书缺乏事实和法律依据。江苏省南京江北新区人民法院依照《中华人民共和国行政诉讼法》第六条、第六十九条的规定，于 2021 年 4 月 19 日作出判决：

驳回原告上海欧帛服饰有限公司的诉讼请求。

欧帛公司不服一审判决，向江苏省南京市中级人民法院提起上诉。二审中，欧帛公司撤回上诉。南京市中级人民法院于 2021 年 8 月 9 日作出裁定：

准许上诉人上海欧帛服饰有限公司撤回上诉。

本裁定为终审裁定。

附：

《中华人民共和国最高人民法院公报》
2022 年总目录

法律选登

中华人民共和国噪声污染防治法	（11.3）
中华人民共和国反垄断法	（12.3）

文　献

第十三届全国人民代表大会第五次会议关于最高人民法院工作报告的决议	（4.3）
最高人民法院工作报告　　　　　　　　　　　　　　　　　周　强	（4.3）

司法统计

2021 年全国法院司法统计公报 …………………………………………………（4.15）

司法解释

人民法院在线诉讼规则 ……………………………………………………………（1.3）
最高人民法院
　关于审理申请注册的药品相关的专利权纠纷民事案件适用法律若干问题的规定 ……（1.10）
最高人民法院
　关于审理侵害植物新品种权纠纷案件具体应用法律问题的若干规定（二）………（1.12）
最高人民法院
　关于审理使用人脸识别技术处理个人信息相关民事案件适用法律若干问题的规定 ……（1.15）
最高人民法院　最高人民检察院
　关于办理窝藏、包庇刑事案件适用法律若干问题的解释 ………………………（1.18）
最高人民法院
　关于修改《最高人民法院关于审理食品药品纠纷案件适用法律若干问题的规定》的决定 ………（1.20）
最高人民法院
　关于人民法院司法拍卖房产竞买人资格若干问题的规定 ………………………（2.3）
最高人民法院
　关于修改《最高人民法院关于审理铁路运输人身损害赔偿纠纷案件适用法律
　　若干问题的解释》的决定 ……………………………………………………（2.5）
最高人民法院
　关于人民法院强制执行股权若干问题的规定 ……………………………………（2.9）
最高人民法院
　关于修改《最高人民法院关于仲裁司法审查案件报核问题的有关规定》的决定 ……（2.14）

最高人民法院
　　关于生态环境侵权案件适用禁止令保全措施的若干规定 …………………………（ 2.17 ）
人民法院在线调解规则 ……………………………………………………………………（ 3.3 ）
最高人民法院　最高人民检察院
　　关于办理危害食品安全刑事案件适用法律若干问题的解释 …………………………（ 3.8 ）
最高人民法院
　　关于审理生态环境侵权纠纷案件适用惩罚性赔偿的解释 ……………………………（ 3.13）
最高人民法院
　　关于审理证券市场虚假陈述侵权民事赔偿案件的若干规定 …………………………（ 4.24）
最高人民法院
　　关于审理涉执行司法赔偿案件适用法律若干问题的解释 ……………………………（ 5.3 ）
最高人民法院
　　关于内地与香港特别行政区法院相互认可和执行婚姻家庭民事案件判决的安排 …（ 5.6 ）
最高人民法院关于修改《最高人民法院关于审理非法集资刑事案件具体应用法律若干问题的
　　解释》的决定 ………………………………………………………………………………（ 6.3 ）
最高人民法院
　　关于适用《中华人民共和国民法典》总则编若干问题的解释 ………………………（ 6.9 ）
最高人民法院
　　关于内地与澳门特别行政区就仲裁程序相互协助保全的安排 ………………………（ 6.14）
最高人民法院
　　关于审理网络消费纠纷案件适用法律若干问题的规定（一）………………………（ 6.16）
最高人民法院　最高人民检察院
　　关于办理危害药品安全刑事案件适用法律若干问题的解释 …………………………（ 6.19）
最高人民法院
　　关于适用《中华人民共和国反不正当竞争法》若干问题的解释 ……………………（ 7.3 ）
最高人民法院
　　关于审理行政赔偿案件若干问题的规定 ………………………………………………（ 7.7 ）
最高人民法院
　　关于修改《最高人民法院关于适用〈中华人民共和国民事诉讼法〉的解释》的决定 …（ 7.11）
最高人民法院
　　关于修改《最高人民法院关于适用〈中华人民共和国民事诉讼法〉的解释》的决定（续）…（ 8.3 ）
最高人民法院　最高人民检察院
　　关于办理破坏野生动物资源刑事案件适用法律若干问题的解释 ……………………（ 8.27）
最高人民法院
　　关于第一审知识产权民事、行政案件管辖的若干规定 ………………………………（ 8.32）
最高人民法院
　　关于修改《最高人民法院关于审理人身损害赔偿案件适用法律若干问题的解释》的决定 ………（ 8.33）
最高人民法院　最高人民检察院
　　关于办理海洋自然资源与生态环境公益诉讼案件若干问题的规定 …………………（ 9.3 ）
最高人民法院
　　关于审理森林资源民事纠纷案件适用法律若干问题的解释 …………………………（ 9.5 ）

最高人民法院
　　关于办理人身安全保护令案件适用法律若干问题的规定 ·· （10.3）

司法文件

最高人民法院
　　关于开展认可和协助香港特别行政区破产程序试点工作的意见 ······················ （3.16）
最高人民法院
　　关于推进行政诉讼程序繁简分流改革的意见 ·· （3.19）
最高人民法院
　　印发《关于修改〈最高人民法院关于司法解释工作的规定〉的决定》的通知 ········ （3.22）
最高人民法院　最高人民检察院　公安部
　　关于办理电信网络诈骗等刑事案件适用法律若干问题的意见（二） ·················· （3.26）
最高人民法院
　　关于为全面推进乡村振兴加快农业农村现代化提供司法服务和保障的意见 ······ （3.29）
最高人民法院
　　关于新时代加强和创新环境资源审判工作为建设人与自然和谐共生的现代化
　　　提供司法服务和保障的意见 ·· （3.34）
最高人民法院
　　关于印发《2022 年人民法院工作要点》的通知 ·· （4.30）
最高人民法院
　　关于印发《人民法院在线运行规则》的通知 ·· （4.37）
最高人民法院　住房和城乡建设部　中国人民银行
　　关于规范人民法院保全执行措施 确保商品房预售资金用于项目建设的通知 ···· （4.43）
最高人民法院　中国证券监督管理委员会
　　关于适用《最高人民法院关于审理证券市场虚假陈述侵权民事赔偿案件的若干规定》
　　　有关问题的通知 ·· （4.45）
最高人民法院
　　关于证券市场虚假陈述侵权民事赔偿案件诉讼时效衔接适用相关问题的通知 ···· （4.47）
最高人民法院
　　印发《关于充分发挥司法职能作用 助力中小微企业发展的指导意见》的通知 ···· （5.10）
最高人民法院
　　关于支持和保障全面深化前海深港现代服务业合作区改革开放的意见 ············ （9.8）
最高人民法院
　　关于支持和保障横琴粤澳深度合作区建设的意见 ··· （9.11）
最高人民法院
　　印发《关于进一步加强涉种子刑事审判工作的指导意见》的通知 ····················· （9.13）
最高人民法院
　　关于为做好 2022 年全面推进乡村振兴重点工作提供司法服务和保障的意见 ···· （9.15）
最高人民法院　全国妇联　教育部　公安部　民政部　司法部　卫生健康委
　　关于加强人身安全保护令制度贯彻实施的意见 ·· （10.6）
最高人民法院
　　关于发布第 32 批指导性案例的通知 ··· （10.9）

最高人民法院
  关于为实施积极应对人口老龄化国家战略提供司法服务和保障的意见 …………………（11.14）
最高人民法院
  关于加强区块链司法应用的意见 ……………………………………………………（11.17）
最高人民法院
  印发《关于为深化新三板改革、设立北京证券交易所提供司法保障的若干意见》的通知 ………（12.11）
最高人民法院　最高人民检察院　公安部　国家移民管理局
  印发《关于依法惩治妨害国（边）境管理违法犯罪的意见》的通知 ………………（12.16）
最高人民法院
  关于充分发挥环境资源审判职能作用依法惩处盗采矿产资源犯罪的意见 ………（12.21）

任免事项

全国人民代表大会常务委员会
  最高人民法院审判人员任免名单 …………………………………………………（2.16）
全国人民代表大会常务委员会
  最高人民法院审判人员任免名单 …………………………………………………（4.48）
最高人民法院
  关于李勇为中华人民共和国大法官的公告 ………………………………………（4.48）
最高人民法院
  关于冯军、金银墙为中华人民共和国大法官的公告 ……………………………（4.48）
全国人民代表大会常务委员会
  最高人民法院审判人员任免名单 …………………………………………………（5.9）
全国人民代表大会常务委员会
  最高人民法院审判人员任免名单 …………………………………………………（8.38）
全国人民代表大会常务委员会
  最高人民法院审判人员任免名单 …………………………………………………（10.24）
全国人民代表大会常务委员会
  最高人民法院审判人员任免名单 …………………………………………………（12.24）
最高人民法院
  关于王淑梅为中华人民共和国大法官的公告 ……………………………………（12.24）

裁判文书选登

华为技术有限公司等与康文森无线许可有限公司确认不侵害专利权及标准必要专利
  许可纠纷案 ……………………………………………………………………………（1.24）
OPPO广东移动通信有限公司等与夏普株式会社等标准必要专利许可纠纷管辖权异议纠纷案 ……（2.23）
明发集团有限公司与宝龙集团发展有限公司等合同纠纷案 ………………………………（2.31）
慈溪市博生塑料制品有限公司与永康市联悦工贸有限公司等侵害实用新型专利权纠纷案 ……（3.39）
湛江喜强工业气体有限公司与遂溪县住房和城乡规划建设局等编制并批准土地利用总体
  规划纠纷案 ……………………………………………………………………………（3.45）
濮阳市华龙区华隆天然气有限公司因濮阳华润燃气有限公司诉河南省濮阳市城市管理局、
  河南省濮阳市人民政府确认行政协议无效再审案 ………………………………（5.15）

招商银行股份有限公司济南分行与临清新银河实业有限公司、中冶纸业银河有限公司金融借款
　　合同纠纷案 ………………………………………………………………………………………（5.24）
饶国礼与江西省监狱管理局物资供应站等房屋租赁合同纠纷案 ……………………………（6.24）
黄明与陈琪玲、陈泽峰、福建省丰泉环保集团有限公司民间借贷纠纷案 ……………………（6.37）
江西银行股份有限公司南昌洪城支行与上海神州数码有限公司等借款合同纠纷案 ………（7.38）
武汉和平华裕物流有限公司与乐昌市粤汉钢铁贸易有限公司等案外人执行异议之诉案 …（9.19）
江苏南通二建集团有限公司与上海农村商业银行股份有限公司浦东分行等建设工程施工
　　合同纠纷案 ………………………………………………………………………………………（9.29）
山东瀚霖生物技术有限公司与国家知识产权局等发明专利权无效行政纠纷案 …………（10.25）
黔南州荔波县茂兰镇下甲介煤矿与张学新、贵州甲盛龙集团矿业投资有限公司案外人执行
　　异议之诉案 ………………………………………………………………………………………（11.21）
韦统兵与新疆宝塔房地产开发有限公司等请求变更公司登记纠纷案 ………………………（12.25）
沙启英与塔尼尔生物科技（商丘）有限公司等破产债权确认纠纷案 …………………………（12.31）

案　　例

梁某某诉徐州市云龙区民政局离婚登记行政确认案 …………………………………………（1.37）
王钦杰与上海力澄投资管理有限公司、郭睿星等民间借贷纠纷案 ……………………………（1.44）
余姚市甬兴气体分滤厂与余姚市住房和城乡建设局燃气经营许可纠纷案 …………………（2.34）
陈某某诉无锡市妇幼保健院医疗服务合同纠纷案 ……………………………………………（2.44）
江苏中讯数码电子有限公司与山东比特智能科技股份有限公司因恶意提起知识产权诉讼损害
　　责任纠纷案 ………………………………………………………………………………………（5.28）
上海友民房地产开发有限公司诉宝山区杨行镇北宗村村民委员会借款合同纠纷案 ………（5.36）
郑诗琦诉三星财产保险（中国）有限公司财产保险合同纠纷案 ………………………………（5.40）
王志国诉重庆市万州区人力资源和社会保障局工伤认定及重庆市人力资源和社会保障局
　　行政复议案 ………………………………………………………………………………………（5.43）
昆明哦客商贸有限公司、熊志民与李长友等股东资格确认纠纷案 …………………………（6.44）
上海笛爱建筑材料有限公司诉上海市浦东新区人民政府行政批复案 ………………………（7.45）
江苏省消费者权益保护委员会诉乐融致新电子科技（天津）有限公司消费民事公益诉讼案 …（8.39）
昆山城开锦亭置业有限公司诉昆山市国土资源局不动产行政登记及行政赔偿纠纷案 ……（8.45）
车函倩诉连云港亲亲袋鼠教育咨询有限公司、连云港苏宁置业有限公司苏宁广场购物分公司等
　　侵权责任纠纷案 …………………………………………………………………………………（9.33）
姜某某、孟某某与乔某甲申请变更监护人案 …………………………………………………（9.41）
江西省金溪县人民检察院诉徐华文、方雨平人文遗迹保护民事公益诉讼案 …………………（9.44）
库尔勒铁路运输检察院诉伊敏·萨衣木滥伐林木案 …………………………………………（10.47）
项红敏诉六盘水市人民政府改变原行政行为行政复议决定案 ……………………………（11.35）
江卫民诉南京宏阳房产经纪有限公司房屋租赁合同纠纷案 ………………………………（11.40）
上海市闵行区人民检察院诉卞飞非法经营案 …………………………………………………（11.44）
上海欧帛服饰有限公司诉南京市江宁区人力资源和社会保障局工伤认定决定案 ………（12.35）
世嘉有限公司诉中国大地财产保险股份有限公司等海上保险合同纠纷案 ………………（12.39）
2022 年总目录 …………………………………………………………………………………………（12.44）

凡图书未附"法信邀请码"或邀请码无法激活使用的，均为盗版图书

为防止盗版，请您激活本册图书"法信邀请码"

享人民法院出版社法信平台资源，并获取"法信·公报专区"权限

购正版图书享"双重"大礼　获公报专区海量资源

激活"法信邀请码"：

登录 http：//www. faxin. cn—注册（老用户可直接登录）—点击右上角用户名—个人中心—输入邀请码

1. 获赠"法信"高级权限90天；

2. 获赠"法信·公报专区"权限90天。

详情参见"法信"公号，有关资料陆续推送

凡图书未附"法信邀请码"或赠送邀请码无法激活使用的，或通过手机号及非010－6755××××固话号段推销图书的均疑似盗版图书。

盗版举报联系方式：010－67550538/95/80